皇太极

顾晓清◎著

中国华侨出版社
北京

图书在版编目（CIP）数据

皇太极 / 顾晓清著. —北京：中国华侨出版社，2008.12（2019.1重印）
ISBN 978-7-80222-587-9

Ⅰ. 皇… Ⅱ. 顾… Ⅲ. 皇太极（1592~1643）—传记 Ⅳ. K827=49

中国版本图书馆CIP数据核字（2008）第042245号

皇太极

著　者：顾晓清
出 版 人：方　鸣
责任编辑：文　锋
封面设计：中英智业
文字编辑：炳　研
美术编辑：宇　枫
经　销：新华书店
开　本：650毫米×940毫米　1/16　印张：38　字数：650千字
印　刷：北京德富泰印务有限公司
版　次：2009年1月第1版　2019年1月第3次印刷
书　号：ISBN 978-7-80222-587-9
定　价：49.00 元

中国华侨出版社　北京市朝阳区静安里26号通成达大厦3层　邮编：100028
法律顾问：陈鹰律师事务所
发 行 部：（010）88866079　传　真：（010）88877396
网　址：www.oveaschin.com
E-mail：oveaschin@sina.com

前言

铁腕狰狞铁骑奔，
独裁未必果独尊。
生逼庶母殉节后，
不晓遗孀嫁弟昆。
——富察·鹤年先生作《清帝十二咏之二·太宗皇太极》

爱新觉罗·皇太极，生于明万历二十年（即公元1592年）。皇太极是努尔哈赤的第八个儿子，自幼便深得父亲的喜爱，甚至连“皇太极”这个名字，也与“皇太子”有些谐音，由此可见，努尔哈赤在他身上寄托了怎样的希望。皇太极作为四大和硕贝勒之一，在努尔哈赤的诸多子侄中，是有着显赫地位和相当权力的。而且，在努尔哈赤几十年的征战生涯中，皇太极一直追随其左右，他统领的正白、镶白两旗健儿，也是战功卓著、所向披靡。1627年，皇太极在大贝勒代善等人的拥戴下，继努尔哈赤之后成了后金的第二位汗王，1636年，他又改国号为清，由此而成为大清国的第一代国君。

皇太极的一生，基本是在与明朝的作战中度过的，特别是他登上宝座之后，曾先后五次兴兵南下伐明，都取得了预期的胜利。为了入主中原、统一天下，他每每亲冒弩矢、不避风险，称得上是一位马上皇帝。但他又不是一个只知砍砍杀杀的君主，在政治、经济、邦交等各方面，他也都有着相当的建树。他的后妃，全都出身于蒙古贵族，说明他对于蒙古部落力量的借重。为了把明朝大臣洪承畴招致麾下，他甚至不惜让自己的爱妃去施美人计，这在常人心目中简直更是无法理解的举动了。

1643年，在位十七年、年仅五十二岁的皇太极在睡梦中无疾而终，带着入主中原、统一天下的梦想离开了人世。死后，他被累谥为“应天兴国弘德彰武宽温仁圣睿孝敬敏昭定隆道显功文皇帝”，庙号“太宗”，葬在了昭陵。

就在他死后不久，他的儿子福临即顺治皇帝，终于实现了他的遗愿，率领八旗铁骑叩开山海关、直取紫禁城，清朝从此开始了对中国长达二百余年的统治。

本书作者在把握翔实历史资料的基础上，大胆展开合理想象，运用了各种笔法，再现了皇太极的一生。可以毫不夸张地说，这部兼具史料性与趣味性的历史小说，读来确实引人入胜。

目录

第一章

女真血血水汇黑水
父祖仇仇山化白山

建州八千精兵外加古埒寨五千守军，一夜之间竟被李成梁纵兵屠戮，砍杀殆尽！大军过处，死尸遍地，血流成河，古埒寨成了屠场，成了人间地狱！李成梁要将古埒寨化为灰烬，要让建州女真永远消灭！

黑龙江古称弱水，长白山古称不咸。悠悠弱水、巍巍不咸，自古以来护佑着中华民族一辈又一辈的北方先民。而就在这白山黑水之间，有一座古城赫图阿拉——这正是大清国的龙兴之地。天命汗努尔哈赤就是从这里开始了他征服天下的历程的。

然而，随着部族的壮大和人马的增加，小城赫图阿拉便显得拥挤不堪了。破旧的木栅栏和低矮的草房实在与声威大振的汗王努尔哈赤的身份极不相称。于是，在离赫图阿拉老城不远的烟筒山下，三面环山一面临水的空地上，汗王正命工匠日夜不停地修建新城，这座在建州史上空前壮观宏伟的城池就是山城费阿拉。

山城费阿拉的东南西三面均为崖壁所环绕，自成屏障，居高临下，正可谓一夫当关，万夫莫开。北面为嘉哈河与硕里加河交汇之地，一片平滩，正好居住人口、兴基立业、扩展势力，努尔哈赤一眼便相中了这里。《满洲实录》中记载道：

“太祖于硕里口呼兰哈达（满语：烟筒山）下东南二道，一名嘉哈、一名硕里加河中一平山，筑城三层，启建楼台。”《满洲实录》对费阿拉城只有“筑城三层，启建楼台”简单八个字的记载，未免过于疏略。事实是，这城池分内、外两重，用石块、泥坯垒成，最外一重用木栅栏围成了城垣，其规模远远超过了八里之外的赫图阿拉老城。城外方圆约十里，是努尔哈赤的部将、军士、工匠等居住的茅顶草房，及近千户兵士和他们的家眷。城内则是一栋栋石砌木房，住着努尔哈赤的爱将以及亲族子孙，此外还有神殿、鼓楼、阁台、庭院，错落有致，有条不紊。而内城正中拔地而起的那栋飞檐式楼宇更显巍峨壮观。楼高三层，上盖丹、青两色鸳鸯瓦，白墙彩壁，雕梁画栋，人物花鸟，栩栩如生。这便是汗王努尔哈赤的议政楼。

此时此刻，努尔哈赤正端坐在宽敞的大厅里，一脸的严肃，一双浓眉拧成了八字形。其实，这会儿努尔哈赤并不是遇上了什么烦心的事儿，他是在思考问题呢。可能是见惯了主子的这种神情，几个全副武装的卫兵悄悄地退到了门旁。

“哎，这房里怎么有些凉飕飕的，是不是那火炕里的柴禾烧完了？”一个小阿哈抱起了双肩，小声嘀咕道。

“别出声！”另一个阿哈朝抱着肩膀有些打冷颤的阿哈一瞪眼，其实他自己也冷得直搓手呢。朔方的野风刀子似的从门缝里钻进来，一阵紧似一阵，把房里的暖气吹得无影无踪。

“真冷啊！”努尔哈赤的心里也这么想着，只不过他的思绪已飞到了从前……

野外的坟场上，数百名爱新觉罗家族的子孙们，面对着祖宗陵寝，大放悲声，一时间天昏地暗，日月无光，哭声响在赫图阿拉城上空，响在苏子河畔的旷野上，撼天动地。觉昌安、塔克世、礼敦以及部中诸将士死难，众人伤心不已，号啕恸哭。风传悲声，河水呜咽。白色的纸钱在萧萧秋风中漫天飞舞，白衣白裙的萨满太太手持铃鼓，声嘶力竭地唱着跳着，为不幸遇难的将士们送行。

所有的人，男人、女人、老人、孩童，都哭了，有的涕泪滂沱，有的捶胸顿足，还有的早已伤心欲绝而背过气去。表面上，他们是在哭亡灵，恸逝者，实际上，他们是在哀叹爱新觉罗家的命运。

这几乎是一场灭顶之灾呀！明朝万历初年，辽东女真各部已经处在山雨欲来风满楼的动荡前夕，激烈的厮杀和明争暗斗、刀光剑影此起彼伏，令人防不胜防，措手不及。

辽东大地上的女真，大体上分为三大部，即建州女真、海西女真和野人女真。海西女真起初居住在松花江流域，到了明中叶以后，南迁至开原边外及辉发河流域等地，分成叶赫、哈达、辉发、乌拉四部。野人女真又分为东海（指居住在黑龙江支流松花江和乌苏里江流域及乌苏里江以东的滨海地区）女真和黑龙江女真。明廷为了加强对女真的统治，在女真地区设置了三百多个卫所，“因其部族，……封其酋长为都督、都指挥、指挥、千百户、镇抚等职，给与印信，俾仍旧俗，各统其属，以时朝贡”，并“分其枝，离其势，互令争长仇杀，以贻中国之安。”因此，女真“各部蜂起，皆称王争长，互相战杀，甚至骨肉相残，强凌弱，众暴寡”。

建州女真已由明初的“建州三卫”发展扩大成了建州五部——苏克素浒河部、浑河部、完颜部、董鄂部、哲陈部和长白山三部——鸭绿江部、朱舍里部、讷殷部。而在当时这建州诸部中，以王杲的势力最强。这王杲曾“犯辽阳，劫孤山，略抚顺、汤站，前后杀指挥王国柱、陈其孚、戴冕、王重爵、杨玉美，把总温栾、于栾、王守廉、田耕、刘一鸣等，凡数十辈”，枭雄诸部，威振八方。这王杲何许人士？努尔哈赤的外公是也！王杲是个传奇式的人物，他的称雄充满了暴发户的冒险与偶然。

据说王杲的父亲多贝勒原为五女山下的猎户，一次偶然的机会从虎口中救下了哈达部首领王中，王中知恩图报，便扶持多贝勒建寨古埒山。古埒山地处通商抚顺、朝贡京师的要道，多贝勒占山为王，倒卖皮货，勒索行人，很快便聚众成势，骤然致富，再加上多贝勒精湛的猎术和武功，古埒山寨一时声威大振，这又引起了周边各地的妒嫉和明廷的关注。哈达部在王中死后，由他的侄子王台继为贝勒，这个王台野心勃勃又心狠手辣，为了压制和打击古埒山，王台暗中与明廷勾结，设计杀死了古埒山寨主多贝勒。而王杲则是这场劫难的幸存者，他审时度势，重又招集部属，抢夺敕书，把持贡市，趁建州女真内部混乱之时，再度雄起。随着王杲势力的强大，建州女真各部首领纷纷归顺于他，就连被明廷称为“市夷头目”、官建州左卫都指挥使的觉昌安也与六弟宝实率领族人投奔于王杲的旗下。努尔哈赤的父亲塔克世正是在这个时候做了王杲的部将，并成了王杲的女婿。

俗话说人怕出名猪怕壮。这王杲自恃雄据建州，无视明朝边官，多次扰边作乱，非常嚣张。而卑鄙狡猾的明廷也视王杲为眼中钉，想方设法要除掉他。不久，机会便来了。这是在万历二年（1574年），王杲借口明廷边官敲诈勒索贸边，扣留属人，便大举进犯辽、沈，袭掠马市，并煽动建州各部及蒙古三卫袭扰边关，甚至将俘获的汉人剖胸挖腹施以极刑，明廷只得罢了辽东关市。这消息传到京师，怠于朝政的明神宗勃然大怒：“九年前辽东总兵官李成梁便已血洗古埒寨，并向朝廷禀明寨中所有人等一概被斩尽杀绝，无一活口，怎地到现在又出来了多贝勒的儿子王杲，并且王杲还有两个生龙活虎的儿子阿台和阿海？这还了得！统统格杀勿论，也省得寡人烦心。”

于是，一道圣旨悄然传给了辽东总兵李成梁，王杲和他的儿子以及亲朋好友们绝对没想到，又一次灭顶之灾正向古埒寨袭来。自然，荒淫而昏庸的明神宗也绝对想不到，他轻易地下此圣旨，结果犯了一个朱明王朝的祖先绝对不能饶恕的大错误！

作为王杲的追随者，觉昌安父子也有自己的打算。一山难容二虎，王杲在建州称雄一天，便没有觉昌安父子的出头之日。尽管他们之间有着姻亲关系，但在残酷的政治斗争和家族利益面前，父子之情、翁婿之份都显得那么微不足道了。命运的煎熬使人们对亲情变得有些麻木不仁了，因为他们各怀“鬼胎”，彼此间早已是貌合神离，暗中提防了。

大明辽东总兵官李成梁率六万大军再一次包围了古埒寨，王杲在激战中乘隙脱逃，潜入了哈达人的寨子。但在明兵密如天网的搜捕下，王杲被哈达部首领王台父子出卖了，成了明军刀下之鬼——他被明军解押到京师，被枭首于槁街。

李成梁心里松了口气，这回总可以向皇上交差领赏了。

有道是“物极必反”，野火烧不尽，春风吹又生，杀父之仇不共戴天。王杲的儿子阿台和阿海招集了残兵败将重新开进了古埒寨，继续与明廷对抗，当然，他们对出卖父亲的哈达部也耿耿于怀、咬牙切齿。兄弟二人不仅加固了古埒寨，而且在古埒寨一侧地势相对平坦、毫无险要可据的地方修建了莽马寨，使两个寨子互为犄角，前后呼应。

这一时期，辽东大地的政治舞台上又形成了新的力量组合。继建州女真首领王杲被明朝处决之后，海西女真哈达部首领王台也年迈老死，而叶赫部的逞加奴、仰加奴两兄弟与王杲的儿子阿台、阿海两兄弟以及王台的长子扈儿罕差不多形成了鼎立称雄的新局势。他们之间为争夺地盘、“敕书”，常常你攻我杀，虎视眈眈。至于明王朝，却乐得坐山观虎斗，让女真各部互相混战仇杀而削弱，以便坐收渔人之利。

只有辽东总兵李成梁心神不宁。李成梁镇守辽东几十年，各处征战不下百次，因镇边有功而被朝廷封为宁远伯，并且父子五人相继执掌辽东兵权，俨然成了雄霸辽东的一个“土皇帝”！可是，自从李成梁带兵攻破王杲的古埒寨并追捕到了王杲之后，王杲的两个儿子阿台和阿海却下落不明。如今王杲早被朝廷处死并枭首示众，而阿台和阿海却又在古埒寨东山再起！在一次战役中，李成梁率大军事先埋伏在乱石岗上，将阿海、阿台兄弟的人马杀得血肉横飞，哭爹喊娘。可是当战后清理那些被斩杀的人马时，一千五百多颗骇人的头颅中竟惟独缺了阿台和阿海的！李成梁心里既后悔又后怕，这二人不除，他这个辽东总兵便心有余悸，难得安宁，斩草要除根啊。

而对阿台、阿海二兄弟而言，杀父之仇不共戴天，兵败之耻岂能容忍，新仇旧恨岂可不报？万历十一年正月，阿台又率骑兵千人由静远堡和榆林堡入边掳掠，甚至深入到盛京城南的浑河两岸，然后又饱掳抚顺而去，直搅得李成梁心惊肉跳、夜不能寐，他决心要执缚阿台、阿海，以绝祸根。根据建州苏克素浒河部图伦城主尼堪外兰提供的密报，李成梁亲统驻广宁、辽阳精兵，自抚顺王刚谷出兵，疾驰百里，直捣阿台的驻地古埒寨。

待大军压住阵脚，李成梁快步登上高山观敌瞭阵，却不由得倒吸了一口凉气。

不仅对古埒寨，他对辽东各处的地形要塞都了如指掌，要不怎能说是辽东的“土皇帝”呢？九年前，他曾率兵来攻此寨，可此番再见古埒寨，却大大出乎了李成梁的意料之外。当时，古埒寨经王杲的精心整治已然是坚固无比，幸而有塔克世的引领，大军才得以攻入。而现在的古埒寨经过阿台兄弟的重建，更如同一座铜墙铁壁！古埒寨重建于陡峭的山崖上，山寨恃山负险，三面都有峭壁环卫，惟有一条山路出入，此时已布满了阿台兄弟的人马。高大的寨墙之上箭矢投枪滚木礌石堆积如山，居高临下，傲然耸立！

李成梁在山下急得团团转，这座山寨看起来固若金汤，一夫当关、万夫莫开，他的人马纵然有千军万马之多，也只能“望寨兴叹”了！

陷入进退维谷之中的李成梁气急败坏，双脚直跳。他以戍守辽东起家，官至总兵，又被封为宁远伯，总不至于败在建州女真的脚下吧？以他在辽东征战多年的经验，这些女真人向来桀骜不驯，称王争霸，凌弱暴寡，而且朝秦暮楚，倘若这一次自己在古埒寨下败阵认输，不仅无法向朝廷交待，而且女真部也会趁“火”打劫，更加不服管教，局面将不堪收拾！

“一不作二不休，兵分三路从东、南、西三面围攻古埒寨，切断寨中水源，不愁寨子攻不下！”李成梁心生一计，要困死阿台兄弟和他的人马，让其坐以待毙。此令一下，李成梁的大队人马立即将古埒寨团团围住，水泄不通，并且分别从东、南、西三个方向日夜攻城，直搅得寨子人乏马困，人心惶惶，幸好寨子防备甚严，尚能抵挡几天，可是，小小的一个山寨，没了水源，究竟能挨得过几天？

正当古埒寨中人心不稳之时，建州的觉昌安和塔克世父子率领八千精兵前来驰援，一心要解古埒寨之围。看着遮天蔽日的战旗，听着震耳欲聋的喊杀声，李成梁大惊失色，面如死灰。要知道，这古埒寨像块硬骨头似的，已经够难攻打了，如果再有了觉昌安上万人马的援助，前后夹击，他李成梁纵有三头六臂也难以招架呀！李成梁此番出兵，本想出其不意，一举破了古埒寨，谁知耗费了许多粮饷，兴师动众地围困了山寨，却一时难以攻占。此刻山寨来了援军，自己若就此罢兵，非但颜面扫地，有损自己辽东总兵官的声望和威严，日后晋见皇帝也无法交待，弄不好会被革职罢官，前功尽弃的！

身为镇守辽东总兵的李成梁可不是一个简单的人物。他是辽东铁岭人，著名的武将，由战功提拔，多次督兵击溃骚掠辽东的鞑靼汉部，率重兵坐镇广宁，威震一时，是辽东地区最有权势的人物，显赫一时。

“我这位堂堂的辽东总兵官，总不至于败在此地吧？哼哼，觉昌安、塔克世，本总兵不会轻易放过你们的！”

李成梁恨得咬牙切齿，他万万没料到觉昌安会带了八千精兵前来援助古埒寨的阿台兄弟。

觉昌安与王杲曾是亲上加亲的儿女亲家，觉昌安之子塔克世娶了王杲的女儿喜塔拉氏为妻，而觉昌安又将自己的孙女，即长子礼敦的女儿嫁给了王杲的儿子阿台为妻。女真人并不十分看重辈份，政治需要才是最重要的，因此，建州左卫的觉昌安与建州卫的王杲之间结成了复杂的姻亲关系，但他二人都有称雄建州的野心，又未免互相提防和仇视。说起来，当初李成梁之所以能杀进古埒寨，捉住王杲，靠的还是塔克世提供的情报和接应呢！

王杲被处死之后，明廷给觉昌安父子加官晋爵，觉昌安晋升为建州左卫都督，塔克世受封为建州左卫指挥使，还得到了王杲的部分属地。他们父子俩靠出卖王杲而改变了在建州的地位。可是，爱新觉罗家族并没有因此时来运转，王杲的儿子阿台和阿海继承父业重建了古埒寨，令觉昌安父子不得不刮目相看，这才有了亲上加亲的举措，许是觉昌安以此来表示对古埒寨的阿台的歉意吧。

残酷的现实终于使觉昌安父子认识到，卑鄙狡猾的明朝对女真各部采取的分而治之的两面手法，意在挑起女真各部的争端，扶弱抑强，造成各部的敌对和仇杀，防止任何一部的强大，从而有利于他们的统治。明廷阴险狡诈的“卸磨杀驴”手段让觉昌安父子清醒过来，这一次，他们绝不能坐视古埒寨受围困而袖手旁观了！这古埒寨本为进入建州的要道，如若落入明军之手，那么日后明军人马出入建州将如履平地一般，整个建州将不得不被明廷牵着鼻子走！

救兵如救火。觉昌安父子接到古埒寨的求援之后，立即亲自出马，带着本部六位贝勒，挑选了精锐兵士八千人，浩浩荡荡日夜兼程，直抵古埒寨下，与寨中的阿台兄弟上下呼应，局势为之一变。

关键之时，图伦城主尼堪外兰勾结李成梁，心怀叵测地前来觉昌安大营议和，直说得冠冕堂皇，情真意切：

"大家同为女真人，谁忍心看着古埒山寨再遭明军血洗呢？若为建州百姓着想，免他们饱受战争之苦，罢战议和实为上策。说不定明廷会为此而褒奖我女真，李总兵自然也就会撤军了。"

尼堪外兰花言巧语，说得涕泪横流，令觉昌安父子大为感动，不知不觉便钻进了尼堪外兰设下的圈套之中，等他二人幡然醒悟之时，李成梁的大军已杀入了营地，将女真人杀得抱头鼠窜，哭爹喊娘……

建州八千精兵以及古埒寨中的五千守军，竟在一夜之间被李成梁纵兵屠戮，砍杀殆尽！大军过处，死尸遍地，血流成河，古埒寨成了屠场，成了人间地狱！

李成梁一不作二不休，又下令火烧古埒寨，他要将古埒寨化为一堆灰烬，要将无数死伤的女真人葬身火海，永远消灭！

建州英雄觉昌安父子戎马一生，却万万没料到被奸诈的尼堪外兰所欺骗，不仅丧失了身家性命，更丧失了一世英名！

一名从古埒寨生还回来的勇士，冒死收集出了十三副血迹斑斑的盔甲，交到了赫图阿拉城的努尔哈赤面前。噩耗传来，爱新觉罗家族大放悲声，全城都沉浸在莫大的悲痛之中。

觉昌安都督父子惨遭不测，爱新觉罗家族已然是群龙无首，而尼堪外兰和李成梁若乘机进攻，宁古塔定是不堪一击，从此一蹶不振，任人宰割了。

自王杲死后，觉昌安父子因导引官军剿杀王杲有功，先后受到了明廷的加官晋爵，觉昌安晋升为建州左卫都督，塔克世受封为建州左卫指挥使，并得到了王杲的部分属地。建州王杲在投奔蒙古三卫途中，误入哈达部，被仇人哈达部首领王台缚献给李成梁，结果王杲在京师身首异处，从而结束了他曾称雄辽东建州诸部的辉煌时代。现在，建州首领的身份和头衔，落到了属于王杲远支后裔的觉昌安父子身上，爱新觉罗家族时来运转了。可是好景不长，觉昌安塔克世父子突然被杀，爱新觉罗家族头顶刚现出的蓝天又被黑沉沉的乌云笼罩了起来。秋风吹动着白幡，纸钱漫天飘舞，萨满妈妈唱着哀怨的曲子，铃鼓和琴声阵阵叩击着人们的心房。

多么凄惨的日子，多么寒冷的时刻！是的，爱新觉罗家族不只是在哭亡灵、悼死者，而且在哭爱新觉罗家族那无望的前景和命运，在哀叹自己的命运。

“冷，真的好冷呵！”努尔哈赤打着冷颤，忽然一拳捶在了炕桌上，茶碗被震得一阵乱响。

建州女真罹难空前！努尔哈赤由祖、父的惨死想到了祖、父以前建州女真坎坷的发展历史，他伸手端起了早已冰凉的奶茶，一饮而尽……

努尔哈赤的先世，从猛哥帖木儿至塔克世，凡六代，历时二百多年，由斡朵里经斡木河到凤州，再由凤州经斡木河到苏克素浒河谷，几经迁徙，数盛数衰，最后定居在赫图阿拉。猛哥帖木儿曾是元末的万户，他所驻牧的斡朵里城是北方重镇。万户为世袭军职，猛哥帖木儿统领着女真军，为元朝镇抚北疆。可是到了明朝初年，由于边关动荡，部族之争加剧，辽东大地硝烟骤起，战争不断。猛哥帖木儿被迫带着斡朵里女真部众，溯牡丹江避乱流徙，移居图门江下游斡木河一带，过着半游牧半农耕的生活。到明成祖朱棣时，猛哥帖木儿接受朝廷招抚，被封为建州左卫指挥使。一场“斡木河之变”，猛哥帖木儿及长子权豆被辽东女真豪族杨木答兀诱杀，次子董山（童仓）被掳走，胞弟凡察仓皇出逃，建州左卫受到了空前重创。

董山被赎回后，因族人在斡木河难以生存，便奏请明廷迁往辽东。这样，经过近半个世纪的辗转迁移，建州女真终于在浑河支流苏子河一带重又聚集在一起，而这片群山环绕的苏子河谷，土肥水美，后来便成了努尔哈赤崛起的风水宝地。

董山时期的建州女真分为建州卫、建州左卫和建州右卫，隶属于明朝奴儿干都指挥使司。建州三卫同居一处，同族间彼此联姻，人数渐多，势力渐强，便不时出兵辽东地区“犯抢”，劫掠耕牛、马匹、衣物和汉族妇女，引起了明朝的不满。明军借故杀死了董山，又派兵血洗了烟突山下董山的屯寨，共斩擒俘获建州女真一千一百五十余人。由此，建州女真焚荡殆尽，部落残破，力量衰弱下去。

继董山之后，其子妥罗为建州左卫指挥使，但建州女真元气一直难以恢复，仍处于四分五裂的状态。妥罗的三弟之子名福满，此人后来被清朝尊为兴祖直皇帝，他就是努尔哈赤的曾祖。福满有六子，其中第四子名为觉昌安。他们兄弟六人分住六个小城，环卫而居，相距不远可相互呼应，人称此六兄弟为“宁古塔贝勒”，从此建州女真声威大振，在赫图阿拉拓土开疆，招兵买马，积蓄力量。爱新觉罗家族显赫一时。

觉昌安为了增强爱新觉罗家族的实力，表面投靠明廷，在辽东总兵李成梁的庇护下，暗中扩大势力，不久便征服了附近的硕色纳和加虎两个强族，这样一来，方圆近百里的小部落纷纷归顺了建州女真。觉昌安本人勇猛且有才智，他的五个儿子也个个英勇无比，尤其是长子礼敦和四子塔克世更是膂力过人、相貌堂堂。觉昌安带着他五个勇猛如虎的儿子四处征战、拓土开疆，把祖宗的基业大大向前推进了一步。尽管建州左卫各部仍支离破碎，四分五裂，但爱新觉罗家族却统一了东起五岭西到苏子河方圆百里的地方。以赫图阿拉为中心，觉昌安承袭了爵位，五个儿子在附近另建五城，星罗棋布的环绕着赫图阿拉，更使建州左卫声威大振，终于引起了明朝和李成梁的警觉。

树大招风。爱新觉罗家族到觉昌安时又恢复了往日的雄威，族盛势众，显赫一时。可是，又有谁会想到，这个家族的主人觉昌安父子会在驰援古埒寨时惨遭不测呢？

历经磨难的爱新觉罗家族，在风雨飘摇中颠簸前行，前途不容乐观。这时，觉昌安的长孙努尔哈赤刚刚二十五岁，血气方刚的他当众立誓，要起兵伐贼，替天行道，重振家族雄风，重兴女真邦国，他要将父与祖遗留下来的十三副盔甲变成三十副、三百副、三千副！梦想能够成真吗？

安葬了祖、父的尸首之后，努尔哈赤以报父、祖之仇为名起兵，从而揭开了他金戈铁马统一各部的序幕，这一年正是明万历十一年（1583年）。

祖、父惨死，使名不见经传的热血青年努尔哈赤骤然间成了建州左卫的掌印人、爱新觉罗家族的族长，地位几及他的外祖父——当年的古埒寨主王杲，这不能不引发建州各部欲称王争霸者的妒火，因为他们早已对建州都督、指挥使的耀眼桂冠垂涎三尺了，背靠大树好乘凉嘛，如果能得到明廷的赏识和信任，还愁不能当上建州的主人？这乳臭未干的努尔哈赤凭什么不费吹灰之力便得到了建州左卫指挥使的封职？不仅如此，明朝还给了他三十道敕书、三十匹宝马以及都督的敕书，这么一来，这小子简直是因祸得福了！

其实，明廷的安抚与封赏并不能打动努尔哈赤的心。亲人身上的累累伤痕和斑斑血迹，以及祖父觉昌安那无论如何也合不上的眼睛，全都深深地印在了努尔哈赤的脑海中。杀祖、父之仇不共戴天！努尔哈赤是愤怒的，但他也是清醒的，损兵折将、群龙无首乱作一团的爱新觉罗家族要想向尼堪外兰、向李成梁、向明廷兴师问罪、报仇雪恨又谈何容易？

鉴于自身的实力，努尔哈赤知道眼前还无力与明廷抗争，但他却不能放过出卖了他祖、父的仇人尼堪外兰！为此，努尔哈赤向明廷边官吐露了心迹：

“杀我父祖的人，实际上是图伦寨主尼堪外兰，此人不杀，我爱新觉罗家族便难以雪恨，我与尼堪外兰老贼不共戴天！”

“分而治之”是明廷一贯对辽东女真各部奉行的政策，这是它的妙计高招，而且屡次奏效。眼下，女真各部不是为了水土牛马和人口而争斗得你死我活吗？明廷又怎么会让咄咄逼人的年轻后生努尔哈赤的翅膀太硬呢？于是，明朝的边官以强硬的口气恐吓努尔哈赤：

“我朝对误杀你父祖之事已经深表歉意，追悔莫及，故而才赏赐晋封于你，以慰你父祖在天之灵。此事已经发生了，你为什么不正视现实呢？做你份内的事情吧，不要口口声声说报仇雪恨之事。如若你不听劝告，再无理取闹，贪得无厌，我们将全力支持尼堪外兰，并帮助他在界断筑城，让他做你们建州女真的大首领！”

努尔哈赤欲哭无泪。明廷边官的残暴蛮横，使他心中燃起了满腔的怒火，也让他看清了明廷的险恶用心。于是，努尔哈赤明白了，他的复仇之路将是曲折而艰难的，但他绝不气馁，愚公尚可以移山，只要爱新觉罗家族坚定报仇立国的信念，不屈不挠，子子孙孙一直坚持下去，祖、父之仇一定会报！

“顺者以德服，逆者以兵临”，年轻的努尔哈赤以此为策略，揭开了统一女真各部战争的序幕。其时，努尔哈赤只有父祖遗甲十三副，兵士不过百余人，可谓势单力薄。偌大的宁古塔部，已是四分五裂，士气低落，族人们以怀疑的目光注视着雄心勃勃的年轻后生努尔哈赤，袖手旁观。在他们的眼中，努尔哈赤只不过是个没有任何职衔的小外郎——即首领的后人，无论是在建州女真中，还是在爱新觉罗家族中，他都是一个很不起眼的小人物，只不过由于父祖的惨死而在一夜之间成了建州左卫的掌印之人，他能够胜任这一职位吗？他能够为爱新觉罗家族报仇雪恨，重振建州左卫的雄风吗？

努尔哈赤对自己的处境心知肚明，他把人们的怀疑当成了一种动力，他要证明给族人看，他不会给父祖蒙羞的！但是，如果自己胆小怕事、安分守己，仅靠百余人的兵力和明廷三十道敕书的弱小规模，在强手如林的女真各部，在数百倍、千倍于自己的强大的明廷面前，何时何日才能立定脚跟？只怕等到自己老死的那一天，父祖之仇也不能报啊！

正当努尔哈赤绞尽脑汁要大显身手的时候，他万万没想到，他的族人因妒嫉和怨恨而向他挑衅，串通哈达部洗劫了他的寨子，此后还有一个又一个的谋杀事件，夜晚的刺客、道中的劫匪，这一连串的阴谋令努尔哈赤震惊。

被激怒了的努尔哈赤就像一头发威的雄狮，跨上战马，举起了利剑，示威似的在宁古塔的高坡上大喊着："有杀我者，快出来！"

阳光洒向高坡，努尔哈赤沐浴在一片金色之中，身形魁梧而神圣，令族人们不得不刮目相看！族人终于被努尔哈赤的勇气和举动所折服，无人再敢向他较量。尽管心怀不满的六祖子孙仍不甘心，但随着努尔哈赤初步用兵的胜利，他的威望大增，归附者日益众多，努尔哈赤的英武愈发为人所知，他的族人们也不再怀疑他的领袖才能了。事实胜于雄辩嘛。

接二连三的胜利，使努尔哈赤所在的建州左卫重又强大起来。除了惊人的勇敢、惊人的毅力之外，努尔哈赤用兵，还常常表现出惊人的智慧。他的军事征伐，既以力取，更重智取。万历十四年，起兵三年的努尔哈赤已先后统一了建州女真的苏克素浒、董鄂和哲陈三部。攻战、讨伐还在继续，努尔哈赤在复仇的路上已经越战越强，然而，狡猾的尼堪外兰却仍然一次次地侥幸逃脱。如惊弓之鸟、丧家之犬的尼堪外兰是狡兔三窟，为了躲避努尔哈赤的追击，他从图伦逃往界藩，又自界藩逃往鹅尔浑，已经几易其居，整个建州似乎已没有他的立锥之地了。

"尼堪外兰，尼堪外兰，本王定要亲手杀了你，割下你的人头，祭奠我父祖的在天之灵！"努尔哈赤终于从沉思中醒来，他恨恨地捶着炕桌，忽然冷不丁跳下炕来。

"哇呀呀，冷煞本王了！卫兵在哪儿，都死绝了吗？"努尔哈赤打着冷颤，气得双脚直跳。这位威震三江的英雄，面阔鼻直，体格魁梧，微黑的面容上嵌着一双炯炯放光的眼睛，自有一股掩饰不住的英武之气，令人不敢正视。

"贝勒爷恕罪，奴才们不敢惊扰您，所以……"领班的护卫战战兢兢地低声禀报着，小心翼翼地推开了门帘。

说时迟，那时快，只见红光一闪，随着一声凄厉的惨叫，这名卫兵重重地倒在了地上，蜷缩成一团，殷红的鲜血染湿了他的棉袍。而努尔哈赤似乎没有动过，只是，他的脸阴沉得可怕，目露凶光：

"奸细，尼堪外兰派来的奸细，拖出去乱剑劈死他！"

“贝勒……爷，奴才，奴才是您的老阿哈呀！”被砍断左臂的护卫挣扎着说了几个字，身子一歪昏了过去。

“怎么，你不是刺客？不是歹人？糟了！”原来是麻噶哈，爱新觉罗家的老阿哈，当年曾侍奉过祖父觉昌安，如今又忠心耿耿地追随了自己。努尔哈赤怔怔地站着，目光有些迷离，他的思绪还停在与仇人尼堪外兰的恩怨之中，看来，杀父之仇不报，他便一天也不能安生了。

努尔哈赤朝卫兵们挥着手，目光停留在炕桌上的宝剑上，那剑尖上的血应该还是热的呢。

“唉，想我努尔哈赤也称个一世英雄了，怎的被这个尼堪外兰搅得寝食不安，犹如惊弓之鸟一般？可气、可恨！凭我努尔哈赤的一身正气，难道还怕了那个贼人不成？邪不压正，我就不信斗不过那个老贼！”

努尔哈赤目光发直，趺坐在冰凉的炕上，重又陷入了深深的回忆之中。这一回，卫兵们不敢怠慢，轻手轻脚地拖走了麻噶哈，又轻手轻脚地烧着了火炕，还捧上了滚烫的奶茶……

自从努尔哈赤借报父祖之仇为名，以父祖十三副遗甲起兵之后，这个原先被继母逼得四处流浪漂泊的年轻人，从一个很不起眼的小人物“摇身一变”成了建州左卫的掌印人。不仅是建州各部的女真人，就连努尔哈赤的族人们也对他的地位垂涎三尺、妒火中烧。于是，努尔哈赤的身边便时常有危险发生，险象环生，令他防不胜防！

有一次，努尔哈赤带着士兵外出打猎以补充寨中给养，可等他远离山寨以后，一伙蒙面之人冲进了山寨，洗劫一空，最后竟一把火烧了寨子！那火光、浓烟几十里地外都看得见，触目惊心，努尔哈赤闻听之后气得捶胸顿足，火冒三丈，但却是无可奈何！远水救不了近火呀。

寨子被烧毁了还可以重建，好在山上有的是木头，努尔哈赤和他的兵士们也有的是力气。但是人心叵测，暗箭更难防呀！因此，努尔哈赤提高了警惕，以防不测。牺牲他一人性命事小，父祖之仇未报事大呀。

又是一个寒冷的冬夜，黑得伸手不见五指，睡梦中的努尔哈赤仿佛听到了窗外院中有些异常，他一骨碌爬下了炕，用力揉着眼睛，然后轻手轻脚贴近了窗户，伸手捅破了薄薄的窗纸，定睛一看，不禁倒吸了一口凉气：几个黑衣人如同鬼魅般地攀过了寨墙，他们手中的利刃在黑夜中泛着寒光，令人不寒而栗！不好，这些贼人有备而来，而自己被困房中，身边只有妻儿相伴，可千万不能连累她们母子呀。

努尔哈赤定了定神，伸手从墙上抽出了长剑，猛地抽出门闩大吼一声：

“哪里来的贼人！来呀，额亦都、柯什柯，咱们一起杀贼呀！”

努尔哈赤右手挥舞着长剑左劈右刺，左手不失时机地从背后的箭囊中掏出箭矢。黢黑的夜色下，只见努尔哈赤身手敏捷，宝剑闪着寒光，箭矢呼啸而过。贼人不知有诈，以为中了努尔哈赤的埋伏，慌得丢盔弃甲落荒而逃。有一黑衣人被射伤了大腿，一拐一瘸地溜了出去。

努尔哈赤见贼人四散而逃，心里的石头落了地，他哪里还有什么心思去追杀呢？真险哪，若不是自己武艺不凡，每次临阵，既能射箭又可举刀砍杀，哪能吓退贼人？以自己的武艺再加上额亦都的勇猛和柯什柯的骑射之术，足以把这些贼人赶走，只是，眼下他二人并不在此，努尔哈赤这是在虚张声势呀。

见贼人已经踪迹全无，努尔哈赤手持利剑，不禁仰天长叹：

“天神阿布凯恩都里，月神比牙格格，我努尔哈赤一心要报父祖之仇，这难道有什么错吗？为何上天如此对我？为何贼人一次次地欲将我置于死地？”

自从起兵之日，努尔哈赤便遭到了一连串意外与惊险的考验，族人的冷嘲热讽以及暗中作梗，贼人明目张胆的攻抢和刺杀，所有这些的威胁和恫吓都只能加剧他心中的仇恨，将仇恨之“结”越结越紧，只要决心已定，无论形势多么复杂和险恶，都动摇不了他。只是，防人之心不可无，努尔哈赤脑中的这根弦绷得太紧了，以至于将跟随祖父多年、现在又尽心尽力效忠于自己的老阿哈麻噶哈砍倒在地！

那一年的深秋，又是一个阴晦的夜晚，几个刺客悄悄潜入了努尔哈赤的寨子，拔掉了院中的木栅栏，一步步逼近了努尔哈赤的住房。家犬扬古哈被惊动了，它竖起了耳朵，猛然狂吠起来，终于将努尔哈赤从睡梦中唤醒。

努尔哈赤心知有异，慌忙推醒了睡在身边的爱妃富察氏，示意她搂紧儿子不要出声，他自己则摘下挂在床头的青龙宝剑，用力敲击着窗棂高喊着：

“哪里来的毛贼？来呀，吃你爷爷一刀！”

努尔哈赤用的是虚张声势、声东击西之计，他表面做出由窗户向外跃出之势，却突然打开了房门，如猛虎扑食一般。爱犬扬古哈看见主人出来了，精神一振，“汪汪”狂叫着冲向东墙根下，努尔哈赤定睛一看，东墙根下果然有人影晃动，于是也大吼一声，举刀冲杀过去。努尔哈赤将长剑舞得如银蛇一般，而扬古哈却张着尖牙利嘴，舞动着前爪，对着黑影又抓又咬。一人一犬配合得恰到好处，刺客招架不住了，仓皇逃窜。待到仆人和卫兵们闻声赶来时，努尔哈赤正背着手在院中散步呢。其实，努尔哈赤只是表面装作镇静自若的样子，身上早已惊出了冷汗。

“大家受惊了，其实没什么，刚刚只是有人想偷牛，被我给吓跑了。”

“偷牛贼？”众人有些发愣，不解地看着努尔哈赤，心道：这都督怎地这般胆小怕事？分明是贼人要行刺于你，你却声称是偷牛之贼，这是哪儿跟哪儿呀！

实际上努尔哈赤只是不愿意让亲人们过分为他担心而已。

“天无绝人之路，一次次的危难不都已经化险为夷了吗？吉人天相，看来贼人不会那么轻易得逞的。俗话说：逆天不祥。如此看来我努尔哈赤已得天意保佑，区区几个刺客又能将我怎样？哈哈，看来报父祖之仇，立家族之大业就在眼前了！”

努尔哈赤心中雪亮：创业艰难，父祖留给自己的只有区区十三副遗甲！偌大的宁古塔部，能征善战的已不满百人！当初雄心勃勃又义愤填膺的努尔哈赤万万没料到，父祖遗留下来的竟然是这样一副烂摊子！曾经显赫一时的建州左卫都督的家境，会是这般寒酸！还有族人的勾心斗角和尔虞我诈……该结束了，爱新觉罗家族不能再这样窝囊下去了，不能让外人看笑话，不能长了贼人的志气而灭了自己的威风呀！

于是，努尔哈赤让卫兵点燃了松枝，一团团火把将黑沉沉的夜幕映得通红、雪亮，努尔哈赤站在族人面前，身影显得格外高大魁梧，声音也格外宏亮有力：

“众位叔伯兄弟、老少爷们，我爱新觉罗家族是神鹰后裔、天神的子孙，是注定要成就大事的！从我祖先布库里雍顺建邦至今，经六代人辗转飘泊南征北战，才发展成了现在这样一个拥有三十多座城池的宁古塔，不容易呀！作为爱新觉罗家族的后人，我辈惟有守住基业，重振家族雄风，才不会愧对祖先哪！如今左埒兵败，我父祖被惨杀，此仇不报，猪狗不如！作为七世长子，我努尔哈赤决心凭着父祖十三副遗甲，杀出一片新天地，荡平图伦城，踏破界藩寨，枭取尼堪外兰之首以告慰父祖！就让我们大家携手一心，共创家族美好的明天吧！”

一席肺腑之言打动了在场的所有族人。努尔哈赤神情亢奋，挥动着宝剑似是在指点着山河，凌云之志满溢在眉目之间，令大家敬佩不已，也汗颜不已！努尔哈赤起兵两年来，接二连三的胜利已经让族人对他刮目相看，族人们不得不承认，努尔哈赤身上有一种与生俱来的大将风度、领导才能，有一种强大的凝聚力和向心力，他的勇气和智慧是有目共睹的，惟有他才能将爱新觉罗家族发扬光大，重振往日雄风和霸业，努尔哈赤当之无愧！

众人拾柴火焰高。族人们对努尔哈赤的偏见和敌视终于烟消云散了，毕竟是血浓于水，族人们从此齐心协力助努尔哈赤共谋大事，建州左卫的内忧也就此平息。于是，努尔哈赤便集中精力扫除外患，先是统一苏克素浒部，后又攻克了董鄂部，胜利一个连一个，人心大快。一时间，爱新觉罗家族兵强马壮、人气正旺，努尔哈赤也更是声威赫赫、英名远扬了。形势的发展极为顺畅，但努尔哈赤却总也高兴不起来，因为时至今日，尼堪外兰仍风流快活、逍遥法外！

尼堪外兰自从依附明朝以后，在建州女真各部更是肆无忌惮，趾高气扬，不可一世，许多寨主面对尼堪外兰的霸道和勒索忍无可忍，终于与努尔哈赤站到了一起。他们杀牛祭天，立下盟誓，决心要除去共同的敌人尼堪外兰。可是，当努尔哈赤联合其他三寨之兵攻打图伦城时，却发觉尼堪外兰已逃到了界藩寨。这只狡猾的狐狸！

第二章

佟佳氏对月忆往事
塔克世比武赢新人

彩台上的大女皱起了眉头：天神！这个好汉怎么生得如此丑陋，还穿了一身破衣烂衫？这样又脏又丑的人倘若比武赢了，岂不要坏俺大女一生的幸福？也罢，若真如此，俺便割喉自尽，身子也落得个干净！

努尔哈赤又是一声长叹，整天鞍马劳顿，还没到而立之年的他显得十分疲惫，一副饱经风霜的样子。他从腰中取出了烟袋，铜杆铜嘴儿，上面雕着一团金龙。这烟袋虽不是镶玉嵌金，但是它结实耐用，工艺也算上乘，除了能给努尔哈赤提神解闷儿，紧要之时还能做防身的武器，所以努尔哈赤对它爱不释手，这可是当年在抚顺马市上用一张鹿皮换来的，很值一些钱呐。

“大王，妾带来了一包上好的高丽烟叶，妾装一锅给您尝尝吧。”

一只粉嫩的玉手轻轻按在了烟袋杆上，随即一阵女人特有的体香传进了努尔哈赤的鼻子，他不由得心神一荡，伸手揽住了女人。

“衮代，你这个小妖精，你是从哪里钻出来的？”

富察氏衮代嘻嘻一笑，在努尔哈赤的怀里扭动着。

“妾身早就听说大王这两日心中不快，左思右想也没有主意，又怕大王您闷坏了身子，所以就做了些吃的给您送来了。”

“哦？”努尔哈赤这才发现炕桌上已经摆放着一只朱漆的食盒子。“你亲手做的？莫不是又有什么事情要有求于我吧？”

“衮代呀，你做什么好吃的我都不稀罕。”努尔哈赤故意顿了顿，瞟着衮代。

衮代忽然意识到努尔哈赤说的是什么了，腾地羞红了脸，连忙用帕子遮着低下了头。

“只要大王高兴，衮代随时愿意侍候大王。”

“既是如此，那还等什么？”

努尔哈赤一时兴起，拥着衮代进了东厢房。

“大王，只要您高兴，妾再给您生个儿子。”

“越多越好！哎，这两年你怎么不生了呢？”

“还说呢。这两年大王一心一意要报仇雪恨，整天带兵打仗，东征西讨，什么时候睡过一个囫囵觉？再说了，就是在家呆着，大王也总爱往大福晋的房里跑，害得妾身夜夜守空房！”

“如此说来这倒是我的不是了。怎么，还跟大福晋争风吃醋呀？”

努尔哈赤眯缝着眼睛，不知不觉又叹了口气。

“佟佳氏是个难得的好妻子呀，知书达理，性情又贤淑。若没有她的帮衬，我努尔哈赤能有今日？还不定在哪个荒野之处流浪呢。她对我的好，我这辈子都忘不了。”

衮代一动不动地躺着，心里酸溜溜的真不是滋味。

努尔哈赤自顾自地说着，突然打住了，因为他隐约感到身边的衮代身子在颤抖，似乎有些不大对劲儿。

“怎么啦？你呀，说哭就哭，说笑就笑，都是三个孩子的母亲了，还这么任性！”

衮代噙泪欲垂，星星点点，更显得双眸晶亮，楚楚动人。她白嫩的身子，漆黑的长发，一双柳眉，两片红唇，腮边犹自挂着清泪。嘿，这般模样好不动人，好不俊俏！

努尔哈赤嘿嘿一笑，伸出舌头。

“都说女人家的泪水也是甜的，我得尝一尝。哇呀呀，好咸哪！”

衮代破涕为笑，一转身搂住了努尔哈赤。

自古以来，宫闱深墙，争风吃醋时有发生。偏正庶妃为了争宠，明争暗斗倒也热热闹闹。这时候努尔哈赤的宫中除了大福晋佟佳氏哈哈纳札青之外，还有侧妃伊尔根觉罗氏、钮祜禄氏，现在又多了一个富察氏衮代。她们使尽了浑身的解数，整日里打扮得衣着光鲜，花枝招展，再加上膝下儿女缠绕，倒也为冷清的后宫增添了几分生气。

说起大福晋佟佳氏哈哈纳札青，她在努尔哈赤心目中的地位当然是无人能比的。佟家在抚顺，也算是关外的大户人家了，佟老太爷的宝贝孙女儿佟佳氏哈哈纳札青，虽说是北地胭脂，却也生得唇红齿白、珠圆玉润，一副人见人疼的样子。

相比之下，当时只有十八九岁的努尔哈赤，便显得是那么孤苦伶仃、形单影只了。

努尔哈赤十岁的时候，他的生母额穆齐突然去世，接着不幸便接踵而至了。努尔哈赤的继母纳拉氏，是那哈达贝勒的养女，塔克世正是看中了她的身世，所以对她一再迁就，而纳拉氏不知是出于褊狭自私，还是出于女人的妒忌，将努尔哈赤视如眼中钉、肉中刺。万般无奈之下，尚无自立能力的努尔哈赤愤然离家出走。

天生的倔强和自尊在努尔哈赤心中堆积起自强的信念，他为了生存而四处奔波，挖参、采山货，餐风宿露。也许正是人间的艰辛，生活的磨难，努尔哈赤练就了一身强健的体魄和精湛的武艺，骑术、箭术、刀术样样精通，他甚至可以随手折柳榆为弓，割荆蒿为矢。

如果说山林里的磨练和拼搏使努尔哈赤变得坚毅勇敢，那么山林外的闯荡和奔波则使他明达和睿智起来。努尔哈赤在马市上接触到了来自四面八方的人，看到了不同的面孔，官吏的骄横与残暴，商人的贪婪与狡诈，穷人的饥寒与无助……

努尔哈赤的视野日渐开阔，处事更加干练，体格也日益强健，他那流利的蒙古语和汉语很难让人相信他是个女真人。说来也巧，有一次努尔哈赤为了多采集些人参、乌拉草等长白山中的名贵特产，一头扎进了密林深处，结果采得了一大袋人参、木耳、松子之类的野物，并且还打了一只大个的紫貂。这紫貂皮在马市上一准能卖个好价钱，因为它皮质优良，做成大衣既轻薄又保暖，号称“裘皮之王”。

努尔哈赤满心欢喜，背着褡裢大步前进，不想转来转去竟迷失了路径！密林中不时传来令人毛骨悚然的兽鸣，努尔哈赤已走得困乏不堪，真正是山穷水尽、穷途末路了。

万没料到，在这荒山野岭之中竟飘出了缕缕的炊烟，原来这里竟是抚顺佟家的冬猎宿营地！努尔哈赤大喜过望，自此与佟老太爷结下了莫逆之交。努尔哈赤就这样跟着佟老太爷来到了抚顺，原来佟老太爷在抚顺还是个有头有脸的富户呢。他家中盖着很大的庄院，仆役成群，四周的田地、山林也都是佟家的产业，家里养着几百头牛马牲口不说，佟家在抚顺城里还开了几家铺子呢。

经过一段时间的观察和了解，佟老太爷发现努尔哈赤虽然年轻，做事却十分仔细和谨慎，他能写会算，有条不紊，是一个难得的好帮手。于是，佟老太爷便将佟府庞大的家业、库房全权交给了努尔哈赤照管，自己落得个清闲自在。

这努尔哈赤果然了得，每日里兢兢业业，忙里忙外十分尽职。他不但有着一般人没有的那种睿智与机敏，更有常人所不能与之相比的宽阔心胸和冷静的头脑。

佟老太爷看在眼里，喜在心上，他隐约感觉到这个女真小伙子将来会成大器的，于是毫不犹豫地将宝贝孙女儿佟佳氏哈哈纳札青许配给了努尔哈赤。佟老太爷有所不知的是，努尔哈赤与佟佳氏早已是眉目传情、心心相印了。

其实，佟家在抚顺地方虽是数一数二的大户，但佟老太爷门下人丁却极为单薄。佟老太爷育有五女一儿，五个女儿早已出嫁为人妇，自是不可指望的了。儿子呢，身体单薄，命运多舛，三十多岁便一命呜呼了，只撇下了个尚未成年的女儿。佟老太爷眼睁睁地看着佟家的香火没了子孙继承，只有将全部希望寄托在孙女哈哈纳札青身上，悉心教导，到哈哈纳札青十五、六岁时，佟老太爷便把家政大权交给了她。

哈哈纳札青的汉名叫作佟春秀，不过很少有人这么叫她就是了。这佟佳氏外可料理田产牲口，内可操持衣被酒饭，等闲一个汉子也赶不上她的能耐。这佟佳氏与努尔哈赤真个是千里姻缘一线牵，分明就是天设地造的一对儿！其实，佟佳氏的父亲塔本巴颜本是个名不见经传的小人物，所以在一般人看来，努尔哈赤与佟佳氏的婚姻是一桩没有任何政治背景、甚至是没有父母之命、媒妁之言的婚姻，全靠着努尔哈赤与佟老太爷在山林中偶然相遇，也就是萍水相逢的那么点儿缘份。可结果却是，努尔哈赤在佟家如鱼得水，小夫妻俩恩爱有加，努尔哈赤在佟家找回了久已失去的家的温暖，愈发卖力地报答佟老太爷，把个良田万顷、牛马成群的佟府料理得妥妥当当、井井有条。

努尔哈赤既入赘在佟家，加上憎恨继母那拉氏的尖酸刻薄与歹毒，索性改姓了佟，认识他的人都喊他为佟努尔哈赤，过了不久，佟老太爷过世，偌大的家产便完全由努尔哈赤小夫妻俩支配了。

努尔哈赤为人讲义气又乐善好施，许多慕名而来的人聚到了佟府，佟府俨然成了当年的小梁山。人人都唤努尔哈赤为佟大爷，却不知这个英气勃勃的汉子竟是堂堂建州都督的儿子！

入赘女家随后又改变姓氏，这在汉人看来是颇为不光彩的事情，普通男子汉都为之不齿，若是高官大族那更是跌身份没面子的事情了。可是在努尔哈赤看来，此事对他利大于弊，甚至为他起兵反抗奠定了坚实的基础，努尔哈赤每念及此，便会对这段姻缘喜不自胜，哪里还顾得了别的什么陈规旧俗？

要知道，当时努尔哈赤还不曾为汉人的封建礼教所束缚，所以不仅不以自己改“金”姓“佟”为耻反而津津乐道，甚至在他起兵之初给明朝的文告中，也毫无顾忌地写着“佟努尔哈赤”赫赫大名！可能正因为努尔哈赤假冒佟姓，后来才躲过了李成梁的追捕，甚至一度为李成梁所信任，成为贴身的亲兵！

当然，等到弄懂了汉人的封建道德规范之后，身为大清开国皇帝的努尔哈赤也不由得为自己的这段不太光彩的历史讳莫如深了，那是后话，先不去提他了。

努尔哈赤一心念着佟家对自己的恩情，对佟佳氏更是温柔体贴，百般呵护。他们先后育有二子一女：长子褚英，次子代善，长女东果。佟家有恩于努尔哈赤，佟佳氏顺理成章地成了努尔哈赤的大福晋，自然，温柔娴淑的她也成了努尔哈赤的好帮手、贤内助。

只是，美景易逝，红颜易老，接二连三地生儿育女，使佟佳氏变得日渐憔悴，失去了往日娇美的容颜。

而努尔哈赤则愈发地名声远扬，四方豪杰英雄甘愿投到他的门下，他的事业正如日中天，他强健的体魄里蕴藏了充沛的能量，白天他可以与朋友们谈论政治军事，指点江山，甚至驰骋在疆场，到了夜晚，他需要靠在女人温柔的臂弯里松口气、歇歇脚，一个徐娘半老的佟佳氏自然满足不了他的需要了。

于是，富察氏、伊尔根觉罗氏、哈达纳拉氏接二连三地成了努尔哈赤的福晋。努尔哈赤如今也是家大业大、妻妾成群、子女绕膝了。

可是，有人欢喜有人忧。就在努尔哈赤与察富氏衮代相拥而眠时，佟佳氏哈哈纳札青却独守空房，万般无奈地叹息着。

自古以来，宫闱深墙里便有扯不断的恩恩怨怨，更有床笫之争的醋海风波。虽然，努尔哈赤目前还只是建州左卫之王，但在佟佳氏和富察氏这些女人的心目中，努尔哈赤就是她们的一切，他的地位比那明廷的大皇帝还要高贵！

佟佳氏长吁短叹，在铺着虎皮褥子的炕上辗转反侧。炕很热，可她的心却有些凉。

“唉！当初在抚顺佟府的那些日子是多么温馨哪！那时候，他的心里只有我，我们整天形影不离，早晨一块儿在后花园里舞枪弄棒，然后骑着马儿挨个地向佃户们要租讨债，偌大的产业若是没有他的打理，还真的不行呢！到了晚上，老爷子总是眉开眼笑，烫一壶老酒，跟半子似的女婿一杯一杯地对饮，他喝得脸色通红，发光的眼睛却在对我笑，我心里的那个甜哟，简直要跟他一起醉了！唉，我也是头脑发热，由着他回建州去闯荡，后来又变卖了家产跟他到了建州。他是个要成就大事的人，我心里明白，既然留不住他，便只有跟着他了，这个我倒也不后悔。只是，他身边的女人太多了，眼见得我已人老珠黄，这心里难受哇！”

佟佳氏心潮起伏，睡意全无，索性披衣坐起，伸手撩开了窗帘，对着窗外高挂的一轮明月出神……

却说当年古埒寨一战，建州英雄觉昌安父子遭了埋伏，全军覆没。觉昌安父子戎马一生，一世英明，却双双死于乱军之中，尸骨不辨，消息传到了赫图阿拉，全城百姓大放悲声。

爱新觉罗家虽人多势众，已拥有宁古塔等许多大小城堡，但如今觉昌安都督被杀，竟也群龙无首，一时间人心惶惶。主持城堡事务的二贝勒额尔衮表面上镇静自若，不停地劝慰着那些哭得昏天黑地的亲人们，而在暗中他却吩咐大福晋收拾好细软，万一尼堪外兰乘机杀到，也可迅速带着妻子儿女逃往东边的长白山里暂避风头，至于族中的男女老幼，额尔衮实在是无力也无心去安排了，听天由命吧。

年轻的努尔哈赤将这一切看在眼里，急在心头。自从受祖父之命回赫图阿拉以来，努尔哈赤一直在协助二伯父管理城中诸事，渐渐地也有了些威望。此番父祖俱丧，对他的打击很大，但他很快就明白过来，要化悲痛为力量，要报仇雪恨，重振建州女真的雄风，这才是当务之急呀。可是目睹着二伯父谨小慎微、前怕狼后怕虎的举动，努尔哈赤不禁有些失望，看来，要继承父祖遗志，自己是责无旁贷了。可，自己初出茅庐，能深孚众望吗？

常言道：福无双至，祸不单行。大贝勒礼敦原本身子就虚，得知父兄城毁人亡之后，一连几日茶饭不思，竟双脚一蹬魂归西天了。这一来，爱新觉罗家族更如雪上加霜，哀愁笼罩着城池，人人自危，大有世界末日来临之势。

在为父祖及叔父举行丧礼的坟场上，努尔哈赤头裹白布，身披麻衣，挺身昂首立在众人面前，大声疾呼：

“各位父老乡亲、叔伯兄弟们，恸哭并不能让我们建州女真走出困境，如果各位信任我努尔哈赤的话，就请听我一言：请众贝勒、贝子节哀顺变，正视现实！请各位兄弟打起精神，枕戈待旦，有备无患！假以时日，我一定要杀死尼堪外兰，亲手割下那贼人的脑袋来祭我父祖的在天之灵，此仇不报，誓不为人！”

声声泪、字字血，悲恸中的族人们停止了哭泣和哀号，他们以异样的目光注视着努尔哈赤。仿佛直到现在，他们才发觉这个年轻人是那么高大强健，看他虎目圆睁，额上青筋直暴，不正是心中惶然的族人所要依赖的人吗？这是一个顶天立地的血性男儿，爱新觉罗家族后继有人了！

一时间，偌大的坟场，除了风吹白幡呼呼飘动的声音之外，族人们差不多都屏住了呼吸，齐刷刷地盯着努尔哈赤，塔克世的长子、爱新觉罗家族的七世长孙，由他来继承家族的大业应该是当之无愧的呀！

努尔哈赤意识到了族人那急切和信任的目光，他精神一振，声若洪钟，掷地有声：

“承蒙各位叔伯兄弟的厚爱，努尔哈赤愿豁出身家性命，让我建州女真扬眉吐气，坚如磐石，稳如泰山！方今之时，我父祖尸骨未寒，我辈要化悲痛为力量，团结一致，厉兵秣马，守住我建州女真的江山，守住我父祖创建的三十多座城池的宁古塔和赫图阿拉，我们绝不能给父祖的脸上抹黑呀！”

说到这里，努尔哈赤的声音有些哽咽，泪水在眼眶中打转儿。他伸手抹去了泪水，下意识地看着二叔父额尔衮的神情。

额尔衮的脸色有些苍白，他的目光不敢直视努尔哈赤。显然，在这个血气方刚的后辈面前，他心中惶恐，已是自愧不如了。

“众位叔伯弟兄，”努尔哈赤握紧了拳头，用力在半空中挥舞着。

“方今之日，我们应化悲痛为力量，早日起兵伐贼，重兴我爱新觉罗家族的事业！”

主持宁古塔事务的二贝勒额尔衮避开了努尔哈赤那灼热的目光，有些语无伦次：

“你……所言之事句句在理，可为叔以为此事不能操之过急！”

额尔衮环顾四周，见族人们静静地看着他，心中顿时又恢复了以往的自信。他跨前一步，又转身面向众人，声音也大了些：

“不错，我爱新觉罗家族能有今日，实属不易，若不是那尼堪外兰老贼，我族该多么兴旺祥和呀！”

额尔衮抹去了眼角的泪水，饱经风霜的脸上满是悲戚：

“眼下，我族已经大伤元气，群龙无首，损兵折将，而尼堪外兰随时都有可能杀进宁古塔。因此，本贝勒以为，三十六计，走为上计，留得青山在，不怕没柴烧。我恐怕、我恐怕咱们再也禁不起任何打击了！报仇之事日后再说吧！”

“天哪！咱们可往哪儿去呀！”

突然间，人群中有人大哭大喊起来，然后整个人群又哭成一团，也乱作一团。

“二伯父，您是长辈，眼下重要的是安抚族人，您又何必灭自己志气，长他人威风呢？”

“哼！”额尔衮面色不悦，“年轻人，你回到族里的日子还不长，这种事关全族人生死存亡之事你如何能做得了主？瞧瞧，你赤手空拳的样子，如何能抵挡尼堪外兰的大军？”

努尔哈赤虎目圆睁，瞪着二伯父，恨不得跳起来与他理论。二伯父他也欺人太甚了！自我受祖父之命，回到宁古塔以来，这族中的事情大小巨细，哪一样不是处理安排得井井有条？二伯父他又做了些什么呢？指手划脚不说，每日里除了猎鹰遛狗，就是与女人厮混，弄得不到五十岁的人倒像是个弱不禁风的老叟了。唉，这二伯父的为人处事以及那么胆小怕事的样子，怎么就不像祖父那刚毅坚强的性格呢？噢，人说隔代遗传，没错，我继承了父祖的真传，重整我族江山我责无旁贷！

想到这里，努尔哈赤心中未免有些得意，心情也平静了许多。于是他昂首挺胸，定定地直视着二伯父额尔衮，一字一句：

“龙生龙，凤生凤，作为家族的第七世长子，继承父祖的遗志，重振我家族雄风，重整我女真山河，我责无旁贷！我努尔哈赤愿当着父祖的亡灵和各位族人的面，立下重誓！”

话音未落，努尔哈赤已经直挺挺地跪在了众人面前：

“天神阿布凯恩都里作证，我，爱新觉罗家族的第七世长子，以身家性命担保，不报杀父杀祖之仇，绝不再回赫图阿拉！”

众人一片肃然，无不为努尔哈赤这感天动地泣鬼神的誓言所震撼。

“阿玛……”

一声稚嫩的童音突然间打破了眼前的宁静。一个四、五岁的男孩抱着一只小木匣子，许是身上的袍子太长，他跑得有些磕磕绊绊的。

“褚英，乖儿子！”

努尔哈赤仍旧跪在地上，但他却向儿子伸开了双臂。褚英，这是他的长子，是他的希望啊！

“阿玛，不住赫图阿拉，额娘和我们就没有家了！”

褚英的声音十分清脆响亮，努尔哈赤不由得一愣。

“家？不是还有抚顺的佟府吗？”

“不，阿玛，额娘已经把佟府和佟府的田地给卖了！给，这是银票和银子！”

小褚英边说边要打开木匣子，只听“哗”地一声，匣子掉到了地上，银票和珠宝洒落了一地。

“瞧，这张是佟府庄园卖出的银票，哇，才卖了八百两银子！”

“这一张是五百两的银票，卖的是佟府里收藏的古董和珍宝！这是张田产的银票！”

“还有，佟府马厩里养的牛马牲口也卖了，全卖了！”

银票被风吹得四处飞舞，红的、绿的，与白色的纸钱形成了鲜明的对比。人群中有人被这情景所感动，好些人在风中在地上捡起了银票，并且议论纷纷。佟府在抚顺虽非巨富，却也家资富饶，是个良田万顷、牛马成群的大户，而如今这份丰厚的家产全都是佟佳氏和努尔哈赤的了。只是人们一时还不明白，连努尔哈赤也感到愕然，佟佳氏怎么就把家产给卖了？这可是她祖上的产业，若是败坏在努尔哈赤的手里，日后让他如何面对已经仙逝的岳父大人？

“这……到底是为了什么？”

努尔哈赤还在发呆，张着嘴睁大了眼睛看着人群中的爱妻佟佳氏，一脸的疑问。

不仅是努尔哈赤，族人们此时也都把目光齐刷刷地射向了佟佳氏，这使得这位平日里不爱抛头露面的妇人满脸通红，她的头垂得更低了，她说的话声音虽不太响亮，但一字一句人们却听得十分清楚。

“我……我想帮帮夫君你。你要报仇雪恨，要招兵买马，这些银两也许能派得上用场……”

努尔哈赤心头一热，多么通情达理、多么善解人意的好妻子呀！

"可、可那是佟家祖上留下来的家业呀！"

努尔哈赤几步上前紧紧握住了佟佳氏的手，用力地摇着，眼含热泪，一脸的感激。

"夫君请不要这么说，"不愧是大户人家出身，佟佳氏的谈吐总是那么文雅得体，这使得爱新觉罗家的女人们觉得自愧不如。"如今佟佳氏也成了爱新觉罗家族的一员，身为女子，当讲三从四德，在家从父，既嫁从夫。夫君志向远大，却受命于危难之时，此时为妻爱莫能助，所做的也只不过如此了。"

佟佳氏也不知哪里来的勇气，她可从没当着这么多人的面说过这么多的话呀。许是心里着急，话又说得急了些，此刻她脸色绯红，面若桃花，正呼哧呼哧喘着粗气。也难怪，佟佳氏已经为努尔哈赤生下了褚英和代善两个儿子，眼下她又怀上了，尽管裹着宽大的长袍，但仍遮不住那略显笨重的腰身。

小代善怯怯地躲在佟佳氏的身后，他才两岁，还不清楚眼前发生了什么事情。不过，从大人们那不苟言笑的神情中，小代善也变得文静多了，一双乌溜溜的眼睛上下转个不停，试图看个明白，弄出个究竟。

"贤妻！"努尔哈赤一时激动，喉咙哽咽得说不出话来。

"二伯父，请受侄儿媳妇一拜！"

佟佳氏款款上前，对着额尔衮盈盈下拜，她一身白袍，头裹白巾，脸颊绯红，竟如雪中怒放的腊梅一般。族人们不由得呆住了：真看不出这个女子这么有气量有胆识！眼下她又要做什么呢？

"二伯父，"佟佳氏含着泪花，朱唇轻启，"我家努尔哈赤他，生性倔强，这不共戴天之仇，他是一定要报的。如今，您是族中的长辈，您得给他撑腰哇！刚才，努尔哈赤若言辞不当，有冒犯您老之处，您老切勿放在心上，侄儿媳妇给您赔不是了！"

"嗨！这怎么说的……"

额尔衮有些手足无措了，当着族人的面，更当着努尔哈赤小夫妻俩的面，他无论如何也得表个态了，再不能装孬了。

这女子果然了得！口齿伶俐，好一个夫唱妇随，分明是让老夫下不来台嘛！哼哼！

额尔衮细长的眼睛左右转动着，眉头一皱，面有难色地说道：

"诸位，老夫虽年老体弱，但家仇国恨却不敢遗忘。但，我族中精锐悉遭覆没，此时若轻举妄动，无异于以卵击石，实在是自取灭亡呀！努尔哈赤，你徒有一身勇气，怎奈赤手空拳，又何以与尼堪外兰那老贼拼杀呢？还有你，佟佳氏，一个妇道人家，相夫教子才是份内之事，又怎么可以怂恿努尔哈赤凭一时之意气，置我建州数万人性命于不顾呢？”

努尔哈赤亢声说道：“二伯父此言差矣！”

佟佳氏眉头一挑，暗中却伸手扯着努尔哈赤的衣袖。因为凭她的直觉，不用看就知道，努尔哈赤此时一定是怒不可遏！可不能让他再得罪族中的这位掌权人了，于是佟佳氏便接过了话茬：

“小女子生在佟家，此时却已经是爱新觉罗家的人了。听说咱们爱新觉罗家的妇人，从先母佛库伦、百里福晋到如今，都有不亚于男儿的见识与作为，她们有的管理家邦族务，有的则随夫出军，目的都只有一个，就是让我爱新觉罗家族早日强大，立于不败之地！正因为如此，侄儿媳妇才毫不犹豫地变卖了家产，要助努尔哈赤一臂之力！若不是有这两个咿呀学语的孩子，我、我愿做女真的花木兰、穆桂英！”

“说得好！嫂夫人莫要着急，俺兄弟来也！”

苏子河水流湍急，两岸树木葱茏。谁也没注意到，一叶扁舟什么时候乘风破浪划到了岸边，从小船上跳下几个人来。他们虽衣衫破旧，神情悲戚，但却个个身手敏捷。引人注目的是，他们每人的头上都顶着一方雪白的孝帽子。

努尔哈赤闻声抬头，立刻大喜过望：

“好兄弟！有你们的鼎力相助，此番父祖之仇一定要报！冤有头，债有主，尼堪外兰那老匹夫，俺一定将你生擒，挖出你的心肝来祭我父祖在天之灵！”

“佟大哥，咱弟兄来助你一臂之力！”

“佟大哥，建州遭了如此大劫，俺实在是气愤不过！”

“大哥，当初俺们在荒山野岭之中同生死、共患难，一起结拜为生死兄弟，不能同日生，但求同日死。这一回，俺们说啥也不回去了！”

“尼堪外兰老贼的人头迟早要被俺割下来！”

弟兄们你一言我一语，义愤填膺，摩拳擦掌，豪气冲天，直感动得努尔哈赤泪湿眼眶。他伸手揽着这几位几年未见的弟兄，声音在颤抖着：

“额亦都，费英东，还有扈尔汉，你们来的正是时候哇！”

瞅着眼前的这一幕，额尔衮竟怔住了。他没料到，努尔哈赤前些年不只是在外面流浪，他还结交了这些有情有义、肝胆相照的勇士！有了他们的帮助，努尔哈赤也许真的能够成一番气候！唉，人老了，不中用了，干脆袖手旁观，坐享其成吧。如今这世道，应该是努尔哈赤他们这帮年轻人的天下了。

额尔衮无奈地叹息着，朝着父兄的坟墓发出了几声干嚎。

自古以来，勇士慕英雄，英雄更爱勇士。正所谓“呦呦鹿鸣，食野之萍。我有嘉宾，鼓瑟吹笙。……山不厌高，水不厌深。周公吐哺，天下归心”。少年努尔哈赤虽遭遇过种种不幸和磨难，但在他不屈不挠与命运抗争的路途上，他有幸结识了五个朋友、五个兄弟，也是他的五位忠心耿耿的追随者，这难道不是不幸之中的大幸吗？

古人说，天将降大任于斯人也，必先苦其心智，劳其筋骨，增益其所不能……的确，生下来就与众不同的努尔哈赤，也许命中注定要操劳奔波一辈子，创业艰难嘛。

在诸多的野史趣闻中，努尔哈赤的生母也算是一个不平凡的奇女子。她奇在何处？其实她的相貌并非有沉鱼落雁之美，作为一个普通人家的女子，砍柴煮饭操持家务倒令她的体态十分健美匀称，胸脯高耸，臀部浑圆，自有一种成熟女性的诱人之处。这女子奇就奇在她的双眉之间，鼻梁的上头，生着一个大如鸽卵的淡红色圆痣！在一颦一笑之间，那粒红痣或是圆溜溜的如同一轮红日，或是扁溜溜的恰似一弯新月！有人暗中给这位女子相过面，说她实在是好福相，眉担日月，必生贵子，他日甚至连祖宗都要借了这贵子的光，正可谓光宗耀祖！

这女子唤作大女，在一次极偶然的机会之下被古埒城主王杲收为义女，大概是精通汉话又喜欢说古看相的王杲也意识到了此女子的奇异之处吧。

经过一段日子的教导之后，大女的举手投足都有了大家风范，而她“眉担日月，主生贵子”的天生异相却早已传遍了女真各部，于是各部纷纷上门提亲，古埒的城门坎都要给提亲的人踏破了。

眼看时候差不多了，王杲便派人传谕女真各部，让各部派出英雄好汉来古埒寨比武招亲。消息一出，古埒寨更是热闹非凡、门庭若市了。女真各部哪个不想娶回此女，以便生下贵子来耀祖光宗、香烟永继呢？

其实，王杲心中自有安排。明里是公平比武，以胜败论英雄，花落谁家不是靠运气而只能靠武艺。可王杲在暗中已经将女真各部的好汉们一一做了编排，在他看来，各部豪杰英雄都很出众，而爱新觉罗氏的觉昌安家的几个儿子似乎更为出类拔萃，尤其是觉昌安的长子礼敦和四子塔克世，更是相貌堂堂，武功高强。大女无论是嫁与他们兄弟俩中的哪一个，王杲都很满意。至于谁能蟾宫折桂，那就要看他们兄弟二人的造化了，王杲相信比武最后胜出的肯定是这兄弟俩。无论如何，王杲打算好了要与建州的爱新觉罗家做亲戚了。

此时正值秋高气爽，金风硕落之际，大草原上马壮草肥一片祥和景象。古埒寨的半山腰上，王杲令人搭起了一座彩台，他和夫人一左一右，大女则端坐在正中间，要亲眼目睹这场精彩热闹的比武大会。

各路英雄豪杰均是盛装打扮，有的金盔银甲，精神抖擞；有的宝剑宝马，意气风发。比武场上人欢马叫一片欢腾。

当王杲举起了令旗的一刹那，端坐在正中目不斜视的大女不禁抖动了一下，她的心提到了嗓子眼：不知天神玛法会送给自己一位什么样的郎君？是貌若潘安还是形相丑陋？是武艺高强还是惯于暗中捣鬼？是有情有义之君子还是薄情寡义的小人？……

“天神……”大女的嘴唇在嚅动着，神情极为紧张不安。一旁的王杲微微一笑，神情居然有些令人难以捉摸。

原来这里面还有一件鲜为人知的小秘密呢。你想这大女既有如此的福相，一向精明过人又工于心计的王杲会心甘情愿地让她嫁给别人，让她为别人生下贵子，日后与自己的儿子争夺女真的江山吗？

王杲并不傻，自打见到大女之后的第一个念头，王杲便决意要娶大女，谁知二人合房之时，懵懵懂懂的大女竟对男女之事一无所知，王杲只觉得大女的身子光滑坚硬如水中之卵石一样，气得他兴趣全无，气咻咻地瞪着大女直喘粗气。

既然好事不成，王杲心一横杀机顿生：既然自己不能收用此女子，可也不能让她被别人占了去，那将会遗患无穷哇。黑暗中的王杲不再犹豫，抽出腰刀对准熟睡中的大女砍去，谁知，宝剑未及大女之身时却自动折断。

王杲大惊失色，他一连换了三把宝剑，均是剑锋折断。当下王杲心慌意乱，跌坐在地上，惊出了一身冷汗：

“天哪？莫非此女是神女？看来她不能为我所有，这是天意，不可违呀。罢罢，我与她既无夫妻之份，那就认作义女吧，日后调教一番再为她比武招婿，我王杲也许还会落些个好处！”

王杲只有认命，一心一意地当起了大女的义父，并亲手张罗了这场盛况空前的比武招亲大会。众人只当是神女下凡，个个摩拳擦掌跃跃欲试，要获得奇女的青睐，这其中的内幕他们自然是不得而知的了。

第一轮是比马箭。王杲早已令手下人在校场上用松树枝做标志，摆出了宽约五步、长六十步的马道，参赛者须得在这短短的距离中飞马连射五箭，即：出马箭、立马箭、坐马箭、卧马箭、跑马箭。五箭俱中者，方允许参加第二轮刀法的比试。

众豪杰英雄一看王杲将比马箭作为第一道关，不禁愕然。女真习武讲的是拉硬弓、骑快马，能骑善射者比比皆是，他们自幼便在这塞外的大草原上摸爬滚打，哪一个不是体魄强健、武艺高强的汉子？可这比马箭却不是人人都能过关的，它太难了，让人望而生畏！尤其是第一箭出马箭最为难中的，而此箭若不中，余下四箭也就不允许再试了，英雄豪杰就此便得退出比武，可怜他们奔赴比武场喘息未定就败下阵了。

原来这第一箭的出马箭人称“开门一点红”，勇士飞身上马之后，立即有监赛之人用金锥冷不防猛刺马臀，战马惊痛之后便抬腿狂奔，而整个跑马道仅仅六十步之长！勇士稍一怠慢，来不及搭弓射箭，战马便已奔到了尽头。更不用说要一气呵成飞马连发五箭了！还有些人就更“丢人现眼”了，有的跨上马背，缰绳还没抓紧，战马就狂奔起来，高声咆哮，癫跳如狂，三下两下便把马上之人甩在了地上！

所以转瞬之间，一轮飞马射箭便宣告结束，求亲的勇士已经所剩无几了。王杲看在眼里，喜在心头，这不，在比武场上挨个站着的就这么几个人了：王杲自己帐下的骁将巴乌勒和绰号“花子”的李丐，觉昌安的长子礼敦和四子塔克世，叶赫部落的俩兄弟以及哈达贝勒的次子虎鲁古。要说这几个人也算是百里挑一的英雄了，哪一个不是身怀绝技、叱咤风云的好汉？

可彩台上的大女却皱起了眉头：天神！怎么这几个好汉里面有一个蜡黄的脸像榆木疙瘩似的，还穿着一身破衣烂衫？这样又脏又丑的人倘若比武赢了，岂不要坏俺大女一生的幸福？也罢，果真是他赢了，俺便用身上的佩剑割喉自尽，身子也落得个干净！

大女的心随着几位勇士手中挥舞的宝刀而上下翻滚着，她只觉得一阵天眩地转，眼冒金星，可右手却死死地按住了腰间的佩剑……

“小贝勒好刀法！”

“四阿哥是今天的真正英雄！”

一阵欢声笑语使大女悠悠醒来，啊，眼前站着一位金盔金甲的小将！大女定睛一看，这少年相貌英俊，英姿飒爽，他正呆呆地看着自己，满脸的兴奋与期待。大女心中一颤，慌忙收回了目光，口中喃喃地问道：

"小贝勒是……"

"在下是建州女真觉昌安家的四阿哥塔克世，我，我已经赢了这场比武。"

"天神！"

大女一声惊呼，心中一阵激动，脸上笑意盈盈，心里的一块石头轰然落了地。

这一颦一笑使大女眉间的红痣更加美丽动人，塔克世见她娇笑可人，眼波流转，心中大喜，张着嘴傻愣愣地笑了。

"嘿嘿嘿！"

"哈哈哈！"

"你们快看，这一对小人儿正眉目传情呢！"

"嘻！他二人真是郎才女貌，天作之合呀！妙极，妙极！"

听到众人的高声捧场，王杲不由得心花怒放。他起身大声宣布：

"此番比武招亲宣告结束，本王宣布，大女应为赫图阿拉塔克世贝勒所属！天意如此，各部豪杰今晚请在古埒寨中一聚，本王早已备好酒宴，一来祝贺塔克世与大女喜结良缘，二来也祝愿我女真各部精诚团结，日益强大！"

王杲一向在女真各部中享有很高的声望，他的话谁人不听？于是众人欢天喜地地簇拥着塔克世和大女向山寨走去。自此，王杲便与赫图阿拉的觉昌安父子结下了姻亲同盟，这是后话了。

且说塔克世与大女两人一见钟情，男欢女爱，自有说不尽的缱绻温柔与海誓山盟。当二人合欢之夜，大女就做了一个梦，梦见天眼大开，飞出一只雪羽金爪神鹰，那神鹰矫健美丽之极，却不偏不倚直扑到大女的怀中。惊醒之后的大女出了一身冷汗，而得知此事的王杲却连连称奇叫好，说这是吉兆。果然过了不久，大女便身怀有孕了。

毕竟这大女与平常女子不同，所以她怀胎一十三个月之后方觉腹痛难忍。临产前的阵痛让大女披头散发花容顿失，连着几天几夜搅得家人不能安宁。结果连请来跳神的萨满妈妈也没了主意：

"连天神和祖宗也保佑不了大女了，只有看她的命了。不能让她腹中的污血冲了古埒城，要把大女放在城外山下的雪原上。死生由命，富贵在天，一切就看她们母子二人的造化了。"

于是，可怜兮兮的大女拖着笨重的身子只身一人来到了雪地上，躺在铺着野猪皮的褥子上，就这么眼睁睁地等死了。塔克世此时正远离古埒，在戍守边塞，自是鞭长莫及，爱莫能助了。

塞外的雪夜朔风呼啸，不时伴有阵阵狼嗥，让人头皮发麻。大女快要被冻僵了，头脑已接近于麻木，此时真正是置生死于脑后了。眼泪已经冻成冰溜溜了，喉咙也早已哭哑了，大女像个死人一般直挺挺地躺着，灵魂好像出了壳……

就在这时，黑夜中飞来三只雪白的神鹰，鸣叫着张开了翅膀，将雪地中已经快要冻僵的大女团团围住。恍惚中，大女似乎也听到了大鸟的鸣叫，感觉到了身边那柔软温暖的羽毛，大女顿时精神一爽，昏昏睡去。不知过了多久，只听得一声婴儿响亮的啼哭，大女才悠然醒来。这时候她只觉得通体舒畅，十分暖和，睁眼一开，嗬，一个又白又胖的男婴正吮着手指嘤嘤地啼哭呢。

“我的心肝宝贝，可怜的孩子！”大女慌忙将男婴贴到了自己的胸前，又割下一大块野猪皮将孩子裹得严严实实的，欢天喜地地将孩子抱回了古埒寨。

第三章

丧生母幼童离故土
祭山神壮士献自身

外面一声虎啸暴起，将小窝棚震得摇摇欲坠。众人顿时神情大变：“山神爷来取活人祭品啦！”果然，一只斑斓猛虎正在棚外磨牙吮血！努尔哈赤毅然起身，边向外走边坦然说道：“都不用害怕，我跟它去！”

俗话说，大难不死必有后福。这名男婴因出生时用了野猪皮裹身，就叫努尔哈赤，满语中，努尔哈赤就是野猪皮的意思。又有谁人会想到，这努尔哈赤日后能创下大清数百年的基业呢？大概冥冥之中，早有天神做了安排。

人们惊喜地发现，小努尔哈赤的左脚心里长着七颗小红痣，大女不愧为奇女子一个，她生下的儿子也与众不同！

萨满妈妈舞着铃鼓两眼放光：

“不得了哇！这个又白又胖的小哈哈珠子（满语：小娃娃）将来一定是大富大贵的命呀！长大以后，他会比雪鹰还要灵敏，比雪豹还要矫健。就像野草长遍草原，像松籽儿撒满山林，他的子孙将生生不息，成为这里的主人！”

众人闻听此喜讯，纷纷向做了父亲的塔克世道贺，塔克世为了感谢族人，便在家中摆了几桌喜宴，特地将父亲觉昌安请了来。

酒过三巡，菜过五味，觉昌安已经有了几分酒意，他捋着长须，声音格外宏亮：

“诸位，我爱新觉罗家族香火如此兴旺，现如今已经分居十二处，将来，更要扩大到三十处、上百处！哈哈哈哈！”

寨子里点着松树明子，四处雪亮。大屋里酒肉飘香，推杯换盏，笑语喧哗。酒至酣处，觉昌安一时兴起，大声宣布：

“来来来来，咱们让列祖列宗也一起分享今日的快乐！”

说罢，他率先起身整好衣衫，摘下了瓜皮帽子，径自来到了西厢房，跪在了祖宗的牌位之下。众贝勒们不敢怠慢，慌忙离席跪倒了一片，神情也变得严肃起来。

“天神阿布凯恩都里在上，布库里雍顺、猛哥帖木儿、董山、石抱奇、福满列位祖宗，后辈觉昌安给您请安报喜来了！今日后辈又喜得长孙，他就是我爱新觉罗家族的第七世长孙努尔哈赤，后辈请求列祖列宗保佑他，让他将来光宗耀祖，一鸣惊人，将我爱新觉罗家族发扬光大，永远立于不败之地！”

语音未落，只听外面轰隆隆响起了炸雷声。

“天神祖宗！大冷的天炸起了春雷，好兆头哇！”

“天神听见了俺爷们儿的祝福，也在向俺们贺喜呢！”

“你们听听，炸雷正好响了七下，这真奇了！俺们的小贝勒努尔哈赤说不定就是天上的北斗七星下凡呢，哈哈哈哈！”

在众人的欢声笑语中，躺在襁褓中的努尔哈赤也是手舞足蹈，似乎是急不可耐了。大女的身子尚虚弱，但她听到正房里亲人们的祝福已是心满意足了，又看着身边健康活泼的儿子，更是喜不自胜。她觉得头有些发沉，身子一歪躺在炕头昏昏睡去。

没人注意到，一个阿哈打扮的人蹑手蹑脚地走近的大女和孩子睡的卧房的墙后面，那里堆着许多木柴和干草。阿哈装着抱柴火的样子，猫腰点着了干草……

女真的房子多是木屋，冬暖夏凉，反正塞外到处都是砍也砍不完的密林、古树。干柴、木屋最怕的就是火，不一会儿，塔克世家的后院就冒起了浓烟。

前堂正在吃酒的人们酒醒了一半，当他们看到后院火光冲天时，全都惊呆了。

“快，快去救我的大孙子呀！”

觉昌安摇摇晃晃地跳下了炕，光着脚便要往外冲，可刚走到门口，身子一软便撑不住了。唉，今晚他喝得太多了。

“是谁干的缺德事！”塔克世叫骂着，不顾一切地向后院跑去。

族人们早已从四面八方赶来，拎着牛皮水桶，抱着瓦罐赶来救火，年轻力壮的则举着树枝在火海里上下扑打，哭声喊声一片。

塔克世瞪着一双通红的眼睛，一边喊着大女的名字一边往火海里冲。他像一只发了疯的雄狮，狂吼着，跳骂着，四处寻找着。

“贝勒爷，我在这儿呢。”

披头散发的大女从浓烟中钻了出来，头上和衣衫都沾上了点点的火星，脸上像是抹了锅底灰。嘿，这会儿她竟对塔克世咧嘴一乐，露出了一口原本并不白的白牙。

“孩子呢？我的小乖乖呢？”

塔克世顾不上多看一眼妻子的“尊容”，用力抓住大女的胳膊摇晃着。

“喏，宝贝儿就在我的怀里，睡得正香呢。”

“谢天谢地！”

塔克世松了口气，一把夺过了孩子：

“快让我看看，没吓着他吧？”

“努尔哈赤，努尔哈赤，我的乖孙子在哪里？”

脚步踉跄的觉昌安在几位阿哈的搀扶下，边走边喊，听上去，他的声音沙哑而焦虑。

“阿玛！”

塔克世迎上前去，双手托着儿子送到了觉昌安的眼前：

“阿玛，别着急，努尔哈赤他没事儿！您瞅瞅，嘿嘿，这小子终于睡醒了。”

果然，小努尔哈赤正睁着一双乌溜溜的眼睛看着爷爷呢！觉昌安看着孙子那虎头虎脑的样子，禁不住老泪纵横：

“一定要抓住这个毛贼千刀万剐！多亏了我孙子福大命大哟！快快，打开小包被子，让我看看他脚心的红痣。”

“阿玛，这大冷的天儿……”塔克世有些犹豫。

“让我来吧。”

大女把孩子接了过去，麻利地从包被的一角摸出了孩子的左脚，举得高高地：

“阿玛您看！”

嗬，这白胖的小脚心里，长着米粒大小的七颗小红痣，晶莹红润，竟像七颗红珍珠一般可爱！

“北斗七星，哈哈，我孙子的脚心里长着天上的北斗七星！”觉昌安破泣为笑，低头用嘴亲吻着孙子的小脚，口水和泪水沾满了小脚。

“小罕子，快些长大，爷爷要教给你治家安邦的本事！”

觉昌安顺口就给努尔哈赤起了个小名儿。其实，这名字可有很深的寓意呀。这孩子生下来就有如此富贵之相，冰天雪地里冻不死，浓烟烈火里烧不化，难道不很稀罕吗？再者说，他小时叫小罕子，长大了说不定就是“大汗”了，这个名字真的是很好哇。

“听见了吗？小罕子，爷爷可是望孙成龙呢。”

大女对塔克世挤着眼睛，意在贬一贬丈夫，拿他开心。

塔克世也不气恼，用手一推大女：

“快去梳洗一下吧，蓬头垢面的，小心以后小罕子不认你了。”

大女这才意识到自己衣衫不整，慌忙转身走了。

火已经渐渐熄灭了，族人们又趁着人手众多接着翻盖起了新房。觉昌安和塔克世父子俩在寒夜中一时默默无语。今晚贼人此举，分明是挑衅滋事，如果爱新觉罗家族强大了，兴旺了，四周筑起坚固的城墙，再盖起高大的宫殿，便用不着这样提心吊胆地过日子了。唉，这一天什么时候才能来到呢？

“常言道：大难不死，必有后福。小罕子会给我们家族带来幸福和吉祥的，他是我们的未来和希望！”

觉昌安苍老的声音在夜空中显得格外浑厚响亮。

在父母和爷爷的精心呵护下，努尔哈赤一天天地长大。五、六岁的时候，努尔哈赤就开始跟着父亲和爷爷舞刀弄枪，练习骑射。再大一些就开始跟随父亲进山打猎，摸爬滚打，既锻炼了意志又学会了本领。觉昌安年事已高，但挥刀弄枪、弯弓射猎仍不在年轻人之下，他一心一意教导着孙子，希望他能早日学成本领，出人头地，光宗耀祖。

结果，少年努尔哈赤不仅身强体壮，而且弓马娴熟。从玩木刀木剑到随着父亲骑马射猎，多年的耳濡目染，再加上勤学苦练，努尔哈赤果然学了一身好本领。只是，这段幸福而艰苦的日子太短暂了，十年的时间，努尔哈赤还离不开母亲温暖的怀抱，可是忽然在一夜之间，努尔哈赤永远失去了母亲。

真是祸不单行。年仅十岁的努尔哈赤紧紧拉着只有五岁的弟弟舒尔哈齐的手，兄弟俩在苏子河边，对着滔滔奔腾的河水放声痛哭……

大女因为去河中挑水而命归黄泉，事后人们发现岸边还有一只盛满了水的桦皮木桶。可怜努尔哈赤和弟弟舒尔哈齐，小小的便没了娘亲，而由此带来的不幸，甚至超过了他们丧母的悲哀。

为什么？因为父亲很快又续娶了纳拉氏。男人要征战要出猎，家里没有女人照料怎么行呢？可老实憨厚的塔克世又哪里会想到，这纳拉氏虽然容貌姣好，心肠却十分歹毒刻薄。自她进了塔克世的家门之后，努尔哈赤兄弟俩便没有安宁日子过了。

“呸！什么贵人长相，分明是一个克星、灾星！把自己的亲妈都克死了，将来还不知道要克死谁呢！总之，他必须离开这个家！”纳拉氏总是当着塔克世的面辱骂努尔哈赤，时间一长，连父亲塔克世也看努尔哈赤不顺眼了。

生父的白眼与冷漠，继母的虐待与辱骂，使努尔哈赤幼小的心灵受到了创伤，这个家不再有往日的温暖，不再值得他留恋，他伤透了心。

终于在一个月高风清的夜晚，努尔哈赤毅然离家出走，他要凭自己的本事到外面去闯荡！

人不可能生来就是英雄，但自古英雄出少年。命运多舛的努尔哈赤一头扎进了广阔的山林中，那里有天神慷慨赐给人们的各种飞禽走兽、珍宝、人参和乌拉草，那里自然也吸引了成百上千的人去寻宝挖参。

每年的春秋两季，是女真人挖参采山货的季节，他们把采集到的山货送到开原和抚顺的马市上，换回大米、食盐、布匹、铁锅以及针头线脑等生产和生活用品以补贴家用。

自天顺八年，抚顺城东三里设了马市之后，每月逢三、六、九，集市异常兴隆火爆。热闹的马市贸易给地处偏僻和穷困的女真人带来新鲜的感觉和丰富的物品，更带来了新的希望，于是有更多的女真人一头扎进了深山老林，他们幻想着有朝一日能多得些珍宝，在马市上换了好价钱以改变自己的处境。

可这深山老林，阴翳蔽日，野兽出没，又哪里是常人可以忍受得了的？人常说，在家千般好，出门一时难，更何况是呆在朔风刺骨、气候严寒的荒山野岭？如果不是生活所迫，谁会铁着心、冒着生命的危险闯进这人迹罕见的深山？不错，挖参采山货可以换回柴米油钱解决温饱，但那参并不是随处可见，而是“藏而不露”。话说回来，如果遍地都是参，那这参也就不值钱了。

山里人习惯地称人参为“棒槌”，自然他们总是希望能挖得又粗又大的参。这些“棒槌”多长在悬崖峭壁上，开着耀眼绚丽的红花，分外诱人。

挖参人一眼望去都会喜上眉梢。可要想挖出来，除了翻山越岭之外，还要攀岩，稍有不慎就会坠入山涧，那可真是“一失足成千古恨了”。

风餐、露宿，蚊虫叮咬，毒蛇出没，烈日炙烤或是天寒地冻……条件的艰苦、恶劣难以描述，努尔哈赤却义无返顾。他已经没有了家，没有了退路！

努尔哈赤认准了一个目标、一个方向，翻山越岭走了七天七夜，终于在第八天的黎明时分累倒在一棵老松树下。身下是柔软的枯草松针，努尔哈赤这一觉睡得格外香甜，仿佛又回到了从前，与妈妈挨着，睡在热乎乎的炕上……

“额娘……”

努尔哈赤嚅动着干裂的嘴唇，很舒服地翻了个身。咦？他似乎闻到了一股子烤肉的香味，这一下子他的肚子可受不了啦，叽哩咕噜地叫了起来，努尔哈赤这才有些不情愿地睁开了眼。

“小贝勒，你醒啦？”

小窝棚里铺着厚厚的松针和乌拉草，石桌子上点着松明子。柔和昏黄的灯光下，努尔哈赤看清楚了站在眼前的人，一声惊呼：“柯什柯！”

仿佛遇到了亲人，努尔哈赤鼻子一酸，眼泪大滴大滴地掉了下来。

“柯什柯，我这是在哪里？怎么会遇到你呢？”

“唉，一言难尽呀。来来来，小贝勒先起来喝些热汤，待老奴慢慢说给你听吧。”

原来，这柯什柯是努尔哈赤爷爷身边的阿哈，为人忠厚老实，手脚又勤快，很得主人喜欢。觉昌安自打有了长孙之后，生怕儿子家人手不够，吃的、喝的、用的都得有人操心，就把柯什柯送到了塔克世家做总管。所以柯什柯可以说是看着努尔哈赤长大的。

但自打塔克世续娶了纳拉氏之后，这个新女主人便对柯什柯横挑鼻子竖挑眼，百般刁难。原来，纳拉氏自己从娘家带了一名男阿哈，他自然是最贴心最合意的了，所以她便容不下里里外外都管都问的柯什柯了。

一次柯什柯偶然从窗下经过，意外地听到纳拉氏跟塔克世商量，想把柯什柯卖到另一家为奴。老实本份的柯什柯难过得一夜未眠。在爱新觉罗家他已经做了十多年的阿哈，酸甜苦辣都尝过了，虽然身为奴仆，但他对这家的老主人和小主人都有深厚的感情，他愿意侍候这家人一辈子，可为什么新来的女主人却容不下他呢？大不了不让他管事，去干粗活杂活也行，为什么一定要把他卖了呢?

柯什柯思前想后，终于在天亮前溜出了赫图阿拉，一头闯进了长白山，加入了挖参人的行列。也正因为这样，主仆二人才在这深山老林邂逅相见。

有了柯什柯的照应，努尔哈赤年纪虽小，但总算安顿了下来。白天，他们与其他的采参人结伴在莽莽的林海中采集松子、榛子、蘑菇、木耳，挖野人参，打猎射鸟，晚上便三五成群躲进四面通风的窝棚里野宿。窝棚又矮又潮，里面用稍粗的松树枝撑着，搭成“人”字形支架，外面压上干草和树枝，再糊上一层草泥。若遇上狂风或暴雨，这窝棚不是倒塌便是散了架，他们就只有“天当被地当炕”了。

从每年十月到来年的三月，辽东的夜晚都是寒气逼人。呼啸的朔风轻而易举地钻进了窝棚，吹遍了每个角落。蜷缩在一起的人们仍不时发出香甜的鼾声，这是因为他们白天太辛劳了，一天天的劳苦与疲惫竟冲淡了夜的寒冷，窝棚里的鼾声与四周野兽的嘶鸣声、山林的野风构成了一首美妙的交响曲。

山中的苦难、山中的磨难，使努尔哈赤增长了见识也增强了体魄，也使他成熟了许多。努尔哈赤经常出入抚顺的马市，接触了南来北往的商贾，学会了一口汉语，更对汉人的儒雅与开化羡慕不已。在同蒙古人和汉人的广泛接触中，努尔哈赤学会了蒙古语和汉语，他尤其对《三国演义》和《水浒传》里的英雄人物羡慕不已，什么使着鬼王斧的梁山力大如牛的黑大汉李逵；一杆寒星夺魄冷月枪，天下无双的五虎大将之右军大将豹子头林冲；因在景阳岗醉打猛虎而名扬天下的行者武松，使着青龙白虎双刀，威风凛凛；还有善于呼风唤雨、腾云驾雾的“梁山第一妖术师”军师公孙胜；浑身刺着锦缎般的花纹、相扑擒拿十八般武艺样样精通的“浪子燕青”……

总之，几年山中的艰苦生活和抚顺关马市贸易，就像一座大学校一样，努尔哈赤既经受了意志上的磨练又增长了见识，开阔了胸怀。而且尤为重要的是，努尔哈赤不再感到孤单，他结交了几位同龄少年，成为患难之交，日后更成了他创业的左膀右臂。

努尔哈赤在长白山的挖参人中间生存了下来。如果不是他自幼便能骑善射，筋骨强壮，如果不是他勇敢顽强并不失机敏的个性和对生活执著的信念，锲而不舍，恐怕没人会接受一个孩子入伙。

日出日落，斗转星移。少年努尔哈赤过早地饱尝了生活的艰辛，在烈日和严寒中经受了一次次磨练和考验，长成了一个虎背熊腰的壮小伙子。跟他住在一个窝棚里的，除了老阿哈柯什柯之外，还有被努尔哈赤喊作“李逵”的患难之交额亦都。安费扬古则因其额角处有一暗红胎记，努尔哈赤便称他为“红额兽”，《水浒传》中“青面兽”杨志的绰号不就是这么来的吗？

仲秋的一个寒夜，兄弟几人奔波了多日，除了采集些木耳、蘑菇和松子之外，枝参未见。因此兄弟几个缩在窝棚里愁眉不展，长吁短叹。眼见冬天就要来了，进山挖参将更困难，两手空空，这个漫长而严寒的冬季可怎么熬啊！

“来来，小伙子们，喝口热汤暖暖身子吧。”

柯什柯从窝棚正中的炭火上端出了一个砂锅，将盖子掀开，嗬，里面咕嘟咕嘟正冒着热气呢。木耳、山菇还有野蒜，再加上几块腊肉，将干硬的棒子面饼和粟子面饼往热汤里一浸，有吃有喝的，在这天寒地冻的时候，还有什么比这个更滋润呢？

说实在的，弟兄几个都是又累又冷又饿，可此时他们却吃不下去了，难以下咽呀。

“小罕子，你先吃，吃饱睡足了明儿个好有力气去挖参啊！”

柯什柯取出一只缺口的黑碗，特意多盛了些面饼。努尔哈赤心头热乎乎的，这两年多亏了柯什柯对自己的关照，否则哪会有这样子强壮的体魄，还不早饿得皮包骨头？

努尔哈赤知道，柯什柯既是劝自己，也是在劝其他的几个年轻人。平日里他和兄弟们一起进山，凡遇困难或危险，努尔哈赤都会挺身而出。久而久之，努尔哈赤在兄弟们当中便很有威望了。

“人是铁，饭是钢，一顿不吃饿得慌。吃！柯什柯，额亦都，安费扬古，来来，咱们围着砂锅一起把饭吃光喝光！”努尔哈赤将黑碗里的面饼重又倒进砂锅里，随手折了许多树枝当筷子，一一发给大家。

“嘿，好香啊。”

“我、我的肚子早就饿得咕咕叫了。”

兄弟们围着砂锅，有滋有味地吃着，一扫刚才愁眉苦脸的样子。柯什柯笑着摇摇头，这些年轻人真是可爱，既讲义气又十分友爱，跟他们在一起生活苦中有乐，倒也舒坦。

“嘿，要是弄一壶高粱烧……”安费扬古吃得嘴角冒油，眯缝着眼睛，左手装着举杯的样子，然后“一饮而尽”，还心满意足地咂巴着。

“去你的吧，要俺说得先塞饱肚子，得先上些好菜，什么炖狍子肉、火烤羊肉、燎毛肉，对了，这燎毛肉就得用那带皮的猪肉，用火燎去毛，刮干净，煮的熟香，用刀一块一块切着吃，那味道，嘿！”额亦都说得唾沫星子乱飞，手舞足蹈直比划。“再焖一大锅子黄米饭，贴一大锅子牛舌头饽饽，那个香呀！”

“没有酒也行，奶茶、酥油可不能少。还有上好的烟叶，酒足饭饱之后美美地吸上一锅子，那个美呀，腾云驾雾喽！”

柯什柯也被几位年轻人的说笑所感染，抽起了烟，自制的烟叶末呛得他一阵咳嗽。

“这样的日子我以前过过，十岁以前，每逢族里的节日或者是大年三十时，家里都会摆着许多的食物，小米干饭、黄米面的牛舌头饽饽和萨其马，可口的辣椒拌大白菜、淹渍的韭菜花儿，还有大盆大盆的野猪肉、野狍子肉、野鸡和鹿肉……我一闭上眼睛就能看得见。可十岁以后，我亲生额娘去世了，好日子也就结束了。”

努尔哈赤说到后来，低下了头，嗓音有些哽咽。

“小罕子别难过，赶明儿个咱兄弟几人一起去闯天下，一起过上好日子，天天喝酒吃肉抽大烟！”

额亦都吞下了锅里最后的一块饽饽，挥手抹去了嘴上的油渍，然后往努尔哈赤的肩膀上重重一拍：

“大丈夫有难同当，有福同享。小罕子，日后你苟、苟……”

额亦都一时想不出来了，结结巴巴，瞪着眼睛，急得抓耳挠腮。

柯什柯不乐意了，他用烟袋杆子轻轻敲着额亦都的脑门儿：

“什么狗？你个浑小子，咱家主人小罕子如今时运不济，虎落平阳，你也敢欺负他？”

“不是！”

努尔哈赤笑着拉住了柯什柯的手臂，朝安费扬古挤着眼睛：

“嘿嘿，咱哥儿几个中间也许能出个大秀才？额亦都呀，你到底识了几个汉字，就学得这样酸溜溜的让人头皮发麻？快说呀，‘苟’什么？”

“苟……”额亦都脸涨成了猪肝色，越着急越想不出来了。

“快帮帮俺呀，好哥哥！”

看着额亦都冲着安费扬古又是作揖又是鞠躬的狼狈相，小窝棚里爆发出了一阵大笑。

“苟富贵，莫相忘！”

安费扬古话音未落，窝棚外面突然发出了一声猛吼，然后像是起了一阵飓风，将小窝棚吹得哗哗作响，摇摇欲坠。

窝棚里的人顿时神情大变，笑容僵在他们的脸上。

“山神爷来啦！”

柯什柯最先回过神来，他面如死灰，两腿一软，浑身直哆嗦。

“天哪，这、这可如何是好？”

努尔哈赤的脑子也“嗡”地一声没了主意。

“是福不是祸，是祸躲不过！哥儿几个，俺可要把草帘子开开了！”

额亦都仗着身强力壮，在哥儿几个中力气最大，乍着胆子，猫着腰打开了草帘子。

“哗！”

又是一阵狂风迎面扑来，同时伴着一声低吼，窝棚里的人无不倒抽了一口凉气！

一只肥硕的花斑虎正守在门口，瞪着两只亮如灯盏的眼睛，直盯着窝棚里的几个人。

“完喽！棒槌没挖到，还得丢条小命。”额亦都面对着老虎，“嗵”地一声跪在了地上，一脸的绝望。

原来，女真人认为万物有灵，天地日月、山川草木都有神来主宰，而主宰深山老林的就是这山中之王老虎了，山里人视若神明，不敢冒犯，尊奉为“山神爷”。

来者不善哪。看来“山神爷”也没得吃的了，正虎视眈眈，不知它想一口先吞了谁？

关键时刻，柯什柯爬了过来，一把将额亦都拖到了一边：

“小伙子，就让俺来孝敬山神爷吧，俺反正也上了年纪……”

“不要！”

努尔哈赤禁不住两眼一热，这两年他已经把柯什柯当成了最亲的人，他决不能让柯什柯这么死去。

“听我说。”

努尔哈赤的声音显得出奇地平静：

“你们都还有个家，家里人正等着你们挖了棒槌去换柴米油盐。而我，家早就没有了，他们容不下我，既然是天意，这回就让我跟山神爷走吧。到了那边，我会求山神爷庇护你们的……”

“哥儿们，怎的也轮不到你去！”

安费扬古和额亦都几乎同时叫了起来，一个劲儿地摇头反对，他们求助似的看着柯什柯。他虽然身份卑贱，但毕竟上了年纪，小伙子们把他当成了长辈看待，对他敬重有加。

“这……唉！”

柯什柯为难了，左也不是，右也不是，急得直叹气。

山神爷可等不急了，低低地又吼了起来，真像是在催命呀。

“那，咱们还是按山里人的老规矩办吧。”

柯什柯长叹一声，率先摘下了头上的帽子，小心翼翼地丢在了老虎的眼前。

山里的规矩，挖参人遇上了“山神爷”，就得按照见神的规矩，轮流向老虎掷帽子，谁的帽子被老虎叼走，谁就得跟老虎走，做山神爷的点心。

大伙儿挨着摘下了帽子扔在老虎面前，生死攸关哪，他们个个默默无语，神情悲戚。

山神爷以为这些黑乎乎、油腻腻的玩意儿是好吃的，便慢腾腾叼了一只走了。

“天神祖宗，山神爷叼走了小罕子的帽子！”柯什柯大惊失色，脱口而出。

“正合我意！”

努尔哈赤镇定自如。他理了理旧棉袍，袍子上沾了好些乌拉草，将脑后的辫子盘在脖子上。没了帽子，外面的风可是很刺骨呢。

“小罕子，你……你可是小贝勒呀！”

柯什柯捶胸顿足，老泪纵横，“日后见了老贝勒爷，奴才可怎么交待呀！”

“死生由命，富贵在天。既是天意，谁也不能违抗。好好活下去，我为你们祈福！”

努尔哈赤毅然钻出了窝棚，没有再看伙伴们那伤心欲绝的样子。

这山神爷叼着努尔哈赤的帽子走走停停、停停走走，努尔哈赤小心翼翼地跟在后面，跌跌撞撞，连滚带爬，这山林的夜黑得伸手不见五指，只有山神爷那一双闪亮的眼睛在给努尔哈赤指路。唉，山神爷这是要把我往哪儿带呀，早晚是一个死字，都送到嘴儿边了，它怎么却不慌不忙、无动于衷了？莫非，这山神爷也喜欢玩猫捉老鼠的游戏？看来，它是要把我拖垮了再吞掉哇，何必要这样呢？山神爷，我一直乖乖地跟着您，您只要一张口便得了，又何苦这么折腾人呢？

努尔哈赤提心吊胆，嘀嘀咕咕，袍子被树枝挂了一道道的口子，露出里面泛黄的旧棉絮，脚上的毡靴也已经露出了脚指头，里面垫着的乌拉草早已所剩无几。

走呀走呀，翻山越岭，爬沟过坎，努尔哈赤越来越暖和，辫子早已经解开了，衣衫褴褛倒真像个野人似的。

“为什么别的野兽都可以捕猎，惟独这老虎不能动它一根毫毛？山里比老虎凶猛的动物有的是，为什么只有它能在山中称王？为什么惟独它能成神？”

恐惧已经抛在了脑后，努尔哈赤开始对山神爷产生了浓厚的兴趣。山神爷靠什么在山林中称霸王？靠威风，还是凶猛？连汉人都说“狐假虎威”，看来这猛虎真是了不起，它天生就有一种霸气！威风凛凛，霸气十足，令你不由得不对它肃然起敬、亦步亦趋，就像我现在这个样子。

唉！说起来在赫图阿拉，我爱新觉罗家族不也曾是声威赫赫吗？爷爷觉昌安带着他五个勇如猛虎的儿子，统一了五岭以东、苏子河以西近两百里的广大地区，并且被明廷封为建州左卫都指挥使。但是，狡猾的明廷对建州女真采取的是“以夷制夷”的策略，表面上予以扶持，实则让建州女真各部互相争斗，自相残杀。

万历初年，经过长期混战仇杀的女真人，分成了以建州左卫王杲、建州卫王兀堂、开原北关叶赫部喱加奴、仰加奴，开原南关哈达部王台等几大势力并存抗衡的局面，而曾经辉煌一时的爱新觉罗家族却悄然无声，不得已与王杲结亲寻求依靠，父、祖的业绩仅此而已。

想到这里，努尔哈赤感到愤愤不平。祖父已经年迈，而父亲却被继母所迷惑，整日为生活所困，愁眉不展的，看来此生也不会有大的作为了。难道祖传的坐豹铜雕建州左卫都指挥使印和一簇雕翎神箭就这么落入他人之手吗？

努尔哈赤握紧了拳头，觉得热血沸腾了。爱新觉罗子孙的身上毕竟流淌着英雄的血液呀，作为家族的第七代长子，难道就这样了此一生吗？努尔哈赤真的不甘心哪！

“额娘！”

努尔哈赤一声大叫，扑嗵跪了下来，眼里噙着泪花：

“额娘，你为什么走得这么早？人人说您‘眉担日月’，生子贵不可言，这话怎地没在儿子身上应验？眼看着您儿子就要成为山神爷的美味，额娘呀，您在天之灵快些庇护儿子吧。儿子还太年轻，还没来得及在这世上施展抱负、有所作为，就这么走了，儿子死不瞑目呀！”

夜，显得格外地寂静，连平时黑熊的吼声、山猫子的喵喵声以及野羊的咩咩声都没有，只有努尔哈赤的声音在山谷里回荡，此起彼伏。

咦，怎地山神爷不见了？

努尔哈赤尽情宣泄了内心的感情之后忽然回过神儿来了。四下里一望，哪儿还有老虎的影子？

此时，天边已露出鱼肚白，林子里的光线也渐渐的亮了起来，努尔哈赤这才发觉自己跪在悬崖边上！好悬哪，如果再摸黑向前跪一步……努尔哈赤不由得打了个冷颤，他为自己的假设而感到后怕！

定了定神，努尔哈赤以手撑地，俯身朝悬崖下看去。天神哪！陡峭的悬崖上长着一片绿草，而那草上差不多每棵都顶着一团带着露珠儿的大红花！

“棒槌！山神爷带我找到了棒槌！”

努尔哈赤喜极而泣，拔腿向山下飞奔，他要把这个喜讯告诉他的亲人和朋友。

结果，大难不死的努尔哈赤带着兄弟们挖出了一堆野人参，然后他们插草为香，对天起誓，结拜成了生死兄弟。

眼下，爱新觉罗家族遭了大劫难，这些患难兄弟来帮努尔哈赤了！

“好兄弟，你们、你们来得可正是时候呀！”

努尔哈赤拥着额亦都和安费扬古，泣不成声。

“贝勒爷，老奴还带了些宝贝给您呐。”

老奴柯什柯擦干了泪水，从褡裢里掏出了一只红绸布包裹，神情庄重地双手送上。

“贝勒爷，这是老贝勒爷吩咐老奴收藏保存的，他说你能用得着，打开看看吧。”

努尔哈赤不再犹豫，在众人的目光中缓缓解开了绸布，里面是一只小巧的紫檀木雕花小木箱，在阳光下熠熠闪光。

“果然是玛法（爷爷）的木箱子。”睹物思人，努尔哈赤内心激动，双手不停地颤抖着，却怎么也打不开箱子。

柯什柯伸出粗糙的手轻轻按到箱子的一个机关上，只听“吧嗒”一声，箱盖自动打开了。

“哇！这么大的东珠！”

“整整八颗，每一颗都价值千金哪！”

努尔哈赤又惊又喜。的确，这么大的东珠才是长白山中最宝贵的东西，每一颗都是又大又圆，饱满晶莹，色泽如玉，散发出一片令人目眩的柔润光泽。

东珠就是珍珠，生于河蚌之中，只因产于东北的松花江下游及其支流中，所以也被称为北珠。它颗粒大，圆润晶莹，因为生于淡水之中，所以珠泛银光，同南方的合浦珠一样，历来同金、玉并提，为珍宝之属。

努尔哈赤小心翼翼从中拿出了一枚大如酸枣的东珠，感叹万分：

“先世发祥于长白山，山上有闼门潭，方圆八十里，源深流广，后来的鸭绿江、混同江和爱滹江三江之水皆从此流入中华大地，三江孕奇毓异，所产的珍珠都为世上珍品。这是祖宗留给我们的丰富家业呀。难道，我们能看着这三江流域被外人占了去吗？我们是神女的子孙，是这块土地上的主人，老匹夫尼堪外兰杀我父祖，是可忍孰不可忍！大凡有一点儿血性的男人，都应当毫不犹豫跟我努尔哈赤一起去讨还血债！”

“小贝勒爷，老贝勒爷还有话对您交待呢。”

努尔哈赤闻听之后捧着箱子，恭恭敬敬跪在了父、祖的坟前，含泪垂首：

“玛法、阿玛，小罕子在此，您若有未了的心愿就告诉小罕子吧，小罕子给您叩头了！”

族人们屏住了呼吸，呼啦啦跪倒了一片，黑压压的，头上是白花花的纸钱在漫天飞舞，这黑白世界令人神情肃穆，不敢有丝毫的亵渎。

突然间，半空中响起了几声炸雷，轰隆隆震撼着人心，人们只觉得头皮发麻，脊背上冷飕飕的。

“雷公发怒了！”

“天神祖宗显灵了！”

爱新觉罗家族的子孙们不知道上天将要给他们暗示什么，是惩罚还是启示？是噩耗还是福音？

“小罕子，我是你玛法觉昌安哪！你听见了吗？我和你阿玛死得不明不白，我们死不瞑目哇！这报仇雪恨之事你一定要去完成！玛法明白你的心意，知道你一心要报父祖之仇，苦于银钱不够。小罕子，这小檀木箱子里装的八颗东珠，是咱爱新觉罗家族六代祖宗的遗愿和全族上下数千人的身家性命，如今，玛法托老奴柯什柯交给你了，小罕子，你可不要让玛法和阿玛失望呀，你一定要为咱家族争气呀！小罕子，你听清楚了吗？你记住了吗？”

努尔哈赤和全族的人都听见了，一字不漏！努尔哈赤捧着祖辈传下来的宝箱，此刻更明白了它的份量，这乃是自布库里雍顺至祖父觉昌安等数位祖宗暗中积攒、代代收藏以备不测的呀！如今家族蒙难，光复大业就全指望它了！

“列位祖宗在上，法玛、阿玛，你们的话小罕子全都记住了，身为爱新觉罗家族的七世长孙，小罕子一定不负祖宗厚望，带领族人光复祖宗大业。此仇不报，誓不为人！”

“哥哥！”

努尔哈赤一怔：又出了什么事情？

原来，是舒尔哈齐带着几名兄弟捧着十三副血染的盔甲匆匆走来了。舒尔哈齐知道哥哥报仇心切，也明白哥哥势单力弱，于是他急忙带人从府中取回了这父祖遗留下来的铠甲，他要支持兄长，与他并肩作战！

“好兄弟！”

看着这十三副血迹斑斑的盔甲，全族的人都忍不住内心的悲戚，又是一片呜咽声。

努尔哈赤两眼喷火，咬牙切齿：

“父、祖一世英名全毁在尼堪外兰的手里，就剩下了这十三副盔甲。血债血还，我要将父祖的十三副遗甲变成三十副、三百副、三万副！我要攻破图伦，将那老杂毛千刀万剐！但凡有血性的男儿便跟我走！”

“父祖之仇，不共戴天，哥哥，不论你杀到哪里，弟弟舒尔哈齐都跟着你！”

舒尔哈齐振臂响应，与努尔哈赤站到了一起。

柯什柯、额亦都、安费扬古，一个接一个，很快，几乎全族的人都站在了努尔哈赤的一边。

额尔衮眼见自己已经被孤立了，便只有跨前一步表了态：

“侄儿既有此心，乃我爱新觉罗家族之万幸。伯父自当倾力相助，这家族老幼妇孺就不用你操心了，侄儿即刻可以筹集银两去招兵买马，重建我部族精锐之师，重树我部族之雄风！”

“好！多谢二伯父的支持。”

努尔哈赤忍不住泪水涟涟。

有道是“大难临头各自飞”，在家族遭受灭顶之灾的关键时刻，努尔哈赤的勇气与真诚终于打动了族人，人心齐，泰山移呀。努尔哈赤心里的一块石头这才落了地。

作为一个血性男儿，作为家族的七世长子，努尔哈赤是愤怒的，也是清醒的。他知道，凭现在部族残存的力量不足与任何外敌对抗，明廷正在坐山观虎斗呢。大明帝国如百足巨虫，虽僵而不死，它拥兵数百万哪。俗话说“瘦死的骆驼比马大”，眼下的建州女真根本不可能与明廷对抗，更何况建州女真本身已经四分五裂了呢？想那尼堪外兰他如今为什么这么张狂？当初我外祖父王杲不也曾笑傲于建州吗？因为他们都曾依靠了明朝！背靠大树好乘凉，果然不错！为什么我努尔哈赤不能见风使舵，来他个“借刀杀人”之计？

既然，努尔哈赤已经接受了明廷的安抚与封赏，他就要利用好这一关系来保护自己、保护族人。好汉不吃眼前亏，大丈夫能屈能伸，这些道理努尔哈赤在生活的磨练中已经明白了，如今，他要付诸实践了。

由于尼堪外兰的出卖，由于李成梁纵兵屠戮，才使努尔哈赤的父祖惨遭非命。尽管明廷已经对此表示了歉意，下旨晋封努尔哈赤为建州左卫的指挥使，让他承袭了祖父觉昌安都督的职位，并赏爱新觉罗家族世家三十道敕书和三十四马。但这些就能偿还他们对爱新觉罗家族欠下的血债吗？爱新觉罗家族遭的可是灭顶之灾呵！尼堪外兰不过是朱明王朝的走卒而已，明廷“以夷制夷”肆无忌惮，他们一面安慰受重创的爱新觉罗家族，一面又帮尼堪外兰在界版筑新城，扶植他做“建州王”，这不是明摆着要建州女真各部之间“窝里斗”吗？

这口怨气、怒气，努尔哈赤无论如何也咽不下去。父祖在明军屠刀之下痛苦地挣扎，体无完肤，只要一闭上眼睛，古埒寨的熊熊大火和父祖绝望而扭曲的脸就会出现在努尔哈赤的脑海里。父祖是惨死在明军的刀剑之下，明廷和尼堪外兰都是刽子手，他们全都是爱新觉罗家族的仇人！

但，爱新觉罗家族已遭重创，几乎全军覆没，眼下是根本不可能与明廷对抗的，那将无异于以卵击石，自取灭亡。努尔哈赤觉得肩上的担子很重，作为建州左卫的都督，他真的能使家族重新强大，能像当年法玛觉昌安所治理的家族那样声名显赫吗？

权衡利弊，努尔哈赤将对明廷的仇视暂压在心底，将满腔的仇恨怒火指向了狡猾奸诈的小人尼堪外兰。

路，得一步步走；仇，得一个个报。

对明廷的仇，不是不报，而是时候未到。

第四章

享天伦灯下弄娇女
亲歌舞席前收勇夫

“大风起兮云飞扬，安得猛士兮守四方！”努尔哈赤猛然起身，从侍者手中夺过铁琵琶，在地毯正中边舞边唱。歌声浑厚雄壮，琵琶铮铮之音犹如千军万马，十面埋伏。舞姬们纷纷敲着铃鼓在一旁助兴。

努尔哈赤于万历十一年五月借着报父、祖之仇向尼堪外兰的驻地图伦发动了进攻，从此揭开了他统一建州女真的序幕……

费阿拉山城拔地而起，成了努尔哈赤的新“都城”。这里离老城赫图阿拉不远，前后呼应。城外是一大圈木栅栏和茅草房，住着上千户士兵及其家眷，还有大大小小的马厩、牛棚、羊圈、鸡窝，整日里人声鼎沸，鸡犬之声相闻，一派盎然生机。隔着高大宽厚的石砌城墙，城内盖起了一栋栋石砌木房，有的雕梁画栋，有的宅院深深，里面住的是努尔哈赤的得力部将以及亲属子孙。努尔哈赤和妻子儿女则住在正中的由木栅栏围起的大院子里，这里有神殿、鼓楼、台阁和花园，更有一栋上盖丹青鸳鸯瓦、墙壁雪白和彩绘柱椽的三层青砖楼宇，好不气派。

夜幕降临，无数盏松明子将山城内外照得一片雪亮，如同白昼。此刻家家户户大多围坐在火炉边吃喝谈笑，而青砖楼里的“费阿拉之王”努尔哈赤也手舞足蹈，引得妻子儿女笑声不断。

“北风卷地百草折，胡天八月即飞雪。

忽如一夜春风来，千树万树梨花开……”

大厅从东到南是一溜火炕，宽敞而温暖，铺着厚实而柔软的皮褥子。佟佳氏、富察氏、北佳氏和钮祜禄氏分别围坐在几个小炕桌前，炕桌上摆着热气腾腾的奶茶、萨其玛和各色果脯，当然，还有烟袋。

努尔哈赤如今虽不是妻妾成群，但也算是有了“三妻四妾”了，与他的“费哈拉之王”颇为相称。努尔哈赤起兵多年来，东征西讨，南驰北突，一点一滴地壮大自己，一寨一部地吃掉敌人，在统一建州女真的道路上策马奔驰，战果显著。他历时五年，先后并取苏克素浒河部、董鄂部、浑河部、哲陈部和完颜部，而尼堪外兰被斩首则标志着他统一建州女真的战争已经取得了决定性的胜利。

自然，这些年来努尔哈赤的妻妾们在宫里也没闲着，她们使出浑身解数想要为爱新觉罗家族添砖加瓦，滋生人口，兴旺发达。大福晋佟佳氏一马当先，先后育有褚英、代善和东果二子一女，可谓功劳显著。次福晋富察氏衮代也不甘落后，马不停蹄地生了莽古尔泰、德格类和莽古济二子一女，与佟佳氏并驾齐驱，毫不逊色。两个小妾北佳氏和钮祜禄氏也已先后各生了一个儿子，而钮祜禄氏的肚子又一天天地大了起来。

这不，满屋子欢声笑语，孩子们嬉戏追逐莫不喜笑颜开，努尔哈赤一时兴起，加上晚饭时又多饮了几杯，索性抱起了琵琶，跳下火炕，在屋子正中边舞边唱，眉飞色舞。

孩子们一向只知道父王一身戎装，表情威严，不苟言笑，令人敬而远之，不想今晚父王是如此地和蔼可亲，笑逐颜开，于是也和着节拍，蹦着跳着，拍着手扭着腰做着鬼脸儿。

“阿玛王，孩儿觉得您刚才吟唱的曲子与今晚的气氛不太相称。”

东果格格一直端坐在母亲佟佳氏的身旁，不时地给母亲捶捶腰、揉揉背，说些悄悄话儿。可不，女儿长大了，母亲也就衰老了。

“东果，你怎么这么说话？难得你阿玛王有这样的好心情。”

佟佳氏连忙坐直了身子，想要劝阻女儿。

“噢？这阿玛可没想到，只是一时兴起，脱口而出。”

努尔哈赤仍旧很兴奋，虽然被女儿打断了，可并不气恼。他站在正中间想了想，朝女儿一挤眼：

“东果，阿玛唱歌可没有你额娘好呀，要不这样吧，阿玛再换一曲，你听听？”

“谢谢阿玛王！”

东果启齿一笑，脸上的酒窝儿时隐时现。她轻拍着玉手，朝阿玛微微点头，那举止那神态既端庄又可爱，努尔哈赤不由得在心中喝彩：只有佟佳氏才能调教出这样知书达理、温雅大方的女儿，嘿嘿，这也是我努尔哈赤的福气哟。

于是努尔哈赤引吭高歌：

“吾家有娇女，皎皎颇白皙，小字如东果，口齿自清俐……”

东果一听，白皙的面庞登时如桃花般鲜艳，她噘起小嘴：

“阿玛王你唱错了，阿玛王你是故意要取笑女儿。”

“哈哈哈哈！”

努尔哈赤禁不住朗声大笑起来。不错，他是故意将词唱错的，他是在夸自己的娇女嘛。

“阿玛王也要为我唱一曲！”

次女哲嫩格格伸出胖乎乎的小手从身后扯住了努尔哈赤的衣襟。

努尔哈赤又是哈哈一笑，低头在哲嫩粉嘟嘟的小脸上亲了一口：

“好哇，才几岁的丫头片子，就知道争宠了。来来来，让阿玛好好亲亲你！”

“不要不要！”

哲嫩格格被努尔哈赤的胡子扎得又叫又跳，声音里带着哭腔：

“哲嫩不要阿玛王亲亲！哲嫩要阿玛王亲额娘！”

“噢？”努尔哈赤抱着哲嫩，笑得上气不接下气。

“不得了啦！这丫头片子不仅自己要争宠，还为她额娘争宠呢。啧啧，真真不能小瞧她呢。”

众人笑成一团。

晚上，努尔哈赤破例与佟佳氏共寝。月上枝头，万籁无声。透过朦胧的月色，寝宫里的陈设依稀可见。裘皮褥子，织锦的缎子被，火炕烧得温温的，室里飘着淡淡的香味儿，原来西北角的小炕桌上放着一只小铜炉，燃着几根香。

“呀，真是舒服！”

努尔哈赤仰面躺着，双手枕在脑后。

“佟佳氏，你睡着了吗？”

“唔。”

佟佳氏翻了个身轻声应了一声。其实，这些年她时常失眠，努尔哈赤大部分时间都在外面征战，难得回家，即便回来，也多半往富察氏衮代的屋子里钻。那个妖精，不知使的什么法术，硬把一个生龙活虎的男人给勾引得魂不守舍的。

有时候，佟佳氏倒宁可努尔哈赤不回来，可是后来又听说，努尔哈赤在宿营时也偶尔会随便找个女人作陪，有两次还特地把衮代带到了军中日夜陪伴……

嫉妒是女人的天性。男人的世界是博大的，而女人的心里只有自己的男人，男人是她的一切！眼见得一天天红颜憔悴，皱纹爬上了额角，佟佳氏却是万般无奈，失眠、落泪是常有的事了。

人常说女人三十豆腐渣，佟佳氏很害怕自己一天天地憔悴、衰老，很害怕被努尔哈赤遗忘，更何况她比努尔哈赤还整整大了三岁，女大三，抱金砖，汉家以这个风俗为吉利，结果佟佳氏也真的是夫贵妻荣，可，毕竟年纪不饶人哪。眼下自己已是奔四十的人了，人老珠黄、力不从心，而努尔哈赤却好似壮小伙子一般，正是如狼似虎的时候，再加上如今家大业大，他怎么可能照应得过来？

想到这里，佟佳氏又觉心中释然了：整日胡思乱想，今儿晚上他人都来了，还有什么不满意的呢？”

“窗外月朗风清，室内春意融融，咱们夫妻已有些时日没相聚了，此刻同榻而寝，何异于仙人！”

努尔哈赤心情不错，谈吐中偶尔也会学着咬文嚼字，当然只有在佟佳氏面前才会这样，他的汉文功底不高嘛。

佟佳氏“扑哧”笑了。她喜欢努尔哈赤这样的语气，文绉绉的，斯斯文文的，跟白天不苟言笑的样子不一样，此时他倒像一个温文尔雅的秀才，更让佟佳氏心动。

“其实，妾最怀念的就是当初在抚顺佟府的那些日子，咱们夫妻日夕相伴，形影不离。现在妾身老了，不能如从前那般与你厮守亲昵，今晚偶蒙夫君一幸，妾身自然喜出望外，真的感觉是恍若仙境一般呢。”

“瞎说。”

努尔哈赤伸手揽过了佟佳氏，抚摸着她瘦瘦的背脊。

“咱们夫妻来日方长呢。如今我已做了费阿拉的王，日后还要当皇帝呢，那时候佟佳氏你可就是皇后了。这后宫之主你要不要做呀？不然我就换给……”

佟佳氏连忙捂住了努尔哈赤的嘴，压低了声音：

“果真这样，我是做定了的。只是那时我早已人老色衰了，还得亲手张罗给夫君你选秀女立嫔妃，岂不是让人妒嫉？”

俩人依偎着说着笑话，嘻嘻哈哈互相取笑着，自有一番亲情蜜意。

“褚英是长子，日后这王位、这家业自然是要传给他的了。汉人立储那句话是怎么说来着……”

“立嫡以长不以贤，立子以贵不以长。说是这么说，可那刘汉王朝和李家唐朝，还有大明的永乐皇帝，还不是谁有能力谁有军权便自作主张？”

“也是呀，什么‘立嫡以长不以贤’，如果有个白痴儿子偏偏又是嫡长子，这王位就一定得传给他？唉，汉人做事也太迂腐了，知书达理，其实书读多了也没多大用处，有个一知半解就行了呗。”

佟佳氏一时无语。努尔哈赤对于汉家文化正是一知半解，对他这样的想法，佟佳氏也不好说是对是错，她自己也不甚明白，这些大道理又怎么参得透说得清楚？若是些“三从四德”之类的道理她倒是可以侃侃而谈的。

“妾身一直对褚英这孩子严格管束，只是这些年他随你四处征战，妾身发觉这孩子没有从前那么温顺了，性格也有些粗暴，这可怎么办？”

“啧，这又有何妨？”

努尔哈赤颇不以为然：

“我就是想让褚英更像个男子汉，勇猛慓悍，能骑善射，将来他还要与大明抗争，让他变得文文静静可不行！其实，代善就是受你的影响太多，做事瞻前顾后，畏手畏脚的，将来恐怕没什么大出息。”

“这么说，是妾身错了？”

“不是。难道你还不明白我的心吗？创业艰难，我希望我努尔哈赤的子孙个个都是顶天立地的男子汉，我需要他们的帮助，更需要他们将来来继承这份家业！”

“只可惜妾身是女流之辈，不能为你解难分忧。对了，妾身倒有个好主意！”

“噢？你一直是我的女诸葛，快说说看，你想到了什么？”

佟佳氏看着努尔哈赤的眼睛，努尔哈赤的眼睛在黑夜中仍然很亮：

“眼下，儿子们毕竟年纪还小，所以你应该更多地依靠额亦都、安费扬古他们这些兄弟。”

“言之有理。本王不是一直这样做的吗？”

努尔哈赤握着佟佳氏的手，用力摇着。

“他们是我的患难兄弟，又是我建功立业的左膀右臂，我早就把他们当成是一家人了。对了，早些年攻图伦城的时候，我不是还将俘获的一个美妇人赏给了额亦都吗？当时可把额亦都乐坏了，这黑小子可能做梦也不会想到会有这样好的事情。现在他们夫妻恩爱，过得和和美美的，膝下已经有了一双儿女，这日子多滋润哇。”

“这也是他应得的。这些年来，他们几人随你出征，冲锋陷阵，哪一个不是伤痕累累，哪一次不是死里逃生？依妾身看哪，他们几个人的功劳大着哪。”

“对，对！”

努尔哈赤听得直点头，声音不觉得又大了许多：

“等日后我登了基坐了殿，定要对他们大加封赏，让他们有享不尽的荣华富贵！”

“嘘……小心隔墙有耳！”

“嗐！你还当是我刚起兵的那会儿呢？放心，这儿可是咱的寝宫，里里外外都有巴牙喇兵守卫着，咱想怎么说就怎么说，想怎么样就怎么样！即便是传到了明廷皇帝的耳边，他又能奈何得了谁？山高皇帝远，这黑山白水之地便是咱家的龙兴之地，你呀，把心放到肚子里吧。”

“说的也是。”

佟佳氏无声地笑了，她往丈夫身边靠了靠，说道：

“是该挺直脊梁做人了。那朝廷腐朽，皇帝无能，天下群雄四起，又能怨得了谁呢？这可正是咱女真人鸿图大展的好机会呀。”

“是的。机不可失，时不再来。这么好的机会居然让我努尔哈赤给逮着了，我决不会轻易放过的！我不仅要报父祖之仇，还要光宗耀祖，做一番惊天动地的大事业呢。”

黑暗中，佟佳氏轻声叹了口气。努尔哈赤不明白了：

“咋的？说的好好的怎么叹起气来啦？”

“我……”佟佳氏握紧了努尔哈赤的手，将脸贴在他的胸脯上：

“妾身不忍心看着夫君你日夜奔波操劳，只愿时间能在这一刻停留……”

“真是妇人之见！难怪人们常说女人是头发长见识短，今天我才知道这话果然没错！”

“不对吧？”

佟佳氏伸手抓住了努尔哈赤脑后的辫子，嘻嘻一笑：

“夫君你的辫子可不比妾身的短呀，这又该如何解释呢？”

两口子顿时又闹作了一团……

“当当当当！……”

清脆的云板声划破了费阿拉山城清晨的宁静。银灰色的大云板挂在议政楼的二楼上，是用来召集部将议事的。

果然云板声响过不久，部将们陆陆续续走进了议政厅，努尔哈赤迎立在门前，表情严肃，令众人心中疑惑。

“各位请上炕吧，天冷地上凉。”

这倒是从未有过的事情。以前议事时都是席地而坐，贝勒贝子们也不例外，只有努尔哈赤可以坐在椅子上或是炕上，他是王呀，与众不同。

众人迟疑着，不知该不该上炕。倒是代善、褚英和阿敏几个晚辈后生，三步并作两步跨上了火炕。有这么舒服暖和的地方坐，谁不坐谁才是傻子呢！

“各位叔伯、弟兄、子侄，今儿一早本王就把大家召集于此，是想强调一下纪律。这些年来咱们连战连胜，家底儿丰厚了，好些人也成了家过上了和和美美的小日子。”

努尔哈赤顿了顿，他注意到额亦都和安费扬古等将领均频频点头，便话锋一转：

“可惜，咱们的军队还像当初围猎一般，有仗就打，仗打完了就解散回家去耕耘放牧，时间一长，将士们就会放松自己，就会成为散兵游勇。如果遇到外敌侵犯我们就无法抵抗，到手的土地家业也会眼睁睁地又失去。咱们得想个法子，守住咱们的家业呀！”

努尔哈赤炯炯的目光在众人脸上扫过，大厅里静悄悄的，那些正抽着烟袋锅子的将领也不敢再抽了，生怕会因咳嗽而破坏了这种气氛。

自从在费阿拉称王以来，努尔哈赤意识到，来自宗族内的阻力已经基本化解，这些年他的功绩与才干已经说明了一切，谁还有权力有理由再反对或是指责努尔哈赤？努尔哈赤给族人带来了数不清的财富：俘获的阿哈、牲畜、女人和金银财宝，还有土地，族人的生活正如芝麻开花节节高呢。可是，在费阿拉称王也就等于与其他建州女真各部为敌，树大招风呀。还有明廷，一直对东北虎视眈眈，它能坐视爱新觉罗家族的崛起而不闻不问吗？或许它又在酝酿策划着一个新的阴谋，欲将爱新觉罗家族置于死地而后快？

因此，努尔哈赤的担心不无道理。

自万历十一年五月起兵以来，凡遇战事，努尔哈赤都是临时召集族人，组成牛录，临时委派一名首领统领兵马。战事一结束，大家便如同鸟兽散了。如此松散的“兵民合一”的组织，又怎么能在残酷、血腥的仇杀和争霸战争中立于不败之地呢？

也许，额亦都知道努尔哈赤话中的含义，他面有愧色地低下了头。

额亦都个性倔强，报仇心切。有一次听信了谣言，擅自带着两牛录约六百人摸黑偷袭敌人，结果中了埋伏，他自己头部、大腿连中五箭，差点儿成了敌人的俘虏，而带去的那几百名弟兄，也是死的死、伤的伤，溃不成军。有勇无谋的额亦都，带着残兵败将逃回大营，向努尔哈赤负荆请罪，他背上了骲骨箭，扑通跪在了努尔哈赤的脚下。努尔哈赤又气又心疼，还能说些什么？

舒尔哈齐首先响应哥哥努尔哈赤。

“诸位，我觉得兄长的话言之有理。咱们的今天来得不容易，得用心去保护它呀。”

“还有，咱们的明天也得靠一支训练有素的军队。因此，如何出兵、屯兵、阵上、马下、队列、旗纛、军饷还有将领都得有规矩，有制度，这样才能整齐划一，显示我军威力，灭敌人之士气！”

“说得好！何和理，此事就交由你来办理！”

努尔哈赤一拍巴掌，围着何和理上下仔细打量着，把个清秀儒雅的何和理给看懵了。

“都督，您这是……”

“怎么，都是多年的老兄弟了，哥哥你不认识他了？”安费扬古也是丈二和尚摸不着头脑。

“嘻！”

带刀侍卫扈尔汉咧嘴笑了，露出两只虎牙。

“何和理，都督这是看上你啦，想招你为婿呢。”

“多嘴！”

努尔哈赤大声呵斥着扈尔汉，又转身笑着问何和理：

“兄弟，你意下如何？”

“我？”

何和理变得有些口吃，面红耳赤的：

“只不知是哪位格格？”

“当然是本王的长女东果啦，只有她才能配得上你。”

“哇！东果格格仙女似的人儿，哥哥，怎地不许配给兄弟我？”额亦都粗声大气地喊了起来，引来众人一阵发笑。

何和理的脸变成了茄子色。

“不知我媳妇她，她乐意不乐意。”

“哗！”众人又是一阵哄笑。

“何和理，你怕她做甚？”

“男人有个三妻四妾的也是常事呀。”

“啧啧，想不到，堂堂何大将军还惧内呢，那你如何统领大军南征北战呢？回家哄娃儿去吧。”

“好啦，好啦，你们不要说啦！”

何和理使劲摆着手，鼓起了勇气：

“都督我听您的安排。”

“好，好，都督慧眼识英雄，何大将军是英雄爱美人。都督，这杯喜酒咱们是吃定啦！”额亦都、安费扬古、费英东等人跳下炕，将何和理团团围住，你一句、我一句，宽敞的议事大厅一时变成了他们说笑取乐的场所。

提起何和理的加盟，努尔哈赤还费了一番心思呢。

且说努尔哈赤起兵十年来，攻必克、战必胜，将环建州而居的其他部族或招降、或削平，一时间声威大震。在战争中努尔哈赤招贤纳才，拥有了属于自己的智囊团和新贵族，这是一支蓬勃向上的新生力量，锐不可挡，所向无敌。

于是，另选新城安排给诸将领兄弟居住，努尔哈赤在新城费阿拉称了王。城门设有乐队，努尔哈赤出入栅城时乐队齐立两旁，鼓乐齐奏，身后有全身披戴的巴牙喇卫兵，而诸贝勒将帅们则簇拥着头戴貂皮帽、身穿五彩龙纹衣的努尔哈赤。

努尔哈赤高高在上，俨然成了雄霸一方的帝王。他本人也是仪表堂堂，威风凛凛。“躯干壮健，鼻直口方，面铁而长”，身着五彩龙纹天衣，上衣长至膝，下衣长至足，皆以貂皮剪裁而成，雍荣华贵，与早年浪迹于山林野外的采参人判若两人。

建州左卫都督努尔哈赤，起兵十余年之后，兵力由父祖“遗甲十三副”，发展到一万五千余人，事业蒸蒸日上，如旭日东升。明朝辽东总兵李成梁的骄傲和失算，为努尔哈赤统一建州女真提供了一个有利的客观环境。

因为努尔哈赤的恭顺和孝敬，每年都亲自带人去抚顺旧总兵府上去送礼探望，念念不忘少年时在总兵府受到的恩养和教诲，所以李成梁被麻痹了，他以为这样一个逆来顺受的人是成不了大气候的。于是，李成梁把注意力集中到了“北亢”和海西女真，从而放松了对建州女真的控制。

努尔哈赤抓住了这个时机，由近及远，先弱后强，先礼后兵，一寨、一城、一族、一部地攻占，不断地壮大自己的力量，终于迅速统一了建州女真。

当初起兵的目标已经实现，拥有万余铁骑的努尔哈赤的声望和地位已与当年他的外祖父王杲不相上下，祖宗们地下有知也该瞑目了。但，建州女真之王又岂是努尔哈赤最终的梦想？天外有天，努尔哈赤“登高望远”，才发现世界是如此之大，是如此之美好。他的热血沸腾了，他要勇攀高峰，再上一个台阶，把东北踩在自己的脚下！

前事不忘，后事之师。春风得意的努尔哈赤亲眼目睹了建州女真首领两次惨败的教训，这不能不令他格外小心——因为他是新一任的建州首领，他的命运如何，是掌握在自己的手中，还是任由明廷来支配、宰割？王杲纵兵犯边，被明廷设计斩首京师；尼堪外兰仰人鼻息，结果被明廷唾弃，让努尔哈赤轻而易举地割下了他的脑袋。触目惊心的事实让努尔哈赤对明廷采取了阳奉阴违的两面手法——避开明廷的注意，暗中积蓄力量，直至自己羽翼渐丰，令明廷无可奈何。

努尔哈赤靠他的两面政策，在夹缝中求生存求发展，既壮大了自己，也蒙蔽了远在京城大内紫禁城的明朝天子，就连辽东的“土皇帝”李成梁也万万没料到，这个当年自称姓佟的年轻人若干年后会成为自己的潜在对手和劲敌。

但努尔哈赤并没有为取得的功绩沾沾自喜。为什么？人怕出名猪怕壮，他现在既然自称为王，割据一方，辽东的扈伦四部，还有辽东的明军能不闻不问吗？

扈伦四部即是海西女真，他们因住在海西江（即松花江）流域而得名，包括叶赫、哈达、辉发和乌拉等四部。他们占据了北至松花江、南至开原、西临漠南蒙古、东抵建州女真的广大地区。他们与建州女真一样，能骑善射，慓悍勇猛。

努尔哈赤明白，对于明军，他尚可施花言巧语加以迷惑或欺骗，而对势力强大的扈伦四部，可就不那么容易对付了。扈伦四部的铁骑，来如电去如风，让人防不胜防呵。

努尔哈赤忧心忡忡。本来就不苟言笑的他，更加沉默寡言，神情凝重。

不愧是同胞兄弟，舒尔哈齐早就明白了哥哥的心事，于是特地在家中置备了几样下酒菜，请哥哥小酌。

兄弟二人相貌很相像，只是舒尔哈齐身材略瘦，与努尔哈赤一比，就少了些英武之气。

“哥哥有心事？”

“唔。”

努尔哈赤将酒一饮而尽，什么陈年珍藏的美酒，他觉得淡而无味。

“来，兄弟陪哥哥饮几杯，咱兄弟俩今儿个喝个痛快！你们几个下去吧，有事再叫你们。”

舒尔哈齐示意仆人们退下，亲自为哥哥斟酒。

“哥哥，吃这菜，烧鹿筋，您弟妹说足足煨了半天呐。”

“唉，哥哥无心吃喝，所以味同嚼蜡。”努尔哈赤将筷子重重地往炕桌上一搁，一仰脖子又喝了一杯。

“舒尔哈齐，咱们一母所生，三兄弟如今只剩下你我二人了。十多年来，咱兄弟俩从父祖的十三副遗甲起兵，出生入死才拼下了建州的统一。可是，树大招风啊，有时候，我一闭上眼睛，就觉得四周全是扈伦四部的人，他们的眼睛像恶狼一样发着幽蓝的光。我心里不踏实呀！唉！”

“噢，原来哥哥是为此事担心，啧，这又有何难！”

“嗯？”看着满不在乎的舒尔哈齐，努尔哈赤一脸的疑问：“你小子莫口出狂言。”

“在哥哥你的面前，兄弟我哪里敢哟。”舒尔哈齐肩膀一耸，一副无可奈何的样子。

“别摆出一副委屈的样子。”努尔哈赤打量着瘦削却不失精明的弟弟，意味深长，“这建州女真的江山是你我兄弟俩共同打创的，日后我兄弟俩还得齐心合力呀。”

“是这样。大哥是否觉得目前有些势单力弱？为何不想办法增兵或是招纳贤才良将呢？”

“谈何容易！”

努尔哈赤有些失望地摆着手，他以为舒尔哈齐会有什么锦囊妙计，看来是把弟弟估计得过高了。

“你想想看，”努尔哈赤掰着手指比划着，“咱们征战这几年，已经将建州女真的苏克素浒河部、董鄂部、浑河部、哲陈部和完颜部悉数统一在我爱新觉罗家族的麾下，有才能的皆已为我所用，剩下的差不多全是些妇孺、老弱，没指望喽。”

“哥哥，难道你就没想到过从别的地方和别的部族搬兵？”

舒尔哈齐细长的眼睛里似乎有精光在闪动，努尔哈赤不由得心里一动：“看似文弱的兄弟其实倒还挺有主见的，这么多年自己怎么就没注意到呢？”

见努尔哈赤不言语，似乎还没弄明白，舒尔哈齐微微一笑，取根纸捻儿就着香炉点着火，先给哥哥点着了烟，然后又点着了自己的烟袋锅，美美地吸了一大口。

“哥哥，以你目前的影响力和感召力，只要你主动做出一些姿态，我想咱们周边的一些部族也许会投奔我们。其实，他们的处境，就说扈伦四部吧，他们的日子也并不一定好过，夹在我们建州女真跟明廷之间，何去何从他们自要掂量。毕竟大家都是女真人，三百年前一家人，他们没有理由要跟我们作对，更何况那明廷心怀鬼胎一直都不可依赖？”

一席话听得努尔哈赤连连点头：

“嘿，哥哥倒是不能小瞧了你。倒也是，苏完部的女真子民不就是主动投奔了咱吗，没想到我努尔哈赤就此便多了一个文武双全的费英东。哈哈，天助我也！”

努尔哈赤眯缝着眼睛，脸上带着一丝笑意陷入了对往事的回忆之中……

威名远扬的努尔哈赤成了建州的雄主之后，归附者日益众多。位于叶赫部北面、松花江畔的女真小部落苏完部在老酋长索尔果父子的带领下，率领部中男女老幼五百余户倾族而出，翻山越岭，义无反顾地来到山城费阿拉，投奔建州女真之王努尔哈赤。

多年来，苏完部时常遭受叶赫、乌拉等部的侵扰，民不聊生。老酋长索尔果闻听建州部努尔哈赤起兵以来，攻无不克，战无不胜，而且他知人善任，智谋超人，便动了归附之心。索尔果的想法与长子费英东不谋而合。少年英雄费英东人称左右手能开强弓，箭法奇绝，他已经猜想到了努尔哈赤的“野心”，那就是努尔哈赤绝不会仅满足于做一个建州之王，他是志在整个辽东呀。倘若辽东的各部女真能归于一统，消除战乱，让百姓安居乐业，努尔哈赤也算是立下了大功，追随着他，苏完部也一定会繁荣兴旺，又何乐而不为呢?

苏完部的归附令努尔哈赤喜出望外，这无疑给正在急需补充力量的努尔哈赤带来了勃勃生机，带来了兵力，也带来了新的希望。于是努尔哈赤亲自率手下诸将士出城迎接，又吩咐杀猪宰羊，热情犒劳远道而来的苏完子民。

山城中张灯结彩，一栋栋新房拔地而起，那是专为苏完部五百户子民预备的，这令心中尚有些惶然的苏完部子民喜笑颜开，他们一起动手，搭牛棚、盖猪圈，热火朝天，喜气洋洋。

内城议政楼底下宽敞的客厅里，铺上了粗花羊毛毯子，毯子上摆着一溜小炕桌，桌子上堆满了一盆盆的烤鹿肉、炖猪蹄子、煨野狍子肉，热气腾腾，香气扑鼻。阿哈们打开了一坛坛陈年佳酿，酒香四溢。

努尔哈赤笑容满面，频频向索尔果父子及各大将军、贝勒、贝子祝酒。平日不擅饮酒的努尔哈赤，心里痛快，不由得连干了几大杯，更显得红光满面，英气逼人。他索性离开了雕着龙凤图案的香梨木坐椅，与索尔果并肩席地而坐，边聊边饮，甚为尽兴开怀。

酒宴正酣，代善一拍巴掌，从侧门里走出了数十名穿红着绿的女子，粉白的脸儿，婀娜的柳腰，手持铃鼓，脚蹬木底的花盆鞋儿，轻歌漫舞，令人眼花缭乱。

“唔，这么多大美人儿，老朽算是开了眼啦！”

索尔果喝得已有几分醉意，捋着花白的胡子指指点点，眼神乜斜着。舒尔哈齐见了忍俊不禁，贴在索尔果的耳旁悄声说道：

“老哥哥，京师里的汉家女子比咱们建州女子要妖冶妩媚得多！前些年我跟着兄长去京师进贡，那皇宫的华丽气派咱姑且不说，那些美味佳肴咱也不谈，惟独那宫里的汉家女子让人，啧啧，一个个细皮嫩肉，水灵灵的，走起路来，扭着柳腰，风摆杨柳似的，迷死人啦！”

“听说汉家女人时兴小脚，什么三寸金莲？”

“对！我那嫂子就是三寸金莲儿！可如今她偏要穿咱旗人的高跟花盆鞋儿，真够难为她的啦！”

俩人一阵耳语，叽叽咕咕，嘻嘻哈哈，十分投机，仿佛是相识多年的朋友。

努尔哈赤也正在兴头上，想到当初起兵时势单力薄，困难重重；方今之日，开疆拓土，统一了建州女真，将来他还要驰骋沙场，继续建功立业，踏平辽东！如今一批批的邻近部落前来归附，人心大快呀！

“大风起兮云飞扬，安得猛士兮守四方！”努尔哈赤猛然起身，从侍者手中夺过铁琵琶，在地毯正中边舞边唱。歌声浑厚雄壮，琵琶声铿锵作响，铮铮之音犹如千军万马，十面埋伏。方才还在轻歌漫舞的女子纷纷退到一边，敲着铃鼓为努尔哈赤助兴。

费英东与父王索尔果一时呆住了。他们素闻建州之王努尔哈赤武艺高强，有“铁马神箭”之美誉，却不料这个威震三江的英雄也有侠骨柔情的一面！

“都督，小侄愿为您舞剑助兴！”费英东话音未落已翩然而起，手中多了一柄雪亮的宝剑。努尔哈赤见费英东动如脱兔，猛若蛟龙，手中宝剑上下翻飞，不由得连声叫好，手中的琵琶立时奏出了一串铿铿锵锵的豪壮音符，犹如排山倒海，犹如万马奔腾。

“燕丹善养士，志在报强嬴。
招集百夫良，发暮得荆卿。
君子死知己，提剑出燕京。
素骥鸣广陌，慷慨送我行。
雄发指花冠，猛气冲长缨。
……”

费英东的一曲《咏荆轲》唱得雄浑悲壮，加上努尔哈赤恰到好处的琵琶伴奏，令满座宾客为之动容。他们早已停了杯盏，盯着二人的即兴表演，惊叹之余皆暗中赞赏：这主仆二人配合如此默契，凌云壮志抒发得淋漓尽致，真乃志同道合的伙伴呀。

索尔果捋着长须虽是醉眼朦胧，但却口齿清楚：

“看来犬子最能理解都督的猛虎之意，四方之志呀，哈哈，此番我部前来归附，路是走对了！”

努尔哈赤一曲弹毕，费英东也含笑徐徐将剑入鞘中，俩人四目相对，大有相见恨晚之意。

“贤侄果然是一块不可多得的璞玉呀！我努尔哈赤得此人才，真是三生有幸哪！哈哈哈哈！”

努尔哈赤拍着费英东的肩膀，放声大笑，众人也随声附合。

“如此人才，真是咱女真人的骄傲呀！”

“都督求贤若渴，礼贤下士，今日得一良将，真乃幸事！”

索尔果喷着酒气，皱纹里满是笑意，大声对努尔哈赤说道：

“都督，犬子费英东初学了些剑法，就想卖弄，实在是惭愧。日后还望都督严加调教，多摔打摔打才行啊。”

“嗯，二八年华正是大展鸿图之时，贤侄，你做好准备了吗？这戎马倥偬的日子既艰苦又乏味，你能吃得了苦，耐得住寂寞吗？”

费英东早已羞红了脸，但言语却掷地有声：

“都督放心，侄儿虽年幼，却也懂得百炼成钢的道理。侄儿对都督仰慕已久，今日相见更令侄儿钦佩。俗话说，女真不满万，满万不可敌。如今都督已拥兵上万，应该是所向无敌了！”

“是呀，当年我女真人能涌现出阿骨打、完颜亮这样的英雄豪杰，支撑起了半壁江山，今天为啥不能出现新的完颜阿骨打？新的完颜亮？依本王看来，今日在座之人他日定能为女真争光，弘扬我民族大业！”

“都督，以老夫之见，您就是咱们当代女真的完颜亮与阿骨打！把四分五裂的女真各部统一起来，拧成一股绳，不愁不能重振后金伟业！”

仗着有几分酒意，也仗着上了年纪，更对努尔哈赤的热情款待心存感激，索尔果起身恭恭敬敬对努尔哈赤行了大礼，对努尔哈赤大加赞赏，态度十分恭敬。在座宾客也纷纷击掌响应，无不欢呼叫好。大厅里洋溢着浓浓的友情和亲情……

第五章

揽贤士学周公吐哺
纳美人作韩信将兵

努尔哈赤饮了几杯，便推说身体不适要回厅内小憩。转身离席，便听见人们善意的笑声。“将军等不及了，那新娘子的红盖头还没揭呢。嘿嘿！”“咱们王爷什么样的女子没见过？用得着这么心急火燎的吗？”

俗话说好事成双，努尔哈赤接纳了苏完部，并喜得文武双全的小将费英东之后不久，董鄂部的一支雅尔古部也在寨长扈拉胡的率领下前来归附。与苏完部一样，雅尔古部同样也受到了努尔哈赤的热情接待，山城费阿拉又一次沸腾起来，人欢马叫，熙熙攘攘，山城既是闹市，也是兵营，还是建州女真的都城。

扈拉胡的儿子扈尔汉与努尔哈赤的儿子褚英、代善及侄儿阿敏年纪相当，已有十五、六岁，到了可以出征的年纪，努尔哈赤干脆收扈尔汉为养子，视如己出，更增加了两部的亲密关系。聪明伶俐、武艺高强的扈尔汉不久便成了努尔哈赤的贴身侍卫，“父子”俩形影不离，异常亲密，甚至引起了褚英等人的妒嫉呢。

归附者日益众多，山城费阿拉已经显得有些狭小而拥挤不堪了。当年，努尔哈赤以父祖十三副遗甲起兵之时，曾遭受了多少的冷嘲热讽和偷袭暗杀？而如今当努尔哈赤以建州王的身份出现在辽东大地时，又有多少人慕名而来，佩服得五体投地？还有多少人恨得咬牙切齿，欲置建州于死地而后快？

兴奋之余，努尔哈赤更多地是担忧。他担忧建州女真会就此成为众矢之的，担忧明廷会不遗余力地派大军威胁、恐吓甚至武力征服，更担心女真各部因争霸而四分五裂、民不聊生……如果辽东大地因此而陷于混战之中，刀光剑影，满目疮痍，那他努尔哈赤则将是辽东的罪人！

称王意义非同一般，努尔哈赤似乎已经看见了一个高高在上、傲踞辽东的大王的形象，那么威严、那么高大，令辽东各部不敢仰视！哈哈！称王称霸的感觉实在是太好了，太富有诱惑力了。

“普天之下莫非王土，率土之滨莫非王臣”，汉家的皇帝更是八面威风，四夷来朝，臣服朝拜，山呼万岁，美女、宝物应有尽有，天下太平，人民安居乐业……哇，那该有多气派呀！恍惚中，努尔哈赤似乎看见了北京紫禁城里大明皇帝的宝座，他离这个宝座还有多远？是可望而不可及的吗？

每每想到这些，努尔哈赤便会热血沸腾，所以他毫不犹豫地先做了建州之王，他要一步一步地实现自己的宏伟计划，哪怕只有一点点希望，只要努力过、奋斗过，那他也就无怨无悔了。

自那一日与兄弟舒尔哈齐推杯换盏、开怀畅饮之后，努尔哈赤采纳了舒尔哈齐的建议，他要亲往董鄂部拜见其部长何和理。

“董鄂部与我部为邻，其部兵强马壮，主人何和理更是一个不多见的将帅。只是部落人少而显势单力弱，如果能争取过来，对建州的未来将至关重要！”

回想着舒尔哈齐的一席话，努尔哈赤连连感叹。乱世出英雄，此话不假，连自己的胞弟都这么有眼光，非常人所能，实为建州的幸事呀。

“舒尔哈齐，舒尔哈齐……”

沉思中的努尔哈赤不觉出了声，骑马紧随其后的阿敏听得一怔，他打马上前，朗声问道：

“王叔，您是不是想让我阿玛也随您一道同往董鄂部？”

努尔哈赤怔了怔，勒住了缰绳，微微一笑：

“哪里。你阿玛得留在山城里，有他在家里打理，王叔我外出才能安心哪。”

努尔哈赤此行以打猎为名，只带了长子褚英、侄儿阿敏以及结拜兄弟额亦都、安费扬古以及小将费英东，当然少不了他的贴身侍卫扈尔汉。总共人马不过百骑，树着一面黄龙大旗和红黄蓝白四色小旗，前面有二十余头猎犬开道，头顶有二十余只猎鹰在盘旋，一队人马穿行在白云蓝天和绿树红花之中，倒也显得浩浩荡荡，气派非凡。

说起来，董鄂部离建州有七、八百里之遥，日夜兼程也得好几天，况且山路崎岖很不平坦。可努尔哈赤一行只两天半的时间，便赶到了董鄂部的地界。

此前，努尔哈赤已派舒尔哈齐带着牛羊等礼品，悄悄地拜访过董鄂部的主人何和理。何和理对努尔哈赤起兵之事甚为赞赏，但对归附之事却只字未提。努尔哈赤只有亲自出马了，他认为但凡高士，自然不肯轻易出山归附，要知道“宁为鸡口，不为牛后”哇，所以努尔哈赤要学那明主刘备刘玄德，“三顾茅庐”，力求贤将归附，为己所用。

来到董鄂部的城门下，努尔哈赤下了马，稍事休息之后，着贴身侍卫扈尔汉和大将费英东前去通报。不久，二人带着丝绸、马匹等礼物扫兴而归。

“据那城中卫兵答复，董鄂部主何和理外出游牧未归，现今尚不知在何处。这可如何是好？”扈尔汉双手一摊，瓮声瓮气地说。

“外出游猎未归？”努尔哈赤深感意外，面色不由得凝重起来。

“都督，俺们风尘仆仆行了几日，那董鄂部主虽不在，可手下人也该打开城门，让俺们进去，歇息歇息吧？”额亦都正在擦汗，白色的汗巾在脖子上一抹，立即变成了黑灰色，油腻腻的、脏兮兮的。

“莫非，那何和理故意避而不见？”安费扬古从水囊袋中倒了一碗水，递给努尔哈赤。

“嗯，很有可能。”费英东沉吟着，既没有懊恼也没有气馁，这种沉着冷静的大将风度正是努尔哈赤所十分欣赏的。

“都督，您且坐在毯子上歇息一下。”

扈尔汉吩咐几名亲兵手脚麻利地铺好了一块毛毯，另一边几名亲兵已经支起了灶，吊起了铜壶在煮牛奶。

“来来，大家随便坐，咱们再仔细商量商量。”

粗花的毛毯，碧绿的草地，不远处的山坡上有成群的牛羊，微风送爽，令人心旷神怡。

“王阿玛，当初在雅尔古部时，俺就听说过何和理这人。论年纪他应该与王阿玛您不相上下。据说此人虽身在弱部小邦，却很有心计，从不向周边的大部妥协，他很有原则，最恨谄媚奉承之人。说实话，俺对他也佩服得很哩。”

扈尔汉既成了努尔哈赤的养子，有时也便称努尔哈赤为阿玛。这年轻人一身盔甲，身佩宝剑，英姿飒爽，侍立在努尔哈赤的一旁，并不时地向四下张望着，警惕性很高。显然，他是一个很称职的侍卫。

“扈尔汉，听口气，如果那何和理归附于我，你是不是也要认他为养父呢？”褚英半开着玩笑，哈哈笑着。

“那怎么会？”扈尔汉涨红了脸，眼珠子瞪得溜圆。“褚英哥哥休要取笑，俺扈尔汉一身不侍二主，今生今世便跟定阿玛王了。”

“好，好，本王心里有数。褚英，你为何总跟扈尔汉过不去？”

努尔哈赤瞪了褚英一眼，褚英还要分辩，却被堂弟阿敏悄悄制止了：“你就少说两句话，不要在这时候惹伯父不高兴。”

努尔哈赤见大伙儿有些沉闷、扫兴，提不起精神，便故作轻松地打趣道：

“你们听说过刘备三顾茅庐之事吗？这何和理果然是个何诸葛的话，本王就过两天再来。精诚所致，金石为开嘛。听说此人性情孤傲，刚正不阿，绝不肯轻易便归附，也许他心里另有打算？也许他想与我部联合？不管怎样，咱们既来此，索性就在这山坡上安营扎寨小住几日，合围打猎，跑马射箭，痛痛快快地玩上它几天，也让何和理和董鄂部全体部民看看咱们的诚意！”

“话虽如此，可是阿玛王，当初你不是曾率兵攻打过董鄂部吗？若他们对此耿耿于怀，暗中联合包抄厮杀过来，我们岂不等于羊入虎口，束手待毙吗？”

褚英的担忧也不无道理，努尔哈赤脸上的笑容顿时僵住了，这些他并不是没想过，可自己如果不亲自前来，又岂能说明求贤若渴的诚意？既然一心想说服何和理，让他日后辅佐自己左右，然后成就一番大事，也就顾不得那么多了。

其实，努尔哈赤心里也没有十分的把握，董鄂部的人会对自己如何，是否会有偷袭、埋伏和合围，一切都还很难预料。而此番前来，费阿拉山城诸事也令努尔哈赤不甚放心，部族形势表面上倒还稳固，可暗中生事者仍不乏其人哪！

对于万历十二年秋的那一次厮杀，努尔哈赤记忆犹新。

当时，董鄂部内部发生了纷争，几大首领你打我杀互相削弱，军事防守极为松懈。努尔哈赤闻听之后，立即意识到这是一个进攻董鄂部的绝佳机会，于是他力排众议，率五百精兵日夜兼程奔袭董鄂部。

自古以来，兵家都讲究“兵不可轻入他人之境”，何况董鄂部并非软弱无能之部，若进攻稍有失误，后果将不堪设想。可当时血气方刚的努尔哈赤却不愿意往坏处多想。他多年来每战必胜，创造了一个又一个的神话，哪一个部族能奈何得了他？

努尔哈赤志在必得，进攻的第一个目标，便是董鄂部部主阿海巴颜和驻地济吉它城。阿海巴颜得知有兵进犯，急令关闭城门，借这座易守难攻的城池自上而下与努尔哈赤对峙。

硬攻不行，努尔哈赤只得另想他法。忽然他眼睛一亮，这山寨多用木料建成，何不用火攻？于是，努尔哈赤令士兵们四处搜集干草堆在木寨墙下，然后射出了火箭，燃起了干草，不一会儿，山寨内外便浓烟滚滚，只听得城中一片混乱。

努尔哈赤下令往城中晃动的人影猛射，顿时箭矢如雨，犹如狂风大作，电闪雷鸣。努尔哈赤只等城墙一破便率领士兵往里冲，可万万没料到，天空中竟真的下起了倾盆大雨，一时间天昏地暗，济吉它城里的大火竟渐渐熄灭，城内格外的宁静。

“真是见鬼啦！”

“莫非咱们惹怒了天神？”

“趁早收兵吧，要不然……”

士兵们叽叽喳喳的议论令努尔哈赤心烦意乱。硬攻不行，火攻也不行，自己劳军远征又不能打持久战，若是对方召集了援兵，里外夹击，结局将不堪设想！

于是，努尔哈赤鸣金收兵。士兵们满怀热忱而来，败兴而回，个个显得无精打采。行至一段山峰耸立、深沟纵横的险地时，突然从两侧山坡上传来了一声号角声，没等努尔哈赤及士兵们回过神来，如蝗如蛾的箭矢已经呼啸而至！

混战中，努尔哈赤只觉颈部一麻，正在拉弓的右手一软，身子便歪斜着掉到了马下！士兵们无心恋战，抬着努尔哈赤逃离了那个峡谷，狼狈之极。后来他们才发现，这箭头竟穿透了甲胄，射入了努尔哈赤的颈部，倘再稍右一些，努尔哈赤也许就会一命呜呼了！

经过了数月的调养之后，努尔哈赤才痊愈。这次奔袭草草收兵了事，他本人也遭了埋伏中了冷箭，虽然对他的颜面无损，但毕竟说出去不那么光彩。所以长子褚英此番旧话重提，努尔哈赤只觉得脸上热辣辣的。如果换了别人，努尔哈赤也许会大发雷霆的。

“天色已晚，吩咐兵士们安营扎寨，埋灶生火！”

说话间天就黑了，虽是春暖花开的时节，可夜晚仍有一些寒意。营地四周点着松明子，哨兵们三三两两地来回巡视着，正中一溜搭起了十余个牛皮帐篷，士兵们奔波了两日，都已经酣然入睡，就连马厩里也是静悄悄的。

努尔哈赤却毫无睡意，他来回地踱着步，高大的身影在灯光中一会儿拉长一会儿变短。

"此番前来董鄂地，时机是否成熟？是否是一时冲动，心血来潮？不错，我现在急需精兵良将，但这种事是可遇不可求的呀，不能操之过急，可岁月匆匆，时不我待，我又怎能慢慢等待呢？唉，谁知我心？"

努尔哈赤长叹一声，目光停在铁琵琶上。这是他的心爱之物，狩猎也罢，出征也好，他总是随身携带，兴奋时、苦恼时尽情弹上一曲，发泄一下情绪，他便会重新恢复平静。有人喜欢对酒当歌，一醉解千愁，努尔哈赤从不酗酒，因为醉生梦死的生活不是他所求！

缓缓地，努尔哈赤拿起了琵琶，用长长的指甲轻轻拨动着琴弦，定准了音，尔后，他五指在三弦上急速拨动，弹出了一串串悠扬而美妙的旋律，跟着，他放开了歌喉：

"对酒当歌，人生几何？
譬如朝露，去日苦多。
慨当以慷，忧思难忘，
何以解忧，惟有杜康。
青青子衿，悠悠我心，
但为君故，沉吟至今。
呦呦鹿鸣，食野之萍。
我有嘉宾，鼓瑟吹笙。
……"

努尔哈赤唱得投入，没注意到帐篷外面早已站着一个人。月光下，此人一袭银白色披风，散发披肩，神情激动。

帐篷里抚琴吟诵的努尔哈赤心中感慨万分，用力过猛，只听"啪"地一声，琴弦断了。

一曲未终，努尔哈赤意犹未尽，重重地叹息了一声："唉！"

蓦地，外面响起了一个声音，昂扬激越，接着努尔哈赤未唱完的诗句，低吟道：

“明明如月，何时可辍？
忧从中来，不可断绝。
越陌度阡，枉用相存。
契阔谈宴，心念旧恩。
……”

“是何和理？”努尔哈赤有些不敢相信自己的眼睛，月光下，这位白袍将军显得气宇轩昂，犹如玉树临风一般。

“正是在下。不知都督至此，何和理怠慢了！”

何和理拱手致礼，态度显得诚恳而谦恭。

努尔哈赤一下子就喜欢上了这个年轻人，上前几步握住了他的手。

“何将军可愿随本王到建州共谋大事？”努尔哈赤显得有些急不可耐，他的声音都有些颤抖。

何和理微微一笑，并不正面回答：

“都督，让我二人把这首还未唱完的古曲接着唱完如何？”

努尔哈赤一拍巴掌，连声叫好，因为他明白，何和理已经给了他一个满意的答案。

换好了琴弦，努尔哈赤与何和理并肩站在月光下，琴声丁丁，两人扯开了喉咙，放声吟诵：

“月明星稀，乌鹊南飞。
绕树三匝，何枝可依？
山不厌高，水不厌深。
周公吐哺，天下归心。”

当下，两人犹如多年未见的老友，一同走进帐中，彻夜长谈。

其实，何和理自诩为闲云野鹤，那只是表面给人的印象，再加上他举止从容，气定神闲，不卑不亢的言语，以及他白皙的面色及飘飘美髯，举手投足都给人以飘逸之风，人们更认为此人自视甚高，不愿轻易为别人所用。这里面的苦衷只有何和理本人最清楚。世道多舛，女真多难，他小小一个城主真的能在风雨飘摇中庇护董鄂子民不受战乱的侵扰吗？一直以来，何和理都在设想着小小董鄂部的最佳出路，何去何从，到如今他已经做出了决定。建州女真这些年轰轰烈烈，攻城掠地，每战必胜，这些显赫的战绩引人注目，自然也引起了何和理格外的关注。现在，建州之王亲自出马，诚心相邀，何和理不忍拂了努尔哈赤的盛情与真诚。正如《短歌行》里所写的那样，“月明星稀，乌鹊南飞。绕树三匝，何枝可依？”何和理终于决定结束这些年来置身世外的生涯，辅佐努尔哈赤，共图大事，振兴女真。

第二天一早，董鄂部子民敲锣打鼓，在部主何和理的带领下，将建州女真之王努尔哈赤迎进了城。

不几日，何和理便张贴告示，命部族男女老幼，选吉日举国迁往建州另立新家。董鄂部民一向信赖部主，惟何和理马首是瞻，当即义无返顾地扶老携幼，驮着粮草行囊，赶着猪羊，直奔建州。

努尔哈赤自此便得了何和理这么一个贤将良臣，对何和理是言听计从，十分器重。作为国中文臣，何和理虽然暂无显赫功绩，却后来居上，竟比开国元勋一等武将额亦都却还要胜出几分。

努尔哈赤向来赏罚分明，他时常思考在建州的众多臣子将领中，应赏谁、升谁，他们有什么实际的需要和困难？于是，臣子百姓们时常会得到意外的而又正是他们求之不得的赏赐：赐某某阿哈妇人，赐某某将军战马数匹，赐某某孤儿衣服、粮食等等。老阿哈柯什柯因此在五十岁上下居然讨得了一房媳妇，从此领略到了家的温暖，并且，他的娇妻已经怀上了他的孩子！他怎能不对主子努尔哈赤感恩戴德、感激涕零呢？

对何和理的恩赏，努尔哈赤颇费了一番心思。这何和理的风范气度非寻常之人能比，况且他仪容俊美，心性又甚高，寻常女子他岂能看得上眼？思前想后，也只有长女东果可与他匹配了。

努尔哈赤将此想法与佟佳氏一说，佟佳氏乐得手儿轻轻一拍。

“咱们东果是个百里挑一的好姑娘，蒙古、海西各部欲聘她为妃，我都舍不得让她远嫁呢。这回好啦，若嫁给何将军，就住在我费阿拉城里，早晚我母女都能相见，岂不甚好？”

“你呀，只是想着母女不分开，女儿大了终究要成为别人家的媳妇嘛。”

“可不全是这样的噢，”佟佳氏瞟着努尔哈赤，似笑非笑地说道：“我只知道，有一个人曾经入赘到姑娘家，还改了姓呢。”

“你！”

努尔哈赤显得有些恼怒，一改刚才的脉脉温情，语气强硬：

“以后休得再提此事。那些陈年往事你总是津津乐道，难道要让我对你们佟家一辈子都感恩戴德不成？哼！”

努尔哈赤甩手而去，撇下佟佳氏站着发愣。

半晌，她才回过神来，跌坐在炕上。今非昔比，她的夫君如今已是堂堂的建州王了，他的身上哪里还有当年入赘佟家时那么善良而俭朴的影子？入赘女家而后又改变姓氏，这对汉家普通男子而言都被视为不光彩的事情。当初努尔哈赤倒无所谓，环境所逼，他别无选择，而如今他不仅熟悉了汉人的道法规范，身份也与以前大不相同了，这件事简直有辱他建州王的尊严嘛。

佟佳氏思前想后，想着以前夫妻的恩爱与欢愉，如今夫妻间的冷漠与隔阂，听说他又打算以结亲联姻的方式与尚未归附的女真各部建立联盟。唉，夫君心比天高，奈何如今势单力薄，羽翼未丰，身为女流之辈，佟佳氏除了觉得自己无能为力之外，便只有感叹流泪的份儿了。

自古以来，以婚姻结好，乃是各部相交的常例。明白事理的佟佳氏只能眼睁睁地看着自己的夫君娶回一个个貌美如花的福晋，这就是她的命啊！好在她是大福晋，努尔哈赤也算给足了她面子，尽管她已经是徐娘半老，容颜半衰。

万历十六年（1588年），三十出头的努尔哈赤在取得了建州王的显赫战绩的同时，他的婚姻也完全成了政治与战争的产物。

婚姻使生命得以繁衍，战争则使生命为之毁灭。婚姻与战争，这两个看似风马牛不相及的玩意儿，在建州王努尔哈赤的身上却得到了完美和谐的统一，他一手执婚约娶美女，另一手握刀箭杀仇敌，满怀的温香软玉，满眼的辽东红土。努尔哈赤春风得意，他在费阿拉山城定国政，创法制，练铁骑，议征伐，论赏罚，接见外邦使臣，俨然一副君主气派。

努尔哈赤先后共有过十六个妻子，除了大福晋佟佳氏之外，其余皆为“战利品”、“贡物”或是“交易物”，比如富察氏衮代就是努尔哈赤的“战利品”。

那还是两年前的事情。那一年的春天姗姗来迟，莽塞杜诸祜部落的子民们纷纷走出了帐篷，在大自然的怀抱中尽情享受着春天的美景和春日温暖的阳光。青壮年们赶着牛羊群，到远处的山坡上放牧去了，老人妇女和儿童们则坐在家门前的草地上晒着太阳，唠着家常。这是一个风和日丽的春日，地处偏僻的这个小部落正沉浸在一派祥和宁静的气氛之中，谁也没料到，灾难会突然降临。

富察氏衮代正在不远处的河边洗着头发，桦木桶里放着已经洗净了的衣服，看得出，这是位勤劳而又爱美的姑娘。这是一条小河，转过几道山峦，绕过几片松林，蜿蜒而下，北面似有彩带飘动，那是阳光的倒映。衮代低着头，一点点将长发弄湿。看不见她的相貌，但见她满头秀发瀑布般泄落脚边，便让人觉得与众不同了。

突然间尘埃滚滚，马蹄声声，一队人马似乎是从天而降。衮代惊恐不已，连忙躲进了树林里，透过树叶往村里看去，呀，那些贼人杀声震天，可怜亲人们无处躲藏，顿时哭喊声一片……

泪水模糊了衮代的双眼，她跌跌撞撞要去见她的亲人，却被一个骑在马上的人拦住了去路。衮代急忙掉头往林子里跑，树枝扯破了她的长袍，几乎是没有多想，她解下了腰带系在了树上。看样子，衮代想寻短见，亲人都被砍的砍、杀的杀了，她独自活着还有什么意思？

“嗖”地一声，一只带着羽毛的箭不偏不倚射中了腰带，衮代愣住了，惘然回顾，正与走下马来的努尔哈赤目光相遇。

“天神祖宗，敢情这荒僻之地还有如此绝色的女子！”

努尔哈赤一时看呆了，目不转睛，张着嘴说不出话来。

衮代避开了努尔哈赤那赤裸裸、热辣辣的目光，不过她的脸上已现出了两条红云。尽管神色有些慌乱，面色有些苍白，腮边还挂着两行清泪，但衮代明白了眼前这个男人的心思。

“年纪轻轻，为何想不开呢？”

不问便罢，努尔哈赤的话音未落，衮代已经浑身颤抖，抽抽噎噎地哭了起来。她的心里说：贼人，你杀我父兄，烧我部族，却又装出一副菩萨心肠，呸，你这披着人皮的狼！

你道衮代这话能出口吗？不，努尔哈赤见这女人哭得梨花带雨一般，愈发楚楚动人，早已控制不住伸出双手将她揽入了怀中！

“报告贝勒爷，莽塞杜诸祜部已经败降！”

“好！”努尔哈赤推开了怀里的女人，正色对传令官吩咐道：

“即刻张贴安民告示，收抚百姓，愿追随我建州努尔哈赤者，一律给以优待，否则，杀无赦！”

“奴才遵命！”

“建州努尔哈赤？”

衮代早已从迷惘中清醒过来，她对这位陌生的将军已有些敬佩，此人一身戎装，金盔金甲，神采飞扬，眉宇间更显雄武威风，英雄豪气，况且，此人正是大名鼎鼎的努尔哈赤！百闻不如一见，衮代一时竟忘记了忧伤，暗自思忖起来：

“这莫非是天意！这威震四方的英雄努尔哈赤原来也是个侠骨柔情的汉子，瞧他方才看我的眼神和举动……我一个弱女子，已经无依无靠，若是能服侍于这位大英雄身边，将来他成就了霸业，那我衮代岂不也能成为……”

想到这里，衮代那双泪眼悄悄瞥着努尔哈赤，愈看愈欢喜，不由得破涕为笑，盈盈下拜。

“大英雄，衮代这条命就是您的了，妾身愿追随英雄，洒扫庭除，鞍前马后……”

“快起来！”

努尔哈赤就势揽住了衮代，悄声说道：

“我的美人儿，那些粗作之活怎能让你做？嗯，你只要好好陪着本王，多给本王生几个阿哥就成了。”

衮代满脸羞红，一头扎进了努尔哈赤的怀里……

富察氏衮代日后果然得宠于努尔哈赤，在后宫之位仅次于元妃佟佳氏哈哈纳札青之后。其实，她不过是努尔哈赤征服建州过程中俘获的一个“战利品”而已，而她却凭着俊俏的容貌一步登天，享尽了荣华富贵，接二连三地生下了两个阿哥和一个格格……

所以，到了万历十六年以后，随着努尔哈赤已经取得了建州王的美誉，他的婚姻也完全成了政治斗争与战争的产物。

且说努尔哈赤在战火硝烟中崛起之后，以咄咄逼人之气势傲立于女真诸强之列，成了显赫一时的风云人物。但，他那得之于浴血奋战的实力，来自明朝的荣耀（明廷于万历二十三年加封努尔哈赤为“龙虎将军”），无不引起了新的忌恨和抗争。所以，努尔哈赤以建州王的雄姿崛起在费阿拉之时，也将战火引到了自己的脚下。

尽管努尔哈赤已成了费阿拉的王，但在明廷边官的眼里，努尔哈赤仍是一个恭顺的边臣，他每三年便主动带着大量贡物到北京朝贡，对着大明的皇帝口称万岁，三叩九拜，这难道还不够吗？大明的万历皇帝不仅亲自在紫禁城接见了努尔哈赤，并封他为龙虎将军，位居散阶正二品，成为继哈达贝勒王台之后第二个得此称号的女真人。

这就是努尔哈赤的超人之处。

他在费阿拉定国政、练军队、创法度，出入前呼后拥，宝马香车，威风八面，他分明已在与明廷分庭抗礼了。仅从努尔哈赤的衣着装饰便可“略见一斑”：他每次出入王城，必有乐队吹打奏乐，侍卫全身披挂，文武将官前后簇拥。努尔哈赤身着貂皮缝制的五彩龙纹衣，腰系金丝带，足蹬鹿皮靰鞡靴，霸气十足，王者风范。

但面对实力强大的明朝，努尔哈赤一直佯示忠顺，互市通好，“不遗军力”地为明朝守边效力。比如，万历十七年时，住牧在札木河部的女真首领克五十成了明廷的眼中钉。这个克五十自以为明军鞭长莫及，便屡次袭击明军，射杀官兵多人，甚至将明将刘斧也斩于马下。明廷为之震怒，决心要将克五十缉拿归案，并在关外布下了天罗地网。

走投无路的克五十只有投奔建州以寻求庇护。这可是一只烫手的山芋呀，努尔哈赤是个聪明人，关键时刻，他又怎愿引火烧身？正愁无法取信于明朝，克五十这回等于自投罗网了。

努尔哈赤设计斩杀了克五十，提着他的首级到明廷邀功请赏，明廷的边官自然是大喜过望。仁义事小，霸业事大，在努尔哈赤的心目中，只要能得到明朝的信任，他便可借机抬高自己的威望，扩充自己的地盘和实力。而等到自己羽毛丰满的那一天，努尔哈赤便可以不受任何人的支配而光明正大地做辽东之王了，到那个时候，他已经列帐如云，积兵如雨，金戈铁马，城池坚固，又有谁能奈何得了他？

狡猾的明廷是绝不能坐视努尔哈赤的崛起而不闻不问的。他们要“因其势，用其强”，牵制努尔哈赤，于是便有了如下热闹非凡的场面。

山城费阿拉张灯结彩，披红挂绿，鼓乐喧天，原来，这是建州王努尔哈赤的大喜之日。

为显示诚意，努尔哈赤穿戴一新，亲自准备了六百匹毛色纯正的高头大马，驮着丝绸、猪羊等彩礼，前往扈伦四部之一的哈达部，迎娶回了哈达贝勒歹商的妹妹阿梅为妻。

回到费阿拉天色已晚，山城却被松明子照得如同白昼。议政楼前，前来贺喜的宴客们已经笑语喧哗，川流不息。坐在大厅花椅上的努尔哈赤面带微笑，一一接见了来宾——有同族的，住在老城赫图阿拉的同族叔伯兄弟子侄们呼拉拉来了一大群，他们赶来了成群的牛羊；有明廷边官派来的代表，还有朝鲜国的使节，他们也送来了贺礼。

努尔哈赤一一笑纳，并恭请各位宴客入席，然后他摆了摆手，只说了两个字：

“喝酒！”

顿时，鞭炮齐鸣，鼓乐高奏，帮厨的阿哈们端出了一盆盆佳肴、一坛坛美酒，议政厅前宽敞的院子此刻已成了婚宴之地。人们团团围坐在长条桌前，大吃大喝，大呼小叫，猜拳斗酒，将婚宴推向了高潮。

努尔哈赤稍稍饮了几杯，便推说身体不适要回厅内小憩。当他转身离席之后，便听见人们善意的笑声。

“将军等不及了，那新娘子的红盖头还没揭呢。嘿嘿！”

“咱们王爷什么样的女子没见过？用的着这么心急火燎的吗？”

“能喝上王爷的喜酒也不太容易，来来，兄弟，咱哥俩儿再干一碗！”

“你这话可就错啦！告诉你吧，咱们王爷如今威风八面，那些小部落巴结都还来不及呢。等着瞧，咱们日后有的是王爷的喜酒吃，老兄你只要提早备足礼品就成了。哈哈哈哈！”

这话可说到了努尔哈赤的心坎里。真的到了他妻妾成群时，他不也就跟那些有着三宫六院的帝王一般无二了吗？

努尔哈赤走进了议政楼后的洞房，萨满妈妈忙带着一群婢女端茶送水，给王爷更衣，并铺好了被褥，又捧上了一大碗热气腾腾的“子孙饽饽”，也就是包着酸菜和鲜肉的白面饺子。

“恭喜王爷，贺喜王爷！”

几位婢女搀着蒙着红盖头的阿梅从内室走了出来，萨满妈妈撇着鲜红的小嘴，甜甜地笑着：

“王爷，您给小福晋揭了盖头吧，再趁热吃下这子孙饽饽，就万事大吉啦。”

“好啦。”努尔哈赤脸上的笑容逐渐消失了，他靠在了软榻上，觉得有些疲惫。

“这一套规矩本王早已烂熟于心，这里用不着你们啦，都退下去吧。”

“这……”萨满妈妈扶着阿梅坐也不是，站也不是，左右为难。

“你们先把她扶进内室去吧。”

努尔哈赤轻轻摆了摆手，闭上了眼睛，他要将这婚事理出个头绪来。于是，萨满妈妈和婢女们蹑手蹑脚走了出去，看来，今晚也不用在窗外唱“交祝歌”了，倒落得个清闲自在，还是钻进热炕头里舒服呀。

那还是几个月前的一天，努尔哈赤狩猎归来，正在庭院里与部将们议事。一位阿哈报告说，哈达使者有事相见！

“哈达？”

努尔哈赤不由得一怔。

哈达乃扈伦四部之一，一直自恃强大，其老贝勒王台倚仗着明廷的支持，在扈伦四部中称王称霸。但自王台死后，叶赫便与哈达开始了近十年的争霸较量，结果是两败俱伤，但哈达的霸权却最终被叶赫夺了去。

扈伦四部相传为金代完颜兀术之后，民性骁勇，桀骜不驯，他们因长年争战而无暇他顾，转瞬间却发现建州女真已经迅速崛起，并以咄咄逼人之势欲立于女真诸强之列，他们不得不结束了内战，但却发现无力遏制建州女真的发展了。

努尔哈赤知扈伦四部一向对建州女真满怀敌意，此番哈达派使者前来不知何意？

“将那哈达使者带到议政楼！”

努尔哈赤急忙更衣，换上了五彩龙纹衣，系上了金丝带，居高临下，正襟危坐，两旁是佩刀的侍卫，嘿，他要给哈达使者一个下马威！

这一着还真管用！那哈达使者进了议政楼后，神情极为恭敬，双手呈上了一封信函。

“哈达部新贝勒歹商派小的给建州王努尔哈赤大人送来密信一封，请大王过目！”

“呸！俺建州王的名字也是你能说的吗？掌嘴！”

带刀侍卫扈尔汉一声怒喝，吓得那哈达使者一哆嗦。

努尔哈赤一摆手：

“免了。不知不为罪嘛。将那信函呈上来！”

努尔哈赤满怀疑虑打开了信函，只扫了一眼，忽然放声大笑，笑得前仰后合。

“恭喜大王，贺喜大王。小的可否回去复命？”

“好的！”

努尔哈赤止住了笑，喘着气，态度和蔼地说道：

“回去禀告你主子，就说本王来者不拒！哈哈哈哈！”

众人被笑得莫名其妙，要知道，王爷一向严肃有余，难得看见他的笑容，而像今天这样的开怀大笑就更少见了。

“你们干么这样看着本王？哎呀，真是少见多怪，走走，随本王一起操练去。”

就这样，哈达使者的两次来回，便促成了建州女真与哈达女真的联姻，事情这么顺利，连努尔哈赤本人都觉得不可思议。可是，当他看到富察氏噘着小嘴闷闷不乐的样子时，禁不住又拍掌大笑了起来。

“衮代呀衮代，你也会这样小气吗？放心，娶那歹商的妹妹，本王是醉翁之意不在酒哇。”

衮代对这句诗听得不明白，盯着努尔哈赤，撒起娇来：

“大王您又来了。明知道奴家对汉家的诗文知之甚少，大福晋她倒是……”

“不得了啦，”努尔哈赤将衮代抱在怀里，打趣着：

“老的你嫉妒，小的你吃醋，这新来的还没进门儿，你又何苦自寻烦恼呢？”

“奴婢没有哇。”衮代钻进了努尔哈赤的怀里，声音小了下来，“如果王爷一辈子都对奴婢这样，奴婢还有什么烦恼呢？”

……

“衮代，这个小妖精这会儿不知能不能睡得着？”

洞房之中的努尔哈赤一想起衮代，便坐不住了。他起身披上了外衣，想了想，大声咳嗽了一声，提高了声音：“阿梅，时候不早了，你先歇着吧。”

说完，也不管阿梅，头也不回地离开了洞房。

第六章

慕英雄孟古易姐嫁
悬弓矢都督庆子生

看着爱妻娇子，努尔哈赤忽然脱口而出：“皇太极！有了，孟古，咱们的儿子就叫皇太极！”“好响亮的名字，好听！汗王，这‘皇太极’怎么臣妾听得像是‘皇太子’？”“哦，是吗？你这小脑瓜子倒灵巧！”

“哇！”房里的阿梅哭出了声，她明白了此后自己注定要与幸福无缘了。婚姻里掺着水份，带着动机，结果倒霉的是阿梅！明朝为支持身为哈达贝勒的歹商，设计让歹商与努尔哈赤联姻，以便于牵制，而聪明绝顶的努尔哈赤顺水推舟，想借与歹商的联姻，将自己的势力伸进哈达，从而在扈伦四部中率先找到一个突破口。双方各怀鬼胎，结果害惨了风华正茂的阿梅格格。这位哈达纳拉氏的命运，从后来她被封为侧妃，始终不曾为努尔哈赤生下一男半女就可略见一斑了。

果然，叶赫部闻听努尔哈赤与哈达部结亲之后，便坐不住了。所谓“一石激起千层浪”，与哈达部素有仇怨的叶赫部见哈达部背后有明廷支持，眼下又与强大的建州女真结亲，怎能不吃惊呢？

如今的叶赫部已是伤痕累累，再也经受不起战争的摧残了，他们需要时间，他们需要喘息！

这一日叶赫二贝勒布斋与纳林布禄喝着闷酒，这叔伯兄弟并不像他们的父辈那样，为了争夺对叶赫的控制权而兵戎相见，而是走到了一起，并肩作战。痛定思痛，也许血的教训给他们兄弟俩以启示，如果再闹内讧，叶赫就会四分五裂，而他们也将无颜见列祖列宗。

“那努尔哈赤不知安的什么心，他一路吹吹打打前去哈达部迎亲，耀武扬威，惟恐人不知道似的。”布斋人生得矮胖，吃了几杯酒脸已成了茄子色。

“今非昔比！想当年那努尔哈赤落难时不也曾到我叶赫求救？哼哼，现如今翅膀硬了，便想踏平我扈伦四部，没那么容易！”

纳林布禄将酒碗重重地摔在桌子上，他精瘦精瘦的，眼睛因而显得大得出奇。

“哟，两位哥哥在这儿喝酒呀，怎么不喊妹妹一声？”

随着一声娇唤，门帘一挑，走进来一位女子，她乌发高盘，斜插着一只镂金凤钏，娥眉淡扫，红唇一点，亭亭玉立在两位男人面前。

“嗯，好香！东哥，你今儿又搽的什么香？”

虽是亲兄妹，但他们俩与东哥的相貌真是相差太远，不过，这倒更能显出东哥的美貌。

“别打岔！”东哥红唇轻启，瞟着纳林布禄，“哥哥，你们俩在商议大事？不能告诉小妹吗？”

“好啦好啦，什么事也脱不过小妹你的眼睛。这么着，你去给我们哥俩弄些个下酒菜来好吗？”

“不好。”东哥噘着小嘴，将一双玉手伸了出来，娇滴滴地说道：

“你瞧，小妹子这么嫩的手能架得住烟熏火燎吗？想吃菜吩咐阿哈们弄呗。”

对着这样一位娇惯任性的妹妹，哥儿俩无奈地摇着头，差不多同时说道：

“东哥，你都二十出头了，也该嫁人了吧？”

“不嫁！你们这些臭男人全不是好东西。”

东哥边说边倒了一碗酒，咕嘟几口便干了。看得出，这位东哥性情爽直，与汉家女子的羞怯完全不同。

布斋与纳林布禄悄悄吐着舌头，做了个鬼脸。

纳林布禄试探着问：

“东哥，你有没听说那建州王努尔哈赤近日娶了歹商的妹妹做新娘子？”

“他爱娶谁娶谁！一概与本姑娘无关。告诉你们吧，这世上本姑娘看得上眼的男人还没生呢。”

东哥话音未落，起身便走，弄得哥儿俩面面相觑。

“这么厉害的丫头，谁敢要哇？”布斋摇着头，很是惋惜的样子，“当初全是给伯父宠坏了，这么任性，简直不知天高地厚！”

“不对。”纳林布禄眼睛骨碌骨碌地转了几圈，很显得意地说道：

“咱们扈伦四部，谁人不知东哥的美貌？这可是咱叶赫的一个招牌呀。我想，当初父王之所以迟迟不让她出嫁，恐怕就是这个原因。垂涎东哥的大有人在，我们为什么不能好好利用呢？为什么不学那努尔哈赤，也与外族结成姻亲联盟来壮大自己？”

“可是，东哥她不愿意嫁给努尔哈赤呀。”布斋挠着剃得倍儿亮的头皮，自言自语着。

“东哥不愿，还有孟古嘛，对，就这么办！”

纳林布禄一拍桌子，龇着牙嘿嘿一笑：

“十多年前，那努尔哈赤曾投奔到我叶赫避难，我父仰吉努当时曾将小妹孟古许配给他，当时我也在场来着。当时孟古还只有两三岁，现如今她正好到了该出嫁的年纪了，咱们践约将她送往建州如何？”

“唉？果真有此事，这可比那歹商利用自己的亲妹妹去拉拢努尔哈赤高明的多啦。起码，咱这叫作明媒正娶，名正言顺。”

兄弟俩一唱一和，似乎已经看到了与建州女真结亲后，叶赫的壮大与强盛……

其实，努尔哈赤也一直在关注着叶赫部。在扈伦四部中，以叶赫、哈达势力为最强，他们是明朝用以牵制、抗衡建州的主要力量。但明军却在五年之间，接二连三地给予叶赫、哈达以沉重打击。尤其是，明朝总兵官李成梁设“市圈计”，利用诸部到圈定市场之机，伪以赐赏约会，在叶赫二贝勒清佳努、仰吉努毫无防备的情形下，将其诱杀，叶赫贝勒及部将等三百余人横遭杀戮，叶赫蒙受了空前的灾难。

想到以前父祖及外祖父的惨死，加上今天叶赫的不幸，努尔哈赤一阵长吁短叹。看来，造成女真长期动荡的罪魁祸首就是明朝，这些年来女真各部已经被它害惨了！

谋臣何和理见主人努尔哈赤眉头紧锁，神情悲戚，便揣摸着主人的心思，旁敲侧击：

“王爷，枪打出头鸟，叶赫部这下元气大伤，如果您要踏平扈伦四部，岂不又少了一个对头？”

“我……我是不忍落井下石呀，同为女真人，我们一再受到明廷的灭顶之灾，这血的教训难道还不应该让我们认真吸取吗？多年以来，女真各部为争雄长，连年混战，到头来苦的是百姓，乐的是明廷，他们坐山观虎斗，等我们两败俱伤的时候再收拾残局，轻而易举地便将我们玩弄于股掌之中。唉，我女真人为何要受那汉人的支配？如果女真各部摒弃前嫌，精诚合作，那明廷敢碰我们一根毫毛吗？哼！”

何和理一时无言以对。他只道努尔哈赤一心要统一女真各部，会不择手段，会见缝插针，会背信弃义。难道不是这样吗？札木河部的女真首领克五十不就因为投奔了努尔哈赤，才招致了杀身之祸的吗？努尔哈赤砍下克五十的头颅向明廷邀功请赏，不久竟被明朝的皇帝封为龙虎将军，还赏了他大红纻丝狮子袍一袭。当努尔哈赤从明廷的京师回到费阿拉时，他就穿着这件闪闪发光的大红袍，头戴明廷的乌纱帽，骑在高头大马上，他是多么的耀武扬威，神气活现！

还有，当初为了追杀仇人尼堪外兰，努尔哈赤将俘获的几十名汉人推出了营帐，就在明廷边关衙门前的旷地上，努尔哈赤舞着宝剑一口气砍杀了十几个手无寸铁的汉人！

躲在衙门里的尼堪外兰见状吓得面如死灰，而那些明军们也被暴怒中的努尔哈赤的疯狂举动吓得惊惶失措，目瞪口呆！权衡利弊，明廷边官将尼堪外兰诱出了衙门，任由努尔哈赤砍杀。因为，尼堪外兰对明廷已毫无利用价值，而建州的努尔哈赤则已是今非昔比，令他们不得不刮目相看了。

斩杀尼堪外兰，终于报了父祖之仇，但努尔哈赤手中的宝剑却并没有入鞘，随着那沾满鲜血的剑光掠影，建州的铁蹄南征北讨，灭完颜部，再灭鸭绿江部。起兵仅十年，努尔哈赤就将环建州而居的其他部落或收或灭据为己有，随后，努尔哈赤理所当然地做了费阿拉的王。

何和理想的这些事情已经可以很好的证明了努尔哈赤是怎样的一个人了，时势造英雄，努尔哈赤能有今天实在被逼无奈，所以，何和理对努尔哈赤有的只是佩服和崇拜，而无半点指责和埋怨。弱肉强食，胜者为王，败者为寇，这便是天理！

“都督，您的意思是……”

“叶赫元气大伤，好在布斋与纳林布禄两兄弟倒能齐心协力，只是，他们的恢复也需要一些时日。不如这样，何和理，你与叶赫以前就打过多次交道，此番代表本王前去探望一下如何？”

“我明白了！”

何和理启齿一笑，露出了两排整齐而洁白的牙齿：

“用兵之法，其功在兵戈之外。都督此举，令末将佩服之极！末将这就回去备些礼品前往叶赫，以求两部早日交好！”

这一日，努尔哈赤正由大将额亦都、费扬古等陪着，在校场练兵，忽听城外鼓乐喧天，人声鼎沸，好不热闹。

这校场在半山坡上，居高临下，可以将城外的情形看得清清楚楚。努尔哈赤正与一猛士斗着剑，此时不由得也停了下来，用大手一抹额上的汗，微笑着说道：

“吹吹打打的，看来又是喜事一桩！只不知是哪家？”

“都督，普通人家男婚女嫁哪有这样的排场？”

侍卫扈尔汉递过了一条毛巾，又忙着给努尔哈赤披上外衣，一面还不停地向外张望着。

“嘎小子，莫不是看见别人娶媳妇也眼热了？嗯，赶明儿个，本王给你物色一个，咱们也弄个大点儿的排场，让他们刮目相看！

“都督您又拿孩儿开玩笑了。”

扈尔汉的脸唰地变红了，可努尔哈赤偏偏爱看他的这副窘相，继续打趣道：

“这有什么？你是本王的养子，娶亲时热热闹闹地弄个大排场，也不为过啊！”

“阿玛王，给您香上一锅吧。”

扈尔汉麻利地取出了努尔哈赤的烟袋锅，打着了火石，递到了努尔哈赤的手上。

“孩儿今儿个给您备的是高丽人送来的烟叶，这可是您最爱吸的啦！”

“好小子，想用烟来堵阿玛的嘴呀，真有你的。”

努尔哈赤笑吟吟地连吸了几大口，嗯，味儿就是香，好烟！他仰起头，美美地往上吐着烟圈儿，那神情极为悠闲。

“阿玛王，孩儿想吸一锅您的烟叶。”

长子褚英不知什么时候跑了过来，他也是一脸的汗，脸色黑里透红十分健康的样子。

“兔崽子，老子刚刚美美地吸了几口，你就闻到啦？喏，只许吸一锅啊。”

努尔哈赤笑骂着，从腰间解下了烟荷包，在手心里掂了几下才送了过去。

“阿玛王，您也太不够意思了吧？孩儿随您南征北战，出生入死的，吸一袋烟总不为过吧？”

“少啰嗦，一天到晚尽想占便宜。哼，有这么美的事吗？阿玛要不是当了建州王，别人会心甘情愿地进贡吗？小子，吃得苦中苦方为人上人，你可要给我记住喽。”

努尔哈赤有些不悦，对手下，对扈尔汉，他倒还能心平气和，对儿子，尤其是长子褚英，他不能不从严要求。还好，这个“小牛犊”自幼练就了一身好武艺，不像他的弟弟代善，总给人一种病怏怏的感觉。

但这孩子也有毛病，他天生就有一种优越感，自以为高人一等，很有些自以为是，这些缺点不改，恐怕日后他难以担当重任呀。

“阿玛王，不就是一袋烟吗？您不给也就算了，何必当着这些下人的面让孩儿下不来台呢？得，孩儿不吸也罢！”

褚英果然不能理解努尔哈赤的苦口婆心，一扭头走了。

“你……混账东西！”

努尔哈赤正要发作，却被匆匆跑来的阿敏给打断了：

“王叔王叔！何将军回来了，还有叶赫贝勒纳林布禄也来了，还有……”

阿敏跑得气喘吁吁，脸上却写满了笑容，连比带划手舞足蹈的，很是兴奋的样子。

“两军阵前，有你这样颠三倒四汇报情况的吗？慢慢地、一字一句地说清楚！”

提起侄子阿敏，努尔哈赤真是打心眼里喜欢，这孩子性情温顺，又知书达理，是一块不可多得的璞玉，所以，努尔哈赤一向对他要求甚严。响鼓还用重槌敲嘛！

“是这样，叔王。”

阿敏呼了口气，手脚并拢，规规矩矩地站着，尽量放慢了语速：

“那叶赫贝勒纳林布禄亲自送他的妹妹来与您完婚！”

“什么？”

这一回努尔哈赤听得个清清楚楚、明明白白。他没脾气了，两手一摊显得有些无奈：

“此事也未免太突然了些。得，这回你们又有喜酒吃了。”

看着努哈赤有些垂头丧气的样子，阿敏与额亦都便跟在后头悄悄叽咕起来。

“咱们都督可走了桃花运了，大姑娘接二连三地不请自来，嘿嘿，多诱人哪！”

“还说呢，大福晋和二福晋她们已经有些不乐意了，说大王花了心了，变着法子要娶那些年轻貌美的女子，大王这是喜新厌旧！”

“啧，管他呢，送上门的能不要吗？依俺说，多多益善！这样一来，爱新觉罗家的子孙不是像滚雪球似的愈滚愈大了吗？”

“阿敏，快告诉叔叔，那女子可是东哥？”

努尔哈赤突然兴奋地大叫起来，把身后的几个人吓了一跳。

“这个……”

阿敏挠着头皮直摇头。

“应该是东哥，肯定是她，我怎么就没想到呢？哈哈，本王果真走了桃花运了。”

努尔哈赤自言自语，笑容满面，与刚才无可奈何的样子似乎判若两人。

听他这么一说，身后的人也明白了，我的妈呀，原来送上门来的美女是东哥呀，据说那女子有沉鱼落雁之容，闭月羞花之貌，垂涎她美貌的人没有成千，也有上百，可她生性高傲，那些贝勒爷、王公贵族全没她看上眼的。这一次，她怎么肯自己送上门来？是了，在辽东女真各部中，只有建州王才是百里挑一的大英雄，美人爱英雄，美人儿也不必就再挑三拣四的了，他俩才是最最相配的一对儿呀！

努尔哈赤急急忙忙下了山，没多远就看见何和理追了上来，虽是风尘仆仆，却面带春风：

“都督，何和理擅自做主为您从叶赫带回了一位绝色女子，还望都督恕罪！”

何和理双手抱拳行礼叩拜，笑嘻嘻地很是兴奋。

努尔哈赤突然间也感到了心跳加快：东哥真的来了，真的要成他努尔哈赤的福晋了？这位美人儿到底美成了什么样子？努尔哈赤有一连串的问题要问，可张嘴说的却是：

“你呀，尽给本王出难题！你又不是不知道，前些日子已经有数部派了使臣前来求亲，若我娶了叶赫女子而拒绝了其他部，岂不是要得罪别的部族吗？再说还有大福晋她们……”

何和理嘻嘻一笑：

“大福晋那里应该没什么问题，回头我让东哥常去陪陪她。只是这叶赫女子您非娶不可，人家说了，这可是当初您亲口应允下的婚事呢。”

努尔哈赤也呵呵笑着：

“古来好色者误人误己，没想到我也成了这样的人，若误了家又误了国，岂不是追悔莫及后人耻笑？”

“都督您言重了。自古以来，以婚姻结好乃是各部相交的常例，都督您如今家大业大，四方归附者如潮，他们以女相嫁正可表明他们的诚意嘛。其实，当初都督您还不是用东果格格拴住了我的心？”

说到这里，既是君臣又是翁婿的二人相视一笑，肩并肩朝山城正门走去。正门外，叶赫部送亲的队伍吹吹打打，早已经吸引了众多的围观者。数百匹毛色纯正、高大健壮的蒙古马，数十辆披红挂绿的马车，雪白的羊群和油光发亮的奶牛群跟在后面，这样大的送亲场面，非一般部族能比，真让山城里的百姓开了眼啦。

双方见面，互致礼节与问候，然后一行人浩浩荡荡，吹吹打打开进了城，于是，山城费阿拉又沉浸在一片欢乐之中。在玉盘金碗、琼盅瑶觥之中，在爆竹声声、笙鼓齐鸣之时，叶赫的小格格那拉氏孟古成了努尔哈赤的新福晋。

人人倾心的美女，竟会主动投入自己的怀抱，这可是努尔哈赤做梦也想不到的美事呀。努尔哈赤早已在脑海中想象出了东哥那娇美的身段，妩媚的笑靥，秋波送盼的双眸，已有了几分酒意的努尔哈赤觉得难以自持了，他向纳林布禄等叶赫客人轮流敬了一遍酒，便借故离席了。

新房设在后院，高高的院墙挡住了前庭的喧嚣，树影婆娑，星光点点，这个夜晚是那么寂静、那么美好。

“东哥，真的是你吗？”

努尔哈赤按捺不住内心的激动，三步并作两步闯进了内室，一旁侍候的婢女们见状慌忙退了出去，一个个掩着嘴吃吃笑着，嘴里叽咕道：

“萨满妈妈，今晚的交祝歌可得唱个没完没了啦！”

一对红烛下，蒙着红盖头的孟古身子稍稍动了动，嘴唇张了两下，想要回答，可千头万绪的，该怎么对这个陌生人讲起？

透过薄薄的红绸，孟古看不清眼前这个男人的面孔，但却可以看到他那高大魁伟的身影，闻到他那特有的男人的气息，孟古的心怦怦跳了起来，浑身颤抖得厉害。

“来，让我给你取下盖头吧。咦，你怎么浑身抖个不停？这房里够暖的呀。”

努尔哈赤在这个年轻女子面前表现出了少有的柔情。他小心翼翼地掀开了孟古的盖头，借机握住了她按在胸前的一双小手，醉眼矇眬地上下打量着孟古，嘴里含混不清：

“干吗总低着头？从现在起你就是建州王的福晋了，你难道不喜欢、不满意？快抬起头，让本王看着叶赫美女东哥到底有多美？”

努尔哈赤满嘴酒气，呼吸急促起来，低着头就要往那粉嫩的面孔上扎。忽然怀中的女子用力撑了几下，低低地说了话：

“大王，我是东哥的妹妹孟古。”

“什么东哥，孟……古？”

努尔哈赤只觉怀中娇小的新娘是她，她乖巧可人，细嫩的柔荑，粉白的脖子，柔长的秀发盘成了乌黑水滑的发髻。不光身子在轻轻地颤抖，她的双唇也微微嚅动着，紧绷的胸脯一起一伏。努尔哈赤再也顾不了那么多了，管她是东哥还是孟古？有什么不同吗？没有，她们都是女人，美丽的女人！

事隔许久以后，当努尔哈赤终于明白了此生再也娶不到东哥之后，他只得无奈地对孟古笑道：

“嘿嘿，你们姐妹易嫁，倒为我爱新觉罗家又添了香火，也不错呀。”

真的，幸亏是她们姐妹易嫁，否则哪来的皇太极，又哪来的大清国的缔造者？

也许，冥冥中自有天意。当努尔哈赤与爱如心肝的皇子皇太极一起嬉戏之时，他的耳畔不由得响起了叶赫老贝勒仰加奴的话：

“我非长女不与，恐不合君意。而小女容貌奇异，你与她堪称佳偶耳。”于是，当时年仅二岁的叶赫那拉氏孟古便成了努尔哈赤聘定的第一个女子。十多年后，她嫁给努尔哈赤时，努尔哈赤已由当年那个走投无路的流浪者变成了建州女真的王。

“驾，驾！”

宽阔的庭院里，一个十来岁的少年正骑在老太监的身上，手中挥动着柳条，用力抽着。

“小祖宗，您省点儿力吧。”老太监一边在地上爬着，一边伸手摸着火辣辣的屁股，小声哀求着。

“没劲儿！我的弹弓呢，我要玩！”

趁老太监起身呼哧呼哧喘着粗气的时候，一个小侍卫怯声声地向那少年问道：

“五阿哥，骑过了马您得去读书了吧？要不给王爷知道了……”

“啪！”柳条鞭不偏不倚地甩到了小侍卫的腮帮子上，他的左脸登时现了一条红印子。

“狗奴才，王爷不在，今儿个我就是你们的爷！一天两天不读书又有什么大不了的？让先生歇着去吧。”

“可……王爷狩猎回来，要看您临的字帖呀。”

小侍卫带着哭腔，远远地跟着。

“真是没脑子，你帮我临几幅不就得了？还不快滚，还想挨一鞭子是吧？”

五阿哥莽古尔泰说着又举起了柳条鞭，吓得小侍卫连滚带爬一溜烟地跑了。

“大白天没长眼睛呀，丢了魂似的跑什么呀？”

随着一声清脆的喝斥，小侍卫怔了怔，连忙给来人行礼：

“奴才有眼无珠，还请娘娘息怒。”

莽古尔泰一听坏了，自己的额娘来了。怎么办？躲是来不及了，他只得丢下了鞭子，整好了袍子，心里在恨这些奴才们没有极早通报。

花盆底的女鞋，一步三摇，风拂杨柳似的。玉佩叮当，高高的发髻上，插着明晃晃的金钗，戴着一朵红艳艳的绒花，衬着明黄的花旗袍，雍容华贵。来者自然就是五阿哥莽古尔泰的亲生母亲，现如今被尊为继妃的富察氏衮代。

衮代心里高兴时，常带着侍女们出来溜达。眼下这后宫里就是她做主了，全仗汗王的宠爱，当然还有大福晋佟佳氏的仙逝，否则，她衮代也许还得再熬几年才能出头。

佟佳氏终于无福消受夫君努尔哈赤带来的庞大家业，她纵然心比天高，可命却比纸薄。由于心事重重，整日幽居宫闱深处，不久竟病恹恹，脸色蜡样的黄。

努尔哈赤军务繁忙，与佟佳氏相聚的机会本来就不多，有时想起来了，佟佳氏却又与药罐汤匙为伴，弄得一屋子的药味儿，令人扫兴。当然，自打衮代入了后宫之后，努尔哈赤似乎整个魂儿都被她给牵去了，一有空便往衮代的屋子里钻。说起来是汗王，可这后宫总共也就那么十来间房子，这屋子嬉笑，那屋子哀叹，都听得一清二楚的，根本就藏不住什么秘密。

你想这佟佳氏的病能好吗？三十多岁的汗王努尔哈赤精力充溢，喜事一桩连一桩，刚娶了哈达贝勒的妹子，又有叶赫的格格送上门来了。那边笑语喧哗、打情骂俏，这边却冷冷清清、形影相吊。郁郁寡欢的佟佳氏终于连药也不愿意吃了……唉，若佟佳氏在地下有知，她是做娘娘的命，她也许会善待自己，挣扎着多活几年的。

元妃佟佳氏薨逝，富察氏衮代自然心中窃喜，以她的姿色尚能留住汗王的心，新来的那几个小福晋出道不久，论功夫还嫩了些……衮代有时候未免会在心中细细地掂量一番，母以子贵，来日方长，她要好好管教自己的两个儿子，以便将来能有所依靠。

所以，衮代今儿个就是特地来看看儿子莽古尔泰的。

“你们这些个狗奴才，为什么不带阿哥去读书习字？”

衮代一见眼前的情形便明白了几分，跟着儿子的太监和侍卫们不是脸上挨了鞭子，就是膝上跪脏了一片，肯定是儿子又在顽皮耍性子了。

“莽古尔泰，今儿个这么早书就念完了？”衮代盯着儿子，不动声色地问道。

莽古尔泰心里直发毛。他知道每次额娘生气的时候差不多都是这个样子，简直是笑里藏刀哇，今天若是当着这些下人的面挨骂，那可就丢了大人啦。

“回额娘的话，师傅他今儿个身子不爽，所以孩儿就……”莽古尔泰一双眼睛乌溜溜转着，悄悄观察着额娘的反应。

衮代心里那个气呀，刚才她还碰到了一名婢女，给陆师傅送茶去，这小子不是在撒谎吗？

“混账东西，居然敢骗到我的头上！”

衮代柳眉倒竖，举手就要打。莽古尔泰头一低，腰一猫，很灵活地躲了过去。

“想躲？躲了初一能躲过十五？给我乖乖地站住！”

衮代弯腰捡起了莽古尔泰丢在地上的柳条鞭，气咻咻地指着儿子，恨声斥道：“你个不长进的东西，整日里只知道野玩，不学无术，怎能讨你阿玛的好？平日里额娘教你的话算是白说了，我看你还贪玩不贪玩？”

“啪，啪，啪！”

女人发起怒来也是很可怕的，此时的衮代在莽古尔泰看来倒更像是一只咆哮的母狮，她不管三七二十一，劈头盖脸朝莽古尔泰打去。

“大福晋手下留情！”

“请主子开恩，全是小人的错！”

“娘娘，您又何必生这么大的气呢？五阿哥年纪还小，贪玩也是常事啊。”

婢女、太监们一起上前求情，跪在了衮代的脚前。衮代也觉得下手有些狠了，莽古尔泰的嘴角已经被打出了血，但当着下人的面她不好说什么，气哼哼地扔下鞭子走了。

“呸！”

愣了半晌，莽古尔泰才缓过神来，他狠狠朝地上啐了一口，用袖子擦着嘴角上的血迹，突然跳骂起来：

“你们瞧瞧，哪个亲娘这样对待亲生儿子？她现在丢我的面子，日后我也会要她好看的，君子报仇，十年不晚！咱们走着瞧！”

莽古尔泰性情乖戾暴躁下人们都知道，可没想到他会对自己的额娘也恨得咬牙切齿。下人们落得面面相觑不敢吭声，怪不得有人私下里说这莽古尔泰并不是汗王的亲生骨肉，是野种，要不他怎么与他的那几位哥哥那么不一样？从小看大，小小年纪，便知记仇，而且是自己的亲生母亲，这事情真让下人们觉得不可思议！

衮代气呼呼地回到了房里，还未喘过气来，便听见隔壁传来了几声婴儿的哭声。她一愣：叶赫那拉氏已经生了？不知是男是女？正要打发婢女去看看，另一位婢女已经小跑着进来了。

“娘娘，隔壁生了个阿哥！”

“当真？你进去看见啦？”

衮代猛地起身抓住了婢女，尖利的指甲戳得小使女胳膊一阵刺疼。

“奴婢没进屋，但那门口悬挂的弓老远就能看得见。”

“是像阿哥的哭声，多有力气呀。”

“你们先下去吧。”

衮代的目光顿时暗了下来，她缓缓坐下用右手撑着额角，仿佛很疲惫的样子，又补充了一句：

“快点去准备些珠宝和人参，用黄绫子布包好，一会儿我要亲自给八阿哥送去。”

当时女真人家的习俗，男孩初生时，悬挂弓箭于门前，象征着他长大能骑善射，能成为一名吐伦世（勇士）。这其实也是从中原汉人那里学来的古代礼仪，《礼记·内则第十二》中就记载着这样的文字："子生，男子设弧于门左，女子设帨于门右。"

不过，在建州努尔哈赤家里，如今已经是第八次在门前挂弓了。爱新觉罗家人丁兴旺，岂不是一大喜事？

努尔哈赤打猎归来，早有阿哈迎上前向他报告了这一喜讯，乐得努尔哈赤哈哈直笑：

"孟古她也给本王生了个哈哈济（男孩），嘿，还真有她的！"

努尔哈赤一边吩咐何和理将战利品分发给部将，一边大步流星朝后院走，脚步咚咚踩得石板路直响。衮代等福晋知道汗王回来了，也已梳洗打扮停当，纷纷立在门前恭候着。

努尔哈赤注意到衮代手中挽着个黄绫的小包袱，不解地问：

"富察氏你这是……"

"汗王，臣妾正等着与您一起去看刚出生的八阿哥呢，喏，这里是送给他的见面礼。"

"亏你想得周到。"

努尔哈赤顺手捏了一把衮代粉嫩的脸颊，把她的手一牵，边走边说道：

"衮代，这后院里就数你地位最尊了，以后本王就把后院的事交给你打理了，后院可不能失火哟。"

"瞧您说的。"

衮代红唇一撇，媚眼乜斜着，咯咯笑道：

"汗王您就一百个放心吧，俺们姐妹好得跟一个人似的，哪会有什么事儿呢？"

"嘿，我听到儿子的哭声了！"

努尔哈赤加快了脚步，将衮代等人甩在了身后，边走边高声喊着：

"我儿子在哪里？快抱给本王看看！"

迎候在叶赫那拉氏门前的婢女们不敢怠慢，向努尔哈赤行了个礼便匆匆往里屋跑去。

"恭喜大王，贺喜大王，您又添了位阿哥！嘿，小家伙又白又胖，可招人喜爱呢。"

萨满妈妈坐在房中正抽着烟袋锅子，见努尔哈赤进来忙起身相让。

"您坐，萨满妈妈累坏了吧，回头本王让人送两只山鸡和一只狍子犒劳犒劳您。”

“谢啦！她们母子平安，这里也没我什么事儿了，就此告退。”

萨满妈妈脸上搽着一层白粉，腮上抹着胭脂，腰里系着铃鼓，走起路来叮咚直响。

努尔哈赤呵呵笑着，又补了一句：

“萨满妈妈，到堂子里替本王多上几炷香，保佑她们母子一生平安，大福大贵！”

婢女掀起了棉帘，努尔哈赤走进了里屋。叶赫那拉氏孟古脸色苍白，头发披散着，挣扎着要起身。

“孟古，你还是歇着吧。咱们夫妻不必拘礼了。来，我给你盖好被子，当心受了寒。”

孟古的脸上现出一丝红晕，努尔哈赤的关爱令她心中无比温暖、无比幸福。她乖乖地躺着，声音很是虚弱：

“谢大王的关心。您看咱们的儿子长得像谁？”

“呵呵，本王还没来得及看呢。”

努尔哈赤坐在孟古的枕边，俯身朝床里看着。只见襁褓里一个粉突突的婴儿，正在心满意足地吮着自己的手指。

“哎，这可不行。孟古，你怎么能让他的小手拿出来呢？扎得太松了，得重包。”

努尔哈赤双手抱过了婴儿，噘着嘴在孩子的嫩脸上亲了几口，孩子被毛茸茸的胡子扎得咧着嘴又哇哇哭起来了。

“衮代，你进来教教孟古吧，她还不知道怎样做额娘哩。”

眼前的这一幕，衮代都看在眼里，她的心里酸溜溜地。她先后为努尔哈赤生了两个阿哥，可他一次也没去过她的床前枕边嘘寒问暖呀。是了，那时候他日夜操劳，戎马倥偬的，哪还有那份闲心！这么想，衮代的心里稍稍平衡了些，她答应着，扭着腰走了进来。

“孟古，好好跟衮代学学。对，要把孩子的两腿包紧点儿，胳膊也得扎上，不能让它动弹，以后他还得骑射咧。”

“孩子才刚生下来，骨头太嫩了。”

孟古有些于心不忍，她看看努尔哈赤，又看看衮代，小声哀求着：

“轻点儿扎，过两天再扎紧点儿行吗？”

“哈哈哈哈！”

努尔哈赤看着眼泪汪汪的孟古，大声安慰着：

“我爱新觉罗家的哈哈济都是打小这样扎的，你瞧瞧，我的胳膊腿儿多好使呀。”

一句话说得孟古破涕为笑，她想了想说道：

“汗王，孩子还没名字呢。”

“嗯，这个本王倒要仔细斟酌斟酌。”

努尔哈赤点着头，在室里踱开了步子。

“他是八阿哥，他的哥哥们有褚英、代善、阿拜、汤古岱、莽古尔泰……”努尔哈赤掰着指头一一数着儿子们的名字。此时他已经有了六位福晋，膝下儿女成群，个个健康、活泼，而大一些的如褚英、代善等已经开始随他四处征战，显露锋芒了。时光飞快，岁月如梭，人到中年的努尔哈赤不由得感慨万分，他的事业要由儿子们来继续，这些儿子可都是他爱如心肝的宝贝呀。

“把儿子给我抱抱。”

努尔哈赤踌躇了一阵子，转身走到床前，俯身抱起了儿子，这孩子粉扑扑的脸儿，小嘴儿不停地吸吮着，表情很是丰富。

“小不点儿，小宝贝儿，叫你什么名字好呢？”

襁褓中的婴儿朝着努尔哈赤“嘤嘤唧唧”地哼唱着，一只眼睛闭着，另一只眼睛透出了一道缝儿。

“嘿嘿，在你阿玛面前睁一只眼闭一只眼，刚刚落地就学得这么精明？嗯，倒真不能小看你呢。”

努尔哈赤仔细打量着儿子，不时地摸摸他的小脸蛋儿，又闻闻他脸蛋上的奶香，还嘬着嘴唇亲吻着他，忽然又有了新发现。

“孟古，咱这儿子可显有异相呢，你瞧他的一双耳垂子多厚实呀。古书上说，两耳垂肩可是帝王相呢。”

努尔哈赤大惊小怪地喊着，神情甚为得意。

一旁的衮代听着不乐意了，她扭着身子上前几步，心里泛着酸，脸上却挂着笑，说道：

“可不是嘛，王爷您的儿子，个个是龙种，将来这天下可就是他们几兄弟的了。”

“嗯，龙生龙，凤生凤，衮代你呀就是会说话。是呀，将来就看他们这些兄弟谁最有出息了。”

努尔哈赤把目光转向孟古，拥着棉被的孟古斜靠着，长长的秀发散落在肩头，神态安详。

“孟古，你有信心把咱们的这个儿子培养成一代天骄，像成吉思汗那样的人吗？”

孟古的眉毛一挑，微微一笑；

“汗王您刚刚不是说了吗？咱们的儿子是龙种，日后他自然会大显身手、大展鸿图的。再说，有大王您的教导，他将来肯定会成为咱建州女真的栋梁之材的。”

“嗯，说得好！孟古哇，原来你做了母亲之后，忽然间就长大了，以后再不能把你当作小丫头片子了。”

孟古娇羞地笑了，衮代的心却冷了！

论长相，这孟古其实比不过媚人的衮代，但她年轻，充满活力，又是努尔哈赤明媒正娶的福晋，这些衮代是无法与孟古相比的。孟古福晋心地善良宽厚，待人处事非常得体，既不接近奸佞的小人，也不干预闺门以外的政事，她以自己的温柔和大方赢得了努尔哈赤的欢心。因此，她很快就生下了儿子，这是她与努尔哈赤相亲相爱的结晶呀。

看着爱妻娇子，努尔哈赤忽然脱口而出：

“皇太极！有了，孟古，咱们的儿子就叫皇太极！”

“好响亮的名字，好听！”

孟古一个劲儿的点头，面带微笑，内心早已充满了一个少妇的浓浓的柔情和爱意。

“汗王，这‘皇太极’怎么臣妾听得像是‘皇太子’？”

“唔，说你脑瓜子灵巧，你倒真的卖乖了。不错啊，本王正有此意呢！”

“哇，那这个名字可是含意深刻呀！”

衮代撇着红唇，杏眼乜斜着，边揣摸着努尔哈赤的心思，边自言自语。当然，她是说给努尔哈赤听的，以她的美貌和伶牙俐齿，她有信心从孟古的怀中再夺回自己的爱情。

“还有哇，臣妾还觉得这个名字就像蒙古族的台吉，那可是当了汗王以后人们的尊称呀。总之，这是个好名字，大富大贵、大吉大利呀。”

努尔哈赤静静地听着衮代的分析，在心里连连点着头，又带着几分惊诧：我的妈呀，衮代这个女人可真会察言观色呀，她一语中的，若传了出去给明廷听见了倒会落下麻烦。于是努尔哈赤渐渐收起了脸上的笑容，重重地“咳”了一声，衮代果然就乖乖地闭了嘴，不说了。

“衮代呀，以本王看你若做个萨满妈妈倒更合适，瞧你那眉飞色舞的样子，注意以后在外面不可以乱说话。”

“汗王，这卧房里门窗紧闭，气味儿太重了，您和姐姐到客厅里坐会儿吧，臣妾让阿哈们给您弄些吃的，姐姐，你代孟古好好陪陪汗王，多喝几杯啊！”

孟古连忙打岔，用手推着衮代，衮代趁机挽住了努尔哈赤的手臂：

“汗王呀，咱们也该让孟古妹妹歇着啦，听听，孟古已经下了逐客令啦！”

第七章

八阿哥抓周爱王冕
四扈伦犯境惹战端

皇太极的小手将黄布扯开，想了想竟将它蒙在了头上！宾客们早已停止了喧哗，大家都紧盯着小主人，偌大的屋子变得十分静谧。“天神！八阿哥将来要贵为一国之君！瞧，现在就把皇冠给戴上啦！”

又是一年的秋天，艳阳高照，碧空万里。按说，这正是秋猎的好时机，草木都到了收获硕果的季节，而山林、草原中那些野猪、獐子、狍子、鹿和豹也都是一年中最肥的时候。善于骑射的女真人哪一个不摩拳擦掌，跃跃欲试？

果然，一队人马出了山城，有说有笑地飞驰而去。

“阿玛！请停一停！”

又一骑从城门中飞出，看着远处渐渐消失的人影，马上之人叹了口气，调转了马头又走回了城中。

“今儿个八阿哥满周岁，汗王在城中宴请宾客，你们要格外小心，对出入城的陌生人严加盘查，不得有误！”

“嗻！请阿敏将军放心，小的们在各城门均已加派了人手，保证误不了事儿！”

原来这马上将军便是舒尔哈齐的儿子阿敏。舒尔哈齐偏偏选在今日出城去狩猎，阿敏怎么劝也不行，此事可怎么跟叔王努尔哈赤说呢？

议政厅前的院子里铺着五颜六色的花毯，客人们盘腿坐在一张张长条几前，自动围成一圈。约摸十来个身穿褐衣的阿哈们捧着托盘，来回穿梭在人群里，嘴里还不时地吆喝着：

“不加盐酱的白煮肉来啦，每块十斤重，肥瘦适宜，酥烂喷香，请各位尝尝！”

“哎，特地由抚顺城里头买回来的高粱烧，香醇味儿浓不上头，请各位品尝！”

其实这白煮肉不能煮得太熟太烂，那就没嚼头了。最好是外面油滋滋里面粉红还带着血丝儿的那种，吃的时候各人用自带的小刀割肉，沾着盆里的肉汤，就着酸白菜酸辣椒，再呷一大口酒，这种吃肉喝酒的方法无拘无束，是女真人最隆重的酒宴，菜虽花色不多，但管饱，酒则管够，人们尽情地吃喝，个个满面红光，肚子胀得溜圆。

“汗王请慢用！”

纳林布禄一边用手抹着油乎乎的嘴，一边打着饱嗝儿。

“兄弟，吃饱喝足了？好好，敬茶！”努尔哈赤向一个阿哈招招手，然后又对纳林布禄悄悄说道：

“我这里有上好的乌龙茶，是春天去北京进贡的时候朝廷赏的，说是福建的极品茶，长在武夷山半山腰的云雾间哪。”

“唔，汗王如此受朝廷赏赐，兄弟我佩服之至！兄弟此番前来费阿拉，一则为外甥周岁贺喜，二则就是想跟妹夫你取取经。妹夫你有今天的功业真是了不起呀。”

“哪里哪里，还得仰仗咱们女真各部的精诚团结，齐心合力呀。”

“好说，好说。”

看着哥哥纳林布禄跟丈夫努尔哈赤两人面带笑容，一会儿高谈阔论，一会儿窃窃私语，看似亲密无间，推心置腹，无话不谈的样子，孟古心里的一块石头这才落了地。

今儿个是宝贝儿子皇太极的周岁生日，努尔哈赤精心准备了这个盛大的宴会，以隆重的仪式来庆贺，叶赫那拉氏孟古自然万分高兴。可哥哥纳林布禄来了以后，孟古的眉头就一直紧锁着，神情很是忧郁。

原来，纳林布禄心怀鬼胎，他对努尔哈赤蒸蒸日上的事业嫉妒得要命，他不服气！此番前来他就是来探虚实的，他也学会了汉人用兵的那一套，知己知彼，百战不殆！

纳林布禄满以为有妹妹孟古牵线，努尔哈赤自会对叶赫部另眼相待，岂料恰恰相反，这努尔哈赤原来是个贪得无厌的人，他不仅没将叶赫部放在眼里，并且对同样主动嫁女的哈达部也是心怀叵测。

愤愤不平的纳林布禄悄悄去了哈达部，原来，哈达部的贝勒歹商更是后悔将女儿送给努尔哈赤。女儿的出嫁仿佛是跳进了火坑，眼见得连努尔哈赤后娶的叶赫那拉氏都生下了儿子，可阿梅却始终受冷落、守空房。天哪，歹商真是瞎了眼了，为什么要白白葬送女儿一生的幸福呢？歹商对狗眼看人低的努尔哈赤恨得咬牙切齿。

歹商与纳林布禄一拍即合，他们都觉得眼下努尔哈赤也未免太张狂了，目中无人，野心勃勃，得给他些教训让他清醒清醒！

同病相怜的两位贝勒摒弃了前嫌，坐下来商量着对策。他们思前想后，摸清了努尔哈赤的野心，那就是要分化海西扈伦四部，甚至挑起四部的争斗，他便可不费吹灰之力坐收渔利。既是这样，若扈伦四部联手反击情形又将如何呢？

一不做二不休，俩人商议已定，又分别联络了辉发、乌拉两个小部，这样扈伦四部终于结为联盟。四部均对努尔哈赤的崛起和扩张心有余悸，此番大家联手应该可以遏制一下努尔哈赤的气焰，也让扈伦四部过几天舒心日子。

纳林布禄笑里藏刀来到了费阿拉，趁着看望妹妹孟古的机会向她挑明了来意，孟古吃惊不小，却也无可奈何，一筹莫展。她生在叶赫，是叶赫部的女儿，但如今已成了建州女真的媳妇了，成了建州部的人。孟古夹在中间，有苦难言，真是左右为难哪，这些男人为什么总爱争斗，他们为什么总那么野心勃勃，不甘平凡？

柔弱的孟古无论如何也理解不了男人们的博大胸襟，相夫教子、操持家事才是她应尽的本分。她的确这样做了，耳无妄听，口无妄言，神情散朗，清心玉映，从而赢得了汗王努尔哈赤的心，使她这桩原本是纯粹的政治婚姻添上了爱情的色彩。可孟古无论如何也想不到，她这场婚姻的结束是那么的仓促，带着浓浓的爱情与战争的悲凉。

孟古在宴席上一直悄悄观察着自己兄长与夫君的言行，这会儿见他俩有说有笑，甚为亲密，方才安下心来，竟又暗中责怪自己瞎猜多虑，或许哥哥只是一句戏言？

"时候差不多啦，该让我那宝贝外甥儿抓周了吧？"

纳林布禄话题一转，嗓门大了起来。

"不劳哥哥您费心，全都准备好啦，都摆在内屋大火炕上呢。"

孟古笑吟吟地起身，从奶娘怀里接过皇太极来。众宾客们也酒足饭饱，说笑着在后面跟着往大厅里走。

大厅正中是一张花梨木的雕花椅，这是汗王努尔哈赤的宝座。南西北用土坯砌着一圈火炕，俗称转围炕，一家老小几代人或是君臣议事皆可坐卧，温暖舒适且十分宽大。这会儿这转围炕上摆满了红红绿绿五颜六色的小玩意儿，有笔墨纸砚等文房四宝，有刀枪剑戟等十八般兵器，还有金锁玉佩脂粉荷包之类的饰物，看得大人都眼花缭乱，更何况是一个刚满周岁的孩子？可真够为难他的了。

“看好了，小乖乖，你到底要哪样？”

努尔哈赤从孟古手里抱过了皇太极，将他放在炕中间，前后左右全是小玩意儿。

“阿玛，我要那个小木马。”

“阿玛，我要吃冰糖。”

“嘘……”努尔哈赤小声呵斥着莽古尔泰等几个不懂事的儿子，大妃衮代见状不由得怒从心起，抬手“啪”地扇了莽古尔泰一巴掌。

“哇！”莽古尔泰当众被母亲责打，索性撒起泼来，手捂着被打的脸颊，又哭又闹，双脚直蹦。

“小孩子不懂事，难道你也不懂事吗？哼，成何体统！”

努尔哈赤瞪着衮代，衮代正巴不得努尔哈赤多往自己身上看呢。今儿个她打扮得花枝招展的，大红旗袍、花盆底儿鞋，头发高高梳在头顶，盘成一个油光漆黑的大圆髻，上面斜插着带着坠儿的玉簪，还戴着一朵红绒花。这身装扮再加上她艳丽的姿色，果然是与众不同，三十多岁的衮代仍然是一枝花呢！

努尔哈赤收回了目光，颇是无奈地叹了口气，悄声在心里骂：“衮代，你这个妖精！”

孟古早已哄好了莽古尔泰，不知她贴在那孩子的耳旁说了什么，那莽古尔泰居然破涕为笑，撒娇地将头贴在孟古的袍子上，好家伙，鼻涕眼泪将袍子弄湿了一片。孟古只比莽古尔泰大五、六岁，大姐姐似的，只不过从她的装束，尤其是两个闪光的耳坠子，便知道她已经不是姑娘家了。

“哎，你们快看，八阿哥伸手要抓周了！”

随着这话声，人们的注意力都被坐在炕上的小家伙吸引过去了，今儿个他才是这出戏的主角儿呀。

嘿，他开始爬了！皇太极伸手将面前红红绿绿的玩意儿一拨拉，撅起屁股，伸着脖子，那神情那动作甚为有趣，但人们差不多都屏住了呼吸，生怕影响了小家伙抓周，这可是关系着他日后的前程呀。

说起来，汗王努尔哈赤在此以前已有了七个儿子，多子多福，人丁兴旺，可由于种种原因，努尔哈赤未曾为其中的一个儿子举行过如此隆重的“抓周”仪式。以前在佟家是入赘，自己都改了姓，生子也不好大操大办了；后来，为父、祖报仇，戎马倥偬，儿子们接二连三来到人世，努尔哈赤是无暇过问，有时候他甚至分不清甚至喊错了儿子的名字。现在，他事业如日中天，根基已稳，这才有了一点儿闲暇，于是便为八子皇太极操办了“抓周”，一来借机与亲朋好友相聚叙旧，二来也希望八子皇太极日后前程似锦，大有作为。说起来，仅仅依据周岁孩童抓在手中的东西来判断他日后的前程，未免太过武断，但这是民俗，努尔哈赤此番不过是随大流而已，当然他也希望八子皇太极在“抓周”时，能圆了自己的希望和梦想。

皇太极慢慢扭着脖子，左顾右看，黑葡萄似的眼睛里闪闪发亮，小嘴“咿呀”有声，看来，他对眼前五花八门的小玩意儿很感兴趣。

咦，他拿起了一只香袋！那只锦袋水红的面儿，绣着一双小鸳鸯，色泽鲜艳而且带着一股清香。

“不中用的东西！”

努尔哈赤的脸色有些不好看了。众目睽睽之下，这个顽童竟然喜欢上了这种男欢女爱、卿卿我我之类的小物件，怎能不让汗王生气？

不要说努尔哈赤不高兴，就连孟古的脸色也有些煞白。唉，都是衮代多事，她非得解下怀中的香囊放在火炕上，小孩子家的一见红的绿的玩意就爱不释手，果然，小皇太极上当了！这可怎么办？当着这么多宾客的面儿，这让汗王的脸儿往哪儿搁？

“哎哟，额娘，弟弟他砸我！”

又是莽古尔泰在叫，这个倒霉蛋正挤在前头，不偏不倚地被香囊砸了个正着。

“呀，鼻子出血了，快过来我给你擦擦。”

莽古尔泰张嘴又要哭闹，衮代连忙将他拉到了人群外头。咳，她们母子俩今儿个真倒霉，不是被呵斥就是挨砸挨打，早知道就不该来凑这个热闹。

“哟嗬，八阿哥又看中了那只花布小老虎啦！”

人群中又是一声轻叫。可不，皇太极正一动不动地趴在小老虎的跟前，斗鸡似的一眨不眨地盯着布老虎那两粒发光的绿眼睛。过了好一阵子，皇太极终于发觉对方不过是只“死”老虎，便立即没兴趣，又撅着屁股在炕上爬着，转起圈子来。

“这傻儿子，那弓那剑不就在你眼前吗？还磨磨蹭蹭兜什么圈子？害得老子提心吊胆地跟着瞎转悠。”

努尔哈赤在心里笑骂着。刚才皇太极掷香囊的那一招，着实令努尔哈赤喜欢，好男儿应该以事业为重，打了江山之后还愁没有美人吗？

皇太极在炕上转了几圈，两只小手不停地在玩具中拨拉着，看不上眼的便随手一扔，看得上眼的便凝神端详一阵子。小家伙不慌不忙，不紧不慢，着实吊足了众宾客们的胃口，这会儿他倒像是个角儿，对炕前站着的宾客们视而不见，一心一意地在他小小的天地里玩耍着，旁若无人，神情甚是专注。众宾客不由得暗暗称奇，才一岁的小人儿，见了这喧闹的场面和许多陌生的脸孔非但不哭不闹，反而十分活泼自在，没有丝毫的紧张不安。他一会儿咿呀有声，一会儿咯咯直笑，两只小手不停地在玩具中拨拉着，神情十分专注。

“嘿！这宝贝倒玩得快活，你倒是给老子抓一个呀。”

努尔哈赤有些无可奈何，心里着急却也不好发作，一屋子的人都在看着他的宝贝儿子皇太极呢，只好耐着性子等下去了。

皇太极的小手伸在玩具堆里拽呀扯呀，嘿，这一次他抽出了一块黄绸布！小家伙双手将黄布扯开，想了想竟将它蒙在了头上！大概黄绸布遮住了视线，众人在他的眼中变得模糊不清了，于是小家伙居然咯咯笑了起来，声音是那样的响亮！因为，宾客们早已停止了喧哗，大家都紧盯着小主人，偌大的屋子变得十分静谧。

“天神！可了不得啦，八阿哥将来要贵为一方之主、一国之君！瞧瞧，他现在就把皇冠给戴上啦！”

心直口快的额亦都大声嚷嚷着，上前抱起了皇太极，送到了努尔哈赤的怀里。

此时众人也是一片惊诧和赞叹声，努尔哈赤激动得双眼发亮，“叭、叭”将宝贝儿子亲个不停。

这情形让舅舅纳林布禄目瞪口呆，他干笑着对妹妹说道：

“孟古妹妹，你生的儿子是好样的，将来也许会成为咱女真人的骄傲。做舅父的也觉得脸上有光哪。哈哈！”

“大哥莫要谬夸他，他现在还什么都不懂呢。我只要他快些长大，健健康康的比什么都好。”

孟古的声音有些发颤，眼眶有些湿润。要知道，儿子皇太极的“抓周”，其实是在抓她自己的心哪。孟古生怕儿子抓得不好，落个不吉利不说，倘若使汗王生气那可就糟啦。这下子万事大吉，孟古这个年轻的妈妈终于舒心地笑了。

皇太极在众宾客面前露了一手，为努尔哈赤脸上增了光，在亲朋好友的一片恭贺声中，皇太极打起了哈欠，小家伙精神十足地玩了半晌，出尽了风头，也该歇着啦。

孟古和奶娘带着皇太极回到了后院，欢欢喜喜自不必说，可前院里却发出了激烈的争吵声。

纳林布禄此时是一脸的冷笑。大半天的应酬伪装令他忍无可忍，现在只剩下他与努尔哈赤两人，他终于发难了。

“都督，如今你我两部联姻，正可谓强强联手。只是那哈达部一心想争霸扈伦四部，我叶赫新遭重创恐势单力弱，本贝勒此番前来请贝勒助一臂之力。”

“噢？你要我出兵灭哈达部？”

努尔哈赤盯着纳林布禄，轻啜着香茗显得不急不躁：

“贝勒此言差矣。今我与叶赫部结亲，与那哈达部也结了亲，怎么能厚此薄彼，做那不仁不义之事呢？再者说，我女真各部本是同根生，又为何争斗不休，反让那汉人坐山观虎斗？”

“都督不必绕弯子了。说白了吧，你不想出兵灭哈达部是假，你甚至想将我扈伦四部一网打尽，早日做这辽东的霸主！”

纳林布禄脸拉得更长了，他实在耐不下性子了。

“胜者为主，败者为寇，这道理你难道不明白？”

说完上面这句话，努尔哈赤“啪”地将茶杯朝茶几上一放，一声冷笑，又说道：

“善者不来，来者不善。直说吧，你此番前来是恐吓还是挑衅？”

“既然都督你要这么想，我也无话可说。”纳林布禄下巴一抬，三角眼向下乜斜着，很有些傲慢：

“都督你是个明白人，见好就收吧。如今这建州所占地盘已足够你和儿子们享用的了，你也该知足了。我好心奉劝一句，凡事三思而后行，切莫引火烧身！”

“这话正应该我对你说！”

努尔哈赤一拍桌子，茶杯震得直响：

“纳林布禄，你凭什么威胁恐吓我？我努尔哈赤有今天的荣誉和地位，是自己浴血奋战争来的。我以父祖被杀向明廷问罪，明廷自知理亏，归还我父祖遗骸不说，还任由我砍下了尼堪外兰的头，尔后明廷又给我敕书马匹，授我左都督敕书并龙虎将军封号，发给金币。你们若不服气的话，去对明廷说呀！对了，纳林布禄，你父也被明军所杀，据说至今尸骨未收。啧啧，你还有脸来对我提出要求？”

纳林布禄感到脸上一阵发热，心里有些后悔不该蹚这趟浑水。可是既来了，总不能灰溜溜地就这么回去吧，倒要被扈伦四部耻笑，落得个里外不是人，唉！

纳林布禄小眼睛骨碌碌转着，理屈词穷的他显然正在绞尽脑汁想着对策。

努尔哈赤见状又是一声冷笑：

“过去，你叶赫部曾趁哈达内乱而趁机袭杀，难道你以为我建州也像哈达那样容易对付吗？我建州早已今非昔比，如你今日所见，北校场上旌旗猎猎，杀声震天，将士们日夜操练，厉兵秣马，有备无患，又岂是你三言两语便能吓倒的？”

“我……”

纳林布禄的黄脸差不多变成了猪肝色，他鼓起了勇气，迎着努尔哈赤那咄咄逼人的目光：

“念在你我两部结姻的份儿上，我此番只是想给你提个醒儿。要知道，马拉哈达、叶赫、辉发以及建州五部，言语相同，血脉相通，势同一国，岂有五主分治之理？如今你建州正成为众矢之的，树大招风嘛，若是你让出额尔敦、扎库木二地与我叶赫部，我也许会竭尽全力游说其他几部，化干戈为玉帛，为你建州消灾解难……”

“笑话！”努尔哈赤一声断喝，犹如雷霆滚滚，纳林布禄不由得浑身一哆嗦，连忙低头避开了对方的视线。

努尔哈赤脸色铁青，倏地起身，从炕头上抽出了宝剑，手起刀落，面前的案儿已被砍断了一角，“啪”地掉到了纳林布禄的眼前。

纳林布禄又是一阵哆嗦，他只觉得后脊梁骨上有一股阴冷之风直吹得他头皮发麻，冷汗直冒：

“都督，我只是……好言相劝，你又何必大发雷霆？倘若我九部联手出兵，你就不怕吗？”

“九部联手？”

努尔哈赤心中一凛，看来叶赫亡我之心不死呀。

纳林布禄只当努尔哈赤被吓住了，趁机又补充道：

“如今我叶赫、哈达、乌拉和辉发四部牵头，联络了长白山朱舍呈、讷殷二部再加上蒙古科尔沁、锡伯和卦尔察三部，九部联手，合兵三万，所向无敌呀。都督，你掂量掂量吧，好自为之！”

“既如此，你我便也没什么可说的了。”

努尔哈赤大手一挥，做出了送客的样子：

“贝勒你今日来是为犬子皇太极过周岁，所以我们以礼相待。不过，你跨出山城费阿拉的大门之后，你我便成了敌人，以后兵戎相见休怪本王无情。呃，也许你还未回到叶赫，我八旗精兵健儿便抢先一步踏平了你的部族！且请转告你所谓的九部乌合之众，我努尔哈赤奉陪到底，鹿死谁手，咱们拭目以待！”

“好！”

纳林布禄早就想开溜了，趁机拱手告辞，边往外走边说道：

“咱们骑驴看唱本，走着瞧！哼，敬酒不吃吃罚酒，又怪得了谁呢？”

垂头丧气的纳林布禄出了费阿拉之后，立即变得火气十足、趾高气扬了，今日受的羞辱他要让努尔哈赤日后加倍偿还！

他马不停蹄赶回了叶赫部，与兄弟布斋、布扬古等连夜密谋，决定立即联合扈伦四部袭击建州所属的户布察寨，先挫对方的锐气，扰乱其军心，然后再相机行事。

对财产、土地乃至权势的欲望，永远是一种引发战争的罪恶之源。而由此产生的征服欲，更使人发疯、发狂，难以自拔。纳林布禄先失去了理智，他要与努尔哈赤决一雌雄。而战争历来都是通向王位的一条歧路，只有征服者才有希望摘取那象征权力和力量的王冠。如今，努尔哈赤在浓烈的硝烟中已做上了费阿拉山城的王，登高望远，他发觉，风光无限，美不胜收，他又怎能甘心将自己用鲜血和生命换来的基业让他人染指？

努尔哈赤心里明白得很，当他名震女真各部，成为显赫一时的风云人物之后，他那来自明廷的荣耀，那得之于浴血奋战的八旗精兵，都引起了新的忌恨和抗争。当他以建州王的雄姿高坐在费阿拉山城的宝座之上时，其时也就等于把战火引到了自己的脚下，这不，居于松花江流域的海西女真首先将矛头对准了努尔哈赤。

什么联姻、结盟，都不过是烟幕，是权宜之计。努尔哈赤仿佛已经看见了扈伦四部的铁蹄正在尘土飞扬中扑向建州，他咬着牙下定了决心：兵来将挡，水来土掩，既然是你死我活，就要血战到底！

数月之后，一队人马直奔费阿拉而来，守城的官兵严阵以待，以为对方来者不善，后来才发现是叶赫、哈达和辉发等四部派来的使臣。因叶赫、哈达与建州均为联姻关系，所以城门洞开，这些使臣们骑着高头大马，直奔内城。

此番四部落联手，想在气势上压倒努尔哈赤，那几位使臣更显得十分傲慢狂妄。努尔哈赤听说此次是扈伦四部使者同时而来，心知无非还是恐吓和讹诈，但来者即是客，便吩咐设宴款待。

四部使臣未料到努尔哈赤如此大度和豪爽，菜过五味、酒过三巡之后，使臣们个个面红耳赤，酒气熏天，只顾得狼吞虎咽了。努尔哈赤不由得一阵冷笑，拂袖而去。

使臣们酒足饭饱之后，这才发觉差一点忘记了使命。面对着额亦都、安费扬古以及何和理等文武大臣，四部使臣们张口结舌，威风扫地胡乱恐吓了一阵子，便匆忙告辞，身后则是建州众将官们阵阵的嘲笑。

“事不过三，诸位将官，你们须得提高警惕，严阵以待！”

努尔哈赤知道四部使臣屡次碰钉子以后，肯定会恼羞成怒，首先挑起战火。因此努尔哈赤便制定了相应的对策，以静制动，后发制人，有备无患。以前诸部总有人指责努尔哈赤是不仁不义之人，这一回努尔哈赤一忍再忍，绝不首先发难，他要将对扈伦四部的征服战争变成名正言顺的自卫战争，这样才好对爱妻孟古和爱子皇太极有个交待。

磨刀霍霍的扈伦四部终于向建州发难了。

入夜，风清月明。一队人马悄悄逼近了户布察。这里地处偏僻，且离费阿拉较远，等努尔哈赤发现时，扈伦四部的人马早已大掠而归了。

事情果然是这样。户布察冲天的火光惊动了建州，当然更令努尔哈赤怒不可遏。

消息是第二天一早传到费阿拉的，当时，努尔哈赤正急匆匆往外走。一早起来他便觉得有些心神不宁，想去校场督兵操练。可是，几个孩子玩的射箭游戏吸引了他的视线，他不由得放慢了脚步。

塞外天气寒冷，孩子们晚上睡得早，早晨起得也早。他们今天玩的游戏是头天晚上就商量好了的，几个人每人各拿出两支小箭，合在一起束为一簇，放在高处，然后孩子们后退约三十来步，依次向箭簇放箭，射中次数多者为胜。这种游戏努尔哈赤小时候也非常爱玩，并且他记得大概十岁以后，每次射箭他都是独占鳌头，要不人怎么称他是建州第一箭呢！

也罢，不如教教这几个子侄，也顺带练练自己的臂力和眼力。主意已定，努尔哈赤忽然童心大发，悄悄躲到了一棵榆树后面，他不想吓着孩子们，再说，孩子们正玩得尽兴，也不想这会儿就搅和进去。

“哥哥，等等我……”

皇太极一溜小跑跌跌撞撞地追了过来。满打满算，他今年也不过三周岁，棉袍外面罩着一件貂皮坎肩，大脑袋上斜戴着一顶红花黑缎子的小皮帽，脚上是一双崭新发亮的牛皮靰鞡鞋。嘿，别看他人小，穿戴倒是很精神，像模像样的。

尤其可笑的是，皇太极右膀子套着柳木弓，双手捧着箭袋，挺着肚子不敢吸气，生怕那箭会从袋中漏下去。可不，他就像种箭似的，后面撒了好些小箭。

努尔哈赤微笑着摇摇头，蹑手蹑脚地在后面跟着，将地上撒落的箭全都捡了起来。

“不带你玩，靠一边儿站着！”

莽古尔泰将喘息未定的皇太极一推，“啪”，箭袋掉到了地上，箭撒了一地。

“你是坏哥哥，你捡，你帮我捡！”

皇太极不甘示弱，握起小拳头向莽古尔泰示威。

“弟弟，你年纪还小，还是先看看我们怎么玩吧。”

济尔哈朗与莽古尔泰年纪相当，约摸十岁出头，他是舒尔哈齐的第六子，一直跟在努尔哈赤身边。

见年纪稍大些的哥哥们都不带自己玩，皇太极有些不知所措了，看着地上的箭矢发呆，也许他还没想出下一步该怎么办。

“小叔叔，咱俩一起玩吧。来，我帮你拾。”

岳托颇为善解人意，他上前拉着皇太极的小手，叔侄两人一起蹲了下来。

“孩子们，也算我一个行不行呀？”

努尔哈赤大步走了过来，面带微笑，孩子们一时竟都愣在那里，面面相觑。

是的，在他们的记忆里，几乎没有父王（叔父）带他们玩耍嬉戏的事情。父王一向都是严肃有余，令孩子们望而生畏，跟他玩有什么意思？

“大人应该做大人的事情。”

皇太极冷不丁冒出了这么一句话，听得努尔哈赤微微一愣，然后他爆发了一阵爽朗的大笑。

“孩子，你不想阿玛陪你一起射箭吗？”

努尔哈赤摸着皇太极的头，给他戴正了帽子，一边笑道：

“你真是我的大头儿子，看看，这帽子又小了，你额娘怎么不给你预备顶新的呢？”

“额娘说还能将就着戴。人人都说我是大头，大头大头，下雨不愁，人有蓑衣，我有大头。嘻嘻！”

努尔哈赤被皇太极这充满童心的话逗得大笑不止。孩子们见父王今日笑容满面，便从四面围了过来。

“阿玛，你身上没背弓怎么玩呀。要不就用我的吧。”

皇太极从胳膊弯里取下柳木弓，放在努尔哈赤的大手里。

“那怎么行，阿玛是大人，你的柳木弓会被拉断的。”

莽古尔泰转着眼珠子表示反对。

“这样，你们用小木弓，阿玛呢，就用箭，喏，我把它当作飞镖，来，咱们比试比试吧。”

于是，五六个孩子与努尔哈赤一起玩起了射箭的游戏。终于轮到皇太极了，此时他捧着装着鼓蓬蓬的箭囊，脚旁还横七竖八地放了一些箭矢，小木弓吊在手臂上，箭囊放也不是，捧也不是，只恨少生了一只手，急得他小脸儿涨得通红。

“阿玛，你先帮我拿一会儿。”

别看人小，可皇太极的点子倒不少。他不由分说将箭囊往努尔哈赤的大手里一搁，转身取下了柳木弓，张弓搭箭，一招一式极为认真。

“八弟，你人小往前站几步吧。”

济尔哈朗用手推着皇太极，皇太极一时没站稳，闪了个趔趄，不由自主往前走了几步。

“不行！要么就站这儿，要么就退出。不许耍赖！”

莽古尔泰站在距箭簇约三十步远的地方，一手挎着木弓，一手指着脚下，一脸的不屑。

“站就站过来，我也没说要往前站呀。”

皇太极回了一句，“咚咚”几步跑到了莽古尔泰的身旁。

“五哥，你往边儿站一下。”

皇太极站稳了身子，又重新搭弓拉弦，而且眯缝起了左眼。瞧，果然有些大将风度。努尔哈赤看在眼里，喜在心头，这孩子争强好胜，又不怕吃苦，如果自己精心调教，将来定是栋梁之材呀。

“哈哈！有你这么瞄准的吗？八弟，莫非你是想打那树梢上的雀儿？咱今儿个可不玩这个。”

莽古尔泰在一旁挤鼻弄眼说着风凉话，阿巴泰则又叫又跳在一旁捣乱。皇太极有些恼怒，停下来狠狠瞪了莽古尔泰一眼。

“孩子，两军阵前可不许分神呀。来，你集中注意力，两眼只盯着那箭簇，瞄准了只管放！”

努尔哈赤在一旁为皇太极鼓劲儿。

莽古尔泰噘着嘴咕哝着：

“阿玛就是偏心，处处帮着八弟。”

“他还小嘛，亏你还是做哥哥的呢。”努尔哈赤拍着莽古尔泰的肩膀。这个儿子转眼间就长到他胸脯高了，再过两年就可以随自己征战了，看起来又是一员虎将呀。努尔哈赤看着自己日渐长大的子侄们，心生感慨，心里说这以后的天下便是他们兄弟的了。

正想着，小皇太极已发出了箭，“嗖”地一声，那箭矢呈着弧线直朝那簇箭的上方飞去。

“哈哈，偏了，太高啦！”

“这也叫瞄准？真是少见！”

几个孩子边朝皇太极做着鬼脸，边怪叫着，显得幸灾乐祸。

努尔哈赤的眼睛中却露出了几分惊喜。射箭当然要瞄准，但在两军阵前有时容不得你瞄准，所以还要靠感觉，就像舞剑一样，你不能看见对方一剑刺来你才出剑，这样就晚了一步，你必须要把握住机会，将剑舞得上下翻滚护住全身，并伺机出击，这样才能乱中取胜，化险为夷。皇太极这孩子果然是块璞玉！

那箭矢看似飞到了箭簇的上方，可一段弧线之后它便迅速下落，不偏不倚，正扎在箭簇的中心！

莽古尔泰傻了眼，张着嘴巴一时说不出话来。

“小叔叔真棒！”岳讬乐得直拍巴掌。

皇太极脸上也露出了笑容，他从父王手上接过了箭囊，并趁机看了父王一眼，那意思分明是说：父王，孩儿不比哥哥们差吧？

“孩子，方才你这一箭不会是撞上的吧？”

努尔哈赤了解皇太极的心思，哪个孩子不爱被夸奖？可他却偏偏以怀疑的口吻问了一句。不是不相信儿子，努尔哈赤有心想试一试儿子的耐力，大丈夫能屈能伸方可以立于不败之地呀。

“阿玛，您是不相信儿子？”

皇太极认真地看着努尔哈赤，小脸憋得通红。他想了想又站回了原处，将箭囊交给了岳讬，说了句：

“我再射两箭，保准还能中的！”

“唉？这么有把握？那你说说看，这里边有什么窍门呢？”

“什么……门？”

皇太极反问了一句，显得有些茫然，乌黑的眸子一动不动地看着努尔哈赤。敢情他是没听懂！也难怪，他才只有三岁呀。

努尔哈赤笑了，用手比划着，尽量把问题说得浅显些：

“你看，他们几个都是照直了射，而你却偏偏往半空中放，这是为什么呢？”

“噢，”皇太极这回总算听明白了，阿玛是在考问自己呀。他想了想也伸着小手比划起来：

“您看哪，这是小柳木弓，射得不很远。如果我也像哥哥们那样射的话，肯定还不到箭簇前便会掉下去的，所以我就换了一种法子斜着射，又不可以斜得太多，觉得差不多了便放箭……”

“嗬，了不起，小小年纪竟能悟出射击的精妙之处，真不愧是我努尔哈赤的儿子，好样的！”

努尔哈赤不等皇太极说完，拦腰抱起了他，兴奋地在儿子的脸上亲了又亲，皇太极则一脸的得意，在父亲的怀里朝莽古尔泰挤眼弄鼻做着鬼脸。

这一幕让远处的孟古悲喜交集，她伫立在一棵榆树下，呆呆地看着这对正在嬉闹着的父子，不知不觉，脸颊挂上了两行清泪。几年来，叶赫虽与建州交恶，努尔哈赤嘴上不说，但心里一直恨得咬牙切齿，早把孟古的哥哥纳林布禄当成了不共戴天的仇人，孟古的一颗心被撕成了两半！她无论如何也想不通，哥哥既然把她送给了努尔哈赤，就说明要与建州结盟，可现在又为何出尔反尔，要与建州一争高下呢?

“孟古啊，你真给我生了个好儿子！”

努尔哈赤放下了皇太极，笑着朝孟古走了过来。

孟古连忙擦去了脸上的泪痕，勉强笑道：

“都督的儿子个个都不差呀。皇太极这孩子一天到晚嚷嚷着，要快快长大，早日随您奔赴疆场。喏，今儿个一早胡乱吃了点儿东西就往外跑，连帽子都拿错了。”

孟古手里拿着一顶崭新的宝蓝缎子面的瓜皮帽，帽沿绣着一朵朵金色的花，很是精致。

“哟，只想着宝贝儿子，有没有想过给你夫君我绣个什么呢？”

努尔哈赤开着玩笑，今儿一早他的心情有些不安，但这会儿却出奇地好。

孟古闻听脸色绯红，低着头嗫嚅着：

“臣妾早就给都督缝了一只香囊，预备给您装烟叶用的，只是这会儿没带在身上。”

“真的吗？那好，今儿晚上你就给我戴上吧。”

孟古的脸色更红了：

“都督声音小一些吧，给外人听了笑话。”

“这有什么？这里可是我的家呀，当然想怎么说就怎么说，想怎么样就怎么样啦。哈哈哈哈！”

“都督……”

额亦都带着一名亲兵急匆匆跑了过来，打断了努尔哈赤与孟古的说笑。

“不好了，叶赫部昨晚袭杀了我户布察寨，整个寨子的人惨遭杀戮，寨子也化为灰烬！”

“什么？”

努尔哈赤顿时脸色铁青，双眼似乎要喷火：

“纳林布禄，我与你势不两立，不共戴天！传令下去，额亦都你速带三百精兵与本王一起追击叶赫部！”

片刻的宁静与祥和，很快就被打破了，孟古看着努尔哈赤远去的背影，早已泪流满面。这到底是谁的错？没人能告诉她，她只有默默地流泪，默默地在心里祈盼，希望两部能早日化干戈为玉帛，能让她过两天轻轻松松、无忧无虑的生活……

第八章

偷拜佛美妃流苦泪
暗用兵都督设巧伏

一边是同胞手足的兄长，一边是同床共枕的夫君，九部联军和建州，无论哪一边失败，孟古都将失去自己的亲人，这让这个年轻的美妇人左右为难。她没有别的办法，只好一边流着泪，一边在佛前祈祷……

古勒山。

东方的山林上空已现出了鱼肚白，而被浓密的丛林和山峦包围着的古勒山却仿佛仍在沉睡。萧瑟的山风拍打着树木哗哗作响，偶尔有一两只惊鸟“嗖”地掠过树梢。除此之外，这里显得格外的静谧。

然而这却是雷霆爆发前的寂静……

以叶赫部为首的扈伦四部频繁地骚扰着建州的边界地区，弄得那里鸡犬不宁，人心惶惶。

这一日，努尔哈赤正召集各路将官们商讨军务，忽有探马来报，说扈伦四部又出兵洗劫了东边的叶臣部，抢去了不少牛羊和壮劳力。将官们闻听个个摩拳擦掌，恨不得立即带兵与扈伦四部决一雌雄。

“何和理，你怎么看？”

“其实扈伦四部只在我建州边界骚扰，成不了什么气候，只是苦了老百姓了。依本人之见，只要咱们按兵不动，以静制动，他们断不敢贸然深入我建州腹地。”

“嗯，言之有理。”

努尔哈赤点着头，若有所思。

额亦都却一拍炕桌，恨不得要跳起来：

“俺堂堂建州难道就让他们这样张狂下去吗？哼，欺人太甚，俺可忍不住啦！都督，请给俺精兵八百，俺定将那扈伦四部杀他个人仰马翻，片甲不留！”

“大将军莫要说大话，”安费扬古轻轻磕着烟袋锅子，不紧不慢地问道：“军中无戏言，那扈伦四部不乏精兵强将，况且还联络了其他五部人马，召之即来，来势汹汹。请问大将军有什么破敌之法？”

“你……”

额亦都与安费扬古二人，平日里就最喜欢抬抬扛斗斗嘴，这一回又较上劲儿了。

“管他什么法子，只要杀退敌人便行。您憋在这里抽烟，三天也憋不出一个屁来，又有何用？”

额亦都反唇相讥，嘴里骂骂咧咧。努尔哈赤皱着眉头瞥了额亦都一眼，心里说，虽然是结拜的兄弟，可你也不能不分场合地满嘴胡吣哪。

何和理似乎看透了努尔哈赤的心思，要不人家怎么称他是“何诸葛”呢。他微微一笑：

“其实，那扈伦四部这样兴师动众，劳师远征，过不了多久他们自己便会怨声载道，自顾不暇了。他们千里迢迢翻山越岭的，到我建州边界劫掠一回，真正是得不偿失嘛。我们一定得沉住气，稍安勿躁，先挫一下扈伦四部的锐气，然后再伺机发兵。”

“如此甚妙！容俺派出探马将那扈伦四部的行踪摸清楚，到时候要打要杀便全由俺们掌握了。”

说这话的是安费扬古，他与汗王努尔哈赤是同龄人，非常老成持重，比额亦都要有些头脑。其实，出身贫寒的安费扬古原本是注定要与山林为伴的，他从父亲那里学的是打猎采集的本领，以此为生倒也能将就。偏偏他在采参时碰到了努尔哈赤，他没料到出生于富贵人家的努尔哈赤也会沦落得与一般贫民无二，于是他二人结成了生死之交。

“哈哈，真是英雄所见略同呀！”

努尔哈赤的脸上忽然现出了笑容，他朝安费扬古睐着眼睛，努着嘴巴：

“你倒是看一看，今儿咱这儿还少谁没来吗？”

“少谁？”安费扬古左顾右看一一从大家的脸上扫过，忽然一拍巴掌叫道：

“扈尔汉，他怎么没来？”

是呀，既是养子又是贴身侍卫的扈尔汉一直是与努尔哈赤形影不离的，今天怎么惟独少了他？

“这孩子办事机灵，眼观六路，耳听八方，又能言善辩，他还能飞檐走壁呢，他不正是做探马最好的人选吗？”

努尔哈赤这么一说，大家恍然大悟，个个点头称是。

“可眼下咱们光是这么坐着等也不是个法子呀！”

额亦都重重地叹了口气，手指头捏得叭叭响。

“那是，活人还能被尿憋死吗？”

努尔哈赤朝何和理略一点头，示意道：

“何将军，你就将你的锦囊妙计说出来让额将军听听吧，要不然他真的是坐不住了。”

何和理本来正大口大口地抽着烟，这时不得不将烟袋放到了小炕桌上，轻咳了几声，慢条斯理地对大家说道：

“其实，这也算不得是什么锦囊妙计，昨儿晚上我与都督在书房里合计了大半夜呢。”

何和理的话还没入正题，额亦都也就没多大心思听，两眼瞅着炕桌子上何和理的烟袋锅子，这何将军只顾了说话忘了将烟袋锅子弄灭，那冒着缕缕青烟和味儿直往额亦都的鼻子里钻，嘿，味道好极了！

“你们知道那叶赫部为何这么张狂吗？叶赫部先前的发达、哈达部现在的富庶，皆因他们地处沈阳之北，地近开原、铁岭，而明廷在那里长年设关贸易，南关在哈达，北关在叶赫。我建州女真物产也很丰富，马匹、东珠、貂皮、人参、松、榛应有尽有，但由于开原马市为扈伦四部控制，我们无法直接与汉人交易，从而让他们占尽了天时地利。所以，要扼制扈伦四部，卡住他们的喉咙，就得改变咱们在开原马市贸易中的被动地位。”

“那还不容易？”

额亦都打断了何和理的话，何和理这才发现他的烟袋已不知何时到了额亦都的手里，这家伙，他的烟叶也不差呀。

“咱们都督不是被明朝的皇帝老儿封了龙虎将军吗？让咱都督穿着那身大红狮子纻丝衣，再戴上明廷的乌纱帽，往皇帝老儿的面前这么一站，他敢不给咱们面子吗？”

额亦都一边说一边胡乱比划着，唾沫星子直飞，逗得一屋子的人哈哈笑了起来。

努尔哈赤直摇头：

“额将军，你不知我心，那明廷的乌纱帽我是无论如何不愿意戴的。宁为鸡口，不为牛后嘛。”

“什么鸡头牛头的？都督，你就直说了吧，何将军，把你的烟袋借我使使。”

“借？那么你还是要还的喽？”

何和理解下了烟荷包递给了额亦都，朝努尔哈赤苦笑道：

“都督，额将军的话您听清楚了吧，到时候给做个证明，省得日后他不认账。”

“我有那么无赖吗？”

额亦都又喊了起来，额上暴起了青筋，逗得大家又是一阵哄笑。

安费扬古摆了摆手，一脸的认真：

“我觉得何将军言之有理。咱们建州与东海女真距开原较远，在马市交易中，利润多半被叶赫、哈达、乌拉各部的贩子赚去了，就连蒙古科尔沁部也需经过扈伦四部去开原贸易，这样，扈伦四部几乎不费吹灰之力便可享得厚利，而且是四时不断，源源不绝。是可忍孰不可忍也！咱们一定得想法子掐断他们的财路，到时候他们根本自顾不暇，哪里还有财力和精力来侵扰我建州？”

“是呀，多亏前些年哈达王台挥霍，叶赫两贝勒又不和，他们的实力受到了影响，否则其繁荣程度我建州岂能相比？”

“不错，开原马市繁荣，于我建州不利，是得想个法子改变这个情况。”

大家伙儿七嘴八舌地议论开了。俗话说三个臭皮匠抵上一个诸葛亮，不一会儿，大伙儿便有了对策，努尔哈赤自是喜上眉梢，当众做了一番总结：

“先祖常言，要使国强必先使民富。眼下正逢秋季，正是采集各种宝货的好时机，各路游猎、采参的人已经早早进山了，就连我兄弟舒尔哈齐不也带着人马去了吗？”

努尔哈赤稍停了停，目光似是不经意地从侄子阿敏的脸上掠过，阿敏立刻觉得脸上火辣辣的。叔王的话虽没有责备的意思，但这毕竟对他是不尊敬的事呀，唉，阿玛也真是的，一不愁吃二不愁喝的，为什么这么性急，不告而别呢？

“其实，咱们建州虽距开原马市远，但离清河马市却挺近的，若是咱们与明朝的边官打通了关节，将货物运到清河去交易，岂不是既利国利民而又冷落叶赫的好事吗？一石三鸟哇，到时候咱也学叶赫的做法，派人设卡收购各种货物，再抬价卖入清河以及辽阳的马市，不愁我建州国库不丰呀。如今战事频仍，国库银钱越多，胜算便越大，你们说是不是这个理儿？”

众人纷纷点头称是，拍手叫好。可额亦都挠着脑门子又发话了：

“都督，那派谁去边关与明吏交涉呢？那明吏若是对我们不理不睬又怎么办？总不能掀了明吏的窝吧？”

“老兄你呀，前两句问得还算正经，第三句老毛病又犯了。明廷当咱们是臣服的子民，咱也乐得阳奉阴违，可不敢公开与明吏对抗呀，时机未到！至于这个人，当然是非何和理莫属了。”

努尔哈赤用手一指何和理，众人又是一个劲儿地点头。的确，何和理熟知汉人文化，又受过高人指点练就了一身武艺，再加上他为人谦逊，从来不显山不露水，含而不露，不愠不火，由他去说服明吏自然是再合适不过的了。

金秋十月，正是一个收获的季节。建州境内牛羊遍地，瓜果飘香，人们脸上带着笑容，忙碌的身影在白云蓝天下时隐时现，到处是一派祥和安泰的景象。

内城的大厅里，努尔哈赤正为两个功臣何和理和扈尔汗接风洗尘。君臣席地而坐，桌子上摆着一筐筐葡萄和红苹果，还有加了蜜的牛奶、马奶子以及萨其玛等点心。看来，他们都已酒足饭饱了。

“嗯，味儿正而且很香，真正的好烟叶呀。”

额亦都自言自语着，何和理从清河马市上带了些朝鲜产的烟叶送给了他，这会儿他正美美地过着烟瘾呢。

“嘿嘿，想那纳林布禄这些日子恐怕脸都气歪了。眼看着白花花的银子都流进了咱建州，他还不气得跟个蛤蟆似的，肚皮一鼓一鼓的，恐怕都要撑破啦！”

安费扬古一边啃着苹果，一边鼓着肚子，逗得大家开怀大笑。

“何将军果然出手不凡，在下十分钦佩！”

小将费英东嚼着松子，一边伸出了大拇指，一脸的真诚。

何和理正慢吞吞地剥着葡萄皮儿，嘿，难怪人家说他有儒将之风，连吃葡萄都这么文绉绉的，倒像个大姑娘一般。

“青出于蓝而胜于蓝，费英东，你日后肯定会强过我的。”

“哎，你们说说看，布斋、歹商还有纳林布禄他们能善罢干休吗？此前他们不是三番五次派人来我建州骚扰抢掠吗，这一次咱们断了他们的后路，他们会不会……”

大伙儿正在兴头上，听了舒尔哈齐的这番话一时便闷不做声了。的确，这是个不可回避的现实问题，又有谁知，建州此举不是引火烧身呢？其实，舒尔哈齐本来想直说的，可又担心惹哥哥不快，哥哥今儿高兴，连喝了五大碗马奶子酒呢，这会儿他倒是有些萎顿了，呵欠连连，直打酒嗝，平日里总是睁圆了的眼睛也变得眯缝起来了。嘿，老虎也有打盹儿的时候哇。

忽有探马飞驰而来，众人脸色大变！

“报……叶赫等九部联军，三万之众正兵分三路向我建州逼近！”

“报……浑河以北敌营密密麻麻，战旗林立！”

“报……我边境居民人心惶惶，请求都督派大军前去救援！”

“紧张什么？我估计一时半会儿敌人到不了咱费阿拉。”

努尔哈赤酒意顿消，一双鹰样的眼睛格外明亮。他从容自若，从使女手中接过了一杯香茶，慢慢地品着，神态很是悠闲。

“哥哥，你快醒醒酒吧，九部联军快杀到咱家门口了，是三万人哪，咱们势单力薄拿什么去抵挡？”

舒尔哈齐霍地站了起来，对努尔哈赤大叫着，声音中分明带着某种恐惧。

“两军阵前不许蛊惑人心，造谣惑众，谁若再说这样的话，杀无赦！”

努尔哈赤将茶杯重重地往托盘中一搁，使女原本双手就有些颤抖，托盘一歪茶杯掉到了地上，摔成了碎片。

“奴婢有罪，请汗王开恩。”

使女吓得面无人色，跪倒在地上，浑身筛糠一样地抖个不停。

“无用的贱人，扈尔汉将她拖下去砍了她的手！”

“汗王饶命！”

使女发出了绝望的哭喊，却被扈尔汉手下的侍卫拖走了。

众人目睹着这情景一时噤若寒蝉，舒尔哈齐更是敢怒不敢言。哼，同为一母所生，偏偏你是长子就可以做汗王，偏偏我就要为你出生入死去拼杀，而且稍有不慎就会惹来杀身之祸，凭什么？论武功论本事我哪一点也不比你差！好吧，如果你不把我当兄弟看，我也就不会把你当哥哥那样侍候着。海阔凭鱼跃，天高任鸟飞，我惹不起你还躲不起你吗？省得整天受你奚落，在大庭广众之下丢光了我的脸面。人要脸，树要皮呀！

不远处婢女的惨叫声令人听了头皮发麻，众将官们一时面无血色，呆若木鸡。

“扈尔汉！”

“小的在！”

“本王令你即刻带几名探马出城探听敌军的虚实，不得有误！”

“嗻！”

扈尔汉匆忙领命而去。

“额亦都、安费扬古！”

“末将在！”

“本王令你二人即刻去集合军队，随时听候本王调遣！”

“嗻！”

“费英东，你去准备好粮草！”

“何和理，你去加强山城的防卫！”

“都……督，小的做什么？”

舒尔哈齐硬着头皮问道，他知道哥哥此时万万冒犯不得，所以显得毕恭毕敬的。

“你带着阿敏，还有褚英、代善，你们都回去睡觉！”

“什么？”

这一回褚英不愿意了。他也是急性子，握着拳头双目圆睁看着努尔哈赤：

“阿玛王，你是把我看扁了？两军阵前我怎么可以临阵退避呢，我不回去！”

“你……”

努尔哈赤怒视着儿子褚英，从牙缝里迸出了几个字：

“这是军令！”

褚英吓得一哆嗦。父王这话分明就是在告诫他，军令不可违，否则杀无赦！怎么，这就要被杀？我这可是好心没好报，唉，难怪叔叔舒尔哈齐也会对父王有意见，父王他这个人也太霸道了，简直是不论青红皂白！

“睡觉就睡觉，顶多不要做什么吐伦世了，倒落得个自在！代善，走！”

褚英愤愤不平地小声嘀咕着，拉着弟弟代善就要走。

努尔哈赤的口气终于有些缓和了，“唉！你们怎么就不明白呢？”

紧接着他又补充了一句：

“若我军夜出迎敌，恐惊动城中百姓，待天明出兵，今晚咱们可以好好睡一觉，养精蓄锐。”

褚英绷着的脸露出了笑容：“嗐，父王你早说不就什么事儿也没了么？”

努尔哈赤神态悠闲地朝大家挥着手转身离去，丢下了一群神色惶恐的将官们，面面相觑。大家正不知如何是好，又有探马来报：

“敌兵已越过浑河，往古勒山进发！”

众人纷纷登上城楼眺望，远远望见浑河岸边，敌兵营垒密密麻麻，人声鼎沸，战马嘶鸣，众将官不由得倒吸了一口凉气：敌兵即将逼进，咱们总不能坐以待毙，束手就擒呀？

小将费英东“唰”地抽出宝剑，在黑夜中用力舞动，大叫着：

“敌兵数倍于我，都督却让咱们按兵不动，这，这是哪门子用兵之法？不如咱们各自带兵出城，与他们拼了！”

众将官觉得费英东说的有理，也代表了他们的心声，纷纷附和着一起往城楼下冲。

“站住，大家不要激动！”

何和理伸出双臂挡住了众人的去路。灯光下，他一袭银灰色战袍，美髯飘飘，神态从容自若，令众将官们肃然起敬。

“诸位，咱们跟随都督多年，都督战无不胜，向来用兵如神，诸位岂有不知之理？今夜敌人虽数倍于我，但他们不过是一群乌合之众，断不敢夜袭我山城。所以，咱们何不听都督的吩咐，回家美美地睡上一觉，养精蓄锐，明日好精力充沛地随都督出城杀敌，到时候咱们可要好好地比试一下，看看谁能争得吐伦世的荣誉！”

“好，好！”

何和理这么一番话，总算彻底打消了众将官们心中的顾虑与惶恐，他们互相鼓励着三三两两结伴而去，何和理却伫立在城楼上，看着远处敌营，眉头拧到了一起。他知道明日将有一场苦战，他一定要尽忠尽职守卫好山城，让城中的百姓安然入睡，让都督放心，让都督安心。

夜深人静，山城费阿拉笼罩在浓浓的黑暗中，悄然无声，像睡熟了一般，没有丝毫动静。议政楼后院的一处厢房里，薄薄的窗户纸上映着摇曳不定的烛光和一个孤寂的身影，这是叶赫纳拉氏孟古。

“为什么，这是为什么呀？”

孟古跪在佛堂前，泪流满面。佛龛上挂着一幅黄色幔帐，摇曳的烛光映着黄幔后时隐时现的一尊佛像，牛头圆眼，身下压着一个美貌女子，做交媾状。这牛女鎏金佛乃叶赫始祖土默特所传，实为吐蕃秘宗宗祖欢喜佛。此佛全身为一金牛与美女交媾之形，是由叶赫先祖主家族繁衍兴盛的图腾崇拜演变而来，最为叶赫人敬重。当初孟古远嫁建州，想到孤身一人无依无靠，便央求兄长纳林布禄塑了这牛女鎏金佛。大凡遇到喜事或烦恼，孟古都会对着这尊佛像诉说一番，这佛像成了她的寄托、她的依恋、她的知心朋友。

九部联军将要攻打建州的消息令孟古坐卧不安，心惊胆颤！尤其当她听说，此次九部联军是由她的兄弟纳林布禄和布扬古一手策划召集的，更是痛心不已。来者不善，善者不来。此番较量，不是你死就是我活，如果九部联军打败了建州，孟古将会与夫君努尔哈赤同归于尽，这是最坏的结局，但愿她的死能化解两部间的仇怨。如果建州打败了九部联军——这似乎是不大可能的事情，九部联军倾巢而出，可是来了好几万哪——孟古也不愿意看到这个场面，兄长们被砍杀，部族被征服，她自己将遭到族人们的切齿痛骂！

孟古的心在滴血，她跪在佛像前，“咚咚”地磕着响头，额角红肿，欲哭无泪。

“让我去死吧，我不愿意看见这血淋淋的场面！万能的佛祖呀，请您为我指一条光明的路，我该怎么办、怎么办？”

“额娘，您为什么哭了？”

皇太极倚在门旁，看着痛哭流涕的母亲，声音怯怯的。

“没有……”

孟古急忙擦着脸颊，起身将儿子搂在怀里。

“好孩子，额娘没有吓着你吧？你怎么就醒了呢？快些回炕上去，别着凉了。”

看见儿子，孟古又恢复了理智，百般怜爱，百般呵护。是呀，她在这世上不是无牵无挂的，她怎么可以胡思乱想置儿子于不顾呢？唉，真是杞人忧天，我一个弱女子又能怎样呢？但愿……孟古实在想不下去了，无论结局如何，都不是她所希望的。此刻她所能做的，只是紧搂着儿子皇太极，对着窗外的冷月发呆……

隔壁的屋子里努尔哈赤已经鼾声如雷。昏暗的烛光映在他那熟睡的脸庞上，他的嘴唇微微张着，随着呼吸的起伏而打着呼噜。奇怪的是，他的眼睛也半张着，露出的一丝缝隙似乎在睡梦中也可以观敌瞭阵，随时掌握周围的动静。衮代被这鼾声吵得心烦意乱，若是往日，她巴不得这鼾声每夜都能在她的房中响起呢。

都督这是怎么啦？大军压境，他却一言不发，倒头就睡。是福是祸，睡醒了还得面对，说不定半夜三更九部联军便会杀进城中……

衮代越想越后怕。都督今儿晚上实在是有些反常，难道，他被那人数众多的九部联军吓破了胆？以往他总是对敌人不屑一顾，抓住机会便进行反击，打得对方措手不及，难以招架。这一回他却不闻不问蒙头睡起了大觉，敌人的宝剑就快要砍到他脖子上了！

衮代忽然觉得脊梁骨上冷飕飕的，似乎有一阵阴风吹过，她不由得打了个冷颤，身子贴紧了努尔哈赤，并伸出手臂搂紧了他的脖子。“夫妻本是同林鸟，大难临头各自飞。”不知怎地，衮代的脑子里突然冒出了这两句话，紧搂着努尔哈赤的手臂也松开了。不行，他肯定是有了打算，我也得为自个儿打算打算才行呀。那些贼人烧杀抢掠无恶不做，抢财宝、抢女人，自己好歹也是建州王的大妃，无论如何不能让他们给侮辱糟蹋了，否则脸面往哪儿搁？当初家族遭难，家破人亡，如果不是努尔哈赤收留了她，她早已沦为民妇了。

衮代睁着眼睛胡思乱想，反正睡不着，不如起来将金银细软收拾一下，万一有个意外也好外出躲避，身边带些珠宝总是好事。主意已定，衮代想小心翼翼地坐起来，这才发觉努尔哈赤的腿正压在她的腿上，一点儿也动弹不得。唉，难道就这么睁着眼睛度过漫漫长夜？现在，衮代总算是体会到夜不安寝的滋味了，往常，都督总是要与她在炕上疯狂一阵，直到俩人筋疲力尽，才酣然大睡，而一觉醒来时已是艳阳高照了。

“喂，您醒醒！”

衮代沉不住气了，她的右腿早已被压得发麻，只好用力去推努尔哈赤。

“怎么啦，半夜三更的瞎折腾。”

努尔哈赤咕哝着，翻了个身又不动了。

“都督，今儿晚上您是怎么啦？城外九部联军压境，您还能睡得着？我恐怕……”

衮代没敢往下说，她怕努尔哈赤会不高兴。

“怕什么？大惊小怪的，别来烦我！”

努尔哈赤的语气有些不耐烦了，衮代不敢再问了。事已至此，只好听天由命了。

没多会儿，努尔哈赤便又打起了呼噜，衮代披衣下床，蹑手蹑脚地拨亮了灯火，打开了柜子上的首饰盒，将她睡觉时摘下的玉坠儿、金簪子、银镯子一件件地往里面搁……

雄鸡报晓，山城费阿拉度过了一个难眠之夜。薄雾中，汗王努尔哈赤全身披挂，头戴金盔，胸护金甲，腰佩宝剑，精神抖擞。

何和理带着诸将官早已恭候在议政楼前多时了，见努尔哈赤出来，何和理上前小声禀报：

“都督，我在城门外的小山坡上抓到了几个探子，他们装神弄鬼，正在埋一块石碑，原来那上面刻着诅咒建州和都督您的话。”

“是吗？将那石碑拿来，我倒要看看那些贼人胡吣吣个啥！”

何和理忙吩咐卫兵点起了火把，照着沾着红土的石碑。努尔哈赤仔细看着上面的篆刻，小声念道：

“灭建州者叶赫，哈哈哈哈！”

努尔哈赤随即爆发了一阵大笑，众将官们闻听更是义愤填膺：

“呸！纳林布禄那厮，就会兴妖作怪玩弄诡计。”

“邪不压正，怕他怎的！”

“他们夜间不敢进攻，便派人搞鬼把戏，真是愚蠢透顶！”

“好了，时辰差不多了，咱们该去祭堂子了，让工匠将这石碑砸碎，做滚木礌石也可以多要几个贼人的性命，哈哈！”

说罢，努尔哈赤将石碑往地上一扔，带着众人前往堂子祭天。每逢重大战事，女真人都要祭堂子，祈祷每战必胜。

神殿里香火缭绕，几案上已经摆好了祭品，萨满妈妈们舞动着木杖和铃鼓开始哼唱。努尔哈赤神情肃然，恭恭敬敬跪在神像前，一位萨满扭着腰肢款款上前给努尔哈赤戴上了神帽，披上了神裙，然后带着努尔哈赤咏诵神词、祭天，众将官及侍从们黑压压地跪在神案之前。一时间，鞭子香袅袅焚燃，神鼓震天，萨满妈妈们头戴金雀铜翅神帽，身穿八幅虎牙龙裙，腰系铃鼓，手摇神鼓，手舞足蹈唱颂不绝。

其时天色未明，月光清冷，鼓声咚咚，风吹秋叶，云走碧空，正是黎明前的黑夜，这山城中的祭祀场面更显得肃然、神圣，打破了山城的静谧。

“皇天后土，上下神祇，天神祖宗阿布凯恩都里在上，请您让侍女神雀用流星做笔，太阳河水做墨，为我爱新觉罗家族作证。我努尔哈赤与那九部本无仇怨，如今他们却联兵进逼，马嘶边墙，耀武扬威。我建州承天运开国事，兴王业建山城，正是风调雨顺、万民乐业之时，怎能容忍九部对我建州的侵凌与挑衅？女真吐伦世胯下战马马尾扫过的地方，攻无不克，战无不胜，此一战，愿天神保佑，神谕得以实现，愿贼人不堪一击，愿我建州众志成城，无坚不摧！”

古勒山，又称古楼岭，地势险要，四面是断崖峭壁，纵横交错，莽莽林海中，猿鸣狼嗥，听来令人毛骨悚然。努尔哈赤选中了这里，命八旗精兵在山路两边埋伏，在两侧崖岭上安放滚木礌石，在陡坡狭路及河谷一带设置横木路障……

一切准备就绪，只等九部联军进犯了。

已经出兵一天一夜的九部联军来势凶猛，以迅雷不及掩耳之势挺进建州之后，一路上并未受到努尔哈赤的拦截，如入无人之境，这让他们欣喜若狂。他们人多势众，肆无忌惮，一路上烧杀抢掠无恶不作。

九部联军的首领之一纳林布禄得意洋洋。在过去几年的对峙与争战中，他已经领教过了努尔哈赤八旗兵的勇猛，可那时他们只是扈伦四部的联兵。今日是九部联军，浩浩荡荡，声威赫赫，旌旗林立。三万精兵对付只有一万之众的建州八旗，以三敌一，不应该是胜券在握的吗？瞧瞧，这会儿那努尔哈赤已经不敢迎战了，躲在费阿拉正手足无措哩。嘿嘿，这一回纵使你有三头六臂也逃不出我们的手掌心儿了。小子，我纳林布禄要亲手割下你的头以解心头之恨，以后这海西女真和建州女真就是我叶赫部的天下了！

纳林布禄东奔西走，东拼西凑，终于组织了一支由九部联合的三万大军。九部联军的三万兵力中，叶赫出兵一万，哈达、乌拉、辉发三部合兵一万，蒙古科尔沁、锡伯、卦尔察等三部及长白山珠舍里、纳殷二部，也出兵一万，兵分三路向建州围剿，大有一举踏平建州之势。

按纳林布禄的既定方针，此番进攻建州，见人杀人，见城攻城，总之要将建州搅得鸡犬不宁、国无宁日。所以每遇山寨，联军便蜂拥而上，不由分说肆虐劫掠一番。可是，当进攻扎喀寨时却遇到了麻烦。

这扎喀寨山寨虽小却地势险要，四面皆为悬崖峭壁，只中间一条山路可以穿行，真正是“一夫当关，万夫莫开”。欲一口吞山的九部联军围着扎喀寨四周的悬崖转了几圈，累得士兵们气喘吁吁，气得纳林布禄暴跳如雷。万般无奈，他们只得转攻下一个目标黑济格寨，而这时已经是半夜了，于是纳林布禄吩咐士兵们在离寨不远处安营扎寨，等天明以后即刻攻寨。

天的确已经放亮了，东方的山林上空已现出了鱼肚白，而被浓密的丛林和山峦包围着的古勒山却仿佛仍在沉睡。萧瑟山风拍打着树林哗哗作响，偶尔有一两只惊鸟“嗖”地掠过树梢，除此之外，这里显得格外的静谧。

决战在即，千钧一发。

隐蔽在古勒山上的努尔哈赤不敢有丝毫懈怠，亲自下马布阵，并与诸将领研究着对策。

“目前敌强我弱，既不能硬拼，也不能死守，关键的是我军要有高昂的斗志和百倍的信心，避其锐气，以逸待劳，然后相机行事，打他个措手不及。”

何和理俨然一副军师的口气，听得努尔哈赤连连点头。

可额亦都却嚷嚷起来：

“不管怎么个打法，敌人的三万人马总不会减少呀。依俺说，咱杀一个够本，杀俩还赚一个呢。有不怕死的，就跟俺额亦都往前冲！”

安费扬古瞪着额亦都：

“笑话！咱建州女真有怕死的吗？现在问题可不像老兄你想的那么简单，莫着急，稍安勿躁，且听听咱们都督和何师爷的妙计。”

努尔哈赤的眉头却拧了起来。额亦都是一员猛将，连他的语气中都有些悲观，那么普通将士们的心情更是可想而知了。不错，敌人来势汹汹且数倍于自己，强敌压境，如果将士畏敌怯阵，斗志全无，即便有天神祖宗相助也是无济于事的。

于是，努尔哈赤提高了嗓音：

“兵法上说，合军聚众，务在激气；临境强敌，务在厉气。今敌众三万仅以数量占优势而已，实乃乌合之众，我等只要伤其几个将领，敌军群龙无首必然溃败。况且敌军远道而来，道路不熟，他们在明处，我等在暗处，我军兵虽少但个个勇猛善战，只要拼力一战，必稳操胜券。诸位切记，一定要鼓动起我军的士气，抖擞精神，先从精神上心理上战胜敌人。你们看……”

众人随着努尔哈赤登高远眺，只见古勒山下一条小路盘旋蜿蜒，若隐若现。

“今日之战，乃我军与九部联军的第一场硬仗，只许胜不许败！胜则可一鼓作气将敌人赶出我建州，败了则溃不成军，费阿拉山城也危在旦夕，我建州数十年的功业将会毁于一旦！”

努尔哈赤神情严肃，面色铁青，双手握拳在胸前挥舞着：

“何和理，将我军的部署细细说与诸位将官，你们仔细听好，不许贻误战机，不许轻举妄动，更不许怯阵退缩！”

“诸位将军请看，我精兵已埋伏在山路两旁，这里地形复杂，崎岖陡峭，草木茂盛，敌人最不容易察觉。我们只要耐心等候，只等敌兵大队人马进入山路便可从两侧猛烈进攻，杀他个措手不及，防不胜防。”

“如果敌人不经过古勒山怎么办？”

额亦都瞪着一双铜铃似的眼珠子认真地看着何和理。何和理微微一笑，习惯地捋着唇上的胡须。但凡重大场合，他总是一袭白袍，那么潇洒、飘逸、儒雅、自信，额亦都等人最钦佩的就是这一点。他们怎么也比不上何和理，不用说人家那颗充满智慧的头脑，就是人家的举止言谈里所表现的君子风度，便让额亦都们自惭形秽了。

“额将军问得好，来来，咱们如此这般部署一番，我军只要以逸待劳，不愁敌兵不来古勒山。”

原来，努尔哈赤与何和理等人早已商量好了计谋。既然九部联军兵分几路进攻建州，建州精兵也得兵分几路迎头痛击，来而不往非礼嘛。古人打仗，要求领兵的将帅要通晓“九变”，就是随着不同的阵势，采用不同的阵法。因此，他们决定先由额亦都率一队轻骑抢先赶到扎喀寨，骚扰敌兵然后佯装西逃，渡过苏子河，固守黑济格寨。等敌兵围攻黑济格寨时，再派出由安费扬古带领的一队人马前去救援，然后依然佯装败逃，这样一而再，给敌人造成一个假象，即建州兵人少力弱果然不敌九部联军。当敌人得意忘形之时，已不知不觉被引到了古勒山下，进入由努尔哈赤全盘负责统领的包围圈，然后一举将其歼灭。

布置完毕，各路人马分头领兵而去，此时已是云开雾散，艳阳高照了。放眼望去，古勒山松杉青青，红枫如火，山野里一簇簇金色的山菊花随着微风送来阵阵的清香，令人备觉心旷神怡。

然而，士兵们却无心欣赏这良辰美景，他们正按都督努尔哈赤的吩咐解下了随身佩戴的臂手和护颈（注：女真士兵护臂及护颈之物称之为“臂手”或“蔽手”及“护颈”），将这些笨重的玩意儿堆在崖壁旁，弄不好它们也能当作武器朝来犯的敌人投掷呢。除去了重负的士兵们隐蔽在两侧的丛林中，警惕地注视着山下的动静，就像是严阵以待的猎人在等待着猎物的出现。

此刻，纳林布禄统领的叶赫兵仍悄无声息。也难怪，出兵两天来，日夜兼程，餐风宿露没有片刻喘息，好不容易才在扎喀城下扎下了营寨，士兵们呼呼大睡正做着美梦呢。

熹徵中，纳林布禄与侄子布扬古登上了山顶，居高临下，只见扎喀城内炊烟袅袅，平静如昨，城门楼上一杆杏黄旗随风飘动，依稀可见旗上“建州”两个大字。

“呸！只要我一声令下，便会将那旗上‘建州’二字改成‘叶赫’！”

“叔叔，兵贵神速。”

布扬古的长相比叔叔也好不到哪里，瓦刀脸，细长的眼，俩人都是贼眉鼠眼的委琐相，比起他们家的美女东哥和孟古，真不知造物主是怎样将他们几个人联系在一起的。

“我本想让兄弟们多睡一会儿，可是，机不可失，传令，立即让兄弟们披挂整齐，听候调遣！布扬古，我让弟兄们先为你抢个建州小妞儿，哈，哈，哈！”

纳林布禄与布扬古开怀大笑，狂妄之极。

叶赫士兵从睡梦中被惊醒，在一阵紧似一阵的号角声中，他们睡眼惺忪地戴上了盔甲，操起了刀剑。

“弟兄们，扎喀城里已经为咱们煮好了早饭，还有一群美人儿等着咱们，咱们先一鼓作气拿下它，然后就可以尽情地享受了。给我往山下冲！”

第九章

建州军大胜九部众
皇太极浅说三字经

“阿玛，若是将孩儿比作刘晏，那您不就是皇帝啦？”“这孩子，不许瞎说。”努尔哈赤定定地看着皇太极，像是在打量一个不曾相识的人。“阿玛，我说错了吗？”皇太极不安了，因为父亲的神情有些异样……

纳林布禄挥舞着宝剑，在阵前做着鼓动，讲得唾沫星子乱飞。叶赫士兵们来了精神，狂叫着争先恐后地向下冲去。

突然，看似平静的扎喀城里响起了震天的鼓声，随即城墙上人头攒动，杀声震天，翎箭嗖嗖，弓声嗡嗡，城外如蝗如蚁的叶赫兵立即倒下了一大片。

“叔叔，咱们中了埋伏！”

布扬古显得忧心忡忡。

纳林布禄恶狠狠地瞪着布扬古，厉声说道：

“你慌什么！怕什么！让士兵们将尸体叠成人墙，以盾牌掩护，竖云梯攻城！”

布扬古精神一振，回头看着身后乌压压的士兵，大喊着：

“兄弟们，搭云梯攻城！先攻上城墙者重重有赏！”

纳林布禄果然经验老道，这一招很灵。一丈多高的木盾牌，挡住了城墙上飞来的箭矢，叶赫士兵借战车盾牌的掩护，不一会儿便逼近了城下，几十架云梯转瞬之间便靠着城墙竖了起来。

“不好啦，叶赫兵爬上来啦！”

城楼上突然乱作一团，箭矢也变得稀稀拉拉。

“撤！快从北门往后山上撤！弟兄们护着额亦都将军！”

“额亦都？”

纳林布禄听到这个名字不由得一怔：这可是建州有名的猛将哪，他怎么会出现在扎喀寨？抬头一看，果然见一面三角蓝旗，上写着大大的“额”字，转眼间这旗子便从城墙上消失了。

“弟兄们，向北边给我追，捉住额亦都赏美女两名，外加良马十匹，牛十头！”

俗话说，重赏之下必有勇夫。叶赫兵忘记了在城下遭遇的阻击，铆足了劲儿向城北追去，一路上喊着叫着似乎个个都要抢头功。叶赫兵只盯着山路上若隐若现的蓝色旗子，一路追赶，不知不觉已来到了黑济格寨下。额亦都的一干人马早已进了城，在城墙上又是一阵密集的射击，将叶赫兵打得人仰马翻。

纳林布禄暴跳如雷，又要组织士兵攻城，只听城楼上额亦都哈哈大笑道：

“大贝勒，天色已晚，俺吃酒去了，明儿见！哈哈哈哈！”

“额亦都，有种的就打开城门跟俺一决雌雄，躲在寨子里，算个什么好汉？”

纳林布禄在马上大声叫骂起来，他的声音跟他的长相一样，又尖又细，声音格外刺耳。

“吃爷爷一箭！”

额亦都一声怒骂，手起箭落，“嗖”地直飞纳林布禄的面门而来。纳林布禄来不及抽剑护身，只得一个鹞子翻身，紧贴着马肚子躲过了这一箭。

城楼上的额亦都看得一清二楚，哈哈大笑起来：

“瞧一瞧你那个熊样子，到底谁是龟孙子？”

纳林布禄恼羞成怒，正要组织士兵攻城，布扬古凑了上来，压低了声音：

“叔叔，咱这一日只顾追击额亦都，士兵们早已饥肠辘辘，哪里还有力气再攻城？再说，大队人马还不知在何处，咱可不能孤军作战呀，这是兵家之大忌。”

“嗯，也罢，且让那额亦都再多活几个时辰。吩咐士兵后退三里，在山坡上安营，埋锅造饭，再派探马与大队人马取得联系，准备明天与额亦都决一死战。”

黑济格城寨其实就位于古勒山下。一切正按努尔哈赤的布置进行着，山上的建州人马以逸待劳，守株待兔，将山下的九部联军一步步地引入埋伏圈。

翌日黎明时分，未等叶赫兵发起进攻，建州的安费扬古率着一队人马又来挑战了。

安费扬古率着一队人马朝叶赫兵营噼噼啪啪放了一阵子飞箭，趁敌人被打着晕头转向之时，拨马便走。纳林布禄被惹得性起，立马将人分成两拨，一拨子攻打山寨，另一拨子猛追往古勒山方向后撤的安费扬古。

不到一个时辰，叶赫兵与蒙古科尔沁的联兵涌上了古勒山。这时候本该天色大亮，可天公不作美，浓雾锁住了山谷，四处灰濛濛的一片，只听得见前方建州士兵大呼小叫的撤退声和潺潺溪水声。

布扬古心怀顾忌，策马追上纳林布禄，说道：

“叔叔，咱们会不会中了努尔哈赤的埋伏？这里深沟纵横，深不见底，可没有退路哇。”

纳林布禄没好气地冲布扬古呵斥道：

“我说你怎么就没句好听的？早知道让你留在部落里看家，也省得你尽说不吉利的话。”

说罢，纳林布禄一转身，挥鞭策马正要往前冲，就在这时，只听得身旁“咕咚”一声，接着传来了一声撕裂人心的惨叫，随后就没了声息。

“报告……大贝勒，侍卫巴棱拉掉、掉到山涧下去了。”

纳林布禄心里“格登”一下，心里说这里的山路果真狭窄崎岖，况且有浓雾弥漫，稍不留心便会马失前蹄，摔个粉身碎骨！

“传令下去，山路陡峭崎岖，下马缓行，前边的人给我盯住安费扬古的去向！”

士兵们刚刚下了马，从背后又传来了“嗖嗖”翎箭声，接着有人高声叫道：

“不好啦，建州兵从后边追杀上来啦！”

顿时军中乱成一团，士兵们上也不成，下也不成，急得嗷嗷乱叫像热锅上的蚂蚁。

纳林布禄使出吃奶的力气叫了起来：

“给我稳住！咱们九部联军人多势众，怕他奶奶个熊？快些往上冲，抢占制高点，杀它个回马枪！”

众人一听心里发懵，大贝勒一会儿传令缓行，一会儿又说急行，到底该怎么办？正在犹疑间，忽听山路两旁响起了清脆嘹亮的号角声，接着滚木礌石、箭矢投枪如雨点般飞向叶赫兵，叶赫兵猝不及防，顿时鬼哭狼嗥乱成一团。

努尔哈赤眼见时机一到，带头跳出了丛林，大吼着："杀！"

建州士兵们一个个也如猛虎下山，杀入敌阵。

纳林布禄这一回再也骂不出声儿来了。一时之间，只见满山遍野的建州兵，或挥舞着刀剑棍棒，或拉弓搭弦，或搬着石块，还有的点燃了林中枯枝扔向九部联兵。风助火势迅速蔓延，自上而下，竟如山路一般曲曲弯弯、星星点点，分不清哪里是浓烟哪里是浓雾。被堵在山路上进退两难的九部士兵被这突如其来的袭击吓破了胆，一时间四处溃逃，互相践踏，人仰马翻。

纳林布禄和侄子布扬古由数十名精兵护卫着，趁乱杀出了一条血路，荒不择路，潜入了路边的丛林中狼狈而逃。

可是九部联军中的乌拉贝勒布占泰年轻气盛，仍气急败坏地指挥着士兵冲杀。

布占泰此次为什么会这么卖命？因为他是叶赫的女婿！此前，当纳林布禄到乌拉请求布占泰出兵时，也带去了叶赫美女东哥的订情物：一只绣着两只鸳鸯的粉色丝帕！布占泰真是做梦也没想到，叶赫美女竟会垂青于自己，她可是天下人们朝思暮想的美人儿呀！

于是布占泰毫不犹豫地参加了九部联盟，就因为身上揣着东哥亲手绣的鸳鸯丝帕！这是个痴情的汉子！又有谁知，东哥的丝帕却将布占泰引入了穷途末路！

正当建州士兵个个追杀正酣之时，忽见山梁上出现了一队白衣白马的快骑，一人举着一柄钩镰刀，甚是威武整齐。

"阿玛小心，科尔沁的蒙古兵杀过来了！"

褚英与扈尔汉一左一右上前护住了努尔哈赤，努尔哈赤心中一热，多孝顺多有眼力的孩子呀。

"阿玛，让孩儿带一队弓箭手去与他们较量！"

扈尔汉说着已取出了弓箭。

"孩子，科尔沁不是咱们的对头，此番咱们要消灭的是扈伦四部的力量。所以，你让弓箭手们只管朝对方的马腿马肚子上射，切莫误伤他们的性命。"

褚英瞪着眼珠子大声问道：

“阿玛，科尔沁人已经杀过来了，您却还让扈尔汉手下留情？”

努尔哈赤耐心解释说：

“九部联兵实乃乌合之众，只要咱们把握好分寸，便能将其一个个攻破、一个个瓦解，这样我们方能以少胜多，出奇制胜。扈尔汉，记住我的话，去吧！”

扈尔汉一声口哨，身后立即上来了一队快马，不一会儿便迎上了科尔沁的兵马，两队人马旗鼓相当，杀得难解难分。

雾，不知道什么时候已经散尽，鲜红的太阳从密林中露出了笑脸，照着山路上的残盔断甲和哀号的九部士兵，当然还有一具具惨不忍睹的尸体。

“古勒山啊，我要让爱新觉罗家的子孙永远记住你的名字！”

努尔哈赤的脸上并没有胜利后的笑容，反而却眉头紧锁，因为他知道残酷的战争还在后头，他已经没有退路了。

古勒山一战，仅两天时间，建州居然以少胜多，将那九部联军打败，俘获了兵马数千，车辆辎重无数，喜得建州百姓家家户户张灯结彩，披红挂绿，山城费阿拉更是喜气洋洋。除了犒赏八旗兵士之外，都督努尔哈赤还特地在议政楼前设宴，分封功臣，赏赐良将。

努尔哈赤身着便装席地而坐，丝毫没有往常那令人望而生畏的神态，部将们于是乎没了拘束，大呼小叫着，猜拳斗酒闹得不亦乐乎。

“来来，怎么干坐着？干！”

努尔哈赤这桌的气氛稍有些拘谨。为什么？他的左边坐着乌拉的小贝勒布占泰，右边坐着蒙古科尔沁贝勒明安，他二人可是努尔哈赤手下的败将，如今都督不计前嫌，以礼相待，反倒让他二人手足无措了。

“贝勒，我昨日见您手下的马队人人剽悍强健，训练有素，不知可有什么训练的法宝？”

明安的脸唰地成了茄子色，他连连摆手：

“都督不提也罢，羞煞人了。”

努尔哈赤本是出于诚心，但明安却面红耳赤难以释怀。唉，他后悔呀，悔不该糊里糊涂地参加了九部联军，又糊里糊涂地败得一塌糊涂，简直令他威风扫地！

明安出生于科尔沁的博尔济吉特氏家，就像建州的爱新觉罗家一样，也是一个显赫的大族。作为成吉思汗的后代，明安志向远大，尤其是当他承袭了科尔沁和兀鲁特部的贝勒之后，励精图治，注重农牧业与军事，使部族不断地发展壮大。明安本人也能骑善射，风流倜傥，无论是居家或是出征，总是衣着光鲜，收拾得一尘不染。所以，他手下的骑兵也是个个精明强悍，干净利落，留下了“白色旋风”的美名。

数月前，叶赫贝勒纳林布禄亲往科尔沁，劝说明安参加九部联军征讨建州，并许下给明安万顷牧场的诺言，牧场就是蒙古人的命根子呀，不明就里的明安便应允了。果然，他率领的“白色旋风”出手不凡，来如风去如电，令人刮目相看，明安心里也是格外得意，这一战既显示了科尔沁的军威，又能得到大片的牧场，何乐而不为呢?

可是，明安万万没料到，他的“白色旋风”在古勒山上败得很惨。原本白袍白马的勇士们对崎岖山路极不适应，不是被树枝挂破了战袍就是头晕目眩，习惯在一马平川的大草原上驰骋的铁骑对这陡峭的山路束手无策，一不小心便有连人带马跌下悬崖的危险，他们这就叫作英雄无用武之地呀。

所以，当遭到建州兵从山路两边的夹击之后，蒙古铁骑也乱了阵脚，自顾不暇了。将士们个个衣衫不整，面色惊恐，也就别提什么威风和尊严了。

明安且战且退，被追进了一片沼泽地，兵马陷入了黑乎乎的泥潭，好家伙，这回“白色旋风”变成“黑乌鸦”了。明安心里是又惊又慌又悔恨，悔不该轻信了纳林布禄的话，这会儿哪里还能见到纳林布禄的影子？呸，说是九部联手，其实是让我们替他冲锋陷阵呀。

明安连人带马陷入了泥潭，却没人能拉他一把，因为随他后退的士兵们也已陷进了沼泽，正在绝望地大呼小叫。眼见着战马在泥水中越挣扎陷得越深，明安急出了一身冷汗。大丈夫若是就这样丧了命岂不是太可惜了?

明安顾不上心爱的坐骑了，他站在马背上，解下了腰带钩住了不远处的一根树枝，想借树枝的弹性跳出沼泽。明安的想法是对的，做法也是对的，他终于绝处逢生——他跳到了沼泽地的边儿上，这里的泥水只到他的大腿根儿。

活命要紧哪，明安甩掉黑乎乎又脏又破的战袍，挣扎着朝岸边移动，刚拔出了一只脚忽然觉得下身一轻，哇，原来裤子没了腰带又沾了泥水一下子被褪到脚后跟儿啦。

就这样，惊魂未定的明安几乎是赤身裸体逃了出来，还好，他浑身已被泥巴糊了一层，稍不注意还没人知道呢。

双脚还没站稳，明安就觉得眼前金光一闪，接着一把凉冰冰的战刀架在了他的脖子上。

明安一动不动，索性闭上了双眼：是福不是祸，是祸躲不过，上天要你死，只好听天由命了。

“刀下留人！”

“都督您来啦！哈哈，俺只是想吓唬吓唬他。这人还真命大咧，从沼泽里死里逃生，这会儿刀架在脖子上居然连动也不动，有种！”

扈尔汉嘻嘻笑着收起了战刀，努尔哈赤已经翻身下马大声喝斥道：

“如果坏了我的大事，定饶不了你！哼，总是长不大的东西。”

扈尔汉被骂得一头雾水，站着发愣。却见努尔哈赤三步并作两步跑到了明安的跟前，上前握住了那双满是泥巴的手：

“兄弟，让你受惊啦！”

嘿，都督这是怎么了，竟然与敌人称兄道弟的?

扈尔汉瞪大了眼睛，忽然，他禁不住笑了起来，怕再被都督责骂，扈尔汉捂起了嘴：

“这人……这人光着腚哪！哈哈哈！”

明安忽然意识到了什么，连忙蹲了下去，只觉两耳发烧，面孔发烫，羞愧难当。心里说道：真是窝囊，丢人现眼，还不如死了算了！

努尔哈赤见明安的窘态也禁不住哈哈笑了起来，他随手解下自己的战袍披在明安的身上，一边搀起了明安：

“久闻科尔沁大贝勒之名，没想今日在这里相会，哈哈，你我真是有缘哪。”

明安已知道来人便是大名鼎鼎的努尔哈赤，见他对自己花言巧语，不知又使的是什么招数。于是心一横，义正辞严地说道：

“大丈夫死则死矣，要杀要砍随你们的便，你们为何要如此羞辱于我？”

嘿，这人骨头还挺硬的。扈尔汉也乐了，忙上前解释着：

“明安大贝勒您误会啦。俺义父早就提醒俺，说你们科尔沁不是俺建州人的对头，让俺手下的射手只射你们的马腿马肚子，不伤你们的人。俺都督是真心对你呀。”

明安愣住了，难怪他的马队接二连三被对方射伤，可士兵们却伤亡不大，原来……

明安深受感动，忙对努尔哈赤施礼致谢，努尔哈赤一指他的下身，揶揄

道：

“衣冠不整，行的哪门子礼，道的哪门子谢？罢啦，回城里咱兄弟喝几盅去！”

这一幕“见不得人”的悲喜剧令明安汗颜，所以，尽管努尔哈赤视他为上宾，坦诚相待，可明安总觉得在努尔哈赤面前抬不起头来。天外有天，人外有人，一向争强好胜的明安不得不哀叹生不逢时了，真是“既生瑜，何生亮”？

“来，咱兄弟俩一人一只，看谁先啃完？”

努尔哈赤理解明安的心情，故意岔了话题，将盆里的两只烤羊腿一人分了一只，先啃了起来。

明安朝努尔哈赤感激地一笑，也咬了一大口，满嘴油滋滋的：

“胜而设宴，饮的是甜酒，明安我为都督庆贺，败而强饮，喝的是苦酒，明安我愧对都督呀。”

“不，不，大贝勒你又见外了。你不必这么自卑，你是成吉思汗的后代，他可是我心中的英雄哪！你应该为之骄傲和自豪才对呀。”

“唉，后辈玷污了先祖的英名哪！”

明安低着头大口地啃着羊腿，不再说话。看来，这段经历在他心里一时是抹不去的，努尔哈赤觉得好笑，男子汉大丈夫，有什么放不下的？

倒是左边的布占泰一直在与额亦都、安费扬古等人猜拳吃酒说笑着，仿佛是这里的常客。

“听说，小贝勒就要做叶赫的女婿了？”

额亦都吃了几碗酒，脸红得像个关公，嗓门很大。

布占泰颇为得意，伸手从怀里摸出了那方粉色丝帕，在众人眼前一抖：

“那是！你们瞧瞧，这便是东哥送给我的定情之物。”

“哇，活灵活现的两只小鸟儿，是不是一公一母？喂，这是那个大美人儿亲手送给你的吗？哎哟，若是有谁也给俺绣个什么鸟儿，俺愿意为她去死！”

额亦都眯着眼睛沉醉在幻想的喜悦之中。

安费扬古的一句话却搅了他的白日梦：

“美女有什么好？红颜祸水呀，瞧瞧，布占泰小贝勒这回给害惨了吧。当初那美女东哥也曾说过要嫁给咱们都督的，是有这回事儿吧？”

“呃……”

努尔哈赤的神情也有些不自然起来。

东哥这个尤物，当嫁不嫁，频频地抛着绣球，勾引得多少男人魂牵梦绕，垂涎三尺？唉，英雄气短，儿女情长，英雄自古爱美人，这也是身不由己的事呀。

“小贝勒，你打算什么时候迎娶这个大美人儿？”

额亦都说话总是东一榔头西一斧头，弄得大家伙儿只好跟着他的脑子转了。

布占泰脸上的笑容有些僵硬，他的底气也显得不那么足了：

“如今我乃战败之人，一切要听候都督的发落，哪里还敢奢望那大婚之日早些到来？”

年轻人说着眼角竟有泪光闪动。其实布占泰长得倒是一表人材，高高的鼻梁和一双剑眉颇有几分英武之气，与那叶赫美女倒也相配。

努尔哈赤暗暗打量着布占泰，虽说乌拉部也是建州的死敌，但爱才心切的努尔哈赤却对布占泰一见如故。俗话说，擒贼先擒王，此次九部联军之所以成行，罪在叶赫，对其他的部族努尔哈赤能宽容则宽容，何必要树敌太多呢？

“我阿玛以万人之兵破你们九部联军，真可谓用兵如神。依小辈看来，你们扈伦四部甚至还有关外女真各部，迟早都是俺建州的刀下之肉、腹中之鱼。这一次古勒山之战的教训，你们应该谨记于心上。”

褚英旧话重提，侃侃而谈，根本不顾在座的布占泰与明安等败将的尴尬神情。努尔哈赤不由得板起了面孔，他真想大声训斥这个居功自傲的长子。

岂料，布占泰对此并不忌讳，反而嘻嘻一笑，缓和了气氛：

“都督之雄韬大略，实在令晚辈钦佩。此次九部攻建州，名义上是扈伦四部挑起，其实我乌拉部也是被迫参加的。只因那叶赫人一心要与都督您争雄称霸，才频频发起了战争，我们都是受害者呀，这些都督您最清楚了，大人不记小人过，还请都督您高抬贵手，放过我乌拉部。”

布占泰这话说得十分合努尔哈赤的心意，在座的人也频频点头。

努尔哈赤盯着布占泰，似乎想要看清这个年轻人的真正想法。“后生可畏”，不知怎地，他的脑子里冒出了这四个字，于是努尔哈赤微微一笑：

“小贝勒举手投足甚合我意，我有一侄女，虽比不上那叶赫美女，却也娇艳可人，况且她才十多岁，花一般的年纪。如若小贝勒不嫌，我愿将侄女许配于你。”

“这个……”

布占泰一时怔住了。战败之人，亡国将至，怎么还能做建州王的侄女婿？是福还是祸？纵是布占泰脑筋再好使，一时之间他有些慌乱，张口结舌：

“多谢……都督的美意，只是，只是那东哥……”

“嗐，得啦小贝勒。”

额亦都又干了一碗酒，用油乎乎的手往唇边一抹，咂巴着嘴：

“您哪，美梦该梦醒啦。东哥岂是你我这等凡夫俗子能得到的？连我们都督……”

额亦都分明感觉到了努尔哈赤抛来的白眼，连忙收住了话题：

“小贝勒，能做建州的额驸可是千载难逢的幸事咧，俺年岁大了，人又生得丑陋，要不然俺也想……”

“额亦都，吃块肉，满嘴胡吣吣个啥？”

安费扬古冷不丁地抓起一块大肉塞进了额亦都的嘴里，憋得额亦都面红耳赤说不出话来。

其实，不用其他人解释，布占泰自然明白做建州王额驸将意味着什么。从此以后，自己只能任由努尔哈赤牵着鼻子走了，这又怨得了谁呢？命运不济吧，既然以后要寄人篱下，也只得忍气吞声了，小不忍则乱大谋，好在自己还年轻，还有的是机会，好吧，咱们走着瞧！

主意已定，布占泰立即起身向努尔哈赤行礼，神情极为恭敬：

“恭敬不如从命，晚辈做梦也没想到会做建州王您的侄额驸，晚辈这厢有礼了。至于东哥，其实她的年纪已够大的了，叶赫老女，红颜易逝，又有什么好稀罕的！”

“爽快！”

“干杯！”

大家伙儿又是一阵开怀痛饮。

觥筹交错之中，已经有了几分醉意的布占泰摇摇晃晃地站了起来，举着酒碗对努尔哈赤嘻嘻直笑：

“哈哈，没想到晚辈成了您的额驸。这会儿晚辈却又想到了我的小侄女阿巴亥。唔，她现在还小，才五岁，不过以晚辈我的相貌，都督您应该能想像得到阿巴亥的容貌……”

努尔哈赤看着醉醺醺的布占泰，不知他的葫芦里卖的是什么药，随口应付着：

“那是，令侄女长大了一定也是个美人胚子。”

“不是我布占泰夸口，若是阿巴亥早生几年，肯定会把叶赫老女给比下去……”

布占泰明知众人在听他说话，却又停住了，咕嘟咕嘟又灌了一碗酒，将碗往桌子上重重地一放，用通红的眼珠子盯着努尔哈赤，一字一句极为认真：

“都督，晚辈十分仰慕您，晚辈觉得只有您才配娶我侄女阿巴亥。作为叔叔我愿替她做主，只要您点个头，八年之后，晚辈定将阿巴亥送到费阿拉。”

“哈哈，原来是……”

努尔哈赤不禁朗声大笑起来。

“好事，喜上加喜，亲上加亲！”

额亦都口无遮拦又开始发表意见了，边说还边对坐在对面的安费扬古挤着眼睛，这哥儿俩也是对儿冤家，最爱抬扛的是他们，关系最密切的也是他们。

“小贝勒，你不怕赔了侄女又折兵？”

褚英冷不丁地冒出了这句话，令在场的人一愣。布占泰好像被褚英说中了心思，脸上一阵红一阵白的，吭吭哧哧没了词儿。

“其实我是说，这么好的事情怎么轮不到我呢？”

褚英毕竟聪明过人，话一出口他便知道说得不是时候，于是又连忙补了一句，气氛随即又缓和下来了。

“布占泰，令侄女真的如你所说那么漂亮？”

“岂止是漂亮，阿巴亥她就是一朵娇美的花，不对，她还只是一个花骨朵，还没有绽放哩。”

布占泰胡乱比划着，尽量想用一些文绉绉的词语，却又酒气熏天，唾沫星子乱溅，逗得众人嘻笑不已。

“既是这样，咱们就一锤子定音，这门亲事我认定了。到时候你可不能反悔哟，叶赫老女的当我也上过哟。”

努尔哈赤面带微笑也轻松调侃起来，众人更是高兴，要知道平日里这位大都督可是不苟言笑威严得很咧。

总之都是叶赫的过错，不论是叶赫老女东哥，还是叶赫的大贝勒纳林布禄，他们似乎已成了千夫所指的人。

额亦都按捺不住，拍着桌子又嚷嚷开了：

“都督，咱不如乘胜进攻，杀到叶赫城！”

“嗯？”

努尔哈赤再一次朝额亦都绷起了脸，众人先是一怔，随即掩着口吃吃笑了起来，把个红脸汉子额亦都弄得丈二和尚摸不着头脑。

“喂，你说说看，俺又说错了吗？”

额亦都瞪着安费扬古，又朝努尔哈赤瞥了一眼，见努尔哈赤也朝自己白着眼珠子，这才醒悟过来：纳林布禄的家，不就是努尔哈赤的妻子叶赫那拉氏孟古的娘家嘛，这可是都督“老泰山”的家呀。

额亦都不自然地摸着后脑勺，低着头不言语了。

布占泰在费阿拉一住数年，努尔哈赤将侄女许了他，成了家并生了儿女，日子过得倒也逍遥。这期间，扈伦四部因古勒山一战大伤元气，四分五裂，而建州则日益强大。目睹着这一切，乌拉新部主布占泰有泪只能往肚子里流。他好强的本性，并没有因这几年在建州寄人篱下的生活而磨灭，他绝不甘于平庸，也绝不愿仰人鼻息，他也是堂堂的一部之主嘛，为什么不能像努尔哈赤那样从容地发号施令，呼风唤雨？

带着妻子爱新觉罗氏重返乌拉之后，布占泰决心要学那越王勾践“卧薪尝胆”，摒弃了奢华和享乐，一心一意积蓄力量，以图早一日称霸群雄。这样一来可苦了爱新觉罗氏，她本以为嫁给了年轻英俊的一部之长便可以吃香的喝辣的享福了，却没料到到了乌拉之后令她大失所望！地处偏僻，满目荒凉不说，布占泰也一改在费阿拉时的脉脉温情，动辄对她指手划脚，横挑鼻子竖挑眼的。爱新觉罗氏不能穿金戴银，从建州带来的几大车财宝不知被布占泰藏到了何处。心里充满了怨气，夫妻间便渐渐地不和了，几年下来，爱新觉罗氏竟日渐憔悴，蓬头布衣如同民妇一般，布占泰对她更是不愿正眼相待了。

布占泰处心积虑要出人头地，可谓费尽了心机。他对外结盟叶赫、蒙古，同时又出兵将附近的几个小部落收归己有，不几年竟将百孔千疮凋蔽不堪的乌拉治理得日渐强盛，甚至也开始向东海女真发号施令了。

布占泰暗中得意，他治国的这一招是跟努尔哈赤学的。放虎归山，努尔哈赤一念之差善待了布占泰，却没想到就此枉送了侄女的性命。

事情是由叶赫美女东哥引起的。古语说红颜祸水，这话在东哥的身上一次次地应验了，其实，东哥是无辜的，她是身不由己。生逢乱世，家族中衰，东哥被当成了筹码……

早先，哈达贝勒歹商慕东哥艳名最先求婚，叶赫贝勒布斋和纳林布禄正愁无法对哈达开战，于是趁机设下圈套，歹商不知是计，带着牛马珠宝浩浩荡荡前往叶赫迎亲，结果被叶赫伏兵乱箭射杀。那时候东哥才十几岁，却被她的父兄当作了诱饵或商品。当人们把“红颜祸水”的恶名向东哥扣来时，东哥也变得玩世不恭了，她并不怨恨自己的父兄，她只怨命运对自己的不公，既然天神给了自己一副娇美的容颜，她便要充分利用，这便是她的资本，她要拿美貌和青春赌明天！果然，扈伦四部中的大小贝勒以及蒙古乃至建州的汗王们，都对东哥的美艳垂涎三尺，东哥好不得意。当东哥的青春一分一秒地消逝在辽东这场空前的战乱中时，无辜的她也把战争、灾难和死亡带给了辽东女真各部，这可不全是她的错！

古勒山之战，扈伦四部陷入了极端恐慌之中，各部的贝勒们如同斗败的公鸡，个个垂头丧气，生怕强大的建州会乘胜端了他们的老窝。万般无奈之下，四部的贝勒们只能在努尔哈赤面前乞求讲和，信誓旦旦：

“我等无道，损兵折将已遭天谴，恳请建州王不计前嫌，扈伦四部愿与建州复缔前好，互相尊重，重以婚媾。”

作为此次出兵的罪魁祸首叶赫部更是低声下气，布斋战死于古勒山，他的儿子布扬古愿将妹妹东哥送给努尔哈赤为妻，而纳林布禄之弟金台石则将女儿许给了努尔哈赤的次子代善为妻。各部争相对努尔哈赤献殷勤、送女子，包括叶赫美女东哥在内的女人们又一次成了商品，而这一次，努尔哈赤不会再像十多年前那么冲动，感情用事了。

强扭的瓜不甜。虽然努尔哈赤也渴望拥有东哥，而且作为建州的汗王，作为扈伦四部的霸主，他更有资格得到东哥。但经过了这十多年的风风雨雨之后，努尔哈赤的心思已不在女人身上，如今他站得更高，看得更远了。他知道，到他功成名就的时候，天下的美女会主动投向他的怀抱，区区一个叶赫美女也会显得黯然无光的。当然，这或许也是一种酸葡萄心理，因为从孟古的口中，从乌拉贝勒布占泰的言行中，努尔哈赤知道东哥喜欢的是布占泰，这让努尔哈赤感到很无奈。

那是一天傍晚，努尔哈赤独自一人在后院散步，难得有这样片刻的宁静，他可以从容梳理一下心中那些纷杂的思绪。

“与扈伦四部歃血会盟，其实大家都是在演戏，只可惜了那乌牛白马了。说什么‘自此以后若不结亲和好，似此屠牲之血、蹂踏之土、剐削之骨而死’。可是我更明白‘狗走千里改不了吃屎’的恶习，他们的话我怎么能相信呢？也罢，他们若不履行盟约，便无异于引火烧身，到时候我出兵讨伐便不愁师出无名了。”

“东哥？这个尤物为什么会看上那布占泰？不错，布占泰体长英俊，可他的心思却令人难以捉摸，对女人、对部落，这个人并不一定值得信赖。东哥啊东哥，难道是你我今生无缘吗？其实十多年前你父王就将你许配给了我，我当时正在落难之时，‘惶惶然如同丧家之犬’一般，难得你父王慧眼识英雄，可你的几个兄弟却出尔反尔，硬是拆散了你我的缘份。不然的话，咱们俩早就有了自己的孩子了，孟古不是已经给我生了个胖小子吗？”

一想到儿子皇太极，努尔哈赤的心头涌上了一股暖意。他没有多想，调头往孟古的小院里走去。

“人之初，性本善，性相近，习相远……”

远远地，努尔哈赤便听到了皇太极朗朗的读书声。他心里高兴呀，这个儿子就是乖巧，比起其他几个年长的兄弟来，他显得很老成、很有主见。听阿哈们说，皇太极早起练剑学骑射，下午读书写字，生活得极有规律，这孩子倒自觉得很哪，也许他意识到了将来要挑大梁、担大任？

努尔哈赤放慢了脚步，朝站在门口的两个女仆摆了摆手，轻手轻脚地朝皇太极走去。

嗯，很有些日子没来孟古的小院了，努尔哈赤四处打量着，颇有些新鲜感。院子不大，中间有一座小花园，这会儿正是秋末应该看不见什么娇美的鲜花了，可努尔哈赤却闻到了一阵阵幽雅的花香，沁人心扉。噢，原来小院的台阶上、柱廊下放了几盆秋菊，有的含苞欲放，有的花枝摇曳，小院里有了这几盆黄的、粉的秋菊而增添了生气，更因为有皇太极的读书声而增添了勃勃生机。可不，趴在石阶上，手捧古书正摇头晃脑地大声朗读着的小人儿是多么惹人喜爱呀！

“养不教，父之过。教不严，师之惰……”

努尔哈赤听到这一句，便站着不动了。触景生情，他不禁有些感慨，心中自语道：

“是的，眼下我儿女成群，又何曾抽出时间陪过他们、教导过他们？难怪褚英、莽古尔泰他们几兄弟见了我便如同老鼠见了猫似的，其实我何尝不想做个慈父呢？‘秋丛绕舍似陶家，遍绕篱边日渐斜。不是花中偏爱菊，此花开尽更无花。’”

努尔哈赤随口吟出了一首小诗，他也弄不清此诗出自哪一位诗人之手，只觉得诗中的意境与眼前的情形比较贴切。

“王阿玛！”

皇太极闻声站了起来，目光中带着惊喜，若在以前，他肯定会一路小跑扑进父王的怀里，可现在，快十岁的他也算是小大人了，他已经能够控制自己的感情了。尽管以前曾常在父王的怀里撒过娇，但现在，尤其是这两年，父王来小院的次数少了，即使来了也是一会儿就走，皇太极那幼小的心灵已经懵懵懂懂地知道，父王正与他的叶赫姥姥家开战，从父王不苟言笑的神情、从额娘时常流泪的眼睛中，皇太极明白了这些。有时候他很恨叶赫的舅舅表哥们，为什么要与王阿玛作对，让额娘落泪？有时候他又抱怨自己的父王，为什么要对叶赫那么绝情，非得要斩尽杀绝？有一段时间，夹在中间的皇太极心里难过极了，他弄不懂大人们为什么要打仗，为什么要争得你死我活？在他的心里叶赫也算是他的第二个家了，尽管他长这么大还没去过叶赫，还没见过头发花白的姥姥，但他从额娘的口中，不止一次地听说过叶赫的山水和叶赫城的繁华，还有，他还有个长得像仙女似的表姨呢。仙女食红果生下了爱新觉罗家始祖的故事，皇太极最爱听，有时候他听着听着就问额娘，怎么叶赫那拉氏家族也会有仙女呢？每到这时，额娘便会眯缝着眼睛陷入沉思，而皇太极便觉得这时候的额娘很美，就跟那传说中天神的女儿一个样。结果，故事还没讲完，母子俩却早已哭成了一团……

“你都快十岁了，怎么整天还念这《三字经》《千字文》之类的书？”

“师傅要我耳熟能详，而且得明白其中的道理。他说，学做人都是从读这本书开始的。”

“嗯，你师傅说得有理。过来，阿玛且考一考你。”

努尔哈赤坐在了石凳上，随手翻着书：

“喏，这一句是什么意思？‘唐刘晏，方七岁，举神童，做正字。彼虽幼，身已仕，尔幼学，勉而致，有为者，亦若是。’”

“噢，这一句说的是唐朝的刘晏，”皇太极不等父亲读完，便侃侃而谈：

“当时的皇帝把他当成神童，授给他翰林院正字的高官。有一次皇帝问他做正字官以来正了几个字？这刘晏回答说，四书五经上的字皆为正字，只有一个‘朋’字不正。因为这‘朋’字指奸臣贼子‘朋’比为奸之意。刘晏的回答令皇帝很满意。”

“嗯，瞧你这张小嘴，倒比那刘晏还要能说会道呢。”

看着父亲脸上的笑容，皇太极的胆子又大了起来，他歪着脑袋瞅着父亲“嘻”地笑出了声：

“王阿玛，您若是将孩儿比作刘晏的话，那您可就是当今的皇帝啦，孩儿得喊您皇阿玛啦。”

“这孩子，不许瞎说。”

努尔哈赤忍住笑，故意板起了面孔。童言无忌，这孩子竟然会说中自己的心事！这可是埋在自己内心深处的秘密呀。努尔哈赤定定地看着皇太极，像是在打量一个不曾相识的人。

“王阿玛，我说错了吗？”

皇太极有些不安了，因为父亲的神情有些异样。

“孩子，你应该明白，有些话是不能随便乱说的。人多嘴杂，若是传了出去就会惹下战祸。”

见皇太极一个劲儿地点头，一副诚惶诚恐的样子，努尔哈赤又觉得于心不忍了。他将皇太极拉到怀里，附在他的耳畔悄声说道：

“这事就当咱们父子的一个秘密吧，如果我有生之年不能实现的话，以后就看你的了。”

“嗯，孩儿记住了。”

皇太极用力地点着头，乌黑的眸子转了转，忽然叹了口气：

“王阿玛，人人都说您是天上的白鹰下凡投的胎，而您的脚上又生了七颗红痣，是天子之相，可孩儿我呢，平平常常与他们没什么两样，真是不公平。”

“噢，原来你为这事叹的气呀，啧啧，人说虎父无犬子，这话你信不信？青出于蓝而胜于蓝，孩子，只要你踏踏实实地干，将来会比阿玛还有出息的。”

“真的？如果有那么一天，孩儿超过了阿玛您，您该不会怪罪孩儿吧？”

“怎么会呢？真要是那样，你阿玛我高兴还来不及呢。走，天晚了，咱们进屋说话。”

一老一少谈得十分投机，竟一点儿也没注意到旁边站着的孟古，她端着盖碗茶已经出来多时了，这会儿茶恐怕早就凉了。

此刻，孟古的耳边响起了这样的话，这好像是哪一位宾客夸奖皇太极的话：

“八阿哥凤眼大耳，面如冠玉，骨骼雄伟，声音响亮，龙行虎步，仪表堂堂……”

孟古的心里热乎乎的，她放慢了脚步，看着夕阳中的父子俩的身影，他们的背上披上了一层灿烂的金光……

第十章

费阿拉少主妒老主
皇太极童言赛狂言

小小的皇太极冷不丁地冒了一句，令所有的人不得不刮目相待："我阿玛要做这白山黑水之王，等我长大了便要做全天下之王！"努尔哈赤紧蹙的双眉终于舒展开来，后继有人，这是爱新觉罗家的幸事呀！

古勒山战役的胜利，使努尔哈赤看清了扈伦四部的软弱。扈伦四部中，尤以哈达部最为软弱，因此它也是海西女真中最容易被征服的一个。努尔哈赤正处心积虑地寻找着进军哈达部的突破口，结果哈达部主动送上门来了。

内讧外扰，哈达部自王台盛，也自王台衰。王台死后，六个儿子为争父业反目成仇，王台第五子孟格布禄自觉势单力弱，于是向母亲温姐的娘家叶赫求援，以对付承袭哈达部部主的歹商。从此，叶赫兵多次袭掠哈达部，使哈达部遭到有史以来的重创，最后，叶赫美女东哥也被当成了对付歹商的诱饵。

歹商死于非命之后，孟格布禄如愿以偿坐上了哈达部部主的头把交椅，然而此时的哈达已是伤痕累累，破败不堪了。

没等孟格布禄喘过气来，叶赫又趁机出兵哈达欲统一扈伦四部。情急之下，孟格布禄投进了努尔哈赤的怀抱，主动将三个儿子送到费阿拉做人质，乞求建州出兵救援。努尔哈赤正求之不得，当下便派小将费英东率二千八旗劲旅前去援助哈达。叶赫得知建州发兵的消息之后，两贝勒布扬古和金台石惊恐万状，他们不愿意与建州八旗兵较量，因为这简直无异于以卵击石！

关键时刻，叶赫美女东哥又成了挡箭牌。叶赫新贝勒纳林布禄之弟金台石亲自修书一封，许诺将东哥嫁给孟格布禄做福晋，条件是哈达杀死建州派驻哈达的兵卒或将领。

原本如热锅上蚂蚁的孟格布禄读了信后，心里竟如三伏天喝了甘泉那么舒坦！人人都为之倾倒的叶赫美女，真的要投入他的怀抱？孟格布禄忘掉了忧虑，心里全是想象中的美人的倩影。人常说，牡丹花下死，做鬼也风流，为了博得东哥的青睐，为了赢得东哥的芳心，孟格布禄毫不犹豫地答应了叶赫的条件！

后果可想而知，努尔哈赤被孟格布禄的背信弃义激怒了，他当即命兄弟舒尔哈齐挑选了八旗精兵千余人，直捣哈达城，他要给所有对不起建州的人一个血淋淋的教训！

可是，胞弟舒尔哈齐兵临哈达城下之后，却按兵不动了。努尔哈赤听到探马传到的消息之后，吃惊地睁大了眼睛：

“他……舒尔哈齐，他为什么阳奉阴违？”

容不得多想，努尔哈赤当即率一队人马赶往哈达部，这是一举征服哈达部的绝好机会，可不能错过了！

舒尔哈齐，努尔哈赤的亲弟弟，儿时兄弟俩曾患难与共，以后又并肩创业打江山，兄弟俩感情深厚。在山城费阿拉，兄弟俩拥有同样的荣华富贵，仆役阿哈成群，所不同的仅仅是，这山城只有一个王，那就是努尔哈赤。

一山难容二虎，这话也许是真理。作为一母兄弟，舒尔哈齐也与努尔哈赤一样，有无穷的欲望。他为什么不能与哥哥一样，坐在雕花的黑漆椅上发号施令，八面威风？要知道他们俩是一样的血脉，同为天神的子孙，他的秉性与资质丝毫不逊于哥哥！

从努尔哈赤在费阿拉称王的那一天起，弟弟舒尔哈齐就开始暗中与他较劲儿，因为他觉得论功劳、论能力他们兄弟俩实在是没什么分别，凭什么他要对坐在龙椅上的哥哥低眉顺眼，唯唯诺诺？

为了得到明廷的赏识与恩宠，舒尔哈齐曾几次到北京朝贡，虽然千里迢迢，风尘仆仆，但舒尔哈齐无怨无悔，因为他确信，在明廷的眼中，他已经是建州女真一位举足轻重的人物了。舒尔哈齐声威赫赫已经名扬内外。

努尔哈赤并不是个宽容大度的人，即使对同胞兄弟，在亲情与权势之间，他宁可放弃前者，因为这世界上只有权势不能与他人共享。当努尔哈赤呕心沥血在山城费阿拉创立了政权之后，他万万没料到在巩固政权的斗争中遇到的第一个对手竟是自己的亲兄弟。

且说舒尔哈齐奉命率军攻打哈达城，兵临城下之时，舒尔哈齐却临阵犹豫了，因为哈达城已有准备，城上旌旗招展，城下阵容整齐，舒尔哈齐生怕自己的两千士兵损失惨重，保存实力要紧哪。这里距建州尚远，援兵一时恐难以赶到，如果贸然出兵，孤军奋战，那后果将难以预料。到这时候，舒尔哈齐有些后悔了，他为什么要冒这个险呢？

舒尔哈齐与儿子阿敏及诸位将领商量之后，决定安营扎寨，暂且按兵不动，见机行事，好汉不吃眼前亏嘛。孰不知舒尔哈齐一心要保存实力，却给了哈达一个机会，天黑以后，哈达城里溜出几个黑影，他们熟悉地形，躲过建州兵的地盘，向叶赫方向策马急驰而去……

黎明时分，舒尔哈齐被帐篷外面的吵嚷声给惊醒了，他骂了两句正要起身，却被一只柔嫩丰腴的手臂缠住了脖子：

"再睡会儿吧，好困哪。"

被窝里的女人随后将光溜溜热乎乎的身子贴了过来，舒尔哈齐只觉得浑身酥软，打了个哈欠，紧搂着女人又躺下了。

"贝、贝勒爷，都督、都督来了！"

"放屁！都督我正在睡觉，狗奴才你瞎嚷嚷什么？"

舒尔哈齐没好气地冲着侍卫骂着，转身又要睡下，却听到了一个冰冷的声音：

"二贝勒，你当这是建州哇，为什么耽误了军机大事？"

舒尔哈齐浑身一激灵，困意顿消。身旁的女子心知不妙，胡乱裹紧了毯子，这倒好，舒尔哈齐整个赤条条地暴露在哥哥努尔哈赤的眼前。

"哼！岂有此理！"

努尔哈赤眉头紧蹙，转身走出了帐篷。舒尔哈齐如梦初醒，胡乱穿上衣服，趿着鞋子走到努尔哈赤身边，满不在乎地说道：

"哥哥，早知道你来援助，兄弟我就不会按兵不动了。"

"舒尔哈齐，你睁大眼睛，看看这是在什么地方？你当此番出兵是来寻欢做乐的？"

努尔哈赤身披战袍，一手叉在腰间，一手指着衣冠不整的舒尔哈齐，真是气不打一处来。

"这有什么？哥哥你以前出征时不也这样？咱们兄弟俩哪一夜能少了女人？"

"啪！"没等舒尔哈齐的话音落，努尔哈赤便朝他的脸上扇了一巴掌。这一掌把他们兄弟俩都给打懵了，一时间，俩兄弟像一对好斗的公鸡，四目圆睁，怒发冲冠。

半晌，舒尔哈齐摸着火辣辣的脸颊，恨恨地说了句：

“打得好！既然你不当我是兄弟，我又何必认你这个哥哥？”

“你……”

努尔哈赤铁青着脸，看得出是在强压着心底的怒火，一挥手：

“带上来！”

原来，在半路上他们正好劫获了哈达派往叶赫求援的士兵，否则，这仗可就真的打不下去了。

舒尔哈齐这才低下了头。

由于哈达城已有了防备，所以此番攻城的战斗进行得异常激烈。舒尔哈齐心里憋着气，兄长努尔哈赤当众扇了他耳光，又毫不留情地喝斥责备他，愈发增加了舒尔哈齐的逆反心理。他索性一改往日冲锋陷阵的英勇无畏，躲在士兵的后边，只挥动着战旗，动口不动手。舒尔哈齐总算想通了，表面上他享受着与兄长相同的荣华富贵，可统领建州女真的权力却被兄长一个人紧握着，他为什么要一次次地为别人卖命呢？

在舒尔哈齐这种心态和举止的影响下，建州此番进攻哈达，付出沉重代价就自然是天经地义的了。在持续六天六夜的激战中，哈达城终于被攻破，而努尔哈赤则损失了近千名士兵，虽然是大胜而归，但他的心情却格外沉重。

哈达既灭，明朝失去了南关，扈伦四部也被打开了一个缺口。建州之王努尔哈赤更加踌躇满志，可是他的眉目间却不时透出一种忧伤。因为，自攻下哈达之后，努尔哈赤与胞弟舒尔哈齐的关系开始紧张起来，两人的猜忌、防备日渐加深。离心离德，建州王努尔哈赤感到心寒！

不消说，建州王兄弟不和也已为扈伦四部所格外关注，不，现在应该说是扈伦三部了，他们觉得这是搅乱建州的绝妙机会。

入夜，费阿拉山城一片灯火辉煌。外城的舒尔哈齐在门楼和楼阁上挂起了一盏盏灯笼，与内城兄长住房的灯笼遥相辉映，光彩四射。今儿个晚上是庆功宴，舒尔哈齐勉强照了个面，便推说身体不适回家喝起了闷酒。

“呸！好事全让他一个人给占了，我算什么？逼急了，我拉出去另立山头！”

舒尔哈齐越想越气，重重地将酒碗摔到了地上。

“王爷，莫不是妾身做的酒菜不合您的口味？要不，妾陪您喝几盅？”

大福晋正巧端着托盘进来，今儿个晚上她破例亲自下厨，想让这几日长吁短叹的夫君喝个痛快。

“滚！少在本王面前晃来晃去。瞧瞧你那张黄脸，也不拿镜子照一照，还能见人吗？”

大福晋一怔，眼泪随即在眼眶中打着转儿。她咬着嘴唇将菜碗放到炕桌上，正想退下，不料舒尔哈齐还不放过她：

“笨手笨脚的，你就不会轻点儿搁？那两个汉家女子呢？本王要她们俩伺候，这里没你的事儿了。”

“你……”

大福晋转过身来，鼓起了勇气：

“贝勒爷，你我都是做爷爷奶奶的人了，我是老了，可你也不年轻了呀。没错，你还可以娶回年轻貌美的女子，而我这大半辈子都为你们爱新觉罗家生儿育女，没有功劳也有苦劳哇。您若是看我不顺眼，尽可以娶个漂亮的回来伺候您呀，听说那个叶赫美女东哥……”

“住口，你是吃了豹子胆啦，竟敢在本王面前说三道四的。滚！”

舒尔哈齐像一头咆哮的狮子，大吼着，额头青筋暴涨，吓得大福晋掀起门帘就走，可一出来，她就幸灾乐祸地笑了。

大福晋的话正刺痛了舒尔哈齐。舒尔哈齐嫌她人老色衰，她便搬出了叶赫美女东哥，东哥美貌，可是没有你舒尔哈齐的份儿，你照样得靠边站，干瞪眼，你也只能关起门来在家里发发酒疯，你能争得过你兄长努尔哈赤吗？

这叶赫见建州灭了哈达，震惊之余，未免感到兔死狐悲，于是，又搬出了美女东哥，叶赫贝勒金台石派人送来了由东哥亲手绣成的一对鸳鸯枕套和一只花荷包。努尔哈赤已经看穿了叶赫玩的这种鬼把戏。一而再、再而三，由东哥身上，努尔哈赤明白了红颜祸水的含义，因此他不动声色，既不退婚，也未有迎娶的表示。其实，以努尔哈赤现在的声威势力，如若派人前去强行迎娶，那叶赫也无话可说。只要建州王想得到的，又有谁能拦得住呢？

如此一来倒伤了东哥的心。尽管她曾一次次地被父兄当作物品一样交换来交换去，每一次都把那些王爷贝勒们撩拨得意乱情迷，想入非非。但一次次地被推来让去之后，东哥已年近三十，徐娘半老了，她只能在心里哀叹命运对她的不公。每当夜深人静之时，东哥便情不自禁地想到了乌拉部主布占泰。他们曾经有过几次照面，彼此情投意合，布占泰被东哥的妩媚和娇美弄得神魂颠倒，而东哥也被布占泰的俊朗和风姿所吸引，若不是布占泰参加古勒山之战成了建州的俘虏，他二人也许早就结成了良缘，儿女满堂了。

且不说东哥是如何设想，倒是舒尔哈齐被福晋的话气得暴跳如雷，眼珠子红得要滴血一般。他心里不服气呀，这建州王的宝座让哥哥给坐了，天下的美女也尽由哥哥来挑选了，好事怎么都让哥哥给占齐了呢。

舒尔哈齐越想越气，一袋一袋地吸着烟，直呛得他眼泪鼻涕不住地淌，咳嗽得透不过气来。

“贝勒爷，有客人求见！”

门外的侍卫扯着嗓子喊了两遍，舒尔哈齐这才回过神来：

“这么晚了，问他有什么事？从哪里来的？”

“回贝勒爷，客人是从叶赫来的。”

舒尔哈齐这回可听清楚了，他一边往靴子底上磕着烟灰，一边忙不迭地喊道：

“有请，快快有请！”

“吱呀”一声，从门缝里闪进了一个人影，舒尔哈齐连忙起身相迎，却听来人“嘘”地一声，做了个手势，压低声音说道：

“二贝勒，小人乃奉叶赫部主金台石之命夜访贵处，还望您吩咐手下，千万不要走露了风声。”

舒尔哈齐一激灵，脑子被门外凉风一吹也清醒了许多。叶赫是无事不登三宝殿哪，若是让内城的哥哥知道了麻烦可就大了。

“管家，将前后院的灯笼都灭了，有人来访就说本王已经睡下。”

“嗻！”

管家躬着身子正要退下，舒尔哈齐又喊住了他：

“今晚之事不许对外人透露，你去告诉几个护院的阿哈，让他们嘴巴严着点儿，否则我割了他们的舌头喂狗！”

“嗻！王爷，您就放心吧！”

亲自关上了房门，舒尔哈齐这才回过头来，来人的相貌却让他吓了一跳：这人是个独眼龙，额上还有一个大刀疤！

“王爷，这个是本部部主带给您的礼物，不成敬意，请您过目。”

独眼龙只顾解着褡裢，并没注意舒尔哈齐看自己时的诧异神情。只听“哗啦”一声，一堆金灿灿白花花的珠宝摆到了舒尔哈齐的眼前。

“嗨，大老远的，何必这么客气？来，来，请上坐。”

舒尔哈齐面露喜色，一边伸手让着座，一边却扭头看着炕桌上的东西。

说实在的，这些个玩意儿他不缺，可平白无故地有人给送上门来倒也让人高兴，有人愿意送，有人也乐得收下。这些东西份量可不轻哇，有两锭金元宝，两对翡翠手镯，两对鼻烟壶，一只是玛瑙的，玲珑剔透，一只是象牙雕的，价值连城。另外还有一堆女人的饰物，什么玉镯子、金簪子、珠串子，五颜六色的，光彩夺目。

“哈哈，多谢金台石贝勒的厚礼，本王恐怕受之有愧哟。”

“贝勒爷就不要推辞了。俺贝勒说俺叶赫部珠宝黄金取之不尽，等下回小的再给贝勒爷送些过来。”

独眼龙说完将桌上的茶一饮而尽，看得出他这一路马不停蹄跑得够辛苦的。

“要不先弄些吃的填填肚子？”

“不忙不忙。小的有要紧事要禀告贝勒爷。”

“噢？是不是你部主让我兄长前去迎娶美女东哥？”

舒尔哈齐转着眼珠子，这句话他真的不想说出来，一想到东哥，他便有种酸溜溜的感觉。

“什么？”

独眼龙一愣，随即嘿嘿笑了起来：

“东哥格格是俺叶赫的国宝，岂能随便送人？不，不，贝勒爷您猜错啦！”

“这么说，东哥她不嫁努尔哈赤？”

舒尔哈齐的眼中有一道亮光闪过。

“嘿嘿，俺贝勒和格格的事情，小的也不甚清楚。不过，小的倒是听说了，俺格格非乌拉部主布占泰不嫁。”

“原来是这样。”

舒尔哈齐如释重负，转而嘻嘻笑道：

“你们叶赫的这招还屡试不爽哩，当心惹恼了俺兄弟努尔哈赤。”

“小的正为此事而来。”

独眼龙凑近了舒尔哈齐，一脸的媚笑：

“如果费阿拉的主人都像贝勒爷您这么宽容，通情达理，咱叶赫与建州两部哪能大动干戈？”

“唔。”

舒尔哈齐未置可否，不过从他眯缝的眼睛中看得出，这话他听了心里很舒坦。

“俺贝勒爷早就听说二贝勒爷您为人厚道，心地善良，今日一见果不其然，佩服，佩服！”

“唉，其实我算老几？连他身边那几个结义兄弟说的话都比我管用一百倍！”

独眼龙见舒尔哈齐发起了牢骚，不禁心中暗喜：这正是他所希望看到的呀。于是，他翻着仅剩的一只眼珠子，火上浇油：

“啧啧，贝勒爷您这话可怎么说的？咱这白山黑水之地，谁还不知建州出了两都督兄弟？除了您，又有谁能跟那‘龙虎将军’平起平坐？”

“哼，此事不提也罢！”

舒尔哈齐被“龙虎将军”四个字给激怒了，他一拳砸向炕桌，忿忿不平：

“建州女真能有今天，我舒尔哈齐功不可没！可到头来吃苦受累的是我，荣华富贵全被他占了去。如今人家又是龙虎将军，又是建州都督，统领千军万马，要风得风、要雨得雨，可我……”

“这么说就是大贝勒的不是了。”

独眼龙揣摸着舒尔哈齐的心思，旁敲侧击：

“你们俩是亲兄弟呀，又共患难，如今当然应该共享荣华富贵了。贝勒爷您消消气，没准儿您的洪福就在眼前呐。”

“呸！嗟来之食本王一点儿也不稀罕。本王有手有脚，资质也不比他差，况又值壮年，他所拥有的为什么我不能拥有？逼急了俺拉出去另辟地盘！”

“哟，贝勒爷要动真格的啦？”

独眼龙溜下炕，从怀中摸出了一张皱巴巴的黄表纸朝舒尔哈齐眼前一晃：

“不瞒贝勒爷您说，俺主子对贝勒爷您的处境十分牵挂，正巧前几日来了个游方僧，俺主子让他为您测了一卦，您瞧好了，这上面白纸黑字写得清清楚楚、明明白白！”

独眼龙巧舌如簧，然舒尔哈齐听得将信将疑。他接过了黄表纸凑近灯笼仔细看着。

“转舟顺流去如飞，百事营求正及时。

因与奸人同道路，从此灾祸自追随。”

舒尔哈齐一眼扫过，神情有异：

“与奸人同道路？这分明说的是吾兄努尔哈赤嘛。也是，他如今春风得意，金玉满堂，我呢，却只能分享他的残羹剩饭，还处处遭他指责和猜疑，总这么下去我得窝囊死啊！”

“那高僧说，这费阿拉一带山青水秀，自古便是块风水宝地。可这两年，这儿白天晚上都冒着黑烟，神仙早就不高兴了。若是惹恼了天神，破了建州的风水，贝勒爷您的日子也不好过呀。”

独眼龙这么一说，舒尔哈齐明白了，他一拍大腿应和道：

“天神有眼哪。看来我是不能再跟着他穷折腾了，不然老了要受穷哇。哼哼，他要采石炼铁造箭矢，分明是好战之人，早晚会惹恼天神，真若是破了这建州的风水，吃不了就让他一个人兜着！罢罢，从此俺洗手不干，倒也落得个自在清闲！”

“对呀，识时务者为俊杰嘛。不过，人都说那建州大贝勒爷说一不二，是个铁石心肠的人，二贝勒爷您小胳膊能拧过他的大腿吗？”

独眼龙冷笑了两声，摇头叹气双手一摊，直把个舒尔哈齐挑拨得脸红脖子粗，他一蹿老高，扯着嗓子吼着：

“拧！拧！俺这回非拧断他的大腿不可，说什么也不能让你们看扁了俺！来人哪！”

贴身护卫应声而入，舒尔哈齐双手叉腰，极力摆出将军的风度：

“去，让大阿哥阿敏带着二十个身手敏捷的士兵，穿上夜行衣，神不知鬼不觉直奔城北门外炼铁炉和风箱，见一个砸一个，见两个砸一双，把剩下的矿石全扔到山坡下，我倒要看看他明儿个拿什么去炼铁！”

“小的听明白了，可是，若是有人阻拦，怎么办？”

“把这个拿去，谁敢阻拦便砍了谁！”

舒尔哈齐从腰中解下一枚腰牌，卫兵不再犹豫，接过腰牌领命飞奔而去。

“俺主子可没看错人！也不枉小的跑这一趟！小的就此告辞，愿二贝勒爷心想事成，福星高照！”

“多谢多谢！哈哈哈哈！”

原来，建州连年征战，虽然每战皆胜，牛羊满圈，人畜兴旺，可是造箭头的生铁却日渐匮乏了。加上明廷的封锁，努尔哈赤只得招聘能工巧匠，开矿炼铁以解燃眉之急，否则他的数万精兵何以立足？

好在建州附近的山上有的是矿石，取之不尽，于是炼铁计划顺利进行。每日里山坡上铁锤叮咚，碎石成堆，北门外的炼铁炉里炉火熊熊，风箱呼呼，通红的铁水将半个山城都映红了，这种热气腾腾的场面却令远在海西的叶赫部贝勒金台石感到了透心的凉。恐惧、绝望加上气愤，金台石犹如热锅上的蚂蚁。建州有了足够的箭矢，更会所向披靡，战无不胜，叶赫还能撑几天？

冥思苦想之后，金台石终于想出了一条妙计，离间努尔哈赤与舒尔哈齐兄弟二人，让他们内讧互相削弱，这样叶赫或许就有了喘息之机，或许就能够东山再起了。

且说舒尔哈齐一时性起派人将炼铁炉砸了个稀巴烂，清醒之后有些后悔了。自己胡子都一把了，做事咋还这么鲁莽？难怪哥哥一直责备自己呢。可就此向哥哥认错吗？舒尔哈齐又不愿意低头。难道他就没有做错事的时候吗？他什么时候低下过那颗高贵的头？

舒尔哈齐辗转反侧、睡意全无，脑子里塞满了兄弟俩的恩怨情仇，一桩桩、一件件，就像刚刚发生过的一样，刻骨铭心哪！

窗外一声鸡叫，舒尔哈齐忽地坐了起来，脑子里登时有了主意：大丈夫敢做敢当，今天俺倒要瞧瞧他对俺是个啥态度？

努尔哈赤惯于早起，练剑、点兵操练或者阅读兵书，总之他觉得早上做什么事情都兴致勃勃，脑子也特别好使。

“阿玛王早安！”

小皇太极手持短剑伫立在晨光中，努尔哈赤先是一愣，又是一喜：

“孩子，你怎么不多睡会儿？瞧瞧，太阳还没出来呢。”

“阿玛王您每天不都是早起吗？孩儿也想跟您学学。嗨，这空气里还带股甜味儿呢。”

“真是好孩子。待阿玛脱下外衣，与你练上几招。”

“嘻……孩儿早就想跟您讨教讨教了，来吧，看剑！”

皇太极笑声未落便使出了招式，一个金鸡独立横剑当胸护住门户，脚下是纹丝儿不动。

“嗬，几天不见还真长了本事。只怕你那花拳绣腿的把式过不了阿玛的这一关哪！”

努尔哈赤看出儿子有些卖弄，便瞅准了他的空当一剑直刺过去，有心要给儿子个下马威。

“停下！”

就在努尔哈赤出手的那一刹那间，皇太极突然叫了起来，指着城北方向连声喊着：

“阿玛王快看，城北怎么黑乎乎的一片？那红彤彤的火光怎么没了？”

努尔哈赤心里“咯噔”一下，慌忙收住了招式，转身向北看去，这一看不要紧，急得他也大叫起来：

“天神，炼铁炉里怎么不冒火光啦？这到底是怎么回事儿？来人哪！”

努尔哈赤这么一喊叫，立即惊动了院里的卫兵们。他们揉着眼睛胡乱披着外衣跑了出来，悄声询问着：

“出什么事儿啦？”

“都督他怎么发这么大的火呀？”

“真是怪事儿，炼铁炉里没火啦。”

正当人们议论纷纷之际，舒尔哈齐带着几个卫兵抬着筐子进来了。

“大哥，早呀！”

努尔哈赤哪还有心情跟兄弟打招呼，他只微微点了点头，心里还在琢磨着炼铁场的事情：这事蹊跷呀，为什么炉火会突然熄灭？为什么我兄弟一大早就来找我？莫非这事与他有关？

“嗬，父子晨练，强身健体，倒叫兄弟好生羡慕！”

舒尔哈齐见哥哥表情严肃，便打着哈哈。他已经做好了心理准备，成心要看看哥哥对自己的情份到底有多深。如果他无情无义，自己也好极早做个了断，大不了各走各的路！

“我且问你们，筐子里抬的是何物？”

努尔哈赤对舒尔哈齐依旧不理不睬，只顾朝他身后看。

“放下，全放下！”

侄子阿敏上前几步行礼之后，朗声回答：

“都督，如今扈伦四部皆已臣服盟誓，天下归于太平，该息兵耕田啦！”

努尔哈赤看着那些筐里装着的铁枪、马叉和长矛，不由得拧起了浓眉。

“你想将这些兵器怎地处理？”

“都督，这几种兵器都饰着厚重的铁块，是孩儿特地吩咐阿哈们从武器库中挑出来的，准备将他们溶化了铸块铁碑。”

“铸什么碑？本王怎地不知？”

“当然是铸一块纪念碑啦。”

阿敏仗着平日里伯父的宠爱，在众人面前侃侃而谈：

“这纪念碑的字侄儿都想好啦，古勒山之战永垂千古！这几个字好不好？让那扈伦四部的残兵败将老远见到这石碑便羞愧难当，抬不起头来，让他们永远臣服于我建州王的旌下！”

阿敏仿佛在做着演讲，口齿伶俐，声调激昂，还伴着强有力的手势，赢得众人的一阵叫好声。

努尔哈赤的浓眉舒展了些，旋即又紧蹙了起来，他语重心长地看着阿敏说道：

“孩子，你以为刀枪入库，马放南山，这天下就太平啦？敌人亡我之心不死，诡计多端，虎视眈眈，你切莫听信了他人的谣言！”

说罢，努尔哈赤有意无意地瞥了舒尔哈齐一眼。这一下，舒尔哈齐沉不住气了。起初，努尔哈赤对他不理不睬便已经伤了他的自尊，现在努尔哈赤又含沙射影地攻击他，更让舒尔哈齐觉得忍无可忍。

“哥哥，有话就直说，兄弟俺是个直肠子，最不喜欢那些弯弯绕绕的东西！”

“好吧，我且问你，昨夜一黑衣人进了你家之后你都做了些什么事？”

努尔哈赤一双犀利的目光直视着舒尔哈齐，舒尔哈齐不觉心慌意乱起来，脸色有些苍白，好在初升的霞光映在他的脸上，令人不易察觉。他下巴往上一抬，一脸的不屑：

“这费阿拉还是不是我舒尔哈齐的家？我还有没有交友的自由？你凭什么暗中监视我？你还当我是亲兄弟吗？”

一连串的责问似乎是理直气壮，但努尔哈赤却从鼻子中哼了一声：

“是不是亲兄弟得先问问你自己！舒尔哈齐，你也是年纪一大把的人了，做事怎么还和他们年轻人一样鲁莽冲动？哼哼，被人家牵着鼻子走居然还理直气壮！”

阿敏一见事情不妙，心想阿玛若与伯父弄僵了对自己也没什么好处，于是硬着头皮承担了一切：

“都督，这不关我阿玛的事，怪就怪小侄一时冲动，派人砸了炼铁炉又砸烂了一些兵器。小侄以为现在已经到了化干戈为玉帛的时候了。”

“阿敏哥哥，你从小在我们家长大，怎么还不知道我阿玛王的志向？”

皇太极冷不丁地冒了一句，令所有的人不得不刮目相看：

“我阿玛王要做这白山黑水之王，等我皇太极长大了便要做全天下之王！”

童言无忌啊！努尔哈赤紧蹙的双眉终于舒展开来，后继有人，这是爱新觉罗家的幸事呀。

看着身披霞光的皇太极，努尔哈赤的脸上现出了久违的笑意。舒尔哈齐却像一只泄了气的皮球，没精打采地低下了头。唉，自家父子就是没有人家那一对父子精明有魄力，你不服气也不行啊。明摆着，人家父子是龙种，将来要称王称霸，自己父子只有劳碌命，到头来一无所有，真是家门不幸哪！

第十一章

叶赫部美女悲远嫁
建州卫稚子哭死别

努尔哈赤悲怆地回答：“孩子，你额娘临终前想见她的额娘一面，可你的几个舅舅不同意！”皇太极握紧了拳头，悲愤地砸向冰凉的墙壁：“他们为什么连额娘这么点要求都不满足？我恨死叶赫舅舅了！”

果然不出都督努尔哈赤所料，叶赫再一次悔婚，声称要将美女东哥嫁给乌拉部主布占泰。此事在建州城里再一次掀起了轩然大波，更成了人们街谈巷议的话题。

额亦都气呼呼地跺着脚，反剪双手在屋里一边兜着圈子一边怒冲冲地说道：

“王八羔子布占泰，就凭他也配与俺主子争夺东哥？”

一向沉静的扈尔汉也忍不住骂了起来：

“他这是忘恩负义！哼，当初俺该一剑把他给捅了！”

“其实罪魁祸首是叶赫。”

何和理目光炯炯，一语中的，众人停止了议论，不住地点头。

“那叶赫出尔反尔，分明是戏弄我都督。他们三番两次违背盟约，将我建州已给了牲畜做聘礼的东哥再嫁乌拉，分明是对我建州的挑衅！”

“依俺说，俺们不要再空议论了，不如请求都督发兵，在那东哥未嫁出去之前把她夺回来，省得她三天两头的惹是生非！”

刚刚冷静下来的诸贝勒大将们一听额亦都的话又激动起来，纷纷表示：

“对呀，咱不能坐视不问呀！”

“叶赫欺人太甚，无论如何也得给它些颜色瞧瞧！”

“再说那东哥格格，她可不是许给一般的贝勒，她是许给咱建州王的呀。干脆咱派兵杀入叶赫城将她夺回来算了。”

“嗬嗬，你们这是要将谁夺回来呀？声音这么吵闹？”

冷不防努尔哈赤从外面走了进来，众人连忙闭上了嘴巴，屋里登时变得鸦雀无声。

其实，努尔哈赤心里有数。这两天城里沸沸扬扬说的都是东哥悔婚的事儿，他能不知道吗？不过，努尔哈赤一点儿也不恨东哥，反而对她生出了几分怜悯之情。这并不是东哥的错呀，天神给了东哥一副娇美的容颜，没想到却反而害了她。嗐，这事儿怎么怪得天神呢？努尔哈赤无奈地摇着头，对这桩没完没了的婚事觉得好笑、滑稽，可没料想诸贝勒大臣们却炸开了锅。

“怎么都变成哑吧啦？没人堵你们的嘴呀，额亦都，刚才就数你的嗓门子最大，你倒是说呀。”

“说就说，他奶奶的，叶赫它未免也欺人太甚了。都督，你给我一队人马，俺即刻前往叶赫，攻城夺人，看他们还有什么花招！”

努尔哈赤不动声色，细细地观察着每个人的神情。见大家均是摩拳擦掌，义愤填膺，甚至连一向稳重的何和理和扈尔汉也情绪激动，按捺不住了。努尔哈赤轻轻咳了一声，大伙儿立时安静了下来，扈尔汉麻利地为努尔哈赤装上烟叶点着了火递到了他的手上。可代善却吩咐侍卫端来了一壶热奶茶，他亲手倒了一碗双手递上：

“阿玛王，您近来不时地咳嗽，这烟还是少吸的好，不如您喝些热奶润润喉咙吧。”

“你们两人又是点烟又是端奶的，烦不烦哪。”

褚英不耐烦地嘟哝着，又补了一句：

“阿玛王的身子结实着呢。等到阿玛王老了不能动了，你们俩再这样才算真孝顺呢。”

“褚英，怎么你说话总是这么冲？”

努尔哈赤不满地瞪了长子一眼，先喝了几口热奶，然后又吸起了烟袋。他靠在椅子上，眯缝着眼睛，神情很是惬意。

褚英虽然受了责备，但他却并不在意，悄悄向代善、扈尔汉二人伸出舌头做了个鬼脸。作为长子，褚英自恃高人一等，说话做事总有些盛气凌人。代善生性文弱自然不与他理论，扈尔汉是养子更没资格与他争辩了。其他的人也深知褚英的秉性，多一事不如少一事，都尽量让着褚英。这么一来，褚英更加自大自傲，目中无人了，他自然要为自己的所做所为付出代价，生命的代价，这是后话。

咦，怎么都督这时候闭目养神起来？大家伙儿心里可都急得跟猫抓似的呢。

额亦都坐不住了，张开了大嘴就要嚷嚷，冷不防旁边的安费扬古伸出大手捂住了他的嘴巴。天，这是什么怪味儿？又酸又臭还腥乎乎的，额亦都身子挣扎了两下，屏住了呼吸，只拿一对眸子瞪着安费扬古，不一会儿脸便被憋得通红。

“诸位贝勒、爱卿，对叶赫悔婚之事，本王已想好了对策。”

努尔哈赤重又睁开了眼睛，静静地打量着眼前每一位爱将和子侄，语调显得格外的平静：

“本王以为，为叶赫悔婚而兴师问罪大动干戈是不值得的。叶赫肯定要被我建州征服，但目前还不是时候。说起东哥，附近的几个部族没少受她的牵挂。你们想一想，因为她，哈达、辉发还有现在的乌拉，有的已经灭亡，有的则名存实亡。你们难道还不明白吗？红颜祸水呀，叶赫动辄以东哥为条件来要挟我，可我却认为东哥将给建州带来灾难！天生这么个尤物自有它的目的，明摆着，东哥使兵连祸结。你们说说看，我为什么要去凑这个热闹，蹚这趟浑水呢？”

“我的妈呀，如此说来这格格也不是什么玩意儿了，她分明是个狐狸精嘛。”

额亦都咂着嘴巴，吃惊地瞪着眼睛。他的眼睛本来就不小，再这么一瞪，那模样就像是个傻子一般。

“可是，就这么放过叶赫也未免太便宜它了。”

这一次，安费扬古也忍不住插话了：

“都督，这可关系到您的声望呀，就这么一而再地任他们捉弄？不行，得好好教训教训他们。”

“对，是得给他们点儿颜色看看！”

“如今扈伦四部中只剩下这叶赫在与咱们作对，干脆出兵端了他的老巢！”

诸贝勒大臣们七嘴八舌又议论开了。

努尔哈赤摆摆手，苦笑着：

“其实，以本王的脾气早就出兵了。不错，事关我本人和建州的荣誉，我怎能不闻不问不生气呢？说起来，叶赫之所以胆敢与我建州作对，三番两次地戏弄于我，就因为他有明廷的支持！你们静下心来好好想想，以我建州目前的实力，灭区区叶赫倒也不在话下。可面对拥有数百万之众的明廷，我们能贸然出兵吗？小不忍则乱大谋，何师爷，汉人的书上有这话吧？”

众人不再争辩，只在心里玩味着都督的话。

何和理朝努尔哈赤伸出了拇指微微点着头：

“都督英明！所言句句在理呀。诸位，你们且听我掐指算来。”

何和理伸出了手指，与大伙儿那又粗又黑的手比起来，这双手白净柔嫩，看得出它们的主人护理保养有方。引人注目的是，他的两只手都带着戒指，左手的中指带的是一枚金戒指，又大又厚，右手的无名指上戴着一枚翡翠戒，晶莹碧透，这使得何和理的儒雅中又添了些庸俗。看来，在物欲的引诱面前，没有几个人能够真正超凡脱俗，清心寡欲。

“你们看，这东哥格格自幼便许配给了咱汗王，迄今已经二十年了，算起来她如今的年纪已过了三十岁。三十多岁了，人老珠黄了，凭什么让我们汗王去为她发动一场战争？这分明是叶赫玩的诡计嘛。”

“三十多岁？俺婆娘还不到三十岁便跟俺生了仨崽，这会子肚子又挺得溜圆了。呸，如此看来那妖精也没啥希罕的。”

众人忍俊不住，被额亦都的一番话逗得笑出了声。

努尔哈赤的脸色也缓和了许多，他趁热打铁表明了自己的意见：

“目前我建州当务之急便是要按兵不动，养精蓄锐。大明为了扼制我建州的发展，必然出兵支持叶赫来与我对抗，这是汉人对咱女真各部的一贯策略。一旦没有利用价值了，大明便会将叶赫弃之不顾，到时候我们再出兵便可无后顾之忧。说起来，无论是扈伦四部还是我建州女真，咱们语言相通，血脉相连，与那明朝实非同类。所以，当我们女真各部团结强大的那一天到来之时，便是违背天意、为所欲为的大明朝的末日！”

分清了敌我，辨明了主次，大家伙儿心里更有底儿了。难怪建州百姓私下里称都督努尔哈赤为“英明汗”，果然名不虚传！

努尔哈赤的决定是正确的，表面上看是有关对一个女子的争夺，实际上是要不要发兵进攻叶赫和明朝。叶赫的狂妄与阴险让努尔哈赤切齿痛恨，但他不能不顾及全局，慎之又慎。其实，诸贝勒大臣们一再要求兴兵发难，而且强调这是维护都督的利益和威信，但实际上他们是想趁机掠夺财物，扩大地盘。这也难怪，他们建州这些年来不就是靠着一个又一个的征战而日渐扩大强盛的吗？

精明过人的努尔哈赤清楚地看到，在他征服女真各部的道路上，横着大明国这么一个庞然大物。叶赫善于见风使舵，它已经投入了明朝的怀抱，所谓背靠大树好乘凉，所以建州若进攻叶赫也就是与明朝为敌，明朝决不会袖手旁观，而建州若要同明朝直接交锋，努尔哈赤就得三思而行了，尽管这是他的夙愿。

“我部这些年上贡频繁，从未间断。在神宗皇帝眼里，我部各贝勒贝子都是恭顺忠诚的明廷子民，我建州欲称雄于女真各部的情况他也许并不知晓，如此这般甚好。咱们这招叫作阳奉阴违，神不知鬼不觉，等咱们目的达到了，那明朝却也奈何不了咱们了，哈哈哈哈！”

这正是努尔哈赤的治国方略，他正沿着这条既定的道路一步一个脚印地往上攀登，正当努尔哈赤信心十足、精神百倍地为国事操劳奔走之时，正值英年的孟古福晋却日渐消瘦，病怏怏地躺在榻上起不来了！

说起来，这些年孟古福晋的日子过得也挺消停自在的，每日里与其他几位姐妹或是谈天说地或是下棋绣花或是骑马射猎，似乎从不把建州与叶赫的战事放在心上。这么一个性情温和爱说爱笑的人怎么就一病不起了呢？

生母生病令皇太极痛心疾首。他每日里请安问候，端汤送药陪伴在母亲床前，同时，那双乌黑的眼睛在不时观察着周围的情况，他要弄清楚母亲突然卧床不起的原因，这到底是为什么？

是了，孟古看似快乐，其实她的眼睛却常常流露出一种抹不去的忧伤，尤其是当她独自一人或与儿子皇太极单独相处的时候，她会呆坐不动，不言不语，眉头紧锁，心事重重。这一切，皇太极看在眼里，急在心上，他恨自己长得太慢，不能替母亲分忧解难。

有一次，皇太极还没走进房门，就听见额娘的一声叹息，这令他迟疑了片刻：一大早额娘怎么就长吁短叹的？莫非身子不爽？莫非夜里做了恶梦？

正要掀起门帘，皇太极听见额娘说话了，虽是自言自语，声音很低，但皇太极却听了个真切。

“唉，上天不许女真女人参政，却为何要让女人比男人更清醒？叶赫的亲人们哪，既然建州与叶赫已结成了联姻，为何你们之间又要大动干戈，置对方于死地而后快？

“我孟古一个弱女子能力有限，每日里只能祈求天神保佑你们。可我不明白，叶赫的亲人们哪，你们为何三番两次地要东哥出面来挽救这种局面？

你们将部族糊里糊涂地葬送，到头来却把东哥推进了火坑，这不公平啊！

“东哥，你也是个好强的女子，心比天高，命比纸薄，都三十多岁的人了，你还瞎折腾个什么劲儿呀？说到乌拉贝勒布占泰，他除了会花言巧语哄女人开心之外，又有哪一点能比得我夫君努尔哈赤？不错，布占泰年轻，相貌也好，可他是金玉其外败絮其中呀！

“这些年我算明白了，女人的归宿并不在夫君，而是在她的儿女身上。男人们是做大事业的人，他怎么可能围着你整日地花前月下，缠缠绵绵？况且他还不止一个女人，他又怎么能照顾得周全？还好，我有儿子皇太极，他是我的骄傲、我的希望。皇太极……”

皇太极静静地听着，终于他明白了，母亲为什么日渐憔悴，原来她为国事和亲人也为她自己担心哪，母亲整日摆脱不了这些念头，她活得可真累呀！

听到母亲的呼唤，皇太极不由自主地应了一声，随即掀开门帘走了进去。咦，母亲还没起床，房里静悄悄的，香炉里的香还在冒着烟气，袅袅地将香味儿均匀地飘到每一个角落，淡淡地，很优雅，若有若无。皇太极最喜欢母亲房里这种幽静、这种清香，他深呼吸了几口，然后又轻声喊道：

“额娘，孩儿给您请安来啦。”

然后他规规矩矩地跪在了额娘的床前，轻轻地叩头，等着母亲的问话。

怪了，半晌还是没有母亲的一丝生息，皇太极心里“咯噔”一下，忙起身扑到了床前，撩起纱帐之后，只见母亲双眼紧闭，双唇嚅动，却已经说不出话来了！

皇太极大叫一声，随即瘫坐在床下。侍女们闻声进来，个个面露诧异，匆匆进来又匆匆出去，终于请来了两名御医……

脑子一阵空白之后，皇太极清醒过来才发觉阿玛正坐在床前，手握着额娘的手，而额娘的脸色微红，嘴角泛起了淡淡的笑容！

“额娘！你听见孩儿的呼唤了吗？你回答孩儿呀！”

眼泪模糊了皇太极的双眼，他扑到床前使劲摇着母亲的胳膊。

“嘘……别吵醒了额娘，这会儿，她、她已经睡着了！”

努尔哈赤搂过皇太极，用下巴抵住儿子的头发，竭力不让儿子看见他眼中流出的泪水。御医虽然来了，只把了把脉，便毫无表情地摇了摇头，什么药方也没开便急急走了，因为他们无法面对都督努尔哈赤！

努尔哈赤也明白，孟古的病是心病，绝非一般郎中可医。可是，建州与叶赫的恩怨情仇又岂能是一个弱女子的生命可以化解得了的吗？

努尔哈赤热泪滚滚，他在心里呼唤着：孟古，你怎么就这么想不开呢？你怎么就那么傻呢？战火的蔓延，已经将建州与叶赫变成了不共戴天的仇敌，两虎相争必有一死，这是自然界的规律！这些年来，叶赫三番两次设计陷害或围攻建州，我努尔哈赤早就忍无可忍了！十年前，孟古，就是你的哥哥纳林布禄纠集了九部联军大举进犯，妄图将建州置于死地。之后，纳林布禄又阳奉阴违，不断背叛誓言，挖空心思使出了一个又一个毒辣的阴谋，今天阻碍建州征服辉发和乌拉，明天又悔婚将东哥他嫁。孟古啊，难道你还不明白吗？如今，往后，在走向统一的道路上，叶赫都是我建州不得不搬掉的拦路石！是的，你夹在中间，左右为难，害得你付出了青春和生命的代价，这是多么残酷的事呀！

"阿玛，你看，额娘她的眼睛在眨动！"

皇太极突然叫了一声，打断了努尔哈赤的思绪，他连忙抹去脸上的泪水，紧紧握住了孟古那纤细冰冷的手。一连声地问道：

"孟古，我的爱妻，快睁开眼睛看一看，咱们的宝贝儿子皇太极也在你身边。你的亲人们都在关心牵挂着你，你快睁开眼睛呀！"

"额娘，额娘！你难道不想看孩儿一眼了吗？你难道不想再给孩儿说故事了吗？"

父子俩一声声深情的呼唤，终于让孟古睁开了眼睛，尽管只是那么一刹那，那颤动着的睫毛一会儿又遮住了眼睛，但这已经足够让父子俩欣慰的了。

"孟古，你有话要跟我们父子说吗？你快些醒来吧，我会坐在这里一直陪着你。这些年我戎马倥偬，来去无定，我知道你心里寂寞、苦楚，我心里愧疚哇，是我努尔哈赤把你害成这样的呀！你是我爱新觉罗家的有功之人，你为我生了这个心肝宝贝儿子，你一心一意陪伴侍奉了我十五年，虔恭中馈，如鼓琴瑟，你从不接近小人，也从不干预朝政，你是我最心爱的妻子呀……"

努尔哈赤絮絮叨叨、抽抽咽咽，如同一个犯了过错的孩子，在母亲面前虔诚地检讨着自己的过错。

孟古没有再睁开眼睛，但她的脸上始终挂着一丝笑容。她双唇嚅动着，却什么也说不出来。努尔哈赤心疼地将孟古的手放到了自己的胸前，让她感觉自己的心跳，而她的脉搏却时而微弱，时而间歇，时而虚亢，时而纤颤。

死神，在向她招手，努尔哈赤已经无力回天，他的心也仿佛跟着她的心跳在滴着血。

天神，你为什么要这样折磨我和我的爱妻？死神在一寸一寸地吞噬着她的肌肤，在一步一步地拉她远去！瞧瞧，还不到三十岁的爱妻，此时却已是面无血色，脸颊凹陷，昏迷不醒……

“都督，何将军求见！”

努尔哈赤沉吟片刻，何和理定有急事禀告，否则他不会在这个时候贸然打扰自己的，于是，努尔哈赤叹着气走到了外屋。

“都督见谅，孟古福晋这病起病急，没想到一下子就病危了！”

“唔，你有何事要禀告？除非十万火急，否则本王一概不听！”

何和理怔了一下。都督一向对自己敬重有加，可从没当面说过这样的话呀，莫非孟古福晋她……想到这里，何和理急忙回答：

“是这样。三日前，孟古福晋突发高烧，噩梦连连，受了惊吓，郎中不敢擅自用药，只说福晋病因不明，起病又太突然。当时福晋梦中不断喊她额娘的名字，郎中便请求我派人去叶赫通告，说这也许是减轻福晋病痛的最好办法，就是将她的母亲接来费阿拉看看她。”

“这事本王怎么不知？没有本王的命令谁人敢擅自与叶赫来往？嗯？”

何和理苦笑着，双手一摊：

“都督您忘了，当时您出征在外，并不在费阿拉，所以小的就擅自做了主……”

努尔哈赤盯着何和理，脑子里迅速在回想着这些天发生的事，唉，整天忙得脚不沾地，这倒是何苦来呢！

“那，孟古她母亲，我那岳母大人，她来了没有？若是再迟些时候，孟古恐怕就……”

努尔哈赤只觉喉咙哽咽，一时竟说不下去了。

“哼！那叶赫真岂有此理！纳林布禄和金台石不准他们的母亲来探望孟古福晋，只随便打发了个管家来。”

“什么？”努尔哈赤不禁双目圆瞪，大声吼着：

“那叶赫算个什么玩意儿？俺倒把他当作亲戚！天下难道有这样的亲舅家吗？视我为仇敌，先抢了我的寨子，又串通九部联军合攻建州，我真后悔为什么不一举攻了他老巢，割下纳林布禄那厮的狗头！哼，战败了便如熊包一般，跪地求饶，还杀马祭天、歃血盟誓蒙骗于我，口口声声要与我联姻送好，将那东哥送于我完婚。现在怎么样？明目张胆地将我已下了聘礼的东哥远嫁了蒙古，是可忍孰不可忍！眼下我爱妻病入膏肓，临终想见生母一面，他们又百般阻挠，他们还有没有人性？好哇，既是那叶赫存心与我建州结怨，那也休怪俺翻脸无情！孟古不死便罢，如果她有个好歹，俺即刻大举征伐叶赫，杀他个鸡犬不留！来人哪，先将叶赫的那个阿哈给我砍了！”

“都督饶命！奴才该死，奴才该死！”

房门突然被推开，一个老阿哈连滚带爬地滚到了努尔哈赤的脚下，一面跪地求饶，一面哆哆嗦嗦从怀中掏出了一卷东西。

“狗奴才，你想行刺都督吗？是不是你主子指使的？”

扈尔汉眼疾脚快，一脚将叶赫老管家南太踢翻在地，他手中的东西撒落了一地。

“嗯？这锦缎上的字画是何人所写？”

努尔哈赤盯着地上那一方素白的锦缎手帕，上面写满了蝇头小字，字迹娟秀，十分工整，还有一幅淡淡的水墨画。

“都督，这是俺家格格托小人带给您的，好歹请您看一看吧。”

南太跌坐在地上，棉帽子被摔到了一边，露出了一头乱蓬蓬的白发，辫子稀落落的，一如他的模样，精瘦、干瘪。

努尔哈赤突然意识到了什么，心里一动：

“你是说东哥？她，她数日前不是已经嫁到蒙古去了吗？起来说话吧。”

南太连忙爬了起来，他人虽上了年纪，但身子骨倒很硬朗，腿脚也还灵便，要不然挨了扈尔汉的那一脚还能这么麻利？

“俺格格临行前一人关在房里哭了整宿，天快亮时俺去给格格送水梳洗，趁没人注意，格格就将这卷东西塞到了奴才的靴子里，叮嘱奴才有机会带到建州交给都督过目。可巧没过几天，都督就派人去了叶赫……”

“哼，俺主子派人去叶赫请的并不是你，你这个老奴才，有话快说，没话就下去！”

扈尔汉在一旁不耐烦地打断了南太的话。

何和理弯腰捡起了锦缎，轻轻掸去了上面的灰，双手递给了努尔哈赤，示意其他人退下。

“都……督，奴才斗胆，想……”

南太退了两步，忽然停住了，眼巴巴地看着努尔哈赤，一副欲言又止的样子。

“不是对你说了吗？有话快说，少啰嗦！”

扈尔汉一声催促让南太下了决心，他的两眼突然泛出了浑浊的老泪，哆哆嗦嗦地请求道：

“都督，孟古格格她……奴才是看着她长大的，她从不对奴才发脾气，奴才斗胆，奴才冒昧地请求都督，能不能……让奴才去看看俺主子一眼？”

努尔哈赤心里一热，鼻子一酸，也几乎要流下泪来。他沉默了片刻，低声说道：

“不必了。本王知道你跟纳林布禄他们不一样。孟古她……她只想在临终前见她母亲一面，可我，竟连这个愿望也无法满足她……我，我愧对于她呀！”

何和理们退了下去，努尔哈赤回过神来，急切地将锦缎摊平，凝视着上面的字画，只觉万分感慨。

不可否认，东哥既是个美女又是个才女，她的这两幅书画便足以证明。不论她在锦缎上对努尔哈赤说了什么，努尔哈赤都觉得惆怅、惋惜。惆怅的是东哥已嫁为他人妇，“叶赫老女”终于有了归宿；惋惜的，东哥与自己这二十年的恩恩怨怨终于有了个了结，他们俩是没这个缘份哪！努尔哈赤不由得想起了前些日子自己曾诅咒东哥的话。

那是在与贝勒部将们闲谈中，为了平息众人对叶赫悔婚的怒气，努尔哈赤故作轻松，随口说道：

“此女是灾星，因为她，扈伦四部已经接二连三灭亡了三部，仅存的叶赫也将因她而灭亡。现在尽管她已远嫁到蒙古，但她身上的邪气仍未消散，不是毁了蒙古，就是毁了她自己。红颜祸水，你们等着瞧吧，也许过不了多久她便会自生自灭。”

虽是一句玩笑话，但一年后却成了东哥的谶语，不知到时候努尔哈赤会否为自己说过的话而追悔莫及？不过，他那时已经又娶了新福晋阿巴亥，也许早把苦命的叶赫两女子抛到了脑后。

“唉！红颜薄命，东哥，但愿你今后的生活会比你姊妹孟古幸福，这样我也就心安了。”

努尔哈赤不用看锦缎的内容便已在心里原谅了东哥。看来，人是感情的动物，哪怕他是个威震四方的君主也不例外，这恐怕也是人与动物最根本的区别。人，正因为有了感情，有爱有恨，生活才变得多姿多采，让人恋恋不舍……

“……小女子东哥，时值今日已三十有三，人称‘东哥老女’了。往事不堪回首，当小女子正值年少时，部族遭难，先是父祖俱亡，后有兄弟叔侄不和，再后有哈达、乌拉的虎视眈眈……天生我才必有用，小女子能以此贱躯换得叶赫片刻的平安也就心满意足了……吾与都督，今生无缘，但愿来世再见再续姻缘，三番两次悔婚，小女子实出无奈，身不由己，被兄弟们当成了一件赌品，押来换去，不觉间红颜已退，徐娘半老，小女子心生悲凉，决意嫁作他人妇，将这二十年来的恩恩怨怨抛却脑后……

“孟古福大命大，望都督善待。看在孟古的份儿上，东哥冒昧请求都督对叶赫手下留情……我叶赫自古乃海西强族，如今历经磨难，处于风雨飘摇之中。但人间事实难预料，三十年河东，三十年河西，都督素有统一女真之夙愿，到时候还望都督能留我叶赫一丝血脉，勿要斩尽杀绝……因为叶赫无论男女老少都是有骨气的，即使您征服了叶赫部但征服不了叶赫人的心，小女子只想给都督一个忠告。有得罪处还望谅解……”

努尔哈赤一口气读完了东哥的信，不禁一阵长吁短叹！这东哥虽为女流之辈，却比她的兄长更忠于邦国部族，大智大勇，侠骨柔情，她真是一个非凡的女子！此女若是生在我爱新觉罗家，该多么荣耀，多么春风得意！唉，偏偏一个绝代佳人儿，却是红颜薄命，凄凄惨惨，令人好生可怜！好生心疼！

“东哥，本王不怪你，在本王眼中，你与你姊妹孟古一样，都是女中的豪杰，令人敬佩！如今你为家事国事孤独地远嫁蒙古，孟古却为家事国事一病不起。孟古，这半天，她，她怎么样了？”

努尔哈赤突然如梦初醒，扭头进了内室。只见儿子皇太极静静地伏在母亲的床前，嘴里正咕哝着什么。原来，他是给额娘讲故事听呢，以前他入睡的时候额娘不也常常这样做吗？

“……天女佛库伦食了红果子之后，不久便生下一个虎头虎脑的哈哈济，这小哈哈济呀一落地就会说话，整天叽叽喳喳像只花喜鹊。他额娘一想，该给他起个名儿了，于是便说，孩子，你是在这布库里山出生的，额娘生你的时候全身罩着金光，你就姓金吧，以这山为名，地久天长。于是，这个小哈哈济便姓爱新觉罗（金）啦……”

见阿玛进来，皇太极将手指放在唇边轻声“嘘”了一声：

“阿玛，这会儿额娘一动不动睡得可香呢。”

努尔哈赤闻听不由得神情大变！他急忙俯身凝视着爱妻，并伸手去试探着她的鼻息，呀，她已经鼻息全无，停止呼吸了！

努尔哈赤面白如纸，他摇动着孟古的胳膊，泣不成声：

“孟古哇，你就这样走了吗？你我相知相伴十五年，你使我得到了人世间最真挚的爱，你给了我爱如心肝的儿子皇太极，你为我做了那么多，可我却满足不了你临终前的一个小小愿望……呜呜……”

“阿玛，额娘她没死！呜……阿玛，额娘她临终还有什么愿望？让孩儿去完成！”

皇太极明白过来，爆发出了一阵惊天动地的哭声，即便如此，他还没忘了问母亲生前的愿望！

“孩子，你额娘她……想见她的额娘一面，可……叶赫主子，也就是你的几个舅舅们不同意！”

皇太极握紧了拳头，悲愤地砸向冰凉的墙壁：

“他们为什么不同意？他们不都是一个额娘生的吗？我恨死了叶赫的舅舅！”

努尔哈赤五内俱焚。

孟古永远地去了，她的脸色归于平静，甚至现出了一丝满足而哀婉的微笑，然而，她的眼角却挂着泪珠，带走了永远的遗憾。

身为龙虎将军的努尔哈赤为爱妻孟古的早逝伤心不已，在费阿拉山城，他为孟古举行了空前的丧礼，他宣泄似的下令服侍孟古的四个婢女殉葬，并宰杀了一百匹马和一百头牛致祭，又将孟古的灵柩停在院子里，一停就是三年……

这一次，努尔哈赤的确是悲痛欲绝。作为一个旷世英雄，他踌躇满志，对亲手打下的一片江山爱不释手；但作为一个热血汉子，他有着比常人还要热烈的七情六欲，对陪伴了自己十五年的叶赫女孟古，他的心中充满了愧疚，而对没有缘份的叶赫女东哥，他更多的是敬佩和惋惜。他从这两个美貌而命薄的叶赫女身上看到了叶赫族的不屈不挠和大智大勇，这让他感到心惊肉跳，不知在他日后统一的道路上还会遇到什么样的强有力的对手？

在为爱妻孟古的早逝扼腕叹息的同时，努尔哈赤下定了一个一直犹疑未定的决心：一举除掉叶赫，绝不留情！

孟古和东哥，两个弱不禁风的女子，却勇于用自己的生命和青春去换取部族的一夕安宁，她们的付出令努尔哈赤为之敬佩！努尔哈赤不愿“玩火”，不愿为女色所惑，然而他却深知女人的魅力、婚姻的价值。当他一手执婚约、一手持刀箭的时候，往往精力最充沛，每战必胜，事半功倍，在这种情况下，婚姻便成了政治交易。努尔哈赤“身体力行”，在频繁地与各部联姻的同时，他又将自己的胞妹、女儿、孙女等分别嫁给了与建州友善的部族和忠心耿耿的爱将。努尔哈赤懂得利用婚姻来巩固自己，当然也会借婚约的破裂去攻伐别人，他“师”出有因，别人倒也无法指责，就是明廷也是无话可说！

是的，女真各部世世代代相互联姻亲上加亲，有剪不断的恩怨情仇，而如今为了本部族的生亡，它们却变成了不共戴天的仇敌！

面对孟古的灵柩，努尔哈赤替儿子皇太极擦干了眼泪，郑重地告诫儿子：

“皇太极，你已经十二岁了，已经是个小男子汉了。要记住，男儿有泪不轻弹！在白山黑水这片广袤的大地上，一切亲缘情义都必须让位于统一大业；只有征服，只有讨伐，只有马不停蹄地杀戮，斩断亲情，才能重建女真统一的大家庭！孩子，你要有一副铁石心肠！”

“铁石心肠！铁石心肠！”皇太极的脑海里不时地回想着阿玛的教诲，这四个字几乎成了他克服一切困难的指南针和座右铭。

尽管对父亲的话他还不全明白，但透过脸上伤心悲戚的泪水，皇太极似乎在一夜之间便长大了。

母亲惊心动魄的临终遗恨，父亲一反常态的义愤之举……十二岁的皇太极从此结束了童年甜蜜幸福的生活，他幼小的心灵第一次受到了强烈的震撼，远远超过了丧母的悲哀。他学会了克制，学会了观察，学会了思考。

“叶赫出了一个东哥，为什么还要加上一个孟古，难道叶赫的女子都是为了部族而生的吗？”当听到父亲发出了这样的感叹之后，皇太极似乎第一次明白了父亲统一女真大业的艰难。

在马背上长大的皇太极很快便跨上了自己的坐骑，投入了这场伟大的事业之中，成了父亲倚重的左膀右臂：当皇太极弯弓跃马，在女真铁骑中脱颖而出的时候，父汗努尔哈赤统一女真的大业已接近了尾声，各部闻风而降，相继臣服，只剩下了最顽固、最难啃的乌拉与叶赫。

翌年正月，努尔哈赤为慰亡妻孟古之灵率军攻打叶赫，克璋城阿奇兰两城，下七寨，俘获两千余人，牲畜珠宝不计其数……

万历四十年（1612年），乌拉首领布占泰背信弃义，皇太极随父征讨乌拉。大军疾行八天，沿乌拉河（今松花江）如入无人之境，连下乌拉六城，三天后又下乌拉六座城寨，然后大军毁城焚粮，凯旋而归……

在血与火的洗礼中，少年皇太极不仅练就了一身强壮的体魄，而且学会了诸多军事技巧，他以极大的热忱、非凡的才能和勇气投入了父王开创的事业之中，重复着历史上一切民族英雄走过的路……

第十二章

承天命都督登汗位
忧后裔福晋荐良缘

皇太极执着玉琪的手，认真地说："玉琪，有你在我身边，我才觉得安心。别看这贝勒府里三妻四妾的，可大福晋的位子只有你最合适，谁让你这么贤惠的呢！就连你那两颗白麻子我都觉得格外的俏呢，哈哈！"

赫图阿拉是汗王努尔哈赤的新都城。早在万历三十一年（1603年）这里便已经修起了城池，当时努尔哈赤已统一了建州女真，又创制了满文，设立了八旗制度。1616年，努尔哈赤在赫图阿拉称汗，建立了后金政权，以此为中心，统治着南自鸭绿江、北达黑龙江、东濒大海、西到辽东明朝边墙的广大地区。

五十八岁的努尔哈赤举行了隆重盛大的登极典礼，在礼乐声中，他登上了汗位，雄据于白山黑水一方，建元天命。此事在《清太祖高皇帝实录》中有详细记载：

"天命元年，丙辰，春正月，王申朔，四大贝勒代善、阿敏、莽古尔泰、皇太极及八旗贝勒大臣，率群臣集殿前，分八旗序立。上开殿，登御座。众贝勒大臣率群臣跪，八大臣出班，跪进表章，近侍卫阿敦、巴克什额尔德尼接表。额尔德尼跪上前，宣读表文，尊上为覆育列国英明皇帝。于是，上乃降御座，焚香告天，率贝勒诸臣，行三跪九叩首礼。上复升御座，众贝勒大臣，各率本旗，行庆贺礼。建元天命，以是年为天命元年。"

赫图阿拉位于苏克素浒河上游南岸，山青水秀，景色宜人。城分内外两城，外城有八个城门，城楼高耸，红黄蓝白各色旗帜在城头并排竖立，在蓝天白云下甚是光彩夺目。内城有四门，有汗王努尔哈赤的金銮殿和后宫，还有亲族及爱将大臣们的住所。

努尔哈赤身为汗王却不可能事事操心，于是又专门设立了五位议政大臣来辅政，他们分别是额亦都、费英东、何和理、安费扬古和扈尔汉，皆是德高望重、众望所归之人。

这一日风和日丽，晴空万里，老汗王努尔哈赤兴致勃勃地带着子孙们到野外射猎。八旗官兵金盔银甲，红黄蓝绿彩旗招展；巴牙喇兵们身穿耀眼的黄马褂，手持刀枪剑戟各种兵器；文官武将们盛装出游，补服花翎显示着尊贵和威严。马队中还有些穿着明黄色锦袍的少年，他们是努尔哈赤年幼的儿孙和重孙们，他们最兴奋，一路上叽叽喳喳，笑语欢声连成一片。

“文事已毕，也该捡起马弓了！眼下正是秋高马肥之时，咱们不分长幼尊卑，都到射猎场上去一试高下！”

努尔哈赤坐一顶黄幔软金檐的暖轿，着一身绣金龙袍，尊贵无比，神彩奕奕，只是他的鬓发已经全白了，岁月不饶人哪。

“是该舒展舒展筋骨了。这些日子没拿兵器，孩儿手都痒痒啦。”

皇太极头戴貂帽，身着绣花锦缎战袍，披一领明黄色丝绒披风，骑一匹雪马，寸步不离父王暖轿的左右。

“咱爱新觉罗家族如今人丁兴旺，今儿个让这群孩子们玩个痛快。嘿，瞧瞧咱爱新觉罗的天威多么了得！彩旗猎猎，盔甲耀眼，兵器夺目，人欢马叫，生气勃勃！想当初本王起兵的时候，手里可只有父祖剩下的十三副铠甲呀，当初……”

“父王，那些陈谷子烂芝麻您已经说过多少回啦。”

褚英在一旁打断了努尔哈赤的话。他身材魁梧，面色黢黑，又骑着一匹油光发亮的大黑马，看上去似一座黑塔。

努尔哈赤正在兴头上，冷不防被长子褚英当众给打断了，当下便拉下了脸不吭声了。人老了，总爱提到当初的事，也总希望儿孙们不要忘记他的艰苦创业，他打下的这片江山实属不易呀。

皇太极知道父王又在生褚英的气，心中不由得窃喜。提起这个兄长，他自幼习武，练就了一身好本领，而且是父王统一女真的得力助手，可他生性暴躁任性，动辄以长子自居，心胸狭窄，飞扬拔扈，在众贝勒和诸大臣中没多少人缘。皇太极有一种预感，再这样下去，褚英的嗣子地位将会动摇甚至失去。很显然，父王用尽了毕生的心血开创的这片基业，能轻易地交到他不放心的人之手吗?

其实，从马背到汗位，四贝勒皇太极走过的路，同历史上无数宫廷夺位之路竟有着惊人的相似之处，……他不声不响地、一步一步地拾级而上。不管皇太极承认与否，他一直是在努力这么做的。起初，皇太极并没有登顶的“野心”，因为父王努尔哈赤前有十几个儿子，而他只不过是第八子。资历浅、战功少，比起褚英、代善、阿敏、莽古尔泰他们真是相去甚远哪！就说兄长褚英吧，长皇太极十二岁，他自幼便生活在刀光剑影中，练就了一身超人的胆识和勇武，因此第一次挂帅出征便大获全胜，被努尔哈赤赐号洪吐伦世，封为贝勒。之后，再获“阿尔哈图土门”荣誉称号（广略之意），人们皆称他为“广略贝勒”。在十年之内，褚英两获封号，这是绝无仅有的殊宠，无人能比，所以努尔哈赤选他为嗣子，也就没有人表示反对。

皇太极对长兄褚英既羡慕又妒嫉，好在自己也日渐赢得了父王的欢心与信赖，成了四大贝勒之一，虽然排在代善、阿敏和莽古尔泰之后，但皇太极总算得到了安慰，这给了他一个很好的启示：皇天不负有心人，继续努力吧，不屈不挠，锲而不舍，最后的胜利将一定属于你！

暖轿内的努尔哈赤也在想着心事，他对长子褚英的无礼是又气、又恨、又无奈！

高处不胜寒！努尔哈赤忽然有一种力不从心的感觉，家大业大，他一个人可怎么照顾得过来呢。五十多岁的努尔哈赤自觉得精力已大不如从前了，几十年前他戎马倥偬，何尝有过几天安稳舒适的生活呀！他的脖子上、前胸、右胳膊还有左腿留下了一道道疤痕，几十年来他出生入死，冒着枪林弹雨，东征西讨，马不停蹄，终于创下了辉煌的战果。这些成果来之不易呀，出于奠立万年基业的考虑，努尔哈赤早就在心里物色着合适的继承人。

思前想后，他选择了长子褚英。

褚英被立为嗣子，无论从嫡长旧规说，还是从战功业绩看，都是无可非议的。

万历四十年（公元1612年），努尔哈赤将长子褚英和“五大臣”以及“四大贝勒”召集到身边，促膝谈心，做出了决定：

“本王今年已五十有四，不服老也不行啦，瞧瞧，我这胡子和辫子都已经花白，我的精力也感到不如从前。所以我亟需有人来辅助，你们意下如何？”

“汗王，您应该这样打算呀。中原历朝历代，新王登基时就册封太子，以确保基业代代相传，这样可以保证国泰民安哪。”

五大臣中的何和理首先表态，作为臣子他得以忠孝为上，至于汗王选谁做继承人，那是汗王家庭的事，何和理是无权过问的，这一点他看得很清楚。追随汗王大半辈子了，何和理早学会了明哲保身，现在他就只等着功成名就之后安享晚年，过几天轻松舒心的日子了。

“阿玛，孩儿以为这立嗣事关千秋大业，应选最优秀的人，他应该胸襟开阔，文武兼备，德才兼备……”

“嗐，五弟，以你之见，咱们兄弟中谁最符合你方才列举的这些个条件呢？”

褚英不以为然，打断了三贝勒莽古尔泰的话。

努尔哈赤不动声色，敏锐的目光一一从几个儿子的脸上扫过。褚英不够稳重，代善则沉默寡言，莽古尔泰太过鲁莽，而皇太极虽然显得少年老成，但毕竟他还不到二十岁，太嫩了点儿。难道说，十几个儿子中竟没有一个符合努尔哈赤心意的？

不是，努尔哈赤心里已经有了决定，他在观察眼前这些个最亲近人的反应。自古以来，勇士慕英雄，英雄更爱勇士，努尔哈赤有了这五大臣的辅佐，顿时如虎添翼，天下无敌。这五虎臣对努尔哈赤虽没有桃园结义的豪言壮语，但却以他们忠贞不渝的一腔热情和行动，为努尔哈赤打江山立下了汗马功劳。努尔哈赤为有这五位忠心耿耿、患难与共的好兄弟而自豪！说到“四大贝勒”，自然他们都是努尔哈赤子侄中的佼佼者，其实，努尔哈赤已成年的子侄还有儿子阿拜、汤古代、塔拜、阿巴泰、巴布泰、德格类、巴布海以及侄子阿敏、济尔哈朗等，他们均辖有很多的牛录，是当之无愧的贵族、王族。不过，四大贝勒却独占鳌头。四大贝勒又称四和硕贝勒，和硕是东南、东北、西南、西北四方或四角之意。顾名思义，汗王一人居中，四和硕贝勒分掌天下四方，权势之大可想而知。尽管以后又出现了八和硕贝勒或称八固山贝勒、八执政贝勒，但仍以最初的四大贝勒最为显赫。自然，汗位继承人应从四大贝勒以及长子褚英中选出。为什么褚英被排除在“四大和硕贝勒”之外呢？明眼人一下子就会看出，汗王努尔哈赤这样安排是有一定目的的，褚英还要挑更大的担子呢。

这一切，第四大贝勒皇太极看得很清楚，他不傻也不笨。没办法，褚英哥哥比自己早出生了十几年，占尽了“天时地利”，皇太极此时的心情真有些“生不逢时”的感觉。尽管父王还没明确表态，但事情已经很显然了，嗣子非褚英莫属，而褚英已早就把自己当作汗位继承人自居了，瞧瞧他那张得意忘形的脸！

皇太极心里有一种酸楚的感觉，不知怎地，他想起了英年早逝的额娘，但父王的话打断了他的思绪，他不得不正视现实。

“你们十个人，都是本王的左膀右臂，本王为得到你们的拥戴和支持而自豪。那么从今以后，本王希望你们仍像过去支持我那样来不遗余力地支持他……”

努尔哈赤忽然停了下来，满含笑意地看着褚英。皇太极心一沉：完了，阿玛果然选的是他！

“本王经过慎重考虑，决定立龙子褚英为嗣子，专主汗国，执掌大政！”

未等汗王的话音落，五大臣和四贝勒们异口同声：

“请大汗放心，我等蒙汗王重爱，将一如既往全力支持褚英为嗣子！”

褚英面带笑容抱拳向大家致谢，正待开口，努尔哈赤又发话了：

“天生其才总不能使之尽善尽美。在立嗣的问题上，本王已经考虑了很久。以本王看来，我这些已经成年的儿子们个个都是出类拔萃的，但偏偏继承汗位的只能有一个人，所以本王若舍嫡立庶，或舍长立幼，必致其乱。因此，本王还是采纳了汉家的规矩，采用嫡长继承，这样事情就好办得多了。唉，再过两年，待褚英登了汗位，本王也该好好歇歇了。额亦都、安费扬古，到时候咱们老哥几个再到山林里去挖人参、住窝棚？”

“行，只要跟着汗王您，怎么着都行！”

额亦都回答得很爽快，五虎功臣们会意地笑了，可四大贝勒们的心里却压上了沉重的石头。

不只是皇太极，代善、莽古尔泰他们都有些失落。与褚英相比，他们的能力、战功均不相上下，而且拥兵占地都有自己的根基，所不同的，褚英是努尔哈赤的嫡亲长子，仅此而已！

可以说，褚英被立为嗣子，等于断绝了其他诸子的争位之路，无形间使褚英更加孤立，成了众矢之的。

“汉家的嫡长继承也未必行得通！远的不说，就说大明吧！洪武帝传位太孙建文帝，却被燕王朱棣叔夺侄位，传到现在，还不是一场父子相残、叔侄争斗！哼，这世道哪有什么公理，哪里有什么一成不变的规矩？事在人为，铁石心肠，强权即公理，鹿死谁手还得走着瞧！”

皇太极愤愤不平地在心里呐喊着，虽然他的神色极为平静，还说着言不由衷的话：

“恭喜褚英哥哥，小弟愿助哥哥一臂之力！”

“好哇，老八，就看你日后怎么做了！”

褚英的口气却甚为冷淡，令皇太极有些尴尬，要知道这句奉承的话他皇太极是轻易不愿意开口的，偏偏褚英还不领情，这不是自讨没趣吗？

这一切努尔哈赤全看在眼里，他的眉头不禁又拧成了“八”字。待众人退出之后，努尔哈赤仍眉头紧锁，在屋里踱来踱去。

褚英心胸狭窄却又野心勃勃，这一点努尔哈赤心里是明白的，但褚英又是一员连战连捷、功勋卓著的骁勇战将，这一点努尔哈赤也是亲眼所见。褚英身上有优点也有缺点，所以努尔哈赤想及早立他为嗣子，以便帮助他克服那些缺点，能早日担当重任。尽管心情十分矛盾，但努尔哈赤最终还是选择了褚英，他不愿放弃试一试的机会，也许日后他褚英能青出于蓝而胜于蓝？努尔哈赤有信心为褚英树立威望，铺平道路。

可是，褚英却是江山易改，本性难移！他怎么就不能收敛一些呢？

“汗王，到地方了，奴才扶您下轿子。”

小太监孙喜贵一声轻柔的呼唤，打断了努尔哈赤的思绪，他抬头一看，嗬，文武百官们已经下了马，侍卫们也已搭好一座高台，支起了大红帐篷，一切已经就绪了。

“下轿，下轿，孩子们恐怕都等不及了。”

努尔哈赤的心里又变得轻松起来，坐在挡风遮阳的帐篷里看着儿孙们校射，这也是人生一大乐趣呀。

“父王，您瞅瞅额大人还有扈将军他们，全是盛装出行，补服花翎的，玩枪弄箭的可怎么方便呀。”

皇太极笑吟吟地指着额亦都等一干大臣们给父王看，努尔哈赤也不由得乐了：

“是哟，一路上我就觉得有些不对劲儿，原来是他们，嗐，该不是老糊涂了吧。”

“孩儿猜想，他们呀是舍不得脱下身上的官袍！您刚登了基，他们全是元老功臣，这花翎顶戴这么一穿多神气多威风呀。嘻！”

“老糊涂了，全都老糊涂了。罢了，今儿个就不让他们参加校射了，省得受罪。今儿咱们索性看看小家伙们的功夫如何。”

“嗻……”

于是执事官当场宣布，校射的皇族子孙，年过十岁的每人射五箭，不满十岁的每人射三箭。箭靶放在三十米以外，射手按年龄大小顺序依次入场校射。

其实，女真人男女老幼都擅长射猎，这原本是女真人求生的手段。儿童初生时，悬挂弓箭于门前，象征着他将来能成为一个出色的射手。六、七岁的男孩子，就开始用“斐兰”（即柳榆为弓）习射，女子也是以骑射为常事，执鞭驰马不亚于男子。

按说在这样的背景下，孩子们的校射应该是很精彩的。这不，瞧他们拖着小辫子，举着弯弓，有的挺胸凹肚，有的眯眼猫腰，一招一式还都有些章法。可惜，竟没有一人全发全中的，当然也没有一个一发不中的。孩子们的父兄大多在场，他们此时脸上的表情都有些扫兴。嗐，他们怎么就这么不争气呢？

射手中年龄最小的有两位，他们是叔侄俩，年纪相仿。六岁多的豪格是皇太极的长子，虚称八岁，剩下的一位则是汗王努尔哈赤的第十四子多尔衮，他还不到六岁。

“汗王，十四弟多尔衮和犬子豪格年纪太小，就免射吧。”

皇太极已经发觉父王脸上的不悦，担心两个小家伙若是当众出丑，一来惹父王生气，二来自己脸上也无光。

“哼，没想到他们几十人，居然没一个全中的，祖宗的脸都给他们丢光了。”

褚英在一旁嘟哝着。

一听这话努尔哈赤更恼怒了，他调头朝执事官喊道：

“让他们校射！既然来了，谁也不免！”

豪格先上场了，小家伙浓眉大眼大手大脚，他大大咧咧地张弓搭箭，瞄也不瞄就放了出去。

豪格的第一箭脱靶了。皇太极只觉得脸上火辣辣烧得难受，他心里骂着：臭小子，非得逞能，把你老子的脸给丢光了。

豪格依旧我行我素。看似不经意的搭弓射箭，没想到第二箭、第三箭竟中了靶心！

皇太极松了口气，回头瞟着父王，见父王的神色有所缓和，不觉放下心来。

十四阿哥呢？该他上场了，怎么没了影子？

执事官等了片刻，开始扯着嗓子喊：

“十四阿哥……十四阿哥！”

“哎……我就来！”

多尔衮奶声奶气地拖着长音，从人群中钻了出来，一溜烟跑到场上，想了想又后退了几步。

“十四阿哥，您不妨往前走几步，您跟他们不同，您恐怕没那么大的劲儿……”

“不，我要跟他们一样比试！”

“好样的，有种！”

努尔哈赤不禁睁大了眼睛。阿济格、多尔衮，这是他爱如心肝的小宝贝呀，小哥儿俩长得英俊、帅气，皮肤白皙，像他们的母亲阿巴亥。嘿嘿，这个爱妃也是好样的，眼下又怀上了！

一想到爱妃阿巴亥，努尔哈赤的心头涌上了一股暖意。人常说老夫少妻生出的儿子绝顶的聪明，果然没错！瞧瞧这个小家伙吧，他那么自信、那么沉着，嗯，将来一定是个可造之才！

多尔衮在偌大的靶场中间就像是一棵刚钻出土的春芽子，嫩黄嫩黄的，十分醒目。小家伙也许根本不知道有多少双眼睛在盯着他，他头也不抬，只管自顾自地张弓搭箭，摆开了架式。

“中！”

随着他一声呼喊，箭矢“吱”地飞向靶心，不偏不倚正中红心！

“好箭法！”

场外有人高声叫好。

“嘘……”

努尔哈赤却紧张得直向身后摆手，他生怕大人们的喝彩声分散了小家伙的注意力！

没想到，多尔衮最后出场，年纪最小却三箭全中！全场登时热闹起来，笑声、喝彩声响成一片。

“哈哈哈哈！”

看台上的汗王努尔哈赤乐得胡子一翘一翘的，他兴奋地连声说着：

“多尔衮，好小子，这是本王的心肝宝贝儿呀！从他身上本王又看到了当年的影子，不简单，的确不简单！”

这笑声在皇太极听来却觉得刺耳。父王十几个儿子，都说是他的心肝宝贝，他能爱得过来吗？眼下这多尔衮又成了父王的心肝宝贝，他怎么就分不出一点儿爱给他的孙子们呢？豪格今儿个的表现也不差呀！

说笑间，多尔衮不紧不慢地收起了弓箭，学着大人们的样子，整理着衣袍，然后神气十足地走向了看台。

“咦，你们看哪，这小家伙还想干什么？”

努尔哈赤的视线完全被多尔衮吸引了，笑眯眯地注视着他的一举一动。

“孩儿给汗王阿玛请安了！”

稚嫩的童声又脆又响，多尔衮放下弓箭跪在了努尔哈赤的面前。

“嗯，你有什么要说吗？”

努尔哈赤故意板起了脸。

“孩儿想……孩儿讨赏来啦！”

多尔衮倒也沉得住气，规规矩矩地跪着，口齿伶俐，不慌不忙。

“哦，阿玛说过有赏的吗？”

“这……”

多尔衮乌黑的眼睛骨碌骨碌转了两圈，小嘴儿一张，振振有辞：

“孩儿三箭连中靶心，汗王阿玛理应给赏的呀。”

“对，对！说吧，你想要什么？”

“孩儿想要那只青鹰！”

多尔衮小手朝人群中一指，那里有一位少年养鹰人的肩头站着一只状貌神骏、羽毛油亮、双睛猛鸷的青鹰，多尔衮在校射前就已经注意到这只猎鹰了。

“嗯，好眼力！起来吧，听听你八阿哥的介绍吧。”

皇太极不得已上前扶起了多尔衮，他注意到儿子豪格远远地躲在一边，鬼头鬼脑地向这边望着，心里说：没用的东西，趁汗王现在高兴，你也来讨个赏呀！

“十四弟，这只猎鹰叫‘海东青’，是黑龙江一个部族进献给汗王的。它体小矫健，爪喙尖利，雄猛无比似狼似虎，日行千里，既可以观敌瞭阵，也可传递军情，而且它还可以充当先锋，去狩猎探路，每次都会是‘爪到擒来’。”

“太好了，八哥，这海东青可吃什么呢？”

“干脆这样吧，十四弟，这海东青和它的主人全归你啦！你回到宫里再仔细问吧。”

“谢谢八哥，谢谢阿玛！”

多尔衮拍着手一蹦老高。

校射结束之后，一群侍卫又跳起了“庆隆舞”助兴。侍卫出身的扈尔汉亲自出马手持簸箕，用树枝刮着簸箕伴出了节奏，八个身手矫健的年轻侍卫扮成了骑士猎手，手握着扎着马头、马尾的长木杆儿，中间一人披着黑色兽皮，猫着腰，粗着嗓子大吼着，一看便知他装扮的是只大黑熊。扈尔汉刮着簸箕，放开歌喉，八个猎手则踏着节奏跳起舞来，而中间的“黑熊”则张牙舞爪，左摇右摆，上窜下跳，引得围观者一阵叫好声。

随着簸箕声的快慢、歌声的高低，猎手们及“黑熊”的动作各有不同，他们配合得十分默契。最后，为首的一名猎手，一“箭”发出，“野兽”哀号一声，在地上不停地翻滚着，众猎手一拥而上，抬起了“黑熊”，表示已经捕获了猎物，音乐则戛然而止，舞蹈就此结束。

汗王努尔哈赤被这种舞蹈逗得朗声大笑，而扈尔汉则摇着胳膊直嚷“膀子疼”。

汗王带着爱将及子孙们痛痛快快地玩了一天，回到宫里已经是掌灯时分了，而四贝勒皇太极回到自己家的时候则更晚。

大福晋博尔济吉特氏在灯前缝着衣服，从她微微隆起的腹部可以看出，她是在为即将出世的孩子准备的。大福晋是蒙古科尔沁贝勒莽古斯的女儿，端庄、温柔，才德俱佳。原本建州与科尔沁结姻也是一场政治婚姻。早在二十年前，科尔沁蒙古曾与建州女真有过一次“交往”，不过那一次是“兵戎相见”，科尔沁贝勒明安参加了由叶赫发起的九部联军来剿灭建州，结果这些乌合之众在古勒山被努尔哈赤打得丢盔弃甲、溃不成军，而明安贝勒虽然战败但却受到了努尔哈赤的礼遇。此后，为了与察哈尔部争雄和自己部落生存的需要，科尔沁开始派使者到建州女真表示了两家通好的愿望，自此双方礼尚往来，关系日渐密切。

科尔沁部是蒙古族的一支，世代生活在富饶辽阔的科尔沁大草原上，过着自由自在、逐水草而居的游牧生活。可由于科尔沁特殊的地理位置，它的生存受到周边部族的威胁。科尔沁草原东连荒蛮而又神奇的白山黑水，西部和北部是横亘千里的兴安岭森林和山地，资源丰富，嫩江两岸又生长着肥美的水草，可它的西南部崛起了另一支更加强大的蒙古族部落察哈尔部之后，科尔沁便几乎国无宁日了。科尔沁的南边与大明的辽东接壤，宽阔的辽河拦住了科尔沁人的后路。

夹在大明、察哈尔和满族的交界处，科尔沁成为要冲之地，科尔沁东南方是建州女真征服海西女真也就是包括叶赫、乌拉、哈达和辉发四部的“扈伦四部”以及野人女真的必经之路。小小的科尔沁部不甘心任人宰割，可又无法与察哈尔及明廷抗衡。权衡利弊之后，科尔沁开始向建州女真靠拢了。

起初，努尔哈赤以为蒙古科尔沁部越过明朝而来与自己交好，不过是希图建州的财物，也乐得大加赏赐，以炫耀自己的实力。但随着时间的推移和局势的发展，努尔哈赤逐渐意识到，科尔沁蒙古是一支可以利用的力量，一直以来明朝也以优厚的赏赐拉拢着科尔沁，如果满蒙联合，无论是对付明廷还是察哈尔都要有力得多，满蒙的铁骑兵，强强联手，那可是天下无敌的呀！于是乎，与后金关系最密切，也是最受满洲优待的蒙古各族中就数科尔沁了。尽管科尔沁曾一度屈服于察哈尔的统治之下，但察哈尔的君主似乎没有努尔哈赤那样的远见卓识，眼睁睁地看着科尔沁投进了后金的怀抱却无计可施。

努尔哈赤从大局和长远利益出发，不念科尔沁曾两次对建州动兵的旧恶，他说过这样的话：“俗语说，‘一朝为恶而有余，终身为善而不足’嘛。”

于是，努尔哈赤带头与科尔沁联姻，他先后娶了明安贝勒的女儿和孔果尔贝勒的女儿为妻，然后又极力撮合儿子们与科尔沁结亲。说来也巧，爱新觉罗家男丁甚为兴旺，而科尔沁族的女子也是美丽婀娜。也许是天意吧，满族的男人是为创业打江山而生的，而科尔沁的女子则接二连三地走进了满族人的后宫，成了满族人家庭的主宰。这种情形，到四贝勒皇太极登极时最为明显，可在汗王努尔哈赤时，便也已显露了苗头。努尔哈赤的四个儿子，即次子代善、第五子莽古尔泰、第八子皇太极、第十子德格类在同一年里先后都娶了科尔沁的格格为妻。从此，后金在赫图阿拉的宫里便多了些花枝招展的蒙古女子，她们爽朗的笑声、活泼的身影给后金的宫廷带来了勃勃生气。

从后金政权建立之后，在汗王努尔哈赤的蓝图中，要征服明朝，必须先征服蒙古，蒙古是后金南征大明的后顾之忧。于是，努尔哈赤选中了科尔沁蒙古作为突破口，先结姻亲，后结同盟，从而将科尔沁牢牢地绑在自己的战车之上，直至大清帝国鼎定中原之后，每有大的征战都是满蒙八旗兵联合，所向无敌，也正因为如此，科尔沁部在清代被列为内札克萨（即后金的“旗”）二十四部之首，这并不是没有原因的。

科尔沁对后金的贡献不仅仅在于蒙古铁骑的骁勇强悍，还有那些“成群结队”进入后金宫廷及各大贝勒贝子府的科尔沁公主们。科尔沁公主们“入主”了后金的“后院”，于是，爱新觉罗氏的生命中渗进了博尔济吉特氏的血液，布库里雍顺的子孙与成吉思汗的子孙相互融合到了一起，造就了中华大地一代新的“龙族”，也造就了一代新的“凤族”，奏起了和谐的龙凤交鸣之曲……

受父王的影响，也深知与科尔沁联姻的重要性，孝顺的皇太极听从了父王的安排，亲自带着迎亲的队伍披红挂绿地赶到了辉发的山口，迎娶他的大福晋——科尔沁莽古斯贝勒之女。这一隆重的礼节令莽古斯贝勒及其女儿喜出望外，从此，皇太极与博尔济吉特氏玉琪一见钟情，相亲相爱……

木门“吱呀”一声，带着一股子凉风，皇太极走了进来。

“哟，贝勒爷才回来呀。酒菜都在锅里热着哪，妾身这就给您端去。”

玉琪福晋忙站了起来，腆着肚子要出去。

“嗐，半夜三更的还瞎忙个啥呀，当心动了胎气。我呀，在父王那里吃了才回来的。嗯，今儿个我还给他老人家揉了一回肩，他舒服得直哼哼呢。”

玉琪笑了，走到皇太极的背后，柔声说道：

“那妾身也给你揉揉吧。你可要记住喽，手的用力要适度，轻了不解乏，重了又怪疼的。怎么样，觉得舒服吗？”

“舒服！”

皇太极美美地靠在椅子里，双腿架在炕沿上，不时扭着脖子伸个懒腰。闻着妻子身上淡淡的香味儿，皇太极咧嘴笑了：

“哎，你怎么知道我今晚会来这里？若是我去了豪格母亲那里，你这身上的香味儿岂不是没人闻了吗？”

玉琪一下子羞红了脸，她嗔道：

“你知道有人在等就好。再过两年，玉琪人老珠黄了，擦什么香你也不会来闻的。”

“不，咱们夫妻好几年了，你还不知我的心吗？”

皇太极忽然按住了玉琪的手，极为认真地说道：

“玉琪，有你在我身边，我会觉得安心。当然，一个男人有个三妻四妾不算什么，但你放心，这大福晋的位子只有你最合适。谁让你这么贤惠的呢，就连你脸颊上的那两颗白麻子我都觉得格外的俏呢，哈哈！”

皇太极开心地逗弄着爱妻，玉琪又气又恼不再吭声了。服侍皇太极洗漱之后，玉琪看着皇太极，轻轻叹了口气：

“贝勒爷，玉琪到府里几年了，只生了女儿，玉琪觉得心里有愧呀，这一次……”

“来来，我帮你宽衣。别想那么多了，反正我已经有了儿子。”

“妾身想给贝勒爷说件事情……”

“嗐，吹灯睡觉吧，有什么事情明儿早再说。”

皇太极一把拉过了玉琪又搂又亲地折腾了一阵子，便打起了鼾声。

“贝勒爷，妾知道你一定会喜欢的。”

玉琪闭着眼睛，伸手抚摸着皇太极毛茸茸的胸脯，她的思绪却飞回了科尔沁草原……

当玉琪身披嫁衣远离科尔沁时，她的侄女儿——哥哥寨桑贝勒的二女儿才一岁多。哥哥寨桑的两个女儿现在都差不多到了出嫁的年纪。大姑娘名唤大琪儿，生下来就是个美人胚子，细细的黛眉，黑黑的眸子，挺直而纤小的鼻子，红而柔润的朱唇……这女子可不能让别的男人给娶了去。至于二姑娘听说叫大玉儿，在襁褓中的样子是白白胖胖，一笑两酒窝，女大十八变，她也该有十多岁了，一定也出落得亭亭玉立了。嗯，这俩侄女若是都进了四贝勒府，咱们亲上加亲，姑侄又好相处，那四贝勒爷岂不是更开心？他是个做大事的人，我玉琪得想法子让他在家里过得开开心心、舒舒服服……

“大琪儿，大玉儿，你们快过来……”

玉琪翻了个身，沉沉睡去，不过她的嘴里还在咕哝着什么。

第十三章

忧储君绸缪于未雨 领嘉号封赏岂无功

努尔哈赤微微一笑道："依你之见，当以哪位贝勒为我后金储君呢？""回大汗，依臣愚见，臣窃以为四贝勒爷，聪颖质慧，待人温和，亦有雄韬大略，足以治理天下，请大汗明鉴！""哦，你说皇太极能当此任……"

天命元年（1616年）元旦，在赫图阿拉（今辽宁省新宾老城）努尔哈赤顺利荣登汗位宝座，被尊为"覆育列国英明汗"，加冕称王，建立金国。时年努尔哈赤已五十八岁，不免日觉不堪春秋更迭，虑及汗位的继承诸事。暗中物色，膝下共有十六子，各有长短，智愚优劣，不好一时拿定。努尔哈赤每每想到后继传人之事便忍不住蹙额锁眉，莫知所以。

那日，努尔哈赤与众大臣商讨军事已毕。坐在那里闲谈。努尔哈赤不由想起继位传人之事，心中烦乱不定，坐在宝座上，不自觉地轻轻叹了一声："唉！……"

众大臣闻听即是一惊，忙问：

"大汗，不知何事让大汗忧心？"

"是啊！大汗，近日虽说军事不断，但亦无甚要紧之处，不知大汗为何叹息？"

"大汗！"

……

众臣议论纷纷，望着努尔哈赤，不知究竟什么令他忽然感叹起来。询问的神情写满每一张面孔，担心出了什么大事。

努尔哈赤抬头看了看众大臣，微微一叹：

“唉！你们有所不知，近日来，我一直在为一件事焦虑。”

众大臣忙问何事，竟让大汗如此这般。

努尔哈赤轻轻吐了一口长气，缓缓说道：

“众位贤臣，想我那兄弟前番与我为敌，竟欲拥兵自立。后来，我对他百般善待，他也不思悔改，终究落得个郁郁而终。每每想起此事，我心中不禁感到凄凉万分，痛心疾首。手足相残，同室操戈，想不到舒尔哈齐，我那胞弟竟会如此冥顽。虽说众位贤臣、诸位爱将，厚爱我努尔哈赤，拥戴我登此高位，荣称大汗。但毕竟我自披甲起兵之日起，挥戈东西，引弓南北，业已几十个春秋，如今我也已年逾半百，行将就木，念及汗位之继承，令我好焦心。万里江山，千秋社稷，非是文武双全绝不能担此重任，一时本汗又找不出合适的人选，究竟立我哪个皇儿为太子，尚拿不定主意。故此叹息，不知众卿可有良策，说与本汗听听，谁能为本汗解此后顾之忧？”

众大臣听完，一齐跪倒：

“大汗吉祥！万寿无疆！”

“大汗！大汗想是多虑啦，大汗龙体万寿无疆，大汗功业千秋不朽，……”

“大汗！此话极是。望大汗恕臣斗胆，想大汗，别的不说，只这四大贝勒爷个个智勇双全，出类拔萃，纵要选定继承人亦不为难，四大贝勒中当有堪此重任者……”

努尔哈赤看了一眼讲话之人，此人面带红光，银须苍首，双目却炯炯有神，身材魁梧，说话声音洪亮，似钟磬一般，嗡嗡振响，是追逐自己多年的建功老臣。努尔哈赤微微一笑道：

“那依你之见，当是几贝勒呢？”

“回大汗，依臣愚见，臣窃以为四贝勒爷皇太极，聪颖质慧，待人温和，亦有雄韬大略，足以治理天下，请大汗明鉴！”

努尔哈赤听罢，右手抬起捻着胡须，眯起双眼，沉思不语。正在这时，忽又一大臣跪地启奏：

“大汗，臣以为略有不妥，四贝勒爷固然是智勇全才，文武兼备，但臣斗胆妄言，以臣之拙识，臣以为，四贝勒略有些年幼，终究涉世不及其他三个贝勒爷，恐怕……”

努尔哈赤睁开眼，转头问道：

“噢？那依卿当谁为更妥些？”

“恕臣妄言，大汗，二贝勒爷代善，生性敦厚，况自小追随大汗出生入死，屡立奇功，且年岁较长，阅历已不算浅，当能定国安邦！”

努尔哈赤仍旧未表示什么，只是轻轻地点了点头，继而又问道：

“其他爱卿还有何高论，但说不妨！”

众大臣忽没了言语，都低头不语，皱起眉头。努尔哈赤用目光来回扫了扫，轻轻道：

“哪位爱卿有不同意见，尽说无妨！”

正自注视，见一大臣走出行列，跪拜施礼，说道：

“大汗，小臣鄙陋，臣以为论年龄，广略贝勒为大汗长子，论功勋，广略贝勒爷当之无愧，功盖其他贝勒爷；论谋略，广略贝勒自也不在其他贝勒之下，故此，依臣看来，这继承之人当是广略贝勒爷。而况，臣闻汉人一向是传嫡传长，大汗深谙汉文汉制，自是知晓，我们女真大业，倒也可借鉴，所谓立嫡立长，不知大汗以为如何？”

这一番话说得努尔哈赤心中一动，望望群臣，群臣纷纷开口：

“广略贝勒？好！广略贝勒果然较为合适，做汗位后继之人……”

“嗯！广略贝勒是可以！”

“广略贝勒……”

努尔哈赤亦不再言语，沉思半晌方说道：

“众臣不必再说，你们先各自回府吧，此事以后再议，我再思虑一番再说，退朝！”

众臣停止议论，施礼依次退出，努尔哈赤起驾回宫。脑子里始终记挂今日大臣们的话语，浮现大臣的表情、神态，眼前又闪现出广略贝勒、自己的长子褚英的面容。

长子褚英是自己的元妃佟佳氏哈哈纳札青所生，自幼跟随努尔哈赤出生入死。努尔哈赤对他甚是宠爱。其实，提到继承汗位，努尔哈赤首先想到的就是这广略贝勒、努尔哈赤的长子褚英。前面说过，元妃体弱多病，在努尔哈赤纳了富察氏衮代后不久便溘然病薨。这褚英自三岁起，便随着努尔哈赤饱受战火烽烟之苦。

褚英出生的时候，努尔哈赤刚刚起兵不久，每日东征西伐，浴血拼杀。褚英刚一出生，便被母亲用衣帛裘皮包起来，背在背上，随着努尔哈赤四处奔走。褚英到三四岁时，已略略懂事，努尔哈赤对他极为疼爱，每次打完胜仗归来，褚英总是欣喜地扑到努尔哈赤的怀中，骑在努尔哈赤膝头，聆听努尔哈赤讲述战斗故事。

那日，努尔哈赤率领手下出征建州东北一个女真部落，取得大捷，胜利而归。努尔哈赤回到帐中，抑制不住内心欢喜，哈哈大笑，吩咐将缴获的兵甲兽皮等分与士卒，犒赏三军。全军欢庆，杀鸡宰牛，饮酒庆贺。

努尔哈赤刚进得后帐门，冷不防大腿被人抱住，只听一个稚嫩的童音高声喊喝：

“不许动！本大将在此守护营帐，你为何私闯营帐？！”

努尔哈赤低头一瞧，不禁哈哈大笑，只见自己的儿子褚英，两个小胳膊使劲儿抱住自己的大腿，小脸憋得通红，正仰着小脸望着努尔哈赤，表情严肃，俨然是一个忠于职守的上将，努尔哈赤笑着乖乖地站住脚，口里道：

“是，是，是，阿玛不知我儿在此镇守，一时高兴，忘了通禀，还望我儿放过这次，下不为例！怎样？”

小褚英立时脸上笑成一朵花，松开手站起身，拉着努尔哈赤的手，仰面问道：

“阿玛，你们又去打仗了吧？啊？！”

努尔哈赤乐得一把将小褚英抱起来，让他骑在自己的肩头，边说边往里走：

“好小子！审问起你阿玛来啦，哈哈哈……我的儿，阿玛这次又打了胜仗，哈哈哈……”

“噢！噢！噢！……”

小褚英听完喜得在努尔哈赤肩头一个劲儿拍手晃动。努尔哈赤双手将小褚英举过头顶，又抛到空中，接到手里，忽上忽下，父子二人好不热闹。

佟佳氏哈哈纳札青闻得父子们嬉闹声音，亦从内帐走出来向努尔哈赤深施一礼，道：

“将军回来啦！定是又有捷报了，看把你们爷儿俩乐的，啊儿，还不快下来，你阿玛征战劳累，还不赶紧让你阿玛歇歇，快下来！

努尔哈赤哈哈大笑着，把褚英放下来，笑着对佟佳氏哈哈纳札青说道：

“爱妻！哈哈哈……我此次出兵，一路杀去，想不到，那些人都经不得打，逃的逃，降的降，轻而易举地被我征服，怎不教我高兴，啊？！哈哈哈……”

说着又是一阵大笑，继而又道：

“我努尔哈赤自起兵以来，队伍日渐壮大，想我统一建州女真之霸业指日可成，哈哈哈……”

佟佳氏哈哈纳札青也跟着笑起来，直说将军神威勇猛。

小褚英却拉着努尔哈赤坐下，爬到努尔哈赤的腿上，硬要努尔哈赤给他讲战争场面。佟佳氏哈哈纳札青嗔怪他不懂事，也不让阿玛歇息歇息就又讲什么战争，要褚英先自己去玩，以后再说。努尔哈赤也笑了，抚着褚英的小脑袋瓜，说道：

“好儿子，阿玛的确有些累了，你自己先去玩吧，等明天，阿玛也没事，一定好好给你讲述讲述，去吧！去吧！……”

小褚英看看阿妈又看看阿玛，小脸立时不大喜欢了，噘起小嘴：

“真的吗，阿玛明天给我讲？”

“明天讲！”

“那好吧！”

小褚英从努尔哈赤腿上滑下来，忽然又转过身来，伸出自己的小手，对努尔哈赤说道：

“不行！咱们拉钩！”

努尔哈赤自是笑个不停，佟佳氏哈哈纳札青也掩口而笑。努尔哈赤伸出粗壮的手指轻轻地勾住小褚英的小手指，口里念着：

“拉钩上吊，一百年不许要！拉钩上弦，一百年不食言！……哈哈哈……”

拉完钩，小褚英才恋恋不舍地噘着小嘴去别处玩耍，佟佳氏哈哈纳札青一旁笑道：

“看看你的儿子！”

努尔哈赤望着小褚英的背影，自言自语地低声说着：

“这孩子很有一股犟劲和闯劲，长大后会有出息的！”

歇息片刻，努尔哈赤便又回到士卒兵将那里，与军士将帅们一起开怀畅饮，酒醉方归。

第二天上午，努尔哈赤用罢早餐，刚刚坐定，正欲翻看《三国演义》，忽见小褚英从外面跑进来，迫不及待地偎在努尔哈赤两腿之间，掰着努尔哈赤的手，要他讲战争故事，努尔哈赤这才想起昨日答应给他讲故事的事。便笑着将书往桌上一推，抱起褚英放到膝上，说道：

“好！阿玛就给你讲一段……”

褚英乐得小手乱舞，高声叫道：

“太好喽！阿玛要讲故事喽！”

努尔哈赤咳了两声，清清嗓音，说道：

“讲什么呢？这样吧，给你说说那一次，阿玛我带领手下骑兵一千多人去攻打一个部落。那个部落就在一个山谷中，我派出一百多人前去诱敌出来，剩下的人与我一起埋伏好，等待伏击敌人。没想到，他们识破了我们的想法，蛰伏不肯出兵，百般逗引，他们只守不出。没有办法，我便带领手下弟兄硬往里面冲去，敌人先前还能抵抗，后来，他们的首领被你阿玛一箭射中肩头，他们便慌忙躲进山里，逃上山头，我也不急追杀，让弟兄们原地安营下寨，扎下帐篷。那天夜晚，我让大家饱餐战饭，三更过后偷袭敌军。真是天助我也，那夜天色漆黑，到处寂静一片，朔风呼啸……准备停妥，我便带着队伍悄悄地向敌人山头摸过去……”

努尔哈赤压低了声音，看了一眼褚英，见小褚英静静地听着，大瞪着两眼，全神贯注，两只手紧紧抓住努尔哈赤的貂皮战袍，张着小嘴，一动不动。

努尔哈赤一笑，接着往下说道：

“我们一步步向敌人所在的山头逼近，敌人的营帐都鸦雀无声。我们距离敌人的营盘只有几丈远了，忽然被他们的哨兵看到，那哨兵大声疾呼：‘不好啦！有人偷袭！’立即他们都乱作一团，我大喊一声：‘杀！’众士卒随杀上去，敌人死伤无数，有不少都跪地求降，也有的逃命去了。那首领却极为狡猾，天黑之前，他就早已化装带几个亲兵偷偷走了，那次杀得好不痛快，哈哈哈……”

小褚英睁大眼睛听着，努尔哈赤大笑，他也松开努尔哈赤的袍子，一挺身从努尔哈赤膝盖上滑到地下，然后，双手向腰中一插，小肚子向前一挺，腰板也挺得笔直，牙齿咬着下唇，往努尔哈赤面前一站，问道：

“阿玛，你看我像不像一个大将，啊？你看看，看啊！”

努尔哈赤看了一眼面前的小家伙，心中暗暗高兴，点头笑道：

“嗯，不愧是我的儿子，像，像，真像！快快长吧，我的儿，长大了学会武艺，也好随你阿玛去创建雄伟霸业。”

说到这里，努尔哈赤眼光一闪，双手不由自主地握紧了拳头，仿佛自言自语，又像是对小褚英说道：

“一定要统一建州女真各部，一定！”

小褚英望着阿玛，满脸掩不住稚气的严肃，问道：

“阿玛，那你赶快教我射箭，教我打仗吧，啊？！阿玛，我现在已经不小了，你看，看我的胳膊多有劲！”

说着，捏紧右拳蜷起胳膊晃了两下。努尔哈赤笑了，没有说话。

小褚英自四岁开始就在努尔哈赤的指导下学习骑马射箭、摔跤练拳。到褚英六岁时，努尔哈赤的次子代善及女儿东果也开始懂事了。当时，尽管努尔哈赤的力量在逐渐增强，但仍然免不了遭到女真族其他部落的袭击。

一天夜里，一阵轻微响动惊醒了熟睡的努尔哈赤，他一撩被子，轻轻跳到床下，几步到了帐篷边上，取下挂着的长柄快刀，慢慢来到帐门后面，刚要用手拨帐门，突然，就见黑乎乎的一堆东西破门而入，紧接着只听“嗖嗖”两声响，两支钢箭擦着努尔哈赤的前胸襟飞过，好险！努尔哈赤暗叫不好，知道有人偷袭，赶紧回身，将床上仍旧酣睡的褚英和他弟弟代善唤醒。褚英也真不含糊，一骨碌爬起来，刚要说话，被努尔哈赤伸手将嘴堵住。努尔哈赤压低声音：

“别喊！你们俩快躲到床下，不许声张，不让你们出来，千万别出来，有人来偷袭我们，听清了没有，快！”

褚英和代善大气不敢喘，翻身爬到床下，努尔哈赤用床单遮好，便随手拿起一条被子顺帐门扔出去，人也紧跟着跳出帐外。

褚英和代善在床下趴着，也不知究竟发生了什么事。代善到底年岁小一点，有些害怕，身子向阿哥褚英身边靠了靠，小声说道：

“阿哥，我害怕……”

褚英瞪了他一眼，低声喝斥道：

“胆小鬼，怕什么？！父王都不怕，咱们怕什么，哼，有我在，谁也不怕！”

口气还真不小，但也确实给小代善壮了胆子，真的就不再害怕了。

两个孩子在床下趴着，就听帐外努尔哈赤高声断喝：

“哪里来的蟊贼，敢来偷袭！”

接着，听见一阵冷笑，有一个阴冷的声音传来：

“努尔哈赤！今天就是你的死期！看剑！”

外面叮叮当当打在一处，听声音来的似乎不是一个人，至少有两三个。

小褚英趴在床下听着，心突突直跳，直想也冲出去，但想起阿玛说过不让他们轻易乱动，没敢动地方。

又过了一会儿，忽听外面有人喊道：

“大哥，不好！他们的人发现咱们啦！”

“兄弟，再加把劲儿，努尔哈赤眼看不支了，小心！”

褚英一听，知道阿玛有危险，回头对代善说道：

“你别动，我去救阿玛！”

说着从床底下钻出来，摸到努尔哈赤的大弓，又拿过几支箭，跑到帐门口，往地上一躺搭上一支箭，又脚蹬着弓背，两只小手抓着弓弦，斜冲上方，也不会瞄准，浑身一使劲，两条小腿一蹬，两只小手用力一拉，还真不错，把大弓拉开多半个，猛地一松，“嘶嗖”连响，箭就从帐门口飞出去了。

也不知怎么就赶得那么寸，正巧一个偷袭者背对着帐门，在努尔哈赤背后刚要举刀，这支箭到了，想躲已经来不及了，不偏不倚正射中后心，栽倒在地，其他几个一愣神，却又被努尔哈赤砍倒一个。这时，努尔哈赤手下的士卒闻声赶到，剩下几个人无心恋战，纷纷虚晃几下，趁机溜走。努尔哈赤领人追了一段没有追上，只好作罢。

努尔哈赤赶紧回到帐中，正纳闷刚才怎么突然那人中了一箭，却见代善从床底下爬出来，口里喊着“阿玛”扑过来，努尔哈赤将他搂住，忙问：

“我儿受惊了，你阿哥褚英呢？”

“阿哥，他刚才爬出来说是救你去了！”

“哎呀！不好！”

努尔哈赤一跺脚，推开代善刚要转身，却见褚英慢慢地从旁边走过来，双手捂着额头，噘着嘴：

“阿玛！英儿不好，刚才拉弓没拉利索，让弓背把额上打了个大包！”

原来刚才褚英虽然把箭射出去了，但那弓弦一收，就势回弹，弓背正好打中褚英的额头，立时上面起了大包，小褚英也没叫一声，一骨碌身爬起来，躲到一边，知道射中了，为阿玛解了围，捂着额头一咧嘴。现在出来，觉得不够威风，挂了彩。

努尔哈赤听说是自己的儿子褚英刚才射的那一箭，当即高兴地把褚英抱起来，狠狠地亲了两口，“好儿子！”

却忘了褚英额头有伤，疼得小褚英龇牙咧嘴：“哎唷！”

努尔哈赤赶紧命人端过灯来，仔细看了看，是有些青肿，还起了个大包，不过不妨事。

努尔哈赤抚摸着小褚英的脑袋，笑着问他：

“儿啊，疼吗？”

褚英却将身子一挺，绷着脸，说道：

“回阿玛，不疼！阿玛说咱们家的人不知道什么叫疼，不管怎样，都要拼到底！杀！杀！杀！”

努尔哈赤满意地哈哈大笑起来，自己的心血果然没有白费。又转头对代善说道：

“孩子啊儿，你可看到了吗？当然你比你哥哥小两岁，但你英哥像你这般大时也不像你这般胆小。以后，你一定要多向你阿哥学习。你阿玛为了创一番事业，每日都要出兵打仗，你们也不要辜负我的一片苦心，长大了建功立业。”

小代善不好意思了，红着脸低下头不敢说话。努尔哈赤也没再说什么，只吩咐守卫士卒以后要多加小心，严加防范。心里却更是偏爱褚英，只盼他快快长大，也为自己多一条臂膀。

不知多少回努尔哈赤遭人暗算，夜遇刺客，褚英和弟弟代善，还有姐姐东果，也不知多少回在刀光剑影中躲躲闪闪，一次次被父亲藏到柜子里，炕沿下，一次次死里逃生。却也使褚英和弟弟代善见惯了刀光剑影，胆子一天天大起来，尤其褚英，逐渐有了超人的胆魄和勇武。随着年龄的长大，褚英的身材也发育起来，人高马大，剽悍异常，气力过人，在努尔哈赤的指导下经过多次磨练，也练就一身好本领，骑马射箭、摔跤格斗，都没有几人能匹敌。

万历二十六年（1598年），褚英年仅十九岁。此时，努尔哈赤经过多年苦战已基本统一建州女真各部，矛头又指向了海西。

时值初秋，辽北塞外，凉爽宜人，正是用兵征伐的好时机。努尔哈赤这日召集群臣，商议攻伐叶赫所属的安楚拉库等地。

努尔哈赤坐在虎皮椅上，向下望了望。文武大臣分列两厢。努尔哈赤问道：

“吾欲趁此凉爽气候，兵发叶赫下属的安楚拉库等地，不知众位大臣认为如何？”

众大臣闻听，沉默了一会儿，小声议论起来，有的点头，有的摇头，也有的皱紧眉头，沉思不语，有的低着头，想些什么。努尔哈赤望望这个，看看那个，目光充满疑问。

又过了一会儿，终于有一员武将站出来，上前拱手施礼，道：

“大王，我认为可以出兵，又恰好现在天气不冷不热，是交战出兵的好时节，兵法云：‘机不可失，时不再来’，请大王定夺！”

努尔哈赤转眼一看，原来是手下的虎将多都尔衮，此人不但英勇善战，而且有些谋略，自追随努尔哈赤以来，为努尔哈赤横扫女真各部、统一建州，立下了不少战功。努尔哈赤很赏识他，听他讲完，还没来得及开口，却又见走出一人，是一文官，上前施礼，摇头道：

“大王，依臣拙见，出兵不妥！”

“噢？为什么不妥？”

努尔哈赤颇感惊疑。

“大王，请想，我们前番刚刚统一女真各部不久，前些日又对撒骨哈尔部刚刚用兵，未及休整，现在又出兵叶赫部，何况安楚拉库等地距我们也有些路途。大王精通汉文，想必知道，《左传》中有‘蹇叔哭师’的故事，当时秦师出兵伐郑，老将蹇叔哭谏：‘劳师以袭远，远主备之，师劳力竭，将无功于事。’秦穆公不听，结果遭晋伏击，损兵无数，今大王欲伐安楚拉库等地，也可算得是‘劳师以袭远’了，还望大王三思啊！”

努尔哈赤一皱眉，沉思无言。这时突然看见自己的爱子褚英站出来，下跪施礼：

“父王！儿臣不同意这位大臣的说法，什么‘劳师以袭远’，我们这叫‘乘胜出击’，现在正是群情激昂，士气高涨，天时地利人和皆占齐全，此时不出兵，更待何时？父王！儿愿请一支令箭，带领兵马去夺取安楚拉库，请父王下令吧！”

努尔哈赤看看儿子精神抖擞的样子，内心很是高兴，英儿从小跟自己经历刀剑之争无数，而且胆识过人，勇武异常。现在虽说刚十九岁，却已生得威猛无比，只是至今尚未经过一次大的战斗，倒不如这次让他试试，若是真能首建奇功，也可使他显示一下他的才能，在众臣中得些地位，自己也可看看他是否真能够帮我建立大业，夺取汗位。

于是，努尔哈赤问褚英：

“英儿，你有把握这次出兵能够取胜吗？”

“儿向父王保证！儿定能夺得安楚拉库，杀败叶赫部卒，就请父王给我大令吧！”

“好！我给你精兵五千，前去攻打安楚拉库。拿下了，大功一件，拿不下，军法从事。怎么样？”

“谢父王！尽请父王等我捷报！”

褚英非常高兴，自己也可以带兵攻城了，长这么大头一次，能不高兴？当即挺身接过大令。努尔哈赤又有些不放心，遂又叫过自己的弟弟巴稚喇，让他和褚英一同出征，协助褚英攻打安楚拉库等地。

巴稚喇领令，随褚英一同出帐点兵，准备出征，努尔哈赤另又派了几员猛将。

努尔哈赤和众人目送褚英和其叔父巴稚喇带领兵马进发安楚拉库。

褚英坐在马上，心中高兴，形于面上，但也不敢掉以轻心，知道这次出兵并不简单。自己又已向父王做了保证，若真出了差漏，自己也难脱罪责。正自想着，转头看看身边的叔父巴稚喇，问道：

“叔父，你认为此次出兵，我们该如何才好？”

巴稚喇双手带着丝缰，想了片刻，说道：

“这次出兵不同寻常，我们只能取胜，不能战败，夺不下安楚拉库难以回来见你父王。不过，安楚拉库是平地，并不险要，很容易攻取，不如你我分兵两路包抄过去，你看如何？”

褚英一听，正合自己的心意，他正想自己带兵攻城，独建奇功，听叔父如此一说，连忙称是。遂与其叔父巴稚喇兵分两路，各自前行。

褚英当即命令手下将士向着安楚拉库疾驰而去。一路之上，马不停蹄，星夜兼程，闪电般冲至安楚拉库城下。命令将士稍做休整，便即刻以迅雷不及掩耳之势攻城。

安楚拉库城内的叶赫部兵卒将士何曾料到会有这一着，还不曾弄清是怎么回事，早被褚英率领兵将攻破城门，杀了进来。

褚英一马当先，初次出征，精力充沛，正是大显身手的好时机。真可谓越杀越勇。

顷刻间，安楚拉库城内死伤无数，血流成河，喊杀声哭嚎声此起彼伏，不绝于耳。

就这样，不到半日光景，褚英已占领了安楚拉库。俘获牲畜人口上万，财物无数。褚英洋洋得意，尚觉厮杀得不够过瘾。

稍事休息，褚英的叔父巴稚喇带兵赶到，兵合一起，乘胜又向内河一段附近的村寨屯落进攻。所到之处，鸡飞狗叫，牛马惊奔，部落族人稍做抵抗，便纷纷投降归附。

褚英及其叔父巴稚喇此次出征，大获全胜，虏获兵士牲畜数不胜数。将收服之地派兵驻守，其余人随巴稚喇和褚英凯旋而归。早有探马报与努尔哈赤。努尔哈赤异常高兴，率众人列队欢迎褚英胜利回师。

努尔哈赤吩咐三军摆宴庆贺。并赐长子褚英“洪吐伦世”封号，封为“贝勒”。此后，褚英便成了努尔哈赤身边一员猛将，成了努尔哈赤的得力助手，协助努尔哈赤打天下。

自从安楚拉库首建奇功之后，褚英愈加受到努尔哈赤的宠爱，也在众大臣中博得敬重和赞许。褚英更加冲杀勇猛，屡屡立功。

万历三十五年阳春三月，为了与乌拉部抢夺东海女真斐优城部民，努尔哈赤派其弟舒尔哈齐带兵三千前去征伐。褚英和弟弟代善随军出征。

两方军队在乌碍岩遭遇。代善请命愿随褚英一块儿出兵，舒尔哈齐也不阻拦，自己带领其余士兵驻在山下不动。

且说褚英和弟弟代善带领二千精兵，呐喊着向乌碍岩山上冲来。守将乌拉部大将博克多听说，仰面大笑，咬牙切齿地说道：

“好小子，找死！今天我管叫你有来无回。迎敌！”

遂率兵士迎着褚英兄弟冲来，两军相遇也不多言，褚英怒睁双目举刀便向博克多头上砍去，博克多连忙招架。

二马盘旋，战过几个回合，博克多忽然一变招式，一晃褚英的双眼，大枪直刺褚英的小腹，哪知褚英却毫不躲闪，大刀搂头就向博克多砍来，博克多一看大惊：

“他妈的，这兔崽子是个疯子，居然不要命了，我扎死他，自己脑袋也就搬家了。”

心里一迟疑，手中的枪就慢了，褚英却是丝毫不曾耽误，“呼”的一声一刀就到了。博克多再想躲就晚了，只听“扑”的一声，头颅被削马下，战马落荒而逃。

博克多的儿子见父亲被斩，气得哇哇嚎叫，催马冲到褚英近前，没几个回合，被褚英当胸一刀，开膛破腹，呜乎哀哉。

乌拉部军队当时大乱，褚英和代善都杀红了眼，冲入敌军，如虎入羊群，左右举刀杀人不计。直杀得浑身是血，不辨方向，只要遇见乌拉部的将士，不问不答，举刀就杀。

乌拉部军队大败，一万余人死的死、伤的伤，惨不忍睹。褚英和代善仅以二千人力战乌拉部军一万余人，斩杀敌军三千多人，缴获器械无数。最终以少胜多，取得乌碣岩大捷，夺得东海女真斐优城部民。

舒尔哈齐得报也不禁暗暗惊服，又赶忙带兵接应，与褚英代善高唱凯歌而还。

努尔哈赤听说战争经过，闻知褚英奋不顾身，拼死冲杀，非常高兴。想当年，自己披甲起兵时，手下不过几十人，也是凭借自己奋勇当先，不惜一切，才能步步胜利，力量一天天壮大，方至今日，自己的儿子又是如此奋勇很像自己，欣慰异常。为了嘉奖褚英，再次赐褚英号为“阿尔哈图土门”，意思是“广略”。

此后，褚英便被称为“广略贝勒”。

褚英在先后不到十年之间，竟两次获赐封号，其受宠幸之荣是绝无仅有的。也只有褚英才能得此殊荣。褚英自出世以来，骁勇无比，威猛难抵，在其父努尔哈赤的基业中占有很重要的地位。努尔哈赤戎马一生，年岁半百时，已开始考虑立储，物色继承人。无疑，出类拔萃的长子褚英很自然地成了他关注的对象，只是时机还不太成熟。努尔哈赤开始注意培养儿子褚英，想方设法为儿子创造机会，让他屡立战功，在群臣及众士卒中树立威望。努尔哈赤此次又赐号褚英“阿尔哈图土门”，不能说不是有所考虑。

第十四章

逼效忠威吓诸贝勒 图报复诅咒大汗王

皇太极双眉紧皱，对大贝勒代善道："广略贝勒大阿哥褚英这样威逼我们对他效忠，就是对父汗的背叛啊！我们四大贝勒可不能由着他的性子胡闹，得想个什么办法才好！对了，我们不如给父汗写一道奏疏！"

褚英这次得封后不免沾沾自喜。这天，努尔哈赤正在书房中看书消遣时光。有人报知褚英求见，努尔哈赤命人传他进来，褚英应声阔步走入屋内，上前见过父王。

努尔哈赤命他坐下，因问道：

"我儿有什么事么，怎的这时来见？"

"父王，儿有一事不明，前来请教父王，望父王赐知！"

努尔哈赤放下手中的书，抬眼看着褚英，忙问：

"有什么事，但说无妨！"

褚英向前挪了挪身子，低声道：

"父王，前番儿臣与叔父舒尔哈齐一起征伐乌拉部族，在乌碣岩遇到敌军，叔父舒尔哈齐非但自己不发兵，还不让儿臣出战，要不是儿臣极力请战，恐也难大胜乌拉部。谁知凯旋回来，父王非但没有责罚叔父舒尔哈齐，反而说他征伐有功，赏了他，孩儿想不通！"

努尔哈赤闻言，微微一笑，沉思片刻，对褚英说道：

"英儿，你叔父舒尔哈齐并没有做错。当时，乌拉部军士一万余人，而我们只有三千人，以少战多，又相差太多，身为主帅当然不能草草定夺，万一有个闪失，我军安危不保，哪能随随便便出兵呢？"

努尔哈赤刚说到这里，褚英就迫不及待地打断了他：

“当时叔父也是这样说。可是父王，结果怎样呢？儿臣仅用两千人便大败乌拉大军，刀劈博克多父子，杀敌三千。他们人多又怎样啦，不照样被我杀得大败吗？叔父分明是畏缩不前，绝非为全军着想。”

努尔哈赤不禁一皱眉，语重心长地说道：

“英儿，这次你领两千人奋勇杀敌，大败敌军一万余人，的确是奇功一件；但这次取胜也不能说没有侥幸的成分，有时只逞武夫之勇是要吃大亏的。再者，这次你能以少胜多，与你弟弟代善和你叔父舒尔哈齐的协助接应密不可分，不能说是你一个人的功劳，故此回来后，我没有责罚你的叔父。作为一名将领，应当从大局着眼，切不可因小事而坏大事，你懂吗？”

褚英没有回答，用眼望望努尔哈赤，目光里却暗含不服和轻蔑。

努尔哈赤不禁心里一颤，忽然一转念，问道：

“英儿，那么若是依你，当如何处置你的叔父呢？你倒说说！”

褚英抬起眼，看样子心情十分激动，眼里竟掠过一丝凶光。努尔哈赤为之心寒，只听褚英低低地说道：

“父王，依孩儿之见，叔父贻误战机，临阵畏缩，按律当斩！”

说着恶狠狠地用手做了一个砍的姿势。

努尔哈赤心里一阵狂跳，他没有想到自己如此宠爱的长子，他这屡立战功的英儿竟是这般心狠手辣，竟容不得别人半点闪失，太孤傲了。真要这样，让他当自己的继承人，非得坏事不可，若有点儿错误或不合心意就杀，那谁还肯辅佐你呀？他心内着急，对褚英道：

“吾儿太放肆了，竟如此鲁莽。不能因为有点儿不足就对某个人一棍子打死，要权衡利弊，对比功过，方能服众人得民心。对将士兵卒要宽宏大量，不能因小误大。像你这般，稍有不爽便动辄杀人，怎能统领一方，成得大事，令我好不失望！”

褚英仍不以为然，继续争辩：

“父王，身为战将当勇猛冲杀，无所畏惧，若总是前怕狼后怕虎，还打个什么？对于那些怯懦之徒就该杀之。况且那日叔父舒尔哈齐对我甚是不讲道理，还说什么要给我点儿教训，儿臣实在觉得没有什么不对，叔父他欺人太甚！”

努尔哈赤更觉寒心，褚英竟心胸如此狭窄，大失所望，没有好气地对褚英喝斥：

"英儿，你越说越放肆，不管怎么说那是你叔父，说你也没什么不对，是为你着想，而你却暗记在心，欲图报复，毫无一点大丈夫的宽洪大量。想是居功自傲，你一定要改掉这坏毛病，你懂吗？真是枉费阿玛我一片苦心！"

褚英见父王生气，只得起身赔罪告退。但努尔哈赤看出他丝毫没有把自己的话放在心上。望着褚英的背影，努尔哈赤连声叹息，看来立褚英做继承人还为时尚早，努尔哈赤只好慢慢等待，想办法帮褚英改掉这些坏毛病。

但是事情并不像努尔哈赤想象的那样简单。

褚英因从小就很骄纵，作为长子，容不得别人，又经常在血泊中求生，心狠手毒。长大成人后，两次获封，深受努尔哈赤宠爱和器重，使他更加目中无人。地位的日益升高，也使他的心胸越来越狭窄，经常欺压别的将士，渐渐引起努尔哈赤的反感和忧虑。然而，努尔哈赤却怎么也舍不得放弃立褚英作为自己的继承人，极力地想给褚英创造机会，打算再试一试。

努尔哈赤思来想去，心情极为矛盾，实在爱惜长子的勇猛，却又担忧褚英的狭隘，恐其不能治理万民之国。每每想起这些，努尔哈赤怎能不抚案伤感，喟叹不已，有好多次半夜醒来考虑此事彻夜难眠。最后他只得自己安慰自己说，褚英不过是因为屡立战功而有些自大狂傲，倘若真的让他执掌大政，主宰国家，他就能摒弃褊狭之心，变得襟怀宽广些。

万历四十年（公元1612年）六月，努尔哈赤虽然还没有正式建立后金，但已经基本统一了女真各部，并被诸部尊为"昆都仑汗"恭敬汗，立长子褚英为汗位继承人，并且在十分矛盾的心情下，把执政大权交给了褚英。为了扶植他，努尔哈赤赐褚英女真族人五百多户、牲畜八百、银一万两、敕书八十道，褚英比他的其他弟兄得到的都多。如此一来，努尔哈赤以为褚英不会令他失望的。

但是生活却总喜欢玩笑，命运也似乎故意捉弄人。正当努尔哈赤抱着试一试态度将褚英立为继承人后，没多久，却接连出了一系列惨事，令努尔哈赤心力交瘁。

却说这日，努尔哈赤正在书房内闭目养神，想着自己的长子褚英自被立为汗位继承人以来，竟也平安了许多，似乎的确不像以往那般令自己操心了。心里稍稍觉得有些宽慰，庆幸自己没有因一时之气而放弃机会，如果长子褚英真能改掉褊狭的毛病，以后继承汗位，治理金国，自己亦可放心了。

努尔哈赤这里还在想着，忽然侍卫来报说：

“昆都仑汗，外面四大贝勒爷和五位大臣求见，说有要事启奏。”

努尔哈赤心中一动，暗自纳闷：

“四大贝勒、五大臣，奇怪，我那些王儿与五位大臣共同前来是为什么，还说要事，难道出了什么大乱子？”

努尔哈赤忙传他们进来。即刻，只见自己的次子代善、五子莽古尔泰、八子皇太极还有侄儿阿敏在前面进来，后面紧跟着额亦都、费英东等五位大臣。进来后，九人齐齐跪倒，伏地啜泣，要努尔哈赤为他们做主。努尔哈赤慌忙站起身，伸手相扶，口里说道：

“四个王儿，五位爱臣，快快请起，不必着急，有什么话慢慢讲来，快快起来，细细说与本汗，到底发生了什么事？”

那九个人却依然跪着不起，只说望大汗答应为臣做主。

努尔哈赤知道事情严重，说道：

“你们且起来，说明白到底怎么回事，本汗一定为你们做主！”

九人这才起身，相互望了望，大臣额亦都从中走出，来到努尔哈赤面前，跪拜施礼，道：

“小臣斗胆，请大汗恕罪，臣等乞请大汗严惩广略贝勒，为臣等做主！”

努尔哈赤不禁倒吸一口凉气：

“怎么？我那长子褚英做了什么不轨之事吗？卿何出此言？”

额亦都老泪纵横，强忍悲痛说道：

“大汗！恕小臣冒昧，广略贝勒实在是太过分了。自从大汗赐他人口资财，立为继承人后，他竟恣狂肆虐，对我等五位小臣百般凌辱，还以卑劣的手段挑拨我们之间的关系，对我们威逼利诱，竟出言要诛杀臣等，请大王做主！”

旁边费英东等另外几位大臣也随声附和，这时又有二贝勒代善走过来，口称“父王”道：

“父王，恕儿臣无礼，我的长兄实在是太过褊狭歹毒，不仅对五位大臣百般欺辱恫吓，对我们兄弟几个也是威胁逼迫。竟让我们指天发誓忠于他，而且扬言，凡与他不和的，等他即位后便全部杀掉。儿等实是不堪忍受，恰又逢五大臣同遭厄难，故一同前来，请父王给我等做主。不然，我等将性命不保，望父王明鉴，与我等做主啊！父王！”

其他几个贝勒连同五位大臣纷纷附和：

“请大汗做主！”

“请父王为儿等做主！……”

一时乱乱糟糟。

努尔哈赤刚才自己还以为风平浪静，没什么事呢，却不知道，竟早已出了乱子，自己担心的事竟成了事实。长子褚英本性不改，相反还更加阴诈，居然祸害起努尔哈赤宠爱的子侄和擢升的五位得力大臣，失望的痛苦就像奔流的河水一下子灌注进内心的每一个角落。自己的希望看来是要落空了。但忽地转念一想：不可能，褚英即使再不改，也绝不会将矛头指向他自己的弟弟，会不会是这几个王儿妒嫉他们的大阿哥而想争夺汗位，故此串通五位大臣，捏造谎言，诽谤诋毁褚英，这也是很有可能的。努尔哈赤心内翻江倒海，真是苦不堪言，但他丝毫没有露在脸上，不动声色地说道：

“真有这等事？若真有此等事，我决不会姑息于他，只是你们大家众说不一，一时显得杂乱无章没个头绪，我也不好分清究竟怎么一回事。这样吧，你们回去，草拟一份奏疏给我递上来，将事情原原本本，由始及末叙写清楚，等我见奏文批阅后再做道理，如何？”

四大贝勒和五位大臣没有办法，只好告退。回去后，即刻商讨，共拟一份奏章呈递给努尔哈赤。

努尔哈赤接过奏呈，打开一看，心中不禁又急又气，拍案自语：

“可气！这个不争气的逆子！”

奏疏是这样写的：

“拜呈大汗，给大汗请安，启奏大汗：大汗圣明，儿臣代善、莽古尔泰、皇太极、阿敏及臣额亦都、费英东等斗胆上书，乞请大汗为臣等做主，解臣等性命之忧。

“大汗：臣额亦都、费英东还有其他三位大人，自被大汗擢用后，日感大汗圣恩，无以为报，誓尽自己全部才能为大汗效力，不敢妄言立下多少功劳，但也觉拼死卖命，为大汗宁愿肝脑涂地亦不后悔，死而无憾。为报圣恩，臣等时刻不敢辜负大汗重望，可谓殚精竭虑，一心为国。孰知，祸从天降，臣等性命，危在旦夕。臣等并非惧死，若是有用于国家虽九死而犹未悔，只是臣等近日所遭之劫，实亦我邦之难，不敢言苟活，只是念及大汗浩荡圣恩，不告与大汗心实不安，故斗胆上书，细述始末，纵死亦无愧于心、无愧于大汗。

“广略贝勒褚英阿哥自幼胆识超人，勇敢无比，自出世以来，杀敌夺寨，攻无不克，战无不胜，骁勇善战，屡建奇功，是不可多得的威猛之将，群臣有目共睹，众将士也无不称道，臣等亦是不敢怠慢，一心协助广略贝勒辅佐大汗成就基业。

“哪知，广略贝勒日见居功自傲，目中无人，眼空四海，不把臣等放在眼中。大汗赐他封号后，广略贝勒日显褊狭，对手下士卒动不动就怒而杀之。对大汗手下的大将亦是个个不以为然，出言相讥，自恃勇武功高，甚是恣狂，甚至连那些开国老臣也不加尊重，任意讽责。群臣不满，但感念大汗洪恩，无以为报，故忍让有加。

“广略贝勒却不顾念此事，被大汗立为继承人，得人口，获资财，执掌大权后，变得日益残暴阴险，今竟从臣等身上开刀。

“那日，臣额亦都忽然接到侍从禀报，言说广略贝勒派人来传小臣去见他，说有要事相告。臣不敢怠慢，急忙整理衣冠赶至大阿哥广略贝勒府中。施礼过后，大贝勒笑脸相迎，臣躬问贝勒爷有何要事。广略贝勒笑而不答，却吩咐下人摆下酒宴，说只是想请臣与他共饮几杯。臣心中迷惑，半惊半恐，不知广略贝勒大阿哥究竟何事，最后迫不得已侍陪广略贝勒略饮几杯。席间，广略贝勒突然压低声音说道：‘额亦都，你恐怕还蒙在鼓里吧，近日你将有杀身之祸！’

“臣当时大惊，忙跪倒问臣犯了何罪，广略贝勒大笑，将臣扶起，说道：‘不必如此惊慌，只要你听我良言，保你平安无事。你并未犯什么罪，是有人想陷害你！’

“臣忙问是谁想陷害小臣，广略贝勒便在臣耳边小声说道：‘就是那费英东！’并拿出一份奏疏让我看，臣见上面写的是捏造臣不忠于大汗，私通外敌，欲图谋反之事。毫无根据，却卑鄙惊人，下边模模糊糊是费英东的名字。臣未曾看清便又被广略贝勒将奏疏夺回。广略贝勒说，这奏疏本是送与大汗的，正巧被贝勒爷见到私自扣下，说与臣知。

“臣当时半信半疑，不知是真是假。广略贝勒只说让臣小心就是，他为小臣做主。小臣心中有事，没兴趣再饮，广略贝勒亦不再留臣。臣回府中后，百思不解，又觉心寒，背襟发凉。想那费大人与臣共受大汗之恩，大汗不弃，委以重任，臣报恩不迭，怎敢图反。想那奏章上所列之事虽无根无据，不足为惧，但臣转而想到这写奏疏欲置臣于死地之人，心下甚是惊惑。想费英东大人与臣同受大汗圣恩，共效命于大汗，素日交往有厚，虽不敢说交情过命，倒也素无怨隙瓜葛，费英东大人何至于出此毒心。

“臣百思不得其解，将府内上下，各种细事考虑一遍，也不曾找到与费英东大人有牵涉的事。倒是前些日，曾有一次因一件小事与费英东大人有过争论，我们两个各持己见，谁也不曾说服对方，不了了之，有些不尴不尬。

“但费大人向来宽宏大量，不是小肚鸡肠之人，断然不会因此而记恨在心，更说不上报复诬陷小臣。而其他原因臣再想不出。后来，臣决定去费大人府上问个明白，想弄清到底是怎么回事儿。

“进得费英东大人房中，臣颇感意外，见费大人面色铁青，怒发冲冠，见臣进屋，也不让坐，直接就问：‘哟！不知哪阵香风将额大人吹到我的穷家敝舍，怕是额大人又来送信了吧！’臣当时就愣住了，弄得满头雾水，不知所以。听费英东大人意思，话中有话，说话的口气也极为不对，只好打躬赔笑，问费大人：‘费大人，请不要着急，但不知在下何处冒犯大人，还请明示！……’

“没等臣话音落地，费英东大人早已气得浑身颤抖，向我高喝：‘呸！你还有脸问，假惺惺地装什么笑脸？想我费英东一直把你当作正人君子，视为知己，哪承想，你人面兽心，是个伪君子……’

“臣越听越不对劲，心中也不由得腾起火来刚要发作，忽又想到自己前番在大贝勒那里知道费英东大人要诬陷于我，所以前来问个清楚。这里费大人见了自己不问青红皂白，张口就骂，气成这样，这其中定有原因，想是不知费大人怎样产生误会了。自己只能弄清楚再说，否则越弄越乱，误会就会越来越深。这时，臣便开始怀疑有人从中作梗，故意挑拨我们之间的关系，便极力用平静的口气对费大人说道：‘费大人，请你先不要张口骂人，我想你是听了坏人的谗言，中了别人的离间计，误会在下了。你倒说说，为什么你对在下有这么大的火气！’

“费英东大人鼻子里哼一声，从袖子里抽出一张纸，甩到我脚下，气哼哼地转过身去，怒道：‘你自己看吧，自己干的好事，还来问，无耻！’

“臣强压怒火，从地上捡起那张纸，打开一看，却原来是一封书信，上面写道：‘敬奉夫人，在下素慕夫人仙姿无比，举世无双，那日得见，令在下牵魂动魄，日夜难忘，每每梦中见到夫人身影，茶饭懒动，酒菜不香，思之切切，很想再与夫人谋面，苦于没有机会。不久即是节日庙会之时，不知夫人可否赏光，在下恭迎夫人于城北城隍庙内，恳请夫人驾临。额亦都拜上。’

“臣看完后，头皮都炸了。这写信之人简直无耻之极，想不到竟用这等事来陷害于我。

“臣将怒火压了又压，对费大人说道：‘费大人，我额亦都敢指天发誓，这绝非在下所为。我之为人，光明磊落，自问无愧于心，这不知是何等小人欲借刀杀人，陷害你我，故造此假证，离间我们的关系。姑且请你消消气，咱们坐下来冷静地想一想，这事实在蹊跷。这次在下登门打扰也有一件类似的怪事，牵扯你我，有人拟造你写的奏章，告我图反，私通外邦。我来正是为了弄清此事，不想，在这里又见到了别人捏造的书信，看来这里面大有文章！’

“闻臣如此一说，费英东大人也颇感意外。待臣将自己如何去广略贝勒家中吃酒，如何见到奏章等等前后一说，费英东大人也没了火气，告诉我说这封信也是广略贝勒派人送来的，另外广略贝勒还附有一封信，说这封信是臣额亦都去广略贝勒家中饮酒时，没注意从身上掉出来的，广略贝勒特派人送来。

“臣与费英东大人互相对照，更觉疑惑不解。臣等怎么也不敢怀疑是大贝勒所为，臣和费大人将众位大人在脑中过了一遍，也找不出这人是谁。正当我们无绪可查时，另外三位大人也赶来让我们评理，居然也有人挑拨他们。臣一看，猜想这是有人想离间我们五个，似乎是要揽夺大权。臣拿不准是谁，只能和四位大人商量，我们几个暂时只当没有任何事发生，互相之间还像以前一样，静观事态发展。

“没过几天，广略贝勒又派人让臣去贝勒府。臣依命去了，却见其他四位大人也在那里，相互望望都十分惊疑。

“广略贝勒却命人将我们关在一个屋中，对我们说道：‘父王他已立我为汗位继承人，不久后我就要继承汗位，执掌大权，以后我就是你们的大汗。我绝不允许有人不按我的意旨办事，今天要你们五个前来，没有别的，你们给我写一张字据，说你们在我继承汗位之后，忠心为我效力。如若不写，小心你们的脑袋！’

“说着恨恨地转身，临走又撇下一句话：‘哼！本打算让你们自相残杀，互相猜忌，没想到不起作用，这回我看你们还会怎么样！’

“臣等如梦方醒，前番都是广略贝勒从中挑唆，但臣等被困室内，无以为计。臣等以为，广略贝勒年轻气盛，定是有些急于继取汗位。今臣等对他忠心也是正理，其实，臣等感戴大汗恩德，又会对广略贝勒不忠吗？遂立下一纸为证。只求广略贝勒放我们出去。广略贝勒将我们放出，却又警告我们不得将此事走漏，否则有灭门之祸。臣等自不敢不应，只当什么也没有发生，权且瞒过。后来，广略贝勒却又派人多次召我们进见，逼我们交出手中的权位。臣等委实不堪其辱，故斗胆上书大汗，望大汗明察秋毫，为臣等做主。叩首！

“臣额亦都、费英东……拜呈。”

努尔哈赤看着奏疏，越看越生气，最后气得一拍几案：

“气煞我了！”

强捺怒火，又拿起另一份奏疏，这是四位贝勒写的。

奏疏上说道：

“拜呈父王大汗，启奏父汗：儿臣代善与诸弟莽古尔泰、皇太极和阿敏拜告父汗。大阿哥褚英自建功以来，便对我等兄弟粗暴异常，轻视儿等，每次出兵回来总让我们为他庆功，逼我们陪他饮酒。大阿哥获胜儿臣与诸弟兄也是高兴，为大阿哥庆功饮酒亦是该行之礼。但大阿哥却不允许我们给他提建议，甚至说错话，他听了不顺耳都会暴怒，冲我们吼叫。儿臣等诸兄弟皆敬畏大阿哥，亦不敢告父汗得知。前些日，自大阿哥被父汗立为汗位继承人后，大阿哥更显粗蛮。那天夜里，大阿哥褚英忽然派人将儿臣与诸弟莽古尔泰、皇太极及阿敏召至他的府中，将我们困在一个密室之中，逼迫我们指天发誓，忠于大阿哥，并保证绝不将此事泄露出去。儿臣与诸兄弟慑于大阿哥的威风，只好对天起誓，大阿哥却又对我们说道：‘父汗曾赐予你们财帛马匹等物，等父汗驾崩之后，他所赐予的财帛马匹等物一概废除；再者，凡是与我不和睦的诸弟和大臣，等我即位后一定要全部杀掉！’

“大阿哥心胸狭窄，素日看儿臣等不顺眼，此次又如此胁迫儿臣等，儿臣等诸弟每日提心吊胆，惶恐不安。大阿哥同室操戈，欲残手足，令儿臣等诸弟皆睡卧不宁，时有朝不保夕之感。故不得已上书父汗，望父汗为儿臣等诸弟做主！叩首！

“儿臣代善、莽古尔泰……拜上。”

连着看完两封奏疏，看得努尔哈赤是气恨交加，悲忧参半，心中说不出是什么滋味，看来自己枉费了一片苦心，这长子褚英竟是如此令他失望，当即传旨速把褚英传来。

褚英随即就来了，并不知道发生了什么事，见过努尔哈赤。努尔哈赤看着褚英，怎么也不肯相信他会干出这种事来，一把抓过那两纸奏疏甩到褚英脸上，怒道：

“不争气的东西，看你都干了些什么，真真气杀我也！”

褚英拿起奏疏看了看，却丝毫不以为然。

努尔哈赤问道：

“这些事可是真的，可都是你所为吗？”

此时努尔哈赤多么盼望褚英高声辩驳：“父汗，儿绝未做过此类恶事，这纯粹是诬告儿，望父汗明察，为儿申冤洗辱！”

但褚英却毫无愧惧地说道：

“是的父汗，上面说的都是事实！”

努尔哈赤直气得两手颤抖，但仍不死心，提醒褚英：

“你不要意气用事，这奏文我刚拿到，如果有误或不实之处，你尽可以上书辩驳，我一定会为你做主的！”

“我没什么可辩的，再说我又做错了什么？难道我即位后，不该要求他们对我忠心不成！”

褚英理直气壮似的，竟毫不掩饰。站在那里，态度异常蛮横。

努尔哈赤再也忍耐不住心头的怒火，向褚英怒吼：

“混账！你几次三番令为父失望伤心，如今非但不思悔改，还如此执迷不悟。如果你以为立你为继承人就可以如此偏执心狭，你就太糊涂了。现在我马上传旨把你所分得的收回分给你的诸兄弟；另外，从此以后，你将永远无权执管政事，也无权率兵出征！你给我滚！”

就这样，褚英由汗位继承人转而被废，就好比从万丈高楼失足，扬子江心断缆崩舟。同年九月，努尔哈赤发兵出征乌拉，褚英不但不被允许随兵出征，甚至连留守的资格也被取消了。褚英本来心胸就不开阔，平日只有建功受宠，何曾受过此等压制，直气得哇哇暴叫，对贴身侍卫嚷道：

“哼，我绝咽不下这口气！我一定要报复！他们不让我过得好，我也绝不让他们过得舒心！”

褚英这时简直有些急疯了。他命人请来巫师，将父亲努尔哈赤及诸弟、五大臣的名姓分别写在小木人上，附上咒语，然后对着天地焚烧，诅咒他们在与乌拉部作战时大败战死。你看他咬牙齿咯咯直响，怒不可遏，看着写有父亲努尔哈赤及诸弟、五大臣名姓的咒符在巫师的剑头化为灰烬，竟似大解心头之恨般仰天长笑，痛快之至，令人望而不寒而栗。

身边的四个侍卫看着褚英，吓得出了一身冷汗，他们暗暗恐惧，其中一个说道：

“各位兄弟，恐怕咱们性命不保。你们看到了，这广略贝勒怕是有些疯了，竟如此大逆不道，狂妄大胆，敢诅咒大汗和众贝勒诸大臣，以后即使他能一时得逞，恐也不会有我们好果子吃。与其这样，倒不如你我向大汗告发此事，免得大汗察知，落个罪灭九族，你们以为如何？”

其他三人相视，面色恐慌，一个说：

“大哥说得极是，我自小至今从未听说过有这等忘恩负义、大逆不道的恶子恶行。如此阴险歹毒，在他身边说不定什么时候就被杀掉了。”

另一个说：

“对！咱们还是极早向大汗奏告吧！”

那个为褚英制符的巫师也感到难脱罪责，自杀而亡。

努尔哈赤兵胜而归，却得知褚英在城中所为，即是由褚英几个贴身侍卫告发的。努尔哈赤对褚英彻底失望了。努尔哈赤悲伤异常，这个逆子居然走上弑父害弟的道路，居然与自己为敌，忤逆之子，死有余辜！

努尔哈赤真想即刻传旨，将褚英捉拿正法，但终不忍下手。更令他担心的是，如果真的将褚英处死，那么自己政权尚未建立，就因汗位继承人的悖逆而斩之，这千秋功业还要传与后世子孙，自己若开此先河，恐怕会贻祸将来，后世子孙如果纷纷效仿，那这基业将不久倾覆，毁于萧墙之争。那样的话，自己一生的心血便白费了，自己这么多年的殊死拼杀也将徒劳无功。努尔哈赤绝难接受这一切，故此万历四十一年（公元1613年）三月，努尔哈赤下令将褚英免死，囚禁起来。

本来努尔哈赤觉得褚英经此番责罚，再被囚禁，一定会痛改前非，幡然醒悟。他的希望又一次化为泡影。褚英被囚困后，非但没有悔改之意，反而以为努尔哈赤怎么也不忍杀掉他，甚至认为努尔哈赤不敢杀掉他，便更加狂妄起来，经常在囚室之内诅咒努尔哈赤及其诸弟代善、莽古尔泰、皇太极和阿敏等，另外五大臣也在被诅咒之列。他还妄图拉拢那些看守，让放他出去，扬言要去杀死他的对头，要报复。

努尔哈赤不再盼望出现奇迹，褚英已无可救药，如果再不除掉，将是国家一大隐患，祸国殃民，是害群之马。若是怜惜一个儿子将危及国家，恐怕众大臣和自己其他的儿子也有性命之忧。情势已不容努尔哈赤再犹豫，万历四十二年（1614年），褚英被羁押了两年后，这年闰八月，努尔哈赤下了最后决心，下旨处死褚英，时年褚英三十六岁。

褚英没能看到其父努尔哈赤称帝建国，却为其父称帝建国立下汗马功劳。他不曾遇到争夺储位的对手，却又是死于争夺储位的斗争。

褚英在他父亲即将建国的时候却被处死。褚英自小随父亲创建基业，出入于生死之间，游荡于阴阳之界，历尽艰难险阻，为努尔哈赤南征北战，率兵打仗，从未遇过对手。只可惜，这是他的长处，也同时不可避免地铸成其致命的弱点，孤傲狭窄，一意孤行，执迷不悟。在两军对垒时，他立马冲杀毫无惧色，从不失手，但在内部斗争中，他却连连受挫，又不思悔改，终于招致杀身之祸，死于自己父亲手中。

努尔哈赤苦心扶植，最终却又不得不忍痛将自己培养起来的继承人除去，手刃骨肉，怎叫人承受得了！

除去褚英，这汗位又该由谁来继承，努尔哈赤再度为汗位继承之事焦虑不安……

第十五章

后金汗焚告七大恨
皇太极请赐万丈缨

宣完对明廷的七大恨事，努尔哈赤调整了一下气息，以激昂慷慨的声音，一字一顿地呐喊道："凌辱至极，实难容忍，故以此七恨兴兵！""兴兵……兴兵……兴兵！"义愤的声音在天空回旋，山谷震荡……

后金天命三年（明万历四十六年，公元1618年）四月十三日这一天，东方刚出现淡红色的朝霞，皇太极就已经装束整齐地骑在了马上。

皇太极今天的穿戴十分正式，他穿着绣有四爪蟒龙的黄袍，黄袍上罩着御赐的大披肩领。四月的天气虽然已经算是初夏，但日出之前的温度还是比较低的，晨风吹在脸上还有些寒冷。

不过二十六岁的皇太极却似乎并没有觉出多少凉意，恰恰相反，他甚至觉得自己身上在冒着汗，被袍服包裹着的汗气从衣领的间隙悄然升腾，嗅起来有点酸酸的，很好闻。

此刻，他的心情十分激动。不只是他，他身前身后所有的人，文臣、武将、士兵，包括他的父汗，看上去都显得那么难以抑制的心潮澎湃。因为，马上就要举行庄严神圣的告天仪式了。

不一会儿，螺号声和鼙鼓声，在都城赫图阿拉的八个城门上同时响起，队伍出发了。

皇太极看到正黄、镶黄两旗的队伍走在最前面。接下来，就是自己统领的正白旗，那些兵将都是他很熟悉的面孔，但是路过皇太极马前的时候，大家都很严肃，目不斜视的样子，仿佛谁也不认识谁。

上三旗的队伍过去之后，下五旗也紧紧衔尾而来，镶白旗、正红旗、镶红旗、正蓝旗、镶蓝旗，兵士们手持刀枪钺斧等各种兵器，战袍、铠甲、盔缨都与所属各旗颜色相同，在街道两旁围观人群的喝彩声中，一队一队步伐整齐地向南门外高筑的祭天台行去。

这时，太阳正从东方冉冉升起，赫图阿拉被这灿烂的旭日光芒照耀成一片金黄。

父汗的巴牙喇兵出动了。那是五百名骁勇的儿郎，一个个骑着高头大马、挎着腰刀，昂首挺胸的。在巴牙喇兵的后面，是两行号手，“呜呜”地吹着一丈多长的长筒大号，引导着努尔哈赤的仪仗队：两面杏黄龙旗迎风招展，金瓜钺斧朝天镫眩人眼目。

皇太极知道自己该出发了，他双腿一夹，催马向前，跟代善、阿敏、莽古尔泰他们几个走成了一排，四大贝勒并辔而行，威风凛凛地给父汗做前导。皇太极不用看也知道，身后的黄罗伞下，一定是身板挺直得像座小山似的端坐在枣红大马上的父汗努尔哈赤。

父汗虽然刚刚庆过六十大寿，但身体依旧那么魁梧伟岸。四方脸庞，浓眉下双目炯炯闪光，颌下的短须略略有些花白，头戴金顶红缨的黄绸子软盔，身穿明黄色的团龙马褂，外罩黄缎子披风，腰悬宝剑，威武而又庄严。努尔哈赤的马后，紧紧跟随着数百匹马，马上坐着后金朝廷的文武官员。

队伍很快来到南门外的祭天台。皇太极看到，台上设有黄绫罩着的香案，祭天的牺牲乌牛、白马已然宰杀完毕、洗刮干净，首级盛放在大托盘里，供在了香案上。香案上还摆着四个蓝花大碗，第一碗是酒，第二碗是肉，第三碗是血，另一碗则是土。祭天台前，两杆黄色的大旗在清风中猎猎作响。皇太极凝神注视，见左面的大旗上写着“誓师告天”，右面的大旗上则写着“报仇雪恨”。

八旗健儿已经在祭天台前排列成整齐的方阵，各旗的旗主都顶盔贯甲持枪荷戟立在旗队之前，威风凛凛、神色肃然。将士们的脸都紧绷绷的，洋溢着肃杀的怒气。

皇太极和代善、阿敏、莽古尔泰一齐跃下战马，簇拥着父汗努尔哈赤，沿着台阶稳健地走上祭天台，肃立在香案前。

皇太极见父汗已归正位，与那三位贝勒互视一眼，齐齐后退一步，分立于汗王身后两侧。

这时，全场鸦雀无声。

“吉时已到，后金大汗行祭天大典！”

赞礼官一声高喊真欲振聋发聩，一时间，金鼓齐鸣、乐声大作。汗王努尔哈赤双手敬奉着一束点燃的檀香，稳稳地走到香案前，将香插在硕大的铜香炉里，香烟缭绕，气氛肃穆。皇太极等四大贝勒扑地跪倒，台下所有的人也都齐刷刷单腿跪在了地上。

努尔哈赤上完了香，恭恭敬敬跪在香案前，向穹天遥行三拜九叩的大礼。这时，努尔哈赤缓缓举起双手，金鼓和声乐戛然停止，全场肃静无声。赞礼官双手捧着一篇黄绫祭文，递到了汗王努尔哈赤的手中。这篇后来一直被称为《七大恨》的祭文，是由大臣范文程连夜书写的，努尔哈赤接在手中，以凝重而又浑厚的声音宣读着：

"……吾父、祖于大明禁边，寸土不扰，一草不折，秋毫未犯，彼无故生事于边外，杀吾父、祖，此其一也；虽有祖、父之仇，尚欲修好，曾立石碑，盟曰：'大明与满洲皆勿越禁边，敢有越者，见之即杀，若见而不杀，殃及于不杀之人'，与此盟言，大明背之，反令兵出边卫叶赫，此其二也；自清河之南、江岸之北，大明人每年窃出边，入吾地侵夺，我以盟言杀其出边之人，彼负前盟责以擅杀，拘我往谒都堂使者纲孤里、方吉纳二人，逼令吾献十人于边上杀之，此其三也；遣兵出边为叶赫防御，致使我已聘之女转嫁蒙古，此其四也；将吾世守禁边之钗哈（即柴河）、出七拉（即三岔）、法纳哈（即抚安）三堡，耕种田谷不容收获，遣兵逐之，此其五也；边外叶赫是获罪于天之国，乃偏听其言，遣人责备，书种种不善之语以辱我，此其六也；哈达助叶赫侵我二次，吾返兵征之，哈达遂为我有，此天与之也，大明又助哈达，逼令返国，后叶赫将吾所释之哈达掳掠数次，夫亡之国互相征伐，合天心者胜而存，逆天意者败而亡，死于锋刃者使更生，即得之人畜令复返，此理果有之乎?天降大国之君，宜为天下共主，岂独吾一身之主?先因诸部会兵侵我，我始兴兵，因合天意，天遂厌诸部而佑我也，大明助天罪之叶赫，如逆天然，以是为非，以非为是，妄为剖断，此其七也。"

宣完对明廷的七大恨事，努尔哈赤略微停顿了片时，似是调整了一下气息，又似是下定了决心，终于以激昂慷慨的声音，一字一顿地呐喊道：

"凌辱至极，实难容忍，故以此七恨兴兵！"

"兴兵……兴兵……兴兵！"努尔哈赤满腔义愤的声音在天空回旋，山谷震荡。

宣读完《七大恨》这战斗的檄文，汗王努尔哈赤将它放进了香炉，顿时，烈焰腾起，一股浓烟飘然上升。皇太极知道，父汗是用这种方式，让列祖列宗和上天共鉴后金人对明廷的冲天怨恨和血战到底、势不两立的决心！

汗王努尔哈赤又叩了三个响头，这才立起身来，分别把供桌上的酒、肉、血、土撒在了祭天台上。

皇太极等四大贝勒见状，便也叩了几个头，然后起身侍立在父汗身后。

努尔哈赤威严地扫了一下诸贝勒和台下还跪着的大臣和将士们，大手一挥，命令道：

“来人！飞马将七大恨檄文传示四方，发动全体女真助我努尔哈赤讨伐明廷！”

此刻，鼓乐声再次大作。随军的萨满们也全都发动起来，个个口念神词，扭动着腰身，手舞足蹈，在八旗队伍中来回穿梭狂舞。在回震山谷的螺声、乐声、鼓声和战马的嘶鸣声中，八旗将士们的情绪被极大地激发起来了，他们的眼睛里冒着火，一个个摩拳擦掌、跃跃欲试。

努尔哈赤顺着阶梯走下祭台，只见他步履稳健、神态严肃，给人以慷慨赴死的感觉。在台下久候多时的巴牙喇兵赶紧牵过汗王的枣红马，汗王认镫扳鞍上了战马，声音洪亮地说道：“回城！”

“兴兵伐明！”

“报仇雪恨！”

“汗王万岁！”

在八旗将士惊天动地的呐喊声中，努尔哈赤率领着皇太极等四大贝勒和大队人马，浩浩荡荡地返回赫图阿拉。

内城早已备好了盛大的筵宴。根据汗王的旨意，这场盛宴不是仅供官员和将士享用的，而是由全城军民共享，是一场规模空前的真正意义上的盛宴。以议事厅前的广场为中心，酒席一桌连着一桌向四周的大街小巷延伸，八旗的将士和他们各自的家眷围坐在一起，高举酒碗，互相祝酒。几百名身着节日盛装的妙龄少女，跳起了女真人千百年流传下来的“喜起舞”，为大家助兴，把个宴会搞得是有声、有色、有味、有香，一派热闹的气氛。

夜色降临后，盛宴犹是方兴未艾，在松明火把的照耀下，赫图阿拉军民继续开怀畅饮。人们就这样边吃边喝、载歌载舞，一直庆祝到子夜时分方才意犹未尽地各自散去。

努尔哈赤和他的重臣们，就这样又一次定下了征战的决心。与以往统一女真各部不同，他们这一次的目标，是尚在睡梦之中的大明朝廷。

后金都城赫图阿拉坐落在苏克苏浒河上游的南岸，是由内外两城组成的。

其中，外城是一座石砌的坚固的土城，高逾六丈，周长九里，为了利于防御士兵隐蔽身体和对敌射击，外城的城墙上还建有一座座相连的雉堞。外城一共开设八个城门，每个城门都建有高大的城楼，虽然只是三间灰瓦大厅，并无雕梁画栋，但却古拙厚重，再加上远处青山环抱，近处彩旗招展，整个城池倒也显得非常巍峨雄壮。

被外城翼护的便是内城。内城周长四里，南北各有一门，东有两门，西边不设门。内城居住着努尔哈赤及其亲族，有汗王的金銮殿和宫室，外城居住着众臣与亲兵，各种工匠和其他人等居于城外。

汗王努尔哈赤并没有跟百姓一样狂饮到子夜，大概在初更时分，他就辞别了尚在痛饮的众贝勒和大臣，在近侍的护卫下回到后宫。

大妃乌拉纳喇氏未敢歇息，一直在后宫等候汗王。此刻闻报汗王回宫，急忙快步迎到后宫门。一见汗王，慌忙俯身请安。汗王一身酒意、满面春色，揽住大妃的纤腰，二人紧挨挨一起步入宫中。

二十八岁的乌拉纳喇氏，生得十分标致美貌，身材窈窕丰满，鹅蛋脸，柳叶眉，双睛澄澈宛若秋水，身着淡绿色镶着花绦的旗袍，脚蹬一双大红软缎绣花鞋。虽是一双天足，却也纤秀小巧。她十二岁入宫侍候汗王，十六年来已经为汗王生下了几个儿女，但由于保养得好，使她既有七分少妇的成熟之美，又余三停少女的青涩之美。她不仅聪明伶俐、妩媚动人，更兼温柔、端庄、恬静，深得努尔哈赤宠爱。因此，皇太极生母叶赫纳拉氏死后，汗王很快就把她立为大妃。

赫图阿拉时期，汗王和大妃的寝宫并不像人们想象中的皇宫内院那么奢华富丽，不过是东北地区常见的民居格局，只是略微大一些罢了。南北大炕，北炕用于就寝，因此铺摆着鲜艳的绸缎被褥，还挂着绣花锦帐。南炕则是供人坐了休息的，上面铺了黄锦座垫，炕中间还放着一只雕花的檀木小茶几。

汗王进得寝宫，大妃为他解下披风，脱下马褂，努尔哈赤盘腿坐在南面的炕上，宫女献上奶茶，大妃乌拉氏由宫女手中接过，双手为汗王放在茶几上，说：“请汗王用茶。”

努尔哈赤喝下一口奶茶，让大妃坐在身旁。大妃白皙的脸庞在灯下泛着红晕，汗王执了大妃柔嫩的手，说道：

“大妃，今天朕祭天拜神，宣了七大恨，马上就要和明朝大皇帝兴兵开战了，你害怕不害怕?”

乌拉氏把闲着的那只手覆在努尔哈赤的大手上，忽闪着大眼睛认真地回答道：

“臣妾一点也不害怕。说句不客气的话，臣妾根本都不怀疑咱们后金会在战斗中取胜！汗王，咱们后金兵精粮足，八旗将士英勇善战，又有汗王您这样英明君主统帅指挥，还怕明朝那昏庸的皇帝和那些无能的官军？咱们一定能打胜仗!”

汗王点了点头，然后又说：

“明朝的皇帝看上去威风凛凛、高高在上、不可一世，可是骨子里却昏庸腐朽，官吏们个个贪得无厌、鱼肉百姓，川、陕一带流寇四起，君臣们又离心离德，我看大明的江山是不会长了。”

“妾听说大明皇帝整天寻欢作乐，不问朝政，今天汗王祭天向他宣战，也许大军到了他的宫门前，他还不知道呢!”

汗王听了哈哈大笑，正在这个时候，一宫女进来跪报：

“启禀汗王，四贝勒皇太极前来问安。”

努尔哈赤满意地点点头，这个四贝勒，虽然是女真的嫡亲骨血，却于中原礼仪十分熟稔，特别是对父汗晨昏定省这样的孝道礼节，从来不曾缺少过。依照规矩，对于子女这种就寝前的问安，汗王也可以命宫女或太监挡驾，就说“知道了”，让他回去就是了。

但是今天努尔哈赤很兴奋，很想和皇太极聊一聊，便吩咐道：

“让他进来。”

听得父汗允进，皇太极大踏步走了进来，来到努尔哈赤座前，他单腿跪下，恭恭敬敬说道：

“给父汗请安！”

扭过脸来，皇太极又向大妃道：

“给大妃请安!”

大妃忙欠起身来，抬手摸了摸鬓角，按女真规矩还了皇太极一个摸鬓礼。

这时候，汗王努尔哈赤挥挥手，说道：

“起来吧，坐下说话。来，上茶！”

大妃看出父子们有军国大事要商议，便起身回避了。

努尔哈赤望着皇太极，问道：

“你最近在读什么书呢?”

皇太极刚刚端起奶茶，听父汗问，忙将茶盅轻轻放下，侧身回答说道：

“儿臣这程子在读《春秋》了，是请范先生给讲的。”

汗王听了非常高兴，他对皇太极说道：

“好，这就好！范先生有学问，请他讲授，你算找对了人了。”

皇太极顺着父汗的意思，说道：

“想范先生这样的人才，如今也为我后金所用，大明昏君不亡还等什么呢！”

努尔哈赤“嗯”了一声，说道：“大明君昏，臣也不明！我后金君臣千万不能效法这不明的大明！”

顿了顿，努尔哈赤盯着皇太极又说道：

“你现在是一旗之主了，一定要多读书、多上进才是！朕希望爱新觉罗的子孙不光有勇有力，更要有智有识！皇太极，你千万不要辜负朕的期望啊！”

“儿臣遵命!”皇太极连忙躬身应诺，然后，他张了张嘴，像是要说什么，可是想了想，又收回去了。

努尔哈赤看出来了，便问道：

“你到这里来，除了问安，还有什么别的事情吧？说吧！”

“是！”皇太极神色严肃地说道：

“父汗，儿臣是来请缨赴战的！我后金既已告天誓师，与明廷之战便势不可免。儿臣身在四大贝勒之位，又领一旗劲旅，自当一马当先！儿臣不才，敢请为前敌先锋！”

努尔哈赤正起身子，看了看英气勃发的八阿哥，心头一种宽慰的感觉油然而生。爱妃孟古走得早，留下这个孤苦伶仃的儿子皇太极，自己这些年来一直忙于东讨西征统一女真各部，顾不上特意培育皇太极，不想他竟自成了大器了！

想到这里，努尔哈赤有意考察考察皇太极的见地，便问道：

“若是以你为先锋，你认为我后金兵该先取大明何地呢？”

“抚顺关！”皇太极坚定地说。

“哦？”努尔哈赤眼睛一亮，说道：

“说说你的道理！”

“是！父汗，我后金要与大明一决雌雄，辽沈乃是必取之地，此乃我门前要道也。而欲取辽沈，则必先克抚顺。抚顺是大明辽东的前哨，虎视我后金，对我后金威胁甚大。不拔除它，我军就不能出入辽沈如入无人之境。拿下抚顺，则辽沈也自在我后金掌握了！到那时候，我们就可以伐辽东、灭叶赫、进而兵取中原！”

努尔哈赤拊掌大笑，说道：

“虎父果然不生犬子！皇太极，你的见解与为父想法是一致的！你肯用心想事，为父心中十分高兴！在四大贝勒里，你虽然暂居末位，但才干、功勋是不受排位限制的，你可明白？”

皇太极心头一震，父汗这么说是什么意思？莫非……

仓促之中，无暇多想，皇太极只是诺诺应道：

“儿臣一定尽心尽力，不敢辜负父汗厚望！”

努尔哈赤打了个哈欠，说道：

“夜已深了，明天我将点将出兵，你还是回去好好休息，后面还有更多的大战要打。对了，打抚顺的事情，你就多想想吧，看有什么办法，既能很快得了抚顺，又不会造成我后金八旗的太大伤亡。毕竟，这是我们跟大明的第一战啊！”

“是，儿臣一定好好用心思，请父汗安歇，儿臣告退。”

第二天天刚到清晨，皇太极便来到了议事大厅。

然而议事大厅里早已经是人头攒动，文武大臣都在恭候着汗王的到来。文武百官当中，不少人都跟皇太极一样，因为思索跟明廷开战的事情，一夜没有睡好。不过看上去，大家的精神却都很饱满，因为多少年来女真人被大明的昏君和贪官、污吏欺压得苦不堪言，如今汗王振臂一呼，要起大军南下伐明，大家被一股精气神顶着，哪里还觉得出困乏劳累来？

只过了一会儿，皇太极就听见赞礼官的高昂声音了。

“汗王驾到!”

一时间，整个大厅的人一起跪倒在地，齐声高喊道：

“汗王万岁万岁万万岁!”

努尔哈赤龙行虎步走到大厅正中的高椅前，转过身来，朝大家挥了挥手，说道：

“各位免礼平身！”

努尔哈赤落座之后，望着文武百官沉稳凝重地说道：

“朕昨日告天誓师，对明廷宣战，从今以后，后金不再臣服大明，我全体女真儿女也不再做大明昏君和贪官污吏的奴隶了！朕于统一女真各部之时，就曾多次要求各位治甲胄、修军器，准备征伐明贼。现在讨贼的时候到了！”

努尔哈赤说到这里止住话头，一双虎目注视着大臣们。这位马上君主，在中原文化的影响下，却知道不少历史上明君贤主从谏如流的好做法。特别是像出兵伐明这样关系重大的事情，一方面是要经过自己的深思熟虑，另一方面还要广泛听取大臣们的意见，集思广益嘛！

文武百官思忖片刻，只见四大贝勒之首的代善出班奏道：

“我后金兴兵伐明，既是人心所向、众望所归，也是天意如此！八旗将士个个摩拳擦掌，就等父汗传令出兵了！”

足智多谋的何和理接过话茬儿奏道：

“现在不是出兵不出兵的事了，而是怎样出兵才能确保一战成功！臣以为，不管怎样打法，首先应该出其不意，攻其不备，神速进兵，打明朝一个冷不防！”

心粗性急的壮汉子三贝勒莽古尔泰，黑红的脸蛋泛着光芒，扯开嗓子高叫道：

“对对对！兵贵神速！父汗，你就发一支将令给儿臣，派儿臣做前部先锋，有儿臣出马，保管杀大明边将一个措手不及！”

虎头虎脑的二贝勒阿敏也不甘落后地接着说道：

“侄臣阿敏也愿意攻打头阵!”

努尔哈赤大手一挥，沉声说道：

“何人攻打头阵可以再议，眼下首先需要确定，我军此次伐明应该采取何种策略，先攻何处、后取何地，这都要一桩一件地计议清楚啊！”

说到这里，努尔哈赤有意无意地看了皇太极一眼。

皇太极何等精明，知道这是父汗示意自己发表见解了。于是，他上前一步，朗声奏道：

“父汗，欲伐大明，必先得辽沈。欲得辽沈，必先下抚顺。而欲下抚顺，则必先破边墙！”

努尔哈赤一听，发现皇太极这番话跟昨天晚上在宫里说的并不完全一样，便下意识地“哦”了一声。

皇太极当然明白这声“哦”的潜在意思。昨晚回去之后，他又仔细思考了一番，觉得自己在父汗宫里说的先取抚顺的计划还不算十分完善，便斟酌了几乎半夜，才想出了现在这个补充办法。他又向父汗走近了一步，慢慢地说道：

“父汗，多年以来，明朝以边墙为界，我族人越过边墙就遭杀戮，实在是欺我太甚。儿臣以为，不如先破其边墙，扫除我进兵辽东障碍，然后挥师南下，直捣抚顺！”

何和理听了点点头，附和道：

“汗王，四贝勒所言极是，破除边墙，明朝便不能再以此欺我御我。我八旗以骑兵为主，破其边墙以后，铁骑再无障碍，大军可任意进入明境，攻城略地犹如反掌！”

皇太极感激地看了一眼何和理，继续说道：

“父汗，破除边墙之后，还不能即刻强攻抚顺。明廷在抚顺屯兵数万，城池又甚是坚固，我军仰攻必定艰难，若是付出惨重的伤亡代价，则挫伤我兵锐气。大军初发，首战不宜伤动元气！”

努尔哈赤还未说话，三贝勒莽古尔泰已经不耐烦了，怪叫道：

“打仗又不是绣花，没有伤亡怎么可能！父汗，我还是那句话，给我一支将令、三千兵马，不拿下抚顺我提头来见父汗！”

“嗯？”努尔哈赤冲三贝勒一瞪眼，说道：

“你八弟说得对！我八旗将士虽然悍不畏死，但是我们要打的仗还很多，能够少一些伤亡，就多一分最后胜利的把握，你呀，真是个‘莽’古尔泰！”

转过脸去，努尔哈赤对皇太极说道：

“继续说下去，看看你这个智多星有什么好点子！”

皇太极躬身应一声“是”，然后继续奏道：

“抚顺关还有几天就是例行的开关贸易日子了，这是一个天赐良机！我们何不趁此机会派人混进城里，先去摸清城内防御情况，待我大军攻城之时再趁乱打开城门，这样我军应可事半功倍地攻下抚顺！不知父汗意下如何？”

努尔哈赤听到这里微微点头，然后扬起重眉，神色严肃地说：

“你说得很好！大兵初动先克抚顺，这是朕的既定战略。不过四贝勒所说的利用开关贸易机会，本汗倒未曾仔细想过，看来众人拾柴火焰就是高啊！”

文武百官都被汗王的谦逊态度所折服，也被他的深谋远虑所鼓舞，大家个个热血沸腾，急切地盼望开赴战场。四大贝勒听努尔哈赤说完，也都齐刷刷大声说道：

“愿听汗王差遣!”

努尔哈赤目光炯炯地站起身来，步伐沉稳地踱了几步，然后猛然转过身，声震屋宇地发布命令：

“我八旗将士明日出兵征讨明贼，所有人马分为左右两翼，先拆除边墙，然后分兵各进。朕与三贝勒莽古尔泰、四贝勒皇太极，率正黄、正白、正红、正蓝四旗为右翼军，去攻打抚顺城。大贝勒代善、阿敏，率镶黄、镶白、镶红、镶蓝四旗为左翼军，去攻打东州堡和马根单堡。”

努尔哈赤接下来又安排了随两翼军出征的人员和留守赫图阿拉的文武臣僚，一切安排停当，努尔哈赤又对大家说道：

“这是我后金与明朝首次开战，必须旗开得胜，马到成功，各位务必戮力同心，奋勇作战，勿负朕望!”

皇太极精神振奋，气运丹田，和大家一起高声应和着。

第十六章

界藩城遣将充内应 抚顺关招降建头功

皇太极庄重地向父汗再施一礼："儿臣斗胆，请父汗降旨，准许李永芳放弃抵抗，向我后金朝廷投降！"此语一出，周围的人全都是大吃一惊，一时间议论纷纷。"攻不下城池就施招降计，这不是灭我八旗的威风么？"

努尔哈赤的十万大军，浩浩荡荡地沿着苏克素浒河畔的大道飞驰前进，马首所向，正是大明辽东重镇抚顺关。

皇太极领着本部人马，跟随大军衔枚疾进，一路上顾不得歇息，马蹄踏踏，尘土飞扬。行到傍晚时分，皇太极在马背上挺起身来，只见前面一带青葱，原来已然来到铁背山了。这铁背山位于苏克素浒河和浑河的汇合处，连绵宛转几达数十里，拔地兀立，郁郁葱葱地直入云端。

皇太极远远望去，见铁背山麓的界藩城，袅袅腾腾，已然升起了处处炊烟。

红日眼看西沉，看西边天际，云霞绚烂，十分壮观。这时，前军传来大汗努尔哈赤的命令：

"八旗各部就地宿营，明日四更大军动身继续西进！"

皇太极很佩服父汗的用兵调度，他点点头，自言自语地说道：

"界藩距抚顺城只有小半天路程，今日大军宿于此地，休养生息，明日正好用兵。"

汗王、文臣和巴牙喇们在界藩城里驻扎，八旗兵将则各搭营帐，驻扎在城外。

八旗人马平素游牧已惯，安营扎寨自是轻车熟路，不多时，皇太极便坐在自己的大帐里了。

不过此刻皇太极还顾不得休息，他命亲兵传来自己的亲信部将吐伦世，向他面授机宜道：

“吐伦世将军，你速去挑选五百名精干士卒，装扮成马商模样，分成五伙，驱赶马匹，连夜直奔抚顺关，趁明日一早马市开市，混进城去，作为攻城内应！切记，进城之后，万不可轻易暴露身份，只在城关四门附近寻妥住处，做好接应大军的准备。等到大军开始攻城，你们见机行事，能够从城内打开城门最好，纵是不能，也要在城内四下放火，高声呐喊，扰乱守军的军心。只要做到这点，拿下抚顺之后，便是大功一件！”

吐伦世双手抱拳，慨然应道：

“末将遵命!”

吐伦世不敢怠慢，赶紧按照四贝勒的命令，部署内应事宜，这且不去提他了。

用过晚餐之后，皇太极循例去往界藩城努尔哈赤的住处，向父汗请安。父子们说了一会儿话，皇太极见父汗略有些疲惫形状，便告辞父亲，回到自己的营寨。

夜幕低垂，群星闪烁，一轮将满之月，把大地照得雪亮，远处的山影似乎已溶入无边的夜色。皇太极心情激动，难以安枕，便先不进帐，信步在自己营盘中徘徊逡巡。

八旗兵将军纪甚是严明，此刻刁斗已然传声，三军就寝，便再也听不到喧闹嘈杂了。皇太极只觉得周围非常寂静，只偶尔听见巡逻哨兵的步履声音、马儿咀嚼草料的声音，以及远处苏克素浒河、浑河的淙淙水声。

皇太极这时不知怎么竟想起大阿哥褚英来了。往常像这种出征大事，哪里少得了他这个后金太子！大阿哥褚英多少年来随父汗创建基业，南征北战，出生入死，也不知在鬼门关上穿过了几个来回！只可惜，他生性孤傲狭隘，一意孤行却又执迷不悟。汗王将他立为汗位继承人，他居然鬼迷心窍，祸害起努尔哈赤宠爱的子侄和五位得力的大臣，终于导致杀身之祸，死于父汗之手。放眼现在的四大贝勒，阿敏是侄子，自然无缘汗位，何况他的父亲与父汗争位，已被汗王囚禁在黑牢，汗王不迁怒于阿敏已是恩遇，绝不可能让其继承汗位；三贝勒莽古尔泰，只是一介武夫，有勇无谋，不足挂齿；只有大贝勒代善，为人忠厚，有包容天下的帝王胸怀，又立下许多赫赫战功，看来只有他才是皇太极继承汗位最强劲的对手了。

皇太极正在胡思乱想，忽听自己后营隐隐传来阵阵人马声音，他侧耳细听，知道那是吐伦世的人正要出发。皇太极遥望着抚顺关的方向，不禁说出声来：

“抚顺，看你还能挂几天大明旗号！”不由冷笑两声，心情大快，这才回到自己的大帐内歇息。

努尔哈赤率领右翼伐明大军离开界藩城的时候，正是四月十四日的四更时分。那轮明月不知什么时候已然隐入云层，八旗将士便在这漆黑的夜色中拔寨而起了。皇太极随了父汗圣驾，来到浑河岸边。

父汗翻身下马，皇太极和莽古尔泰以及随驾大臣们也一齐跳下马来，皇太极知道，马上就要举行祖饯仪式了。

果然，努尔哈赤领头，群臣一齐在河边转身跪倒，向赫图阿拉方向叩头祷告，请祖宗保佑这次出征旗开得胜，马到成功。汗王站起身，接过礼官递上的酒碗，将酒缓缓洒落在地上。然后在众臣与侍卫们的簇拥下，上马向西进发，旄头所指，正是抚顺关城。

车辚辚、马萧萧，大军行不多时，天便阴沉得紧，到五更时候，雨竟下起来了，先是小雨，后来越下越大，终成滂沱之势了。

抚顺城是一座繁华的边城。明朝很早就在这里驻军了，因为这里地处女真与中原之交，是兵家必争之地。不过，驻军也带来了抚顺市面的繁荣。四方商人纷至沓来、云集于此，开始的时候，他们只是同大明驻军交易买卖，后来看到女真就在抚顺关外伸手可及的地方，便很自然地又进一步把生意触角伸向了关外的女真。女真地区盛产马匹、人参、貂皮等特产，这也正是汉族达官贵族所需要的。于是，边城的马市贸易就这样自发地兴了起来。

后来，明朝官府见有利可图，便插手其间，使这种最早起于民间的交易带上了官办贸易的色彩。官府规定，每月初一和十五进行马市交易。一到这个日子，人们就进进出出，把抚顺关弄得热闹非凡。

明朝镇守抚顺城的最高官员是游击将军，统兵五千。皇太极随父汗出征伐明的这个时候，抚顺的游击将军是李永芳。

这李永芳不到四十岁，年富力强，正是好时候。他身材高大，颇有些武艺，曾到朝鲜参加过抗倭战争，因战功卓著，才被升为游击将军。

李永芳虽然驻扎小小抚顺边城，不如内地繁华热闹。但这里山高皇帝远，自己这游击将军就是一呼百应的土皇帝，又有开关贸易这个日进斗金的生财之道，乐得在此逍遥自在，也不想再回到内地。

这些年来，李永芳眼睁睁看见建州都督努尔哈赤日益强大，还在赫图阿拉自立为王，建立了后金，大有与大明朝廷分庭抗礼之势。努尔哈赤前几天祭天、宣布七大恨的事情，也早有探马来报告过了，李永芳也不是无能之辈，已然看出了建州有兴兵犯边的迹象。

对于眼前的局势，李永芳是又着急又害怕。这位游击将军清楚地知道，他所驻守的抚顺城，是大明辽东的边防要塞，又重镇孤悬地临近后金都城，自然是女真的“眼中钉”、“肉中刺”。努尔哈赤没有动作便罢，只要他一对天朝用兵，势必先夺辽东，而抚顺城更是首当其冲，靠抚顺这区区五千兵马，又怎能抵挡得住后金倾全国之力的致命一击?

是以，李永芳这些天来一直寝食不安，已然派亲信向辽东巡抚李维翰告急，并要求上司火速增派援兵。

这日，李永芳正召集部将一起商量抚顺城的防务事宜，忽听手下军士来报，那军士言道：

“启禀大人，外边纷纷传言，说明天月半大集，将有三千女真商人进关贸易。”

一个叫作杨玄庭的把总若无其事地说：

“这点小事也值得禀报?抚顺城开关贸易以来，哪个月的初一、十五不是人来人往?” 千总贾文樵似乎嗅出点异常味道来了，他欠身对李永芳说道：

“大人，卑职以为，女真三千之众一拥而至，似不能以小事视之。往常女真人进关贸易，从不曾有这许多人蜂拥结伴，也从未放出过什么风声。这其中会不会有什么名堂？请大人三思。”

李永芳心里虽也有些疑惑，但却不敢流露，生怕动摇军心，便毫不迟疑地说：

“不会的，众位将军。努尔哈赤虽然有窥视中原的野心，但毕竟羽翼未成，这个时候是不会贸然对我大明有所行动的。”

中军沈金鹏不紧不慢地说道：

“各位大人，卑职以为，我抚顺城，关雄城坚、固若金汤，即使女真人有诈，轻易也不会被他们攻破。更何况，前几日便已向辽东巡抚李大人求援了。”

李永芳想了想，终究守土责重，不敢稍有闪失，便命令道：

“各位将军，不管事情是真是假，还是小心谨慎为好！这样吧，关贸照常，不能让商贾百姓察觉到什么，这样不利于稳定市面。同时，又要警惕女真人当真谋我城池，请诸位将军带领各自人马加强戒备。” “是，末将遵命。”

虽然如此布置一番，李永芳心中依旧不敢托大，便带上几名侍卫，亲自上城巡查。

天空阴云笼罩，城外四野寂寥，各门平静，并没有异常情况发生。李永芳又对把门兵丁叮咛嘱托在四，才上马回到自己府中。没过多久，倾盆大雨滂沱而下。李永芳心神略微定了一些，这样的大雨，既不利于行军，更不适宜攻城，看来女真人至少今晚不会冒犯抚顺了。想到这里，他高枕无忧地上床睡觉了。

李永芳犯了一个常识性的错误，千不该万不该，他不该用懒散慵惰的明朝官兵的常规来套努尔哈赤神勇的八旗健儿。女真人常年在朔方边外艰苦环境中挣扎生存，根本不在乎什么风狂雨暴，八旗将士更是顽强卓绝，平素便常在恶劣天气条件下训练作战，如今面临报仇大事，谁还顾什么自身安逸？此时，努尔哈赤就亲率大军冒雨前行。而皇太极更是带领着正白旗兵马作为先头部队开至边墙之下。

风雨中，有几盏灯笼在边墙旁摇晃，清光惨淡。守边的明军都在黑甜乡里混沌不开，连值守的哨兵也不管不顾地靠住边墙跟着瞌睡虫儿魂游去也。皇太极长枪一挥，早有手下精勇兵卒飞身上前，把守关的哨兵一刀一个全都杀死，其他那些睡梦中的守卒也全都被踢出了热被窝，一个挨一个地绑成了一串儿。边墙守兵解决之后，皇太极当下命令部属一齐动手，把横亘在面前的那道边墙彻底拆毁，好迎接大军过边。前后不到半个时辰，皇太极已然无声无息地把抚顺城围得水泄不通了。

后金大军在抚顺关外安好营寨的时候，曙光才刚刚在东方的天际朦胧初现。皇太极远远望了一眼抚顺城暗灰的城头，便策马赶往父汗新扎的大营。

汗王努尔哈赤也在远眺抚顺关。几年前，他就跟李永芳打过交道，那时，他刚刚吞并了乌拉部，准备移兵海西，讨伐叶赫女真。这时明朝出兵干预，面对这种局面，羽翼未丰的建州都督只得隐忍，写了一封言辞卑下的求和信件，亲自送到抚顺，呈递给李永芳。李永芳当时好威风、好杀气！可惜努尔哈赤虽有雄心壮志在怀，也不得不佯装恐惧，唯唯诺诺地讨好这位大明镇关将军。

不过现在情势完全不同了，今天我努尔哈赤再也不用低眉垂首地看你李永芳的眼色行事了，恰恰相反，今天我要你看看我怎样收拾你，收拾你们的大明！

皇太极在努尔哈赤三丈以外滚鞍下马，跪地施礼，说道：

“儿臣给父汗请安！”

努尔哈赤抬抬手，示意皇太极起来，并且体贴地说道：

“军中甲胄在身，就不必行此大礼了！”

“是！”

站起身之后，皇太极款款道：

“父汗，儿臣所部不少将领，都跃跃欲试，想趁着一股锐气踊跃攻城。适才路过别旗各营，见大家情绪也都很激动，大有灭此朝食的意思。儿臣以为，这种急躁情绪万万不可任其滋长蔓延，更不可不待号令就擅自行动去争头功！”

努尔哈赤看看自己这个最为得意的儿子，心中暗喜，看来这些年来皇太极成熟多了，再也不是过去那个毛头小伙子了。

他嗯了一声，吩咐道：

“传令各部，自守汛地，不得擅自攻城，违令者，斩！”

李永芳却根本没有想到后金的大兵已然在他的抚顺关城外边不远的地方安了营扎了寨。起床之后，他便命令照常开始贸易。不过，由于早有风言说将有三千女真人进关贸易，他还是不敢大意，命亲兵传令各门守将严加盘查，严防女真兵混进城来。

守城的士兵的确在执行他的命令，但是进关的商人太多了，哪里又查得过来？再说这些官兵一个个都习惯了借着开关贸易的机会盘剥勒索，多一个进关贸易的商人，官兵就多一份收入，傻瓜才会把财神爷拒之门外呢！于是，皇太极派去的吐伦世和他那五百个扮成马商的兵卒，很容易地就混进了东门。

抚顺城东关里里外外顿时热闹非凡，不仅贸易市场人头攒动、买卖频繁，就是附近的旅店客栈、饭庄酒肆，也都因为这场大交易而活跃了起来，出来进去的人群，不一会儿就把城门守兵搞得晕头转向了。

这时候，吐伦世那帮子假马贩子突然发作，一个个亮出了刀枪，跟守城的士兵厮杀起来。

假马贩子们一边杀还一边高声呐喊：

“后金大军杀进抚顺关了！冲啊!杀呀！”

仓促应战的明军这时似乎明白了什么，赶紧把城门关闭起来，然后派人把这些突发情况飞报游击将军李永芳。

正在将军府内吃着早饭的李永芳，此刻也听到了城外远远传来的惊天炮响，李永芳毕竟心里有事，赶紧从墙上取下宝剑，飞身蹿出房门，正和那个报信的兵丁迎面撞了个满怀。

李永芳猝不及防，险些被那小伙子撞倒在地上，他踉跄了几步，方才站稳，喝一声道：

“慌什么！又不是八旗兵攻城！”

那兵丁连忙单腿跪报道：

“禀报将军，正是八旗兵攻打东门了!”

李永芳真恨不得使劲抽自己这张臭嘴几下，怎么这话也说得出来！

他定一定神，问道：

“有多少人马?”

“黑鸦鸦的，数不清。”

“啊!快，快快备马！”

天色大亮的时候，抚顺城最高军事将领李永芳终于出现在东门城楼这个最需要他的地方。天已然放晴，光线很好，可以一眼望到很远的地方，只可惜这不是远眺美景的适宜时机。心情紧张的李永芳手扶垛口，向城外仔细观望，只见抚顺城东南西北四面八方都被无数的八旗兵将团团围住了。刀枪在阳光下闪着寒光，旗幡招展，黄白红蓝四种颜色看得他心惊肉跳。

然而最让他吃惊的，是八旗营中隐约可见的那把黄罗宝伞，他心中骇然一凛，惊呼道：

“啊，努尔哈赤也来了？难怪后金兵来势这样凶猛!”

李永芳扭头看看自己这边，将士们虽然刀出鞘、箭上弦，严阵以待，但情绪显然都很紧张，有些人甚至流露出掩饰不住的惊慌、畏惧。这也难怪啊，抚顺守军平素便养尊处优，哪里见过这般真刀实枪的阵仗?

就在这时，李永芳只听城下呐喊声不绝于耳，定睛看去，只见不下数千八旗敌兵纷纷拥到护城壕边。有的敌兵在用云梯搭架临时桥梁，更多的敌兵则踊身跳进护城壕中，奋不顾身地泅渡而来。

李永芳连忙下令道：

“放箭！快放箭！决不能让敌军上岸！”

守城军兵闻令不敢怠慢，纷纷开弓放箭，可怜这帮少爷兵，一个个有气无力，很多箭矢射不到壕边就软绵绵地落在了地下。八旗兵见此情状，更是无所畏惧，一边向上闯，一边笑骂道：

“这种熊兵也来打仗？回家抱孩子去吧！”

李永芳在城头上看见这般情景，心中又愧又急，暗自责骂自己这些无用的兵将，平时不肯吃苦，战时焉能打赢？可是现在已然两军交锋，再说什么也都晚了，只能火烧眉毛先顾眼前了。

可是再一想，如今自己身处危城，就凭城中的这些人马，如何守得住此城？看看城下八旗铁骑，一个个悍不畏死，攻陷城池只是早晚的事情。看来守是守不住的，那么突围呢？似乎更是不可能的，八旗兵密密匝匝围在城外，说句夸张的话，就是一个苍蝇也难飞出去！守不住，突不出，这可如何是好?终不成来个与城池共存亡?

此刻的李永芳那才真正叫作一筹莫展呢！

就在这时，混入城内的那五百个假马贩子在吐伦世的率领下，猛杀猛砍牵制住了守城明军的一部分兵力，城外的八旗兵则趁此机会越过护城壕沟，把云梯架在了城墙上。两面夹击，守城明军的处境十分艰难了。

守城的士兵赶忙拼命抵御城外的敌军，他们一个劲儿地朝下打着灰瓶、炮子、滚木、礌石，有些还放起了火铳。八旗兵一个个惨叫着跌下去，但又一个个地攻上来。

而城里，已然展开了巷战，在城里巡守的明军已伤亡过半。更令李永芳气愤的消息是：在八旗兵将的攻击下，明军的一些守将已然放弃战斗，临阵脱逃了。

得知这个消息之后，李永芳声音都变了：

“斩斩斩！临阵脱逃者，不管多大的官，全给我斩!”

可惜的是，现在李永芳连斩逃兵逃将的人手都派不出去了，因为他的手下已然是伤亡惨重，城上城下死尸累累，血流漂杵。

其实，战争对交战的双方都是同样残酷的。就在李永芳为他的兵丁伤亡头疼的时候，城外的努尔哈赤也正在感受着与他类似的心情。这位后金汗王，立马高岗，举目远眺，眼看着自己亲手调教出来的八旗勇士一个接一个地倒下去，心中也是十分焦急，两道浓眉紧紧地锁在了一处。

汗王是带着二大贝勒等重要将领一起观察战场局势的。立马在他侧面的四贝勒皇太极，早就看出了汗王的心情，他心里一直在思索，有什么办法能够减少八旗将士的伤亡呢？

想来想去，忽然，一个念头涌上皇太极的心头，他立即躬身向父汗启奏道：

“父汗，儿臣以为，抚顺关城内，兵不过五千，将不过数十员，以此孤城挡我十万大军，断然无望，这一点，李永芳不会不明白。不过，我后金纵能攻下此城，也是要付出不小代价的。儿臣战前就曾派细作来抚顺关，了解过李永芳。这个人并非愚忠，要他为大明战，可以，但是要他为大明死战，则未必。”

努尔哈赤眼睛一亮，追问道：

“何以见得？”

皇太极微微一笑，银枪遥指抚顺关，接着说道：

“父汗请看！我八旗攻城主力集中在抚顺东门，按理说，李永芳也该把兵力相应地集中在这里才是，可是，抚顺西门一带，明军旌旗招展，一望便知那里也有相当数量的守军！这只能说明一个问题。”

“什么问题？”另外几个贝勒听到这里也不禁感到惊奇，异口同声地问道。

“说明他还留有后路！不是寄希望于辽东巡抚李维翰的援兵，就是打算出西关撤逃！”

三贝勒莽古尔泰不以为然地撇了撇嘴，反诘道：

“为大将者，困守危城，哪一个会不盼望援兵早日杀到？又有哪一个会不做好突围撤离的准备？李永芳这样做，不值得大惊小怪！”

皇太极微微一笑，看着自己这位同父异母的兄长，心里说道，怪不得人家都说你三贝勒有勇无谋，看来还真是这样啊！

心里这么想，嘴上可不会这么说，皇太极不动声色地继续说着自己的观点：

“三贝勒所言不算没有道理，可是你只知其一不知其二。李永芳一面固守城池，一面急盼援军，同时还在准备撤逃。一心二用尚且不可，何况他三用乎？为大将者，困守危城，只有先下定必死的决心，方可争取不死的前途。他李永芳首鼠两端、狡兔三窟，就说明他根本不想死战！这样，我们就有比现在硬攻更好的办法来制伏他！”

努尔哈赤听到这里不觉心头开朗，双眉大展，在马上向皇太极扭过身子，很感兴趣地问道：

“你倒说说看，有什么更好的办法？”

皇太极垂首应一声“是”，然后说道：

“当前之计，一是调集后备军马去攻击西关，纵然一时半会儿攻他不下，也要让李永芳知道，我后金既不会放辽东巡抚李维翰的一兵一卒东来救援，也不会听任他李永芳的一人一马从西关逃窜！”

莽古尔泰“哼”了一声，说道：

“依你的计策，我后金重兵攻打西关，断绝了李永芳待援和突围的念想，不正促使他舍命死守么？”

努尔哈赤看了三贝勒一眼，不满意地说道：

“自己有勇无谋，又不好好听取别人的妙论，岂有此理！皇太极，不要理他，继续说你的！”

“父汗，三贝勒的担心不无道理，但这也正是这条计策的关键所在了。那就是，必须指给李永芳一条生路，才能让他待援无望、突围不成之后，下不定死守死战的决心！”

说到这里，皇太极庄重地向父汗再施一礼，一字一顿地说道：

“儿臣斗胆，请父汗降旨，准许李永芳放弃抵抗，向我后金朝廷投降！”

皇太极此语一出，周围的人全都是大吃一惊，一时间议论纷纷。

“我八旗将士勇猛无畏，从来只知道在战场上定输赢、刀锋下决胜负，哪有攻不下城池就施招降计策的？这不是灭我八旗的威风么？”

“天命汗起兵以来，虽然一向恩威并重、战抚两用，但明兵非我族类，其心必异，又是我女真世仇，怎能招纳麾下、为我所用？”

“此计不可行！”

“不行！”

……

皇太极虽然听到大家众说纷纭，却并不在意，他知道，只要父汗听懂了自己的意思，一定会力排众议的。

果然，知父莫如子，皇太极的推测是正确的。

只见努尔哈赤双手向下一压，止住了众人的议论，朗声说道：

“用兵之道，自古便有不战而屈人之兵之说，能够不战而胜，才是兵家的最高境界啊！至于什么非我族类便不可招纳，此说简直昏庸之至！我后金志在天下，焉能如此狭隘？非但中原汉人可为后金所用，将来若能入主中原，还要开疆拓土呢！一个小小的李永芳都容纳不下，还怎么平定天下？”

说到这里，努尔哈赤伸手拍了拍皇太极的肩膀，赞许道：

“以后像这样的好点子，还要多出一些才好！”

皇太极连忙做出受宠若惊的样子，低眉道：

“都是父汗教导之功！”

努尔哈赤哈哈一笑，吩咐道：

“莽古尔泰，你不是爱打仗吗？就命你统领后备军马攻打西关，记住，声势要做足！打得下打不下，只要让李永芳断了后路，就是你的功劳！”

莽古尔泰这个莽汉却有这点好处，不记仇，领了汗王大令，冲皇太极咧嘴一乐，美滋滋地厮杀去了。

看着莽古尔泰这员勇将领兵西去，努尔哈赤又向身后叫了一声：

“范先生何在？”

“臣在！”范文程催马转到努尔哈赤的面前，恭恭敬敬应了一声。

努尔哈赤微笑着对范文成说道：

“范先生，方才四贝勒的建议你也听见了，朕拟下旨招降李永芳，烦劳先生代朕草拟一道旨意，不知先生意下如何？”

范文程见汗王对自己这般客气，一口一个先生的，不觉眉飞色舞，笔下也就有了十二分的精神，跳下马来，取过文房四宝，刷刷刷，下笔千言是倚马而就。

努尔哈赤接过来草草一看，立即点头称好道：

“范先生果然才高八斗，不愧是我后金的第一才子！”

就在马上钤了后金汗的御印，重又交付范文程，拜托道：

“先生在辽东一带久负盛名，还烦先生亲走一遭，去抚顺东门向李永芳传旨，有劳有劳！”

此刻，东关城楼上的李永芳，一面指挥守城兵卒拼命抵抗内外的八旗兵，一面还忙里偷闲地频频遥望西关方向，只希望能看到辽东巡抚李大人发来的救兵。可是看来看去，非但救兵踪迹杳然，反倒见后金一彪人马如狼似虎地奔西关杀了过去。李永芳暗叫一声“糟糕”，他知道，这是后金营中有高人，看出他心里的弯弯绕、绕弯弯，狠下杀手在断他的后路！有心派兵增援西关，可是自己这里犹在深陷泥淖、自顾不暇，哪里还派得出一兵一将，只好听天由命了！

李永芳心中正在为要不要舍命死战而犹豫，八旗兵却突然停止了攻击，齐齐闪开了一条通道。把眼望时，一马飞至护城壕边，马上那人身着中原文士衣冠，拱手高叫道：

“李将军!我乃辽东秀才范文程，现已归顺后金汗王。汗王圣旨在此，请将军自去看来。”

范文程虽然只是区区一个秀才，并未中过举、做过中原的官，但清奇隽秀、文采焕然，在这辽东一带确是小有令名。李永芳兼管抚顺军、政、民一应事务，平素难免与各界人士往来酬酢，自然听说过范文程这号人物，如今见他也归顺了后金国，不由得心思恍惚，若有所动。

正在胡思乱想，一封箭书已然射在城楼迎门柱上，这便是范文程所说的“汗王圣旨”了！李永芳心中疑惑，我又不是你后金官吏，何以有什么圣旨到得我的手里！疑团纠结，便不敢怠慢，快步上前取下细看，只见上面一笔苍劲行楷，恰是范文程所书。原文是按照满洲人思维习惯掺上范文程半文半白的文体写的，读着不是那么顺畅，翻译成现代白话文，大概是这个样子的：

“李将军：都因为你们明朝兵将擅自越过边界安营扎寨，我后金才决定起大兵征伐，你一个小小的抚顺城游击将军，就算奋力抵抗也是难以取胜的。我后金打算即日深入辽东，倘若你在此抵抗，我大军扫平你也费不了多少劲儿，充其量不过耽搁我几日行程而已。可是假若你放弃战斗率军投降的话呢，我们非但不打扰你的军民人众，不影响你的大业，还按照你原来的待遇，把你养起来。在你之前，我后金汗已任用提拔了不少弃暗投明的人了，还把女儿嫁给他们当妻子，彼此结为姻亲。何况对你这样博学聪明的人，你是人才啊！哪能够不在原来大明给你的职务之上再格外高升呢？不让你跟我的一等大臣们不相上下、肩膀一溜平，也没那个道理呀！希望你不要再打了，你要打，可别怪我们八旗将士的弓箭不长眼睛！这不长眼睛的弓箭要是万一射中你李将军，你不就呜呼哀哉吃什么都不香了？况且你也明白，你这抚顺城里满打满算不就那么几千老弱残兵吗？讲打，你这点儿实力哪够我八旗健儿塞牙缝的？再打下去你顶多也就是一死，这对你有什么好处啊？你要是开城投降，我们兵马连城都不进，你的抚顺城、你城里的军民人等不就保住了吗？可是，你要执迷不悟坚决不投降的话，我们打进去（这是早晚的事情），那可保不齐出什么事了，至少你们的老婆……孩子得受点子惊吓吧？真要这么着，对你可大大地不利了哇！你别以为我是跟你说着玩儿的，拿不下你这个抚顺，你想我能就这么撤了吗？机会难得啊将军，错过了后悔可来不及！就算不考虑你自己，你不还有满城的大小官吏、军民人等呢吗？打开城门、归顺投降，老婆、孩子、亲戚、朋友全都保住了，这对他们谁不是天大的美事啊！到底是投降还是不投降，你可得翻过来掉过去烙饼似的多想他几个个儿！可千万千万别耍小孩子脾气，别拿自己的小命闹着玩儿！我这儿可等着迎接将军呢，别让我失望，啊！出城投降吧！”

李永芳一口气看完范文程代拟的后金汗王圣旨，背着手在城头上可就转开磨了，甭管怎么说，他李永芳也是大明朝的命官，有守土护城之责，开城献关背主降贼，这可不是一件小事情啊！

见李永芳这般形状，范文程知道必须再给他加点油，拱他一拱。于是在马上高声喊道：

“李永芳，大明朝奸臣当道宦官弄权，有功之臣不加升赏反遭屠戮，黎民百姓不堪重负火热水深。你那个主子、万历皇帝朱翊钧，沉迷酒色、昏庸无能，更是个无道的昏君！你为这样的昏君卖命，便是与城皆亡又有什么意义?我主后金汗王，圣明英睿，恤民勤政，德被海内，恩加诸邦，真称得上是兴邦明主、治国圣君。你今日开城献关，非但可以保住你自己的身家性命，也保住了全城的黎民百姓，为官一方，护佑百姓，这就是最大的功劳啊！将军必然以此大功见重于我后金汗王，加官进爵更不必说！反过来，如若死守不降，城池一破，玉石皆焚！将军一人赴死还是小事，可怜抚顺城一城的生灵为你殉葬，将军你又于心何忍？生死关头，何去何从，将军你要当机立断啊!”

这个范文程真真是好一张利口，一席话说得李永芳心潮翻卷、冷汗横流。按照范文程的说法，他李永芳岂非连战死都是造孽，只剩下投降这唯一生路了？这也是李永芳自己心志不坚，才会被后金汗的圣旨和范文程的这篇言语所动摇。

但毕竟开城献关兹事体大，这个决心不好下啊！李永芳看见中军沈金鹏在身边侍立，便征询道：

“沈中军，你看我们应该怎么办?”

问也是白问，一个小小的中军官还能比你游击将军更有办法？李永芳心里也明白这一点，他只不过是病急乱投医了。

这时，倒是一名家丁促使李永芳下了决心。

这名家丁气喘吁吁地跑上城楼，带给了李永芳两个坏消息：

“将军，大事不好！冒充马贩子混进城里的八旗兵正围攻游击府，游击府眼看不保！西关守将被流矢射死，西关军心大乱！”

完了！李永芳顿时脸色大变，回头一看，游击府、西关两处地方都是大火冲天，不问也知道那两处已然危在旦夕了。

恰在这时，因见李永芳迟疑不决，东门外八旗阵中战鼓重又响起，数万士兵严阵待进，呐喊声海啸雷鸣般动地惊天。再看自家兵士，战死者惨不忍睹，负伤者痛苦哀号，幸存者则失魂落魄、惊惶失措，一个个躲在垛口后面，斗志皆无。李永芳不由得仰天长叹道：

“万岁，此非臣不忠王事，实在是不忍满城生灵涂炭啊！”

顿一顿，狠下心来传令道：

“全军停止抵抗，举城投降汗王!”

李永芳这道命令一下，抚顺城头立即树起了白旗。城门洞开，李永芳让亲兵把自已捆绑起来，跪伏在门旁，恭候努尔哈赤大驾。

这时吐伦世已经停止了对游击府的攻击，率领亲兵穿城而过，飞马出了东门，前去迎接四贝勒皇太极。

皇太极也一直在焦急等候吐伦世的消息，他不断向抚顺城张望，但只看见城中几处火起烟腾，只听见城中不断的喊杀声。他心头焦急，几次请战，要亲自攻城，但却都被老汗王拒绝了。此刻见城中喊杀声戛然停止，知道城中有变，忙上马奔向东门。

行到半途，老远就见吐伦世策马飞奔而来，边跑边喊道：

“四贝勒，四贝勒，李永芳归降了！”

皇太极大喜，叫住吐伦世：

“领我去看看！”

二人到得城下，果然见明军已然停止了抵抗，李永芳在道旁自缚跪迎，皇太极下马上前，双手将他搀扶起来，说道：

“将军真识时务者也！将军暂且委屈片刻，待我禀报父汗，请他老人家亲自为将军解缚！吐伦世，你在此陪伴李将军，还要约束我兵，不得擅入城门一步，一切等汗王定夺！”

说罢，皇太极兴奋地跳上战马，向大汗努尔哈赤的营帐飞驰而去。

其实此刻努尔哈赤也已然知道了前方的局势，他正在和身边的文武官员议论进城之后当如何处理一应事务，这时见皇太极策马飞到，遂朗声笑道：

“我们的大功臣来了！”

皇太极诚惶诚恐，拜倒道：

“父汗令儿臣无地自容了！这都是父汗的洪福、将士的功劳，儿臣岂敢贪天之功！”

“唔，你还真有些个雅量啊！好！不管怎么说，招降的计策是你出的，五百内应也是你派的，我军拿下抚顺，记你头功总不算为过吧?”

汗王这样一说，在场的人便都拥过来向皇太极表示祝贺，闹得皇太极脸红起来。

热闹一阵之后，皇太极突然想起来李永芳还在城门口绑着呢，便对父汗说道：

“父汗，抚顺守将李永芳已然投降，现正束手自缚，在东门迎接汗王入城呢！”

“啊呀，失礼了，朕这就去东门安抚这位识时务的俊杰！你们大家记住，任何人都不可以对李将军表示丝毫的轻蔑！我后金要想入主中原，李永芳这样的人越多越好！来，传令各旗整顿人马，随我一齐入城。”

“喳!”旁边的将军、大臣一齐答道。

“还有，皇太极，命你持我节旄传令各旗，对城中军民人等，一不准掠其衣物，二不准淫其妇女，三不准令其夫妻父子失散，违此三不准者，杀无赦！”

第十七章

后金汗东关跪降将
皇太极北峪灭追兵

皇太极挥手阻住了兵卒，在马上对张承胤道："张老将，胜负已定，你还是降了我后金吧！""呸！我堂堂大明命官，岂肯降你这无父无君自立为王的建州叛贼！"说罢，拔出腰间青锋宝剑，面向京师方向，自刎而亡！

努尔哈赤御驾来到抚顺关东门，果然看见李永芳五花大绑地跪在道旁。

李永芳本来已然让皇太极搀起来了，此刻看见黄罗宝伞逶迤而来，伞下御马之上那位汗王端庄严肃不怒而威，不是努尔哈赤又会是谁？不由得双膝一软，重又跪倒尘埃。

李永芳以前也曾见过努尔哈赤，不过那时李永芳是大明朝廷命官，独领抚顺雄关，山高皇帝远的，他就是天上王二地下王大的角色，高高在上不可一世，几曾把正眼看过努尔哈赤？此刻则不然了，虽然也还不是正眼，可这次是吓得怕得不敢用正眼来看努尔哈赤。唉，造化弄人啊！

努尔哈赤却没有用胜利者的姿态居高临下对待李永芳这员降将，不容李永芳多想，努尔哈赤已从马上跳了下来，疾步趋至李永芳的面前，双手托住了李永芳的腋下，就想把他搀起来。

一般情况下，人家搀你，你该就势站立起来，大家脸上都好看。不想这李永芳又羞又愧，不敢"借梯上房"，没有发力。

这下出乎努尔哈赤意料，因为他开始的时候只是虚搀了一下，并未使出全力，李永芳这一不配合，出笑话了：堂堂后金天命汗没使上劲，腿一软，反而被李永芳坠得也跪在了地上！

八旗众将见此情景，个个不忿，是啊，哪有得胜汗王反而给败军降将下跪的道理？有那鲁莽的将军，便把手伸向了腰间的刀柄。

要说还是努尔哈赤，有帝王胸怀，灵机一动，朗声说道：

“李将军，你舍虚名顾大义，我替抚顺军民为将军一跪！”

此语一出，李永芳热泪盈眶，不仅如此，在场的抚顺军民也都感动非常，大家全都跪下了。

皇太极见状，急忙一个箭步冲了过去，跪在父汗面前，沉声道：

“天命汗王体天悯民，是我后金万民洪福！大汗万岁！”

这一来，所有的人全都跪下了，跟着皇太极放声高呼：

“大汗万岁！万岁！万万岁！”

皇太极这时跪行几步，搀住了父汗，一边往起站，一边说道：

“请父汗为李将军解缚！”

努尔哈赤很满意皇太极处事的机灵劲儿，他一边给李永芳解着绳索，一边在心里想，这个四贝勒看来倒真能成大器啊！

李永芳受了努尔哈赤半真半假的一跪，身上的绳索也被努尔哈赤亲手解开，这时候，他的心理防线算是彻底崩溃了。

他战战兢兢地重又跪倒在努尔哈赤脚下，连连叩头说道：

“罪臣李永芳参见汗王陛下，愿我主开恩!”

努尔哈赤这次不亲自动手了，他用眼角看了皇太极一眼，皇太极会意，忙上前轻轻搀扶起了李永芳。

努尔哈赤笑呵呵地说道：

“李将军深明大义、弃暗投明，不但是抚顺军民的救命恩人，也是我们后金的功臣。李将军，你麾下还有多少兵马?”

“汗王神威盖世无敌，罪臣无知，螳臂当车，已遭天谴，五千兵马，如今只剩下两千余众了。”

听到这里，努尔哈赤拿出汗王龙威，庄严地问道：

“李将军，你可是真心实意愿意归顺我后金么?”

李永芳五体投地地回答道：

“臣心服口服，愿肝脑涂地报效汗王!”

“哈哈哈哈！”

放声笑罢，努尔哈赤双眉飞扬，大悦说道：

“好，你既是真心诚意归顺后金，朕怎能亏待于你？万历老儿才给你游击将军这么个小官，朕可不像他那么小气！李将军，朕封你为总兵官，你意下如何？”

李永芳这下子简直是因祸得福了，赶忙磕头谢恩。

努尔哈赤摆摆手，又说道：

“你只有两千多兵马，离真正总兵官应辖之众相去甚多。唔，这样吧，朕许你自行招兵买马，补足应有之数！”

李永芳听到这句话，才真正是死心塌地了，允许汉人降将自行扩充军队，这得是多大的胸怀啊！

努尔哈赤环视一下诸臣，又庄重地补充道：

“我后金志在天下，今后不光要有强大的女真八旗，还要有强大的蒙古八旗，强大的汉军八旗！”

皇太极对父汗也佩服得五体投地了。

这时，只听努尔哈赤又传口谕道：

“抚顺军民既已悉数归顺后金，即是朕的臣民，与女真各部一般无二！任何人都须善眼看待他们，不得使他们父子、夫妻、兄弟骨肉离散！他们的马牛、奴仆、衣物，仍然属于本主所有，我八旗无论何人都不得私加掠夺，违旨者，杀无赦!”

努尔哈赤这道口谕传出，又是引发了一阵欢呼。后金汗王这般宽宏大量，不仅出乎李永芳的意外，更让全城军兵、百姓感恩戴德。

李永芳带领全城军民一同下拜，叩头说道：

“汗王圣明，抚顺城军民永世铭记汗王厚恩!”

恰在这时，代善和阿敏的左翼军那里也派人传来捷报，他们也顺利地攻克了东州和马根单。

汗王努尔哈赤闻讯大喜，急忙传令各部，论功行赏，大犒三军。

此刻，原来李永芳的抚顺游击府里，努尔哈赤正大排筵宴，为随征将士贺功，也为抚顺归降人员压惊。

酒过三巡、菜过五味，努尔哈赤举杯朗声向众人说道：

“我后金第一次向明朝正式用兵，便全线告捷，攻城略地不说，更有李永芳将军的弃暗投明举城归顺，看来天命已经归于我后金了！来，各位爱卿请尽此杯！”

说罢，努尔哈赤带头将杯中酒一饮而尽，众人也都兴致勃勃地喝干了自己的酒。

努尔哈赤心中自然十分得意，以往在统一女真各部的征战中，虽然也可以说是无往而不胜，但毕竟对手并不那么强大。而这次征讨，面对的可是大明这么个庞然大物啊！没想到不费吹灰之力，就轻取抚顺这座辽东前哨重镇。这次胜利，政治上的意义明显要大于军事上的，它在鼓舞后金君臣对于明廷的斗争意志、积累取胜经验、震慑守边明军乃至开启招纳大明文武官员投诚先河等诸多方面，都有着不可忽略的重要作用。

想到这里，攻打抚顺之前的一个念头又一次在心头浮起，他看着众将，沉声问道：

“列位将军可知，朕此番兴兵攻打抚顺的真正目的是什么？”

“夺取辽沈！”

“占据辽东！”

大家七嘴八舌地说着自己的猜测，但努尔哈赤只是微笑，却并不点头称许。

这时，只见皇太极站起身来，恭恭敬敬地对父汗说道：

“儿臣以为，父汗此次对明用兵、攻打抚顺，真正的目的还不是以抚顺为据点，进而夺取辽沈，更进一步占据辽东。父汗请恕儿臣蒙昧，儿臣以为目前我后金羽翼尚未十分丰满，还不足以对大明这棵枝繁叶茂的大树施以致命一击。因为，我军此次发动，只不过是牛刀小试，打击一下明廷的骄横暴戾之锐气，令其对我后金有所顾忌，再不敢一意孤行地扶助叶赫！”

“哈哈哈哈！好一个四贝勒，真是明白之至！那么，以你看，我后金当如何处置抚顺这座城池呢？”努尔哈赤看着皇太极的眼睛，别有用心地问道。

皇太极的心思在这一瞬间转了好几个弯子，其实在回答第一个问题的时候，他就想到了该如何处置抚顺城了。但他深知父汗的脾气秉性，在这个时候，他不应该把父汗的创意一股脑毫无保留地和盘托出，那样效果一定会适得其反。其实，回答了父汗第一个问题，在各位文武重臣中脱颖而出、独占鳌头，这已经足够了，再若回答出这第二个问题，恐怕就叫作“画蛇添足”了。

想到这里，皇太极故意说道：

“自然是派兵把守，以备将来伐明之用。我军费尽千辛万苦得来，难道还能弃之不顾吗？”

“哈哈哈哈！”听到皇太极这样的回答，努尔哈赤非常得意，毕竟自己这个天命汗不是平白无故叫着吓唬别人的，比起文武百官、王子贝勒来，还是要多那么一些韬略的！他得意洋洋地环视众人一遍，然后款款说出了自己的想法：

“大明朝廷修筑此抚顺城，并将其建成辽东前沿的边关重镇，就是为了对付我女真的，‘抚顺、抚顺’，就是要‘抚’我以‘顺’之。现在，抚顺落入我后金之手，明廷岂能无动于衷？必然不惜一切代价调兵遣将复夺抚顺。抚顺城今虽在我后金掌握，但周围城镇俱在明军之手，这里已然是一城孤悬。我若派兵镇守，少了不足守城，多了又徒然牵扯我重兵。可是无端放弃，等于又将此重镇拱手交还明军，将来复夺，又费周折，也不是好办法。思来想去嘛……”

努尔哈赤说到这里，颇为洋洋自得地端起酒杯，呷了一口，复开口道：

“朕决意拆毁抚顺、弃此鸡肋，然后全军撤离！各位爱卿以为如何呢？”

范文程听得汗王发问，遂躬身奏道：

“汗王英明决策无人可及！一不守，二不留，既不靡费军力财力，又不为我进出辽东自设障碍，便是孙武再世、诸葛复生，也不过如此妙算而已！呃，汗王，微臣有个小小的愚见，汗王拆城以后，何不将城中居民一起迁入我国内地，这样即使明军卷土重来，废墟瓦砾、空无一人，他们也徒唤奈何了。”

厮杀成性的莽古尔泰瓮声瓮气地叫喊道：

“范先生你也太胆小了！父汗，抚顺一战，明军怯懦无能的弱点暴露无遗，别看他们气势汹汹，其实不过色厉内荏、一触即溃！我军得到抚顺城，虽说有李将军献关之功，但八旗将士奋勇浴血也殊是不易啊！父汗，儿臣愿领一支军镇守抚顺，明军若是来送死，咱就刀枪上积德，送他们一个个上西天去！”

努尔哈赤乜斜着看了三贝勒莽古尔泰一眼，教训似的说道：

“为大将者，切忌一战成功便目空一切！我军此番虽然首战告捷，但我们的对手抚顺守军却并非明军精锐之师，李将军，你道是也不是？”

李永芳尴尬无比，却不得不答道：

“汗王明鉴，抚顺兵将确实不堪汗王一击！”

努尔哈赤猛然领悟，这话问得有些唐突，怕是伤了李永芳的自尊。细看一眼，见李永芳的神色很快就恢复正常了，这才放下心来，接着对莽古尔泰说道：

“你领军守此孤城，倘若明辽东巡抚李维翰派大兵围困此城，你是固守还是出战？”

莽古尔泰不假思索地回答道：

“敌势弱则出战，敌势大则固守。”

“敌势再大，你又当如何？”努尔哈赤追问道。

“这……”莽古尔泰沉吟一下，答道：

“到那时候，儿臣便飞羽传书，向父汗求援。”

努尔哈赤哼了一声，说道：

“却又来！倘若我后金大军正在别处征战，无暇顾及你和你的抚顺，你是舍命死战还是献关投降？”

莽古尔泰鼻子一耸，斜了一眼李永芳，说道：

“八旗健儿人人英雄、个个好汉，只知一死不识一降！儿臣自然率全城守军舍命死战！”

努尔哈赤点点头，接过他的话说道：

“这是自然，不过，你可曾想过，你战死之后，这抚顺城又落到谁的手里？还不是被明军收复？你和守城兵将也就都白死了！与其损兵折将重新把抚顺还给明军，倒不如一开始就把它拆了干净！”

听到这里，莽古尔泰似乎终于明白了，低下头退到了一边，不再和父汗争辩。

皇太极早就想到了拆城这一招，只是出于特殊的考虑不明说而已。到了这时，他才说道：

“父汗此计甚是英明！儿臣以为，此次我军攻陷抚顺，明廷一定朝野震动，报复之兵朝夕必至。因此，事不宜迟，我后金八旗一定要赶紧行动，将抚顺城彻底夷平，使我军进出辽东的路上再无阻碍。然后迅速撤回，让报复的明军徒劳往返，扑一个空！”

努尔哈赤从御座上决绝地站起身来，命令道：

“李将军，你带领所部士兵，负责将全城百姓护送到我后金境内，到达之后，自有何和理将军帮助你安置全城百姓。三贝勒、四贝勒，你们率各自所辖兵将，将抚顺城彻底拆毁，不得留下一屋一宇!三日后，全军拔营还朝！”

三日后，抚顺城已被拆成一片白地，辰初时分，右翼军在努尔哈赤的率领下，从抚顺向铁背山的界藩城撤军。在这里，右翼军等待了半日，会合了代善、阿敏的左翼军，两股军兵合一处、将打一家，八旗军凯旋东归。

第二天上午，大军东行刚刚一个时辰，奉命断后的皇太极便发现极远处隐隐有烟尘扬起。凭经验，便知那定是有兵马行动，可是，左右两翼大军都已经班师，八旗中还有哪支队伍比自己的正白旗还要靠后呢？怕不是明军尾随而来吧？

想到这里，皇太极连忙一面派遣几匹快马前去哨探详细，一面命令本部将士边行军边做好迎敌准备。

大军又行了数十里路程，派去哨探的那几匹快马飞驰而来，马上儿郎一个个跑得大汗淋漓，当先一人老远就喊道：

“四贝勒！是敌军，是敌军！”

“打的什么旗号？”

“‘张’字旗号！”

“‘张’字旗号？”皇太极略一沉吟，自语道：“莫非是明朝的广宁总兵张承胤？”

那儿郎连声称“是”。皇太极接问道：

“有多少兵马？”

“我们几个远远察看，看他们约有数万人马！”

皇太极又详细问了他们一些敌军的情况，这才吩咐道：

“传令下去，我军照原速前进，不可贸然行动，待我请汗王示下再做道理！”

说罢，双腿一夹胯下战马，便向父汗的中军方向疾驰而去……

身在中军大营的努尔哈赤听罢皇太极报来的紧急军情，并未见有丝毫慌张，只是淡淡一笑，对众人说道：

“张承胤从军多年，在明军中算得是一员猛将，这次敢尾随我军东来，就看得出他还是有点子胆气的！不过，遇见了我八旗劲旅，只恐怕他这一世英名，就要付诸流水喽！”

众将听汗王如此说，也都哈哈大笑。

皇太极躬身道：

“父汗，此人既是猛将，我军何不利用这一点，设个圈套破他？”

努尔哈赤不由得看了一眼军师范文程，二人会意地微微一笑。他们俩方才行军途中还在念叨，论起四大贝勒用兵特点，二人不约而同地认为四个贝勒都有勇力和胆略，但若说起智谋和心机来，恐怕就要属皇太极为最了。如今听皇太极又要用计，自然相顾而笑了。

范文程喜盈盈地对皇太极拱拱手，问道：

“四贝勒有什么高明的计谋？”

皇太极刚要说话，只听有人一声冷笑说道：

“对付明军这些乌合之众哪还需要用什么计谋！”

定睛看时，却见二贝勒阿敏脱口而出地喊道：“我大军后队改前队，给他来个迎头痛击，三下五除二，管叫那个什么总兵立刻拔蜡吹灯，哈哈哈哈！”

努尔哈赤心说，我这几个贝勒怎么都一个赛一个地“鲁”啊？前几天在抚顺是三贝勒莽古尔泰，今天在这里又是二贝勒阿敏，为什么都不能像四贝勒那样动动脑筋呢？

想到这里，努尔哈赤摇摇头，对阿敏道：

“敏儿万万不可过于轻敌！虽说我后金此番出征，两翼大军都获胜而归，但说到底，我们只能算是骚扰明边而已，并没能动摇他们的根本，他们的军队也还没受到我们的重创！我后金八旗兵将对付他们还不到举重若轻、手到擒来的地步！所以，该斗狠时当斗狠，该用谋时便用谋，这才是常胜之道啊！”

努尔哈赤想不到自己语重心长的一番教诲，根本没能打动阿敏一毫半分。很久以来，努尔哈赤就对阿敏自以为是的性格很反感，他这个侄子很有些三国时候马谡的样子，论及兵法总是滔滔不绝地夸夸其谈，一副战无不胜、攻无不克的样子。最让努尔哈赤不能容忍的还是阿敏对军师范文程那种不屑一顾的态度。范文程自归金以来，时时处处谨小慎微，从不越雷池一步，更没有说过四大贝勒一句难听话。可是阿敏却多次在酒后胡说八道，说什么“女真不能用汉人当军师”。亏得皇太极他们从中弹压，不然的话，这种错误的情绪还真说不定会影响全军呢！

在平定叶赫时犯有叛逆罪行的一共有三个人，其中王弟舒尔哈齐、太子褚英都已命归阴曹。惟独这个侄儿阿敏，努尔哈赤狠了几次心，还是不忍追究。犯事时阿敏年齿尚幼，罪过也比那两人轻许多，充其量只是一个从犯，努尔哈赤又看他毕竟出生入死立下了不少战功，最终便免了他一死，给他一个戴罪立功重新做人的机会。阿敏起初也还真有些低头做人的姿态，动不动就在努尔哈赤面前痛哭流涕，倾诉自己的悔改之意。

哪知道日子一长，阿敏的尾巴便又翘起来了。远的不说，便是此次与大贝勒代善一同率左翼军越边伐明，他哪里还有一点“戴罪立功”的谨慎形状？他不仅把汗王对自己的信任当作了专横跋扈的资本，在年轻将领面前倚老卖老、指手画脚，就是在额亦都、何和理这样的开国元勋面前，也常常信口开河、口出狂言。对待汉人军师范文程范先生，更是摆出一副主子的臭德行，毫无礼贤下士的王者风范。

在这片刻之间，汗王努尔哈赤的心思便转了几个弯子，不过，眼下大敌当前，不宜过多斥责大将，努尔哈赤只是提醒自己，一俟时机允许，定当好好训诫训诫他！

于是，努尔哈赤不再理会阿敏，扭过脸对皇太极说道：

“四贝勒，说说你的想法，你们大家也都好好听一听！”

阿敏这时已然听出叔汗话中对自己的那股强烈不满之意，这才老实待在一旁，不做一声。

皇太极听得汗王此语，当即脆声应道：

“是，父汗！此地向东不足三十里，有一处险绝山谷，唤作‘北峪’，两边俱是山壁，只中间一条大道，我们只要在两侧山上埋伏下精兵，这里就必然是歼灭张承胤的铁口袋、铜网罗！”

范文程听了笑一笑，鼓励地说道：

“想必四贝勒一定有好办法把张承胤的数万大军引进北峪这个要命的口袋了吧？”

皇太极谦逊地向范先生拱拱手，说道：

“小侄想得不是很周全，说出来范先生万勿哂笑！”

转过脸去，皇太极又对父汗说道：

“父汗！儿臣想过，我们可用诈败的计策，杀一阵、败一阵、走一程，几阵下来，不就把张承胤的人马引进北峪了么？”

阿敏听到这里，不服气地说道：

“那张承胤好歹也是大明一镇总兵官，必然熟读兵书、饱览战策，岂肯受你摆布，眼睁睁看着口袋还望里面钻？”

皇太极微微一笑，说道：

“二贝勒，我两翼大军乘得胜锐气凯旋而归，沿途明军大都龟缩各自营垒，不敢撄我大军锋芒。唯独张承胤锲而不舍、尾随而来、志在必得，你道他凭着何来？他凭的是视我军如无物的狂傲心态和对自己兵将实力的过分自信！对付这样的敌人，我们正可示之以弱，诱敌深入，进而将其一鼓而歼！”

汗王听了，略一想，便点点头道：

“嗯，是这个道理！打仗，就是要摸透对手的脾气，古人说的好，知己知彼、百战不殆嘛！呃，四贝勒，如果这仗由你来指挥的话，你又该怎样调兵遣将呢？”

皇太极略作沉吟，才回奏道：

“若由儿臣指挥的话，儿臣当命前队两旗，各遣精兵、不携辎重，兼程向北峪衔枚疾进，在峪中两侧的山林之内偃旗息鼓埋伏妥当。”

努尔哈赤问道：

“仅以两旗兵力设伏，够么？”

“父汗明鉴，倘若设伏兵力过多，一则行动必然迟缓，容易贻误战机；二则行迹不易隐秘，恐被敌军窥破。再者，我伏兵居高临下，一可当十，这样两旗兵战力陡增，不啻十余万军众，何况还有我其余六旗助战，应该足够了！”

皇太极不慌不忙，侃侃道来，众将听了俱都点头称是，只有阿敏不以为然，但也没说什么。

“嗯，其余各旗怎么分派呢？”努尔哈赤又问道。

“中军四旗，照常前进，不受后营战况左右，进了北峪，也先不做停留，可沿峪中大道继续东行，待敌追兵大部进至峪内，再扎住阵脚，候我伏兵发动，再一齐掩杀！”

“好！”努尔哈赤叫一声好，又问道：

“不用说，后军两旗便是钓鱼的诱饵了？”

“差不多是吧！”

“差不多？这话什么意思？”

“父汗，后军两旗轮番诱敌，这样，一来不至于使我诱敌之兵过于疲惫，造成不必要的伤亡；二来也好适当迟缓追军速度，给前军留出充分的设伏时间。父汗，儿臣之所以说‘差不多’，是因为这钓鱼的诱饵仅有后军两旗还不太够。”

“哦，还缺什么？”

皇太极神色严肃，垂首奏道：

“还缺父汗一顶黄罗宝伞！”

众将中那些脑筋慢的，还没明白皇太极这话是什么意思，不过努尔哈赤已对皇太极的计策了然于心了，他哈哈笑道：

“只要我军能全歼张承胤追兵，慢说用我一顶黄罗宝伞了，就是让朕亲自出马诱敌，又有何妨！”

“父汗万金之躯，怎好亲冒矢石？有此黄罗宝伞已足够引诱张承胤这个莽夫了！”

听了半天的范文程这时问道：

“四贝勒，倘若张承胤大军追到北峪，却狐疑不入，甚至退兵远遁，又当如何？”

“范先生，张承胤藐视我军、贪功心切，必然甘冒风险而不肯前功尽弃。退一步说，假如他当真退兵不追，岂不正好让我遂了平安班师的初衷？为大将者，当见机行事，适可而止。初衷既然实现，未必非要节外生枝。范先生，小侄所言，可有舛错乎？”

“呵呵呵呵，好一个见机行事、适可而止！大将之才、大将之才啊！”范文程摇头晃脑地称赞着，看来，他对皇太极的才智、远见已然是非常满意了。

努尔哈赤对自己的这个八皇子也很满意，特别是听他对范文程一口一个“小侄”地自谦着，心头不觉暗喜，这才是为人君的襟怀啊！

心中高兴，便不禁流露出来，当即道：

“四贝勒，你就来传令吧！”

“儿臣不敢，儿臣不敢！还请父汗亲自传令！”皇太极受宠若惊，连连推辞。

“也罢！朕也不勉强你了！诸位将军，听朕将令！”

努尔哈赤按照皇太极刚才的设想，分派代善、阿敏各率本部精兵前去设伏，莽古尔泰和皇太极率两旗拖后诱敌，自己亲率中军四旗继续前行。不过，那顶黄罗宝伞却当真留给了皇太极。

就在后金八旗设定圈套之后，明军广宁总兵张承胤果然率领数万大军追了上来。

这数万明军，分成了三路，张承胤自领中路军走大道，副将皮廷相、蒲世芳分别领左路军和右路军，各循村间道路前进，以为犄角之势，彼此也好有个照应。

这张承胤不愧其勇将的称号，领着中路军追上金兵后队之后，也不知令军卒稍事休息，就挥军杀了过来。他自己更是一马当先，高举大刀直扑金兵后军大将皇太极。

皇太极也不示弱，一面命部下扎住阵脚，一面挺枪策马迎了上去。他知道，越是演戏，就越要逼真，倘若一阵不交，或者三下两下就被对手打败，人家必然要疑惑这是诱兵之计了。

两马相交，皇太极高声喊道：

“张承胤！我后金四贝勒皇太极在此，你还不下马受死！”

张承胤哈哈大笑，回道：

“黄口孺子，也敢在此逞强！速速回去换你家奴酋老儿来！你张老爷刀下不斩无名小辈！”

皇太极听了又好气又好笑，心说这位张将军还真够狂的，我堂堂后金四大贝勒之一，怎么倒成了无名小辈了？又一想，让他狂去吧，他越狂，我的诱兵计才越容易成功啊！

于是将计就计一指后军中那顶黄罗宝伞，故意说道：

“张老将，你看，我父汗就在那里督战，你且胜了你家四贝勒手中大铁枪，再说别的！”

说罢，催马上前，挺起手中大铁枪，望张承胤当心便刺！

张承胤也早遥遥望见黄罗宝伞了，又听皇太极这般说，心头便是一阵狂喜，暗想此战若能生擒奴酋，岂不是毕其功于一役？想到这里，哪还有心跟眼前这个皇太极纠缠不休？手中大刀使开，一刀快似一刀、一刀紧似一刀，一时间逼得皇太极手忙脚乱。

当然皇太极这是故作姿态而已，战了几十合，皇太极卖个破绽，斜刺里败了下去。他身后的正白旗兵马连忙蜂拥而上，让过败退的主将，迎着追来的明军虚战一仗，便也跟着主将退了下去。

张承胤挥军便追，皇太极的兵马一路撤退，一路丢弃车仗辎重和民间细软，明军贪财，速度就有些迟缓，气得张承胤大骂不已，还拔剑亲手斩了几个临阵敛财的没出息明兵，大家这才凛然，复又追赶下去。

但这一来，已然耽搁了一些时候，眼看后金军中那顶黄罗宝伞隐隐约约快看不见了，张成荫大急，忙下令本部军兵加速急追。

明军以步兵为主，骑兵数量不多，这样衔枚疾进的结果，追在前面的骑兵也就两三千众了。张承胤回头看了看自己身后的兵丁数量，毕竟是久经沙场的老将，也知道这样子即使追上了金军，也难以取胜，更遑论什么生擒奴酋了！

张承胤想到这里，一面挥军继续追赶，一面命亲兵传令左路将军皮廷相和右路将军蒲世芳，“三路大军合为一路，不惜一切代价，务必追上金军，生擒奴酋！”

这样追了一阵，皮、蒲两位副将都各率本部轻骑赶了上来，三路军的骑兵合在一起，大约有了七八千众，虽然还嫌少些，但想到后面还有几万步军说话间就能赶到，张承胤也就释然了。

大家继续加鞭追赶，顿时铁蹄如挟风雷，在辽东大地上滚滚向东。张承胤透过烟尘远远望去，那顶黄罗宝伞又在自己的视野中了，不禁重又欣喜起来。

就在这时，面前撞出一彪军马，领头一员大将，手持春秋大刀，正是后金勇将三贝勒莽古尔泰。

张承胤见敌将也使大刀，不觉技痒，手中大刀一端，催马就要上前会阵较量。

“主将且慢，看小将杀他！”身旁的副将蒲世芳早不耐烦，摇动手中方天画戟，抢身出了阵。

莽古尔泰向来是把打仗当作过年一样的，见敌将出马，乐得跟什么似的，一口大刀使得盘头盖顶、左右插花，叫人看着都眼花缭乱。

蒲世芳乃是武举人出身，一杆方天画戟也使到了出神入化的地步，这两员大将打在一处，煞是好看。

但是时间一长，双方的优劣就显现出来了。蒲世芳虽然戟法纯熟，吃亏在身体略显单薄了，那莽古尔泰乃是北国大汉，生来就比中原人强健剽悍，平素里又总是饱餐膻腥，一天到晚羊腿啃着、牛奶喝着，浑身有着使不完的劲头。一口春秋大刀不到八十斤，也有六十斤。这么个力大刀沉的家伙，蒲世芳哪里敌得过他?

战了五六十合，蒲世芳败象渐显，莽古尔泰却得理不让人的样子，一刀一刀，刀刀不离蒲世芳的要害。

看得张承胤心惊，心想，若胜不了此将，又怎么生擒奴酋？想到这里，也顾不得什么疆场规矩了，对皮廷相叫道：

“皮将军，随我上！”

张承胤挥舞大刀，皮廷相要开一对大铁锤，加上本来就在战圈中蒲世芳的方天画戟，三员明将三种兵器齐战莽古尔泰。如果说刚才莽古尔泰是为了诱敌而对蒲世芳手下留情的话，这下子他可是真的抵挡不住了。莽古尔泰本来还要逞能再战，只听自家营中鸣起金来，便向蒲世芳虚砍一刀，逼出一个空当，就势催马退了下去。

不过，饶是他手脚利索，却还是被皮廷相大铁锤扫了马屁股一下，那马吃疼不起，一溜烟跑回本阵去了。

金军营中顿时大乱，朝着追兵发了一阵弩矢，便又都拖着刀枪败向东去了。

张承胤的骑兵得了这一阵的胜利，士气大振，虽然并未杀伤多少后金兵将，但看到对方抱头鼠窜的样子，大家自是十分地开心，追击起来也就平添了许多力气。

又追了一阵，看看已经来到北峪入口，皇太极率军挡住了去路。

张承胤大刀一横，蔑视地说道：

“败军之将还敢在此挡道？快快让开道路，不然定叫你刀下受死！”

皇太极一副气急败坏的样子，嘴硬地回道：

“张老将不要欺人太甚！你守边兵将经常无理侵扰我后金，我军这才越边破城小示惩戒，得了你抚顺之后，便即班师还朝，并不敢久占不走。你如此穷追不舍，苦苦相逼，是何道理？将军难道没有听说过‘穷寇勿追’么？我八旗将士也不是弱不禁风的纸虎草龙，岂能容你如此张狂？你且休走，我今与你决一死战！”

张承胤麾下的蒲世芳虽然膂力略差，心机却是不让他人，此刻见北峪地势险要，便多了一个心眼，驱马到得主将张承胤身边，低声道：

“大人，此地凶险，倘若金虏在两侧山上设伏，我军必遭不测！”

张承胤闻听此言，也把一双老眼去看峪内，只见后金军旌旗凌乱、行伍错落，远处那顶黄罗宝伞也在慌乱摇动。显见后金军已被这几阵追杀弄得惊慌失措了，如此大好战机岂容错过？

再细看两侧山林，但见枝不摇、叶不动，更不见旌旗号坎的耀眼颜色，哪里会有什么埋伏在内？

张承胤看罢，又细想了想，才对蒲、皮二将说道：

“蒲将军所虑不可谓不周全，不过，以本镇看来，金虏并未在此设伏，二位且看两侧山林，平静如斯，可有一点蛛丝马迹？”

张承胤犯错误了，他也不想想，女真人惯会狩猎，在围场潜伏时，以树枝草叶掩蔽自己，连那些麋鹿豺豹都辨认不出来，他一双昏花老眼哪里看得真切？而且八旗军纪森严，一旦受命设伏，便是毒蛇噬体也不敢少有动弹，是以隐蔽得十分妥当。

张承胤不但没有虑及这一点，他还错估了后金军的行动速度，且听他如何分析的：

“再者说，我军一直衔尾疾追，金虏应接尚且不暇，哪里还有时间设伏？二位将军请看此处形势，这是我追击金虏路上的一道天然屏障，皇太极领兵在此阻我，只不过是想借此地势，掩宕我追击速度，掩护主力特别是掩护奴酋撤退而已！哼，这不过是困兽之斗罢了，二位将军不必生疑，且先战退皇太极这个小儿，再挥军杀入峪内，生擒奴酋！”

蒲世芳听了，也觉得自己多虑了，便拱手道：

“总兵大人高明远见！末将不及多矣！”

这几位只顾在这儿高谈阔论，可把对面的皇太极弄得不耐烦了，只听他大喝一声：

“呔！战又不战、退又不退，在此絮絮叨叨，娘儿们似的！”

张承胤冷笑一声，道：

“马上就给你个痛快的！”

一语刚刚出唇，催马挥刀就杀了过来。凭良心说，皇太极的武艺本来与张承胤不分上下，可是为了让诱敌计更为逼真，只好藏了几分，因此与他打起来就有些左支右绌的意思了。不过即使这样，皇太极也还是做出极力苦战的样子，让张承胤更加坚信他是在尽量拖延时间好掩护努尔哈赤和后金军主力撤退。

想到这里，张承胤就有几分急躁，心想可不能耽搁时间太多，一旦放努尔哈赤出了北峪，就是一马平川，到时候别说生擒奴酋了，就是追恐怕都追不上了！于是，手中春秋大刀便使出了绝招，大刀由右向左，刀面横着就向皇太极拍了过来。

凡使春秋大刀对敌者，都讲究“刃、背分明”。刀刃削、劈、斩、抹，刀背磕、崩、带、挂，各有分工。可是就没见过用刀面横着拍的！

皇太极也是一愣，这叫什么招数啊？后金军中使春秋大刀的战将也不在少数，莽古尔泰什么的，自己平素也都跟他们演练过，可没见过这么用的啊！一时间也想不出来什么破法，只好胡乱用大铁抢望左边一拨，心想我多用些力气，不就拨开了吗？

不想这下正好入了张承胤的彀中。他这招本是虚招，横拍是假，你不能拨他，一拨，他借了你的力量，就势向下，改横拍为竖劈或者斜削，那就厉害了。那么怎么破呢？应该磕他，磕出去之后枪尖顺势向前点刺，这样即便伤不了他，也不至于被他所害。

皇太极千不该万不该，不该用大枪去拨他的刀，张承胤心中暗喜，大刀借力斜下，就向皇太极的左腿削了过去。这一下要是落实了，皇太极的左腿就算交待了。

就在这千钧一发的时候，皇太极急中生智，将左脚生生从马镫中褪出，然后把腿向后一让，险险地躲过了这一刀。

张承胤一刀落空，正在遗憾，只见皇太极此刻左脚脱了镫，只有右脚尚在镫中。心中大喜，暗道：你只有一足踏镫，马都骑不稳，还怎么交战?这不擎等着挨宰吗？

可是没想到，皇太极是个女真人，自幼儿在马背上长大，别说一足尚在镫中，就是光背的骣马，骑起来也是得心应手。只见皇太极就势来了一个镫里藏身，策马向西边，顺着明军阵势的边缘疾驰而去。

这下子正白旗的阵势就乱了。主将单骑陷入敌阵，将士焉能坐视不理？呼啦啦一下子，全都追随皇太极向西边落荒而去。

明军一时懵懂了，有的兵将就要拦截正白旗的兵马。张承胤在马上立起身形一看，努尔哈赤那顶黄罗宝伞还在峪内，便高声喝道：

“休管正白旗溃军，全军向东进入北峪，都往那黄罗宝伞去，生擒奴酋！”

明军军心大振，一个个快马加鞭拼命驰进北峪。峪口没了皇太极军的阻碍，明军如入无人之境，不多时，那七八千骑兵，加上后来赶上来的五六千步兵，便全都进了北峪。

进是进了峪，但是行伍已然全都乱了。骑兵个个志在争功，道路又窄，不免自相拥挤践踏起来。行在后面的零散步军，一路奔走，早已疲惫不堪，成了“疲卒”，已然没了什么战斗力。

明军进峪之后，遥遥跟定黄罗宝伞，追了大约三五里路，只见峪内渐渐宽敞起来，张承胤正自庆幸，待要传令各军齐头并进，却听见三声炮响，惊天动地。再看那黄伞，竟不再东去，前面的后金军队也都齐齐站定，摆开了阵势。

这次的阵势可与方才大不相同了。前列是坚固的楯车排成一排，楯车后面，两排弓箭手强弓硬弩严阵以待。弓箭手身后，是一队队的长枪手、枭刀手、藤牌手，各持兵刃，虎视眈眈。铁甲骑兵黑压压怒冲冲，排列在大阵两翼，随时准备飞出突击。

黄罗宝伞下，一人气定神闲，立马横戈，正是后金汗王努尔哈赤。他身前身后左左右右，围定了十几员后金的勇猛战将，一个个盔甲明亮、刀枪森寒、横眉立目、杀气冲天。

张承胤此时见后金军阵容严整，一点儿也没了方才仓皇逃窜的狼狈模样，不由得疑惑起来。

不过既然已经付出那么大代价追赶至此，无论如何也要杀他一阵了，不然岂不是前功尽弃了？想到这里，扭头对身后明军将士高声说道：

“我等杀敌立功报效国家封妻荫子加官晋爵买房子置地的大好时机就在眼前，三军的，给我杀！”

这是什么战前动员啊？不管怎么说吧，张承胤算是把大家的积极性都调动起来了，明军骑兵立刻发动了第一波攻击。

可是明军骑兵冲到后金阵前，却根本不见对面大将出阵接战，只把强弓劲弩射住阵脚。明军骑兵冲击不动，反被箭雨逼得退了回来。

张承胤见骑兵无功而返，遂命步卒藤牌兵结阵而进，掩护三军进击。这一来好歹算是挡住了后金兵的箭矢，但也只是攻到了离后金兵大阵一箭之地，就再也攻不动了。

可是后金兵将也煞是奇怪，只固守，不反击。难道他们还有什么名堂不成？

张承胤正在纳闷，只听自家阵中一通大乱，兵丁嘈杂叫喊道：“两侧山林中有敌伏兵！”

张承胤左右望去，只见方才一直安安静静的南北两侧山林，居然顿时沸腾起来，旗幡招展、刀枪摇动，不下万余伏兵赫然出现在张承胤面前。他们居高临下，向明军军阵两侧发射箭矢，明军两侧没有藤牌兵掩护，已然有不少兵丁被箭矢所伤。

这还不算，随着一声炮响，西边峪口也是一片马嘶旗飞，皇太极那支打着正白旗号的“溃军”，不知什么时候竟然重又回转，把峪口堵得严严实实、水泄不通了。

而恰在这时，东面这座后金大阵终于开始发作，在震耳欲聋的战鼓声中，整座大阵缓缓地但却是不可阻挡地向明军挤压过来。张承胤试图挥军阻挡，但是军心已乱，一个个自顾不暇，还有谁听他的号令？

这是四路夹击啊，张承胤如今是前进不得，后退不能，左也行不通，右也去不成，眼睁睁陷入了绝境。

万般无奈，只得各自死战，不过八旗军总数大约十万之众，而随同张承胤进入北峪的明军，骑兵有七八千，零散步军两三千，总共才一万出头，双方数量悬殊太大，八旗的胜利只是个时间问题了。

果然，只杀了大约多半个时辰，明军就已然伤亡惨重，连死带伤折了三四停兵将，画戟蒲世芳也死在了莽古尔泰的春秋大刀之下。

张承胤虽然勇猛，挥刀血战，斩杀了不少后金兵将，但毕竟独木难支，眼看着大势已去。

这时，张承胤忽然发现，北侧山上的后金伏兵似乎并未完全列齐阵势，明显地留有一处缺口。看上去，如果不是布阵时的大意疏忽，就一定是故意留个破绽设的圈套。可是张承胤此刻已经别无选择，只好拼全力搏他一搏了！

他边战边向铁锤皮廷相那边靠去，到了近前，张承胤对皮廷相说道：

“北侧山上似有破绽，也许这就是我军的唯一活路！皮将军，你可率三千兵先行向此处突围，我血战掩护你！记住，谨防敌人陷阱！如真是陷阱，则不必与其纠缠，返身杀下来与我会合，再图别计。倘若果然是敌阵的破绽，你可守住缺口，点响三声号炮，我便率余部也从此处突围。事不宜迟，皮将军，快去快去！”

得着将令，铁锤将皮廷相率三千部下舍死奋战，杀开了一条血路，直上北山。命兵丁四下搜寻，不见后金兵将，皮廷相心头大喜，果然是当初后金设伏时的大意疏漏！遂命亲兵点响号炮，自己勒马架锤，守在缺口，等候总兵张大人从此处突围。

不说张承胤血战掩护皮廷相杀上北山，且说峪口的皇太极，自双方交兵之时起，便安排正白旗各牛录紧守峪口。一方面，防止明军从峪口突围，另一方面，不让从后面零星赶来的明军进峪投入战斗。

正白旗这支张承胤眼中的“溃军”，此时却完全是另外一种状态了，阵如铁壁，张承胤领军撞了几次，根本撞他不动，只得向别处寻生路。而峪外那些零散步军，一来没了主将统领如同群雁无首，二来长途跋涉疲惫无力，更不是正白旗的对手，真正是来一个杀一个，来两个杀一双，杀到后来，谁也不来了，都四下里走去做了鸟兽散。

皇太极见峪口这里暂时没有什么战事了，便留一半军兵继续把守，自己则与吐伦世等骁将率本部轻骑突进峪内，单寻张承胤搦战。方才，皇太极见明军营中分出一彪军马杀上北山，知道北山归二贝勒阿敏把守，那是个熟读兵书的主儿，哪会有什么破绽卖给明军？可是看了一会儿，却并不见伏兵杀出，心知不妙，忙率军向北山趋去，恰与正要由此突围的张承胤迎头撞上。

却说张承胤，听见皮廷相号炮声响，心中一喜，便领兵奋力杀向北山，不想却被皇太极的铁骑挡住去路。忙挥手中春秋大刀，要夺路而走，皇太极和吐伦世两员骁将怎肯放他过去？一左一右，一杆枪两条鞭一齐向他杀来。他还想拼老命再战一番，可惜杀了半日，早已筋疲力尽，哪里斗得过这两个生力军？几个照面下来，被吐伦世双鞭架住了大刀，皇太极大铁枪抽空一枪刺去，“扑哧”，正中张承胤当胸。

张承胤在马上晃了两晃，终于支持不住，栽下马来。皇太极的亲兵步卒，便要上去擒将，却见张承胤口吐鲜血、目眦皆裂地喝道：

“休要欺人太甚！”

皇太极挥手阻住了兵卒，在马上对张承胤道：

“张老将，胜负已定，你还是降了我后金吧！”

“呸！我堂堂大明命官，岂肯降你这无父无君自立为王的建州叛贼！万岁，恕老臣不能为国靖边了！”说罢，拔出腰间青锋宝剑，面向京师方向，自刎而亡！

北山上的皮廷相远远望见总兵在乱军中以身殉国，心中大恸，有心杀下山来为他报仇，想想也是白白送命，只好在马上狂号一声，催马率军逃命去了。

峪中剩下的明军，早就无心恋战，如今眼见总兵丧命，哪里还有一毫斗志？纷纷扔了兵器，跪地投降。

努尔哈赤在阵中看到一股明军从北山伏兵的缺口处逃走，心头大怒，喝问道：

“北山不是归二贝勒把守么？为何围而不严，致使敌军越隙而逃？”

众将见汗王大怒，不敢言语。

范文程见状奏道：

“汗王，事已至此，还是先设法亡羊补牢吧！不如就命二贝勒率本部人马追杀北山逃走的明军，将功补过。”

碍着范先生的面子，努尔哈赤不好再发火，遂命亲兵传令，命阿敏追杀皮廷相那股逃兵。

峪里则继续战斗，不过也没什么好打的了，大部分后金兵都已然在打扫战场了，只余一些角落，还有个别明军拼死抵抗，过不多时也就趋于宁静了。

傍晚时分，各部兵将纷纷回到努尔哈赤中军大营交令。

四大贝勒中，皇太极部斩获最丰，斩杀明广宁总兵张承胤及大小将领二十三人，斩明军士卒一千五百八十二人，俘获五千七百六十三人，其中三千余人是零星赶到峪口的明掉队步军。得战马八百五十六匹，其他铠甲、兵仗不计其数。

莽古尔泰部次之，斩明副将蒲世芳及大小将领十七人，击毙士卒一千零七十九人，俘获一千一百人，得战马六百余匹。

代善所部与莽古尔泰部毙、俘敌众的数字相去不远，只是斩的大小将领没有那么多，八人而已。

中军和前军各部也都报上了各自的战绩，努尔哈赤命中军书记官一一记了众将功劳，预备回到都城之后与前功一并升赏。

可是直到这时，派去追赶皮廷相的二贝勒阿敏却迟迟不来交令，范文程看努尔哈赤有些焦急，便宽慰汗王道：

“二贝勒想是沿途追杀散兵，耽搁了路程，汗王不必担心，过些时候他自会回来。”

努尔哈赤想想，也只好如此，便传令全军离开北峪，往不远处的萨尔浒城安营扎寨。

直到第二天一早，二贝勒阿敏才酒气熏天地回到大营。

努尔哈赤见了侄儿，强压心头怒火，温声问道：

“敏儿，你昨日追那皮廷相，实在追不上也就算了，这样夜不归营，又不知道派亲兵送个信来，实实地让朕操心啊！你昨夜究竟往何处去了？”

“叔汗，那皮廷相如同惊弓之鸟、漏网之鱼，跑得比兔子还快，叫小侄如何追得上他？还好，小侄沿途掳获了几百户汉民，还有不少年轻貌美的女子，献给叔汗，也算折抵了北山设伏疏忽之过吧！哈哈哈哈，叔汗，那些女子，你挑完了给小侄剩几个啊！”

阿敏还在厚颜无耻地说着，全不看努尔哈赤此刻脸上的肌肉已然扭曲无状了。

“混账东西！”努尔哈赤再也按捺不住心头怒火，高声喝骂，吓得阿敏宿酒全消，应声跪在了地上。

努尔哈赤恨声斥道：

“北山设伏，你围而不严，致使敌将皮廷相率三千余众免脱，坏了我歼敌大计！这也罢了，范先生奏请给你立功赎罪的机会，你不但不知珍惜，反而好酒贪杯再次贻误军机！你夜不归营，还纵兵扰民，强抢民女，毁坏我军名声！难道你以为我努尔哈赤的宝剑就斩不了你么？”

阿敏这才真正慌了手脚，膝行几步，抱住了努尔哈赤的双腿，大声哭诉道：

“侄儿不该耽误军机大事，只求叔汗看在侄儿平日孝敬叔汗的份上，饶侄儿一死！侄儿定当脱胎换骨、重新做人！……”

努尔哈赤叹了一口气，说道：

“唉！征讨叶赫部时，你与你父亲一同谋反，叔汗不忍见你父亲这一支断绝苗裔，才不顾众议、赦免于你，还让你身列四大贝勒，以重兵付你，如此推恩之心，天地可鉴！难道你还不知足么？”

努尔哈赤低下头去，见阿敏哭得涕泪横流，叹口气，挥挥手说道：

“罢了。你不必哭了，我且饶你不死。你也不用带兵了，这就交了印吧！”

“谢叔汗不杀之恩！”

努尔哈赤转脸对范文程说道：

“范先生，烦你代朕拟诏，没收了阿敏的阿哈和马匹，随营听用，以观后效！何时重新起用么……唉，看他改过的情形再说吧！班师！”

第十八章

紫禁城大臣撞钟鼓
黄罗帐贝勒算兵卒

万历皇帝沉下脸，没好气地瞪了方从哲一眼，怨声说道："擅动钟鼓、妄集朝臣，你们到底有什么天大的事情？"方从哲取出那份八百里告急战报，沉声奏道："万岁，建州再次起兵，辽东现有十万火急边报！"

"驾！"

辽东往京师的驿道上，一骑快马火急奔驰，那马虽是半天前刚刚换过的，但一路驰骋至此，也已经筋疲力尽。但马上骑士却全不知疼惜坐骑，仍然拼命鞭策，驱赶那马勉力前行。

转过一道山弯，眼前兀现一座驿站，远远望去，一个明兵正持矛守在门口，矛尖在冬日的阳光下闪闪有光，只是这半日一直无事，那明兵有些困惫，竟拄着矛打起盹来。

马上那骑士见是驿站，不由大喜，策马直驱而入，守门兵被疾风惊醒看时，那马已然蹿进院落，骑士跳下马来，厉声喝道：

"八百里呈京快报，速速换马！"

一语甫出，但听"唏唳唳"一阵哀嘶，那匹倦马已是不支而倒，口中吐出粉红色的血沫来。

守门兵倒是有些眼力劲儿，识得此人是辽东经略衙门的信使，专一在京辽之间传递重要文书的，便急忙跑去禀报驿丞。

驿丞早听见信使的声音了，不待守门兵细说，急匆匆跑出公事房。

"上差一路劳顿，辛苦了！且在驿中用过饭再行如何？"

那信使面色稍霁，摇摇头道：

“如今边关吃紧，公务不容寸暇，末将谢过盛意了！就烦大人备些干粮酱菜，末将边走边吃便可。只是此去下一驿站脚程尚遥，还乞大人代选有力马匹方好！”

那驿丞听得“边关吃紧”四字，心头一紧，赶忙答道：

“一切不用上差费心！现成的饼饵卤肉，给上差多带一些。脚力么，备双份的，路上换着乘骑可好？”

“嗯，多谢多谢！只是要快！”

不多时，马匹干粮便已齐备，那驿丞格外讨好上差，还特意奉上满满一皮囊水酒，路上好解燠渴。

信使拱手道一声谢，上马疾驰而去。

驿丞看着他远去，摇摇头，喃喃道：

“边关又吃紧了！去年四月是抚顺，七月是清河，如今刚进正月，又不知是哪方黎庶被此刀兵之灾！我大明辽东百姓何时才能安享太平岁月啊？”

这封八百里火急战报就这样一站一站报到了京师兵部衙门，现在放到了兵部尚书黄嘉善的公案之上。

黄嘉善虽然掌管兵部，却是个文官，身材很瘦削，面庞也很清秀，自然言谈举止也是一派文士气象，不若武将那般风风火火雷厉风行。

不过，看到眼前这封来自辽东的第三封战报，他还是改变了自己的一贯做派，火烧火燎起来。

因为边关战况实在不容他再那么温良恭俭让了。

后金汗努尔哈赤去年（明万历四十六年，后金天命三年，公元1618年）四月间，在赫图阿拉南郊告七恨祭天，八旗兵随即分左右两军越边作战。左军四旗下东州、马根单两边堡。努尔哈赤亲率右军四旗攻陷辽东重镇抚顺，诱降抚顺守将游击将军李永芳，然后裹挟全城军民毁坏城池北投建州。明将广宁总兵张承胤领兵万余仓促追击，不想中计被敌环攻，张承胤势穷战死。除副将皮廷相率三千卒张皇逃生外，余众尽被歼灭，战马九千匹、甲七千副也落入敌手。

那次战事，辽东来了第一封八百里边报，黄嘉善立即禀呈宫中，只是不知什么缘故，万岁并未予以理睬。黄嘉善当时也曾想过，到底是天子啊，胸有天下，不以奴酋癣疥小恙为患，何况虏骑入边片日即回，纯属骚扰边庭，不必大惊小怪。

去年七月间，辽东又有警报飞传。努尔哈赤尝到了骚扰抚顺的甜头，又不见明廷采取什么有效措施，遂得寸进尺，略事休整后，重开战衅。他这次领军向西北，进鸦鹘关，围清河城（在今辽宁本溪东北）。清河军民闭城死守，向攻城的八旗兵施放火器，让他们付出了沉重代价，死伤兵将一千余。努尔哈赤大怒，命八旗兵头顶木板冲到城下，拼命刨挖城墙。清河城并非铜浇铁铸，很快就被挖开了缺口，后金兵一拥而入，清河城就此告破。城陷之后，后金兵向清河军民展开了疯狂的报复，守城军兵民众一万余人，无一人生还。

辽东这第二封八百里边报驰送京师，黄嘉善也照样火速转呈了宫中。这次万岁很快有了反应。据内侍说，万岁爷“览报震怒”，当即决定召集九卿科道，召开紧急御前会议。

万岁爷居然要上朝了，这可真是破天荒啊！要知道，由打二十多年前期，大明神宗，也就是这位万历皇帝朱翊钧就从来没有临过朝！这二十多年，也难为大明朝的臣僚们了，居然还能把朝政玩得转！

所以，去年七月万历皇帝被努尔哈赤逼得宣布上朝议政的时候，大臣们都不知所措了，他们已经习惯没有皇帝的朝会了，如今在圣驾面前，反倒拿不出什么好主意了。互相之间几乎没怎么见过面的大明君主与臣子，非常尴尬地度过了一个会议那么长的时间，最终还是议决，必须对努尔哈赤予以薄惩，否则各方群起效尤，大明朝岂不是国将不国了？！

那次会议，黄嘉善作为兵部尚书，责无旁贷地也“忝列其间”了。记得当时君臣们决定采取的战略方针是：“调集大军直捣赫图阿拉。”不过，这个由大明最高决策层捶胸顿足咬牙切齿做出的决定，很快就随着九月努尔哈赤的主动撤军而不了了之了。

辽东用兵大计得到这个无疾而终的结果，其实也早在众臣预料之中。因为长期以来，朝廷财政已陷入捉襟见肘的窘境，调集大军，那是要用大量银子的，谁来出这个钱？国库？国库早已接近空虚了。内帑？内帑的银子还不够皇帝和他那一大家子花天酒地纸醉金迷呢！何况万岁已然春秋不盛，正在加紧为自己建造定陵，别小看这么一座地下宫殿，造价白银八百万两，这可是大明全国整整两年的田赋课税啊！哪还有闲钱打仗玩儿？如今努尔哈赤既然自行撤军，他不来惹我已是谢天谢地了，何苦再兴师动众地打上门去？

大明的君臣上下当时就是这么想的。

可惜的是，努尔哈赤并不让人消停，这不，第三封八百里战报又来到了京师。

黄嘉善扯开封皮，匆匆看完，连忙吩咐道：

“进宫面圣！”

兵部尚书黄嘉善来到大明门外，正好遇见内阁大学士方从哲方大人从宫门口碰壁而回，便拱手问道：

“方阁老，万岁今日又不见朝臣？”

方从哲摇摇头，无可奈何地叹了一声：“唉！”

一低头，他看到了黄嘉善手中的八百里战报，心一紧，问道：

“这、这又是哪里？”

“自然还是辽东！阁老，那努尔哈赤见我迟迟不曾出兵讨伐，便以为是朝廷惧怕于他，竟然得寸进尺，举大兵北向侧击叶赫，叶赫部眼看就要抵挡不住了！阁老请看！”

方从哲夺过战报看的时候，双手一直止不住地颤抖着。等不及看完最后一个字，便拉着黄嘉善，跌跌撞撞地一路向北踉跄到了午门外。

午门外有两个亭子，西边一个设着鼙鼓，东边另一个悬着金钟。方从哲径直冲进钟亭，抱起碗口粗的钟杵，尽全力撞开了金钟，霎时间，振聋醒聩的钟声便在紫禁城上空嗡然震响！

黄嘉善见状，也冲进鼓亭，抓起粗如儿臂的鼓槌，两臂抡圆，向鼓面砸去，咚咚隆隆的鼙鼓声，顿时与钟鸣响在一处，直传到大明门外六部朝房。

钟鼓齐鸣，这可不是一般的事情！在各部朝房中的文武百官俱都是精神一惊，各部长官更是纷纷整饬衣冠，准备进宫面君——因为击鼓撞钟，恰是皇帝急召群臣的信号！

这鼙鼓和金钟，既然有这等重要作用，自然应当由专人看守，哪里是任谁就能随意击、撞的？不过由于二十多年没人用过这东西，看守钟鼓的黄门官早就懈怠了，方黄二人又都是正一品的朝廷大员，谁会想到他们能走上前来不问青红皂白就是叮当咚隆地一通胡敲乱撞啊？

正在皇宫内苑跟弄臣纹枰对弈的朱翊钧，此刻也被午门外的钟鼓声惊动了，他不解地问身边的内侍太监道：

“寡人未曾传旨聚集群臣，为何钟鼓大作？速去看来！”

过不多时，那内侍太监脚步如飞地回转来，跪奏道：

“启奏万岁，是大学士方从哲和兵部尚书黄嘉善在午门外击鼓撞钟！”

“胡闹！他二人都是朕的股肱大臣，怎么也效那顽童行径，拿这击鼓撞钟当作儿戏！”

万历皇帝说罢，低头又去看那棋局。现在自己的形势可说是大优，不仅子力上比对手多了三个兵，而且车马炮位置甚佳，双车一占中路、一封将门，二马一窥九宫、一伺卧槽，两炮一沉底线、一瞄闷宫，只要向前再挺一步兵，对方就无计可施了。

不过现在轮到那弄臣行棋，看起来他也还不到缴械投降的时候，因为他的兵力也并未损失太多，而且可以采取两种不同的应对策略。一是兑子，通过兑子消去万历皇帝的杀招，这个策略万历不怕，因为兑完子后自己多的那三个兵就是最终取胜的砝码。

实战中，那弄臣采取了第二种应对策略，对攻。他不管己方的危机，利用先行之利，挥军杀向万历的九宫，希望在进攻中逼迫万历将兵力回撤，达到解救自己的目的。这下对万历形成了考验，撤哪路兵回救，怎样回救，犹疑再三，还是不敢轻易落子。

万历皇帝平生耽好枯中之趣，宫中不乏大师级的棋手陪他对阵，久而久之，他的棋力自然也不是庸手可以望其项背的了，因此，对局势的发展，他也是了然于胸的，最终取胜应该是没有什么悬念的。只是，他需要仔细算度，把各种变化都算清算透，然后走出最佳着法来。

可是午门外的钟鼓声竟是不让他算下去似的一阵紧似一阵，万历皇帝急了，怒喝道：

“怎么还在敲？”

方才那内侍连忙奏道：

“两位大人说要一直敲到万岁登太和殿朝会群臣！”

“非要朕临朝？难道出了塌天大祸不成？”

内侍不住点头，连声说道：

“万岁圣明，方黄二位大人正是这么说的！”

正说着，宫门金瓜武士在殿外奏报：

“启奏万岁！三公九卿六部官长等朝廷重臣闻听钟鼓齐鸣，都道万岁急召群臣，如今齐聚太和殿候驾！”

万历皇帝这棋是再也下不下去了，他把棋子狠命一摔，恶狠狠道：

“摆驾上朝！朕倒要看看出了什么塌天大祸！若是小题大作，先治他们惊扰圣驾的罪名！”

万历皇帝沉下脸坐到了太和殿的九龙御座上，没好气地瞪了方从哲一眼，怨声说道：

“擅动钟鼓、妄集朝臣，你们到底有什么天大的事情？”

方从哲不慌不忙，从袍袖里取出那份八百里告急战报，呈到万历皇帝座前，沉声奏道：

“万岁，建州奴酋再次起兵，辽东现有十万火急边报送到，请万岁御览！”

万历皇帝从内侍手中接过边报，还没看，先发了一通牢骚道：

“辽东辽东，怎么又是辽东！努尔哈赤这个不知好歹的东西，难道就一点儿也不知道餍足么？我大明世代可待他一家不薄！许他子孙世袭建州卫都督，还封过他二品龙虎大将军，他还要怎么样？难道还要做一字并肩王不成？”

众大臣见皇上满脸的不高兴，谁也就不敢多口，静静地等皇上御览边报。偌大的太和宝殿上，只听见万历翻阅边报的纸页窸窣声和他急促呼吸的细微动静。

“混账！”万历终于看完了边报，用力一摔，把边报摔在了金砖地上。

众大臣连忙纷纷接口：

“万岁圣明！努尔哈赤确确乎是个不识时务的大大混账……”

万历鼻子里哼一声，道：

“谁说努尔哈赤啦？朕说方从哲、黄嘉善这两个东西呢！不就是建州兵攻打叶赫吗？区区两夷争斗这种小事，也值得这么大惊小怪，还竟然击鼓撞钟，擅集朝臣、惊扰朕躬！你们该当何罪？”

方从哲、黄嘉善听得此言，大惊失色，连忙跪倒金阶。

方从哲伏地奏道：

“臣启万岁，建州努尔哈赤攻伐海西女真叶赫部，决不可等闲视之！努尔哈赤去岁两次对我大明用兵，虽属骚扰边庭，但其僭号开国宣恨告天，不臣之心早已昭然！四十六年七月，朝廷议决征伐建州，两个多月不见一兵一卒出关北上，后竟无故撤旨罢兵，致使努尔哈赤越发肆无忌惮。此次若仍是一味姑息，只恐养虎遗患，后果不堪设想啊！”

黄嘉善也叩首奏道：

“臣启万岁，努尔哈赤此番用兵，虽然未敢直犯我大明禁边，但矛锋指向叶赫部，其用心却更为险恶！”

“哦？你且细细奏来！”

“遵旨！海西女真四部中，叶赫部对朝廷最为忠荩，我王师每伐建州，叶赫部不是负弩充前阵，便是执戈做偏师，实是我大明的马前卒、过河兵！”

万历听见黄嘉善用了这两个象棋术语，顿感亲切，居然提起了精神，说道：

“黄卿这个比方倒也贴切，嗯，不是贴切，是相当地贴切！说下去！”

“万岁！我大明自洪武爷始，便以德威令海内归心。成祖爷更遣三宝太监七下南洋、广播圣德，当年真是万国来朝、盛况空前！臣今日旧事重提，别无他意，只是想说，我大明不只是中原汉裔的朝廷，海内都是天子的臣民，辽东女真各部，也莫能外！如今建州女真八部已尽入努尔哈赤彀中，他还不甘休，还要征服海西四部。叶赫部不肯背朝廷而事逆酋，几次遭努尔哈赤征讨荼毒，此番又被努尔哈赤重兵围困、危在旦夕。朝廷若不发王师相救，听凭叶赫为逆酋所灭，则不惟朝廷失一犄角爪牙，也令天下忠荩之士心冷意灰，更使四海顿生背主向贼之心，这可比努尔哈赤骚扰我禁边几座城堡祸害严重得多呀！”

方从哲也在一旁说道：

“万岁，如此干乎朝纲国政的大事，臣等不敢不立时上达天听，也不敢不尽言利弊得失！击鼓撞钟，实乃不得已而为之！伏乞圣主恕罪！”

这朱翊钧一听到此事关乎江山社稷，心思也不觉紧张起来，不错，他迷恋酒色、纵情游逸，是个昏君，但是还没有昏到连江山社稷都可以不闻不问的地步。

于是，万历皇帝抬抬手，说道：

“朕念汝二人一片忠心，所报之事又确系十万火急，便不追究汝等擅集群臣、惊扰圣驾之罪了！你们平身吧！”

“谢主隆恩！”

两个人又叩了几个头才诚惶诚恐地起身，只听万历皇帝又补充了一句道：

“只是今后朝中诸臣不可以他二人为例！倘若有个什么大事小情就都自作主张来击鼓撞钟，朕这九重深宫哪里还能有片刻的安宁？”

群臣见一天云雾就此消散，一个个都替方黄二人感到轻松，如今听皇帝这样嘱咐，心想，谁还会这么没眼力劲儿？便齐齐地应道：

“是！臣等不敢无事惊扰圣驾！”

朱翊钧见此情景，皇帝那种说一不二的虚荣心终于得到了满足，便想露出一丝微笑给臣子们看看。

可是刚刚笑了一半，想起那令人焦恼的辽东军情，便又笑不出来了，脸上的表情就这样停滞在了这种尴尬的状态。

方从哲看出皇上此刻的确在为辽东军情担忧，便见机地奏道：

“不过，万岁也不必过于忧虑辽东军情。那努尔哈赤虽然凶狠，但毕竟羽翼未丰，以他区区一个建州，尚不足撼动我大明根本，只要万岁一道圣旨，王师所向，建州必破！”

黄善嘉也奏道：

“万岁，小小建州，地不过弹丸，军不过乌合，岂能与我三百年大明较一日之短长！当今之计，当调集大军，深入建州，犁庭扫穴、永绝后患！”

万历皇帝叹口气，说道：

“大军征剿，朕又何尝不知道这是一劳永逸的上上之策！只是，这几年来武事不断，欲待调兵征伐，一无有兵将，二无有粮饷，大军如何发得？唉！你们都道朕幽居深宫、不见朝臣，还有人背地里议论朕是昏庸君主，可是你们不当家不知道柴米贵，有谁想得到朕有这许多的难言之隐哪！黄爱卿，你主兵部，你倒说说看，辽东还有多少兵马可供征调？”

黄嘉善神色悲凉地奏道：

“万岁圣明！且听臣细细奏来！辽东原有我大明在册兵员十万，可是其中缺额未补和吃空饷的虚数就有两万左右，剩下大部又各被分派去守卫边堡、驿站，可供抽调随营听用的就只有两万人了。可是，四十六年四月、七月两次战役，或降或死一万八千余人……万岁，辽东眼下的确是无兵可调了！”

朱翊钧心头一冷，他知道自己军中的种种腐败，有人吃空饷、有人把公家的兵丁役使来为私家做事，却不知道这种腐败竟然到了导致国家有事无兵可调的地步！想了想，又问道：

“那，那建州现有多少人马呢?”

“臣启万岁，奴酋共有正黄、镶黄、正白、镶白、正红、镶红、正蓝、镶蓝八旗，每旗辖七千五百人，共六万人马，另外努尔哈赤和各旗旗主各有两千至五千护卫，兵力总共在八万左右。此外……”

“此外什么？”

“此外还有抚顺李永芳降卒两千之众！”

朱翊钧无可奈何地望了望群臣，声音低沉地说道：

"如此猖獗，实为心腹之患，不得不灭，可是辽东又无军马可用，奈何奈何？"

黄善嘉见万岁如此发问，知道他并不是不想发兵，只是苦于辽东无兵可用而已。事到如今，自己这个兵部尚书若拿不出一个好办法来，岂不被满朝文武小觑？想到这里，遂躬身接奏道：

"万岁，辽东虽然无兵可用，但朝廷可从全国各地抽调军兵，举我大明全国之力，何患不灭！"

朱翊钧点点头道：

"嗯！国家养兵千日用兵一时，大明拥雄兵百万，就算，就算有两成虚额、空饷、占役一干情事，也还有八十万，留一半驻守原汛，调四十万人马总还是可以的吧?四十万对八万，以五敌一，胜券必操！"

方从哲入主内阁有年，天下大势已经了然于心，见万岁有此决心，不敢怠慢，生怕他什么时候再跟去年似的变卦、改主意，闹成干打雷不下雨，连忙趋步上前，奏道：

"万岁，其实也不必惊动全国。依臣愚见，就从福建、浙江、四川、甘肃等地抽调三十万兵马，再令朝鲜、叶赫各出兵二万五千，更于辽东就地募练新兵五万。这四十万人马，不是旬日就可凑齐了么？"

"粮饷怎么办呢？"

方从哲心里已有安排，接着奏道：

"各地征收的去年盐税，近日已经押运抵京，本来是用于万岁寿宫建造之用的，现在辽东势窘，可先从盐税中挪用八十万两，先解燃眉，不但兵马粮饷无虞，就是辽东那五万新兵的兵器甲仗差不多也够了。万岁，只要保住了江山社稷，多少田赋课税收不上来啊！"

朱翊钧想了想，也只可如此了。如果心疼这点银子，坐看努尔哈赤的势力发展扩大，最终危及大明的江山社稷、危及自己屁股下面这把龙椅，那可真是得不偿失呢！便点头允道：

"依卿所奏，那就尽快传檄，依计抽兵吧!呃，只是不知众卿打算保荐何人领兵挂帅呢？"

方从哲、黄善嘉相视一眼，在这一瞬间交流了彼此的看法：这皇上当的，多省心啊！

方从哲胸有成竹地奏道：

"臣以为可命杨镐经略辽东！"

"杨镐？是那个当过佥都御史的杨镐么？"

"正是此人。"

"他？"

朱翊钧不由得摇了摇头，说道：

此人先前打了败仗，后来调到辽东，又被御史参他滥杀边民，这才革去官职，回乡为民。这样的人，四十万大军交给他，朕能够放心得下吗？"

朱翊钧说完，斜倚着宝座，半晌无言。

方从哲心中也连翻好几个来回，可想来想去，实在也没有更合适的人选了，只得复又奏道：

"万岁，杨镐虽然犯律革职，但前在朝鲜颇能用兵，也着实打过几次胜仗，谎传捷报，也是事出有因。后又经略辽东数年，跟女真各部都有过交往，也熟悉情况。何况，他此去乃是东山再起、戴罪立功，敢不尽心竭力、死而后已！"

万历又问黄嘉善道：

"杨镐挂帅，兵部以为如何？"

黄嘉善自己也拿不出更好的主意，大明如今缺乏人才啊！当年洪武爷打天下的时候，徐达、常遇春、沐英、胡大海，那一个个的英雄虎将，真是叱咤风云！可现在，连一个小小的辽东经略都没有更好的人选了！只得低声道：

"大学士保荐杨镐，必有道理。"

朱翊钧又看看其他大臣，只见他们一个个垂首肃立，不置可否，也知道派不出别人，但是仗又不能不打，只好狠狠心说道：

"朕这四十万大军，就交给他了！"

农历二月的朔方北国，正是天寒地冻滴水成冰的时节，东山再起以兵部左侍郎衔出任辽东经略的杨镐，捧着御赐先斩后奏的尚方宝剑，领了征伐建州的大军九万余众，"冻手冻脚"地来到明朝关外政治军事首府辽东城（今辽宁省辽阳市）。由于各路兵马尚未到齐，杨镐只好暂时在辽东城驻扎，一面命人加紧募练新兵，一面等待各路抽调的兵马。

谁知杨镐来到辽东城没几天，他的动态就被后金的细作一点不漏地传回了皇太极的大营。

后金虽然兵强马壮、八旗精整，但同时也十分注重军事谍报，早在立国改元之前，便趁着边禁不严的机会，派了许多忠心耿耿而又计谋多端的女真人，举家迁徙至战略要地，在那里貌似安居乐业，其实是安插在大明边关的眼线、钉子。

而后金诸贝勒、众大将中，谍报工作做得最好的，自然非皇太极莫属了。皇太极年仅七岁的时候，他的大哥哥们都跟着父汗长年累月在外征杀，他奉父汗的命令留守后方、管理家政，谁想竟就此练成了料理事务虽竟日千百而无一舛漏的出色本领，也养成了遇事不徒恃勇力而以心智巧思为上的良好习惯。想不到这段难得的经历，竟然使得皇太极在四大贝勒中以足智多谋、灵活机变而出类拔萃。在敌方战略重镇安插细作，就是他向父汗提议并且身体力行予以实践的，像什么辽东城、沈阳城，凡是大明辽东边镇，大部分都有皇太极派去的亲信细作。辽东的细作头目，就是吐伦世的孪生兄弟吐伦多，正是他派手下把杨镐大营的风吹草动报告给皇太极的。

听到明廷起大军前来讨伐的消息，正在征讨叶赫部的努尔哈赤，立即命人敲响了集将鼓，召集文武重臣到他的中军大营里会商。

汗王端坐在虎皮大椅上，两道浓眉之下，一双虎目炯炯有神，丝毫看不出有半点惊慌恐惧的神色。众将见大汗如此沉着镇静，一个个也自稳定了情绪。

努尔哈赤扫视了众将一周，缓缓言道：

“明廷以杨镐为辽东经略，发大兵四十万，出山海关、抵辽东城，不日即将犯我大金，这个消息，大家一定有所耳闻了吧？”

努尔哈赤这样问并不是信口胡云，他知道，各旗都有自己的细作在敌方探听消息，明廷四十万大军行动，这么大的动静，哪里瞒得了自己手下这些将帅？只不过是有人知道得详细些、快捷些，有人知道得粗略些、迟缓些而已。

众将听汗王如此发问，相互看了看，齐齐回答道：

“末将等皆有耳闻。”

大将扈尔汉晃动着身上的铁甲，气势磅礴地说道：

“汗王，杨镐是个出了名的败军之将，前几年镇守辽东，不敢与我建州将士堂皇对垒，只会杀戮手无寸铁的边民！万历皇帝挂他为帅，呵呵，看来大明也是蜀中无大将、廖化做先锋了！”

三贝勒莽古尔泰也被扈尔汉乐观的情绪感染了，哈哈大笑着说道：

“杨镐，羊羔！看他这只羊羔够我们大金将士几口吃的！”

众将都失声笑了起来。

范文程也笑了，他知道这位三贝勒又犯了见字认半边的毛病，杨镐的“镐”字，在这里应当读作寒傲切，与号令的“号”字同音，而不是三贝勒拿来谐的那个“稿”的音。

努尔哈赤看到自己的将士在这种大兵压境的情势下尚能如此乐观，心情也非常振奋，他微笑着看看三贝勒莽古尔泰，打趣道：

“当心撑破你的肚皮！那可是四十万大军啊，这么大的羊羔，连我老汗王也是第一次看到呢！”

努尔哈赤说得不假，他自十三副遗甲起兵至今，一身也不止经历数百战，但毕竟对手实力都不太强大，兵力不曾超过五万。而这次对方竟有四十万大军，想想都让人眼晕！四十万，别说打了，站到一块儿那就得多大一片啊！

一直没有说话的皇太极，此刻躬身对父汗说道：

“父汗，儿臣以为，杨镐这四十万军数目未必属实，就如同当年曹孟德八十三万人马一样，也是一个虚数而已！”

此言一出，大帐内顿时嘈杂一片，众将交头接耳、议论纷纷，都对皇太极的推断不以为然。

努尔哈赤也有些出乎意料，他把双手向下一压，示意大家安静，然后对皇太极说道：

“何以见得杨镐四十万兵马乃是虚数？你且细道其详。”

皇太极不慌不忙地款款道来：

“父汗，列位将军。明朝这四十万军有三十万主要来自闽、浙、川、甘四省，先不说内中有多少虚额空饷，便是这四省距辽东的路程，就有数千里之遥，一时如何调齐赶到？现在能有三分之一赶到辽东已是多说了，这样看，内地调来的兵将也就是八、九万而已！况且，这些内地兵将，除甘肃兵之外，都来自南方溽热之地，哪里经得起关外这寒天冻地？明军将官又一个个贪渎成性，从盐税岁入中挤出来的那些个军饷兵费，大半入了他们的腰包，大部分兵丁的寒衣到现在尚未配齐——恐怕打完仗他们都未必穿得上棉袄棉裤！”

大家低头看看自己，铁甲内，都是又轻又暖的裘毛皮革，想象明军身着单衣在寒风中瑟瑟发抖还不得不披坚执锐的窘境，都不由得哑然失笑起来。

皇太极接着又说道：

“当然他们也有不怕冷的，那就是剩下的十万人马。朝鲜两万五，叶赫两万五，以及辽东当地新募的五万兵丁。”

范文程点点头，说道：

“便这十万兵也已经超过我们八旗的总数了，四贝勒可有什么说法么？”

皇太极笑了笑，说道：

“军师莫慌，听小将说说这十万兵。说是十万，其实连一半都到不了。先说朝鲜，这几年一直为倭寇所苦，兵力都用于防御倭寇入犯，能有一万五千人过鸭绿江参战就属不易了。再说叶赫，虽然披甲者曾有三五万之众，但这些年来，与我多次交战，已然折损过半，还要分拨兵力守土，防备我趁虚而入，这样看来，也不过能出到一万兵左右。至于新募兵丁，一则时间紧迫难以募到五万之数，二则新募兵丁未经战阵难当大用，不足为虑！”

“嗯！说得有理！这样算来，四十万兵也不过只余了十一二万，这点兵马，我八旗健儿还是对付得了的！”努尔哈赤说罢，很轻松地喝干了手中的奶子茶。

大贝勒代善心存疑惑地向皇太极问道：

“你怎么知道得这样清楚？莫不是胡猜的吧？”

皇太极笑了笑，说道：

“大贝勒，为大将者，自当见微知著，从蛛丝马迹中看出事情的根本所在来。杨镐是正月初奉旨经略辽东的，为什么直到二月初还没有兵出山海关？就是在等调齐兵马！”

“那么他现在出了山海关、兵抵辽东城，不恰恰说明兵马已经调齐了吗？”

代善的话音刚落，皇太极就接过来说道：

“大贝勒只知其一不知其二。明朝官场尔虞我诈，相互攻讦、彼此拆台司空见惯。杨镐以败军之将东山再起，那些专爱挑人毛病的言官早就盯上了他。他正月十五在山海关刚刚过了元宵节，御史张鸣鹤就迫不及待地参了他一本，说他按兵不动、贻误军机。还有不少朝官借此机会指责方从哲举荐非人，甚至有人不惜犯兵家临阵换帅的大忌，建言以熊廷弼取代杨镐。万历老儿虽然不赞成换帅，但也对大兵迟迟不发很不满意，两次催问，要杨镐尽快出关。兵部尚书黄善嘉也发来红旗，催他进兵。杨镐正是在这种情势下，才迫不得已带着不整之师出了山海关。”

听皇太极这样说得有鼻子有眼儿，如同亲眼看见一般，连努尔哈赤也不禁点头称道：

“四贝勒手下的细作真是厉害啊！”

皇太极向父汗微微低了一下头，继续说道：

“杨镐虽然出了山海关，却滞留在辽东城，就说明他的兵力到现在还没有来齐。否则，他至少应该继续进军到沈阳！”

众人听到这里，也都不住地点起头来。

大贝勒代善心中疑团仍旧未能尽解，便又问道：

“照你这么说，杨镐老儿会一直在辽东城等到四十万大军凑齐才来与我们决战了？”

皇太极笑了笑，转过脸对大家说道：

“那是他的如意算盘！他现在一盼兵马到齐，二盼冬日早尽。等到春暖花开之时，倾四十万大军，以泰山压顶之势来攻我大金，一鼓而胜，这就是杨镐现在的梦想！”

“可惜，他这个梦怕是做不成了！四贝勒，你说是不是？”

“是，父汗！不过，要想让他的白日梦彻底破灭，我们现在还应该做一件事情。”

代善脱口而出道：

“马上撤兵回击辽东城！给他来个迎头痛击！”

“对，趁他兵马未齐、立足未稳，打他一个措手不及！”三贝勒莽古尔泰也高声叫道。

努尔哈赤笑了笑，说道：

“你们说的不能不算是个办法，但并不是最好的办法！四贝勒，你说说你的想法！”

“是，父汗！主动出击的想法固然不错，但是毕竟我军只有七八万人，邀击十一二万敌军，这是个赔本的买卖，能不干就不干。我军最好的策略，是逼他及早出兵进攻，引蛇出洞！而要想逼迫老奸巨猾的杨镐仓促出击，只有一个办法，不是从这里撤军，而是继续猛攻叶赫！只有打疼叶赫，才能牵出杨镐！”

代善这时恍然大悟，由衷佩服起自己这个同父异母的兄弟来。只听他大声叫道：

“妙计啊妙计！本来嘛，杨镐领兵出征的目的就是救援叶赫，咱们一使劲揍叶赫，他再想拖延时间也办不到了——万历老儿也不会让他消停的！”

努尔哈赤拊掌大悦，对子侄们说道：

“你们弟兄几个以后都要好好学学四贝勒！”

说罢，汗王站起身，朗声吩咐道：

“各旗将士猛攻叶赫，给我打疼它！”

第十九章

杨经略大兵分四路
后金汗令箭派三支

努尔哈赤看着皇太极说道：“我决定把主战场放在萨尔浒，那里的地形便于我八旗野战歼敌。四贝勒，你的主意多，就命你协同大贝勒代善，与大将扈尔汉，带两千轻骑，迅速西进，将杜松阻在萨尔浒，以待朕大军赶来歼敌！”

“击鼓升帐！”

随着杨镐一声威严的命令，辽东都司衙门顿时响起了沉闷的鼓声。过不多时，主要将官便都顶盔贯甲装束整齐地赶来了。

杨镐站在帅案后面——坐不住，他心里着急啊！

后金兵不顾号称四十万的明军大兵在身后虎视眈眈，反而义无反顾、变本加厉地猛攻叶赫部，这下子不仅让叶赫部承受不了，就连远在辽东城的辽东经略杨镐也感到了沉重的压力。皇帝把四十万大军交给他这个贬职为民的野老，可不是让他拿来摆架子、充门面的!这次出兵的首要任务，就是解救叶赫部之危。结果这“四十万”兵马立在努尔哈赤身后剑拔弩张，反倒像是督战队一样，在督促后金紧攻不舍，惹得八旗兵将大有灭此朝食——打下叶赫再吃早饭的劲头，这不是跟皇帝陛下他老人家的初衷南辕北辙、背道而驰了吗?

而且，就算皇帝体恤下情，那些可恶的言官也并不放过每一个可以用来大放厥词的机会。昨天方从哲方阁老又派亲信来辽东，说朝中以张鸣鹤为首的一干御史，已然再次联名上疏，参奏他杨镐食君俸禄、不勤王事，手握虎符、按兵不动，奏疏中把方从哲也牵连在内，说他以败军怯将挂帅领兵，是疏忽国事、举荐非人。

万岁虽然没有完全听信张鸣鹤等人的言语，但是却很明显地对伐金大军按兵不动表示了强烈的不满，来人是这样转达他老人家和蔼言辞的：“四十万大军在关外多停一日，大明府库便多空虚一分，天长日久，哪有许多的闲钱养这等无用之兵！”

而叶赫更是连连向他发来告急文书，文辞恳切、字字泣血，语言悲怆、声声含泪。内中最激烈的言词莫过于这一段：“大帅拥四十万貔貅熊虎，而坐视叶赫灭族，是何忍也！叶赫老幼妇孺何辜，大帅忍令其良莠共翦、玉石皆焚而竟吝加一援手乎？则今日叶赫之亡，非徒亡于建虏奴酋，亦亡于大帅耳！大帅纵不惧君命、不畏人言，岂不殚他夕叶赫部万千冤魂萦萦索命于泉下哉！”看到这段的时候，杨镐真是哭笑不得，努尔哈赤灭了你们，你们反过来找我偿命，这不是蛮不讲理吗？

唉！不管怎么说，大军再不有所行动真是说不过去了！杨镐这才急匆匆地把众将召集至此，部署出兵事宜。

杨镐看了看众将，其实这时候他的麾下还可以说是人才济济的，大明军界不少“俊杰”都奉调而来，准备在这辽东塞外大显身手。

其中，比较著名的有这么几位：

总兵官杜松。这是一个以胆勇著称的猛将，他二十多岁时就因为战功被授予宁夏守备，万历二十三年，他配合大将麻贵直捣卜失兔老巢，战后晋升为副总兵。三十三年，他镇守延绥，河套兵来犯，杜松大破之，遂被擢升为都督佥事。此后，他先后为大明镇守过蓟州和辽东，战功显赫。而且这人官声甚清，被称为“廉将军”，这一方面是说他作战勇猛，如同战国赵将廉颇，另一方面也是说他从不吃空额、贪军饷，在大明晚季有官皆墨的腐败环境中，算是廉洁自律做得不错的。但是自古以来，著于猛者其性必躁、著于廉者其行必耿，杜松也不例外，是个暴躁、耿介的大炮筒子。有一次，为了一件鸡毛蒜皮的事情，这位“廉将军”发起了脾气，竟然辞官不做，跑到庙里当了和尚！当然后来和尚也没做得长久，还是回到了行伍之中。再说了，就他这个脾气，当了和尚不也得三天两头就醉打一回山门啊？不过打那儿起，谁也不敢轻易招惹他了，下级怕他的雷霆虎威，上峰怕他的桀骜难驯，同僚怕他的不通人情，就连他夫人也怕他——怕他再去当了和尚让自己独守空房呗！杜松这次是万历皇帝钦点的征金大军副帅。

万历还钦点了一位副帅，总兵官刘綎。这是一位将门虎子，他的父亲就是威震西南的都督刘显。刘綎自幼习学武艺，使一口一百二十斤镔铁大刀，人称“刘大刀”。刘綎虽是将门之子，但却不是靠了父辈的荫庇爬上去的，他这个总兵官可以说真是一刀一枪拿命换来的。他还没有马背高的时候，就投身军营、为国效力了。十几岁的时候跟随父亲出征，不避箭矢奋勇登城，立了头功，升为守备。后来平定叛乱擢升为总兵，那年他才二十几岁，是大明最年轻的总兵官之一。后又升为都督。但这位刘大刀有一个要不得的毛病，太贪！曾经因为收受贿赂几次被革职降级，否则以他的军功，决不至于到现在反而重新去当那个区区的总兵官！

总兵官李如柏。说到李如柏，必须先说说他的老爹李成梁。李成梁曾经担任辽东总兵官多年，努尔哈赤的外祖父王杲、祖父觉昌安和父亲塔克世就都死在他的手里。就是这样一个双手沾满边民鲜血的家伙，竟因为镇压边民有功而深得万历皇帝的信任和宠爱，封他宁远伯，加官太子太保，位列三公。李如柏就是这家伙的小儿子，他自幼娇生惯养、好色贪杯，长大之后靠着将门虎子的金字招牌，成为大明军界一员。这个衙内式的人物，虽然领兵打仗的本事没有多少，但却从他老爹那里学会了欺上瞒下、阿谀奉承，当面是人、背后做鬼，专横跋扈、狐假虎威，虚冒战功、掠夺民财那一整套肮脏东西，当然也继承了李成梁苦心孤诣编织的关系网，在官场呼风唤雨、左右逢源。这次跟随老爹的门生杨镐出征，还没上战场，就先在杨大帅面前给刘綎和杜松一人穿了一双小鞋。他说，这两位副帅对大帅都很不服气。刘綎是净在背地里发牢骚，抱怨大帅急于出关，全不顾他的蜀兵还未赶到，而且军饷也不给足；而杜松则是急于出师，想抢头功，见大帅到辽东多日不曾发兵，便遣人密奏朝廷，弹劾大帅按兵不动，贻误军机。李如柏这个小报告一打上去，杨镐马上白脸变绿脸，要不是大敌当前、用人之际，非拿这俩家伙祭了尚方宝剑不可！

总兵官马林。这是个以儒将自居的人物。弈得一手好棋，唱得一口好曲，写得一笔好字，甚至还吟得几首好诗，唯独带不得好兵、打不得胜仗。不过镇守开原十余年来，跟辽东名士交往甚得，朝廷也惑于他的虚名，一直把他当周瑜、陆逊那么用着。

除了上面这四位大将之外，秉忠、李光荣、王绍勋等满汉总兵官以及朝鲜元帅姜宏立和叶赫贝勒锦台两个“外援”也来在帐下听命。

此外，更有副总兵、副将、参将、游击等衔级不同的将校上百名，一个个盔明甲亮、提刀执枪，够级别的在里边、不够级别的在外面，都静静地听候杨大帅调遣。

杨镐的目光扫过杜松、刘綎时，稍稍停顿了一下，但是却丝毫没有流露不满的神情，大帅嘛，就是要有这个气度，我心里可以把你恨得透透的，但面上绝不能让你看出来！打起仗来我把最难啃的骨头扔给你就是了，啃坏了记你的过，啃好了一块骨头而已又没什么肉，最值得期待的就是骨头也啃下来了，你牙也崩掉了，省得大帅我再费心去收拾你了！

杜松不屑地撇了撇嘴，刘綎抬眼去看房梁。

杨镐看了看李如柏，意味深长地了眨了眨眼睛，李如柏回报似的抬了抬嘴角，难看地笑了一下。

看到马林这个文质彬彬的总兵官时，杨镐突然想起前几天自己做的一首诗：

钓翁无故奉纶音，北上寒边刁斗浑。

四十万军风共雪，不劳相问靖胡尘。

心想找个机会跟马林切磋一下诗文倒也不错呢！不过，他很快就觉得这首诗根本就是笑话，哪来的四十万军？满打满算才不过十万出头！

想到这里的时候，他的目光越过了秉忠、李光荣，直接停在了朝鲜元帅姜宏立的脸上，问道：

“姜元帅，朝鲜此次出兵多少？”

姜宏立虽居客位，却也不敢托大，急忙欠了身子回道：

“禀大帅，寡君本当遵圣命发二万五千兵听用，奈何国小民寡，兵将本不充沛，又须防备倭寇觊觎，故此、故此倾全国之力也才发来区区一万三千兵，望大帅恕罪！”

“才一万三千众？”

“呃不过，大帅，我朝鲜兵倒还悍勇，这一万三千众若是由大帅亲自调度，也还当得两三万兵用……”

杨镐摆摆手，打断了姜宏立的话，又转过脸去看叶赫贝勒锦台，但见锦台贝勒面带倦色，一看就知道刚从战场上下来。杨镐说道：

“叶赫正与努尔哈赤交战，你没能带兵出来也在情理之中，不过，待本帅大军发动之时，你叶赫还是要派兵的，也好牵制努尔哈赤。圣上说的两万五千兵，恐你部一时也难筹措，不过，一万兵不可再少！”

锦台恭声道：

“王师此来，正为解救叶赫，叶赫敢不竭尽全力！虽然与建虏血战经旬，伤亡颇巨，但是我叶赫举族与努尔哈赤不共戴天，但余一男，必执戈与建州战！”

杨镐汗毛都耸立起来了，他对众将大声说道：

“听听！你们听听这豪言壮语！‘但余一男，必执戈与建州战！’可是我们有些将军，还是名望很高的将军，却……算了，不说这些了！”

杨镐不愧是个老官场，很滑头，话头吐了一半，不说了。

定了定神，杨镐很严肃地说道：

“本帅，承天恩于草泽，统貔貅以荡寇，伐顽逆而护道，解忠荩于倒悬！巨任在身，敢不用命！如今战局严峻，建州闻我天兵至此，非但不望风而降，反而猛攻叶赫，这简直是视我王师如无物！如此猖獗獠子，不将其犁庭扫穴，何以彰显天朝威严？我今召集列位将军至此，正是要择日发兵灭寇！”

刘綎身为副帅，自然有资格说话，于是便问道：

“但不知大帅预备怎样用兵？”

杨镐知道不把道理说清楚，刘綎，当然还有杜松，这两个副帅是不会善罢甘休的，于是，他把自己这几天与幕僚们商议的结果简要地说明了一番。

杨镐是这样描述他的作战计划的：

“列位将军，建州主力正在围攻叶赫部，本帅决定采用围魏救赵的策略，以不救的办法来救叶赫。这就是，以我大部兵力直取赫图阿拉城！这样，一来可免我军长途奔袭之苦，二来可威胁努尔哈赤要害，三来么，叶赫之围自然可解。”

杜、刘和众将听了，也不由得点点头，看来这围魏救赵还真是个办法。

杨镐接着说道：

“本帅拟分我大军为东南西北四路，分兵各进、约期合击。一路分三万五千兵马，出抚顺、渡浑河，沿苏克素浒河直向赫城，是为西路，这也是我军的主力，杜将军，本帅有意烦你领此西路军，副总兵赵梦麟、王宣，监军张全忠与你同往。”

杜松早就急切地盼望着出兵，听杨镐分派给自己主力任务，还比较满意，便道：

“末将愿领此军！”

杨镐笑了笑，又道：

“北路分兵一万五千，加上叶赫部一万人马，共两万五千兵马，由开原出靖安堡，尾随由叶赫撤退的建虏，也到赫城会合。这一路，就请马林将军统军，监军潘宗颜、叶赫锦台贝勒同去。”

马林神态很优雅地说道：

“请大帅放心，末将定不负重托！”

杨镐看了看李如柏，又说道：

“从清河堡出鸦鹘关这一路便是南路，也分兵二万五千，李将军，拜托你来统率。”

“是！”

“第四路，东路。从凤凰城出宽奠堡，然后转向北攻赫城。请刘将军统军，监军康应乾。”

刘綎着急地问：

“大帅，但不知此一路多少人马？我的蜀军有不少还在路上呢！”

“先不等了，有多少是多少吧！刘将军，我给你汉兵一万两千，朝鲜兵一万三千，姜元帅与你们同去。这样你东路军的总数也是两万五千。四路人马三月初二日，一齐向赫图阿拉发起总攻！”

杜松、刘綎屈指算了算，这样分兵四路共派出了十一万人，比建州八旗多了大约四、五万人，可以一战了。

这时又听见杨镐说道：

“四路大军之外，另派总兵秉忠率军一万五千驻守辽阳，以备接应；总兵李光荣率军一万驻守广宁卫，作为后援；总兵王绍勋率所部人马总管各路粮草；本帅率兵五千，坐镇沈阳调度指挥。各位将军，成败在此一举，大家好自为之！各自准备去吧！”

杨镐兵分四路向赫图阿拉杀去，兵马尚未行动，后金却已尽得其详。

已经从叶赫前线胜利撤军回到赫图阿拉的努尔哈赤，闻听此讯之后，对四贝勒皇太极会意地点点头，说道：

“这家伙终于被咱们引出来了！”

大贝勒代善奏道：

“杨镐兵分四路，气势汹汹，不知父汗欲用什么策略应付？”

努尔哈赤扫视了一下群臣，声若洪钟地说道：

“杨镐兵分四路杀奔我都城，各位不妨各抒己见，看看这个仗该怎么打？”

众贝勒大臣早已经习惯汗王的做法了，每逢大战之前，努尔哈赤总是要召集大家，一起议论议论情势利弊、战策得失，集思广益、博采众长，这也正是他的八旗兵胜多败少的重要原因之一。这次明廷分兵四路，老汗王还是不急于发号施令、调兵遣将，而是先问计于群臣。

但这毕竟是关乎后金生死存亡的重要战役，大家谁也不敢贸然发话，一时间，大家面面相觑，沉默不语，大帐内鸦雀无声。过了好一会儿，才见三贝勒莽古尔泰站起来，朗声说道：

“父汗，他有四路，我有八旗，以两旗敌他一路，难道还怕他不成？”

努尔哈赤虽然喜欢莽古尔泰不畏敌、不怯阵的勇敢气概，但对他提出的这种分兵御敌的主张却并不满意，汗王问道：

“他这四路，每路少的有两万五千人马，杜松的西路更是纠集了明军主力三万五千人，我后金八旗，每旗七千五百人，两旗合兵也不过一万五千人马，怎生抵挡得住他一路大军?”

三贝勒被问得愣住了，吭哧半天，才挤出来一句：

“一人拼命，万夫难当！”

努尔哈赤哈哈大笑起来，越笑越止不住，感染得群臣也忍俊不禁，一时间大帐内前仰后合笑成一片，笑得三贝勒丈二金刚摸不着头脑，憨憨地站在那里。

好不容易大家止住了笑，努尔哈赤才说道：

“我的三贝勒就是猛啊！中原那句俗话怎么说来着？‘软的怕硬的，硬的怕横的，横的怕愣的，愣的怕不要命的！’拼命的劲头当然是要的，但是也得看什么时候！陷入绝境，你不拼就没有出路。可是，不能有事没事就摆出拼命的架势来，咱们就这点儿老本，拼光了，拿什么去打天下？再者说，你会拼命，敌人就不会拼吗？疆场之上，性命相搏，谁不是在拼命！三贝勒，你这个办法不行啊！”

过了片刻，四贝勒皇太极躬身奏道：

“父汗，明军虽然兵分四路，但他们这四路兵未必能够同时杀到赫城，所以，他们出齐到不齐、分兵不合击。说是四路，其实也就两路，搞不好的话，也许只是一路！”

努尔哈赤最喜欢听四贝勒皇太极分析形势了，他心细，肯动脑子，又掌握敌情，往往有独到的见解，自己的很多决策都是得了他的启发才完善起来的。此刻，见皇太极说话，便鼓励道：

“给大家说说，怎么个出齐到不齐、分兵不合击？”

“是！先说北路。敌北路主将是开原总兵马林，这人就是个活生生的马谡，纸上谈兵比谁都说得天花乱坠，实战却不行。我军在他眼皮子底下围攻叶赫这么多天，他却只知道观望，不曾采取一点行动，这就说明他在死搬兵书中的‘待敌师之老疲’，在等着我们打累了打乏了再动手。这样的书呆子，进军时必然首鼠两端、迟疑犹豫，断不敢贸然速进。这一路除去一万五千汉兵，还有叶赫兵一万，叶赫兵这些日子已然被我们打得疲乏溃乱，仓促间也很难整齐阵列、形成战力。这一路，不会到得太快。”

努尔哈赤点点头，道：

“朕原先最担心的就是这一路，怕他趁我军回师赫城之机尾随掩杀，现在看来，我们前几天撤军时调度得当，他马林并没敢有所行动。这一路倒真不是心腹大患了。哦，你接着说。”

“南路。主将李如柏，纨绔子弟，能享受不能茹苦，打起仗来只知道临阵观望，从不肯争先恐后。父汗，恕我斗胆预言，只怕仗都打完了，李如柏也到不了赫城城下！这一路更不足虑！”

“还有两路，东路的刘綎和西路的杜松。这两路总该一齐杀到了吧？那样的话也有六万人呢，够我们啃一阵的！”

“父汗，儿臣以为，这两路也未必能同时杀到、形成合击之势！”

“为什么？”

“东路的刘綎，成名于西南，他麾下的蜀军，能吃苦，惯跋涉，善于在山地作战，本来堪称是我军的劲敌。不过，刘綎这人，在钱财上太过斤斤计较，他的嫡系部队始终不能及时赶到，本来就是打算以此来要挟杨镐，让他发足粮饷，不想弄巧成拙，反而造成无精兵可用的被动局面。这次杨镐拨归他使用的一万两千汉兵，大部分是辽东新募之勇，操练既不纯熟，作战更无经验，临阵鼓噪壮壮声势倒还可以，真打起来，呵呵，恐怕还不够他们尿裤子的呢！至于那一万三千朝鲜兵，背井离乡为异邦而战，也难尽全力。而且，东面这一路，加上前面说的北路和南路，所经之处都是高山峻岭，道路艰难，互相之间又难通讯息，再加上观望、推诿那些个明朝官场的陋习，所以大抵也就是个出齐到不齐、分兵不合击的结果吧！”

众将听到这里，个个点头钦佩。

皇太极喘了口气，又说道：

“剩下最后一路，西路杜松，作为一名武将，我很佩服他的无畏无惧、骁勇善战。但是，他为人过于耿介，‘水至清则无鱼，人至察则无朋’，他和同僚之间的关系甚是紧张，还曾经派人参奏过杨镐。这样的人，是很难在这种大兵团作战中与友邻部队协同配合的。如果我预计得不错的话，父汗，杜松的西路军一定会最先到达，并且会不顾孤军深入的兵家大忌贸然向我发动进攻！蔑视对手、蔑视友军，相信自己能够包打天下，不惜一切争夺头功，这就是杜松现在的心态。所以，杨镐四路大军中，真正需要我们尽全力对付的，就是这一路，三万五千人而已！”

“哈哈哈哈，说得好！”

努尔哈赤拊掌大笑，然后高声问道：

“抚顺额驸何在？”

“抚顺额驸”是谁？就是抚顺降将原来的明朝游击将军李永芳，努尔哈赤厚待他，不仅升他为总兵，还把自己的孙女嫁给了他，从此李永芳摇身一变成了后金的“抚顺额驸”。

听见汗王呼唤，李永芳起身离座，高声应道：

“臣在！”

“永芳，你在那边呆过，你说说看，四贝勒给这几个人画的像是不是那么回事？”

“四贝勒料事如神，这几个人就是这样的脾气秉性！”

“哈哈！各位，不是朕偏爱四贝勒，我们为大将者，一定要知己知彼，这知彼嘛，当然也包括摸透自己对手的脾气秉性！”

转过脸来，努尔哈赤又对皇太极说道：

“四贝勒，朕再给你补充几点：其一，杨镐的战略不对。大军远出，所可恃者，锐气也。杨镐先是迟疑不进，后又被迫速进，且分兵四路，辗转迂回，路途艰难，战线太长，此我军一必胜也。其次，杨镐的时机不对。北地苦寒，若待到春暖花开，或可与我北人一战，今时在隆冬，南兵衣单，手脚疮裂、呵气成冰，执刀枪尚且不稳，遑论厮杀乎？此我军二必胜也。其三，杨镐的用人不对。两员副帅，心存芥蒂，其余诸将，各怀鬼胎，上下不能同心，左右不能协力，彼此观望、相互掣肘，此我军三必胜也。其四，杨镐的位置不对。身为主帅，远离战场，帅不知将、将不通帅，战况不能速报，号令不能捷传，十四万军各自为战，直如一盘散沙。此我军四必胜也！”

皇太极听完，连忙带头高呼道：

“父汗圣明！”“汗王圣明！”大帐内顿时跟着响起一片赞颂之声。

努尔哈赤轻轻摆摆手，嗽了嗽嗓子，大家知道汗王要宣布战斗方案了，便大海退潮一样地收住了声音。

只听努尔哈赤坚定地说道：

“正如四贝勒所言，四路明军，分兵而不能合击，我军只要将其中的主力西路杜松打败，此战便胜了一半，若再将刘綎的东路消灭，便有了八成胜算在握！其余两路，诚不足虑也！”

说到这里，汗王从虎皮大椅上站了起来，踱了几步，才又对众人接着说道：

“朕主意已定，凭他几路来，我只一路去!我军若想得胜，就只有集中优势兵力，先全力对付他的主力西路军！”

正说着，帐下传来四面探马的快报，明军果然陆续出动。杨镐请尚方宝剑，杀了清河堡兵败失守的副将陈大道、高炫二人，祭旗出兵，现在已经到达沈阳，坐镇指挥。西路的杜松部昨夜燃炬发兵，现正沿浑河而下，日夜兼程，两日之后可达赫城。东路刘綎的大队人马也已出了宽奠堡，气势汹汹地向都城杀来。北路虽然还未出动，但开原城内明军兵马已经开始点校，看马林的意思，只要叶赫的一万兵出动，他必然与之会合挥师南下。只有李如柏的南路行动迟缓，尚在犹疑观望。

努尔哈赤微微一笑，说道：

“看看吧，果然和四贝勒的预测不差分毫！好！既然事情不出我们所料，那就照计而行吧！”

说到这里，他顿了顿，然后有条不紊地一一下令道：

“东路刘綎，来势虽然凶狠，但却是佯攻，他的目的是吸引我军的注意，好掩护西路杜松速进。哼，这种鬼蜮伎俩只好蒙哄三岁娃娃！众位将军，你们谁愿领一支兵迎敌东路？”

阿敏抢出班来，奏道：

“侄臣愿往！”

后金从抚顺撤军的途中，曾经在北峪设伏，大破张承胤一万追兵。那次战斗，阿敏表现不好，围而不严，致使明副将皮廷相领三千军从他的防区突围而去，结果努尔哈赤大为震怒，褫夺了阿敏的兵权，随营听用。不过从那之后，阿敏痛心疾首，倒也真有了悔改的表现。此次随军出征叶赫，也曾上阵厮杀，还立了些许的功劳。现在他又主动请缨，要独当一面去敌东路的刘綎，很是有些想戴罪立功的意思。

努尔哈赤沉吟了一下，决定还是给他这个机会，便说道：

“阿敏，你可知道此战的艰难之处？”

“叔汗，侄臣知道！我军主力都要调去迎击西路敌军，这东边一路至多也就能拨出两个牛录的六百兵丁。不过请叔汗放心，侄臣熟悉东路地形，定会择险要处设下伏兵，迟滞敌军行程，令其不得与西路敌军主力会师。”

努尔哈赤满意地点点头，抓起一支令箭，说道：

“好！就命你带两牛录六百士兵迎击东路敌军！”

“叔汗请慢！我军兵力当多用于西路，侄臣不才，敢请领五百众阻挡刘綎！”

“五百众？阿敏，刘綎久经战阵，有勇有谋，你可千万不要轻敌呀！”

“叔汗！五百兵，若用于硬拼硬杀，自然不够。但侄臣此去，责不在杀敌而在阻敌，只要善用地形、巧布疑兵，五百兵尚嫌多些！我东路这边多省一兵卒，西路我大军就多添一健儿！西路早日灭敌主力，就能早日回师向东，那时合我八旗之力，灭一刘綎有何难哉！”

努尔哈赤听阿敏说得头头是道，知道这个侄儿的确已然吃透了自己的作战计划，又看了一眼皇太极，见皇太极也微微点了点头，便把手中令箭交付阿敏，并且叮咛道：

“好！阿敏，朕就命你率五百精兵去迎东路敌军，记住，只行阻敌不需力战，只要能拖延敌军前进步伐到我大军回师东来，便是你的一件大功劳！你还可多带锣鼓旌旗，以为疑敌之用。二贝勒，你的责任重大，好自为之啊！”

阿敏听见叔汗嘴里重又说出“二贝勒”三个字，不由得热血沸腾，慷慨说道：

“叔汗，咱女真汉子不怕犯错，就怕不知错不改错！今侄臣领命东去，定不重蹈北峪覆辙！叔汗，侄儿此番便是战死沙场，也决不让刘綎一兵一将从我尸前越过！”

看着阿敏慷慨激昂满怀着必胜的信心出帐而去，众将也全都摩拳擦掌、跃跃欲试。

努尔哈赤继续调兵遣将。他看着皇太极说道：

“西路杜松日夜兼程，再有两日便可赶到赫城。我不欲与其在城下会战，让敌军形成围城之势，会动摇我军民信心，也不能发挥我军骑兵优势。为此，我决定把主战场放在萨尔浒，那里的地形便于我八旗野战歼敌。只是，不能让杜松来得太顺利，须得设法也阻他一阻，四贝勒，你的主意多，就命你协同大贝勒代善，与大将扈尔汉，带两千轻骑，连夜迅速西进，将杜松阻在萨尔浒，以待朕大军赶来歼敌！”

皇太极一边听着，一边在心里盘算着，父汗话音刚落，他已然有了阻敌之计了，便微笑着向大贝勒代善示意，那意思仿佛在说，你就接令吧，一切都包在我的身上了！

这支令箭交给了代善之后，汗王拿起了第三支令箭，目光炯炯地看着三贝勒莽古尔泰，说道：

“三贝勒！我大军明日一早拔营西进，你却不能就走。给你一个最艰巨的任务，领一千兵守城！”

“这……”莽古尔泰嘴都噘起来了！这小子从小就爱跟人干仗，如今见大家都能上前线杀敌，偏偏自己留在城里看家，自然很不情愿。

这时，努尔哈赤与大妃生的儿子阿济格高声请命道：

“父汗，前方正在用人之际，三贝勒英勇善战，儿臣愿代他守城，换他到萨尔浒杀敌立功！”

努尔哈赤看了看稚气未脱的阿济格，不放心地问道：

“守城的责任重大，你这副小肩膀，担得起来么？”

“儿臣守得住！再说还有何和理、安费扬古他们几位老臣呢！请父汗放心让三贝勒随驾杀敌去吧！”

努尔哈赤赞许地说道：

“好！我努尔哈赤的后代，个个都是好样的！”

他转过脸来，提高声音，对剩下的文臣武将说道：

“其余各旗，速做准备，兵发萨尔浒！”

第二十章

杜总兵受阻鱼虾阵 四贝勒安排虎狼兵

杜松开始的时候还以为这是俗称“桃花水”的春汛骤至，可是再一想，不对，这一定是后金兵搞的鬼，那几声炮响，以及现在还在冒着的黑烟，就是他们之间传递军情的信号。他猜对了，这正是皇太极送给他的见面礼！

皇太极同大贝勒代善、大将扈尔汉领着两千轻骑，沿着苏克素浒河南岸向西一路急驰。暮冬夜长，赶到太兰岗的时候，天才交卯时，旭日正跃跃欲试地打算东升。

三人止住了兵马，让大家下马稍事休息，也好缓缓马力。

皇太极跳下马来，由亲兵牵了马去啃食道旁的草尖，自己背着手去看四下的地势。这里是两山夹一水，南北两面山势陡峭，中间苏克素浒河正哗哗流淌，不时夹带下来一些尚未化尽的冰块。皇太极看着河水，不由得若有所思地自言自语道：

“这些天只顾了准备与明军交战，不知不觉天气转暖，野草冒尖，连冰河都解冻了！”

代善也在观看地势，他仰着头看了半天两面山上的茂密松林，特别兴奋地对皇太极和扈尔汉说道：

“这地形设伏太合适了！杜松的西路军要进犯我都城赫图阿拉，这里是他的必经之地。我想把咱们的两千兵将埋伏在两边的山上松林里，杜松兵马不来便罢，他若来，我一声炮响，两路夹攻，杜松兵马遭此突袭，定然溃乱，我军可获大胜！即使不能全歼敌军，也必定实现延缓他行程的目的，等来父汗亲率的我军主力，合击杜松的西路军！”

扈尔汉听了代善的话，沉吟着说：

“这里地形倒的确宜于设伏，但是，离我都城太近，一旦我们这两千轻骑抵敌不住杜松主力的狂突，就会对都城构成威胁，那样的话，我军局面将会非常被动。”

代善闻言吸了一口凉气，说道：“扈将军提醒得好！我只看这里地形不错，竟忘了离都城太近的危险了！我两千人马夹击他三万五千众，一旦，嘿，什么一旦啊，几乎就是一定拖不住他，那咱家岂不是闯了大祸了？四贝勒，你看有没有更好的办法呢？”

皇太极也不太赞成在这里伏击明军，除了扈尔汉说的理由之外，他还认为，父汗既然准备把主战场设在萨尔浒，那么他们这两千轻骑就应该从这个角度来设计自己的战略战术。现在，听到大贝勒征询自己的意见，便很谦恭地说道：

“王兄，小弟以为，我两千人虽然少些，但却有天地相助，虽不能全歼杜松三万五千人，但拖住他，让他乖乖地在萨尔浒等待我大军合击，还是不难的！”

代善经过这几年的事情，已然对自己这个八弟的能耐佩服得五体投地，此刻虽听他说出“有天地相助”的话来，却并不认为这是虚无飘渺的无稽之谈，他想，八弟虽然能言善辩，但每每言之有据，并不是那种夸夸其谈的人物。于是便问道：

“八弟说的‘有天地相助’，是什么意思呢？”

皇太极笑了笑，说道：

“当然不是怪力乱神之类的荒唐事情。我说的天，是天时，我说的地，是地势。王兄请看，前几天天尚苦寒，哪晓得相隔不过几天，天气竟然转暖，连冰河都解冻了！我看，咱们就在这天时地势上做足文章！”

代善不解地问道：

“在天时地势上做文章？怎么做？”

皇太极找了一块大青石，一边用马鞭在石上比比划划，一边详细解说道：

“杜松由抚顺关而来，欲攻我赫城，必在铁背山界藩城附近南渡浑河。我算了他们的行程，他们马步兵齐发，还有辎重，日行最快也不过百余里，估计今日正午时分可到达界藩附近并且在那里实施渡河。我们可派一支飞骑兵，五百人左右，急速驰往界藩城，在那里把浑河上游水流截断，待杜松军半渡之时，决水淹之！这样一来，定可阻滞杜松一下，还能杀伤他一部。古人有‘八公山上草木皆兵’的说法，我们这就叫作‘浑水河边鱼虾成兵’！”

代善不由得大声叫起好来：

“好一个‘浑水河边鱼虾成兵’！八弟，你简直就是我们后金的小诸葛亮啦！”

扈尔汉听了也点头称赞道：

“以水为阵，真是好计！”

但是扈尔汉毕竟是个久经战阵的大将，遇事也并不盲从。他想了想，试探地对皇太极说出自己的疑虑：

“四贝勒，只是仅以五百飞骑兵去往界藩，人力恐怕不足以截断河流，因为据我所知，浑河在界藩城附近流势转缓，河面因此也变为半里余宽，要想截断这么宽的河流，还要能够及时重新决开，没有几千之众是不行的。四贝勒，实在不行的话，我们这两千人都去算了！”

代善听了扈尔汉的话，也关切地问皇太极：

“扈将军言之有理，还是全军齐发吧？”

皇太极胸有成竹地说道：

“啊，人力不须担忧。你们忘了，去年四月我军攻打抚顺关，曾经在界藩城驻过兵马，当时觉得这座小城地势非常险要，是扼在明军由抚顺关东来必经之路上的一只巨掌。只是城垣破败、屋宇敝陋，一不能屯兵、二不堪御敌，因此，父汗决定修缮建筑、巩固城防，为此，特地从建州本部征集了一万五千余民工日夜施工，现在已将近完工，但民工还在界藩，正好可以协助截流。不光如此，界藩现在还有四百守城兵呢，也可以跟我们的五百飞骑兵一起来对付杜松！至于我们剩下的兵马，随后也向界藩方向进发，放心，杜松不会让我们闲着的！哈哈哈哈！”

代善、扈尔汉听到这里，心里的石头算是落了地。三人遂又商议了一些细节，包括兵将的分派等等。

一切停当之后，代善看了看周围的兵士们，见他们已然歇过劲来了，战马也都吃饱了草料，便对皇太极说道：

“就请八弟传令!”

皇太极忙摆摆手道：

“还是请王兄传令！临行前父汗旨意说得明白，此次西去迎敌小弟是协同王兄，请王兄大胆传令，小弟愿为马前卒！”

代善知道四贝勒并不是在虚伪地客气，也不是因为代善年长就一味谦让，几年前父汗设立了四大和硕贝勒按月轮值制度，从那以后，他们兄弟几个就已经习惯轮流发号施令了。这次临行前父汗明确前锋军由代善主事，皇太极断不会越俎代庖，在这些方面，八弟行事还是十分谨慎的，生怕别人产生什么误解。不过，他又不会事不关己高高挂起，袖起手来看他代善的笑话。否则，刚才他就不会那么积极地出谋划策了。

于是，代善胆子壮得很了，他跨上战马，威风凛凛地喝道：

“吐伦世听令！命你率五百飞骑兵，火速疾驰界藩城，抵达之后，尽遣城中壮工到上游截流蓄水，待杜松军渡河到一半时，再决开堤坝，放水淹敌！”

皇太极帐下的得力将领吐伦世一听，大贝勒把这样要紧的任务交给自己，顿时备感振奋，雄声应道：

“末将得令！”

代善虽然传了这道令，却又补充说道：

“决水之后你如何行动，还请四贝勒对你面授机宜！”

皇太极无奈地笑了笑，说道：

“王兄何苦这般自谦！也罢，那就恕小弟不恭了！”

他转过脸，面色凝重地对吐伦世说道：

“吐伦世，杜松军虽被你水淹，但仍将有七八成军可到南岸。这三万左右明军过河之后，必急于继续东进，所以，他们会置界藩城于不顾，力图绕城而过。这时，你必须利用飞骑兵机动灵活的速度优势，轮番对杜松军进行骚扰，也不必死斗，缠得他心烦意乱不得爽意东进即可。杜松被你缠急，必定会分兵攻你界藩，以绝他东进的后顾之忧，这时，你当如何？”

吐伦世想了想，禀道：

“末将当会合守城的四百兵卒，死守城池，能多拖一刻便是一刻，这就是在给汗王的大军争取歼其主力的宝贵时间！”

皇太极点了点头，又摇了摇头，说道：

“延宕他东进步伐，这个宗旨是完全正确的！不过，千万不能采取坐守孤城的办法！我军人少，必须借地势之力，方可以少胜多！界藩城外有一座山崖，叫作‘吉林崖’，地处扼要、崖壁陡峭，是界藩城的天然屏障。你可亲率那五百飞骑兵，再选取五千精壮的民工，据守吉林崖，剩下的民工会同那四百兵守住界藩城即可。你这两处兵，互为犄角，彼此救应，即使这样，敌军多我数倍，你面临的也是一场血战！当然，我们大军决不会坐视你被攻击而不管，待杜松分兵攻吉林崖的时候，我们会择时而动，从杜松军身后环攻而至，与你的守崖兵将形成夹击之势！吐伦世将军，你可听明白了么？”

吐伦世听皇太极把用兵方略一五一十地交代得清清楚楚，胸中胆气顿增，拱拱手，响亮地说道：

“末将明白！”

看着吐伦世领着五百飞骑兵绝尘而去，大贝勒代善又向身边剩下的一千五百兵将下令道：

“其余兵将缓辔而行，边西行边等待汗王大军！”

“喳！”

明西路军统帅杜松领着三万五千人马，此刻正沿着浑河西北岸，浩浩荡荡地向东北方向进发。

杜松望着身边奔腾的浑河，渴望立功的心情十分迫切。他因为性情耿鲁，得罪了上司，被革职回家。若不是朝廷此次对后金用兵缺少能征惯战的将领，恐怕他这一辈子也就老死在田亩之间了。现在既然天赐良机，让自己重又披铁甲、统雄兵，自然不能轻易放过这个为国效力的机会！他恨不得立时兵临赫图阿拉城下，生擒奴酋。也正因为如此，他才擅自命令自己统领的西路军比杨镐给各路军约定的时间提前一天出发。他现在满脑子想的都是：

“先下手为强，日夜兼程，赶在别人前面，不等那三路人马到齐，就将建州攻下，生擒努尔哈赤，夺得头功!”

西路军行进的道路相对东南北三路军而言，是要近捷些，但也并非一马平川，穿山过岭的，也颇费一番周折。特别是在今天上午的行军路上，西路军遇到后金两个村寨军民骚扰性的抵抗，搞得很烦人，后来杜松下决心，遣兵将攻破了这两个村寨，杀死了寨子里所有的女真男人，还放了两把火把寨子烧成白地，这才得以消消停停地继续东进。

过了一个叫作营盘的地方之后，杜松看到身边的浑河开始变得宽阔起来，流势也十分缓慢，从岸上看，河水也并不十分深，像是将将没膝的样子。杜松想，要杀奔建虏伪都，这里大概是最好的渡河地点了。遂命令一个亲兵驰马下河试水。

那亲兵得令后，一带缰绳，驱马沿舒缓的河岸下了河。杜松手搭着凉棚，立马在西北岸，注视着亲兵的行动。开始的时候，只见他人也小心，马也谨慎，一步一停地试探着向对岸走去。在中流的时候，杜松特意看了看，河水才到马肚，然后水越来越浅，那马也越走越轻松，到后来，只见那马轻轻一跃，便傲然地跃上了东南岸，回首遥望大队人马，一副踌躇满志的神态。

杜松朝那亲兵挥了挥马鞭，将自己的坐骑向下游方向催了几十步，又朝亲兵挥了挥马鞭。那亲兵会意，隔岸纵马向下游驰驱了四五十丈远，然后又下河返回。杜松觉得他这次似乎比方才走得更为顺利，河水最深的地方甚至还不到马肚。不多时，亲兵登上河岸，下马禀报道：

“将军，水浅可渡！”

杜松也跳下马来，走到亲兵那马跟前，仔细看了看战马鞍韂上的水痕，并且在自己身上比划着水的深度，见水深的确并未过腰，终于满意地点点头。然后对手下的传令兵们说道：

“火速传令各营，全军循序渡河！告诉各营，骑兵于上游渡，步卒于下游渡。前队渡河之后，不可躁进，要背水结阵，小心提防敌军趁我军半渡而击！”“是！”

西路军渡河初期十分顺利。流也缓，水也浅，骑兵在马上自不必说，就是步卒，由于是从方才试过的最浅处下水，也并没有遇到太多的困难，除了水温比较寒冷之外。

杜松在西北岸看到自己的士兵过河之后，并没有按照原先的命令结阵备战，而是在河岸边点起了堆堆篝火，一个个围着火堆烘衣取暖。杜松有些生气，忙对身边的几员偏将命令道：

“你们几个速速渡河，过河之后，立即召集部下结阵备战。千万不可疏忽！这要是建州伏兵杀到，如何了得！”

偏将们领命渡河去了，杜松估摸了一下，现在恰是部队过了一半的时候，也就是兵家所云半渡之时，是最容易受到攻击的时候。于是杜松赶忙督促西北岸的兵将加紧渡河。

真是怕什么有什么，就在这时，“咚！咚！咚！”震天价地响了三声号炮，把所有人都吓了一跳。紧接着，有眼尖的兵卒发现，河对岸的山顶上升腾起好几股浓烈的黑烟。

杜松心中大惊，急忙命令道：

“击鼓！急命对岸兵将结阵，严防敌军来袭！”

对岸已渡明军连忙匆匆列成阵势，预备迎接敌军的袭击。可令人奇怪的是，对岸根本不见后金的一兵一卒出现，除了山顶上那几堆黑烟仍在升腾之外，似乎还挺风平浪静的。

杜松正在纳闷，却听奉命观察水势的兵士突然高声报警道：

“将军！上游水势有变！”

杜松连忙长身形向上游方向望去。只见那里的河水骤然高涨，远远望去，就像在河面上新筑了一道“堤坝”。只不过，这道“堤坝”是移动的，而且移动的速度飞快，不到一袋烟的功夫，那方才还似乎远在天边的“堤坝”，便挟带着草根、树叶甚至没有化尽的浮冰呼啸而至了。

这一下可不得了了。原来最深处不过齐腰的河水，陡然涨到了齐肩深。骑兵胯下的战马，遭此突变，一个个张皇嘶鸣，不过由于战马本身高大，本能又会凫水，所以尽管受了些惊吓，但过一会儿也就都镇静了下来，驮着各自身上的骑士半泅半涉地过了河。最可怜的是那些步卒，本来他们涉着寒冷彻骨的冰水就已十分困难，现在河水暴涨，流速又急，很多个子矮小的士兵直接就没了顶了，那些年老的、体弱的、伤病未愈的，被骤然袭来的冰水一激，个个抽起筋来，手脚痉挛，许多人根本抵挡不住激流的冲击，顺流直下，挣扎一阵后，便纷纷成了泽国之鬼。粗算一下，丧命在浑河的兵士大概得有两三千众。

杜松开始的时候还以为这是俗称“桃花水”的春汛骤至，可是再一想，不对，这一定是后金兵搞的鬼，那几声炮响，以及现在还在冒着的黑烟，就是他们之间传递军情的信号。这次他总算猜对了，这正是皇太极命骁将吐伦世送给他的见面礼！

但事到如今，自己的三万多兵马被冰河分隔在两岸，一点别的办法也没有，只好继续涉险渡河，总不能望河兴叹徒唤奈何吧？

杜松想了想，决定调整渡河策略，原来是步骑分渡，现在改为每一匹马除了原来的骑士之外，再带一名步卒渡河，步卒扯着马的肚带或者缰绳，这样来抵御湍急的水流。这样一来，果然被淹没的士卒少了许多。

只是辎重车辆没有办法，特别是那些笨重的火炮，很难从这么深的冰水中轻易过渡。杜松又不舍得放弃这些辎重，军帐、粮草，哪一样少得了？更重要的是火炮、云梯、盾车这些攻城的器械，没了它们，以后到了建州的都城下拿什么去攻坚？只好命人望下游去另寻水浅之处，好渡辎重过河。但是这样一来，却又分去了他的一部分兵力，因为总要派些兵马保护辎重啊！

后来这些辎重是在离这里十里开外的地方勉强过河的，正是因为绕了这个圈子，午后杜松领军攻击吉林崖的时候，明军的重炮“红衣大将军”没有能够参加战斗。

杜松自己是在大军渡到七八成的时候过河的，下了水，他才知道这冰河的水的确不是好玩的，彻骨的寒，扎骨头啊！一路上，看着兵卒们在过肩的寒流中挣扎着前进，不时有体弱者冻得双手麻木，再也拉扯不住马的缰绳、肚带，顺流漂逝葬身鱼腹，杜松也只能眼睁睁地看着，再也没有什么更好的办法。

好不容易除了辎重之外的全军过了河，杜松怕被伏兵袭击，不敢停顿，连忙整饬起队伍，大军沿着山间大道向东逶迤行进了数里之遥，虽时在正午，但山高蔽日，寒岚啸起，冷风逼体。杜松不觉周身寒冷，再看看身边的士卒，一个个嘴唇发紫，方才渡河时弄湿的征衣，此刻被寒风一吹，冻得如铁甲一般，走一步都十分艰难，且奔走半日，水米未进，三军饥寒交迫，也没有多少战斗力了。

杜松无奈，命幕僚取地理图来，在马上看了，遂传令道：

“三军再坚持片刻，待到了前面的萨尔浒，便可安营扎寨，烘衣取暖、造饭充饥了！”

此令一传，全军欢腾，行进的步伐顿时快了许多，不多时，便来到了萨尔浒。

杜松在马上细细观望，只见这里的地形也是两山夹一水。萨尔河一道清流缓缓而下，河宽半里，水势平和。两岸山势蜿蜒，气势雄伟，松柏茂密，郁郁青青。相比之下，东山较为陡峭，西山则是漫坡，正好扎营。杜松于是下令，三军在西萨尔浒山平坦处安营。

明军兵士立即登山砍伐树木，扎下营寨，埋锅造饭、点火烘衣。谁知将将喘过气来，又听得营外金鼓大作、喧哗连天，杜松登高看时，原来是一股百余人的八旗骑兵前来骚扰。

杜松遂命一支军出营迎战，谁知后金兵见明军出营，却并不接战，发了一阵弩矢，伤了数十明军之后，便纵马逃逸，进了一个山口。明军正欲追赶，杜松忙命鸣金收兵。

副总兵赵梦麟不解地问道：

“将军，为何不命我军穷追？”

杜松摇摇头，道：

“此兵书所云‘贼军’也，敌以少数轻骑，骚扰我大军，令我不得安然。我若穷追，‘贼军’则散逸入山林，故追而无功不如不追。”

“哦。将军高见！”

正说着，那伙子“贼军”又来了，于是又一次老鼠戏猫的游戏上演了。简短捷说吧，就在明军吃这顿战饭的短短时间里，“贼军”居然不嫌烦地来了三趟。

众将都很奇怪一向以暴躁著称的杜松何以能够容忍这样的事情一而再再而三地发生，就在这时候，只见吃饱喝足的杜松站起身说道：

“现在我们可以采取行动来彻底解决这股‘贼军’了！”

众将，包括监军张全忠、副总兵赵梦麟、王宣及几位副将、参将都不明白杜松要采取怎样的行动，便都瞪大了眼睛看着杜松。

杜松缓缓对大家说道：

“欲灭‘贼军’，必破‘贼巢’！列位可知道这股‘贼军’的‘贼巢’在哪里吗？”

“在哪里？”

“就在距此不远的界藩城！”

“界藩城？”

“正是！浑河截流决水，看来也是界藩城的建虏守军们干的，目的就是延宕我军的前进步伐。而且，明日我们进攻赫图阿拉的时候，它也必然由后袭扰，令我腹背受敌。本镇再三思索，决定与监军张大人亲率一万二千人马攻打此城，以绝后患！赵副总镇，烦你率诸将留守大营！”

赵梦麟看了看监军张全忠，见他并无异议，便拱手道：

“末将得令！”

杜松踌躇满志地又说道：

“我领一万二千劲卒，攻此孤城，兵力数倍于敌，界藩城除非有天神相助，否则决然坚持不到日落！界藩今夕下，我军明朝发，便可直抵奴酋老巢赫图阿拉！哼，东南北三路人马便是飞，也休想与我西路军争一日之短长！列位，待明日直捣黄龙，我们再痛饮琼浆!”

赵梦麟等守营众将也斗志昂扬地说道：

“西路军事事占得先机，头功必属我军，愿大人此去牛刀小试、一击而中！”

杜松一边戴头盔，一边提醒赵梦麟道：

“萨尔浒山势险恶，林木茂密榛莽丛生，奴酋可能在此设下伏兵，将军须多加小心！”

“总镇大人切莫惦念，末将等定然严守营寨，建虏不来便罢，若来进犯，末将定叫他来得去不得！”

“好!得胜回来与大家庆功！”杜松说罢，与张全忠出帐上马，一万二千人马尘土飞扬地杀奔界藩城。

就在杜松分兵去攻界藩之后不久，努尔哈赤率领的八旗主力就出现在萨尔浒附近。

金盔金甲宛若天神的后金天命汗王努尔哈赤，纵马来到迎候在路旁的代善、皇太极面前，跳下马来，不待这两个儿子大礼参拜，便急切地向他们问道：

“军情如何?”

二人看了看，皇太极示意代善奏道：

“杜松南渡浑河，被四贝勒派五百飞骑兵提前赶到，用决水计淹死数千兵。杜松主力在西萨尔浒山上扎了大营，不堪我军以界藩为据点不时骚扰，于中午时分，自带一万二千人马攻打界藩城去了！”

努尔哈赤一听眉毛一扬，喜形于色地说道：

“哦，他分兵去攻打界藩去了?”

“正是。”

汗王哈哈大笑道：

“兵合则势在，兵分则势衰。明军分兵四路，其势已衰，杜松又再分散之，势已亡矣！这真是天助我也!”

老汗王转过脸来又问皇太极道：

“你看这仗如何打法?”

皇太极并没有直接回答，而是告诉了父汗这样一个事实：

“儿臣已命吐伦世在界藩城外的吉林崖设伏，以他五百飞骑兵再加上五千建城壮丁，估计至少可纠缠杜松军半日。天黑之前杜松过不了吉林崖，再往后，就不好说了。”

“那么，你有什么法子让吉林崖再多拖住杜松几个时辰呢？”

皇太极机敏地说道：

“父汗可是有意先破明军萨尔浒大营？”

“嗯！”

“儿臣早有准备，已请扈尔汗将军领一千军向吉林崖进发了，准备等父汗大军一到，就从杜松身后攻击，一来不让他很快攻下吉林崖，二来也好隔断杜松与萨尔浒大营的联系，为父汗全歼敌大营兵马创造条件。不过，这一千军还嫌不足……”

汗王听罢，点点头说道：

“现在杜松军兵分两路，露了这么一个大大的破绽给我们，要是轻易放过岂不辜负他一片苦心了？为此，朕决意先歼其一路，就是他萨尔浒山上的大营。萨尔浒大营有明军两万余众，我们必须用主要力量去攻他这个主力。只要我们破了明军萨尔浒大营，杜松那一万二千人就陷入孤立无援的境地，任我们宰割了！当然，这需要一个前提，就是在我们全力进攻萨尔浒大营的时候，攻吉林崖的敌军不能脱身与其大营会合！要完成这个重任，吐伦世，再加上扈尔汗，的确还不够。吐伦世可保界藩不破，保不住杜松不回军。扈尔汗可阻住他一时，阻不住他一日。四贝勒听令！”

“儿臣在！”

“命你率正白、镶白两旗一万五千人马，增援吉林崖！记住，既要拖住他，又不能打急他，若打急了他，他很可能放弃攻界藩的初衷，返身试图与萨尔浒大营会合。你只要分散其攻城之力，不使其出援萨尔浒大营即可。全歼这部分明军，可以留待朕破了他主力大营之后再说！”

“儿臣得令！”

看着皇太极点动正白、镶白两旗人马向吉林崖疾驰而去，努尔哈赤这才对留下众将高声下令道：

“其余六旗人马去攻明军萨尔浒大营，上前者赏，后退者斩！”

四万五千杀敌心切的八旗兵马，顿时狂潮一般向萨尔浒涌去。

午后，杜松率领的一万二千人马离开萨尔浒大营，向东疾驰。半个时辰不到，便来到了铁背山西麓的吉林崖。那吉林崖真个是拔地而起、突兀挺立，如同门神一样，巍峨地屹立在界藩城外。杜松凝神看时，发现崖上隐约有人影晃动，便知道这定是后金界藩城派到崖上来的守兵，暗暗哂笑道：

“哼，如此鼠辈也敢挡我大军？须臾便送尔等往西天朝圣去！”

笑罢，杜松就在马上一声令下，明军呈半月形将吉林崖围起，架上了火炮，轰了一阵，然后一队兵马开始仰攻崖上敌军。

吐伦世早已经按照四贝勒皇太极的锦囊妙计，在吉林崖把兵马安排妥当。吉林崖上现在除了吐伦世上午带来的五百飞骑兵之外，还有建城民工中的五千精壮汉子。别看这些民工不能披坚执锐冲锋陷阵，也不能舞刀弄枪拼斗厮杀，但却有得是力气，居高临下用滚木礌石往下砸，恰正是他们的强项。飞骑兵是八旗兵中的精锐，作战经验丰富，吐伦世让他们每人带十名民工，何时该隐蔽、何时可投石，现场指挥、随时指导，片刻之后，这五千民工便当真抵得两三千训练有素的兵卒了。

明军炮击吉林崖的时候，崖上的兵民都隐在巨石背后，加上当时的火炮杀伤力总归有限，所以尽管一霎时搞得惊天动地烟尘蔽日的，但却是雷声大雨点小，并没有对守崖金兵造成多大威胁。

炮火停歇之后，明军步卒开始登山而攻，吐伦世并不着急，待明军进入弓箭射程，方才将腰刀一举，高声发令道：

"打！"

一时间，飞骑兵霍然现身，飞矢如蝗骤然而发，五千民工也随即举石过顶，狠狠向下砸去。冲在前面的明军兵士带箭中石滚落山崖，一个个非死即伤。其余的明军兔死狐悲，纷纷停下脚步各寻庇护，不敢再攻。

杜松在崖下见状，急命道：

"调红衣大将军！"

"红衣大将军"是明军配备的重炮，火力奇猛，不过也十分笨重，运载它的炮车光骡子就用了四匹。杜松居然要动用这个大家伙，看来是急于解决眼前这座吉林崖了。

可是，当他听到麾下偏将的回答之后，顿时泄了劲。那偏将是这样回答的：

"将军难道忘了么，'红衣大将军'还在浑河北岸寻找水浅之处呢！现在营中就只有这些轻型炮了。"

杜松狠得牙痒，恶狠狠道：

"管他什么炮，全给我推上来，万炮齐轰，掩护步卒攻山！"

于是再一次炮轰，再一次强攻。可守崖兵民毫不畏惧。反正你不能炮跟兵一起来吧？炮来了我就躲炮，兵来了我就砸兵，这样倒好，还能休息休息呢！

就这样一阵一阵地攻守，双方也不知交手多少回合，一个小小的吉林崖竟牵住了杜松一万二千人马！杜松见自己兵卒伤亡不小，急得他连声怪叫，策马冲到半山腰亲自督阵。他拔剑连斩了几个畏缩不前的老兵，众兵大骇，这才又拼命仰攻。恰在这时，杜松听见萨尔浒大营方向响起了隆隆的炮声，回首看时，远远地只看见阵阵烟尘和星星点点的火光。

杜松吓了一跳，暗道：

“大营可不敢有什么闪失！”

忙对监军张全忠说道：

“张大人，萨尔浒大营有变！这样吧，我在这里督军继续攻崖，张大人统后军四千人马回师萨尔浒！”

张全忠也担心大营有失，便道：

“杜总镇，我先回军接应大营。这吉林崖攻得下便罢，若实在一时攻不下，索性总镇也兵返大营，万不可因小失大啊！”

杜松沉吟片刻，才说道：

“我再攻攻看，若真攻它不动，我便舍此鸡肋又当如何？大人且速去接应大营！”

张全忠领兵匆匆往西南方向的萨尔浒大营而去，才不过盏茶的功夫，杜松便听见西南方喊杀连天，心中怪道：

“怎么这么快就赶到大营了？”

又一想，不对，定是张全忠这路军遭遇敌人了！果然，张全忠派人来报道：

“后金大将扈尔汗伏兵当道，我后军四千军回援大营受阻！”

杜松大惊，忖道：

“扈尔汗是从哪里冒出来的？难道后金主力已然西来，特遣他率人马援救界藩城？”

遂问来人道：

“敌军伏兵有多少人马？”

来人答道：

“敌军埋伏在山间林中，但见遍山旌旗，不知兵马实数！”

想到这里，杜松反倒心里平静了，他对众将说道：

“于今之计，我军已无退路，只有迅速攻下吉林崖、占领界藩城，方能解除后军的危机！若是现在撤围去打援军，崖上敌军趁山势俯冲而下，我军腹背受敌，必然吃亏！列位，我等必须竭尽全力，继续攻打这吉林崖！”

杜松一面命副将指挥攻崖，一面亲率兵马前去接应张全忠的后军。行到半途，恰遇派去打探大营情况的探马。

“禀总镇大人，努尔哈赤亲统大军围攻我萨尔浒大营，赵将军拼死守营，伤亡惨重！”

杜松目瞪口呆地问道：

“努尔哈赤带了多少人马?”

“总计不下五六万人。”

杜松倒吸一口凉气，惊道：

“努尔哈赤不守赫城，置那三路兵于不顾，竟自倾举国之兵抵敌我西路军一路人马，可谓老奸巨猾、老谋深算！”

想到这里，不禁暗自后悔不该自己这一路擅自早发了。

正在紧张地思索如何解救大营，扈尔汗已经麾军杀上前来。杜松忙对诸将说道：

“先打退扈尔汗，然后回救大营!”

杜松纵马来到前军，见两军正绞在一起混战，心里一急，大吼一声，挥刀上阵，斜肩带背力斩后金一员偏将。几个后金兵不知好歹，群起来攻杜松，却被杜松使出旋风刀法，大刀排头削去，可怜那几个后金兵，满心期望阵前立功，好平步青云，不料却命丧无常，结伴往枉死城讨赏去了。

有在边地上日久的后金老卒，识得杜松，忙大声传说道：

“这就是当年镇守辽东的廉将军杜松！”

后金兵卒听得杜松的名头，个个心惊，便都退潮一样躲着杜松，明军这才好歹站稳阵脚。杜松不知扈尔汗带了多少人马，心存疑惑，见阵脚已稳，倒也不敢穷追。

这时天已薄暮，杜松遥听萨尔浒方向，已不闻炮声传来，但吉林崖这边的杀声却方兴未艾。看来吉林崖尚未攻下，但大营情况到底怎样，却让他颇费猜疑。他想，敌军若被杀退，大营必来救援于我，敌军若未杀退，为何又听不见动静？莫非努尔哈赤已然将我大营兵马一鼓全歼？“哎呀！若是这样，我军休矣！如今这吉林崖倒可有可无了，一定要保住大营，否则这一万五千兵岂不就成了‘无家可归’的‘孤魂野鬼’了！”

正在忧愁，忽听探马来报：

“扈尔汗只有一千兵马！”

“多少？”

“一千兵马！”

杜松大喜，笑道：

“天不灭我！这一千兵马，何能当我万马千军！”

忙一面命手下佯攻吉林崖，防止敌人俯冲追杀，一面亲率三千人马与张全忠的后军合兵，预备杀出血路好让全军突围去同大营兵马会合。

可惜的是，有一个人不容他们打响这个如意算盘，这个人自然就是皇太极。

就在杜松回身杀向扈尔汗的时候，皇太极率领驰援界藩城的正白、镶白两旗一万五千人马，赶到了铁背山下，与扈尔汗的一千先遣军合兵一处，都隐藏在山林之间。皇太极远远望见杜松在暮色中率军攻来，急忙传令道：

“我军不必与敌硬拼！现天色暗淡，我军可借山林隐蔽，于黑暗中发矢射杀明军！”

也是杜松活该倒霉，他的兵马向林中回击，却因为天色不明，箭矢十发九落空，对后金兵根本构不成威胁。

杜松回师心切，忙命军兵燃起松明火把，以便看清敌人。谁想这一来反倒把自己的人马全都明晃晃地照亮给后金兵看了。后金兵以暗击明，每发必中，甚是爽快。

杜松吃了大亏，却不在意，对监军张全忠道：

“建州只有一千之众，我这一万人便是束着手让他射，他又岂能射得过来？”

于是大声喝令兵卒道：

“休管两侧敌军，一起随我冲出山口！”

明军在杜松的带领下，根本不顾性命地往山口冲杀。皇太极明白杜松的用意了，哦，他这是要强行突围去救援萨尔浒大营啊！不行，一定要牵制住杜松，不让他冲出一人一马！想到这里，他便纵马摇枪，挥军冲出山林，向明军掩杀过去。

两白旗将士一见四贝勒身先士卒，也都呐喊着杀上前去。一时间，漫山遍野都是白色旗号，吓了杜松一跳。

“这哪止一千人？一万也多啊！”

不过这时佯攻吉林崖的明军也撤回来了，大家合兵一处，拼死血战，以图突围。虽然损伤了许多兵将，但明军都知道，不冲出去就只有一死，于是都舍死忘生地冲。两白旗兵虽然人数上占着优势，奈何明军个个都是敢死军，一下子还真有些抵挡不住了。

杜松满心高兴，以为突围有望。这时候，忽然听见一阵惊天动地的春雷声从萨尔浒方向滚滚而来。仔细一辨认，哪里是什么春雷，是后金主力匝地而来发出的铁蹄声音！

皇太极铁枪一举，兴奋地对白旗将士道：

“汗王大军举营来到，萨尔浒明军已全军覆没！儿郎们，此时不杀敌立功更待何时？杀呀！”

两白旗所有健儿听得此言，一个个振奋异常，刀枪齐举地高声呼喊道：

“杀敌！杀敌！”

皇太极的兵马如同见了血的公牛，顿时来了劲，一个冲锋，把杜松军生生压回了吉林崖前面那一块平坡。

片刻以后，八旗主力在努尔哈赤的率领下赶到了吉林崖前，尽管杜松还在做困兽之斗，但残余不到八千的明军已全部被八个旗六万多人马团团围在了垓心，后金的胜利只是个时间问题了。

努尔哈赤立马铁背山顶，看着面前的杜松人马，脑海里还在闪回着下午攻击明军萨尔浒大营的激烈战斗场景。

当时，明军砍倒营前树木，挖宽沟，设鹿砦，军士引弓搭箭，火器严阵以待。努尔哈赤见明军阵营整齐，旗帜鲜明，刀枪如林，便先集中所有炮火大肆轰击，然后才令两红旗兵将仰攻。代善亲自督军，冒着明营的火炮、火铳和弓弩，不惜代价地往上攻。攻到近前，明军大将赵梦麟率兵迎战，两边的人马杀作一团，红旗军杀气不弱，但是明军的士气也高昂，一时间难分胜负。于是，努尔哈赤赶忙调来三千蓝旗兵马侧攻明军左营，又调三千黄旗兵马侧攻明军右营。左右夹攻之下，明军营寨砦栅被攻破，不能继续发挥防御作用，双方进入短兵相接的肉搏。肉搏战是一对一的战斗，明军吃亏在人数少上了，后金每三人对明军一人，谁胜谁负是不用说的。那一场好杀，真是血流成河、尸骨堆山啊！可怜两万多明军，只逃走了三五千人，其他的都做了辽东冰天雪地里的冤魂怨鬼了。

后金破了明军萨尔浒大营之后，留下少数兵将打扫战场，其余将士马不停蹄直奔吉林崖，又来解决杜松的一万两千兵了，其实这个时候，杜松手下充其量也就只剩下七八千人了，有战斗力的大概不超过五六千人。别的那些，都在前期被皇太极的两白旗打得差不多了。

杜松知道大势已去，长叹一声道：

“唉！天不欲我成功，奈何奈何！”

这时小校报道，监军张全忠已然死在乱军之中。杜松心痛欲碎，身子一侧棱，好悬从马上倒栽下来。他目中喷着怒火，对明军将士撕心裂肺地大声喊道：

“不成功，便成仁!杀！”

杜松两腿一夹战马，杀开一条血路，向西夺路而走。

皇太极见杜字大旗向自己白旗阵地冲来，知道杜松想从自己这边突围过浑河，急忙命令手下弓箭手张弓搭箭。待杜松一马当先杀到近前，皇太极陡然发一声喊道：

“放箭!”

顿时，箭如飞蝗一齐射出。杜松身边兵将有不少身中箭矢坠马而亡。剩下的人则一边拨打雕翎，一边拼命向前疾驰。杜松身上也中了一箭，好在并不致命，他大吼一声，从身上拔出箭来，搭在弦上，向近处一个后金偏将射去。那偏将猝不及防，竟被射了个对穿！杜松抖擞精神，领着人马继续向西冲去。

但是八旗的人马太多了，光是倒下的人尸马骨就足够把杜松去路堵个严严实实的了，何况那些生龙活虎的八旗兵一个个都冀盼着立功封赏？于是，杜松就如同撞进了铜墙铁壁，怎样冲杀也杀不出去了。

杀来杀去，杜松身边只剩下数十骑了。他双目贯血，左突右冲，大呼杀贼。这时，皇太极飞马追上，拦在杜松马前，大吼一声：

“老将，四贝勒在此!”

有道是仇人见面，分外眼红，二人刀枪并举，大战起来。战不多时，莽古尔泰也杀将过来，弟兄俩一刀一枪双战杜松。杜松已激战半日，又有箭伤在身，哪里禁得起后金国这两员猛将的轮番纠缠？杀着杀着，莽古尔泰架住杜松的大刀，皇太极趁机一枪正中他前胸。可怜杜松一代名将，满腔报国之心，却连赫图阿拉的城墙影子都没见到，就在浑河岸边长眠不起了。

主帅一死，明军顿成无头之鸟，不多时便被后金军分割围歼殆尽。不可一世的大明西路军，就这样被后金八旗在一天之内消灭了。

第二十一章

马儒将分营怯大战
刘大刀轻装陷重围

皇太极一看步兵已然得手，大铁枪一举，早就磨牙吮血跃跃欲试的正白旗铁骑，立刻踏着步兵为他们搭好的简易栈桥越过壕沟，挥动马刀旋风般冲进明军营寨。马快，臂快，刀快！所到之处，明军莫不迎刃而亡。

明军主力西路军杜松三万五千人马兴致勃勃出抚顺关东征，不意渡浑河时被皇太极借水为兵溺杀了三千余众，在萨尔浒大营又被努尔哈赤亲率黄红蓝六旗歼灭一万五千余兵，攻打界藩城吉林崖的一万二千兵也被八旗合兵全歼，只有参将龚念遂领了一伙败兵从后金兵的夹缝里匆匆逃生，正往尚间崖方向溃败。

说来这龚念遂也是运气得很，三月初一上午他奉杜松命令护送辎重往下游寻水浅处去，浅处难找、辎重难行，一路磨磨蹭蹭，直到未牌时分，才慢慢吞吞渡了河东来，未待寻到萨尔浒大营，却迎头遇见参将李希泌领着大营劫后余生的败兵，不成行伍地落荒而来。龚念遂问明缘由，知道大营已成覆巢必无完卵，有心往吉林崖去救杜松，却见八旗主力气势汹汹杀奔吉林崖，自己连同收容的败兵刚刚四千人马，涓涓细流怎敢敌他滔天巨浪？只好就地架起炮来，蒙头转向地往后金军阵方向打了一通，也算是略表同朝为官的一点袍泽之情吧！不意这几炮未曾伤了八旗多少兵将，却把自己的目标给暴露了，远远惹来一彪白旗悍兵，足有一万快马雪刃。龚念遂倒是有心率队迎敌，只是李希泌手下这帮惊弓之鸟，早就不寒而栗了，自己带来的生力军数量本来不多，又多是看护辎重的步卒，自忖也不是建虏铁骑的对手，本当再放几炮意思意思，可是看敌骑来得飞快，只怕打不了几炮人家就到了跟前，那时候再想跑都来不及了。干脆，弃了辎重，轻装逃命吧！于是，败兵们在龚、李二将的带领下，沿着浑河往上游去，因为马林的北路军就在那个方向。

皇太极倒也不穷追，笑纳了明军丢弃的辎重，领着人马回营交令去了。

于是龚念遂这四千多败兵个个欢天喜地，纷纷庆幸自己捡了性命。不过，这场高兴并不长久，顶多持续一天一夜的功夫而已。

一天一夜之后的三月初三，皇太极们卷土重来，这次不光是白旗，黄红蓝等八旗一并杀到了。

对付一个惊弓怕弦的龚念遂，再加上四千败兵，难道竟需要后金举国的兵力么？非也。后金的主要目标是马林率领的明北路军，至于龚念遂，不过是因为他现在依附了马林，才很不幸地出了虎穴又进狼窝。除了在当时就已经成为历史的杜松西路军，马林的北路军是离萨尔浒最近的一支明军了。尽管马林从出兵伊始就磨磨蹭蹭、磨磨唧唧，而且还以等候叶赫一万兵的借口拖延了一些时间，但终于还是在杜松仰天长啸发出临终恨言之前赶到了位于萨尔浒西北三十余里的富勒哈山尚间崖，并且在那里撞见了仓皇逃来的龚念遂、李希泌和他们的四千败兵。

龚念遂、李希泌二将见了马林大军，就如在外受尽欺负的小孩子见了家里长辈一样，痛哭嚎啕地哀告马林，请他即刻发兵前去解救杜松西路军的余部。

谁知马林这个自命的儒将，根本不敢独自与后金主力交手，还振振有词地说道：

“杜将军三万余众，尚且被建虏一口吞掉，现叶赫兵未到，我北路军只有一万五千人，又怎能擅开兵锋？这也是杜将军不遵经略杨大帅将令的结果，明明约定四路同时进兵、同时合击，杜将军贪功心切，偏要提前出兵，致使孤军深入、身陷重围！我今若贸然与建虏交战，岂不也要步杜将军后尘，坏了经略大人的破敌大计？况且吉林崖离此四十余里，天色又如此黑重，我军便是勉强赶到，怕也只能是无济于事了。二位将军休要悲哀，这样吧，你们就在我北路军营中效力，待我东南北三路合军破了赫城，本镇定然奏明圣上，奖赏你二人的功劳！”

这一番话说得冠冕堂皇，二将无奈，只得一切听从马林。马林遂分兵三处屯扎，监军潘宗颜率五千人马驻斐芬山，是为右营；龚、李二将率所部四千人马驻斡珲鄂谟，是为左营；他自己则与副总兵麻岩驻尚间崖，自然是中军大营，一万人。三营互为犄角，如遇后金进攻，也好相互策应。他还特别强调说道：

“根据目前战局变化的情况，我北路军决不可贸然行进了！我们现在的对策，就是防御！防御！再防御！各营都必须在营盘周围挖壕三匝，严防后金大军乘胜掩至。只有一边防御、一边等待沈阳杨大帅的号令，才能保存我们的实力，也才能谈得上与东南两路军合击建虏老巢！”

就这样，北路军在尚间崖一带严阵以待，一方面待敌，防备后金铁骑突至，一方面待命，等待沈阳杨大帅新的方略。后金兵倒也没来进攻，交战双方相安无事地度过了一个和谐的白天和一个宁静的夜晚。

三月初三这天，和谐告吹了，宁静也破灭了。天色将明，北路明军的三处营盘里，炊烟袅袅，香气袭人，正是早餐时分，催命的阎王就已经纷纷找上门来了。

找上马林的是正红、镶红、正蓝、镶蓝四旗，三万人马把尚间崖马林大营围得水泄不通，三比一，但是却围而不攻，“盘马弯弓故不发”。

找上潘宗颜的是正黄、镶黄两旗，一万五千人对付斐芬山明军右营五千人，也是三比一，也不急于发动。

找上杜松残部龚念遂、李希泌的是正白、镶白两旗，由皇太极领着一万五千得胜的悍卒狂将，对付斡珲鄂谟明军左营那四千多一点点的惊弓之鸟、怯阵之兵。

皇太极这一路是三路兵中率先发难的。这也是昨天在界藩城汗王新建行宫大家商议的结果。因为明军三营中，惟独这一路体力最为疲弱、心态最为脆弱，而且杜松残部又不是马林的本部兵马，受攻之时另外两营难以舍命相救。

果然，当皇太极麾下的两白旗人马开始冲击与尚间崖相隔五里的龚、李营盘的时候，另外两营明军只不过象征性地鼓噪呐喊了一阵，冲到各自包围圈的后金兵阵前打了个照面，就又都回去了。恨得龚李二将咬牙恶骂、跳脚毒咒：

“奶奶个熊的马林！嘴上说得好听，一动真格的就他妈尿炕！老子们要是能活着回去，非他妈刨了你们家的祖坟不可！”

志气的确不小。可惜这个愿望很难付诸实践，因为他们都活不到回去的那一天了。

其实龚、李二人的营盘扎得还是够坚固的，从某种意义上来说，甚至比马林的中军大营还多费了些功夫。因为现在富勒哈山所有的明军战将中，只有龚、李二人跟后金交过手，识得八旗兵的厉害，所以安排防守的时候格外加料、特别小心。只是一样，他们的斗志已然崩溃，如何再敢言勇？自古以来从鬼门关回来的人，只能是两种：一种，再也不知道怕死，另一种，越加珍惜生命——这是“怕死”的另外一种说法。遗憾的是，龚李营中这四千余众，几乎无一例外都属于后一种，包括他们的两位将军。

这样无比珍惜宝贵生命的兵将，如何抵挡悍不畏死的虎狼？所以，当皇太极采取了正确的方式来对付他们的坚固防守时，这种防守几乎是在一瞬间就土崩瓦解了的。

皇太极采取的正确方式简要描述起来是这样的：

先用一半兵力下马步战，越过壕沟去破坏环绕明军营寨的木栅栏、火炮车，令其无法阻拦后金骑兵的突击，然后由那一半骑兵实施踹营!

充当步兵的是镶白旗的七千五百人，他们在盾车的掩护下，冒着明军炮火轮番奋勇冲击。三道壕沟很快就被他们越过去了，而且顺便还搭成了十余座简易栈桥。冲过壕沟的步兵们，不顾箭如骤雨，直扑上去，砍倒栅栏，夺取了排列在栅栏后面的火炮车，并且和营中的明军杀在了一处。

皇太极一看步兵已然得手，大铁枪一举，早就磨牙吮血跃跃欲试的正白旗铁骑，立刻踏着步兵为他们搭好的简易栈桥越过壕沟，挥动马刀旋风般冲进明军营寨。

马快，臂快，刀快！所到之处，明军莫不迎刃而亡。

骑兵进寨并不停留，旋风般直冲过对面的寨墙，兜一个弯，再从原路突回来，如此这般三四个来回之后，明军营中已无噍类，龚念遂、李希泌这两员好不容易从萨尔浒全身而退的大将也死在了乱军之中，比他们的同僚们仅仅多活了一天一夜。

一万五千头饿虎，张牙舞爪扑向四千余只灾难深重的绵羊，那场景，似乎不能仅仅用惨烈两个字来形容吧?

踏平了斡珲鄂谟的皇太极率队回到尚间崖，本来打算协助父汗攻打马林大营，却不料这里的战斗也已经接近结束。

其实，连努尔哈赤都没想到，马林大营这边的仗会这么好打。四旗兵马也是采用与皇太极类似的办法，先遣步卒破坏外围壕砦，再派骑兵撒开铁蹄踹营。但是他们比皇太极那边更省了些力气，不为别的，只因为这边明军大营的主帅马林马总兵，在两军对垒的紧要关头居然失踪了！

这位马林马总兵，吟诗作对那是相当有才，却只是徒有虚名，临阵交锋打仗的功夫差了许多。这也怪不了他，像他这种附庸风雅的人，只合在太平年月当个装样子的儒将，哪堪在金戈铁马中卫国戍边？方才得知左营被踹平，情知自己的大营也难逃厄运，思来想去，只有一条路，撤兵回开原。说撤兵，那是为了好听，其实就是逃跑，临阵脱逃。不过马林毕竟算得上是半个才子，带着一千多腿快的明军，居然一边跑，还一边想出了一副对子：

“四路兵知一路谬，八旗马看两旗先。”

“一路谬”，这显然是在说由于杜松错误地“违期先时出口”，才造成了这次出兵的总体失败，而“两旗先”，指的究竟是不是皇太极的正白镶白，就不得而知了，也许仅仅是出于对仗的考虑吧？ 不管马林怎么为自己的失败和临阵脱逃找辙，反正失去了主帅的北路军中军大营，现在堪称是溃不成军了。因为马林是临时决定撤兵的，仓促之间通报不及，有的分队撤了，有的分队还在死守，搞得乱七八糟的。好在副总兵麻岩还算勇武，慌乱之中收拢诸军，顽强抵抗。只是军心已乱，大势难挽，麻岩血战片刻，竟死在莽古尔泰的大刀之下，一道冤魂不知往哪里投奔去了，马林的尚间崖大营也就此宣告不复存在。

中营、左营接踵瓦解，监军潘宗颜那五千人的明北路军右营又岂有独存之理乎？在斐芬山等得不耐烦的正黄、镶黄两旗饿卒，一窝蜂地扑向明营。在后金，是扫荡残敌，在明军，则是垂死挣扎，这一场好杀！只苦了阎王判官牛头马面黑白无常那一帮子，生死簿在案头摊着，阴阳笔在手中攥着，勾名销姓忙得是不亦乐乎——不过，十成新死的鬼里面，九成九都是马林的部下。直等到连潘宗颜在内销够了四千明军，阎罗殿工作人员在斐芬山的现场办公方才告一段落。

莽古尔泰找到父汗，意犹未尽地请战道：

“父汗，马林率一千败兵循三岔儿堡、铁岭北逃开原，叶赫部一万兵也在那条路上，儿臣愿带两旗人马一路追杀！”

汗王看了看硝烟满面血浸战袍的三贝勒，摇摇头说道：

“马林千余溃军不足挂齿，叶赫部虽是我建州宿敌，此时却顾不上理会他。你可知我军眼下最重要的任务是什么？”

“是什么？”

“是休息！别忘了，明军分兵四路，我们才平了两路，还有更多的恶战在等着我们呢！我八旗将士又不是铁打的，若不休息好，又怎么精神抖擞去找那刘綎、李如柏的麻烦！”

汗王说得有理。八旗兵将天明即起闯阵杀敌，直杀到冷日平西，刚才在鲜血的刺激下，尽管杀得连刀枪都卷了刃，大家倒还不知疲倦，现在硝烟散尽，战场上一片寂静，悲风吹来，鬼哭呜咽，将士们的倦意却也涌了上来。

于是，努尔哈赤传谕全军，就在此处安营造饭，人马歇息一宿，明日清晨，全军回师都城赫图阿拉，准备迎战明东路军和南路军！

三月初四天不亮，后金大军拔营起寨向赫图阿拉行进，努尔哈赤特命皇太极率两白旗为后军，且防备叶赫部缀尾袭杀。大军走了约摸三四十里，后军遣人飞马来报，说叶赫部见马林兵败，胆怯不敢前进，已于昨天半夜收兵回叶赫去了。

努尔哈赤冷冷一笑，道：

“就这种胆子也来跟朕争斗？这次就算便宜他们了！”

又对身边众将道：

“现在好了，我们可以一心一意地对付明军了，首先要对付的，就是那个刘綎刘大刀！”

这个刘大刀和他的东路军现在在什么地方呢？

当然是在去往赫图阿拉的路上。不过，杨镐给他指定的这条进军路线有点别扭。在制定总体作战方案的时候，因为过于追求所谓的“四”路出兵、“四”面合围，杨镐让刘綎从赫图阿拉正南方向的宽奠堡出兵，在鸭绿江边会合了朝鲜的一万三千兵，然后取道董鄂部，沿佟家江往东北方向绕了一个足斤足两的大圈子，最后再折向西北，形成一支理论上的东路军、实际上的东南路军。

虽然宽奠堡到赫图阿拉的直线距离是三百二十多华里，但是因为山道迂回崎岖，所以要想按照杨大帅计划的路线，从宽奠堡走到赫图阿拉的话，就需要跨越四百六十多华里的路程。这条路线对于粗中有细的刘大刀和他的部队来说，显然是太长了些，以至于他竟然没有能够率军走完这段路程就结束了自己的生命。

对于“粗中有细”这四个字的评价，刘大刀自己倒是十分乐于接受的，因为三国名将桓侯张飞张翼德就是一位“粗中有细”的典型。刘大刀曾经多次不无自得地对部下说过：

“桓侯，战神也。綎何许人，得与桓侯齐一时名！为将者，不得不粗，不粗则无威、不粗则无勇；亦不敢不细，不细则无察、不细则无智。粗中有细，大将之谓，宜也！”

正是因为这位刘大刀的粗中有细，才使得这次本来就迂回曲折的进军更加迟滞缓慢。出了宽奠堡没多久，就到了后金的实际控制区域，刘大刀也就开始“细”起来了。史书记载说他是“行则成阵、止则成营”，什么意思？就是队伍只要行军，就必须结成阵势才能走，而只要停下来，废话少说先给我扎起营来防御。这种慢慢吞吞步步为营的走法，跟龟走蜗行几乎没什么两样，所以走了好几天，也没走到预定的集结地点。这也正是为什么二贝勒阿敏领了五百兵就能阻止东路军前进步伐的原因之一，不是他挡住了人家，而是人家本来就走一步看三看。

但是刘大刀这样子走法的确很安全，部伍不乱、井井有条，再加上他的部队装备精良，战车火炮全都带着，不像杜松，一着急什么都不要了轻装上阵。

可是东路军这样子爬啊爬的，已经率军回到赫图阿拉休整了半天的努尔哈赤着急了，为什么？真要让这样的队伍全副装备最佳阵容到了赫图阿拉，没有破绽可寻，没有空子可钻，这就不是像杜松、马林那么好对付的了！

于是老办法，集思广益，找来代善、莽古尔泰、皇太极、范文程、何和理、额亦都、扈尔汉等一干后金精英，就在赫图阿拉的尊号台开了个前敌军事会议。这是三月初四未初时分，相当于现在的下午一点来钟。

会议开得十分紧凑，并且通过了一个非常离奇的计策，那就是，假冒杜松的名义，命令刘大刀的部队加快步伐、轻装前进。

这个离奇的计策自然是皇太极首先提出来的，然后经过大家的补充和修正，终于完善起来，把理论上的荒诞性和实践上的可行性完美地结合在了一起。

这个计策的理论基础是这样的：既然明军约定了三月初二会攻赫图阿拉，那么刘大刀的部队应该两天前就出现在战场上了。没有赶到，就是失机，无论是作为主力部队的领军人物，还是作为整个讨金大军的副将，杜松都完全有资格向刘大刀表示不满。“我们这三路军都跟建州玩儿上命了，您老人家还在消消停停数脚印儿，像话吗？”慢说是不满了，就是代表远在沈阳的杨大帅对刘大刀进行催促，“全军轻装前进，快去加入战斗”，这也并不过分！

虽然真的杜松早就全军覆没，他本人也已经驾鹤西游了，但是这并不排除派人冒充杜松手下调动刘綎并且获得成功的可能。因为连女真的小孩子都知道，萨尔浒就是打翻了天，身在赫城南面群山峡谷里暂时与世隔绝的刘綎也不可能得到一丝一毫消息，除非有人飞马专程送信。

飞马专程送信的人现在有了，不过不是杜松的人，而是从“抚顺额驸”李永芳带过来的人里精挑细选的几十个能言善辩的士兵，没敢选军官，怕刘綎或他的偏将们有谁见过，被认出来，士兵就比较好蒙混过去，谁记得小兵辣子啊！不过，这几十个兵已经得到承诺，回来之后就将予以破格提拔，并且还有可能成为后金某个将领或者大臣的东床快婿，当然这要看小子的造化了，万一碰上个丑丫头，就“快”不了了。

好在那个时候后金对于依附过来的汉人并不强求剃发，“留头不留发、留发不留头” 的强硬政策是后来顺治年间才实行的，所以这些兵还一直保持着中原人的发式，不然的话还真冒充不了，摘了头盔一看光脑门就得露馅。

这几十个兵重新穿戴起大明的军装，打起杜松的旗号，顺着刘綎的来路就迎了上去，走了七八十里之遥，傍晚时分才在山里遇见了刚刚扎下营盘的东路军。

刘綎在深山之中遇见友邻部队，吃了一惊，问道：

“杜将军何以派你们至此？莫非赫城已下？”

假杜松军有一个小头目，二十郎当岁，脾气挺暴，硬邦邦地杵了一句过来：

“我家总镇若是已然得了头功，还遣小人到此做甚？”

刘綎被噎得一愣，一个小小的兵敢对本镇这样讲话？

“你是什么东西？这般无礼，不要脑袋了么？”

那小头目就是牛，硬顶着说道：

“我一个小小的旗牌官当然不算什么东西，这颗脑袋大人想要就拿了去！不过，杨大帅当初命全军三月初二会攻建虏伪都，如今都初四了，大人还在这里悠哉游哉，小人却不知道贻误战机这条罪名要得要不得大人这颗脑袋!”

刘綎闻得此言，自己的气先自短了，也是，三百里路走了五天，怎么也有点说不过去了。于是缓和着口气说道：

“军无定势，你既是杜总镇帐下旗牌，当知此理。况且，我东路军一路之上也屡遭敌贼军袭扰，是以不敢冒进！你此来竟为何事？”

那假旗牌这时才从马鞍桥下革囊内取出一支令箭，正颜正色地说道：

“我家总镇同马总镇两路大军现已抵达建虏州都城下。总镇派遣末将前来，请刘将军火速进军，明日正午会攻都城！”

“明日正午？以我军的速度，只恐难以准时抵达……”

那假旗牌冷冷一笑，道：

“刘将军若仍是这样步步为营，莫说明日，就是再有两日，又如何到得了赫城！我家总镇有言，请刘将军务必日夜兼程、轻装前进！”

说完，也不理会刘綎做何反应，拱手施了一礼，便要率队返回。

“且慢！”刘綎一声断喝，手下亲兵立刻兵刃交举形成刀门，挡住那旗牌的去路。

刘綎目光炯炯盯视来人半晌，突然问道：

“我与你家总镇同为大军副帅，他为何以令箭调我，他就这样小觑我刘大刀么？”

“杨大帅发兵之前，有言在先：此次出兵，四路军中以我西路军为主力，杜总镇代他为前敌指挥，杜将军令箭，就是他杨大帅的令箭，刘将军，您莫非忘怀了吗？”

“呃，既然如此，你家杜将军为何只有令箭，并无一纸书信详述军机？”

“呵呵，人道刘将军粗中有细，看来纯属阿谀奉承！将军只有粗，哪有什么细？”

“此话怎讲？”

“末将带领这几十个弟兄，深入建虏腹地，闯关过隘，自是不易，若身带书信，被努尔哈赤得着，末将一死固不足惜，误了军机大事谁来担待？”

“这……”

“这还罢了，倘若努尔哈赤将计就计，岂不是还要连累刘将军你这东路军么？”

“这、这，哈哈哈哈！好，强将手下无弱兵，你不愧是杜将军的旗牌官！就烦你回去上禀杜将军，我东路军在此歇息一夜，明日凌晨拔营起寨轻装前进，正午时分定然赶到，与你家将军合攻赫图阿拉！”

第二天天不亮，刘綎就带着部队出发了，这次他们果然改变了作风，不再追求行则成阵、止则成营，而是一窝蜂地往前涌，辎重也甩在后头了，这样一来，东路军行军的速度当真提高了许多。

这样子部伍凌乱地走了几十里地之后，刘大刀的部队就来到了阿不达里冈，距离赫城五十华里。

一窝蜂的队伍走到这里没办法继续一窝蜂了，因为这里的路太窄了，一人一马走着倒还凑合，两个人并肩就得挤躺下一个。刘綎见前军堵住了，连忙催马过去，命令大家成一字长蛇阵，鱼贯而行。

这条可怜的长蛇，进了阿不达里冈的峡谷之后才发现，周围早就布满了打蛇的长杆。只听一声炮响，数万后金兵呐喊而起，漫山遍野招展的都是黄白红蓝旗号，除了跟随老汗王守家的四千精兵，后金举国之兵已经全数在此！

英武绝伦的刘大刀此时后悔晚矣！提着大刀左冲右突，寻人厮杀，可惜英雄没有用武之地，人家后金兵根本不跟他做近战，火炮、铁铳、劲弩、强弓，都是远距离大规模杀伤性武器，弄得堂堂的刘大刀一点脾气也没有，只得眼睁睁看着自己的将士一个又一个地倒在自己眼前，到了最后，刘大刀自己也身负重伤、血尽而亡！可怜一代名将，临死都没弄清楚自己究竟是死在了谁的手里！

关于刘大刀的死，后来民间曾经流传过这样的说法：

刘大刀一人勇斗皇太极、莽古尔泰等金兵四将，正杀得兴起，忽然冲过一彪人马，高打杜字旗号，当先一员大将，黑脸膛，大刀眉，圆瞪环眼，手挥合扇板门刀，高声喊叫道：

“刘总镇不要惊慌、少要害怕，我家杜总镇派末将救你来了!”

刘大刀大喜，也不细察，便招呼那黑脸将一同大战皇太极等将，哪知黑脸将本是代善假冒，到得近前，趁刘綎不备，一刀砍下，结果了刘大刀的性命。

这个说法是真是假，如今已经很难加以考证了，但有一点是可以肯定的，刘大刀的的确确是被后金打着杜松的旗号给骗了，一辈子粗中有细，就这一次没细成，把脑袋给“细”没了！

刘綎一死，东路军群龙无首，又被困在这条狭长的峡谷里，还能有什么别的出路？死路一条而已！霎时间，明军将士的尸体就将峡谷给填满了！后金兵杀到手酸，东路军就此瓦解。

瓦解之后的东路军，剩下一些残部，一千多人，主要是后军的人马，在监军康应乾的带领下，掉头向南鼠窜。后金四大贝勒商议之后，决定由代善和皇太极两位率四旗军乘胜追击，其余四旗人马，则立即回师赫城，防备李如柏的南路军。

皇太极与代善各领人马，奋勇追杀明东路军残部，一直追到了富察山。

东路军监军康应乾见前面已是富察山，精神大振，大声对身边的败兵喊道：

“弟兄们，再加一把劲，富察山有咱们的人！”

他说的没错，随同东路军一道出征的一万三千朝鲜兵，现在就驻扎在富察山上。当时刘大刀上了假杜松军的当，要轻装前进，嫌朝鲜兵累赘，才命他们护送辎重、缓缓后行，不想这一来反倒救了东路军残部，没顶之灾中居然被康应乾捞到了一根救命稻草！

不过这根稻草不但没救得了康监军，反倒把他给送进了枉死城。

朝鲜兵远离故国，战线太长，粮草接济不上，刘大刀又吝啬，不予援助，结果搞得朝鲜兵几天来食不果腹，饿得头晕眼花。饭都吃不上了，哪还有力气行军打仗？昨天下半夜得到刘大刀将令，要他们护送辎重，跟随前进。没想到今天早晨还没动身，就听见前面阿不达里冈方向乒哩乓啷已经干起来了。

朝鲜兵这次助明伐金，来了一万三千人，领军的元帅姓姜叫姜宏立，副元帅姓金叫金景瑞。正副元帅侧耳听了一会儿，觉得情况有些个不妙，便开始商议自家的应对之策。

副元帅金景瑞年轻气盛，并且还有些正义感，便说道：

“元帅，刘总镇一定中了建州人的埋伏，我们是不是应该速传将令，火速进军救援？”

姜是老的辣，姜元帅捋髯思索了一下，摇摇头说道：

“老弟，打仗这件事情不能光靠正义感。咱们这次出来，带着这一万多人马，可是咱的精锐，是咱们差不多一半的家当啊！国王陛下千叮咛万嘱咐，叫咱们‘行军慢着点’，‘打仗慎着点’，‘撤退利索点’。陛下什么意思？就是不让咱们给他们卖命！”

金景瑞歪着头斜着眼想了想，又说道：

“可是如果按兵不动的话，只怕刘綎的军法难容啊!”

姜宏立面色阴沉地说道：

“我军挨了好几天饿，怎么不见刘大刀送过来哪怕斗米升粮？遭难想起我们了？你看看满营将士有一个跨得上战马、抡得动刀枪的么?按兵不动，哼，按兵不动就算对得起他！好赖咱这还算是站脚助威呢！要依本帅的脾气，早就回去了！这样吧，大家既然一起来的，给他个面子，咱们先观望观望再做道理。刘总镇要是胜了呢，我们火速出兵，他也不能说咱们什么；要是战败了，呵呵，还有谁来追究我们的责任呢？保存实力，这才是忠臣的做派呢！”

金景瑞低头想想，也是，我们要是糊里糊涂冲上去，弄个全军覆没，回去怎么跟国王陛下交待？客军客军嘛，做客来的，壮壮声势、充充门面而已，谁还真玩儿命啊！

俩人随即传令：

“全军官兵严阵以待，有妄出辕门一步者，杀无赦！”

一万三千朝鲜兵就这么见死不救，眼睁睁看着刘大刀被后金一口一口地吞进了肚子。

监军康应乾率领一千败兵来到大营的时候，姜宏立、金景瑞还演戏呢，假装什么也不知道：

“康将军，您这是怎么啦?跟刘总镇闹别扭啦？”

康应乾抹了抹身上的血迹，长叹一声，把惨败的情景学说了一遍，说到伤心处，还不禁弹了几滴男儿泪。

姜、金二人假惺惺宽慰道：

“监军大人不必悲伤，胜败乃兵家常事嘛！但不知刘总镇眼下安危如何？”

康应乾摇摇头，道：

“我领后军，并未进谷，才侥幸逃脱，不知道刘总镇是否还在厮杀……”

说到这里，泪汪汪地望着姜宏立说道：

“元帅，请借我一万救兵，杀进重围，救出总镇！”

姜宏立笑眯眯地点点头，说道：

“我也正有此意！呃，呃，饿呀！监军大人若能弄来几千斤粮食，飨我军卒一饱，我等即可出兵！”

康应乾见状，知道他们根本不打算发兵，无助地摇摇头，望着阿不达里冈方向长啸道：

“刘将军，末将愧对你，愧对全军上下一万英灵啊!”

这时，山下一阵喧闹，瞭营兵丁跑来报告，原来代善、皇太极率黄白四旗三万人马已将富察山朝鲜兵大营团团围住！

姜宏立、金景瑞顿时变脸变色，怨尤地看了康应乾一眼，那意思像是在抱怨康应乾的败兵把这群狼给招来了。然后，把堂堂的东路军监军大人晾在一边，急匆匆往辕门去了。

姜金二人来到辕门，只见富察山已经水泄不通了，八旗军旌旗招展刀枪明亮，一副跃跃欲试要攻山拔寨的架势。

姜元帅这块老姜也没了主张，跟金景瑞俩人大眼瞪小眼发愣。

这时，山下敌阵前闪出一员大将，白盔白甲白战袍，胯下白龙马，掌中大铁枪，后金兵丁们高喊道：

“朝鲜元帅听了，我家四贝勒有话要讲！”

姜宏立连忙三步两步地登上辕门，拱手道：

“四贝勒请了！姜宏立在此恭候大驾！”

皇太极纵马往山坡上走了一段，带住马，不怒而威地说道：

“大金与朝鲜本是兄弟之邦，两不相犯。皇太极知道姜元帅此来，乃是被明廷胁迫，并非本意。于今之势，明四路军已灭三路，你们又何必替他人受过、坐以待毙！皇太极指你一条明路，为救你们这一万三千人马，不如反戈易帜，与我大金化干戈为玉帛!”

姜宏立激动得眼泪都下来了，又回头看了看金景瑞，两人不约而同地点了点头。姜宏立拱手对皇太极说道：

“四贝勒洞悉我心，仁厚宽弘，就是我一万三千朝鲜兵将的再生父母！我军愿降，请四贝勒进营点兵受降！”

说罢，一挥手，手下吱呀呀大开辕门，迎接皇太极进营。

皇太极正要飞马上前，却被代善拦住，疑虑道：

“八弟不可轻信！”

皇太极深情地望了大贝勒一眼，毅然地说道：

“王兄不必担心，我料朝鲜兵已无斗志，我孤身进营，正可显示我军诚意，促他早降！”

说罢，一抖马缰绳，马如龙飞进了朝鲜兵营辕门。

过了半晌，代善也不见敌营中动静，心中急躁，正要命兵丁攻营，只听朝鲜营中鼓乐大作，接着，遥遥望见朝鲜兵将列着队走出大营，姜宏立、金景瑞也在马下步行，亲自为皇太极牵马坠镫，队伍的最后则是那一千明军败兵，也一道降了。只是被康应乾从后营小门溜走了。

代善激动地与皇太极拥抱在了一起。

伐金明军如今还剩下最后一路，李如柏的南路军。

李如柏军是从辽阳出发的，沿太子河东进，渡河至清河堡，出鸦鹘关，进入后金地界。从这时候起，李如柏就开始耍小聪明，派出一批又一批哨骑，打探那几路明军的进展情况，大军则慢吞吞走着。这样，当他走到距赫图阿拉城四十里之遥的虎栏地方时，就知道了杜松全军覆没的消息。这个畏敌如虎的衙内将军，毫不客气地命令全军撤退。他这一路后金并没有安排重兵阻挡，只派了几批哨探密切关注。见南路军撤退，虎栏山上的五十多名后金哨探就齐声鸣螺吹起了冲击信号，还大声鼓噪。李如柏这位少爷军官，带出来的也都是中看不中吃的少爷兵，被这摸不清底细的螺号声给吓得亡魂丧胆，以为后金伏兵来了，赶忙拼命逃跑，结果自相践踏，生生踩死踏伤了一千多人！不过，就这样已经是四路军中结局最好的了，大部分人马总算好端端地回到了辽东。

萨尔浒大战，就这样结束了。萨尔浒大战，是明与后金争夺辽东的关键一战，可以毫不夸张地说，明朝的衰亡，后金的兴起，都是从萨尔浒大战开始的。在这次战役中，后金军运用集中兵力、各个击破的战略战术，在五天之内连破四路明军，歼敌五万余人，大获全胜。从此以后，明廷在辽东无军可调，完全处于被动和守势。

萨尔浒大战结束后，努尔哈赤下令将堆集得小山似的战利品——甲胄、兵仗、衣物、枪炮等，按军功进行分配。又下令休整士卒，牧放马匹，修缮器械，等待时机，准备拿开原、铁岭和叶赫开刀了！

第二十二章

观虎斗不期遭虎噬
得犬遇有意效犬忠

皇太极一下磕开偷袭者的剑，将他打倒在地。那偷袭者一言不发，一副任凭发落的大义凛然的样子。皇太极喝道："拉出去杀了！"努尔哈赤却道："我很佩服这位壮士的胆量和勇气，给他松绑，放他走！"

斗转星移，光阴荏苒，不知不觉中两个多月已悄然逝去。千里冰封、万里雪飘的北国披上了夏日的盛装。草木葱茏，繁花似锦，到处都显示出无限生机。一片广阔的草原上，一群群马儿悠然地享受着丰足的水草，它们时而轻轻地甩甩尾巴，时而抬起头来仰天长嘶，时而互相追逐嬉戏，时而互相踢咬奔跑……

四贝勒皇太极躺在浓密的草丛中，望着一望无际的蓝天，愣愣地瞅着一片悠闲地浮游在蓝天中的白云，懒懒地想：

"什么时候才能像那片白云一样，驰骋在广阔的大草原上呀？大汗为什么还不发兵？总是说'时机未到，时机未到'，我们兵强马壮，明军不堪一击。还等待什么时机呢？等明军加强了防御，再去攻打，岂不是事倍功半？……"

忽然，一些杂乱的叫喊声打断了皇太极的思路。

"哎，在那儿，在那儿，快射呀！"

"嗖"，一支长箭带着疾风，从皇太极身旁掠过，皇太极翻身坐起，刚要发作，只见三贝勒带领一群人马，向这边飞驰而来。

"哟，四贝勒，你在这儿坐着干什么？快上马，和我们一起去打猎吧！刚才我看见一只大兔子，嗬，蹿得真快，转眼就不见了。"

三贝勒莽古尔泰说着，到了皇太极的近前，翻身下马，走了过来。

忽然，他发现草丛中一只大野兔，脖子上插着一支利箭。

“哈哈，小兔崽子，看是你跑得快，还是你贝勒爷的箭跑得快，怎么样，小兔子，服不服气？”

他一手提起野兔，一只手指着它，孩子一样大笑着说道。那副可爱的样子，把四贝勒和随从们都逗得大笑不止。

这时，只见从远处驰来一匹快马，直奔大汗的居处而去。皇太极见状立刻跃上一匹肥壮的大枣红马，随后跟去。莽古尔泰本来玩兴正浓，此时却也不再玩闹，带领着随从也直追过去。

在赫图阿拉的汗王宫里，开原回来的细作正在向努尔哈赤汇报城内的情况：

“汗王，开原城内一切已恢复正常。守城将领还是那个在尚间崖战乱中脱逃的总兵马林。他现在整日花天酒地，纵情取乐，对整个开原根本没做任何防卫部署。”

“开原的文官是谁主事？”

“现在，开原道韩原善不在署，以推事郑之范摄道事。此人在用兵上毫不用心，但却在大肆搜括民财。虽家财万贯，仍然贪得无厌，现在连朝廷拨下来的军饷粮草都被他克扣变卖，据为己有。听说，把总朱梦祥到开原领粮饷，一个月也没有给他，弄得各军士兵变卖衣物，到处公开抢劫，依然吃都吃不饱。士兵们怨声载道，毫无斗志，有的甚至偷偷逃跑。马匹因无粮草，吃了麻杆，一天就死了好几十匹，实在无计可施，士兵们只好将马匹放到城外水草茂盛的地方，趁青喂养马匹……”

努尔哈赤认真地听着，脸上渐渐露出了笑容，他对身旁的四贝勒皇太极说道：

“儿呀，你不是问什么时候才能攻打开原吗？现在时机终于到了！哈哈哈，真是天助我也！”

不等皇太极答话，努尔哈赤又命那细作道：

“你速回去打探清楚，明军哪天出去放马，到时你设法打开城门，我们里应外合……”

开原是一座古城，是辽东的重镇之一。明朝为了防范蒙古和女真人的入侵，自山海关至开原至鸭绿江边修建了一道边墙。墙以内，每隔三十里筑一城堡，派兵驻守。开原正好位于边墙的北端，它东临建州、西界蒙古、北接叶赫。它不仅是明朝同蒙古和女真经济文化交流的重要场所，而且是明廷在辽东对抗蒙古贵族和女真贵族南进的前沿堡垒，战略地位非常重要。努尔哈赤进兵辽沈，自然要摧毁明朝孤悬的堡垒开原。

萨尔浒大捷之后仅仅三个月的万历四十七年（后金天命四年，公元1619年）六月初十，努尔哈赤便又亲自率领八旗军四万人征伐开原。他采取“明修栈道，暗渡陈仓”的策略，将八旗军分成“奇”、“正”两路：以一小股部队直奔沈阳作为疑兵，大张旗鼓地向沈阳进军，这是“奇”；主力部队却开进靖安堡，悄悄向开原城进发，这是“正”。

坐镇沈阳城的杨镐听说八旗兵正向沈阳进军，顿时吓得六神无主，慌忙上报朝廷，要求增兵援救。

消息传到开原，守将马林居然有些幸灾乐祸，他表面虽不露声色，心中却暗暗地高兴：

“哼！活该报应，上次尚间崖战役失利，我险些丧命。好不容易逃得活路，你却在万岁面前骂我办事不力，害得我差一点丢了乌纱帽。这回也该你尝尝八旗兵的厉害了！到时你兵败，我再向皇上告你，看你还有什么话可说？一定要抓住这个机会，狠狠报复一下！”

满心坐山观虎斗的马林想着想着，竟不由得越发高兴起来，眯着眼睛闭目养神，心里反复咏唱着一支欢快的民间小调……

忽然有人来报：

“报告大人，高副将求见。”

“不见，不见，没见我正在休息吗？”沉浸在虚设的美梦中的马林不耐烦地挥挥手示意士兵退下。

“可他说有紧急军情禀告。”那士兵不知趣地说。

马林懒洋洋地打了个哈欠，伸了伸懒腰，越发觉得舒服了。于是破天荒第一次，他在这种情况下没有大发雷霆，而是依然淡淡地说道：

“那就让他进来吧。”

副将高杰慌慌张张走了进来，一见端坐上位的马林，赶忙上前施礼道：

“参见总镇大人。”

“嗯，坐吧。”

“谢大人。”

“你有什么紧急军情呀，啊？”

“是这样，听说八旗军进逼沈阳了……”

“这我已经知道了，还用你说？”马林不耐烦地打断高杰刚刚开始的话。

“大人，八旗军进军沈阳，只不过是个幌子罢了，人家采用的是疑兵之计，醉翁之意不在酒。人家真正的目标是开原。”

“什么，你说什么？你有何根据？”

“今天早晨，小人到茶馆喝茶，发现街上车水马龙，川流不息，不似往日，另有许多人带着大小包袱，慌慌张张向城外逃去。小人上前一打听，才知道那些人都是大小商人，现在正在逃向城外。据说是昨天有一人喝了酒拒付酒钱，被老板逼急了，便冲老板大吼：‘你等着，过不了几天开原就归大汗了，现在八旗军已经快到了，到时候看怎样收拾你！’那人说得十分认真，大家传闻他是努尔哈赤派来的密探，所以不仅不敢难为他，反而全被他吓跑了。”

马林听到这里，长出了一口气，道：

“我以为是什么军机大事呢，不过是一个醉汉耍赖的脱身术而已！你道听途说一些捕风捉影的事就当紧急军情禀报，本该问你个扰乱军心罪。亏了本镇今天的心情好，姑且放你一马，回去吧。”说罢，马林颇为大度地挥手示意他走。

“大人，我们宁可信其有，不可信其无，有备方能无患呀！”

“行了，行了，本镇我心里有数，你走吧，我要休息了。”马林又打了一个哈欠，不耐烦地说。

“属下告退。”无可奈何的高杰不得不退了出来。

“真是杞人忧天！努尔哈赤的大部队在攻打沈阳，何况我早已和蒙古有约，若后金来犯，他们自会出兵解围，我根本不必担心，反正没有后顾之忧。”马林独自坐着，得意洋洋地想着。

后金军的驻地，只见一队队的士兵正在卸下盔甲，有的在搭帐篷，有的在生火做饭，有的在给马匹喂草料。努尔哈赤用手拈着胡须，在大帐中不停地踱着步。他紧锁着眉头，陷入沉思：

“开原的细作为什么还不来报？难道开原守兵已嗅到了大军压境的消息而做好了准备？如果真是这样，下一步该怎么办呢？”

努尔哈赤这样想着，心里竟莫名其妙地产生一种不祥的预感。他一会儿坐下，一会儿又站起来，来回地踱步，烦躁地想着如果自己精心设下的计策落空后的对策。

正在他坐卧不安时，有人来报：

“报大汗，开原城细作求见。”

努尔哈赤喜出望外，连忙道：

“快让他进来！”

当努尔哈赤看到进来的人并不是以前来报的细作时，心里顿时往下一沉，急切地问道：

“出了什么事？”

“报大汗，他喝醉了酒，泄露了我们要向开原发兵的消息，恐汗王怪罪，已自刎身亡了。”

努尔哈赤顿时火冒三丈，他气得一拍桌子，愤愤骂道：

“混账！这个该千刀万剐的东西！他以为豁出一条命就能解决问题吗？他的小命有那么值钱吗？这个酒鬼！他破坏了我智取开原城的全部计划呀！唉！”

努尔哈赤长叹一声，颓然坐落在椅子上。

那细作见状，忙又禀道：

“大汗不要急。总兵马林不但不信他的话，还说他因付不起酒钱而要起无赖，派人到处抓他要治他扰乱民心的罪呢。现在马林正派人到处张贴安民告示，要开原军民安居乐业，不要听信谣言呢。”

“此话当真？你可打探清楚了？”努尔哈赤满怀希望地问。

“打探清楚了，马林丝毫没有设防，十六日他们出城放马，一切仍可按原计划进行。”

努尔哈赤大喜过望，抓住来人的手，大喊：

“来人哪！赐酒！”

万历四十七年六月十六日，是个晴朗的好日子。一大早，一批骨瘦如柴、无精打采的明军士兵就赶着马陆续出了开原城。近处的水草已经被吃得差不多了，只好到更远的地方去放马。那些马儿一被放出来，立刻欢快地长嘶着，争先恐后地向城外跑去。那些饥困交迫的士兵竟有些羡慕这些战马了：不久就能饱饱地美餐一顿，美美地撒撒欢儿，而且不用整天提心吊胆，又怕八旗兵，又怕上司。多好哇。

到了中午时分，烈日高悬当空，几乎要喷出火来，把地上的一切都给烤焦。守城的士兵一个个汗流满面，无精打采，整个城市显得没有了生机，于是就有人偷偷提议：

"咱们分成几拨，每次下去一拨洗洗脸，凉快一会儿。然后再上来，大家轮流来，省得都在这儿受罪。"

他的提议立刻得到大家的赞成，但是谁先下去呢？大家你争我抢，都想下去凉快会儿，顺便打个盹儿。

张三说道：

"我先下去。"

李四说道：

"凭什么？应该我下去。"

顿时，守兵们七嘴八舌，吵作一团，声音越来越大，刚才的渴、热及困乏难耐的感觉似乎荡然无存了。

正在这时，从远处传来了阵阵马蹄声，争得面红耳赤的守兵们愣了一下，开始向远处望去，只见一队人马正疾驰而来。

"快，打开城门，肯定是放马的人回来了。"

随着马队越来越近，守城的士兵发现来的不是放马的，而是身穿盔甲的八旗兵，顿时，城上乱作一团，慌忙喊道：

"赶快关上城门，八旗兵打来啦。快，快去报告推事官大人。"

李四慌慌张张往下跑去，其他的士兵手忙脚乱地关上城门，穿铠甲，找兵器，准备抵御已经开始攻城的八旗兵。

总兵官马林睡得正香，忽听得外面人声嘈杂，混乱异常，连忙翻身坐起。只见一人慌慌张张、气喘吁吁地进来报告：

"报、报告大人，八、八旗兵来攻城了！"

"什么？他们现在到哪儿了？"马林气急败坏地吼道。

"已经到城下了。"

"啊，你们这些饭桶！为什么不早些来报告？"

"八旗兵简直是从天而降，小的们不知道他们什么时候就冲到城下了。"

"行了，快备马！"

"报告大人，马都牵出城去放了。"

"什么？"马林气得一甩袖子，抄起兵刃就向外跑去……

当他来到城墙上时，副将高杰正在指挥军队抵抗，城上乱糟糟的，闹成一片。马林俯身一看，自己已经成了瓮中之鳖。开原城已经被八旗兵重重包围，八旗兵一面在西、南、北三面攻城，布战车、搭云梯，鱼贯而上，沿城冲杀；一面在东门布下重兵，进行夺门的战斗。

高杰见马林上了城墙，赶忙报告道：

“大人，八旗兵重点在攻打东门，现在快守不住了，请大人赶紧派兵支援。”

马林慌忙开始指挥，不一会儿，手里就没有多少可派的兵，但八旗兵的攻势却越来越猛，城里的明军伤亡也越来越大。

正当守城的士兵与八旗兵杀得昏天黑地、难分难解的时候，城内的后金细作开始趁机在到处放火，还有一部分人则化装成明军的模样，直奔东门而来……

天开始渐渐地暗了下来，八旗兵的攻势好像减缓下来，马林擦了擦汗，准备歇息一会儿。城内的人们正在四处扑火，抢救伤员，搬运滚木、礌石、弹药，守兵们加紧修筑城墙，一部分人靠在墙头休息，对继续战斗下去已经感到有些茫然不知所措，突然，只听见城外传来了嘹亮的号角声，马林赶紧上城一看，只见大队的人马在向东门攻来，马林叹了一口气，知道今天可能在劫难逃。

忽然，城里沿街巷跑来一小队明军，马林正在庆幸有了生力军，却见他们并没有上城墙，而是径直奔城门而去。马林正想大声喝骂，只听副将高杰说道：

“不好，是奸细！”高杰赶紧带人冲下城来，但为时已晚，细作们用早已准备好的工具，三下五除二就把城门给打开了。

八旗兵呐喊着蜂拥而入……

高杰刚带人下来，迎头撞上了八旗兵，虽连劈数十人，终因力竭战死。而马林这条在尚间崖战中漏网之鱼，今天终于因自己的消极备战，而死在八旗兵的手中。

努尔哈赤登上城楼，四下远眺，只见群山起伏，碧水长流，浓浓的绿意铺展在广阔的大地上，弥漫在半空中，真有一种“蓝田日暖玉生烟”的感觉，天，瓦蓝瓦蓝；云，雪白雪白。一切都是那样的清新、悦目，努尔哈赤心中真是前所未有的舒畅、痛快。

正看间，忽见皇太极领了六员明将前来见驾。原来，千总王一屏、金玉和等六员明将，城破之后，不是带兵与金兵拼命，而是赶忙回府保护自己家小，但却没有金兵脚快，六人的家小尽数被掳，六人舍不得家小，于是便投降了过来。汗王对于明将明官来降，一向取欢迎态度，当即宽慰他们几句，命他们暂时在李永芳营中听用，日后立了战功再行封赏。

开原城里已经没有人抵抗了，八旗兵撒了欢在城中四处搜掠。无论是官宅、民房，无论有无人居住，全部被砸开，金银、珠宝、古玩、布匹见者不拒，全部被塞进了布袋，装上了马车。特别是仓库里的粮食，全部被装进了马车、牛车，运往界藩城。这些战利品足足运了三天三夜，还没有全部运完。

运完战利品，努尔哈赤传下命令：

“拆毁所有的房屋、仓库、楼台，拆毁城墙！”

命令立刻得到执行，八旗军像投入战斗一样干劲十足地对开原城进行破坏。眼看着几天前还街道整齐、繁华富丽的开原城逐渐变成一堆废墟，四贝勒皇太极心中大惑不解，他问努尔哈赤：

“父王，我们为什么要毁城呢？好不容易攻下来，为什么不驻扎在这儿呀？”

“皇儿，遇事要多想一想，我们如果攻下每个地方，都派兵驻守，我们的兵力就会分散，到那时候，如果明军派兵各个击破，我们不但不会守住这些城镇，就连守兵，恐怕也性命难保哇。两军对垒，重要的是兵力，‘留得青山在，不怕没柴烧’，只要我们的兵力日益增强，还愁赶不走明军，占领不了土地？凡事要往远处想，不能只看见眼前的利益。”

皇太极听着，对这位智勇双全的大汗更加佩服了。

半个月后，努尔哈赤不留一兵一卒，全部撤出了开原，只留下一片废墟，明朝经营了数百年的辽东北部重镇开原，从此不复存在。

努尔哈赤离开开原，并没有回到赫图阿拉，而是率军去了界藩。界藩行宫已然竣工，汗王正好大宴群臣。席间，努尔哈赤下令打开仓库，露出堆集如山的金银财宝。那黄澄澄的金元宝金灿灿的，那明晃晃的“银山”白亮亮的，那大大小小的珍珠、玳瑁发射着五颜六色的光芒，晃得人都睁不开眼睛。

诸大臣望着这些财宝，眼睛都忘了眨。努尔哈赤下令：

“一等的固山额真、诸大臣各分银二百两，金二两；二等的固山额真、诸大臣各分银一百两，金二两，以下三至八等，分银逐级递减。”

大小军士，按军功受奖，都得到了他们应得的那一份财物，一个个心满意足，喜在心头，乐在眉梢。在开原城势尽降金的六个明朝官员，此时坐在宴会的一个角落里，看着诸大臣贝勒那乐不可支的样子，真恨不得冲过去杀他几个解解恨，可一想到自己年迈的父母、温顺贤惠的娇妻爱妾、无辜的爱子，只有强压下一腔怒火，闷声不响地坐在那里，以酒浇愁。

努尔哈赤见此情景，大声吩咐道：

“来呀，上酒！”

酒送上来，努尔哈赤对四大贝勒说道：

“去，给六位大人敬酒。”

四个贝勒爷一时懵了，不知给哪六位大人敬酒。待弄清楚是让他们向那六个投降的明朝官员敬酒时，三贝勒忍不住喊起来：

“父汗，您这不是侮辱我们吗？明朝官员是什么东西？更何况还是投降的软骨头！我不去！”

另外三个贝勒虽未说话，却也没遵父命去给降将敬酒。宴会上的气氛登时紧张起来。

六位明朝官员不懂满语，只听见一个人怒气冲冲地喊了几句什么，大家就都静下来了。从说话人的神态看，好像在吵架，这下他们可高兴了，原开原千总王一屏对挨着他坐的金玉和说道：

“瞧，这回可有好戏看了。准是分赃不均，干起来了。”

“活该！打起来才好呢！”

金玉和恨恨地说，然后高兴地端起一杯酒，一饮而尽。

这时，只见努尔哈赤脸色异常难看，他冲几个贝勒说了些什么，那几个人不情愿地端起酒杯，直奔王一屏他们过来。走到跟前，他们双手捧着酒杯，往王一屏等人眼前一送。六个人明白了，敢情这是来敬酒的。

几个人没想到努尔哈赤会来此一招，一时不知如何是好。还是金玉和反应快，他慌忙接过酒杯，一饮而尽，然后讨好地冲给他敬酒的三贝勒点头笑笑。

他见另外几个人仍愣着，便使个眼色，大声说道：

“大汗盛情，还不赶快领了谢恩。”

另外几个没有办法，只好也接过酒杯，一饮而尽。刚坐下，努尔哈赤又说了些什么，接着便有人过来翻译给他们：

“大汗赐尔等每人家丁五十人，马五十匹，牛五十头，羊五十只，骆驼两头，白银五十两，缎、布若干匹。”

六个人听着，心里也说不清是啥滋味，不知为什么，对努尔哈赤的仇视竟渐渐减弱了。

宴会过后，努尔哈赤回到帐中，疲倦地躺在榻上。他深深地为自己的几个儿子不解自己的心意而感到痛心，他深深地明白，打仗单靠勇力是万万不够的，必须善于运用计谋，这样才能以一当十，处处掌握主动权，取得胜利的机会才多一些。可自己这几个勇猛无比的儿子，为什么都不善用智谋呢？

正在胡思乱想间，有人来报：

“报大汗，四贝勒求见。”

“让他进来。”

“是！”

皇太极轻轻走到卧榻前，关切地问：

“父汗不舒服吗？”

“没有，只是有些劳累罢了。”

“父汗，孩子有一事不明，请父汗赐教。”

“说吧，极儿。”努尔哈赤慈爱地说。

“父汗迁驻在此，是否准备攻占铁岭？”

“正是。”

“孩儿有一计，可智取铁岭。”

“哦？说说看。”努尔哈赤顿时来了精神，睁开眼睛坐了起来。

“父汗，铁岭是沈阳北部的重要堡垒，而堡垒从内部是最容易攻破的，我们何不收买明军中一些将领，让他们从内部攻击堡垒，我们在外部攻城，陷铁岭守军于腹背受敌的地位，城必好破！”

“嗯，办法不错，但是由谁去收买明军呢？收买哪个将领定能成功而他又一定有用呢？”

“这个……这个孩儿尚未考虑好。”

“你懂得思考，这很好。但凡事应考虑周全，不可毛毛糙糙，想出点眉目就急着去做，那样只会招致失败。”

“是，父汗教导得极是。”

“那么，你再想想，到底由谁去收买明军呢？”

“这……”

忽然灵机一动，皇太极想起了投降的明军，何不让他们……于是，皇太极高兴地说道：

“父汗，可让投降的明军将官带着重金，去做说客。”

“对！你明白今天父汗让你们给他们敬酒并赐给他们奴仆马匹的用意了吧？”

“是的，父汗，您想得真远！”

“当时三贝勒还说我要侮辱你们，真让我寒心哪。父汗老了，我打江山还不是为了你们，我做的每一件事都是为了你们，哪儿会害你们？”

“父汗的苦心，孩儿明白。”

“以后父汗越来越老，会变糊涂的。你们现在一定要多看多想多学，以防日后计无所出，坏了大事呀。”

“是，父汗。”

“好了，你回去吧。顺便去看看那几个降将，看他们可好。”皇太极走出努尔哈赤的大帐，直奔软禁六个明军将领的地方而去。

走到帐外，忽听得里头有人骂道：

“你这软骨头，人家给酒就喝，喝完赶紧露出一副谄媚相，真丢人！”

“你这笨蛋！我们只有装得服服帖帖，才能骗取他们的信任，才好采取行动。”

“嘘……小声点儿，别被人听到。”

“怕什么，那帮野蛮人听不懂咱的话，尽管放胆子大声说。”

“好，既然你说好采取行动，采取什么行动呢？”

皇太极懂汉文，听到上面的对话不由大吃一惊，忙凑到帐前，仔仔细细地听。

“今天晚上，我们……”

皇太极听得怒不可遏，刚要冲进去向他们兴师问罪，忽然想起大汗的话：“遇事要多思考，不可贸然行动。”

于是他近身折回自己帐中，一路走，一边思考着对策。忽然，他灵机一动：何不来它个将计就计？没准能感化他们。这帮忠臣是很懂得感恩戴德、知恩必报的。

想着，他不由加快了步伐，赶回去布置。

此时正值七月初。是夜，一弯淡淡的新月挂在天边，穿梭在淡淡的云中，时隐时现，给朦胧的大草原罩上了一层薄薄的白纱，使它显得越发扑朔迷离，神秘莫测。

在夜色的掩护下，一条黑影小心翼翼地左右看看，见没动静，便直向努尔哈赤的大帐扑去。

大帐中，一灯如豆，努尔哈赤并没有安歇，而是坐在几案前，手捧一本兵书，聚精会神地看着。他没戴盔甲，一头苍白的头发，乱蓬蓬地向后梳起个长辫，偶尔地，他轻轻咳上几声，震得那花白的胡须一颤一颤的。毕竟岁月不饶人哪，他虽骁勇善战，却也难免有“夕阳无限好，只是近黄昏”的慨叹。

那黑影从帐篷的缝隙里偷窥到这幅“老人夜读图”，竟犹豫起来，站在那里进退两难。

正在这时，一队巡逻的士兵走了过来，他赶忙躲到大帐后面。

待士兵过去后，他第二次跑到大帐门前，看一眼那两个仍在呼呼大睡的守门人，一个箭步冲进帐内，冲努尔哈赤当心便刺。

说时迟，那时快，只见皇太极似乎从天而降，一下挡在努尔哈赤跟前，“叭”一下磕开偷袭者的剑，二人便战在了一处，那偷袭者虽武功也不弱，但到底心虚，边打边往外退，想借机逃走，结果被皇太极看出破绽，一下打倒在地，反剪着双手被绑了起来。

皇太极正要伸手揭开偷袭者蒙面的黑纱，努尔哈赤用汉语说道：

“住手！”

“是，父汗。”

转身对偷袭者说道：

“老实交待！你是谁，为什么要杀害大汗？”

那偷袭者把脸一扭，一言不发，一副任凭发落的大义凛然的样子。

“你不说？好，来人，把他给我拉出去杀了！”

帐外的士兵听不懂皇太极的汉话，所以没人进来。

努尔哈赤却道：

“我儿，不得放肆！我这不是毫发未损吗？我很佩服这位壮士的胆量和勇气，给他松绑，放他走！”

“可是父汗……”

“别多说了，快放人吧。”

“是，父汗。”

他一边给偷袭者松绑，一边悄声对他说道：

“不管你是谁，下回再敢来偷袭父汗，小心脑袋！”

“走吧！”努尔哈赤道。

那偷袭者将信将疑地握着刀倒退出了帐篷，立刻消失在茫茫夜色中……

明降将的大帐中，争论又开始了：

“都是你这个笨蛋，干嘛让我去呀？”

“这……”被问者语塞了。

“其实努尔哈赤也挺可怜的，六十一岁了，本该坐享天伦之乐了，还在四处奔走征杀，多不易呀！”

“而且人家有勇有谋，战无不胜，挺了不起的。”另一个附和着。

“比咱们那些草包官儿强多了。”

“我看比咱们当朝天子还强。”

“哎，可别瞎说啊，会掉脑袋的。”

“没事儿，反正天高皇帝远，他听不着。其实我早就有这种想法了。保个明君，死而无憾，但保个庸材，为他死值得吗？”

他的话显然引起了大家的思考，半晌无人答话。

“人家努尔哈赤治军有方，连战连捷，对下属又信任有加，百般呵护，甚至对我们这些降将都赐予封赏，而且宽宏大量，刺杀他的人都肯放过，将来我们跟了他，犯个小错啥的，他一定能包容。”

“人往高处走，干脆，咱就真降了吧。”

几个人没再说话，表示默许。

第二天清晨，六个人早早地来到努尔哈赤帐中，参见大汗。

努尔哈赤非常高兴，分别赐座。

坐定后，六个人冲努尔哈赤说道：

“大汗有什么吩咐尽管说，小的们一定尽力而为。”

努尔哈赤道：

“你们对铁岭的情况熟悉吗？”

“熟悉。”

“好，那就讲讲铁岭的情况吧。”

“今年四月，朝廷派李成梁的第三子李如桢为总兵，镇守铁岭。李如桢虽然是将门之子，却从未经历过行阵，不懂用兵，而且胆小如鼠。他听说开原陷落，颇有唇亡齿寒之忧，于是带领主力部队撤离铁岭退守沈阳，只留下一万余人，交给参将丁碧守城。”

努尔哈赤问道：

“尔等可有人认识丁碧？”

金玉和答道：

“回大汗，小人素与丁碧友好。”

“如是甚好，本汗王交给你一项任务：你带重金厚礼，去见丁碧，说服他到时做我们的内应。”

“是，汗王，小的愿往！”

第二十三章

辽东地期年两易帅
紫禁城一月再哭君

光宗皇帝即位刚刚五六天功夫，便染病在床，情形危急，太医换了一批又一批，却都束手无策。鸿胪寺李可灼进献一粒红色药丸，说是什么神仙丹药。光宗听了众人言语，不问青红皂白吞下肚去，紫禁城便又换了主人。

表面看来，八旗军中这些天颇为平静，士兵们每天按时操练、休息。一切都是那样井然有序，努尔哈赤有时出来看看八旗兵操练，有时和几个贝勒一同出去打猎，有时就在帐中读书，士兵们都以为近期内可能不会有什么军事行动了。然而，在这平静的表面背后，一切都在按部就班地进行着，一场激烈的战斗，不久就会到来。

七月二十五日，一切已经安排就绪，努尔哈赤亲自率领五六万八旗兵，出其不意地包围了铁岭。

努尔哈赤坐在城东南的一座小山上，城内守军的动向一览无余。他对这次攻城简直视若十指捏田螺——稳拿。以身强体壮、斗志昂扬的五六万八旗兵，对付一万多身体羸弱、精神萎靡的明军，真是易如反掌。更何况这次还有一个格外有利的条件：守城的长官丁碧，在金玉和一番“良言”相劝，加之以重金利诱下，已经暗暗投降过来，那些明军即使有忠义之士，不肯听从丁碧的命令而开城相迎，也会因群龙无首而乱成一团。努尔哈赤想着，信心十足地开始指挥攻城。

努尔哈赤将主力放在了城北。他发现城北守兵不多，可作为一个突破口。八旗军在盾车的掩护下，井然有序地向城下紧逼。守城官丁碧故意将军队都调到东、西、南三面，北面显得更加空虚了。城上游击喻成名、呈贡卿等大惑不解，连忙对丁碧道：

“大人，敌人重兵进攻北门，我们为什么不布重兵抵抗，反而故意让开呢？”

丁碧道：

“是大人我用兵，还是你用兵？八旗兵那么多，如果我们也把兵力放在北门，与他们硬拼，那不是以卵击石吗？”

“大人，哪，我们该怎么办哪？”

“大人我早派人去沈阳李如桢李大人处报信去了。李大人援兵一到，我们内外夹击，定能打败敌人。”

“可是大人，只恐远水解不了近渴呀。”

“尔等只管依令行事，一切听从本大人安排。”

这时，忽听北门上喊：

“大人，快增兵吧！敌人的云梯已经搭上来了。”

“大人，敌人在凿城墙。”

“什么？！快，快放火炮！”喻成名等也顾不上再理丁碧，赶忙跑到上头，亲自参加战斗，这时，史凤鸣、李克泰等也带领一小部分人赶到，加入了战斗。霎时间，明军士气大振，火炮连连向远处发射，不断在八旗军中“开花”。近处，火炮发挥不了威力，明军就用弓箭射，用石块砸。顷刻之间，八旗军伤亡惨重，随着雨点般的箭头、石块纷纷坠落城下，惨叫声不绝于耳。不久，城下的八旗兵便尸横遍野、血流成河。

努尔哈赤看在眼里、急在心上，他暗暗思忖：难道丁碧是诈降？如果那样，只有增加兵力，加紧凿城墙了。于是匆匆传令道：

“来呀，传令：速派一百名士兵，拿上工具，协助凿城墙。”

“是！”

城中的丁碧没料到明军会如此卖命，看到八旗兵伤亡惨重，他不由心中发急。他唤过心腹苟安，对他悄悄耳语了些什么，苟安点点头，直奔守城士兵走去。

苟安命令道：

“打开城门！”

“大人，敌人正在攻城，怎么能开门呢？”

苟安恶狠狠地道：

“少废话！快打开，否则小心你狗命。”

“没有丁大人命令，恕小人难以从命。”

“敬酒不吃吃罚酒！”

苟安挥刀向守门兵士便砍，那兵士边招架边喊道：

“快来人哪！有人要开门迎敌呀！”

这一喊，立刻过来了一队明军士兵增援守门兵丁，大家将苟安围住，战在一起。

丁碧见状，忙对另一队士兵说道：

“下面那些人要造反，你们快下去，阻止他们！”

不明真相的士兵立刻冲下去，加入了这场糊涂的“内战”。

丁碧见士兵都在混战，城门无人把守，便悄悄走到城门前，将城门打开。八旗军潮水般涌进城来……

恰在这时，城墙也被凿开，越来越多的八旗兵冲进城来。城上的喻成名、李克泰等虽仍奋力杀敌，无奈腹背受敌，无力回天，不久，便一个个身负重伤，为国捐躯。

喻成名临死前，断断续续地对守在他身边的一名亲信说道：

“快，快到沈阳城，告、告诉李大人，让他速速发兵解救。”

这名亲信假扮成百姓模样，这才得以逃出铁岭，飞奔沈阳城……

沈阳城中的李如桢，在努尔哈赤刚刚攻城时就得到了战报。他虽明知铁岭空虚，守军只有一万余人，却并不着急发兵。这个胆小如鼠的李如桢，早就让八旗军吓破了胆，畏畏缩缩不敢出兵。

当喻成名那位亲信来报铁岭危急，八旗军已攻破城池时，李如桢才传下命令，向铁岭进发。

一路上，他尽量减慢行军速度。他知道努尔哈赤不会驻扎铁岭，攻下城池后便会离去。那时，他不费一兵一卒，便能“夺”回铁岭，去向皇上邀功。

李如祯的如意算盘居然打对了。当他到达铁岭时，努尔哈赤早已将城中洗劫一空后离去了。城里城外，死尸遍地，血肉狼藉，惨不忍睹。看着已成一片废墟的铁岭，李如桢没有丝毫自责，反而暗暗庆幸，多亏自己的深谋远虑，料定努尔哈赤必定攻下铁岭撤走，否则，今天……想到这里，他不禁冷汗涔涔了。

“来呀，给我找敌人的尸体，割下他们的首级，割得多者按军功授奖。”

李如桢割上后金死兵一百七十九颗头颅，回朝廷报功请赏去了。

辽东巡按陈王庭参劾李如桢说道：

“来敌距边十四五里时，游击季克泰便以急军情飞报李大人。若李大人亲提一旅，衔枚急趋，定可解铁岭之围，然而李大人缩首观望，拥兵不前，导致铁岭失陷。居然还有颜面前来报功，真真羞煞人也。”

一席话说得李如桢面红耳赤，哑口无言。于是，他以拥兵不救，被下狱论死。崇祯帝时他被免死充军。这是后话，暂且不提。

努尔哈赤足不旋踵地连下两城，使得明廷举朝震惊，大小官吏谈虎变色，无不为明朝的生死存亡而担忧。

吏部尚书赵焕率领群臣聚文华门，跪请万历帝召见群臣，共议辽东战守之策，到了晚上，才有中官来通报，万历帝因疾病在身，不能上朝，命群臣退下。

眼下辽东连连告警，众大臣心急如焚，万历帝却推托不见，大臣们不由怒火中烧，赵焕等再疏请万历帝御文华门听政，疏曰：

“他日蓟门蹂躏，敌人叩阍，陛下能高枕深宫，称疾谢却之乎？”

于是，万历帝万般无奈下极不情愿地殿见了诸大臣。在诸大臣的提议之下，终于起用了刚直有名的原任御史熊廷弼为大理寺丞兼河南道御史，宣慰辽东。

熊廷弼，字飞百，江夏（属今湖北省武汉市）人，万历二十六年（1598年）中进士，后任御史。他身高七尺，膀大腰圆，力能举鼎，能左右开弓，百发百中。他自幼熟读兵书，深谙兵法，运筹帷幄，胆略过人，更兼性格刚直不阿，军法严明，深得官兵爱戴。

在许多人心中，熊廷弼是一个传奇式人物。据说，他在巡行金州的路上，遇天大旱，土地干裂，禾苗萎蔫，眼看庄稼便要颗粒无收，忽见一群衣衫褴褛的百姓，一步一叩首地向这边走来。他勒住马缰，驻足观看，只见最前面由几个年轻人抬着一只整猪、一只整羊，缓缓地向前走着，看此情景，不用问，必是前去城隍庙求雨。熊廷弼可怜一方百姓，感慨自己空有力气，却帮不上忙。于是，也虔诚地跟在百姓后面，心中默默地祈祷上苍，救救可怜无辜的百姓。来到城隍庙前，百姓纷纷跪下，将牺礼献至“龙王”面前，不断叩头参拜，求龙王赐雨，一个披头散发的巫师在前面连蹦带跳，口中念念有词：

“天灵灵，地灵灵，城隍爷，快显灵。赶快来把甘露降，……天灵灵，地灵灵……”

只见那巫师舞了一阵，转身对百姓说道：

“城隍爷说了，七日之内，定有甘露降临。”

百姓喜出望外，叩头不止，千恩万谢。

熊廷弼也很高兴，但他将信将疑，问巫师道：

“灵验否？若七日无雨，当如何？”

巫师又叽哩咕噜地嘟囔了一通，说道：

“城隍爷说了，若不应验，则捣毁它的城隍庙。”

“好！”熊廷弼对那尊泥塑的城隍爷说道：

“我们就以七天为期，七天雨不至，定捣毁你的城隍庙，让你无安身立命之地。”

然而，七天、八天、十天过去了，仍不见一滴雨，熊廷弼大怒。他此时已行至广宁，便差人大书白牌、封剑，到金州城隍去毁庙斩城隍。差人行至半路，忽然狂风四起，乌云翻滚，遮天蔽日而来。顷刻之间，电闪雷鸣。豆大的雨点从天而降。不久便连成一条线，织起一片雨幕。

这场倾盆大雨真是救命的神水，庄稼得救了，百姓们喜笑颜开。而熊大人怒斩城隍爷的故事也就传开了。百姓们都说，城隍爷怕熊大人呢。故事是有些离奇，却活灵活现地说明了熊廷弼雷厉风行的性格和敢于斗争的精神。

早在三月二十三日，明廷即下诏起用熊廷弼。此时他虽在家闲居，日子过得倒也清淡舒适，可心中时时记挂万岁、记挂朝廷，想自己为官一生，无私无畏，忠心耿耿，上对得起天子，下对得起百姓，倒也聊以自慰，只是党争案起，皇帝听信谗言，命自己回籍听勘，想来有些不平，但这怎能怨天子呢？都是那些小人无事生非，蒙蔽皇上，而皇上又日理万机，无法一一实查才导致自己被罢职回乡，所以竟也不怨皇上。当接到诏令后，他立刻上路，日夜兼程，直奔京城请敕书、关防。谁知他连上两道奏疏，仍不发给。到六月二十二日，擢升他为兵部右侍郎兼右佥都御史，经略辽东。至七月七日，才得以辞京赴辽，于二十九日抵达辽阳。辽阳城的景象令他大吃一惊：百姓流离失所，露宿街头。大人有气无力地蹲在角落里，孩子饿得哇哇大哭。本不到树木凋零的时候，这里的树木却已是光秃秃的——不仅树叶全无，连树皮也丝毫无存……

来到军营，照旧一副残破景象：许多士兵身无片甲、手无寸铁，半死不活地躺在地上。稍富有的士兵，拥有一顶毡帽、一件夹衫，或者有一套从哪儿捡来的残盔朽甲。这士兵所持之弓，无弦无弧；所持之箭，无翎无镞，刀上锈迹斑斑，枪只剩下一根木杆儿。

再看那些士兵，一个个眼窝深陷，骨瘦如柴，如果晚上站在面前，你一定会以为那只是一副骷髅架子……

看到这番情景，一向爱兵如子的熊廷弼忍不住老泪纵横，他随即传下命令：

“杀牛百头，置酒千坛，蒸饼十万个，在校场上飨军四日。”

可银子从哪儿出呢？熊廷弼为官清廉，没攒下什么家私，而单凭他的饷银又不够。他思忖再三，当机立断：用自己的俸银再挪用点儿军饷，他虽明白挪用军饷是有罪的，但他更懂得，如果兵士羸弱，手无缚鸡之力，再强大的武器又有什么用呢？校场上热闹非凡，士兵们个个狼吞虎咽，嘴里吃着，手里拿着，眼里看着，似乎生怕这些东西长了腿跑了，但这仅仅是第一天。到了第二天，士兵便有精神边吃边说笑了，到第三天、第四天，士兵们一个个精神焕发，与前几天判若两人。

许多流浪街头的游民，纷纷跑到校场来，报名参军，不几日，便招募流民数十万人。

熊廷弼见军队日益壮大，军心渐趋稳定，便开始操练士兵，修整器械，缮治城池。

熊廷弼分析了形势，便命士兵修了厚厚的辽阳墙垣，在城外挖濠三道，每道三丈宽、两丈深，濠外修筑大堤储水，以加强防御。

接着，他在清河、抚顺、柴河、三岔堡等隘口重地筑起一道由重兵防守的边墙，形成了壁垒森严的阵容。各隘口相互独立，而又相互联系，没事儿时自己就地操练，小敌自行抵御，遇到大敌便可互相支援。

经过这番整顿，处于溃散状态的军队士气大振，守备大固。

努尔哈赤自攻破铁岭以后，退回界藩。由于连日征战，再加上偶感风寒，竟卧病在床，数日不起。

四大贝勒轮流守候在病榻前，悉心照料。一夜，努尔哈赤从睡梦中醒来，听到外面狂风怒号，刮得帐篷“哗哗”作响，甚至有点摇摇晃晃，颇为不稳，他觉得身上微微有些冷，便睁开眼睛，准备叫人拿条毯子，这才看见四贝勒皇太极趴在桌上睡着了，在他面前，放着一本摊开的书。

努尔哈赤轻轻地起了身，悄悄地走过去，慈爱地看着熟睡的皇太极。在自己的十几个儿子当中，就属皇太极聪敏好学，勤于思考，遇事冷静，将来很可能继承自己的事业。他拿下披在自己身上的皮衣，悄悄地替极儿盖上。

“天这么冷，也不知多穿件衣服，真是孩子呀，让我怎么放心得下。”

他转而又想：

“虽说他年岁小，可办起事来却让人放心。这几天，大大小小的事儿都由他来管，倒也办得十分妥当。到底是人老了，想起事来颠三倒四的，一会儿这样想，一会儿又朝着截然相反的方向去想。”想到这儿，努尔哈赤忍不住摇摇头，自己也笑了。

正在这时，门卫进来了，只见他的皮衣皮帽上落了厚厚一层雪，连眉毛和胡子都白了。

门卫一见努尔哈赤，连忙行礼道：

“给大汗请安。”

“嗯，外面下雪了吗？”

“回大汗，已经下了一天一夜了。”

“军中可有什么情况？”

“回大汗，刚才有人来报，明军新到任的熊廷弼在巡边。”

“什么，快去看看。”

努尔哈赤急着就要往外走。

“大汗，您病没好，还是叫醒四贝勒，让他去吧！”

努尔哈赤看了一眼仍伏在案上沉睡的皇太极，疼爱地说道：

“他太累了，让他睡吧。你去给我拿件大衣来，我要亲自出去看看。”

“是，大汗。”

努尔哈赤迈步走出帐篷，顿觉寒风刺骨，凛冽的北风夹着鹅毛般的大雪，打在人脸上生疼，地上的积雪足有一尺多厚了，踩在上面脚便会深深地陷下去。厚厚的积雪反射着白光，把天地间照得很明亮。

“这样坏的天气，熊廷弼会亲自出来巡边？绝对不可能！”

努尔哈赤边走边想。

“你们可打探清楚了，果真是熊廷弼巡边？”

“回大汗，确实是熊廷弼巡边。”

“拣这种时候巡边？又是大风雪，而且在晚上？不，不可能，一定是来偷袭的。”

这个念头一产生，努尔哈赤立刻吓出一身汗来。

“快！急令各部官兵，斩木运石，堵绝山口，以防明军袭击。”

“是！”

结果，只是虚惊一场，连个明军的影子也没见着。倒是努尔哈赤一急，出了一身透汗，病却渐渐转轻了。也算得是这次失算中一点小小的收获吧。

这到底是怎么回事呢？原来，熊廷弼初抵辽阳，便派佥事韩原善往抚辽阳。韩原善惧怕后金兵，不敢去，于是又命分守道阎鸣泰前往，谁知阎鸣泰行至虎皮驿，吓得哭着跑回来。熊廷弼见无人敢往，便不顾天气恶劣，危险重重，亲自从虎皮驿到沈阳，又趁雪夜赶往抚顺观察屯扎形势。他料定努尔哈赤不敢贸然出兵，果然应验。这虽是未交锋的第一回合，但小心谨慎、善用智谋的努尔哈赤显然输给了熊廷弼。

天渐渐转暖，努尔哈赤的病也渐渐好起来，每每想起未能趁明军立足未稳，防备未固而攻下辽阳时，努尔哈赤就不无遗憾。近日探子来报，明军在熊廷弼的治理下，纪律严明，斗志昂扬，而且辽阳城层层设防，固若金汤，努尔哈赤更加懊悔失去了一个攻打辽阳的好机会。

万历四十八年（1620年）五月。努尔哈赤派出一小部分八旗兵，到花岭山城，俘获了约四百人。六月，又派出二万人，分两路进境，均遭到阻拦，于是掠王大人屯等十一寨，掠取寨里粮食归来。

经过这两次小规模的试探，努尔哈赤心里略有些底：熊廷弼虽然治军有方，但毕竟时间还太短，羽翼尚未丰。此时灭他虽有些费力，但并非全无可能。是年八月，努尔哈赤亲自率领诸王大臣，统兵包围了懿路、蒲河。守卫大惊，慌忙派人向辽阳城中飞报。熊廷弼亲自率领骑兵，前去解围。

努尔哈赤正在指挥攻城，忽见远处驰来一队人马，只见马上士兵，个个精神抖擞，气宇轩昂，最前面一员老将，白须飘飘，铠甲闪闪，身材足足七尺有余，膀大腰圆，气度不凡，眉宇间透出腾腾杀气，老远便觉英气逼人，努尔哈赤问左右道：

“来者可是熊廷弼？”

“回大汗，前面那人正是熊廷弼。”

努尔哈赤心里赞道：

“果然不凡。”

熊廷弼还没进入“战场”，便从背上取下弓箭，冲一八旗兵士遥遥射去。

“啊！”

那士兵应声倒地，后心插着一支利箭。

“嗖……”

另一支箭带着疾风，呼啸而至，又一名八旗兵大叫一声，跌下马去，箭仍是不偏不倚，插在后心上。立刻，第三支箭又到了，第三名后心中箭的八旗兵摔下马去。

“好箭法！”努尔哈赤身旁的皇太极不由自主地发出一声赞叹。

努尔哈赤连忙传令，留下一部分人继续攻城，另一部分人则回身迎战明军援兵。

刚传下令，熊廷弼带领的人马便冲到了跟前，兵对兵、将对将，双方立刻战在了一处，直杀得难解难分。

明军经过熊廷弼一年多的苦心操练，已成为一个个训练有素的合格士兵了。他们个个如猛虎下山，似蛟龙出海，越战越勇，直杀得素以骁勇善战而著称的八旗兵只有招架之功，没有还手之力。

努尔哈赤见城池久攻不下，明军援兵又已到，自己腹背受敌，恐恋战于己不利，于是只好下令撤退，八旗兵退屯灰山，后撤回界尺，伤亡惨重。

努尔哈赤大发雷霆，命令将十余名将官捆绑起来，押入牢中，听候发落。“我八旗军还从未遇到过如此重创，此仇必报！”

努尔哈赤暗下决心。

与努尔哈赤恰巧相反，熊廷弼在城中犒赏三军。这次大捷，使众将士大受鼓舞，他们似乎又看到了希望，操练更加勤勉卖力了。同时，他们也更加敬服熊廷弼了。

皇太极见努尔哈赤整日闷闷不乐，烦躁异常，私下为父汗担心。父汗的心事，他猜得到，可该怎样帮帮父汗呢?

一天，皇太极去见努尔哈赤，直截了当地说道：

“父汗，孩儿认为现在攻打明军的时机未到，不如我们先去攻打北关的叶赫和毗邻的漠南蒙古诸部，等我们取得了胜利，力量壮大了，再寻找时机对付明朝。”

努尔哈赤沉吟片刻，对皇太极说道：

“极儿，你说得很好！我们必须等待时机。”

第二天，努尔哈赤便下令征伐叶赫和漠南蒙古。

正当辽东形势初步好转，后金挥戈南进屡遭挫折的时候，朝廷内部却正值多事之秋，一波未平，一波又起。

神宗皇帝荒淫无度，年事已高，精神渐渐有些不济。郑贵妃暗中派魏太监去弄了鸦片来，劝皇帝吃。这一吃上瘾，皇上便一日也离不开魏太监了。魏太监仗着皇上宠信，里面打通了郑贵妃，外面又结识了一班奸臣，威风越抖越大，满朝文武没有不知道他的厉害。

神宗皇帝一生只有两个儿子。大儿子常洛是王恭妃生的，次子常洵是郑贵妃生的。子以母贵。因此常洵虽小，却早早被封为福王，颇受宠爱。长子常洛，却落了个无名无位。朝中有些正直的大臣，见皇上一日不济一日，便奏请皇上立常洛为太子。这一下可惹恼了郑贵妃，她在宫中又哭又闹，还生起病来，吓得神宗皇帝赶紧发了一道圣旨，将那提议立常洛为太子的大臣顾宪成革了职，遣回老家种地去了。

谁知这时候左都御史邹元标、老功郎赵南星和王家屏等一帮官员，都因为上奏触怒了龙颜，丢了功名，在家乡杭州、无锡住着。这一班自命清高的读书人便借着讲学的名，成立了一个东林书院，天天聚在一起，谈论朝政，辱骂朝中的奸臣、太监。人们都称他们为东林党人。

另外还有个叫汤宾尹的祭酒官，拉了一班朋友，成立了一个宣昆党，在北京、山东、湖南、湖北、江苏、浙江几个省份，都有他的同党，势力很大。

这两个党的人，到处都有朋友，声势也越来越大。时间一长，朝中的权臣、太监一听到他们的名字，都感到头痛得紧。这两党的人，有一个一致的意见，就是口口声声要求皇上立常洛为太子，而且倚仗党中的势力，闹得越来越厉害，那班太监和大臣们都觉得脑袋提在手中，性命朝不保夕。他们便联名上了一本奏折，说东林党人和宣昆党人如何放肆，不把皇上放在眼里。

神宗皇帝虽然不肯费脑筋料理朝政，但别人若要骂他昏庸，是万万不可以的。接到奏章后，龙颜大怒，连着下了好几道圣旨，把两党的人捉拿的捉拿，革职的革职，砍头的砍头，腰斩的腰斩，一时间各地的监狱人满为患，神宗皇帝这才解了恨。

可是到底是事情闹大了，朝野上下，无人不知，无人不晓。人人都知道这朝中的大臣、太监不是东西，害死了无数忠良，说神宗皇帝太昏，为了宠妃的儿子，不惜拿那么多的人命去换。

神宗皇帝没有办法，便只得将常洛立为太子，又将福王常洵调到河南去住着。因为怕郑贵妃不满，便花了三千多万两银子，为福王在河南建造了一座高大的王府。只是郑贵妃心中的气，终究平不了，便常常和魏太监在一块儿商议着如何报了这仇。

这一日，忽然有一个武功高强的大汉，持棍冲进太子宫中，那些看守宫门的侍卫，被他打伤了一大片，仍然拦他不住。幸亏宫中有许多着甲带盔的护兵，闻声而来，才将那大汉制服了。捉到刑部衙门去审问。一审，那大汉不招，二审，仍是不招。后来动了大刑，方才招供说他叫张节，是受贵妃宫中的太监马三道指使去行刺太子的。

这一下可不得了，举国上下都知道贵妃谋杀太子。那贵妃郑红袖听了，一头闯进皇上的寝宫，寻死觅活地哭闹起来，把神宗皇帝唬得不知所措。后来还是魏太监出了一个主意，神宗把太子宣进宫来，一手拉着贵妃，一手拉着太子，替贵妃辩白道：

“这事定是有人诬陷贵妃的，贵妃一点也不知道。”

太子常洛是一个忠厚的孩子，看在父亲的情面上，也推说张节是一个疯子，不必理会于他。于是刑部便将张节定了杀头的罪，又将贵妃宫中的太监马三道充军到三千里外地方去，了结了这件行刺案件。

事情过后，郑贵妃却像换了一个人似的，对太子忽然亲近起来，不但常常去看望，还亲自做些吃的、用的、穿的送给太子，比她以前对待常洵还要殷勤许多。太子见她如此垂爱，也常到宫里去朝见她，喜得神宗老皇帝天天合不拢嘴，抽空就带他们母子二人一起游玩，享受天伦之乐。郑贵妃还怕太子不相信她，便让神宗皇帝下了一道圣旨给福王，着他好生在河南呆着，不奉宣召，不得擅自进宫里来。这一下，不但太子对她没有了丝毫怀疑，朝中的大臣们，谁也不敢再说他们母子谋权的事了。

谁知好事不长，到了万历四十八年七月二十一日，明神宗万历帝驾崩。其长子朱长洛于八月一日继承皇位，便是光宗皇帝。光宗皇帝因为和贵妃要好，便仍将她留在宫中，当母亲一般地看待。

谁知光宗皇帝即位五六天功夫，便染病在床，情形危急，太医换了一批又一批，却都束手无策。急得宫里的妃嫔、太监东跑西问，却想不出个办法来。郑贵妃一日三次前来探望，见病势越来越重，便传命出去，交大臣、太监到民间去想办法。

这时有一个叫崔文升的太监，献上祖传的丹药一副，给皇上吃了下去。可是光宗皇帝的病，越发重了起来。那大学士方从哲，便派人到鸿胪寺请了个叫李可灼的，又进献一粒红色的药丸。郑贵妃见此，忙劝光宗吞服。还有个光宗身边的妃子，叫李选侍的，这时也道红丸吃了，病情定会减轻，请皇上速速服用。

光宗听了两个妃子的话，将红丸吞下肚去，药性一发，竟昏昏地睡着了。众人都以为这药起了作用。谁知到了第二天，光宗皇帝竟因吞食红丸而死于乾清宫。“一月之内，梓宫两哭”，朝廷上下，顿时大乱，纷纷传郑贵妃与李可灼有旧，平时他们经常私下来往，有诸多不明不白之处。这次进献红丸，恐怕很可能与郑贵妃有关。可郑贵妃为何要害皇上呢？人们又开始分析，光宗死，熹宗由校当立。而抚养熹宗的李选侍与郑贵妃素来交往甚密，怕不是李选侍为了早立熹宗，从而与郑贵妃勾结，一同谋害光宗的吧。但众人也仅限于猜测，都无根据，但这样一来，大臣之间由于意见不一，便互相结党营私，排除异己，相互诬告。熊廷弼此时虽远在边防，但他以前在朝时，由于性格刚直，拒绝徇私受贿，又不肯俯就世俗，曲意奉承，所以得罪了不少人，此时也就成了这些人趁机攻击陷害的对象。

大臣刘国缙和姚宗文挟私鼓煽同党诬陷熊廷弼，说他不服从朝廷的命令，刚愎自用，自以为是。熊廷弼上书自辩，有理有据，刘、姚的诬陷以失败而告终。御史冯三才、顾慥、张修德又弹劾熊廷弼，说他处处收买人心，企图自立为王，反叛朝廷，熊廷弼不得不再次上疏皇上，替自己辩解。

给事中魏应嘉等复连名攻劾，熊廷弼面对重重的诬陷，已是有口难辩了，“众口铄金，积毁销骨”哇。他第四次上书天启帝，痛心地争辩边吏得不到君主的信任，针砭了当时弊政的要害，天启帝看后勃然大怒，终于改派袁应泰代熊廷弼为辽东经略。熊廷弼在统治集团的政治斗争中，再次被排挤下台。辽阳城中，一位白发苍苍的老人背着一个小包袱，踏上漫漫归程。不计其数的士兵、百姓站在道路两边，为老人送行。老人挥挥手，勉强笑笑，道：

“诸位兄弟、父老乡亲，感谢大家来为我送行，我熊某能蒙大家抬爱，今生足矣！诸位乡亲，请回吧。”

说着，他的声音哽咽了。

低低的啜泣声不知什么时候响起来，慢慢地连成了一片，逐渐地汇成了一片失声的恸哭声。这哭声，传达出人们心中对熊廷弼的多少爱戴与依依不舍！然而，圣命不可违，该走的留不住，再多的眼泪又能解决什么问题呢？

新任经略袁应泰走马上任了。新官上任三把火。他这第一把“火”便是杀白马祭天，誓与辽事相始终，这件事倒还较得人心；第二把“火”便是改变熊廷弼原来的部署，撤换了许多有勇有谋的将官，引起广大官兵强烈不满，造成前线极度混乱；第三把“火”便是看似宽宏大量，收纳了许多蒙古人和女真降人，使得大量奸细混入队伍中，成为后金内应。

当努尔哈赤发现熊廷弼被撤，而改为袁应泰时，不禁暗暗高兴。

当他看到袁应泰的部署时，立刻意识到袁应泰根本不会用兵，不禁大喜过望。

努尔哈赤高兴地对手下将领说道：

“明廷罢免熊廷弼，无异于自毁长城！我攻取辽、沈的机会为期不远矣。哈哈哈哈！”

第二十四章

瞬间诛叶赫两贝勒 旬日下辽东七十城

皇太极不明白，为何一向主张不战而屈人之兵的父汗，竟对两个叶赫贝勒如此恨之入骨，即使降了也不放过呢？看来，父汗对叶赫部再也不会有什么好感了，唉，只怕叶赫人也不会忘掉这桩仇恨了……

明熹宗朱由检登基不久，天启元年（后金天命六年，公元1621年）的二月底，后金汗王努尔哈赤抓住明朝皇位更替、党争激烈、经略易人、军心涣散、辽东大饥、边防紊乱的有利时机，发动八旗人马，开始向辽阳、沈阳大举进攻。

在此之前，努尔哈赤实现了与蒙古的结盟，还派兵平定了多年的宿敌叶赫部，消除了后顾之忧，一切都已停当，此时不打辽沈更待何时？

三月初十，后金大军出动，军锋直指沈阳。

这次因为要攻坚，特地预备了云梯五百架，战车一千五百辆，还有许多用来搭筑营寨的板木，用上百艘船在萨尔浒城下的浑河装了，借着春汛的桃花水，起锚向沈阳航行。船上还装了许多军粮草料，估计一天一夜即能运到沈阳城外。

马步兵则走陆路，以莽古尔泰为先锋，黄、白、红、蓝各旗人马浩浩荡荡随后跟进。

皇太极率部沿浑河行进在向西的大道上，前段时间攻打叶赫部的情景又浮现在眼前……

当时，八旗发了六万兵，连夜出动，向叶赫疾速前进。

叶赫两贝勒布扬古、金台石闻听建州兵已然兵临城下，顿时大惊失色，连忙点起人马出城应战，希望能侥幸获胜，躲过这一次灾祸。

努尔哈赤六万大军，声势浩大、阵势森严，叶赫兵孤军无援，看来胜负是早已预定了。

但是箭在弦上又不得不发，布扬古和金台石只好摆开对阵的架式，挡在八旗兵的前面。

一时间，烟尘滚滚、杀声震天。后金军与叶赫军战在了一起。老汗王努尔哈赤亲自擂鼓助威。后金兵个个奋勇、人人当先，催动战马、挥舞刀枪，奋不顾身地冲向敌阵。一场血战之后，八旗军付出九百余人阵亡的代价，把叶赫城外围守军扫荡殆尽，叶赫完全陷入后金的包围之中。布扬古和金台石无计，只得闭城死守。

叶赫城由东西两部分组成，两贝勒各守一城。努尔哈赤随即也分兵两部，代善等四大贝勒率一部困住布扬古的西城，努尔哈赤则亲自督军围攻金台石的东城。

东城又称叶赫山城，分内外两层，外为石城，内为木城，木城中又建有八角明楼。城中披甲勇士不下千人，而持弓防卫者更是数以万计，城上箭矢、礌石、滚木等守城器械也备得十分充足。看来，叶赫山城是早就做好固守死守的准备了。

然而努尔哈赤岂肯甘心无功而返？他麾兵大举冲击外城，守城将士抵御一阵之后，见后金兵如此顽悍凶猛，只得纷纷退入内城防守，外城随即被破。

木城实际上比外城更为坚固，而且，守军力量集中，努尔哈赤不欲兵将伤亡过大，便命将士大声迫降。

金台石立城怒喝道：

“我乃堂堂男子汉大丈夫，岂能向你们建州俯首称臣？不要再痴心妄想了，我只有一死!”

努尔哈赤扭过脸，对身后的将士们朗声问道：

“金台石能与城偕死，难道我建州就没有敢舍身攻城的勇士么？”

八旗将士齐声喊道：

“建州无懦夫，我等皆愿以尸骨填平堑壕!”

二三十架云梯高高竖起，几十名后金兵将舍命仰攻，但结果只是在城下增添了一些后金战死者的躯体而已。

其实，努尔哈赤这边的强攻只是一种姿态，他早就命费英东带一部分军士悄悄地在城根下挖洞去了，准备装炸药炸城。

子夜时分，只听“轰隆隆”巨响迸发，东城的一段城墙被炸开了，后金兵潮水般涌进城狂杀，叶赫兵四散溃逃，金台石携妻带子躲进了八角明楼。

皇太极就是这个时候来到八角楼下的，因为金台石是皇太极的亲舅舅，努尔哈赤便让他以外甥的身份去劝降金台石。

皇太极苦口婆心劝了半日，金台石却死活不肯。

原来，金台石是害怕努尔哈赤以劝降为名，骗他下楼然后杀死他，所以抱定不降的决心。

努尔哈赤勃然大怒，立即命令强攻。金台石见走投无路，遂对皇太极喊道：

“皇太极！你若念及甥舅之情，不绝我子孙性命，我心足矣！拜托拜托!”

皇太极这时只见明楼火起，连忙命兵将冲上楼去，将舅舅、舅妈和几个表弟、表妹救出。但是，舅舅在纵火前就已经拔剑割断了自己的经脉，眼见得已是无救了。

努尔哈赤大怒，喝道：

“怎么，连死你都不肯死在朕的手里？哼，朕偏不让你如愿！来人，把他吊死在八角明楼！”

皇太极跪地苦苦哀求，怎奈父汗怒火万丈，只得眼睁睁看着舅舅血淋淋、焦乎乎的躯体又被挂在明楼之上，随风飘荡。

东城失陷，布扬古孤掌难鸣，遂开门投降，但努尔哈赤却以布扬古跪拜礼节不恭为由，命兵卒将其缢杀。叶赫从此灭亡……

皇太极此刻走在西行的大道上，心里却还是没有想明白，为何一向主张不战而屈人之兵的父汗，竟对两个叶赫贝勒如此恨之入骨，即使降了也不放过呢？想来想去，他只好对自己说道：

“看来，父汗对叶赫部再也不会有什么好感了，唉，只怕叶赫人也不会忘掉这桩仇恨了……”

两天之后的三月十二日早晨，后金大军抵达沈阳城下，并未急于攻城，而是先在城东七里河的北岸筑造木城屯兵。

八旗军出动之时，明军便点燃烽火沿途通报。沈阳城内早就做好了准备。

这时明军在沈阳附近的实力并不弱。先看城里。城里有两员总兵官，一个叫作贺世贤，另一个叫作尤世功，这两位总兵官各领兵将一万余人。再看城外。城外辽阳方面两位总兵官陈策、董仲揆领川浙军兵一万余人前来援救；奉集堡总兵李秉诚、武靖营总兵朱万良和姜弼也领兵一共三万增援。这样明军加在一起也有六万多人。

沈阳城里的两位总兵贺世贤、尤世功得到后金兵临城下的报告，连忙登城观看。只见后金兵远远扎在七里河北岸，寨墙相连、绵绵不断，好一派气势。正观望间，金营中突然驰出数十散骑，隔着壕沟向沈阳城方向窥探，一副趾高气扬的样子，似乎全不把沈阳城里的明军放在眼里。

尤世功回身对自己的家将说道：

“虏骑如此猖獗，谁与我杀杀他们的威风？”

一言未落，手下一员家将拱手道：

“末将愿往！”

尤世功对家将道：

“带一百骑兵，小心点！”

家将领命去了，到了壕边，命守卒放下吊桥，纵马过壕而去。不到半个时辰，提了四颗后金兵的人头交令请功。

尤世功看了一眼贺世贤，难掩得意的情绪，说道：

“便记你一功！”

贺世贤捻着胡须想了半天，说道：

“看来建虏也不过如此啊！”忙也对自己的家将说道：

“你们也看仔细了，倘再有虏骑窥探，不待军令便去斩杀！”

贺家的家将齐齐应了，眼巴巴盼到天黑，也不见壕那边再有动静，只得把一颗立功的心先放他一放了。

第二天，立功的机会来了。后金来了一帮子老兵，有气无力地来挑战。领头那员将飞马驰到城下，厉声喝道：

“城上贺世贤听了！你家贝勒爷今日前来取你沈阳，你若识时务，火速献城，大家免动刀兵，你也不失拜将封侯之位。如若不然，城破之时，玉石皆焚！”

贺世贤正在城楼上饮酒，听得啰唣，就城头堞垛往下一看，见原来是努尔哈赤的一个儿子，叫作汤古岱的，遂哈哈大笑道：

“哈哈哈哈，汤古岱，你这手下败将！前些时你来打粮，被本镇杀得大败，今日还敢卷土重来？”

又命斟满一巨觥，饮尽了，点了三千人马，擂鼓出城，与汤古岱战在一处。

汤古岱与他斗了才二三十合，便显得力气不支，当下一刀劈来，趁贺世贤躲闪的当儿，拨马落荒而走。

贺世贤哪肯放过？当即麾三千明军掩杀过去，谁知刚刚追到一片树林边，却听一阵呐喊，上万后金军队平地里现出，皇太极、莽古尔泰一枪一刀犹如两尊门神，赫然挡住去路。

贺世贤知道深陷重围，不死拼不得生还机会了，便挥双刀往皇太极、莽古尔泰杀来。可惜势既已穷，技又不如人，只好夹着尾巴逃跑。

这回轮到后金兵不肯放过了。结果，这位倒霉总兵身上中了四箭，几乎成为刺猬。贺总兵带着箭，且战且走，好不容易退到城门外，惨声凄呼道：

“放吊桥，快放吊桥！”

城上怎么敢放吊桥？后金兵就在后边跟着呢！只好眼睁睁看着他们的总兵大人就死在了他镇守的城池门外。

其实这个吊桥放不放，对贺总兵都无关紧要了，因为即使放了吊桥，后金兵也会尾随进城，他照样难逃一死。

在历史上，这个吊桥还是放下来了，不过不是明军为了救应贺总兵放的，而是被早些时候努尔哈赤派进沈阳城诈降的蒙古、女真人，为了迎接汗王大军，砍断了绳索强行放下来的。

后金兵在城门里又杀了匆匆赶来的尤世功，号称固若金汤的沈阳城就这么简单地归了后金。

拿下沈阳之后，忽有探卒飞马来报，说镇守奉集堡的明总兵李秉诚、武靖营总兵朱万良和姜弼各率本部兵马合计三万人，分两路前来增援沈阳。

努尔哈赤遂命代善、莽古尔泰率左翼四旗，攻李秉诚，阿敏、皇太极率右翼四旗，攻朱万良、姜弼。

奉了父汗将令的莽古尔泰冲到李秉诚营前，一个冲锋，便将李秉诚杀得败回奉集堡。莽古尔泰正要乘胜攻城，却接到汗王命令，撤军回营。莽古尔泰无奈，只得率队返回。

皇太极、阿敏等人去战朱万良，也是这般情景，小胜即被汗王传令召回。

众贝勒得胜回营，不解地问汗王道：

“父汗，我军正要乘胜追击，为何将儿臣匆匆召回？”

汗王微微一笑，故意淡淡地说道：

“不为别的，只为要让你们好好休息休息，过两天我们到辽阳兜兜风去。”

大家全都炸了窝了，终于要打辽阳了！

其实，如果努尔哈赤在攻克沈阳的第二天，即三月十四日就发兵攻打辽阳的话，当天就可能轻取辽阳。因为那个时候，辽阳已经失去了沈阳这个屏障，软腹袒露，城中的兵不过一万，且又是身无甲胄、兵器不精的弱旅，辽东所属的战将劲兵一半损于沈阳之役，另一半则正在各地疲于奔命地救援。

这在努尔哈赤，是不多见的一次疏忽，但是却被辽东经略袁应泰紧紧抓住了，他飞速地征调援军，又把原驻扎在虎皮驿、奉集堡的兵力撤回辽阳，努尔哈赤只给了他五天时间，但是就这五天时间，袁应泰居然凑集了十三万大军。

后金军在沈阳城休整五日。三月十八日，努尔哈赤下谕群臣：

“沈阳已拔，敌兵大败，我军气势正盛，正可乘机长驱，直取辽阳！”

众贝勒大臣自然欢腾雀跃。于是，后金大军九万人，在汗王努尔哈赤亲自统率下，浩浩荡荡向辽阳进发，但见人欢马叫，烟尘滚滚，旗帜飘扬，漫山遍野皆是后金军兵。

辽东经略袁应泰正与巡按御史张铨议事。袁应泰说道：

“张大人，沈阳是辽阳门户，奴酋攻下沈阳，我已失去屏障，他必乘胜来攻辽阳，故此请大人过府共同商讨守城之策。”

四十岁的张铨，有胆有识，心怀忠义。他听袁应泰说完，眨了几下眼睛，说道：

“经略大人所见极是。奴酋攻辽乃必行之事。依卑职之见，速将奉集堡、虎皮驿、武靖营及周围诸军都撤至辽阳，加以固守，方为上策。”

袁应泰点点头，说道：

“如今沈阳已陷，如辽阳再失，则辽东不保。故此，我已如实向皇上呈上了奏章，请命辽东巡抚薛国用率辽河以西之兵驻扎海州，蓟辽总督率山海关之兵驻于广宁。这不但可以壮我军威，还可相机为援，以成掎角之势。”

张铨点头称是。

袁应泰传令中军：

“速拿我令箭，命李秉诚、朱万良、姜弼三位总兵撤离奉集、武靖，回卫辽阳。”

三月十九日清晨，探马来报，后金大军从沈阳出发，直奔辽阳，现在前部人马已经渡过太子河。

袁应泰立即命中军召集众文武官员大厅议事。

片刻，总兵侯世禄、李秉诚、朱万良、姜弼、梁仲善、崔儒秀，监司高出、朱维曜、胡嘉栋，分守道何延魁，督饷郎中傅国等人迅速来到议事厅，等候经略吩咐。

袁应泰在帅案后昂首而立，大声说道：

“众位将官，如今辽东之地只有辽阳尚为我所有，而努尔哈赤又发兵来攻，实在欺人太甚。我等皆为朝廷命官，理应拼死一战，以报皇恩。现在听我将令：总兵侯世禄、李秉诚、梁仲善、姜弼、朱万良，速率五万人马出城五里列阵，与努尔哈赤对垒，不准努尔哈赤靠近城池！”

“得令！”五总兵领命而去。

袁应泰又命副将王熙义率军将太子河挖开，灌入护城壕内，命总兵崔儒秀出城，指挥城外三道城濠的防守；命张铨率其他将领守城内。

部署完毕，袁应泰命人备马，他要亲自察看四门的防御情况。

十九日近午时分，后金全军渡过太子河，距辽阳不到十里。这时有探马来报：明军五万人马列阵城外，进行阻挡。

努尔哈赤命三贝勒莽古尔泰、四贝勒皇太极、大将扈尔汉率两万人马从正面攻打明营，又令代善、阿敏两位贝勒各率一万人马从两翼侧击。

皇太极纵马往前飞奔，看着离明营只有二三箭地，令盾牌手在前，弓箭手居中，骑兵跟后，向前推进。

这时，明军的大炮响了。明军的弓箭也雨点般地射过来。后金军虽有伤亡，由于早有防备，并没有大的损失，皇太极命令弓箭手同时开弓放箭，明军急于躲避弓箭，为后金军创造了机会。皇太极大喊一声：

“冲！”后金骑兵如狂飙突进，以迅雷之势杀入明军大营。莽古尔泰随后跟进。

皇太极冲入明军之中，大铁枪左挑右杀，如龙出水，如虎下山，无人能挡。莽古尔泰更是凶猛，大刀上下翻飞，无数明军士兵被他砍倒在地。这时，明军左右两营也开始大乱，代善、阿敏的人马也冲杀过来。

明总兵姜弼听得前营喊杀连天，只见一个后金将领正带领军兵与自己的士卒厮杀，便举起手中大刀向那人杀去。

皇太极用枪挑翻两个明军士兵，忽见一人挥刀冲来。

他把银枪往鞍上一挂，左手取弓，右手抽箭，一扣搭弦，“嗖”的一声，羽箭便向姜弼射去。

姜弼正催马向前猛冲，冷不防一支箭射过来，正要躲闪，那箭已到，正中咽喉，鲜血喷出，姜弼当即落于马下。

明军无法抵挡后金军的猛烈冲杀，开始向后败退。

明总兵梁仲善见状，挥剑斩了几个逃跑的士卒，喝令士兵往回杀。他自己则纵马提刀迎上前来，正碰上三贝勒莽古尔泰，二人战在一起，只几个回合，梁仲善的刀就被莽古尔泰给磕飞了，吓得他急忙伏鞍败走。明军也跟着往回跑。

其余几个总兵严厉督战，不准士兵后退。可兵败如山倒，任凭他们怎么喝斥，士兵还是如潮水一般向后败退。这几位总兵大人手下没兵，也只得跟着退回城中。

皇太极等人往前追杀了一阵，由于城上守军开始放炮、射箭，不得不撤了回来。

努尔哈赤首战告捷，心中很是高兴，下令在城外五里安下营寨，明日再行攻城。

三月二十日。曙光刚露。

辽东经略袁应泰料定今日努尔哈赤必来攻城。他不想坐待，一直想在城外与敌决战。所以天刚亮，他便统率三军在东门外展开了阵势。

努尔哈赤见明军出城列阵，正中下怀，毫不迟疑，便命莽古尔泰率军攻打明阵。

袁应泰立马阵中，见上万名后金兵越过壕堑冲过来，便下令放炮轰击。

顿时，明军阵前的上百门大炮一齐轰响起来，只见烟雾腾天，尘土飞扬，然而后金军的进攻并没有停止，战马依旧向前飞驰，喊杀声越来越近。

袁应泰下令：

“停止炮轰，骑兵出击！”

两千明骑兵呼啸着向后金兵冲去，与后金军裹在了一起。只见刀光闪闪，马蹄疾疾，喊杀声震耳欲聋，直杀得天昏地暗，日月无光，眼见两千骑兵已大部分战死。于是袁应泰又令两千骑兵出击，只听战马嘶鸣，刀枪撞击，震人心魄。战场上血肉横飞，双方伤亡都很惨重，死尸、死马成片地倒在地上，有的已被马踩人踏，成了肉泥……

这时，努尔哈赤正在阵前观望，见进攻受阻，便令停止进攻。然后吩咐道：

“先用炮火轰击，然后用七千精骑从三面冲击！”

莽古尔泰奉命行事。

后金兵的大炮推到了阵前，一字排开。

随着阵阵巨响，火炮炸起的烟尘在明军中掀起来，无数明军被轰翻在地，许多大炮也被炸倒。

在硝烟弥漫中，七千精骑以迅雷不及掩耳之势冲杀过去，明军正要放炮射箭，骑兵的大刀已经砍在他们头上。

七千骑兵把明军冲得七零八落，纷纷逃散，总兵梁仲善见阵脚大乱，便率队冲上来。他挥刀砍死一名后金骑兵，正要与一个后金军的牛录额真拼斗，忽见一个黑脸将领如旋风般冲到近前，原来是三贝勒莽古尔泰，昨日一战，梁仲善的刀就是被他磕飞的。

莽古尔泰也认出梁仲善，大笑一声：

“哈哈，原来是手下败将，看你今日还往哪儿跑！”

说罢，举刀就剁，梁仲善举刀相迎。没几个回合，只听“当”的一声，梁仲善的刀便又飞了出去。他见势不妙，拨马想跑，莽古尔泰手疾眼快，一提丝缰，战马往前一窜，就到了梁仲善的前头，然后抡起大刀就朝梁仲善脖颈砍来，这回是来不及躲了，只听“喀嚓”一声，梁仲善人头落地，死尸栽于马下。

明军见总兵被杀，吓得魂飞天外，掉转马头就往回跑。骑兵一败，步兵更支持不住，也跟着向后奔逃。

袁应泰见敌军来势凶猛，惟恐敌军乘乱攻进城内，便下令退回城中，关闭城门，严加防范。

努尔哈赤见明军退回城中，心想：不能给敌军以喘息之机，须趁势攻城。便令皇太极和代善从西门攻打，莽古尔泰和阿敏从东门攻打。

至傍晚时分，后金军已经把城外明军大部分消灭。城下全是手执刀枪的后金军兵。他们一边向城上放炮、射箭，一边架设云梯，呼号着向城上攀登。

城上明军奋力死守，滚木礌石、火罐灰瓶，如雨点般向攻城的后金兵砸去，弓箭手、火铳手也拼命往下射击。然而，这些都没能阻挡后金军猛烈的进攻。就在明军将士奋力守城时，监司高出、朱维曜、胡嘉栋与督饷郎中傅国等却趁混乱之机，从东北角越城逃走了。

袁应泰闻报后，只是长叹一声：

“唉，我大明王朝怎么会有如此败类……”

天黑之后，后金军的进攻并没减弱，并且已有数百后金军爬上西城城墙，正与明军厮杀。

入夜，从西城爬上去的后金士兵越来越多，城墙上喊杀阵阵。明军在总兵崔儒秀督战下奋力抵挡，同时速报袁应泰派兵来援。

此时，汗王努尔哈赤已经接到禀报。他一面传令皇太极继续在西城扩大战果，一面调兵遣将，准备对沈阳发起总攻。

这时，后金负责谍报事宜的抚顺额驸李永芳前来禀告，说辽阳城内的细作已经探明了明军防守情况，他们决定点着明军火药库、粮草场，以策应大军攻城。

努尔哈赤听后自是高兴不已，随即命令诸贝勒、大臣全线出击，攻占辽阳城。

这时天已大亮。沿着几十里的城垣，到处挤满了攻城的后金兵。一排排云梯搭在城墙上，无数的后金兵手执大刀拼命向上攀登。城上守军则向城下发射火铳、火箭，用长矛刺杀爬城的后金兵。辽阳城的周围，炮声轰鸣，硝烟弥漫，喊杀声、惨叫声、兵器声、螺号声、战鼓声，各种响声交织在一起，震天动地，响彻云霄。

辽东经略袁应泰、巡按御史张铨都站在城上，临危不惧地指挥守军抵挡敌兵的进攻。尤其张铨，别看是文官，可毫无惧色，手拿长矛，来往穿梭，刺杀爬上来的后金士兵。明军皆为其英勇所动，无不奋力拼杀，以死殉国。

正在这时，忽听“轰隆隆”、“轰隆隆”的几声巨响，震得全城颤抖，人心发颤。南门方向火光冲天，浓烟阵阵。

袁应泰大叫不好。他知道那是火药库所在地，只见几个兵卒慌慌张张跑来禀报：

“禀大人，南城弹药库失火！”

这几个兵卒还没走，又有一个千总驰马飞来，滚鞍落马，连跑带爬，登上城头向袁应泰报告：

“禀大人，城中草料场被人放火，兵卒正在扑火。”

袁应泰大吃一惊，扭头一看，只见城中烈焰腾腾，高达十几丈，把天空都照红了。

火药库、草料场均遭大火，明军士气大落，纷纷向后败退。这时又有士卒来报，后金军已攻破西门、南门，并向城中杀来。

袁应泰知道大势已去，心中暗道：

“我身为辽东经略，几失重地，有负皇恩，今日又丢辽阳，更无颜回朝面君。看来，我只有与此城共亡了！”

想毕，他也不管守军士卒向后逃散，自己蹒跚地来到城楼之上。

他站在城楼上，耳边喊杀连天，号炮轰鸣。他看了一眼城外的辽东大平原，不禁喟然长叹，自己经略辽东以来，一心想恢复疆土，为国立功，想不到却落到如此地步，壮志未酬便要……想到这儿，几滴浑浊的泪水从眼角滚落。他举起手用袖角擦了两下，然后面向西南方向跪下来，声音嘶哑地说道：

“吾皇万岁，臣袁应泰有负皇恩，未尽守土之责，无颜再见圣上，在此就以身报国了。”

言毕，袁应泰从腰间抽出宝剑，往颈上一横，自杀殉国了。

分守道何延魁见城池已破，急急奔回家中，到后宅拉着他的夫人、小姐跑到后花园，三人一起投井而死。

总兵朱万良挥刀往来突围，力杀十七人后，力尽气竭，负伤坠马，犹大呼“杀贼”，终被后金军乱刀砍死。

辽阳城内的总兵、参将、偏将、游击皆战死。数万守军也被分割歼灭。

而此时的巡按府内。张铨身穿大明三品官服，头戴乌纱，在大堂上正襟危坐，二目圆睁，一动不动。

门外一阵嘈杂，几名后金兵闯进来。

张铨毫无惧色，仍旧坐在那里。

后金兵举刀喝问：

“你是何人？还不跪地投降！”

张铨目不斜视，厉声说道：

“要杀要剐，赶快动手，何须多问！”

后金兵见这个明朝文官如此傲慢，十分气恼，举刀就砍。

“住手！”门外传来一声喝斥。后金兵忙停住手，只见李永芳迈步走进来。他走到张铨跟前，上前施礼道：

“张大人，末将李永芳给您施礼了。”

张铨见一个四十多岁的后金军将官站在眼前，听说是叛将李永芳，鼻子哼了一声，骂道：

“无耻之徒，大明的败类！”

李永芳并不生气，皮笑肉不笑地说道：

“张大人此言差矣。自古道：‘良禽择木而栖，良臣择主而事。’当今明帝昏庸腐朽，宦官横行霸道、作恶多端，朝廷官员互相倾轧，害得民不聊生，纷纷起来造反。这样的皇上你还保他做甚？你为他尽忠，又有何益？我主汗王，英明盖世，圣明贤能。这样的明主你不投，还等什么呢？”

张铨不愿听他罗嗦，大声斥责道：

“你少说废话，我张铨但求一死！”

“张大人请你三思。”

李永芳进一步劝说道：

“张大人如果肯归降后金，我保你高官得做，荣华富贵享受终身。蝼蚁尚且贪生，何况人呢？人生一世，行乐须及时啊，张大人……”

张铨猛然站起，用手一指李永芳，喝道：

“李永芳，你认贼做父，背叛朝廷，为虎作伥，与奴酋一起屠杀我辽东军民，像你这等乱臣贼子，还有何面目活在世上！我张铨乃朝廷命官，岂能像你一般！”

李永芳见张铨态度十分强硬，知道无法劝降，命人将他看押起来，等候发落。

此时，日已偏西，辽阳城的战斗已基本结束。只有城内外的几个地方还有明军抵抗，但由于寡不敌众，最终被后金军全部斩杀了。

汗王努尔哈赤率队从东门进入辽阳城。

只见老汗王头戴红缨顶戴，身穿黄马褂，腰悬宝剑，座下骑着红鬃马，他神采奕奕，银须飘洒，显得格外精神。

街道上早已打扫干净，四处挂满月黄纸写的“万岁”牌，后金军兵手执刀枪分列在大街两边，迎接老汗王入城，一时间，鼓乐齐鸣，鞭炮乱响，好不热闹。

努尔哈赤在众贝勒、大臣的簇拥下来到明辽阳都司衙门。这座府衙修建得十分雄美，但见萧墙粉壁、画栋雕梁、金钉朱户、碧瓦重檐，门前四根红油柱子，高有数丈，一对张牙舞爪的大石狮分列在大门两侧。

努尔哈赤等人下马，直接进入府衙大堂上。只见大堂正面高悬一幅海水红日图。一张帅案摆在大堂正面，后面是一把虎皮大椅。

努尔哈赤进入大堂坐在虎皮椅上，众贝勒大臣也分两列坐下。

这时，范文程上前启奏道：

“禀汗王爷，辽阳城破，我军夺得明府大批金银、绸缎，现均已入库查封，另有兵器、盔甲数万件正在派人清点。”

努尔哈赤点了点头，说道：

“此次攻占辽阳，赖众卿同心戮力，一举攻克，今天朕要论功行赏：贝勒每人赏金五十两，银一百两，绸缎二十匹；议政大臣金三十两，银一百两，绸缎十匹；固山额真赏金二十两，银五十两；总兵赏金十两，银二十两；牛录额真赏金五两，银十两；士卒每人赏银五两，布一匹。兵器、盔甲待清点完毕，分发各营。此事就交给范爱卿去办吧！”

“臣领旨！”范文程答应一声，退在一边。

努尔哈赤正要起身，准备下堂，李永芳上前施礼，道：

“启禀汗王，明巡按御史张铨已被俘获，现在押在牢中，听候发落。”

“哦？速带他来见朕！”努尔哈赤重又坐回到座位上。

功夫不大，张铨就被两名金兵推推搡搡押上堂来。此时他的乌纱已被摘掉，只穿一件官服，头上发髻有些散乱。

张铨走进大堂，昂首而立，目不斜视。

殿前侍卫高声喊道：

“跪下！”张铨怒目而视，大声说道：

“我乃堂堂朝廷命官，岂能屈膝跪你等反叛之臣！”

他话音未落，已有两个强壮的殿前侍卫上去按住肩膀使劲往下压，张铨奋力挺身，挣脱开来，坚决不跪。

努尔哈赤见张铨如此倔强，就朝两个侍卫摆了摆手，令他们退下去，然后问道：

“你可是巡按御史张铨？”

张铨大声说道：

“正是本官！”

“如今辽东已入我后金囊中，几十万明军也被我打败，而你，也成了我的阶下囚。那明朝昏君不理朝政，宠信宦官，陷害忠良，现今朝纲大坏，官无清廉之官，兵无可战之兵，迟早会灭亡的，像你这样忠义之士，要为那昏君而死，岂不冤枉。我劝你归顺我朝，朕亏待不了你。”

“我张铨既为大明臣子，就该效忠大明皇上，今日我被你俘获，只求一死！”

“张铨，朕是爱惜你的才华，才好言相劝。难道你就不想为辽东百姓做些事情吗？”

“身为朝廷命官，上不能为皇上解忧排难，下不能使百姓免遭涂炭，我还有何脸面再见辽东百姓呢？你还是赶快动手吧！”

汗王见张铨已不能回心转意，只得惋惜地叹了一口气，命令侍卫将他推出府衙，绞杀了。

次日，努尔哈赤召集群臣，决定对辽东其余还未占领的地方发兵攻打。商议之后，汗王派代善、皇太极、博尔锦等人各统率一万人马分三路出击。沿途攻城略地，扫平辽东明军。

这三路大军浩浩荡荡，所到之处攻城拔寨，明军望风而逃。十日后，努尔哈赤接到禀报：辽河之东的三河、东胜、长静、长宁、长胜、长勇、长营、静远、上榆林、十方寺、丁家泊、宋家泊、曾迟、镇西、殷家庄、平定、定远、庆云、古城、永宁、镇夷、清阳、镇北、威远、静安、孤山、洒马吉、云阴、新安、新奠、大奠、长奠、镇江、汤站、凤凰、镇东、甜水站、草河、威宁营、奉集、穆家、武靖营、平虏、虎皮、薄河、懿路、巩河、中固、鞍山、海州、东昌、耀州、盖州、熊岳、五十寨、复州、永宁监、峦古、石河、金州、盐场、望海埚、红咀、归服、黄骨岛、青石峪等大小七十座城官民人等俱皆投降。汗王闻报大喜，为防明军来犯，努尔哈赤传谕各城守交地从当地征集民夫，修筑城墙，加固防守。

由于一些地方的汉民反抗，与后金发生多次冲突，努尔哈赤一面派兵镇压，一面强令汉民迁往女真的聚居区，同时把大量女真人迁到汉人聚居区，实行杂居，并令他们粮食同吃、村屯同住、牲畜料同喂，以加强对汉人的监视和控制。

第二十五章

蠢巡抚乱布长蛇阵 忠经略忍斩妄言人

李贯泪流满面，跪倒在熊廷弼面前："经略斩我便是助我，使我不会看到广宁的惨状。今日能死在大人手下，也算是李贯的造化了！"熊廷弼轻轻挥了挥手："你先走一步吧，不过几天，我也一同去了……"

转瞬间，努尔哈赤占领辽阳已经一月有余。

正是四月时节。风如酥，花似火，十里桃花相映红。

天气是醉人的温暖，风景媚丽，令人心旷神怡。

这天，汗王努尔哈赤正在辽阳西城的望远楼上欣赏城外风光，只见城外一望无际的辽东平原，小麦青青，一片粉花翠浪，远处近处的田畴里，春风泛起涟漪，太阳柔和的光辉洒在城墙上、田野上，好像为它披上一层黄纱。

努尔哈赤一边欣赏风景，心里一边想着：

"如今辽阳已为我所有，这历来都是辽东首府，地广人多，物产丰富，适于长期据守，而且占有此地，还可以西取辽西，进而攻占山海关，直下中原。倒不如把都城迁到辽阳，屯粮养兵，以图大业。"

努尔哈赤正想着，议政大臣范文程走上楼来，见汗王正在凝神思考，便没敢打扰。而汗王已见他来了，便回过头来，问道：

"范爱卿，有什么事吗？"

范文程见汗王问他，便上前施礼，答道：

"刚才臣在大街上，见许多兵士闯入民宅，抢夺财物，便喝住他们。谁料他们却说辽阳已经攻下，应多带些财物返回行都界藩。不知汗王有何打算？"

努尔哈赤听后没有回答，而是问道：

“依爱卿之见呢？”

“启禀汗王，辽阳向来是辽东重地，我国若据有此地，就可以坐镇辽东，并可虎视辽西，威胁中原。如若放弃此地，返回萨尔浒，不但无法进攻辽西、山海关等地，而且连辽东也难保住，只要我大军一撤，明廷必派军队反扑，到那时恐怕就不光是丢城丧师了。所以，依臣之见，我军切不可放弃辽阳，而应长守此地才是。”

努尔哈赤听后，微微一笑说道：

“范爱卿所言正合朕意，速去传朕旨意，令各旗贝勒、额真严加管束部下，不准再到民宅强抢财物，如有违者，格杀勿论！”

“臣领旨。”范文程答应一声，走下楼去。

努尔哈赤也返回府衙，当下传旨：大贝勒代善、二贝勒阿敏率五千兵丁返回萨尔浒，迎接大妃乌拉氏及众臣家眷来辽阳；四贝勒皇太极率各旗总兵、额真在城外择址安营，修建草料场、粮食库，以备长期驻守之用。议政大臣范文程主持修建汗王宫殿、贝勒王府及众大臣官邸，又命大将额亦都修造战车，铸造火炮，打制兵器。

没过多少时日，努尔哈赤便急匆匆地迁都辽阳。

皇宫之内，努尔哈赤并没有被自他起兵反明以来所取得的胜利冲昏头脑，坐在龙座之上，他又想起了早已置于他攻取计划之内的广宁。

广宁位于辽西，是西通蒙古、南接山海关、东向辽沈的战略要地。当辽沈失守之后，这里便成了明在辽东的重要军事、政治的中心城镇。后金要想统治全辽东，就必须攻克广宁。

与此同时，明朝总结了辽沈相继失守的惨痛教训，决定重新起用有才能的经略熊廷弼，力保广宁。

一方想乘胜攻下广宁，一方要拼死保住广宁。广宁之战就这样拉开了帷幕。

沈阳、辽阳失守，明朝举国震惊。朝廷上下惊恐不安。熹宗急命京师戒严，九门关闭，一时没了主意，不知该如何抵挡住努尔哈赤的攻势，急忙召群臣进殿商议。

百官入朝，列于大殿两旁，恭敬之极。熹宗心如油煎，大殿竟无人进献良策，鸦雀无声如无人之地。熹宗不禁皱起眉头，平日里鼓吹歌舞升平太平盛世，大难临头却无敢担当重任的人，守边将士不堪一击，朝内却也没有什么勇夫。

坐了片刻，熹宗面带烦色，意欲退朝，这时，大学士刘一燝打破沉默，首先启奏道：

“万岁，臣以为熊廷弼前曾守辽一年有余，努尔哈赤不敢造次，如今危难之时，不如还请熊廷弼把管辽东。”

刘一燝的一席话引起朝臣的共鸣，但又都知道熊廷弼虽几年前任辽东巡抚，治辽有功，但后与朝臣不睦，被参革职，深为熹宗不喜。因此无人敢再进言。

熹宗也想起了熊廷弼，虽然此人性情刚烈，为人粗鲁，但如今，国家处于危难之时，倒不妨用他一用。只是内库财宝不能动用，京师的一兵一卒也不能给他。于是熹宗下诏任命熊廷弼为兵部尚书兼右副都御史，经略辽东。

再说熊廷弼，他早已听说努尔哈赤攻占了沈阳、辽阳，心急如焚，整日忧心忡忡，怎奈朝廷不用。他时时眼望长空，深叹自己徒有抱负却不能施展，埋怨朝廷有眼无珠，任用袁应泰，致使辽沈失陷。但忧怨之余，又暗暗希望圣上英明，重新起用自己，使自己在有生之年为民为朝廷效犬马之劳，阻挡后金入侵，以洗连连败战的耻辱。

正当熊廷弼愁眉不展之际，忽听家人来报朝廷来人，皇帝有诏。

熊廷弼心头一热，急忙命家人排摆香案，自己入内室更衣，急匆匆奔向前厅，跪听圣旨。

果然不出所料。熊廷弼内心欢喜，不禁泪眼迷蒙，心中无限感慨：终于又可施展宏图，今日得到重用，定大破金兵，守住广宁。想到这些，一位铮铮硬汉竟也泪流满面。

熊廷弼被罢两次，但他此时却没有任何怨言了，他想到的是岳飞精忠报国，文天祥留取丹心照汗青。略略收拾之后，熊廷弼纵马疾奔。看那夕阳西下，心中那份激情渐渐淡下来，晚风吹过他那铜色的脸庞，他在心中不禁念起一句话：壮士一去兮不复还。

前途虽未卜，报国心却切，为解众民忧，扬鞭赴危难。让一切想法都随这风吹走罢，只求在广宁与努尔哈赤一决高低。

怎奈壮士虽有报国志，奸佞之人却得君主心。就在熊廷弼急急赴京领命，王化贞也被任命随他出征。王化贞是一个对军事一无所知之人。而此人因与魏忠贤关系甚密，被连连提拔，仗势欺人，骄横跋扈。

魏忠贤在朝中占有显赫地位。先时，天启帝登基，未及半月即赐魏进忠（后赐名忠贤）世荫，封乳母客氏为奉圣夫人。不久之后，魏忠贤谋杀中官王安，结成客魏集团。天启帝不理朝政，却偏爱狎妓、射猎，并且亲自做木匠活，整日沉浸于其中。每当天启帝引绳削墨之时，魏忠贤等人就请批奏折。天启帝很厌倦这种做法，就打发说他已经很忙了，让魏忠贤等好自为之。这正好达到魏忠贤等人的意图，假天子之命，按自己的意图办事，不把其他人放在眼里，一人之下，万人之上。朝廷内外无不惧他三分。许多常喜迎合、见风使舵的人，纷纷向他靠拢，献媚谄附，纷纷投靠客魏集团，依附了魏忠贤。王化贞就是其中一个。

王化贞进士出身，由户部主事历右参议，分守广宁。辽阳、沈阳陷落之后，进右佥都御史，巡抚广宁。他为人刚愎自用，从来不习兵，对敌人非常轻视，出言不逊。就是这样的人被派来和熊廷弼共事，如同一条枷索戴在熊廷弼的身上。

熊廷弼入朝之后，针对努尔哈赤短于攻坚、缺乏水师、后方不稳、兵力不足等弱点，建议三方布置的政策：陆上以广宁为中心，集中主要兵力，坚城固守，沿辽河西岸建筑堡垒，用步骑防守，从正面牵制后金主力；海上各置舟师于天津、登莱，袭扰后金辽东半岛沿海地区。从南面乘虚击其侧背；并利用各种力量，扰乱其后方，动摇其人心——待后金回师，即乘势反攻，这样就可收复辽阳失地，而在山海关设置经略，节制三方。

此时东山再起的熊廷弼雄心勃勃，他很自信，是的，如果能够按照这一策略作战，他相信收复失地指日可待。

熹宗召见熊廷弼时，也被他的爱国情绪所感染。真是危险之时，方显出英雄本色。熹宗心中的一块石头完全落了地，有这样的大将镇守边关，后方岂能有事，自己又可以太平度日了。君臣想法相反，却也落得个话里投机。启行前，天启帝特赐熊廷弼麒麟补服一袭，又命设宴为他饯行，并且命令文武大臣陪饯，以示恩宠有加。

这时熊廷弼已脱掉平民衫衣，换上麒麟补服，腰佩尚方宝剑，威风凛凛，踌躇满志。他举起酒杯，以壮语豪言告众文武道：

“熊廷弼不才，蒙皇帝大恩，以重托付我，敢不肝脑涂地？此去广宁，定当尽我的全力，固守城池，防御大敌。以我微薄之力，解救辽西、辽东百姓之苦，以解朝廷之忧。”

言罢，熊廷弼猛地将酒饮下，拱手辞别皇帝及文武大臣，与王化贞一同辞别京城，率兵踏上漫漫征程，奔向那不可知的远方。

广宁位于辽西，背靠巫闾山，向来是明廷在辽西的重要军事、政治中心城镇。周围的镇武、闾阳、镇宁、西平等战略要镇各有驻兵，总数达三四万人，与广宁成为掎角，互相呼应，要想逾越相当困难。

熊廷弼上任后，皇帝批准了他的一套固定辽西以图恢复的战略防御方案。从全国调集军队增援辽西，在广宁城及其周围驻军几万，重点设防，不到半年时间，熊廷弼已大体完成了对辽西的军事防御部署。

努尔哈赤认识到广宁地理位置之至关重要，目标直指这一辽西重镇。他知道，攻下广宁，则辽西不在话下。广宁虽经熊廷弼重新部署，但努尔哈赤并未被难倒，他思考着怎样用自己的计谋来攻下广宁。

为此，努尔哈赤一面选取进军路线，准备水战所用的船只，另一方面，他仍使用惯用策略，派探子、奸细深入敌方侦探。明军虽对此有所警惕，严守城防查找奸细，破获并处死了一些努尔哈赤派遣的探子，但是这些无孔不入无处不在的探子，很难彻底清除干净。努尔哈赤对明军的情况简直了如指掌。

熊廷弼到任后，驻在山海关，拉开了同后金对峙的架势。熊廷弼的措施对后金威胁不小。但同时努尔哈赤又获得了情报：派熊廷弼为经略的同时，明朝廷又派了一个无能且骄横的王化贞。王化贞为广宁巡抚，坐镇广宁。名义上，他受熊廷弼节制，听熊廷弼指挥，但实际上，王化贞倚恃自己有魏忠贤为靠山，又自认为有个聪明的脑袋，所以根本不听熊廷弼的调遣。凡事他都自作主张，且言词伶俐，头头是道。王化贞好说大话，轻视强敌，与熊廷弼背道而驰，主张以攻为守。他不理会熊廷弼再三劝说的先守后战，而是私自做主，瞎部署，瞎指挥，专与熊廷弼作对。他为了防止后金兵过三岔河（辽河），下令派出二万将士沿河一百二十里一字排开。每数十步便搭一个窝棚，安排守军六人，以为可以挡住敌人。熊廷弼见他如此行事，显然给后金以有利之机。非常气愤。

他招王化贞进帐，劈头就问：

“你做这样的布置，将二万兵马散于江边成一线，是为了什么呢？后金敌军如聚兵从一地突破，在这种情况下，首尾很难顾及到，根本不可能去救援，那样二万之兵还有什么战斗力呢？这样岂不是失策吗？”

王化贞刚进帐就受到迎头一棒，心中不快。自己的聪明之举竟被骂得一钱不值。他反问道：

“这样做恰恰可以兼顾首尾，怎么会是失策之举呢？经略大可放心，我心中自有道理。”

熊廷弼强压怒火：

“金兵战斗力强我军十倍，如不巧布兵，只靠一线硬拼，那我军必败无疑，望王巡抚以大局为重。”

王化贞一听，拍案叫道：

“熊廷弼，我王化贞怎么不以大局为重，你自恃清高，难道没有你，我大明朝就会灭亡吗？我倒劝你要以大局为重，屡次被免之臣，气焰不要太嚣张了！”

王化贞冷笑一声，又泰然坐下。

熊廷弼怒火中烧，没想到还未与敌交战，即被同僚绊住。他看到王化贞面露得意之色，仿佛看到了魏忠贤的影子。王化贞不足为惧，但魏忠贤却是无法扳倒的。他感到自己如同一只欲飞的鸟，被层层罗网罩住。他沉默不语。王化贞见熊廷弼不再说话，也猜透了他的心情，傲慢地站起身来，不辞而别。熊廷弼暗下决心，不除此人，不能够按原计划与金兵作战，后果将不堪设想。

熊廷弼想了半夜，最后决定将自己与巡抚的争执奏明圣上，并请求解甲归田。

这也是熊廷弼为官多年的经验，他知道，圣上现在正是重用自己之时，收复失地的重任在自己肩头，圣上怎会真让自己解甲归田？圣上一定会尽力调和的。那时再奏王化贞自作主张、以下犯上之罪也不迟。

熊廷弼在奏折中这样说道：

“臣徒有其名，而无其实。实可调动之兵马止于三千，王化贞骄横恣肆，不听指挥。我自知难守广宁平安，只有祈请皇上恩准老臣解甲归田。”

天启帝收到奏折，心中不悦，暗想熊廷弼不识抬举。刚对熊廷弼所产生的一点好感，迅速消失，但自己却也拿不定主意。

天启二年，即天命七年（1622年）正月十二日，在中府召集九卿科道会议。这是一次极为重要的会议，与会者有八十一人，明确表示支持经略熊廷弼。但当谈到王化贞时，则出现了分歧。徐场先提议将登莱、广宁二巡抚进行调换，其余的人分成两派，有人庇护王化贞，有人是中间派。这里魏忠贤党羽占多数。他们虽勉强同意由熊廷弼守护广宁，但坚持不同意调换王化贞。当初派王化贞做广宁巡抚，也正是他们提议的，这样就可由王化贞钳制住熊廷弼，使熊廷弼不能大权独揽。朝廷无人敢与魏党抗衡，这样才有利于魏党控制朝廷。

天启皇帝最后决定，对这封奏折采取不予理睬的态度。

广宁城中，熊廷弼焦虑万分，朝廷既未撤换王化贞，也未准自己解甲归田。但从王化贞的骄横态度来看，结果肯定对己不利。他自己料到阁部是不会支持自己的。王化贞这几日不召自来，全不拿正眼瞧瞧他，并威胁他如再持己见，定叫他三度解甲。熊廷弼毫无办法，整日唉声叹气，但一想到大敌当前，强打精神，指挥官兵修筑防御工事。

朝廷会议，注定了熊廷弼的失败。由于魏忠贤等人的阻挠，王化贞仍任广宁巡抚。熊廷弼无奈，只好忍气吞声，整日茶饭不思，哀叹朝中阉党专权，自己空有一腔报国的热忱。他甚至天真地希望上天给魏忠贤降下大的灾祸。熊廷弼此时不知，两年之后魏忠贤确被弹劾，那是因为杨涟上疏皇帝列出魏忠贤二十四大罪状。但那只是东林党同阉党的公开决裂。今日辽东的经略与巡抚不和，也是由明朝最高统治集团内党争导致的，即使魏忠贤死了，还会出现张忠贤、李忠贤的。自己空有报国志向，也无法扭转大局。明朝这棵大树已从根上开始腐烂了。

就在明朝还在召开九卿科道会议争论熊廷弼去留时，努尔哈赤已经对攻占广宁胸有成竹了。

后金的暗探早已禀报，辽东经略与巡抚不和，朝中党争激烈，熊廷弼空有一腔报国之心，却无用武之地。

努尔哈赤早已料到会有此事，对天启帝非常鄙视，心想：明帝竟是这样的无能，朝廷内外已经混乱不堪，徒有几员赤胆忠心的猛将又有何用，况都是不受重用的人。倘攻下广宁，乘胜进关也不是什么天大的难事了。自己戎马一生，战绩堪称辉煌。倘天公做美，让自己多活几十年，定将打到京师活捉朱由校。想到高兴之处传话叫诸贝勒及大臣进见。

几天来，明朝那边的消息已传遍军中，诸贝勒、大臣无不喜笑颜开，军中士气更加振奋。

由于在努尔哈赤迁都辽阳时曾经持反对意见，大贝勒代善深知努尔哈赤对他不满，趁机讨好道：

"由于汗王指挥得当，明军之城指日可待。"

皇太极也乘兴说道：

"我们女真人个个都是英雄，明军不过是一群乌合之众而已，内外受困，王化贞又对军事一窍不通，广宁军备废弛，沿河防守单薄，正是我们进军的大好时机。现在明廷会议上还在争论不休，不如趁此时机，父王快下令，我等定当奋勇拼杀，攻下广宁。”

努尔哈赤点了点头，他对于皇太极喜欢备至，每次作战，英勇作战自不必说，就连自己迁都的目的，他也猜得正确，真有自己当年的气概。看到他就不由得想起自己年轻时候雄姿英发，统一女真各部落。人生如梦一晃几十年过去了，看到皇太极，仿佛自己又得到再生。

第二天，努尔哈赤传令：

“锋弼、贝和齐，额驸沙津和苏巴海，你们统兵留守辽阳，以保我军无后顾之忧。”

“喳！”四员大将应声道。

“其余众将，随本汗出兵广宁。”

这一天是天启二年即天命七年（1622年）正月十八日，后金汗努尔哈赤亲率大军浩浩荡荡向广宁进发。

面对金军铺天盖地之来势，熊廷弼与王化贞吵得难解难分，双方相持不下。熊廷弼主张先守再战，王化贞则主张以攻为守。朝中的魏氏阉党偏袒同伙王化贞，将大部分兵权交给他指挥，身为全军统帅的熊廷弼，空有经略之名，手下却只有五千兵马。自从上次争端之后王化贞更不将熊廷弼放在眼里。他一意孤行不听熊廷弼的意见，破坏了熊廷弼集中兵力固守广宁的部署，自作主张分兵沿辽河西岸一带布防，又在西平诸堡镇驻军。并将渡河进攻视为自己得意之举。

刚直倔强的熊廷弼已是毫无办法。他深知朝廷权贵一向对自己没有好感。只是怕撤换下他，军心会被动摇，所以才没有奏准他解甲归田。他忧心忡忡：身为主帅，却无实权，王化贞的部署严重削弱了广宁的防御，未与努尔哈赤交战，败局却已定下。

熊廷弼的心腹李贾，也整日里陪着熊廷弼叹息。眼见金军士气极旺，轻易即可占领广宁，辽东必将沦丧在金军的铁骑之下。气愤之下，他向熊廷弼建议：

“如果朝廷重用，死不足惜。可朝中阉党视大人为眼中钉，视黎民百姓性命为草芥。生为男儿空有一身气力，却无用武之地。不如横下心投奔奴酋，率兵攻打阉党，铲除祸根。”

熊廷弼忙斥道：

“既食君禄，怎说出这种大逆不道的话，圣上不过一时糊涂，被阉党迷惑，终有一日圣上会明白过来，以后休要提这种话。”

“圣上会英明起来吗？难道经略竟也信这种自欺欺人的话！果有那时，恐你我尸首已不知所去了。”

“住口，休要信口雌黄。多少平民百姓宁死不投金兵，况你我身为护国之兵，怎能产生如此丧尽天良之言？”

“其实我本一贱民，死倒也没有什么。可是经略想过没有，只要朝中阉党专政，即使我军取胜，大人终也是无功之臣，这时不降，那时也必死无疑。”

熊廷弼终于被激怒，多少年来自己的头脑中只有四个字“精忠报国”，何时想过投靠努尔哈赤？未想到今日大兵压境，心腹李贾竟说出如此无能之话。他一怒之下，下令斩首李贾，并告诫三军，谁敢再言丧志之话，定斩不饶。

李贾泪流满面，跪倒在熊廷弼面前：

“今日之别，当是永无见面之日。下官已将世事看透，经略今日斩我当是助我，使我不会看到广宁的惨状。皇帝无能，朝廷腐败，本也没有报效国家之人的出头之日。岳飞报国却死在同族人手中，今日能死在大人手下，也算是李贾的造化了。恕李贾不能同大人共保广宁了。”

言词凄惨，使熊廷弼不敢正视李贾。李贾官位虽低，却能看清世事，我堂堂经略却在此装聋作哑，悲也。他轻轻地向李贾挥了挥手：

“你先走一步吧，不过几天，我也一同去了。”

李贾站起，长叹一声：

“广宁完矣。”

熊廷弼忍痛斩了李贾，自知自己空有经略的虚名，实权掌握在王化贞手中，一腔爱国激情付诸东流。但一想努尔哈赤，就暗暗握拳：等他攻占广宁之时，定与他同归于尽。

王化贞看到熊廷弼斩了李贾，气焰更加嚣张，扬言熊廷弼徒有虚名，不敢与金交战，只想坐以待毙。

这使得熊廷弼苦不堪言，只得任事态发展，等待与金军相遇。

王化贞难道不担心金兵的进攻吗？对于一个不懂军事的人来说，他根本认识不到守住广宁的重要性。他也根本想象不出金兵势如破竹的进攻。他只是把希望寄托在了蒙古援兵上。他认为虎墩、虎憨调兵四十万帮助他攻打努尔哈赤，可以轻而易举地取胜，妄想以李永芳为内应，那样一定会兵到而敌自溃。他自以为如意算盘打得不错，便赶忙上疏皇上，以博得熹宗的好感。

再说明熹宗旧习不改，仍然整日引绳削墨。这日里他正为做了一件漂亮的屏风而自得，王化贞的奏折就到了。只见上写：

“愿以六万人进战，请皇上高枕而听捷音。”

这封奏折更给熹宗一粒定心丸。他放下奏折，信步走出大殿。外面风和日暖，烟柳画桥，风帘翠幕，好一派美景。熹宗一时兴起，想看歌舞，魏忠贤早就摸透了皇帝的心思，早就等着熹宗吩咐呢。

熹宗环视一下歌女，见其中有一抱琵琶者，年方二八，眉清目秀，一看便知是一位江南女子，心中甚为喜欢。魏忠贤一看，便明了他的意思，忙叫那女子上前为熹宗演唱。

只见那女子款步上前，拜问：

“皇上喜欢什么歌？”

熹宗让她抬起头来，见她明眸皓齿、杏眼柳眉，竟看得发痴。联想起唐朝的杨贵妃，此女虽没玉环之肥，却是有六宫粉黛无颜色之美。

“可会唱白居易的《长恨歌》？”

那女子惊了一下，忙答道：

“《长恨歌》共一百二十六句，何时能唱完呢。”

熹宗冷笑一下：

“朕要听《长恨歌》，哪管他什么长短呢。”

女子无奈，拨弄琵琶唱了起来：

汉皇重色思倾国，
御宇多年求不得。
杨家有女初长成，
养在深闺人未识。
天生丽质难自弃，
一朝选在君王侧。
回眸一笑百媚生，
六宫粉黛无颜色。
春寒赐浴华清池，
温泉水滑洗凝脂。
侍儿扶起娇无力，

始是新承恩泽时。
云鬓花颜金步摇，
芙蓉帐暖度春宵。
春宵苦短日高起，
从此君王不早朝。
承欢侍宴无闲暇，
春从春游夜专夜。
后宫佳丽三千人，
三千宠爱在一身。
金屋妆成娇侍夜，
玉楼宴罢醉和春。
姊妹弟兄皆列土，
可怜光彩生门户。
遂令天下父母心，
不重生男重生女。
骊宫高处入青云，
仙乐风飘处处闻。
缓歌曼舞凝丝竹，
尽日君王看不足。
渔阳鼙鼓动地来，
惊破霓裳羽衣曲。
九重城阙烟尘生，
千乘万骑西南行。
翠华摇摇行复止，
西出都门百余里。
六军不发无奈何，
宛转蛾眉马前死。
花钿委地无人收，
翠翘金雀玉搔头。
君王掩面救不得，
回看血泪相和流。
黄埃散漫风萧索，

云栈萦纡登剑阁。
峨眉山下少人行，
旌旗无光日色薄。
蜀江水碧蜀山青，
圣主朝朝暮暮情。
行宫见月伤心色，
夜雨闻铃肠断声。
天旋地转回龙驭，
到此踌躇不能去。
马嵬坡下泥土中，
不见玉颜空死处。
君臣相顾尽沾衣，
东望都门信马归。
归来池苑皆依旧，
太液芙蓉未央柳。
芙蓉如面柳如眉，
对此如何不泪垂。
春风桃李花开日，
秋雨梧桐叶落时。
西宫南内多秋草，
落叶满阶红不扫。
梨园弟子白发新，
椒房阿监青娥老。
夕殿萤飞思悄然，
孤灯挑尽未成眠。
迟迟钟鼓初长夜，
耿耿星河欲曙天。
鸳鸯瓦冷霜华重，
翡翠衾寒谁与共。
悠悠生死别经年，
魂魄不曾来入梦。
临邛道士鸿都客，

能以精诚致魂魄。
为感君王展转思，
遂教方士殷勤觅。
排空驭气奔如电，
升天入地求之遍。
上穷碧落下黄泉，
两处茫茫皆不见。
忽闻海上有仙山，
山在虚无缥缈间。
楼阁玲珑五云起，
其中绰约多仙子。
中有一人字太真，
雪肤花貌参差是。
金阙西厢叩玉扃，
转教小玉报双成。
闻道汉家天子使，
九华帐里梦魂惊。
揽衣推枕起徘徊，
珠箔银屏迤逦开。
云髻半偏新睡觉，
花冠不整下堂来。
风吹仙袂飘飖举，
犹似霓裳羽衣舞。
玉容寂寞泪阑干，
梨花一枝春带雨。
含情凝睇谢君王，
一别音容两渺茫。
昭阳殿里恩爱绝，
蓬莱宫中日月长。
回头下望人寰处，
不见长安见尘雾。
惟将旧物表深情，

钿合金钗寄将去。
钗留一股合一扇，
钗擘黄金合分钿。
但教心似金钿坚，
天上人间会相见。
临别殷勤重寄词，
词中有誓两心知。
七月七日长生殿，
夜半无人私语时。
在天愿作比翼鸟，
在地愿为连理枝。
天长地久有时尽，
此恨绵绵无绝期。

曲词之长，唱到句末，歌女嗓音已露吵哑，可熹宗还不满足。在歌声中他如坠浓雾之中，仿佛自己就是那风流皇帝唐玄宗，也仿佛看到那贵妃娘娘的美貌。

一个上午一唱就已过去。时光流逝，可真快呀，在熹宗的脑子里根本没有什么前方战事，他站起身来，魏忠贤赶快扶上：

“皇上，今日听累了，先去休息休息罢。”

熹宗懒懒地回了一句。

“嗯，赏那歌女五匹绸缎，十两黄金。”

魏忠贤赶忙说道：

“小的明白了。”

熹宗一走，歌女们被魏忠贤辞退下去。

晚上，魏忠贤唤人将那唱《长恨歌》的女子唤来，赏赐给她黄金十两，绸缎五匹。那女子由于上午顶着日头唱歌，又累又困，嗓子也有些说不出话来，见到魏忠贤时也没有了平日的话语，垂眉低眼的，看上去憔悴不堪。

魏忠贤本来今天觉得甚是乐呵，正处在兴儿头上，看到这个歌女一身丧气样，气就不打一处来，故意刁难她：

“今天，我高兴，再给我唱一遍《长恨歌》。”

那歌女听了，心一哆嗦，一身疲倦早忘到脑后，急忙跪下说道：

“大人，小女子嗓子沙哑，恐怕唱不出好听的声音了。”

魏忠贤一听心中生气，一个下贱人，竟敢回绝他，忙喝道：

“宫中难道养着你们就是吃干饭吗，才唱那么一个曲子就不行了吗？况今天是特意给皇上和大爷我唱，这是你的造化，不要不识抬举。”

歌女一听，心中顿时吓得透凉。宫中谁不知道魏忠贤这个老贼，那张阉人的脸整日里忽晴忽阴，稍不留意，撞到他的刀尖上，谁也没有好结果。

歌女忙起身拿起琵琶唱起来。沙哑的嗓子自然唱得不好听，魏忠贤双目圆睁，更是让那女子胆战心惊，手也发抖，竟总是唱错、忘词。

魏忠贤心中好不生气，他命人将歌女重打五十。可怜这个女子，年方十六，竟被魏忠贤活活折磨死。

第二十六章

两情侣殉国约共死
一烈女行刺不独生

那女子道：“杀我们汉人，四贝勒也算是个能手了，难道今日对付一个小女子竟然毫无办法了吗？”皇太极果然被激怒，他手提长剑猛地横到她的颈上。那女子似乎心满意足，微微闭上双眼，皇太极竟不忍下手了……

第二天，熹宗经过一夜，脑海中还有那一歌女形象，总想再听她的琵琶。他叫来魏忠贤，问起那个歌女。

魏忠贤听到这个消息，心也一惊，赶忙敷衍道：

“可怜那歌女享不了皇上赐给她的福份，昨儿唱完，竟突然暴病而死。如皇上喜欢，我再找一个来，比她更强。”

熹宗听了魏忠贤的话，也不细想：

“可惜呀，她的命太薄！”

魏忠贤赶忙又唤来那群歌女，任熹宗挑选。

熹宗又细看了一遍，在其中有一娇小歌女，是弹古琴的。她虽无昨天那歌女美丽，却显聪明伶俐。

魏忠贤赶忙上前：

“皇上，这女子叫段玉红，古琴弹得好，歌也唱得绝。”

熹宗问道：

“你要给朕唱什么歌呢？”

那段玉红拜了一下，回答道：

“小女子来于民间，唱的都是乡村俚语，恐皇上不喜欢。”

熹宗一听她说话竟这般伶牙俐齿，更是喜欢：

“无妨，朕更爱听。”

段玉红坐在琴旁，沉思了一会儿。昨天阿姐被折磨至死，使她更加痛恨阉人魏忠贤。听到熹宗的话，更觉熹宗荒淫无耻，草菅人命。联想到国破家亡的惨状，不禁泪流下来。

这眼泪又扫了熹宗的兴。熹宗脸色沉了下来。魏忠贤看在眼里，不便明说。

段玉红拨动琴弦，唱道：

暖风轻吹
游人醉
广宁城中人儿唾
国破家亡
犹歌舞
奸臣当道
良臣心碎

熹宗一听大怒，起身拂袖而去。魏忠贤也气得浑身乱颤。他命人将段玉红手脚捆住投进湖中。

众歌女目睹这一惨状，无不心碎。宫中奸贼对待歌女如此狠毒，面对金兵却胆小如鼠，眼看广宁城危在旦夕，皇帝却在宫中享乐。如此下去，金兵怎能不破京城，那时与其沦为亡国奴，不如今日死个壮烈。

不料众歌女要自杀之事，传入魏忠贤耳中，气得他咬牙切齿，真想将她们一一扔入湖中，可又怕死人太多，引起别人注意，于是便将这群歌女轰出宫去，转卖到各个妓馆。

朝中如此腐败，广宁城如何能安定得了呢？

王化贞见这时熊廷弼大势已去，更加飞扬跋扈，口头大谈进攻金兵之事，实则对粮秣、营垒之事一概无问。兵士见上面明争暗斗，忠臣得不到重用，也无心与金兵激战。军中大乱，站岗的随便穿上平民的毡贴布衫应付了事，没有钱的干脆沿街乞讨。随身佩带的刀也都卖了，用这点钱来换饭吃。

但是王化贞，仍用空言愚弄朝廷，朝中有些大臣向熹宗反映王化贞虚报军情，但熹宗充耳不闻。凡说真话者都被魏忠贤秘密关押，弄得朝野上下一片紧张，根本无人再敢进言了。

就这样，谎报军情的王化贞竟得到了熹宗的特别赏识和宠信。

如此一来，王化贞更不受熊廷弼的节制，更加向朝廷吹嘘。只要是他奏请批准的事，朝廷必然答应。现在熊廷弼又失宠于熹宗，熹宗再也没有送别时的那份感情了。熊廷弼情知如此，只得为明朝百姓暗暗叫苦。

努尔哈赤大军压来，并未直接攻打广宁，他的策略是：先攻其前哨西平等处，诱广宁明兵来支援，然后将援军消灭于旷野之中。努尔哈赤的八旗大军，经鞍山、牛庄，二十日渡辽河，直逼西平堡。

广宁巡抚王化贞闻报后金已西进。他心内一阵惊慌，但马上平静下来，仓促之间，布兵防守。

原议总兵刘渠领兵二万人守镇武，总兵祁秉忠领兵万人守同阳，分南北两路与广宁成犄角，副总兵罗一贵率三千人守西平堡，又在镇宁驻兵。王化贞自带重兵驻守广宁，他企图以此四堡来屏障广宁，阻击后金军的进犯。

由此两军开战。王化贞的布置完全顺着努尔哈赤的策略发展。眼看广宁城危在旦夕，但王化贞还不知道呢。他自己以为后金难敌他的精明部署。

虽然王化贞自以为是，部署失当，但明军内多有忠义之士，面对来势汹汹、侵犯国土的强敌，他们英勇抵抗，表现了大无畏的气概。

后金兵轻而易举地渡过了辽河，攻破辽河王化贞的防线，猛追二十里，兵抵西平堡。

守城参将黑云鹤见后金兵刚到城下，想趁其立脚未稳，打击后金兵之前锋。黑云鹤认为这是一个有利时机，出城迎战更能打胜后金兵。

黑云鹤命士兵们打开城门，一声号炮，率军出城。但他估计错了。金军虽远道而来，但其攻势正旺，未将出城明军兵放在眼里，他们不慌不忙与黑云鹤相战。

黑云鹤虽是骁勇之将，但比之善于骑马弓射的女真将士来说，毕竟略逊一筹。二军对垒，黑云鹤先后派几员猛将挑战，皆败回或战死，黑云鹤不禁大怒，他拍马亲自来战，但战了数回合便被打得招架不住，只好败下阵来。黑云鹤额头冒汗，只恐不能战胜敌军，反教敌军追杀尾随到城内，他急忙拨转马头，边跑向本营边命令军兵：

“快撤！”

众官兵急忙随黑云鹤奔向城中。

努尔哈赤见明将败走，一举令旗，令众将士追杀。代善、皇太极奋勇争先，领军杀去。

明军各逃命入城，黑云鹤断后，试图阻止住如潮水般的后金兵马。代善等如猛虎下山，锐不可挡，只见皇太极抽弓搭箭，一箭射中黑云鹤前胸。

主将战死，断后的明军更不恋战，一溜烟地奔向城门，进入西平堡内。那些未得入堡之兵，皆死于后金军之手。

明军初战失利，众士兵沮丧不已，堡内官兵只剩三千余人，怎能守住此地？副总兵罗一贯看着城下后金军欢庆胜利，冲着堡内示威，心中愤恨不已：

“如今已无他法，只有固守，以待援兵，也许尚可有一线生机。”

他命三千军士各据其地，严密防守，务必死守，等待援军，前后夹击后金军，方可解敌兵之围。

努尔哈赤见一战得胜，于是命士兵先劝其投降，不降者，杀无赦！

罗一贯挺立城头决心固守不出。

他令手下士兵搬来石头，筑高城墙。忽然他看见一个熟悉的身影，那是主将黑云鹤的女儿黑月蓉。

这时的黑月蓉已经知道父亲阵亡，她抱着为父报仇之心，女扮男装夹进士兵当中，另外她深爱着副总兵罗一贯。她深知强兵压境前途未卜，和自己所爱的人在一起的时间也许不多了。

但为了不引起别人注意，她便换上父亲的衣服，来到城门帮助筑垒城门。罗一贯将黑月蓉叫到一旁：

“月蓉，主帅阵亡，西平堡恐难保住，不要在此耽搁时间了，快走吧。”

黑月蓉看到满面灰尘的罗一贯，又想起自己的父亲，鼻子一酸：

“罗大哥，暂且就叫我在这儿替我父亲为你帮些忙吧，我一个软弱女子肯定不会有多大作用，但至少能尽我的心意。”

“可是，我不能让你在这儿等死，你先走，如果西平堡幸能保住，我定会找你。”

“不行，我不走，我不愿离开你。”

“月蓉，你还是走吧……”

“别说了，罗大哥，我主意已定。”

月蓉说完，扭头不理罗一贯。

此时罗一贯心如刀绞，月蓉是他深爱的姑娘，黑云鹤是他最敬爱的长辈。他早已将自己与黑家看成一体。主帅阵亡，已使他痛心疾首，同时也更感到自己责任重大。现在他怎么忍心让月蓉陪自己去死呢。望着月蓉那水汪汪的大眼睛，他多么希望两人都能活下去。

而此时来支援的三队兵于平阳桥与后金兵交锋。孙得功指挥所带之兵首先冲锋，不料刚一交锋，孙得功又立即下令撤退。

这时在明兵中跑出一人，大哭着说道：

“孙得功，你这小人。西平堡等待我们去救围，你却胆小如鼠，我们大明朝有你们这样败类，怎能不败呢！”

孙得功听到骂声，惊慌失措，自己临阵胆怯，如今被士卒说出，真是羞愧难当。但一看到金兵凶悍的攻势，不由得加快速度，不去多想。

那人见孙得功仍抱头鼠窜，便对溃败的明军振臂高呼：

“我们不能临阵怯弱，应以大局为重，抵挡金军，这样才能救出西平堡的官兵弟兄！”

明军中有的被他的话所激动，转回去与金兵拼杀，有的依然随孙得功逃走。

另两队明军也随之大乱。刘渠、祁秉忠压住阵脚极力稳定军队，部分军队与后金于沙岭地区展开了一场大战。无奈溃势已成，刘渠、祁秉忠阵亡。增援西平之军彻底大败。

其实这时的孙得功已叛变。孙得功原是王化贞的心腹爱将，在军中颇为受宠。但孙得功爱慕荣华富贵，惧怕金军力量。努尔哈赤早就从密探那里了解此人的为人，便投其所好，用大量的金钱来收买他。起先他还义正辞严痛斥贿赂他的密探，但一看金钱，一听努尔哈赤许诺如若投降，定加官晋爵，就不由地动了心思，最终决定投靠金军。

恰逢西平堡来人要求救兵。熊廷弼得悉急报后急忙派坐镇镇武的辽东总兵官刘渠带所有守军赴援。孙得功乘机向王化贞进言：

“小将愿冒此危险，去救西平堡。”

王化贞听了更加喜欢他，忙说道：

“你可调动广宁七万大军，同刘渠一同支援明军。”

就这样孙得功前去广宁，同时会合驻守闾阳总兵祁秉忠所率之兵，共同火速抵西平援救。

努尔哈赤击败三路援军之后，便马上集中兵力继续攻打已经围困一天仍未打下的西平堡。

西平堡内罗一贯指挥镇定。月蓉鼓励罗一贯，不要惦记自己而顾虑重重，为大局着想，为百姓着想。

西平堡遭到后金兵的火力猛轰，后金兵要竖云梯强攻，明军将士在城头边上用石头往下砸。

由于官兵们苦苦反击一昼夜，西平堡才岿然不动。与此同时，在明兵火炮的轰击下，云集城下的后金兵也死亡惨重，城外八旗兵尸首堆积累累。

努尔哈赤担心这样强攻西平堡，死伤会很大，眼看罗一贯不断激励士卒，明军越战越勇，他心急如焚。这时，抚顺额驸李永芳求见，努尔哈赤急召他进见。

李永芳大步走进帐中，躬身奏道：

"汗王，观今日之战局，对我军不太有利，西平堡虽已在我军控制之下，但要收取还不十分容易。臣愿上阵前劝降。"

努尔哈赤点了点头道：

"这倒不失为上计。"

李永芳急速来到城下，对明军喊道：

"我们大汗知道罗将军是位好汉，现在你外援已绝，城中蓄积已尽，赶快投降吧，保证让你享受荣华富贵。"

罗一贯听罢，怒发冲冠，道：

"叛国逆贼，岂不知我罗某人是堂堂正正的忠臣，哪能像你李永芳那样叛变降贼！"

李永芳被骂得狗血喷头，只得灰溜溜地回去复命。

罗一贯继续指挥反击金兵。

忽然，一支冷箭射中他的左目，流血不止，站不起身来。

这时士兵来报：

"大人，城中火药已尽，我们该如何是好？"

罗一贯一听不由得悲怒交加，内无火药，外无救兵，看来西平堡就要沦陷在金兵的铁蹄之下。

一阵昏厥，罗一贯渐渐醒来，月蓉已经来到他的身边，柔声道：

"罗大哥，你要挺住，有你在，就有咱西平堡。"

这时西平堡已被金军攻破，金兵扬言要活捉罗一贯。

罗一贯勉强坐起，向南方跪拜说道：

"臣力量已经用尽，再也不能报国了。"

他转身看了看黑月蓉。只见月蓉拿起两把剑，一把递给了他。

于是罗一贯、黑月蓉双双自刎。

许多明将为不投降，不当金兵俘虏，而像罗一贯、黑月蓉那样拔剑自刎。就这样西平堡陷落了。

努尔哈赤也付出了惨重的代价，伤亡六七千人。二十二日，努尔哈赤举行庆祝破西平之典礼，并杀八牛祭纛。后金军攻破西平堡，驻师于此，准备夺取广宁。

这两日，攻打西平堡使努尔哈赤感到很疲劳。他脱下铠甲，只穿着便袍在大帐周围散步。皇太极陪着他走。这几个战役使努尔哈赤与皇太极关系更密切了。两人边散步边谈论如何攻占广宁。

一阵孩子的啼哭声引起他们两人的注意。循声望去，只见一个七八岁的小男孩怀中抱有一个婴儿，蜷曲在城角。

皇太极一看是汉人拔剑要杀，那男孩睁大惊恐的双眼望着这个身材高大的异族贝勒。

努尔哈赤心中忽生一股怜爱之情。他上前用手挡住了皇太极的剑，叫卫士将两个孩子一齐带到房中。

那男孩用手紧紧搂着那个婴儿，依然用惊恐的眼睛看着努尔哈赤。

努尔哈赤打量着那个男孩，那男孩也正打量着努尔哈赤。他突然问道：

“你们就是金兵吗？”

努尔哈赤微笑了一下表示承认。

“你们为什么要到我们这儿来？”

“为什么？”努尔哈赤不由得一愣，征战多年，他从来没有问过自己为什么。

年轻时他统一女真部落，攻打明朝，他也没有问过自己为什么。多少年来，他只知道应该去干什么，而不知为什么。永远不懈地去争夺，这也许就是那个为什么吧。

孩子见努尔哈赤沉默不语，自言自语道：

“我父亲说，你们女真族侵略我们，我长大之后要替他们报仇。”

孩子话音未落，已应声倒地。原来皇太极已拔剑刺死了他。

“不能留他成祸患。应传令大开杀戒，要将西平堡荡平才是。”

努尔哈赤不忍再看那倒在血泊中的孩子，孩子之死对努尔哈赤震惊不小。他觉得自己确实老了，是这个孩子触动了他内心深处从未想过去解的谜。

在努尔哈赤身上，总好像有一股热血在体内沸腾，逼着他去干什么，一切都是出于本能，但一切又都那么顺利。

他所干的一切，难道是为了追求荣华富贵，不，他是要显示出自己征服一切的力量，他要做个顶天立地的大英雄。

他可惜这两个孩子过早夭折在他们女真人的剑下，但他的钢筋铁骨却又不让他掉下半滴的同情之泪：

"为什么呢，因为他们明朝腐败，皇上贪色不理朝政，我族不能取而代之，也定有别人来取代。"

他想到这儿，朝卫士摆了摆手，示意他们将孩子的尸体拖出帐外。

这时李永芳求见汗王。

努尔哈赤一听到李永芳之名，便冷笑一声道：

"传他进来。"

李永芳进帐，急忙下跪：

"罪臣李永芳拜见大汗。"

"起来吧。"

"罪臣今日特来向大汗恭贺西平堡大捷。"

李永芳满脸谄媚之色，努尔哈赤见他这样，更加不屑于看他，只是低头翻看广宁地图。

"西平堡大捷，多亏众将士英勇奋战。"

"多半是汗王指挥得当……"

李永芳还想说下去，汗王不耐烦地挥挥手。

"今日作战，十分艰苦，还是回去多休息吧，以后再立新功。"

"喳。"

李永芳退出汗王大帐，心头沮丧。本来想拍个马屁，不料却碰了这么个软钉子。

他正往前走，忽看到四贝勒皇太极正独自一人在那儿思考着什么。

李永芳素来很惧怕皇太极，尤其怕看到皇太极那双明察秋毫的眼睛。皇太极也打心眼里鄙视这个叛臣，这个没有民族气节的人还有脸活在世上，所以对李永芳不冷不热。

这日皇太极见西平堡被攻下，心中稍稍放了松。他踱步走出帐外，面向辽阳的方向站着。几天的苦战，只有这时方才有空思考思考。

他手握剑柄。这剑就是他刚刚杀那个男孩的剑，血迹才被他擦净。当时一时气愤，恐留住那孩子就会留下祸根。现在脑子里总是出现那孩子睁着惊恐的眼睛的样子，他很心痛。

那还不过是个孩子。两军激战，只想大刀阔斧，迅速取胜，可是战斗一结束，那血尸累累的场面却是那样令人揪心。许多明军誓死不降，纷纷自刎，其壮烈令他感动。他有时真想离开这杀场，回到山林中，过世外桃源式的生活。但是，有些事是身不由己的。

在皇太极的心中，他渴望成为父汗努尔哈赤那样的英雄。白天奋战沙场自有拼杀的快乐，可一到夜晚，仰望辽阔天空，听到人在睡梦中的呓语，他感到人的可爱，生活的美好。如果不去交战，共建这大家园，该多好呀。但同时他又在耻笑自己的妇人之心。

正当皇太极思考着，李永芳走近他。

“贝勒爷怎么还不去睡呢？晚上风大了，还是进帐去睡吧。”

李永芳的话打断了皇太极的思路，他一抬头，见李永芳正关切地看着自己。

皇太极心中一动，在这夜色里，这个自己平时憎恶的人竟也变得有些可爱。尤其是那一番关心自己的话，更使他感觉自己这时不再厌恶这个叛臣了。

皇太极轻声问道：

“永芳兄，为何不早歇息呢？”

李永芳笑了笑：

“刚才去见了大汗，这会儿正要回帐呢！”

皇太极道：

“夜景这么美，回到帐子里可就再也没有心思欣赏这种景色了。”

李永芳心头一热，这分明是皇太极在挽留自己。自己自叛明以来，还头一次与皇太极说上这么多的话。况且和这位贝勒打交道，对自己有很多的好处。

于是，他附和道：

“的确如此，小臣也正这么想呢。”

说完两人哈哈大笑。

这时四周很静，士兵们庆祝攻打西平堡成功，痛饮了许多酒，此时已进入酣梦之中。巡夜的士兵也被这夜的寂静所感染而无声无息。

皇太极与李永芳并肩而行。

李永芳道：

“贝勒爷，这几次大战中，你可深得大汗喜欢。”

皇太极谦逊道：

“不过尽了一点力而已，大贝勒、二贝勒也出力不少。”

“依我看，四贝勒是最足智多谋、英勇善战的。”

“永芳兄，我算服了你这张嘴了，什么让你一说，都是好听。”

“哪里，永芳不过说了个事实而已。”

“永芳兄，恕我直言，依你看，我们金军能大破广宁城吗？”

“当然可以，广宁城内熊廷弼与王化贞不和，朝廷之上，阉党当道，大明朝恐怕要完矣。”

李永芳发出了一声哀叹，又道：

“我身为明臣，如果看到大明朝还有一线希望，誓死我也不会投降你们呀。”

李永芳在这夜色中竟开始倒出苦水，他什么都忘了，忘记自己在和谁说话，忘了自己是明朝忠臣良将最为唾弃的人。他发出哀叹，仿佛自己是忠义之人。

皇太极也忘了，是什么人在和自己讲话，他竟也被李永芳感染：

“你们汉族，危机四伏，朝廷中皇帝又是个废物，魏忠贤只图独权，根本不顾国家之大利。”

“明朝正如贝勒所言，我一介武夫无法改变大局。谁对我有利，我就投靠谁，我不管我是哪族人，我不管我究竟姓什么。”

李永芳说到此竟痛哭流涕。

皇太极心中一动，这究竟是什么样的人呀？他没有一点信义。可明朝廷的确早已失去人心。

看到皇太极沉默不语，敏感的李永芳忽然感到自己有些失言了，他赶忙解释道：

“汗王对我李永芳关怀备至，永芳心中不胜感激，定尽自己薄力，去效犬马之劳。”

皇太极这时已经没有了和他继续谈话的兴趣。两人之间终是隔着不能逾越的鸿沟，他毕竟是个叛军，有用则用之，无用则抛之。

李永芳也终于明白自己不过是背叛国家的罪臣、投降金军的叛臣。面对沉沉黑夜，他甚至不相信这一现实，他希望这天永远是黑色，让人彼此看不清对方的脸，只用心在对话，不让任何功利插入其中。他又十分明白，明天天一亮，他李永芳对这些贝勒爷们依然是俯首称臣的罪人。

刚才的对话，由于两人各怀心事，再也继续不下去了。两人都感到扫兴，只是默默地踱着步。

长长的沉默，令人尴尬不安。最后李永芳主动说道：

“贝勒爷，小臣告辞了。”

皇太极也冷淡地回答道：

“去睡吧，天已经不早了。”

就这样，金兵的贝勒同明军叛臣结束了对话。

皇太极见李永芳走后，自己也踱回帐中，守着孤灯，他仍然是无法入睡。在他眼里明军根本不能和他们伟大的女真族相提并论，但他现在对明人有了一点了解。他无法去简单地憎厌这种人。当然他也决不会去完全地信任这些人，这种人是不值得重用的。但实在不能再像以往那样去鄙夷明人了。这时那孩子的惊恐的双眼又出现在他的脑海中。

正在这时，一个黑影急速地撞进帐中，提剑向他刺去。

皇太极猛惊，一低头躲过了这一剑，起身也拔剑与这黑衣人对打。不过几个回合，便擒住了那黑衣人。

皇太极气愤至极。他用剑挑开了那黑衣人的蒙面。只见一个怒气冲冲的汉家女子正怒视着自己。

不知怎的，与李永芳一席话后，他的心对汉人产生了一丝怜爱。见这个弱女子竟敢来刺杀金军的贝勒，他不想将此事弄大，只想亲自审问，于是他喝退了闯身进来的卫兵。

那女子眉毛一扬，说道：

“要杀就杀，今天我杀不了你，别人也会来替我报仇的。”

皇太极平下心来。论武功，那女子显然十分差劲，倒没有什么威胁。他重新坐下，问道：

“是谁派你来刺杀本王？如果不从实招来，定叫你身首异处。”

只见那女子丝毫没有畏惧之色，嘴角露着一丝冷笑：

“没有人叫我来，是我自己来找你们金贼算账，为我西平堡的百姓出气。既然来了就没想回去，要杀就杀吧。”

尽管她身体那么娇弱，声音却是如此铿锵有力。要在平日，皇太极不由分说，定叫那女子身首分家，但今日，见这手无缚鸡之力的女子竟然如此刚烈，再加上今天心情一时很沉重，竟不知该如何对付她了。

那女子见他沉默不语，激他道：

“杀我们汉人，四贝勒也算是个能手了，难道今日对付一个小女子竟然毫无办法了吗？”

皇太极果然被激怒，他手提长剑猛地横到她的颈上。

那女子似乎心满意足，微微闭上双眼。这毫无畏惧的神色，竟又使皇太极不忍下手，在他内心深处，已经被这汉家女的美貌和勇敢所感动。

平日里果决的四贝勒，今日真是陷入了不知所措的境地。他又回到位上坐下，怔怔地瞧着她，只见她一头乌发，白皙面庞上有一双水汪汪的大眼睛，高挺的鼻翼，丰满的嘴唇如同用红色染了一番。

在这大帐之中，只有他与这女子相处，静静地，仿佛已经听到了彼此的心跳。

那女子见皇太极痴痴地瞧着自己，又气又急，将脸扭向一边，紧闭住双眼：

“杀吧，你们这帮金贼，猪狗不如的畜牲！”

皇太极一听，满面通红，连忙收回目光，脸上重现威严的神情，他一个金军的贝勒爷怎能让一个败军之女骂得狗血喷头，胜利者的骄傲又回到了他的身上：

“我们女真族，个个都是英雄好汉，岂能容你这般辱骂。”

“少说废话吧，我如今家破人亡，只求速死。”

“本想饶你一命，念你为一弱女子，怎奈你竟不知好歹。”

“敌我对立，无话可说。多谢你有饶我之心。可惜，家破国也要亡，我何苦苟延残喘地活下去呢？”

皇太极这时已没有什么话可说了，无奈地叫道：

“来人！”

卫兵走进帐中，皇太极叫道：

“把她拉出去斩了。”

那女子被拉了出去，现在大帐之中只有皇太极陪着一盏孤灯。他的思绪烦乱，多少年来怎么今日竟陷入如此矛盾的境地。他自言自语道：

“算了罢，敌我终是泾渭分明的，今日的儿女情长、小家子气可不能再有了。”

说罢，他赶忙起身，向努尔哈赤帐中走去。

这时努尔哈赤正在思考着如何去攻打广宁，而不像攻打西平堡那样代价惨重。

有人通报：

“四贝勒皇太极求见汗王。”

努尔哈赤赶忙说道：

“快叫他进来。”

皇太极走进帐中，施礼道：

“拜见父王。”

“快坐下吧。”

“父王，今夜有一汉家女子，闯进儿臣的帐中，欲行刺儿臣。”

“什么，竟有此事？”

“不过父王不必着急，儿已将她斩首。”

“看来，以后对汉人更要严加看管。”

“儿特来看您，就是让父王也多加小心，以免遭意外。”

“嗯。”

“父王，看的是什么？”

“广宁地图，等稍做休息之后，下个目标就是广宁城了。”

“广宁地势重要，城池坚固，防守严密，兵多将广，恐有一场恶战。”

“的确，这里有守兵十三万，而且其周围的镇武、闾阳、镇宁、西平等战略要镇各有驻兵，总数达三四万人，与广宁成为犄角，互相呼应。攻打将相当困难。”

“我已派出了大量的探子进入明境，刺探情报。他们可进行反间，实行策反。”

“内有心腹，外有强兵，广宁城唾手可得。”

正在努尔哈赤父子谈论如何攻占广宁之时，广宁城内的策反正按努尔哈赤父子的计划进行。

努尔哈赤从夺取明朝辽东第一座城堡抚顺起，中经开原、铁岭、沈阳，直至辽阳，后金八旗是战无不胜，所向披靡。辽东既占，努尔哈赤及手下诸贝勒大臣更垂涎河西，决定乘胜出击，兵指辽西重镇广宁。四贝勒皇太极旗下的镶白旗铁骑，纵情驰骋在辽西大地上，捷报频传，凯歌高奏。

这时候，后金汗宫里也是“热闹”非凡，传出了大贝勒代善与诸贝勒、大臣奉汗王努尔哈赤之命对天盟誓的消息。

代善誓曰：

“因我不恪守汗父教导之善言，不听三位弟弟一位阿哥之言，误听妻言，以致丧失汗父交付之大政……”

“以致丧失汗父交付之大政？冷僧机，你没听错吧？”

阿哈冷僧机是三贝勒莽古尔泰的家仆。同是阿哈，与宁完我相比，冷僧机长得尖嘴猴腮三角眼，一看就容易把他当成个小人，而宁完我则面相忠厚，一看就知道是个本分人，不会玩弄权术。宁完我有才气，冷僧机有灵气，两个人不约而同地投奔到了四贝勒皇太极的门下。为什么？四贝勒眼下已是继承汗位最炙手可热的人物，跟着他早晚会出人头地、光宗耀祖的。做阿哈的，出身卑微，牛马不如，他们最大的奢望便是能免去繁重的徭役，加入旗籍，成为一个真正的人，这个要求其实是不过分的。冷僧机为人机警狡黠，善察言观色、阿谀奉承之术，这也算是他的一技之长吧。还别说，他就凭着这一专长果真从一名卑贱的家仆，一跃而为显赫的世职大臣。冷僧机的飞黄腾达在众多的阿哈中掀起了轩然大波，他的成功简直成了众阿哈们眼中的神话，那么不可思议！尽管他的结局很是悲惨，后来被小皇帝顺治处死了。

皇太极强压住内心的狂喜，不动声色地将事情的经过问了个仔仔细细、明明白白，然后，一气吸了三袋烟，居然没说一个字。

“贝勒爷，这难道不是天大的喜讯吗？奴才先给您叩头贺喜啦！”

冷僧机很是奇怪主子的表情。自己大老远从宫中跑来报信，一路上欣喜若狂，真的，他很庆幸自己找对了主子，好运就在眼前了，可为什么……

“好了，这里没你的事了，快回三贝勒府上去吧。记住，眼下还不是高兴的时候，还有，咱们的约定不变，冷僧机你会得到你该得的奖赏的。”

“嗐，什么奖赏不奖赏的，奴才为主子您效劳是无怨无悔的！”

冷僧机走后，皇太极在帐篷里踱着步子，他只觉热血沸腾，而帐篷里让他觉得压抑。于是他披上战袍，骑上了小白马，一抖缰绳冲上了附近的山岗。时值初春，中原应是春意盎然，一片生机了，而辽北塞外却仍是朔风凛冽，枯木萧萧，山上的积雪还没有消融。苍茫的原野和山林甚至还找不到一丝春的踪迹。但是，冬天已经过去了，春天还会远吗？

“代善，你是我的好兄长，但你的确不适合继承汗位。但愿这次的教训能让你明白你以后该做些什么、不该做些什么。父汗，事到如今，您还犹豫什么？这汗位非您的八儿子四贝勒皇太极莫属啊。也许您还想着您爱如心肝的三个小儿子？十四弟多尔衮还是个孩子，他英俊、洒脱、犹如玉树临风，而且他睿智、机敏，的确是一块璞玉。倘若多尔衮早生十年，也许我不是他的对手，因为有父王您的精心栽培，他也许能担当汗国重任。可是，我先来，他后到，与哥哥我相比，十四弟太嫩了点儿，而且，父王您已经年迈力衰了，十四弟没了您的呵护，他十年八载的还成不了大气候。哇，风水轮流转，褚英已死，代善优柔寡断如今又惹了麻烦；至于二贝勒阿敏，他虽为镶蓝旗主，毕竟是旁支，这汗位应该是与他无缘的，即使他有这个心也没这个机会。还有三贝勒莽古尔泰，这家伙太过鲁莽，人缘也不好。他们这几个人如今看来都已不是我皇太极的对手了。也好，父汗不再立继承人反倒使我减少了对立面，我可以暗中积蓄力量，等待时机，这汗位早晚会由我来继承。假如还有挡在我皇太极面前的绊脚石的话，我会一个一个地清扫干净。哼，哼，顺我者昌，逆我者亡！现如今我要南面称王，谁还敢说半个不字？哈哈！”

峡谷中，皇太极的笑声显得格外刺耳。一切正按照他的愿望在发展，一切正按照他的目标在实现，皇太极问心无愧。他觉得冥冥中自有天神在帮助他，除了父汗，他就是后金国的主人！

第二十七章

谬行止大贝勒失宠
谋进退八阿哥得机

代善用太子之位为自己的不检点付出代价，这不仅打击了代善，也打击了莽古尔泰。莽古尔泰在生母富察氏衮代蒙辱被休以后，竟亲手杀死生母，从此也与汗位无缘。现在，汗位已经向皇太极招手，他已经胜券在握了！

大贝勒代善听信了谗言，虐待前妻之子，甚至一念之差要处死他，结果受到了父汗的痛斥，代善心里好不窝囊。快五十岁的人了，自己都做了玛法（满语：爷爷），反倒连自身的家务事也处理不好，还要遭父汗劈头盖脸的无情训斥，唉，这面子还往哪儿搁?

大贝勒心里窝着火。人一老实就容易想不开、固执。代善心里也不想一想，这时候你还与父汗较个什么劲儿呀，父汗六七十岁了，喜怒无常，既固执又蛮不讲理，惹恼了他能有自己的好？一直到太子之位被废黜，代善也不明白为什么突然间自己就不讨父汗的欢心了，他究竟犯了什么错，这么不可饶恕?

不错，代善一时气恼，便嚷嚷着要与父汗争宅，难道就因为这?

迁都萨尔浒时，汗王努尔哈赤亲自给诸多儿子侄子划好了宅基地。孝顺的代善觉得自己的宅地比父汗的位置靠南，又宽大，便好心好意让给了父汗。可过了不久，代善又后悔了，父汗自己的宅地也太过狭窄了，于是便拉下了脸。

消息传到父汗努尔哈赤的耳朵里，父汗把他召了去，面无表情：

“既如此，我仍居原地。你若舍不得你看中的好地，即刻带着家眷搬去住吧，反正那儿的房舍都已完工了，你若是想省下这些个工料钱，你倒不妨直说，用得着这样出尔反尔斤斤计较吗？哼！”

父汗一拂手进了内室，把个代善晾在一边。代善心里这个窝囊呀，为什么总是有人背地抓他小辫子，在父王面前搬弄是非，离间他们父子的关系？难道，就因为这汗位？唉，我代善有多大的能耐心里有数，这太子之位是汗王给的，我可从没想过要争呀！

代善闷闷不乐回到了府第，几个儿子也已成家立业，大都在外跟着四贝勒征战，一时间代善倒觉得门庭冷落了。

“大妃又送点心来了？”

大厅的桌子上放着一个红漆食盒子，四个抽屉，上面蒙着一方绣花丝巾。

“贝勒爷，如今你倒成了这宫里宫外的红人了。二福晋富察氏和大妃乌拉氏隔三差五地给您送点心，你倒是艳福不浅哪！”

代善的福晋撇着两片红唇，一双细眼眯缝着，一张嘴就冒酸气。

“住嘴！我已经够心烦的了。她们可是汗王的福晋，再胡咧咧当心我割下你的舌头！”

福晋的眼圈红了，哽咽着：

“宫里宫外都传遍了，你还当这是好事儿？万一又惹恼了汗王，我看你太子的位子怕是保不住了。”

“保不住才好呢，我早受够了！谁想做什么鸟太子？原本大家兄弟都相处得好好的，可一做了太子，他们都换了个人似的，处处提防着你，处处抓你的小辫子、欲加之罪，何患无辞？反正我身正不怕影子斜！”

“哟，太子爷这是跟谁发那么大的火？正巧我炖了些冰糖银耳羹，给您败败火。”

大妃阿巴亥提着食盒子笑吟吟地进了门。

“大妃，您这是……”

代善连忙起身相让，那脸上的笑容真比哭还难看。

“干吗傻站着，帮我把披风解开呀。”

阿巴亥打扮得花枝招展，一双媚眼火辣辣地盯着代善，气得一旁的代善福晋柳眉倒竖，可又不敢发作，她“哼”的一声出了门：

“我去拿双碗筷来。”

“大妃，您……”

代善只觉得脸也红了，心也热了，浑身直哆嗦，他避开大妃那热切企盼的目光，声音有些干涩：

“您还是回宫吧，传出去对汗王和你我都不好。”

“嗤！”

阿巴亥娇笑一声，伸出嫩白的手指点着代善的前额：

“贝勒爷呀，我只是来送些点心和饭菜，您倒胡思乱想了不是？其实，汗王早就跟我说过了，他百年之后，我们娘儿四个就由大贝勒你赡养了，这话的意思你还不明白吗？宫内总是爱传闲话，真是无聊。”

“可就有这些乱嚼舌头的人。大妃，谢谢您的饭菜，您还是……”

“好，好，我回去就是了。”

阿巴亥后退了几步，见代善仍木愣愣地站着，禁不住又是一笑：

“贝勒爷，您想歪了，好好歇着吧。”

“我怎么会想歪了呢？可有些人偏偏要往歪里想，让你防不胜防，唉，做人难，做太子更难！左也不是，右也不是，我，我该怎么办？”

代善抱着头在屋里团团转，他觉得头疼欲裂。他有一种预感，万一再被汗王察觉，那他真是跳到黄河也洗不清了。

果真，汗王为宫里宫外风言风语所困，已派了扈尔汉、额尔德尼等四人暗中调查此事。而这四人中，扈尔汉本与代善及莽古尔泰有隙，额尔德尼既是汗王的重臣，也是四贝勒的心腹，还有两人则都隶属于四贝勒的正白旗下。

接下来的消息肯定是对代善不利，而事情也似乎已经很清楚，的确是有人在暗中唆使，通过诬陷、栽赃等勾当打击汗王的大妃乌拉氏与富察氏。这一招够毒辣的了，这么一来，莽古尔泰与多尔衮三兄弟势必受到牵连，而通过这两位福晋又将拖代善下水，一举废掉他的太子之位。

无毒不丈夫。几乎可以肯定地说，讦告大妃及二福晋与太子有染之事，与几年前讦告褚英对汗王不满一事几乎同出一辙，这是一场蓄谋的宫廷斗争，事关后金国的汗位以及将来的前程，代善成了无辜的牺牲品。

皇太极、岳讬等贝勒被召连夜入宫，老汗王暴跳如雷，正大声痛斥着代善，而诸贝勒大臣皆沉默不语，有的悄悄窥测着代善的神色。

父子二人，一个红脸，一个白脸，一个咆啸如狮子吼，一个沉默颤抖不停，看来，原本就不善言辞的大贝勒已经张不开嘴了！

莽古尔泰落井下石，瞟着兄长代善：

“汗父之言诚是，孩儿不敢有所隐瞒。据孩儿所知，家母也曾给四贝勒送过食物。”

莽古尔泰故意顿了顿，又瞟着皇太极。

“你小子若敢当众胡咧咧，回头我便派人割了你的舌头！”

俩人目光一对，莽古尔泰似乎立刻读懂了四贝勒的眼神。人都说四贝勒的眼神很是阴沉，一点儿不假。

莽古尔泰不敢再耍贫嘴，老老实实地说道：

“四贝勒每次都对家母以礼相待，并不吃那食物，待家母走后，他立即着人持食物原封不动地送回。可、可大贝勒就不一样了，他……”

“汗王，孩儿不孝，您不用再审了，要杀要剐但凭您发落！”

代善悲愤地打断了莽古尔泰的话，他朝前俯伏在地，痛哭流涕。

“哭，你还有脸哭？早知今日，何必当初？唉，汗王我真的是老糊涂了吗？竟立你为汗位的继承人？范章京，请你当众宣读拟好的誓辞，八旗旗主与众贝勒贝子大臣们听令！”

“嗻！”

范文程清了清嗓子，面无表情。其实他在为代善惋惜。代善在汗王所余十五皇子中居长，无论从嫡长角度还是从战功层面，或是从已有的权势、威望，代善于太子之位均无可厚非。代善屡建军功，曾被汗王赐与“古英巴图鲁”（意为钢铁勇士，有清一代独代善得此殊荣）的美称；他佐父治国，权倾朝野。本人位居四大和硕贝勒之首，又拥有正红、镶红两旗的兵力，其长子岳讬、三子萨哈廉等也是已拥有数牛录的将帅；更为难得的是，代善心地宽厚，人缘好、品质好。可他被废去太子职位的罪名恰恰就是他品行不佳、行为不轨！这不是莫大的讽刺吗？

范文程心如明镜。这种围绕着宫廷王位所产生的纷争在历史上真是太多了，不胜枚举呀。而眼下在后金国不也正上演着一幕幕骨肉相残的悲剧吗？当舒尔哈齐拥兵自立而惨遭幽执的斗争还没结束，努尔哈赤的长子褚英便步了其叔父的后尘，落得了同样的下场。今天，这一悲剧又落到了大贝勒代善的身上。天哪，后金宫中这一幕幕相互倾轧的悲剧争斗还要持续到什么时候？人称“英明汗”的努尔哈赤原先那超人的胆魄都跑到哪里去了？

众贝勒开始起誓，掷地有声，有如春雷滚滚，在后宫上空炸响：

“……此后，立阿敏台吉、莽古尔泰台吉、皇太极、德格类、岳讬、济尔哈朗、阿济格阿哥、多铎、多尔衮八贝勒为和硕额真。为汗之人，受取八旗之给与，食其贡献。政务上，汗不得恣意横行。汗承天命执政，任何一位和硕额真，若欲为恶，扰乱政务，其余七位和硕额真集会议处，若该辱，则辱之，若该杀，则杀之。勤于政务公正为生之人，即使治国之汗出于一己私怨，欲乱行降革，其他七旗之人对汗可以不让步。”

这就是说，代善已被排除在八和硕额真之外，他的太子之位已经被废黜了。而今后的汗王，将从八位旗主中选出，究竟谁能胜出，众人将拭目以待。

显而易见，此次政变不仅打击了代善，也打击了莽古尔泰。而莽古尔泰野性大发，当生母富察氏衮代蒙辱被休以后，他竟恶向胆边生，亲手杀死生母，声名狼藉。莽古尔泰从此与汗位无缘。

现在，汗位已经向包括皇太极在内的八大旗主贝勒招手了，说白了，就是在向皇太极一个人招手，他已经胜券在握!

“老骥伏枥，志在千里，烈士暮年，壮心不已。”

略显空荡的后宫里，小太监孙喜贵正给老汗王读着曹操的诗句。汗王躺在南炕上，身下铺着虎皮褥子，盖着厚厚的锦被，可他还是觉得冷，是心里冷呀。

“两个没用的东西，这火炕烧了半天了，怎么还这么凉?”

两个婢女赔着笑脸，伸手摸了摸，呀，火炕其实热乎得很，怎么汗王他还嚷着凉呢?莫非汗王病得不轻?可，他又不让喊郎中，唉，这可怎么办呢?

“汗王，大妃她……”

一个婢女捧着一个布包走了进来，刚说了“大妃”二字，努尔哈赤便摆手制止了。

“不要提她!”

“汗王!”

婢女无奈，跪在炕前恳求着:

“汗王，这些年您的起居一直都是大妃照料的，她这一走，奴才们便没了主张，眼看着您受了风寒更是急得团团转。大妃她特地熬了热姜汤，吩咐婢子一定喂给您喝，说喝了之后出了汗就好了。汗王，您就喝了吧!”

努尔哈赤不吭声了。其实，他心里又何尝不牵挂着大妃阿巴亥?

喝过了姜汤，努尔哈赤迷迷糊糊合上了眼，不一会儿还打起了呼噜，几个婢子们相视一笑，这才放了心。

阳春三月，鸟语花香，粉红的桃花，金黄的油菜花，绿油油的麦苗，一望无垠的大平原；杨柳依依，芳草萋萋，汹涌的黄河翻着浊浪，奔腾的长江掀着波涛，多美的中原景象哇，跟画里的一样。努尔哈赤骑着大青马，跑呀跑呀，大有“春风得意马蹄疾，一日看遍长安花”的感觉。眼前景色一变，莽莽林海，皑皑白雪，烟囱山，苏子河，咦，这不是费阿拉吗，努尔哈赤兴奋起来，这是他的家乡，他日思夜想的地方啊。突然，费阿拉城里浓烟滚滚，火焰冲天，哎呀不好，着火了！努尔哈赤紧张地大喊起来，贼人好可恶呀，自己刚生下来家里就失了火，差一点被火烧死。在来回奔走的人影里，努尔哈赤依稀看见了一个熟悉的身影，他正将一个个小木人儿往火海里丢，边丢边咒：

“烧死你，你不是我的阿玛。”

是褚英！这个混球、畜牲，猪狗不如的东西，努尔哈赤气得破口大骂，可褚英却混在人群里不见了。这时候从那边又涌出了一群人，哭天抹泪地喊着建文帝的名字。努尔哈赤愣了愣，想起来这建文帝就是大明开国皇帝朱元璋的孙子。他的叔叔燕王朱棣与他争夺天下，相杀三年，骨肉相残，结果南京城就突然失了火……漫天的大火，吐着火舌，跨过了长江，越过了黄河，爬上了榆头（长城），天哪，转眼间，这火怎么便烧到了关外的辽阳城？

“火！火！”

努尔哈赤大喊了几声，猛地睁开了眼。

“汗王，汗王！”

原来是一场梦，虚惊一场，努尔哈赤只觉浑身热乎乎的，头脑反而清醒了许多。嘿，阿巴亥熬的姜汤还真管用，这个妖精，没良心的。

喝了些清茶，又吃了些点心，努尔哈赤来了精神，他让婢女们退下，只留下孙喜贵，主仆二人谈了起来。

“小贵子，你说，我百年之后，汗印该交给谁？”

“汗王，您何必这么想呢？您的日子还长着呢。”

“少拍马屁。快回答我的问题。”

“这个……”

刚进宫的时候，小贵子下巴还尖尖的，这会子变得圆圆的了，面皮也白净多了。他嘻嘻笑着：

“眼下，汗王您不是实行‘八王议政’了吗？不管谁即了汗位，都万无一失，这后金的江山可以传给你的子孙后代喽。”

汗王听着高兴，不住地点着头，小贵子一时兴起，随口说道：

“干脆，汗王您叫爱新觉罗一世，继承您汗位的叫二世，下面还有三世、四世，这岂不更好？”

“呸！你是骂本王呢？那暴君秦始皇倒是想这么来着，可结果呢只传了两代就玩完了。”

小贵子吐着舌头，伸手朝自己脸上扇了一巴掌，自嘲地说道：

“打错比方啦，该掌嘴！”

努尔哈赤孩子似的笑了。他以明君自居，不愿意做被人戳脊梁骨的暴君，可自从进入辽阳以后，这位用兵如神的汗王却不知该以什么办法来征服辽民和汉人的心。置身于汉人的汪洋大海之中，努尔哈赤才意识到了女真族是多么的微不足道，他不服气，他要以少胜多，要以屠杀来灭一灭汉人“夜郎自大”的威风，要让数不清的汉人对女真人刮目相看、俯首帖耳！天命八年，他兵围辽南的复州，三万铁蹄对城内手无寸铁的汉民进行了疯狂的杀戮，天命十年，努尔哈赤又是兽性大发，将那些他看不顺眼的降官、缙绅及秀才一一砍头。也许努尔哈赤这样做是想弥补他屠戮自己亲骨肉的过失，而这深藏于心底的内疚和恐惧又使他的双手沾满了血腥，如此反反复复，努尔哈赤内心受到了煎熬。

在辽阳整整“蛰伏”了三年之后，努尔哈赤决定亲自出马，志在与明廷争夺宁远，一决雌雄。

可是，老汗王的身板毕竟不如从前了。大妃的离去，使他孤独沉默了许久。五虎大臣死的死、伤的伤，竟只剩老臣何和理一个了，这也使汗王备感寂寞。

生老病死，原本是宇宙间亘古不变的规律，长生不老只不过是漂渺的传说，这些，努尔哈赤心里很明白。即便死，他也要战死在疆场，而不愿躺在清冷的后宫里孤孤单单，没人陪伴。也许已经意识到了此行便是在黄泉路上，努尔哈赤的心里酸甜苦辣，说不出是什么滋味儿。

果然，宁远之战，努尔哈赤乘兴而来，败兴而归，而且他是躺在担架上被抬下来的！努尔哈赤起兵四十年来，这是第一次失利，败在宁远守将袁崇焕的红衣大炮之下，一世英名，到头来却受到了这样的打击，努尔哈赤一下子就垮了——他本已身负重伤，年事已高，毕竟是六十八岁的老人了。

在清河温泉，老汗王觉得生命已到了尽头，他思念着大妃阿巴亥，想见所有的亲人，还想看看刚搬进去不久的新都城盛京（沈阳），他的心里有太多的牵挂，也许他还在心里祈祷着他一手创建的帝国能国运昌明、繁荣昌盛……

人人都知道老汗王在世上的日子已经不多了，这是漫长、死寂、杀机四伏、危机四伏、令人窒息的时刻。

“四爷，夜深了，您披件袍子吧。”

大玉儿，这位刚嫁过来的科尔沁新娘，刚刚在辽阳落脚，便又马不停蹄地随着丈夫四贝勒匆匆迁到了沈阳。

尽管正值豆蔻年华的她尚显得稚气，但她的那双凤眼中却透出了少有的聪慧。秀外慧中，这是大玉儿最大的优点，自然，她还有一副娇人的容颜。

新婚的大玉儿并没有得到皇太极太多的关爱。他不是不爱她，而是他心中有事，有国家大事，不容他分心！大玉儿懂得这些，她不怪皇太极，就这么相依偎着她已经很知足了，毕竟，她有了依靠，心里踏实。

“大妃……”

皇太极的嘴里迸出了这两个字，随即闭紧了嘴，可大玉儿已经听见了。

“他说的就是那位被老汗王冷落的大妃乌拉氏吧？原来他辗转反侧，夜不能寐，想的就是她？”

大玉儿心里一凉，只觉得酸溜溜的。得，自己强打着精神陪他整晚整晚的孤坐，他居然在我的面前想着别的女人，而且是汗王的爱妃！大玉儿一赌气背过了身子，可转念又一想，他们满族自古便对男女之大防不甚苛求，“君臣同川而浴，并肩而行。父死子妻后母，兄终弟娶寡嫂”，诸如此类，在史籍上也是有记载的。嗯，也许四爷他想的是这回事。如果，四爷即了汗位的话，照这个理儿自是可以将大妃纳入后宫的，听说大妃人极美貌，年纪也与四爷相当……

大玉儿胡思乱想着，头一歪，竟靠在皇太极的肩头睡着了。

“真对不起，害得你为我操心熬夜。”

皇太极轻轻地将大玉儿揽入怀中，又想着大妃阿巴亥的事。

父汗在世的日子已经不多了。他在清河既招回了大妃，又招去了代善，不知是否会亲口安排后事，立下继承人？如果这样的话，那后金国真的要内乱了。刚刚兵败宁远，士气低落，倘为争汗位再内讧，那么父王一手建立的后金国也许顷刻间便会崩溃，这绝不是危言耸听。父王他，应该不会不考虑到这一严重后果的。是的，其实，我也不必太担心，父王他不是已经建立了“八贝勒执政”的体制吗，连范章京也称赞这个制度是汗王的创举呢。哼，也好，“八王共治”可以先维持一段日子，待国内国外时机成熟了，我便毫不客气地踢开他们，南面为王！让“八王共治”见鬼去吧，如今已经没有谁能阻止我皇太极登上汗位了！

不对，也许还有一个人，就是大妃阿巴亥还有她的三个儿子、我的三个小兄弟。

若没有大妃的力量，阿济格、多尔衮和多铎他们能跻身于和硕八贝勒之列吗？哼，他们少不更事，年方冲龄，便被父王封为和硕额真，掌有军旗，而诸贝勒戎马一生，浴血奋战了几十年，又有几个当上了这旗主额真呢？了不得呀，这三兄弟的实力根本与他们的年龄不相称，而之所以会出现这种情况，完全是父王宠爱阿巴亥所致！

这样看来，阿巴亥及三个小弟对我即位已经构成了威胁，不行，得消除这一潜在的威胁！

皇太极在紧张地思考着，他的眼睛在黑夜里似乎泛着绿光。

“有她没我，有我没她！”

还是让我们回过头来，继续叙述后金对广宁的攻击吧。

这次努尔哈赤攻城，不想再付出巨大的代价，其实他也不必再付什么代价了。

已经叛变的孙得功已为努尔哈赤做好了占领广宁的工作。

孙得功二十一日于援西平时佯装败退回广宁，并散布流言说后金兵已到城下，造成整个广宁城人心惶惶。

由于事先李永芳已经做了大量策反、招降工作，广宁城中暗地里与后金勾结者大有人在，他们正准备献城，而王化贞全被蒙在鼓里。

王化贞为人骄横不说，还整日不理政事，专在家中与孙得功送与他的宠妾刘珍兰打情骂俏。

刘珍兰是孙得功在妓馆中赎出的人，思想简单，只讲求吃喝玩乐，整日里缠着王化贞，过着纸醉金迷的生活。她还有一个任务就是探听王化贞的秘密，以转告孙得功。

其实现在的王化贞也根本无秘密可言，凡事不用刘珍兰转告，他直接就会告诉孙得功，孙得功早就是他的心腹，如今又送美女给他，怎会不更加受宠呢？孙得功早看透王化贞了，暗地里跟刘珍兰说道：

“如今，咱们的任务就是稳住咱们的巡抚大人，要他吃好、玩好。如今咱俩受点委屈不算什么，等到金军那边，想干什么就干什么，只要你听我的，绫罗绸缎任你穿。”刘珍兰听了乐开了花：

“我就听大人您的话了。”

刘珍兰更加曲意迎合王化贞。

参将江朝栋，一直看不惯孙得功和刘珍兰的所作所为。

一日，江朝栋求见王化贞，刘珍兰阻止他不让见。王化贞笑道：

“我的乖宝贝儿，我的这位参军心直口快，今日不见，明天也必见的。”

“我就不信，他有这个胆。”

“好了，你先到里面，我见一会儿就行了。”

“不行，今天你必须陪着我，否则……”

说着刘珍兰手抓头发，大哭大闹起来。

王化贞见她这样，忙哄道：

“别闹了，小宝贝，不见就是了。”

于是他推说自己有病在身，暂不见江朝栋。

过后，江朝栋听到王化贞不见自己竟是由于刘珍兰所致，不由得怒火上头，这几日，他早就开始怀疑孙得功已经叛变，只是苦于抓不到证据，正想借机与王化贞商议商议，没想到王化贞竟让小妾刘珍兰缠在身上，将国家的重事放在一边，如此下去，广宁城岂不是要听任叛军拱手相送给建虏？

整日里，江朝栋眉头紧皱。看到孙得功得意忘形之举，他气不打一处来。难道广宁城中竟如此腐败吗？见不到王化贞，他只得暗暗监视孙得功。

二十二日，消息传来，沙岭战败、西平失守，广宁城中军心大乱。王化贞急得六神无主。

王化贞赶忙召见孙得功：

“将军可知西平堡已经沦入建虏之手？”

孙得功忙装作着急的样子：

“那样广宁就暴露在金兵面前了。”

王化贞更加惊慌失措。

“还望孙将军鼎力相助，力保住广宁城。”

孙得功叫道：

“大人放心，现在正是用我之时，我定会努力拼杀，以保我广宁安全。”

王化贞听到此话，泪流满面：

“今日出现危机，显出孙将军的英雄本色。”

“哪里，巡抚大人过奖了。”

“啊，重兵之下，我朝就靠你们这些英勇之士了。”

孙得功也情不自禁流下眼泪。但这只是鳄鱼的眼泪。

孙得功被王化贞宠信并委以重任，将守城的重任委托给他。这正中孙得功的心意。

孙得功下令：

“堵住城门，不许百姓逃亡；封住银库、火药库。”

江朝栋听到孙得功的命令，心起疑云。他急忙去见王化贞。这时王化贞已无心再与刘珍兰缠在一起，正在那瞎指挥军队部署。

江朝栋见到王化贞说道：

“巡抚大人，今广宁危急，但小的不知孙将军为何堵住城门，封锁银库。”

王化贞听了，也觉不妥，忙又召见孙得功。

孙得功假装十分忙碌的样子，愁眉不展地走进王化贞房中，说道：

“小的听说大人要召见，就急速赶来了。但不知大人叫小的有何吩咐？”

“听江参军说你堵住城门，不许百姓外逃，并封锁了银库？”

“此乃实情，可小的不知，为什么江参军不明白小人的意思呢？平日里，江参军不是很了解我孙得功吗？”

孙得功假意地睁大眼睛，惊讶地看着江朝栋。

江朝栋万没料到孙得功竟将这只球踢到了自己这边。他镇定一下说道：

“如今，军事十万火急，应开城让百姓逃出城外；并且应发给军民银两，以稳军心。”

王化贞听了点了点头。

孙得功却说道：

“大人，如今形势十万火急，我孙得功早将自己的生死置之度外，如果让百姓出门，军心便会大乱，士兵根本无心守城。关键时刻，才是官兵、百姓生死共存亡之时。”

王化贞听了，也点点头。

江朝栋急忙反诘道：

“难道封锁银库，也是为稳军心？”

王化贞也将目光盯到了孙得功的身上，疑问道：

“我也觉得有些奇怪。”

孙得功慷慨陈词：

“如今，金兵大军压境，城中军兵心神不定，料想他们会抢银库，仓皇逃走，乱了军心。”

王化贞听了如释重负，道：

“孙将军果然不孚众望，考虑得如此精细，我放心了。”

然后他对江朝栋说道：

“江参军，不必再问了。强兵之下，应当团结才是。”

江朝栋无言以对，道：

“小人是一时有了疑问，想弄个明白，别无他心。”

孙得功说道：

“江参军也是心存国事，卑职不会耿耿于怀的。”

王化贞听了，很是高兴：

“看到两位参军如此以国事为重，甚为欣慰，待保住广宁城之后，定上疏圣上，以兹褒奖。”

江朝栋见自己不被重视，一时也不知该怎么办，赶忙起身告辞：

“小人还有重事在身，先走一步。”

王化贞道：

“军事紧急，我也不多留。”

孙得功道：

“与江参军共事，甚为荣幸。”

三人告别。江参军先行走出。

江参军怎么也想不透孙得功的心理，忧心忡忡。他怀疑孙得功叛国投敌，但仍找不到证据。

中午江朝栋回到家中，将心事告诉自己的儿子江英。

江英也同父亲一样对孙得功很怀疑，见父亲今天碰了一个软钉子，也愤愤不平起来。他劝道：

“父亲大人，不要太忧心，容我去察探察探。”

江英说完，走出家门。他找到江家的心腹家丁吴二，告之此事。吴二说道：

“这也好办，我去找王府的管家李四，他的婆娘跟刘珍兰交往甚密，从刘珍兰那儿打听打听。”

江英一听，觉得这倒是一个好主意。孙得功将刘珍兰送到王化贞那儿，定有他自己的打算。于是他急忙请吴二去找李四。

李四素与吴二友好，两人都是管家，有时间总在一起聊天。李四来到吴二家：

“吴二，你家里的人呢？”

吴二傻呵呵地笑着：

“去帮王巡抚的爱妾刘珍兰梳头去了。”

李四笑道：

“她可真成了刘珍兰的大红人了。别瞒我，刘珍兰一定给了不少好东西。”

吴二忙说道：

“没有，没有。不过，你不说我倒忘了，昨天，刘珍兰让我那口子拿回许多衣服，都是她以前穿过的，说以后也穿不上了。”

李四一听，忙问：

“怎么，衣服怎么还有不能穿的，是旧的吧？”

吴二说道：

“很新的。唉，这有什么，人家不比我们，一件衣服四季穿。进富家，当然是穿不尽的绫罗绸缎了。”

李四附和道：

“也是，也是。”

两人正说着。吴二老婆笑着走了进来，见到吴二和李四笑道：

“唷，他李四大哥，什么风把你吹来了？”

李四笑道：

“吴二嫂子，今儿又逢什么喜事，乐得这样？”

吴二嫂子双眼笑得眯成一条缝：

“刘珍兰刘夫人，这几天对我格外大方，把一些首饰也给了我。”

说着将头上的金钗显示给李四看。

李四奉承了两句，说道：

“吴二嫂子，现在王府肯定特别清静吧，要不怎么刘夫人总叫你去陪她呢？”

“你有所不知，这一两年，巡抚大人不爱往她那儿跑了，整天在书房中看书。她嫌闷就叫我陪着干活说话。”

“那王夫人不伤心？”

“她呀，才不伤心呢，整日里描眉抹粉，说什么以后日子比现在要快活多了。”

“这是为什么呢？金兵就要过来，难道她不怕吗？”

“啃，我可看不出她怕，而且还乐呢，要不，我还劝吴二不要怕呢。巡抚家都没有事，咱小百姓家就有事了？”

“别说，昨儿孙参军还去看了她，敬她两瓶好胭脂膏子，孙参军走后，她更是笑得合不拢嘴呢。”

“不太清楚，总之呀，刘夫人嘴不停地夸孙大人的。”

“刘夫人是孙大人从妓院中赎出的，肯定对孙大人感恩戴德呢。”

“这倒也是，昨儿我隐约听到一句孙将军对刘夫人说，‘金军一来，再立新功’呢。”

“‘金军一来，再立新功’，这是什么意思？”

“这不明摆着，孙大人肯定能将广宁城守住。”

李四听了陷入沉思。现在大兵一来，人心惶惶。听江大人说，上次孙得功去援西平，大败而回，怎么这次竟如此胸有成竹，莫非他几日内，便长了才智？

吴二立在一旁，见李四缄默不言，觉得不大对劲。今日里李四一进门便问东问西，不像是闲聊来了。

想到这儿，吴二将李四叫到一旁：

“李四呀，你今天来是不是有什么事情？”

吴二见李四问到这一步，不好隐瞒：

“不瞒大哥您说。我家江大人有些怀疑孙得功是叛徒，特让我来打探。”

“怎么，孙大人会叛国投金吗？”

“现在，我觉得也有些可疑。”

“为什么？”

“王大人自任巡抚以来一直与熊经略不和，而咱百姓心中清楚，熊大人才是忠义良臣。王大人所作所为不得人心。孙得功也是小人，他阿谀奉承王化贞，并在王大人督战之际，送给他美女，这不是误国事吗？如今，金兵就要来攻战广宁，而孙得功和刘珍兰竟比平时还要高兴，这难道不值得人怀疑吗？”

吴二听了，连称有理，说道：

“听我那婆子说，刘珍兰平日里只知吃喝玩乐无什么心计，大概能从她口中套出些情况。事不宜迟。”

李四听了点了点头。

吴二嫂子见吴二与李四嘀咕什么，心中也十分纳闷，这时，吴二说道：

“李四弟来，是有重要事的，别在那儿瞎乐了。”

吴二嫂子一听，忙说：

“李四，嫂子不知你有事，你可别怪嫂子呀，有什么事尽管问，嫂子一定照实说。”

李四思索了一下，说道：

“嫂子，我家江大人怀疑孙得功要投靠金兵，特让我来问一问。”

“什么，他孙得功要投靠金军？”

吴二嫂子一听，不禁跺脚跳起来。

“他孙得功丧尽天良了！”

吴二赶忙制止道：

“你嚷嚷什么呀，狗肚子里撑不住芝麻。”

吴二嫂子不好意思地笑道：

“大兄弟，你别怪嫂子呀，嫂子就这么个急性子。”

“哪里呀，嫂子，我就喜欢吴大哥你们两口子的正直。”

“亏得你今天来，不然我就叫刘珍兰那小狐狸精给要了。说吧，叫嫂子干啥，赴汤蹈火嫂子也去。”

“嫂子，现在大人只是怀疑，还不敢说出去，不妨利用你和刘珍兰的关系去探探虚实。”

“就这么定了，怎么着也是江大人对咱百姓好不是，如果是真的，一定捣死这个狐狸精。”

下午，吴二嫂子又来找刘珍兰。

这时的刘珍兰，天天做美梦，一会儿梦见自己掉进一个金屋中，满屋都是闪闪发光的珠宝，一会儿又梦见她与一个金兵大将军在猜拳行令，呼拉拉自己做了王妃，连孙得功都得对她俯首称臣。

她看到吴二嫂子乐呵呵地走进来，忙迎上去：

“这会儿，该给我换个头型了。刚才睡了一觉都将头发弄乱了。”

吴二嫂子心中骂道，梳头梳头，明儿拿头发吊死你。嘴上应道：

“瞧你美的，今儿再梳个贵妃头吧。”

“那当然好了。”

“梳了贵妃头，就成那唐朝的杨贵妃了。”

“瞧您说的，我哪有她那个福份呢。”心里却想：什么时候咱也做个贵妃，也将那风流皇帝迷一迷。

吴二嫂子捋袖拿梳，麻利地给刘珍兰梳起头来。

“刘夫人，今儿上午我将那金钗给我家吴二看了一看，他都呆住了，不知该如何谢您和王大人呢。”

“谢什么呀，想要什么，尽管拿好了，我这儿多着呢。”

“那可真谢您了。”

“没什么。”

“我家吴二说了，跟着刘夫人走，可真沾了不少福气，今个新衣，明个金钗的。”

“你告诉吴二，有我刘珍兰的，就有你们两口子的。”

刘珍兰刚说完，吴二嫂子却叹了口气，说道：

“不过最近听说西平失守，金军不日就来攻打广宁了。广宁如果保不住，你我都得成了俘虏。”

“哎，什么俘虏不俘虏的，也许比现在还舒服呢。”

吴二嫂暗暗啐了刘珍兰一口：

“好不要脸的东西。”

但却对刘珍兰说道：

“怎么好得了呢，孙得功孙大人和巡抚王大人都那样使劲地跟人家金兵抵抗，人家就不记仇了？恐怕那时金兵查起来，咱们还得在一块儿挨打呢。”

刘珍兰听了，“扑哧”一声笑了：

“瞧你那点德行儿，你只要跟着我，保管吃香喝辣的。”

“哎唷，我的夫人呀，您还敢吹呀，王大人是金人要打的对象，那时您恐怕都脱不了干系。”

“咱不会不跟着王大人。”

“那跟谁走呢？”

“自然是孙将军了。”

“哎呀，王夫人，您怎么这么糊涂呀，孙将军拼死守城，更是金军眼中钉，肉中刺，还说跟他呢。”

“这就是你的傻气了吧？”

“怎么？”

“因为他想……”

“他想什么？”

刘珍兰忽发现自己说走了嘴，这是万万使不得的事，忙改口道：

“他想将金军说服，不杀咱们广宁城的人。”

“我不信，金军能听咱们的话。”

“不信你就瞧着吧。”

“其实，我们这帮平民百姓死了也就算了，不过像夫人您这样如花的年龄，如果死了可就可惜了。”

刘珍兰照着镜子，打量着自己姣好的面容说道：

“可不是吗，我可不愿白白陪着那老不死的去死。”

吴二嫂又说道：

“只可惜，我们吴二无权无势，想给金军大老爷们擦擦鞋，恐怕都没人要。”

“这你就不用担心了，吴二无权，咱们只要跟着孙将军就行了。”

“怎么？”

“嘘，孙将军会替吴二办妥的。”

“哦，我明白了。”

“不许说出去。”

“那我们还得感谢孙将军呢。”

“千万别对别人说，不然杀你的头。”

“小的明白。”

“好好干你的，自有你的好处。”

从王府出来，吴二嫂子急赶回家，告诉了吴二，吴二告诉了李四。

李四连忙去找江英，江英一听：

“果不出我们所料。”

江英赶忙禀告江朝栋。

江朝栋急忙闯入王府。这时王化贞对外事一无所知，还在专心致志地读书。江朝栋闯进来，他还大为不满：

“怎么，不报便入？”

“巡抚大人，孙得功已叛国投金军了。”

“怎么可能？”

江朝栋不由分说，挟持王化贞弃城而走。

第二十八章

耻逆子老父终缢死
悲忠臣大帅竟暴尸

熊廷弼护送溃散的军民往山海关行进。数十万辽西难民携妻抱子，手提包裹，皆污头垢面，面容憔悴，啼哭之声，惊天动地。熊廷弼洒泪长叹："廷弼愧对广宁父老，可朝廷又怎对得起廷弼的赤胆忠心？"

孙得功派出千总石天柱、生员郭肇基等出城前往西平跪请努尔哈赤驾临广宁的时候，广宁已经乱作一团。

王化贞一身平民打扮随江朝栋逃出了广宁城。这时他们已经和江英、吴二、吴二嫂子、李四分散了。

混乱中无暇再找寻人，急忙赶至大凌河。

江英、吴二两口子及李四都未能挤出城去，被关进了城门内。孙得功回头来到王府，要擒住王化贞。见没有了王化贞，忙问刘珍兰，刘珍兰只顾梳妆，哪注意到这些，道：

"许不是吓得上了吊。"

两人左找右找也看不到王化贞的身影。孙得功猛地想起怎么刚才没有看到江朝栋。

他来找江朝栋，也没找到。这时听人说江朝栋已挟王化贞逃出了城，气得他咬牙切齿。又听说有人看到江英还未逃出城，就下令：

"能抓住江英者，赏银五百两。"

江英处在危险之中。

李四随着江英躲了起来。这时孙得功的兵丁开始搜查各个地方，查找江英。情急之下，李四叫江英换上自己的衣服。江英不肯，李四跪下，央求江英道：

“江家只有你一条根，保住你我才能对得起江大人。你就遂了我的愿吧。”

江英哭道：

“你已为江家立下汗马功劳，今日不能再连累你了。咱们各跑各的吧。”

李四不肯。这时孙兵已追到附近。

李四不由分说，将江英打昏，自己和他调换了衣服，向外面跑去。孙得功的士兵发现，急忙调集所有的人去追赶李四，李四撒腿急奔，怎奈一支箭射入胸中，倒地而死。那士兵得意洋洋，忙去向孙得功邀功请赏。

孙得功听说江英抓到非常高兴，要看江英的人头。

人头献上之后，孙得功脸气得煞白：

“一群混账东西，这怎么会是江英呢，再给我搜。”

江英苏醒过来，见身上穿着李四的衣服，知道是李四所为，他混在人群中，先听说自己已被杀，想来一定是李四，心中不觉一酸。后又听说孙得功认出李四不是江英，情知不妙，低头四处躲避。

他看到大街上正为了抓他而滥杀无辜，他心如刀绞，自己会连累不少无辜的百姓的。想到此地，他将个人生死置之度外，对周围的士兵说道：

“不许滥杀无辜，我就是江英、江朝栋的儿子。”

士兵一听，如狼似虎地围了上来。

江英猛从他们当中抽出一把长剑，举剑自刎。那些人上前割下他的人头去送给孙得功。

孙得功看到江英的人头，哈哈大笑，命士兵将他的头悬挂在城门上示众。这时吴二夫妇也夹杂在被士兵赶来观看的人群当中，两人泪水纵横，李四之死的消息刚知道，江英也被砍头示众。两口子将一腔仇恨投向了叛将孙得功和刘珍兰头上。

吴二夫妇回到家中放火烧了王宅。刘珍兰正在做美梦，这回永远不会醒来了。

孙得功听说有人放火烧了王宅，急命人调查此事。

不久，吴二夫妇被捉住。

看到国贼，吴二夫妇破口大骂。孙得功被骂得恼羞成怒，将两人点了天灯。

广宁城中，人人都悲痛，要走，走不出去，留在广宁，成了亡国之奴，许多人气得上吊，自杀者大有人在。

孙得功见大敌已除，心中十分欢喜，想将来的富贵之日，不禁喜上眉梢。他命人将老父从乡下城外接到城内。

孙得功之父乃一介草民，他一身布衣被接进了孙府。

孙得功走进府中，高兴叫道：

“父亲大人在上，儿来迟了。”

“起来吧，好久没有看到你，我儿都累瘦了。”

“父亲，从今以后，儿子让你过上豪富生活。你还记得儿在投军之前说的话吧？”

“怎么不记得，那时我儿说，‘不过十年，定将衣锦还乡’。”

“现在儿有要事在身，不能回去，以后有机会，儿偕父一同荣归故里。”

孙得功的老父喜滋滋地看着儿子。当年的话，他只认为是儿子少年壮志之语，不想，今日儿子却真是在大展宏图了。改日，可要给孙家祖坟烧烧高香了，人说明朝快完了，有我儿这样的勇将怎么会完呢。他越想越高兴。

孙得功见父亲如此高兴，不免得意万分。待几日，一定让老父登上城楼看看四周景色。

可怜的孙父，做梦也想不到自己的儿子并不是明朝忠臣，而是明朝叛将。

王化贞逃走之后，孙得功等决心降金的叛将控制了广宁城。

他们下令全城百姓一律剃发并必须于街两侧设香案，准备欢迎后金兵进城。顿时城中百姓哀哭遍野。二十三日，努尔哈赤接见了来到西平的石天柱、郭肇基，了解了广宁形势后，努尔哈赤十分高兴，特地设宴款待了他们。

在宴会上，郭肇基、石天柱与李永芳见了面。李永芳极力赞颂金军的英勇顽强，郭肇基、石天柱大骂了明朝皇帝。两相配合默契。努尔哈赤、皇太极等心中虽然厌恶这些人，但同时也非常高兴，毕竟广宁城不费一兵一卒就到手了。努尔哈赤一时兴起，将自己所乘的马赐给他们。

于是，努尔哈赤下令八旗兵立即整队向广宁进发。正是这日，王化贞逃到大凌河与率五千兵的熊廷弼相遇，他诉说了广宁危险的战况。熊廷弼听了，气得咬牙切齿，痛骂明朝的败类孙得功之流。当王化贞讲到江朝栋救自己时，流下了泪水。

原来，江朝栋保护着王化贞，急匆匆来到马厩，却已经没有马匹可乘，只有两只骆驼，王化贞无奈，只得命江朝栋解缰绳，就这样，王化贞在江朝栋陪护之下，来到城门。

城门边，一片混乱，孙得功所派士兵不许人们出城，城门刀棍堵截如林，但老百姓还是用力向前拥着。有老弱者竟被践踏于脚下而死，哭叫声、责骂声混成一片。逃出去的、侥幸活命的，继续向前奔走，被杀死者惨不忍睹。

此时的王化贞什么也顾不得了。他紧随江朝栋，挨于骆驼一侧，用鞭抽打着骆驼快走。江朝栋先行，王化贞便随之而后行。

“别走，别走！”士兵们推搡着人群，棍棒打、刀剑杀。王化贞此时耳听八方，躲闪砍过来的刀刃，左闪右闪向城外挤去。忽然身边一声惨叫，只见江朝栋为保护王化贞右臂中了一刀，但他咬牙忍住疼痛，不顾一切，趁混乱冲出城门。这时一支冷箭正向王化贞胸部射来，江朝栋大喊：

“大人，小心！”

他猛扑过去，用自己的身体护住了王化贞，箭正中他的胸部。江朝栋扑倒在地。王化贞一时傻了眼，竟不知该如何是好，赶忙去拔江朝栋身上的箭，这时江朝栋流血过多，已经昏死过去，王化贞又将他唤醒过来。

江朝栋情知就要死去，他颤抖着苍白的双唇说道：

“大人，小人不能再保护您了，您赶快去……去寻找熊……熊大人。”

王化贞忍着眼泪点了点头。

“大人错……错用了孙得功，招致广……广宁城遭此劫难。以……以后切不可再……一意孤行。”

说罢含恨而去。王化贞过大凌河，来到了这里。听到此，熊经略不由地流下泪来。明朝虽不幸出现许多叛将，但也幸有这些忠义之人。如今他来不及责备王化贞。忙命人保护王化贞与数十万辽西难民，进入山海关内，明辽西战事全线溃败。

二十四日，中午刚过，孙得功一家正吃罢午饭。就听家人来报石天柱求见。孙得功一听非常高兴，自言自语道：

“难道这么快金军就要到广宁城了？”

“金军来了，我儿快去守城，不用管我。”

“爹，您休息去吧，什么事由我管着，您老放心吧。”

“这么急的事，哪能耽搁呢。”

孙得功不耐烦地向父亲挥了挥手，示意他下去。

这时石天柱进来，说道：

“小人石天柱拜见孙参军。”

“请起。”

“谢参军。”

“此去金军那里，大汗待你如何？”

“非常好，还特赐我等他乘的鞍马。”

“果真如此？”

“大汗已经起兵奔向广宁。”

“那我等要整盔戴甲去到城门迎接。”

两人说得很高兴，一时忘记了孙父。其实孙父并未走远。刚才他听儿子言辞躲闪，不像是抗金的主将，便留下心眼，立在门边听了石天柱与孙得功的一番谈话。

不听则已，一听孙父气炸了肺。这哪是什么明朝战将，分明是金兵亲信。孙父一阵眩晕，他不知道该怎么去做。他真不愿意相信这一切竟是真的。这次来城，本以为可激励儿子效忠朝廷，奋勇杀敌，却不料亲生之子已叛国投降。孙得功与石天柱说完话，感觉到门口有人，料想是父亲。于是他暗暗给石天柱使了个眼色，示意他出去。

石天柱走后，孙父走了进来，只见他气得浑身颤抖，哆哆嗦嗦地举起手，指着孙得功问道：

“你说实话，你是不是已经背叛大明，投靠金贼了？”

孙得功忙劝道：

“父亲，儿子知错了，但现在为时已晚，金兵已快到广宁城下。”

“叛贼，我怎么养活了你这个叛贼！你给孙家丢尽了脸，祖坟不容你进呀。”

“如今大明朝已无可救药，只有随了金兵，才可过安稳日子。”

“畜牲，你竟说出如此丢人之话。”

“我还不是为您着想吗？儿子还年轻，可您老又能活上几年呢？”

“哎呀，你气死我了。”

“父亲，不是孩子气您，是您自找气受。”

“挨天杀的，今日若不悔改，你定遭雷劈。”

“父亲，儿自小就没有了亲娘，全靠父亲将儿子养大，如今该到儿子孝敬您老的时候了。”

“住口，如讲孝敬，就和爹一同回乡下种田去。”

“爹，如今已成定局，就饶了儿子，随儿迎金军进城吧。”

孙父完全绝望了，看到儿子那张假装恭敬，实则厌恶的脸，真想一巴掌扇过去。

孙得功见劝解不了父亲，又恐金军到来自己不能去迎，转身走了。孙父呆呆地看着，他的大脑已经停止了思考，不知该怎么办。回老家吗？他已觉无脸见乡亲们。他四肢无力疲倦地躺在床上。

这时，努尔哈赤已率大军抵达广宁城东。

努尔哈赤身披盔甲，骑在高头大马上，白须飘飘好不威风。他来到离城三里外的高岗上向城中望去，一片太平盛世的景象。

这时城门大开，孙得功、石天柱等叛军跪在城门两旁。金军将士昂首挺胸走进广宁城。

只见城中各家焚香，官民百姓一起出动，设龙亭、执旗、抬轿、奏鼓乐，跪在道旁迎接努尔哈赤进城。

城中百姓低头跪拜。大多数人泪流满面，心中叫苦，金军入城，日后休想过上好日子。也有少数人无动于衷，他们想管他谁来支撑这广宁城呢，怎么过都得过平头老百姓的日子，只要他努尔哈赤给我们一口饭吃，就已经心满意足了。

努尔哈赤一行直入巡抚衙门。至此，广宁城这座辽西重镇，在兵不血刃之中顺利地为后金所占有。

孙得功见努尔哈赤非常高兴，连忙迎上去：

“罪臣叩拜大汗。”

努尔哈赤正位坐好，道：

“起来吧，孙参军献城有功，理应重重嘉奖。”

“多谢大汗。小臣已为大汗和金军将士备好饭食，请大汗进宴。”

“孙参军做事如此周到。”

努尔哈赤传令下去，犒赏三军。金兵尽情痛饮，庆祝进广宁城，玩乐三天。孙得功见努尔哈赤对自己大加赞赏，心中大喜，尽广宁城所有美味，贡奉给努尔哈赤。巡抚衙门灯红酒绿，歌舞升平。广宁城百姓人家里，全家抱头痛哭。孙府内，孙父辗转反侧。从孙府上的小厮等口中听到，孙得功已陪努尔哈赤进入巡抚衙门。

他默默地流着泪：可怜自己含辛茹苦将孙得功养大成人，本想让他光宗耀祖，未曾想到了花甲之年，竟受如此大辱，自己怎有面目去见祖宗呢。他唉声叹气，自叹命不好。

夜已经很深了，但还隐隐约约地听到街上金军酒醉大声吵嚷的声音。孙府家人报：

“孙将军回府。”

只见孙得功摇摇晃晃地走进门来。孙父猛从床上坐起，冲到孙得功面前：

“孙参军，你可回来了。”

“住口，今日大汗当面夸奖我，日后我孙得功必将飞黄腾达，小小参军算得了什么？”

“你好不知耻呀，算我没有养你这个不孝之子！”

说罢，孙父操起桌上的掸瓶冲孙得功劈头盖脸地砸去。孙得功吓得酒醒了一半，猛抓住父亲的手腕，用力向后一推。孙父摔倒在地，掸瓶摔得粉碎。孙得功大怒：

“放肆，你竟敢打我！”

“我打你，我还要你小子的狗命！”

“住口，要不是看在你是我爹的份上，我定要将你点天灯。”

“好呀，你这个叛家叛国的逆贼，我替百姓除了你。”

孙父猛然跳起，抽出挂在墙上的剑，举剑就刺。怎奈孙父本一介小民。平日只使过锄头，怎使用得了这兵器。只是刺虚了一剑。孙得功见亲生父亲竟不顾父子之情，要杀自己，脸气得惨白，只见他两眼射着凶光，从孙父手中夺过剑，刺向老人。孙父挡了一下，刺中了他的胳膊。老人“哎呀”一声栽倒在地。孙得功心中一惊，赶忙扔下剑，跪倒在父亲面前：

“爹，儿不是有意的。”

“你翅膀……硬了，爹管不了你了。”

“是您要杀我的呀，爹。”

“你害死那么多人，我杀你难道不对吗？”

“我还不是为了爹吗？”

“别再找借口了，你为了自己私利，出卖国家，天理不容。”

“只要爹爹不再管此事，咱父子过得好，管他什么天理不天理呢。李永芳投降金军，大受重用，儿今天也得大汗赏识，日后儿孝敬您老左右，您也荣耀一回。”

“唉！完了，完了。”孙父闭上眼睛一句话也不说了。

孙得功将父亲扶到卧室内，命家人给父亲包扎伤口。孙父紧闭双眼，任他们折腾。孙得功见父亲不再说话，心放了下来，看来父亲已对自己好起来。想到这儿，他一阵困意，走回自己卧室。明天就领爹爹拜见大汗，可求个封，讨个赏。他满意地睡了。

第二天一早，孙得功命家人去唤老父出来。准备将老父打扮打扮，好去见大汗。

一会儿，家人急忙来报：

“不好了，不好了。”

“别急，快说出什么事了？”

“老太爷……老太爷他上吊自杀了。”

孙得功如同挨了一闷棍，站立不稳。他急忙走进屋去。只见老父悬梁自尽了，面目狰狞，好像厉鬼在向他讨命，孙得功不敢再看下去，捂住双眼退了出来。父亲昨天的沉默不语已是对自己绝望了。可怜的父亲，怎这样命苦，不去享受人间快乐，偏偏要自寻死路。

卫兵禀报：

“大汗召见。”

孙得功一听努尔哈赤召见，下意识地擦干眼泪，扶了扶头上盔甲，跨出门来。家人见此急忙追出：

“大人，老太爷怎么办？”

“呀，我怎么忘了，你去买口棺材。要最好的，然后将老太爷埋到后山。记住别人问起就说老太爷昨天不适，暴病身亡。”

说罢，急匆匆奔向巡抚衙门。将老父忘记，脑海中只有汗王昨天对他的微笑。

王化贞狼狈逃进山海关，如丧家之犬，如漏网之鱼。他稍在山海关休息片刻，就催马奔向京师，找魏忠贤去了。

王化贞经此劫难，也感到自己无能，错看孙得功，低看了熊廷弼。如今广宁城失陷，朝廷怪下来，必将满门抄斩。怕死之心，促使他厚下脸皮去找魏忠贤。前方战事，朝廷早已知晓。魏忠贤也觉得王化贞为自己丢尽了脸，正不知该如何向熹宗禀报。

几日来，熹宗心情一直不好，因为一件木具他怎么也做不好，整日闭门不出。

魏忠贤也落得个清闲，索性也不去禀报了。

王化贞进了京城，直奔魏府。魏忠贤抬头见他，气不打一处来：

“王巡抚此番来见我，可是向我报喜吗？”

王化贞心中一哆嗦：

“小人前来请罪，还望九千岁在皇上面前美言几句，饶小人不死吧。”

“如今败局已定，我怎么管得了你。”

“九千岁，我一进京，就想找到您老，下臣是您的一条狗，如今您不救，谁还管呢。”

“一条狗，”魏忠贤自言了一遍，“一条废狗。”他面露鄙夷之色。不过王化贞的“一条狗”也确实提醒了他，不管怎样，王化贞是客魏党人，杀了他，自然自己的威信就被动摇了。

这样，岂不是自家院里打架，让外人看笑话吗？当初是自己推荐王化贞去做巡抚，目的是为了钳制熊廷弼。如今若杀王化贞，皇上对自己岂不也不信任了吗？想到这儿，他面部呈现了一点暖意。

善于察言观色的王化贞岂能放过这个机会，忙再跪下：

“小人这次已知罪，下次定会将功补罪。”

魏忠贤点了点头。不过他想，如果饶了王化贞，那谁来当此替罪羊呢？他问道：

“王化贞，你是如何逃出广宁的？”

“是参军江朝栋将小人救出，可惜他为小人而中箭身亡了。后是由熊经略将臣护送到山海关。”

“哦，熊经略，他如今在干什么呢？大敌当前，他竟临阵脱逃。军事部署不当，才导致今日之恶果，广宁失守，他熊廷弼又岂能脱得了干系？”

王化贞一听，心中也不禁暗为熊廷弼叫苦。但一想到如果找不出替罪羊，自己必死无疑。这时，他忘记了熊廷弼派人护送自己入关，忘记了为救他而倒下的江朝栋在临死之前对自己说的一番话。王化贞虽未投降金军，但又与孙得功之流有何区别呢？

此时的熊廷弼还在护送溃散的军民往山海关行进。数十万辽西难民携妻抱子，手提包裹，皆污头垢面，面容憔悴，啼哭之声，惊天动地。

熊廷弼洒泪长叹：

“廷弼虽有报国救民之志向，却无英雄用武之地。廷弼愧对广宁父老，可朝廷又怎对得起廷弼的赤胆忠心。”

广宁沦陷，本是阉党独权所致，可他们却将污水泼给了熊廷弼。

朝廷下令，命熊廷弼革职回乡。熊廷弼走在回乡的路上，他再也没有了指点江山的豪情，他自知一切所为皆在魏忠贤。奸佞掌权，哪有良臣的出路。自己死不足惜，当初就是抱着以死换取明朝的太平，可如今辽东百姓受屠戮受疾苦，逃荒在外，丧失了家园，自己却无能为力。皇恩浩荡，为何不给熊廷弼施展抱负的机会呢？

不久，皇帝降旨，熊廷弼被捕，陷于狱中。朝臣中有敢直言为他伸冤的，皆遭魏党毒手，致使朝中上下无人敢言此事。许多大臣看到忠义之人遭此祸患，似乎也看到了自己的下场。天启五年即天命十年（1625年）八月，熊廷弼慷慨赴市。那天，天空阴沉，乌云密布，忽狂风大作，雷电交加。熊廷弼仰天疾呼：

“老夫死不瞑目！”

熊廷弼含冤而死，明廷竟暴尸不葬。朝廷这种愚蠢凶残的举动，丝毫无助于挽回败局，反而大失人心。熊廷弼的被杀，不但使明朝失去了一位杰出的统帅，而且替后金除去了一个与之抗衡的劲敌。

努尔哈赤因“策反”之计的成功，轻易取了广宁。接着连陷义州、平阳桥、西兴堡、锦州、铁场、大凌河、锦安、石屯卫、团山、镇宁、镇过、镇安、镇静、镇边、大清堡、大康、镇武堡、北镇堡、闾阳驿、十三山驿、小凌河、格山、杏山、牵马岭、咸家堡、正安、锦昌、中安、锦彝、大静、大宁、大平、大安、大定、大茂、大胜、大镇、大福、大兴、盘山驿、鄂柘堡、百土厂、塔山堡、中安堡、双台堡等四十余城堡。

后金军所到之处杀伐掳掠，他们将由广宁等地得到的百万饷帑、粮食、军器、火药、马牛、布匹、丝帛等运回辽阳，并把辽河以西的人民驱赶到河东。

努尔哈赤二十五岁征战，到如今已四十余年，他达到了自己戎马生涯的顶峰。辽河流域成了他的领地。

为祝贺这一胜利，努尔哈赤命福晋们从辽阳出发到广宁。二月十一日，福晋们在贝勒护送下出发，十四日来到广宁。

整装完毕，大福晋带领众福晋在铺设红毯的衙门里，向坐在衙署正位的后金汗努尔哈赤款款下拜，叩贺汗王功高盖世。十七日，后金汗在福晋们的陪伴下返回辽阳。

几天后，后金军放火烧毁了广宁城。

既收广宁城，努尔哈赤的“胃口”似乎无限地膨胀起来。无数次胜利，让他昏昏然了。

然而，世无常胜将军，谁又知道下一战会怎样呢?

广宁兵败，熊廷弼急令王化贞把关外积聚都焚烧掉，又护送难民十万人进山海关。金兵占领广宁的消息报到明朝京师，举朝惊慌。给事中侯震，少卿冯从吾、董应举等，奏请熹宗逮捕熊廷弼、王化贞以伸国法。熹宗也不辨明功罪，即日降旨，将王化贞、熊廷弼从刑部投入大狱。真是黑暗之至!

北京宣布戒严，进入紧急状态。

御史左光斗，推荐东阁大学士孙承宗督理军务。熹宗准奏，遂命孙承宗为兵部尚书，主持辽东军事。孙承宗，字稚绳，高阳人。孙承宗长得虎背熊腰，人高马大，连鬓胡子。与人说话时，声音洪亮得都震动墙壁。万历三十二年，孙承宗中进士，授编修。天启帝即位，以左庶子充任日讲官。刚开始时，天启帝每听孙承宗讲授，总是说“开心”，因此孙承宗更加对熹宗忠心。

孙承宗在为县学生的时候，就曾经留意边关事宜。后来，常常向老兵询问辽的军事形势和塞外要阨，因此通晓边事。针对当时形势，孙承宗上疏言:

“迩年兵多不练，饷多不核，以将用兵，而以文官操练，以将临阵，而以文官指挥，以将备边，而日增置文官于幕，以边任经抚，而日问战守于朝，此极弊也。今当重将权，择沉雄有气略者，授之节钺，如唐任李郭，目辟置偏裨以下，边事小胜小败，皆不过问，要使守关无闲人，而徐为恢复之计。”

孙承宗从辽阳、广宁失守中引出的一条覆车之鉴是，应当选边将、重将权。东阁大学士兵部尚书孙承宗遴选和器重既沉稳又有气略的杰出将领就是袁崇焕。

袁崇焕，字无素，号自如，广西藤县人。“焕”是明亮显赫、光彩辉煌，“崇”是直率的质朴，是自然的本性。袁崇焕明亮如熊熊大火般的一生，我行我素的性格，挥洒自如的作风，的确人如其名。

袁崇焕原是个书生，会做诗，字写得很好，文章也有气势。万历四十七年也即天命四年，袁崇焕中进士，授邵武知县，可见八股文做得不错，诗云子曰背得很熟。

袁崇焕少年时便以“豪士”自许，喜欢旅行。他中了举人后再考进士，多次落第，每次上北京应试，总是乘机游历，几乎踏遍了半个中国。最喜欢和好朋友通宵不睡地谈天说地。谈话的内容往往涉及兵戈战阵之事。

袁崇焕为人慷慨，富有胆略，性豪爽、机敏，善于骑艺，特别好谈兵。每碰到谈军事之事头头是道者，便与之拜为兄弟，肝胆相照，对天发誓“不能同生，只求共死”。袁崇焕任闽中县令时，非常关心辽地的军事形势，每天和年老退伍的军官士卒谈论兵法，向他们请教边疆上的军事情况，在年轻时就有志于去办理边疆事务。

天启二年即天命七年正月，袁崇焕到北京述职。他平日很喜欢高谈阔论，在北京和友人谈话时，发表了一些对辽东军事的见解，很是中肯，引起御史侯恂的注意。

关外局势吃紧的时候，京师谣言满天飞。局势越不利，谣言越多，这是人类社会的通例，就在京师人心惶惶的时候，袁崇焕骑了一匹马，孤身一人出关去考察。

这日，袁崇焕来到山海关前，仰头一望，好一座威武的雄关。城门上一座高大的箭楼，巍然耸立于蓝天白云之间。高悬于箭楼上的“天下第一关”的巨大匾额特别引人注目。从很远的地方，就看得十分真切。这五个大字，笔力雄厚苍劲，与那高耸云天、气势磅礴的雄关浑然一体，甚为壮观。

袁崇焕顺着城门左侧的台阶一步步走到城墙上，站在箭楼底下，手扶着雉堞的垛口，昂首远望，心中不禁发出赞叹：

“好雄伟险要的关塞！”北望，是重重叠叠的燕山山脉，绵亘千里，起伏转折，逶迤而来；至关北五六里处，突起高峰，气势非凡。那是号称京东第一山的角山。上面巨石嵯峨，如龙首戴角，故称角山。此山雄伟壮观，动人心弦，是万里长城翻越的第一座高山。它像一条飞腾的长龙昂首直上，顺着连绵起伏的山势飞腾而来。关城南面是苍茫无垠的渤海，万里长城自关城蜿蜒南下，在南海口急骤转折与海岸平行，然后一头扎进渤海里边。那地方，就是有名的“老龙头”，是万里长城的最东起点。

山海关就耸立在这高峰沧海的山水之间，也就是万里长城的脖颈上，锁住了辽蓟的咽喉。关城略呈方形，在高大厚实的城墙外面，有深且广的护城河环卫，各门都有瓮城。其形势的险要，真正是“两京锁钥无双地，万里长城第一关”。据此雄关，真是万夫莫开，固若金汤。

袁崇焕望见山海关东边二里许一个山岭上的小城。知道那是欢喜岭上的威远城。袁崇焕知道在老龙头濒临海边还有一小城叫宁海城。威远、宁海两城是关外的前哨，和山海关互为犄角：遇敌来犯，协力攻守。

袁崇焕见到这样的雄关，心想：

“假若让我扼守此关，就是敌兵十万来犯，也让他寸步难进。”

袁崇焕又在关外考察多日，对山海关的形势、地势了如指掌。不久，他回到北京。

袁崇焕回京后，求见御史侯恂，向他尽数边事。

“我看山海关，实是天下第一雄关。真是一夫当关、万夫莫开之势，再加上有威远、宁海两城互为策应，可谓万无一失，设此雄关者可谓高瞻远瞩。但是关隘虽坚，没有正确的决策，也是要误国误民的。辽东近日兵败，主要就是这个原因。……抚顺城被攻破，朝廷应下令收复失地。张承胤大军一到抚顺城，本应立稳脚跟，收复城池，以利再战；然而当时巡抚不谙军情，盲目下令追剿，结果遭到伏击，致使全军覆灭。杨镐挂帅，刚入辽东，所募士兵未经训练，将士又不齐心，进攻条件极为不成熟，而兵部却连连催促杨镐进军；更有朝中那些摇唇鼓舌之人不断弹劾杨镐按兵不动，靡费粮饷，迫使杨镐出征，结果遭到三路兵败。我认为，只要给我兵马粮饷，我一人足可以守得住山海关。”

侯恂原觉得袁崇焕口出狂言，弹劾之意很明显，但后来一想，却发现此人行事任性，很有胆识，敢作敢为又脚踏实地。若在平时，他多半要斥责他擅离职守，罢他的官。但这时朝廷正在忧急之中，王化贞大军在广宁覆灭，满朝惊慌失措。敌军势如破竹，锐不可当，自万历四十六年到那时，四年多的时间内，明军数十万覆没，攻占抚顺、开原、铁岭、沈阳、辽阳，直逼山海关。明军可打一仗，崇焕说出守关的壮语，对收拾珍宝准备南逃的朝臣，是一剂安神良药。

侯恂看袁崇焕对辽东之事说得头头是道，又有守山海关的雄心和魄力，便请皇上破格提升袁崇焕。他上言说道：

“见在朝觐邵武县知县袁崇焕，英风伟略，不妨破格留用。”

明朝官制，兵部尚书一人，左右侍郎各一人，下面分设四个职：武选（武官人事），职方（军政、军令），车驾（警备、通讯、马匹），武库（后勤、训练）。职方司相当于现代的总参谋部。后来，袁崇焕便被升为兵备佥事，派他去助守山海关。袁崇焕被升为山东按察司佥事山海关监军后，终于得到了他梦想已久的机会，雄心勃勃地到前线为国防去效力。

接受任命后，袁崇焕上《擢佥事监军奏方略疏》。他在奏疏中一扫当时文臣武将中普遍存在的悲观、恐惧气氛，奋全力请求皇上练兵选将，整械造船，把山海关牢牢守住，并说明他远大的宏图理想，要收复失地。疏中言：

“不但巩固山海，即已失之封疆，行将复之。”

袁崇焕赴任前，拜访了当时在京等候皇上发落的熊廷弼。熊廷弼也是知事之人，他问袁崇焕：

“这次去上任，带着什么好计策呀？”

袁崇焕对熊廷弼早就敬重得很，他恭恭敬敬地回答道：

“我认为山海关和关外之战事应以守为主，然后才能与努尔哈赤作战，收复失地。”

熊廷弼听了非常高兴。袁崇焕的想法与他对关外形势的看法，英雄所见略同。二人都恨相见时晚，为了商讨先守后战的策略，恢复辽东失地，二人废寝忘食，一起商议了整整一天一夜。

袁崇焕的豪言壮语给朝中大官们印象十分深刻。得到朝廷的支持，他从家乡招募了一批官员去。当时守山海关的主要是新到的浙江兵。另有三千名广东水兵，在袁崇焕之后到达。袁崇焕认为广东步兵勇捷善战，推荐他叔父袁玉佩负责招募三千名，其中包括袁崇焕平生所结纳的死士谢尚政、洪安澜等人。袁崇焕认为广西兵雄于天下，冲锋陷阵，悍不畏死，申请于田州、泗城州、龙英州各调两千名，由以慷慨知名、且善武艺的林翔凤带领，朝廷一一批准。

袁崇焕策骑驰往山海关，走马上任。

第二十九章

真误国阉竖黜能力
严治军良将斩贪官

袁崇焕脸色发紫，厉声说道：“这样的败类，留之何用？来！绑出去斩首示众！”过来几名如狼似虎的兵士，将骨软筋酥的王文鼎拖了出去。不一会儿，军士用托盘托来一颗人头，袁崇焕一挥手命令：“挂到城门上示众！”

袁崇焕到山海关后，作为辽东经略王在晋的下属，一开始在关内办事。

王在晋见袁崇焕做事干练，很是器重他，派他出关到前屯卫去收抚流离失所的难民。崇焕奉命之后，当夜出发，在荆棘虎豹之中夜行，四更天时到达。前屯城中将士无不佩服，袁崇焕本是书生，这一来，兵将都服了他了。

王在晋是万历二十年进士，江苏太仓的文弱书生，根本不懂军事，眼光短浅，胆子挺小。他在给皇帝的进言中夸大军中困难：

“各隘口边墙未葺，器械未整，兵马未足，钱粮未议，将官惰窳，军士偷闲。”

王在晋虽对军事毫无谋略，但却十分倚重袁崇焕，奏请皇帝任命袁崇焕为宁前兵备佥事。袁崇焕本来是没有专责的散官，现在有了驻地，宁远、前屯卫二城，身当山海关外抗御清兵的第一道防线。宁远在最前线，前屯卫稍后。不过他虽负责防守宁远、前屯卫，第一线的宁远却没有城墙，没有防御工事，根本无城可守。他只得驻守在前屯卫。

至于明军一切守御设施，都集中在山海关。山海关是“天下第一关”，防守京师的第一大要塞，然而它没有外围阵地。后金兵若是来攻，立刻就冲到关门之前。

稍有军事常识的人都立刻会看出来，单是守御山海关，未免太过危险，没有丝毫退步的余地。只要一仗打败，这个大要塞就失守，敌军便攻到北京。所以在战略形势上，必须将防线向北移，越是推向北方，山海关越安全，北京也越安全。

袁崇焕一再向王在晋提出这个关键问题，王在晋听袁崇焕说要在关外守关，想想道理倒也是对的，便主张在山海关外的八里铺筑城守御，以兵四万人守御。他在《题关门形势疏》中言：

“再筑边城，从芝麻湾起，或从八里铺起者，约长三十余里，北绕山，南至海，一片石统归总括，角山及欢喜岭悉入包罗。如此关门可恃为捍蔽。第计费甚钜，而民夫当用数万人，夫国家为万年不拔计，何恤一二百万金，独是数万人夫！”

王在晋在山海关外八里铺筑重城之议，是一个只图苟安、无所作为的消极防御方略。从而受到袁崇焕和其他几个中低级将佐沈棨、孙元化等人的反对。袁崇焕认为只守八里铺的土地没用，外围阵地太窄，起不了屏障山海关的作用，于是和王在晋争论，王在晋却不采纳袁崇焕的意见。

于是袁崇焕把王在晋退守山海关的意见寄给了内阁首辅叶向高，叶向高因为没有进行过实地勘察，因此不敢妄下结论，没有理睬袁崇焕的申请。

袁崇焕的主张虽然正确，然而和顶头上司争论了一场之后，意见不蒙采纳，竟径自去向最高行政首长投诉。越级呈报是官场大忌，他做官的方式却大大不对了。这又是他蛮劲的表现之一。

这时宁远之北的十三山有败卒难民十万余人，被后金兵困住了不能出来。朝廷叫大学士孙承宗设法解救。袁崇焕申请由自己带兵五千进驻宁远做声援。另派骁将到十三山去救回溃散了的部队和难民。王在晋觉得这个军事行动太冒险，不加采纳。结果十余万败卒难民都被后金兵俘虏，只有七千人逃回。

努尔哈赤这时在经济上实行奴隶制度。女真人当兵打仗，以抢劫财物为主要工作，认为男子汉耕田种地是耻辱，所以俘虏了汉人和朝鲜人来耕种。汉人、朝鲜人的奴隶是可以买卖的，当时价格是每个精壮汉人约为十两银子，或换耕牛一头。十三山的十多万汉人被俘虏了去，都成了奴隶，大大增加了努尔哈赤的经济力量。

那时袁崇焕仍是极力主张筑城宁远。朝廷中的大臣都反对，认为宁远太远，守不住。大学士孙承宗是个有见识的人，亲自出关巡视，了解具体情况，接受了袁崇焕的看法。孙承宗向明熹宗面奏王在晋不足任，于是皇上改调王在晋为南京兵部尚书。

明天启四年（1624年）八月，孙承宗上书皇帝请求出关督师，于是明熹宗任孙承宗为辽东经略。孙承宗到山海关后，大力整顿防务，训练军队，建立营合，制火器，治军储，缮甲仗，练骑卒等。孙承宗又采纳了袁崇焕等人的建议，重点加强宁远的防御，派袁崇焕、满桂带兵驻守宁远，这是袁崇焕领军的开始。

满桂是蒙古人，骁勇善战。从那时起，他和袁崇焕的命运就永远结合在一起，再也分不开了。一个蒙古武将，一个辽东统帅，都是十分刚硬、十分倔强的脾气。两人一起经历了多次生死患难，也有过不知多少次激烈的争吵。一直到死，两人仍是在争吵。但在两人的内心，却又一直是互相钦佩。那既是英雄重英雄的心情，又知道在抗拒后金兵大战之时，非仰仗对方的力量不可。高明的组织才能和正确的战略决策是必要的，亲临前敌、殊死决战的刚勇也是必要的。

宁远在山海关外二百余里，只守八里和守到二百多里以外，战略形势当然大有区别。

天启三年九月，袁崇焕到达宁远。

本来，孙承宗已派游击祖大寿在宁远筑城，但祖大寿料想明军一定守不住的，只筑了十分之一，敷衍了事。

袁崇焕到后，当即大张旗鼓、雷厉风行地进行筑城。立了规格：城墙高三丈二尺，城雉再高六尺，城墙墙址广三丈，派祖大寿等督工。袁崇焕与将士同甘共苦，善待百姓，当他们是家人父兄一般，所以筑城时人人尽力。

天启四年，袁崇焕营筑宁远城完工，城高墙厚，成为关外的重镇。关外终于有了一个安全的地方。这些年来，辽东辽西的汉人流离失所，若是给后金人掳去，便成了奴隶，于是关外的汉人纷纷涌到，远近视为乐土，人口大增。宁远城一筑成，明朝的国防前线向北推移了二百余里。

孙承宗为进一步加强关外防线，从宁远向东推进二百余里，在锦州、大小凌河、松山、杏山、右屯兴筑要塞，派将守御。

史书记载，孙承宗在山海关四年，前后修复大城池九座，堡四十五个，练兵十一万，建立东营十二，水营五，火营二，前锋后劲营八，造甲胄、器械、弓矢、炮台、渠答之具合数百万，拓地四百里，开屯五千顷，每年收获粮食十五万石。这样，在山海关外，筑起了巩固的防线，使努尔哈赤无隙可乘，不敢西进。

孙承宗是个进取型的人物，向朝廷请饷二十四万两，准备对后金军发动进攻。孙承宗是教天启皇帝读书的老师，天启对老师很不错，立刻就批准了。但兵部尚书和工部尚书互相商议说道："军饷一足，此人就要妄动了。"所以决定不让他"饷足"，采取公文旅行的拖延办法，使孙承宗的战略无法进行。没办法，孙承宗于是进行屯田政策，由军士自耕自食，却也取得了很大的成效。

明朝当时的宦官魏忠贤喜欢文臣武将送他贿赂，越多越好。孙承宗带兵十多万，粮饷很多，应当大量回扣下来转奉给他"九千岁"才是。孙承宗为人刚直不阿，从来不巴结这贪官，更没有什么馈赠送给魏忠贤。这引得魏忠贤极大不满。

魏忠贤自从夺取权柄之后，贬斥东林党，控制了内阁各部，提督东厂，广布特务，恣意劫掠，刀锯忠良，祸及封疆，败坏辽事。魏忠贤在宫内与妃嫔勾结来巩固自己的地位，对外，又笼络朝臣滥施淫威。他们恐妃嫔申白其罪孽，先后矫旨赐泰昌帝选侍赵氏自尽，幽禁裕妃张氏于别宫，设计堕张氏所怀胎儿，又杀冯嫔，禁成妃，将天启帝妃嫔侍女控制。魏忠贤为使"内外大权，一归忠贤"，安插首先归附了自己的顾秉谦和张广微入阁，又将东林党的阁臣六部尚书和卿贰以及秉宪、科道先后罢黜。

明天启四年六月，正当孙承宗、袁崇焕营筑宁远、恢复辽东的时候，副都御史杨涟弹劾魏忠贤疏奏皇上。但东林党首辅叶向高、次辅韩爌等先后罢去，阉党顾秉谦、张广微掌管大权。自此，魏忠贤夺取内外大权。

魏忠贤专权后，因为孙承宗功高望重，想让他成为自己的势力，于是派应刊等人向孙承宗说明自己的意图。

孙承宗刚正不阿，绝不昧良心做事，魏忠贤由此怀恨在心。孙承宗爱憎分明，嫉恶如仇。杨涟疏劾魏忠贤二十四大罪，孙承宗做诗称赞他是"大心杨副宪，宏表万出言"。

十一月，魏忠贤驱赶左副都御史杨涟、吏部尚书赵南星、左都御史高攀龙、佥都御史左光斗时，孙承宗正在河北巡视。听说这些事，气愤之情无法抑制。于是想趁皇上过大寿的时机面奏皇上，历数魏忠贤的罪状。

张广微知道这个消息，急忙去魏忠贤府中，告诉他说道：

"孙承宗带领兵数万人来清除皇帝身边的奸人，兵部侍郎李邦华做内应。此人一直与我们为敌，如果他进京见了皇上，咱们就都没命了。"

魏忠贤听了，十分害怕和惊慌，他明白，如果皇帝晓得了自己干的事，自己定死无疑。最好的办法是阻止孙承宗进京。

魏忠贤急进宫对皇帝哭诉，说孙承宗对自己不满，要把自己杀掉。

天启皇帝见自己的宠臣如此害怕，心中不禁软了下来。皇帝说道：

“好吧，就让内阁拟旨别让孙承宗来了。”

次辅顾秉谦知皇帝已下旨命孙承宗不要进京，欣喜若狂，奋笔疾书道：

“无旨离汛地，非祖宗法，违者不宥。”

孙承宗到通州后，接到圣旨，不敢担擅自离职的罪名，万般无奈，只得返回。

孙承宗返回之后，魏忠贤等阉党更加嚣张。他们大肆地清除异己，陷害忠良。

明天启五年（1625年）五月，高第被任命为兵部尚书，魏忠贤及其阉党控制了军权。

七月，魏忠贤诬杀杨涟，左光斗等人狱。

当时，东林党人处在白色恐怖之中，每每被冠以莫须有的罪名遭杀害。

正当魏忠贤要借机削夺孙承宗兵权的时候，八月，发生马世龙柳河之败。

马世龙，宁夏人。在比武会上，力战群雄，勇夺魁首，曾做过游击、副总兵。

马世龙长得很高大，举手投足都显示出是练武之人，孙承宗爱惜他的才能，推荐他当总兵官。

孙承宗出镇山海关后，又推荐马世龙为山海关总兵。

马世龙感激孙承宗知遇之恩，于是非常效力，与孙承宗一起商议守住关外这许多城池。

明天启四年即后金天命九年，马世龙与巡抚喻安性、袁崇焕东巡广宁。又与袁崇焕、王世钦航海到盖州海滨，观察地势，商议用兵之法，而后才扬帆而还。

那时候，孙承宗统领兵马十余万，任用的将校有数百人，马世龙是其中较有用兵之才的大将之一。

这一日，马世龙正在大帐中饮酒，有人报已经投降的刘伯求见。

刘伯说道：

“三天之后是后金耀州守将莽尔古雄五十大寿。此人极其奢侈，到时肯定会让兵士彻夜饮酒，以祝他大寿。如果我们在三天之后的那晚上袭击耀州，定克无疑。”

马世龙说道：

“耀州城墙是用石头垒成，即使是过大寿，但防守肯定仍很严密，难以攻上去，”

刘伯赶紧说道：

“总兵有所不知，耀州防守并不很严，莽尔古雄生性骄傲，他每遇喜事必喝酒，每喝酒必醉。总兵可命人悄悄渡河，在四城之外拆城，将石头城墙挖出几个洞来，我军就可以进城。”

马世龙默默地想了片刻，猛然一拍大腿，说道：

“我看拆城的主意甚好，但尚不完备，耀州城城基有二三丈，也很难拆。一旦发现我们在拆城，敌人一定会猛烈抵抗。兵贵神速，时间长了，里边会增加兵力，外边会增加损失，不如先派兵去将城拆出几个洞来，然后用火药去崩……”

马世龙自视用兵熟练，听信了刘伯的话，决定三日后攻耀州城。

攻城那日晚，马世龙起身走出大帐。抬头观看，天空布满阴云，看不到星星，看不到月亮，四周一片漆黑。马世龙心里甚为喜悦，暗说道：

“上天保佑，今夜正是挖城攻城的好时机。”

马世龙当即派鲁之甲、李承先率领一队精兵，趁黑夜渡过娘娘河，袭击耀州。

鲁之甲、李承先一行人夜渡娘娘河，来到耀州城下。

耀州城内，鸦雀无声，漆黑一片。

鲁之甲一看，心中大喜，他想耀州守城士兵肯定早已酒酣入梦了。于是命人拆城装火药。

就在这时，忽然杀声四起，城门大开，无数火把点燃，从城中冲出一队女真骑兵。

鲁之甲、李承先明白中了埋伏，猛地收住战马，要想布阵已来不及，就对壮士们大喊一声：

“快撤！”

明军刚掉转马头，强悍的后金军已冲到面前。明军仓促迎战，两下大杀大砍起来，刀兵相击，杀声震耳。

由于明军对地势和周围环境不熟悉，又没想到中敌军埋伏，因此损失惨重。

鲁之甲、李承先好不容易杀出一条血路，带领士兵冲出重围，急逃回驻地。清点人数，死伤战士四百人，丢了铠甲六百余副。

胜败乃兵家常事，偷袭耀州失利，本不是一件兵戎大事。但是，攻耀州兵败之事传到北京，阉党拿此大做文章。

攻打耀州失败的消息，给魏忠贤等人制造了弹劾马世龙及孙承宗的有力把柄。

魏忠贤让他的死党顾秉谦、张广微等人奏章数十次，弹劾马世龙兵败误国、孙承宗用人不当，又自信势强，藐视圣上。

消息传到山海关，众将官气愤不平，都要上本保奏孙承宗，均被孙承宗制止。

孙承宗在山海关呕心沥血、鞠躬尽瘁，不意却遭此弹劾，气得浑身乱颤。

回到书房，孙承宗倒背着手在房中来回踱步，想到自己来山海关以后力挽狂澜，披肝沥胆整顿军务，调兵分守要地，使辽东振作，山海关得固，而今因功得罪，心中极为愤懑。他本是个火气很盛的人，这样的气他焉能咽得下？因此，晚饭也未吃，心中气愤地说道：

“不能让他们任意诽谤，我也要讲话，要上书抗辩。”

一想到上书，孙承宗坐在书案前边，这时他才觉察到天色已黑，室内很暗，即命人掌上灯来。他铺开奏折，奋笔疾书。他要力排众议，澄清是非。

孙承宗直写了两个来时辰，方才写毕。要旨是：

“……臣到辽东，力挽危局，现已渐固，却遭到朝中非议。今朝中议论者，全不知兵。冬春之际，待以冰雪稍缓，哄然言师劳财匮，马上促战；乃军败绩，始弹劾不止。自有辽难以来，用武将，用文吏，何尝有一效？疆场之事，当听疆吏为之，何用拾贴括语，徒乱人意。今辽东转危为安，臣却因之生而致死。臣乞圣上，速遣大臣来辽视察真情，具实奏闻。如臣有欺君之举，甘当伏罪……”

孙承宗的奏疏上达朝廷后，魏忠贤又串通张广微连章攻劾。皇帝准了孙承宗的奏章，但却派了高第为钦差大臣，到辽地考察。

被后金兵破坏了的觉华城又修复了。烧毁了的城门二层箭楼又盖了起来。远远望去，又显得巍峨了。城墙垛口安放了几十门大炮；环城又挖了两道壕堑。

孙承宗带着几个亲信在城上巡视了一番，几座颓败不堪的城垣变成了坚城，心中颇为满意。

放眼望去，只见城外一片金黄，收成的季节来到了。觉华城是守辽左、榆关的重镇。觉华一失，就会危及辽左形势。为此，他亲自来查看并部署防守。巡视完毕，孙承宗站在箭楼下面，对觉华城的祖大寿说道：

"城已修复了，要加意防守，再增拨两千人马。"

祖大寿躬身抱拳说道：

"末将遵命。"

孙承宗刚要下城，他的亲将匆匆上城来报：

"禀大人，袁总兵派人送来十万火急书信。"

说罢将信札双手捧给孙承宗。

孙承宗急忙拆开信封，由里面抽出信纸，展开后从头到尾看了一遍。看后，双眉紧锁，沉默不语。祖大寿等不知何故，不敢发问，都静静地望着他。

只见孙承宗倒背着手在城墙上急速地走了几步，然后猛地转过身来，一只脚踏在一块石头上，一只手扶着腰间的宝剑，拧眉思索。

过了好一会儿，孙承宗断然下令：

"立即整军回宁远。"

说罢登登走下城墙。

不一会儿，南门大开，三千人马蜂拥出城，疾驰而去。孙承宗骑在马上，心潮起伏，难以平静。他刚才接到的信上说，朝廷派来的阅兵大员已到宁远，请他立即回去。而这阅兵大人不是别人，正是与自己为仇的高第。

孙承宗想：

"此人根本不懂行军布阵，为何让他来此阅兵？"他深知此人心术不正，为人奸诈，喜欢诬陷，乃成事不足、败事有余之辈。朝廷让他来辽阅视兵马、守备，焉能公正治断？他料到这次要出麻烦，从心底对他厌恶，连见都不想见他。

"但他是朝廷派来的大员，自己怎能不回去应酬？"他就是怀着这样一种不快的心情打马上路的。

傍晚时分，进了宁远城。因天色已晚，不能去拜见高第。孙承宗回去歇息了一宿。

次日卯时，他来到阅兵大员的行辕，让人通报。高第得报，大模大样地站在大厅正中，命孙承宗接旨。孙承宗整顿一下衣冠，迈着虎步进入大厅，望着手捧圣旨的高第倒身下拜。

高第手擎圣旨，高声念道：

“自辽东乱起，朕极为关切。今着兵部尚书高第去辽东校阅兵马，查看武备。待其查明之后，回京复旨。钦此！”

孙承宗望旨叩头谢恩后双手接过圣旨。高第这才走了过来，皮笑肉不笑地一拱手说道：

“孙大人，别来无恙？”

“承宗戎马倥偬，大人驾到未曾远迎，尚望海涵。”孙承宗站起身来，抱拳说。

两人坐下，随从献上茶来。孙承宗问：

“高大人奉旨来辽阅兵，承宗欢迎之至。不知大人怎样阅法？”

高第眨了眨母狗眼说道：

“此次奉旨来辽，一来想详细观察辽东形势，二来才是看看兵马训练情况。”

“高大人既然要知道辽东形势，承宗当据实禀报。”

孙承宗慢慢地将他到辽以后的种种防守以及收复失地等详细情形细细向高第讲述了一遍，足足用了一个时辰，高第不动声色地听着。

孙承宗说完，站起身来说道：

“承宗所言，未必详实，还请大人详查。明日大人阅兵，还须部署，现在告辞。”

明朝陋习，凡钦差大臣每到一地，当地官员都要送礼馈赠。孙承宗什么礼物也未带来，高第更为不满。

第二天寅时，孙承宗骑着一匹黄骠马，头戴金盔，身穿五龙绣花战袍，率领众将来到校场。

五千人马已经调齐，都在校场上列队静候。

孙承宗先登上校阅台，与袁崇焕、满桂等人坐定，等候高第。

快到辰时，才听到静道锣声，高第坐着大轿，前呼后拥地来到。

孙承宗等将他迎上校阅台。高第在当中座位上坐下。抬眼往下一看，只见校场内，整整齐齐地排列着五千人马，个个盔明甲亮，刀枪闪光，威武雄壮。

“不知大人喜欢什么阵法？”孙承宗问。

“请经略大人调遣吧。”

高第本来对用兵不很精通，只好这样说。

于是孙承宗下令，命众甲士操演了三种阵法。士兵们经过训练，阵法娴熟，灵活多变，深奥莫测。看得高第眼花缭乱，连连点头。兵士们又演了刀枪箭法，一时刀光剑影，衣甲铿锵，足足演了一上午，始终士气旺盛，有条不紊。

接下来的几天，孙承宗陪高第巡视了各处要塞。孙承宗还请他到前线去看看，高第因近敌境，恐出意外，不敢去。但却假意说道：

“看了几处，情况已明，不去也可。”

孙承宗没有勉强，就陪高第视察了宁远城防、火炮配备和护城壕的工事。

高第在辽东视察多日，并没有发现孙承宗什么毛病，只好气冲冲地回京了。

回到北京的那天晚上，高第亲自来到宦官魏忠贤府中。

魏忠贤刚刚由宫中回来，一听高第回来了，立即命他进见。

高第进得魏忠贤宽敞、漂亮的客厅，见魏忠贤高傲地坐在上面，立即施礼参拜，口称：

“下官叩见九千岁。”

魏忠贤这才抬起眼皮说道：

“免了吧。”

高第小心谨慎地坐在一旁的太师椅上，命人将从辽东弄来的一架鹿茸拿进客厅，他双手捧起：

“这是下官孝敬千岁的。”

魏忠贤见是一架鹿茸，知道这是辽东三宝之一，心中非常高兴，命人收起，随即叫人奉茶。

“孙承宗给咱家带来了什么？”

“那孙承宗十分狂傲，不但没给公公带来礼品，连问候一声也没有。”

高第眨巴着两只母狗眼，在观察魏忠贤的脸色。

魏忠贤面现愠怒，半晌才说道：

“人家是堂堂的经略大人、封疆大吏，哪里能把咱家放在眼里？没事你就回去歇息去吧。”

高第心中窃喜，第二天就上表弹劾孙承宗，说道：

“孙承宗到辽几年，辽东军马不训练，防务不部署，此人不去，辽东必失。”

他的同类张广微也上本参奏：

“孙承宗出关以后，对征伐奴酋，收复失地，漫无计划，耀州兵败，隐匿不报，士兵不去征伐作战，而去挖壕挑泥，他拿着尚方宝剑，乱事惩罚，如仍用此人，不但外邦视天朝无人，辽东必难保全。”

本章落在魏忠贤手中，正称魏忠贤心意。

魏忠贤早就已经摸透了小皇帝的脾气，这天见皇上正在专心雕琢一个玲珑小巧的戏人，就凑上前去说道：

“万岁爷，有好些弹劾辽东经略孙承宗的本章，都说‘此人不去，辽东难保’，请陛下圣裁……”

天启皇帝正雕戏人的眼睛，头也不抬地问：

“你看怎么办？”

“这孙承宗确实无能，引起众愤，奴才看，就按众位大臣的意思将他罢了吧。”

皇上仍用一个小尖刀刻戏人的眼睛，连想都没想，随口说道：

“嗯，就这样办吧。”

罢黜孙承宗的命令下来了，朝中几个忠臣力保孙承宗，备言孙承宗守辽之功。皇上批下，再交部议。

这天孙承宗巡城回到府中，见书案上有一封信，展开一看，原来是朝中好友写来，详细说了朝中对他参劾之事，让他赶快设法去贿赂宦官魏忠贤。只要魏忠贤那里疏通了，皇上就能回心转意。

孙承宗看过书信，默默地坐了许久，心里像明镜似的，知道这一切都是魏忠贤及同类所为，一腔怒气直冲脑门：

“想我来辽之后，披星戴月，废寝忘餐，一心整治辽东，巩固城防，逐步进军，收复失地，然后征伐后金，没曾想却落到如此下场！”

孙承宗觉得心气难平，霍地站起身，以拳击案，忍不住大声说道：

“让我去向那些权贵低头么？要我结那些阉党么？我孙承宗是堂堂正正的大丈夫，岂肯做那种苟且之事……”

孙承宗简直气坏了，胸脯一起一伏地喘着粗气，脸色变得煞白，心中又骂：

“魏忠贤，你狗眼不看事实真相，一心想诬陷我孙承宗……”

他自知在这种情形下，决不能继续留在辽东了。他感到壮志未酬，奴酋未灭，心中十分难过。他在屋内来回踱步，嘴里忿忿地说道：

“你们不是不让我安于此位么？不是要摘我的乌纱帽么？何用费这么大的精力？我孙承宗早就想告老还乡了。”

想到这儿，他坐到案前，写起求勘奏疏来了，足足写了一个时辰，方才写完。要旨是：

“……蒙圣恩得以带兵入辽，现局势已定，却受勘，想始驱羸座数千，踉啮出关。而今且地方安堵，举朝贴席，此非不操练、不部署者所能致也。若谓拥兵十万，不斩将擒王，诚臣之罪。然求此于今日，亦岂易言。臣自知难当此任，愿缴还尚方宝剑，解职待罪！”

孙承宗写完奏折，从头到尾看了一遍，轻舒了一口气，好像将心中气闷全吐了出去。他命人护送尚方剑，将剑与本章连夜送往京师。

十月，表文上达天启皇帝，天启帝仍问魏忠贤：

“卿看若何？”

魏忠贤说道：

“皇上，此人自我吹嘘，不能相信。”

朱由校当即下旨，罢去孙承宗辽东经略职，回京听旨勘。

孙承宗明日就要离辽了，袁崇焕想起大人对自己的恩情和辽东父老的得救，这个硬如钢铁的汉子痛哭失声。他在孙承宗面前恳切地要求：

“大人，我情愿追随大人左右，永不分离，万望大人恩准。”

孙承宗眼望着这个彪形大汉，长叹一声说道：

“失地未收，你应留在辽东，建功立业，也好封妻荫子。”

袁崇焕无奈，只好让步：

“即然大人不能允许，崇焕愿将大人护送回籍，然后再返辽东。”

说罢痛哭失声。

孙承宗向来性情刚烈，此时也为他感动，无可奈何将他扶起，答应了他的要求。

袁崇焕出去不久，又急急忙忙进来：

“禀大人，辕门外有数千百姓要求见大人。”

孙承宗听说百姓要见他，急忙说道：

“好，我立即出去。”

孙承宗随即走出去，越过前厅，来到辕门外，站在台阶上往下一看，府门前跪满了百姓，有男、有女、有老、有少，一见孙承宗出来，个个叩头。

有几位长者大声说道：

“我辽东数万民众，皆赖大人得以安居，听大人要弃我们离开辽东，我们众百姓不忍让大人离去，特前来挽留，望大人看在百姓份儿上，永驻辽东吧！”说罢都叩头痛哭。

“大人，千万不能走啊！”

“大人，你不能抛下我们不管哪！”

府门前一片哭声、哀求声。

此情此景，就是铁石心肠也要被感动的，何况孙承宗素来体恤黎民百姓。他眼内噙满泪水，举着双手连连摇摆，让人们止住哭泣，大声地劝说道：

“众位乡亲父老，承宗感谢你们的深情厚谊。承宗也不愿意离开辽东。实因承宗无能，未能收复失地，罪该罢黜。现在新经略即将到任，一定能守辽保民，收复疆土。请你们放心。”

不管孙承宗怎么说，众百姓就是不起来，只想挽留孙承宗，不让他离开辽东。

孙承宗无法，正色地说道：

“承宗乃朝廷命官，圣上旨意命我离辽，我怎敢违背君命？诸位坚持不准我离辽，岂不陷承宗于不忠么？”

众百姓听他这么说，才没有了办法，只好挥泪离去。

次日孙承宗告别了众亲友，启程离开宁远。他骑着一匹黄骠马走在前面，袁崇焕率领五十名壮士随在身后保护，众友送出西门。

刚出西门，全城百姓黑鸦鸦地齐集道路两旁送行，排出数里之外，一见孙承宗出城，都跪地相送。有的手捧金银，送给他做盘缠。

孙承宗连忙下马，拱手作揖，拜谢辽东父老，谢绝所赠。百姓们恋恋不舍，紧紧追随，直送出五六里地，在孙承宗和袁崇焕的劝阻下，大家这才止住脚步，但仍然流着热泪站在原处，目送着孙承宗一行逐渐去远的身影，一直看不见影子了，才陆续回城。

朝廷对于良将，应当给他权力，不加以压制，不监视他们，不剥夺他们的权力，不信小人的谗言。对良将信任一些，国家就取得小胜利；多信任一点，国家就取得更多的胜利。完全信任良将，朝廷就会攻无不克、战无不胜。朝廷不信任贤臣孙承宗，而信任阉党高第，这就给后金努尔哈赤提供了向西进军的机会。

努尔哈赤听说明朝经略易人，便准备亲率大军，西渡辽河，进攻宁远。

袁崇焕自到宁远后，兢兢业业，辛勤经营，缮城修堡，备炮制械，设营练兵，拓地开荒，劳绩十分显著。

一日，袁崇焕发现一名校官王文鼎虚报兵额，吞没粮饷，不禁大为恼火。

晚上，袁崇焕读了一阵子孙武兵法，有些疲倦了，将书合上，迈步走出书房，来到庭院中。

只见满天星斗，一轮皎洁的明月挂在当空，银辉洒满大地，把府内房舍映得如同白昼。凉风习习，树影婆娑，显得十分幽静。他想到皇上的圣命，望着明月，想到连日的情景，又想到王文鼎这样吞士兵粮饷的贪官要不惩治，军民不服，士气难振，必须严惩不法之徒，申张法纪。

袁崇焕在树下一条石凳上坐下来，眼睛望着皎洁的明月和天河中的繁星。夏夜的晚风徐徐吹来，使他感到十分凉爽，心情也更加冷静。他又思索了好一阵子，拿定了主意，这才缓步入室歇息。

次日清晨，他传下将令，着众将行辕议事。

日上三竿，辕门三通聚将鼓响过，众将都顶盔戴甲来到大厅。分左右站立。侍卫兵丁分列两行，由大厅直站到辕门。袁崇焕身着戎装，头戴金盔，足登乌靴，走进大厅，在正面虎皮交椅上坐定。

大厅内鸦雀无声，显得十分静穆。袁崇焕用灼灼目光环视了一下众将，提高了声音说道：

“本官奉圣命来镇宁远，誓死与诸位将士共守国土。国家兴亡，匹夫有责，身为将帅者，食君之禄，就该为国尽忠。我等应竭尽全力，保卫辽东，恢复失地，为国立功。然我辽东现在兵备松懈，将官不肯用命，更有甚者，有人虚报兵额，吞没粮饷。这样的军将，怎么统兵，怎么对付得了努尔哈赤的八旗？今日召集众将，就是要申明军纪。违反者，立斩不贷。”

说到这里，袁崇焕把话顿住，二目忽然圆睁，冲着帐下大叫：

“王文鼎何在？”

王文鼎听了方才袁崇焕一番言语，情知不妙，可又不敢不出来，只有低着头出列，躬身向袁崇焕参拜：

“末将参见大人！”

“你可知罪？”

"末将知罪。望大人宽恕。"

"你还有何面目见我？现在辽东形势吃紧，兵士粮饷原本不足，你却贪心不足，要你这个败类还有何用？"

王文鼎吓得大气都不敢出，一语不发。

袁崇焕说到这里，蛮劲儿又上来了，用手一拍书案，高声喝问：

"你事到如今，还有什么话讲？"

大厅中的气氛严肃到令人窒息的程度。众将都瞅着盛怒中的袁崇焕的脸。袁崇焕气得脸色发紫，厉声说道：

"你这样的败类，乱我军纪，留之没用。来！将这败类绑出去斩首示众！"

王文鼎吓得骨软筋酥，一下子软瘫在地。过来几名如狼似虎的兵士将他拖了出去。袁崇焕余怒未息地说道：

"以后凡有违军纪者，以他为榜样。"

不一会儿，军士用托盘托来一颗人头，袁崇焕一挥手命令：

"挂到城门上示众！"

军士退下，袁崇焕环视一下肃立的诸将，激动地说道：

"我们全体将士必须同心协力，保护疆土，我们一定要整军备武，加固城池防守。全军将士务听从号令，违令者军法不容。今后定要赏罚分明，有功者赏，有罪者罚！"

众将都肃然听命，不敢做声。袁崇焕部署完毕，这才撤帐。军中纪律由此更加严明。

话说朝廷将孙承宗罢去之后，任命高第为辽东经略，进驻山海关。

高第是进士出身，向来不知用兵之法。他因为巴结魏忠贤而得以封此重任。

高第曾极力反对孙承宗守关外以保关内、先固守再收复失地的积极防御方略。等高第一到山海关，便借耀州兵败之事，罢去山海关总兵马世龙的职务，命令放弃关外城堡，将关外的士兵一概撤回。

高第采取不谋进取、只图守关的消极防御策略。高第与孙承宗作风正好相反。他色厉内荏，害怕敌人比害怕老虎都甚，随意辱骂处置将士，撤防弃地。高第命令把锦州、右屯、大凌河、宁前诸城守军都撤去，将器械、枪炮、粮秣、弹药移到关内，放弃关外四百里。

锦州、右屯、大凌河三城，是辽东明军的前锋要塞，如果仓皇撤去防守，使已经修好的城堡毁掉，布置戍守的兵士后退，使已经开垦荒地种植庄稼的辽民重新迁走，恢复的二百里国土将重新丢失。

袁崇焕听了大为吃惊。

他说道：

“兵法有进无退，诸城既已收复，怎可随便撤退？锦州、右屯一带一动摇，宁前就震惊，山海关也就失去了保障。这些外围城池只要派良将守御一定不会有危险的。”

经略高第凭借皇上赐给的尚方宝剑、坐蟒、玉带三件法宝，不但执意要撤锦州、右屯、大凌河三城，而且传命令要撤宁前防守。宁前道袁崇焕坚决不同意。

袁崇焕倔强得很，抗命不听，说道：

“我做的是宁前道的官，守土有责，与城共存亡，决计不撤。”

高第是胆小的书生，袁崇焕是他的部属。但见他蛮劲发作，不服从命令，也就不反对他怎样。

高第只是下令将锦州、右屯、大小凌河、松山、杏山的兵都撤去了，放弃了粮食十余万石。

由于这次是不战而退，闹得军心不振，撤退毫无秩序。军民怨声载道，哭声震野，百姓和将士都是气愤难当。

袁崇焕的父亲早一年死了，按照规矩，儿子必然要回家守丧。当时朝廷以军事紧急，下旨不许他回家，命他在职守制，称为“夺情”。这时袁崇焕大怒，上奏章要回家守制，朝廷不准，为了抚慰他，升他按察使。高第，字登之，万历十七年中进士，他考试果然是“高第登之”，但做大军统帅，却是“要地弃之”。

第三十章

守孤城崇焕秉赤胆
遭重创汗王畏后生

袁崇焕派使者给努尔哈赤送去礼物，传话道：“老将横行天下多年，无一败绩，今日败于小子之手，只怕是天意了。”身受重伤的努尔哈赤，回送礼物及名马，为了找回面子，强撑着说：“回去对袁将军说，我们后会有期！”

花开两朵，各表一枝。

这日努尔哈赤到后山看他八岁的儿子多尔衮射箭以树叶为靶子，他的那张小小宝雕弓虽不能百发百中，也能百发中半。他十分刚强，一心要学好武艺，好跟随父王去南征北战。按女真族的习惯，他从五六岁就开始练习骑马射箭了。他不但骑烈性的蒙古马，还能在马上拉弓射箭。

这天他正在王殿后的树林边跟哥哥阿济格学射箭，忽听头上一只鸟儿鸣叫着飞来，他抬头一看，对阿济格说道：

“哥哥，看我射这鸟儿！”

说着一下子把那宝雕弓拉满，嗖地一箭向那鸟儿射去。

只听空中一声惨叫，那只鸟儿一头栽了下来。

正在这时，由后面树林中传出一声喝彩：

“射得好！”

多尔衮与阿济格闻声望去，见努尔哈赤与生母大妃乌拉氏站在离他们有二三十步远的地方，脸上都带着笑容。

多尔衮是老汗王得宠的儿子，一见父王和皇额娘驾到，顾不得去拣那只射下来的鸟，飞快地跑到汗王面前，右手触地，单腿下跪请安说道：

“给父王、皇额娘请安！”

努尔哈赤与大妃见爱子箭法有了很大长进，心中都十分高兴，笑着走过来，用手慈爱地抚摸着多尔衮的头顶。多尔衮扬着苹果似的小脸，有些矜持地咧着小嘴笑着，望着汗王说道：

“父王，您该带我去打仗了吧！我要上阵，管保把那些南朝的将官一箭一个地射死。”

努尔哈赤仰面大笑：

“打仗哪能只凭箭法！一要有武艺，更要有谋略，你小小年纪，怎么能行？”

“那我什么时候能行？”

多尔衮急不可耐地仰着那圆圆的小脸问。

阿济格在一旁很认真地说：

“你像我这样大就行了。”

“你？”多尔衮向他一努嘴，不服气地说道：

“我比你强多了，要不信，咱们比箭！”

“父王不是说了么，光箭法好不行，还要有武艺，有谋略！”

多尔衮把小眼睛瞪得圆圆的，问他的哥哥道：

“你有啥谋略？”

“头几个月我就带兵守沈阳城了。你会守城吗？”

阿济格认真地对弟弟说。又转脸问汗王：

“父王，是不是？”

多尔衮拉着他的小弓比画着，说道：

“守城算什么本事？你能守，我也能守。敌军来了，我站在城墙上，他来一个我射一个，他来两个我射一双，不就成了？”

汗王看着两个儿子争论，也没有插言，只是微笑着，心中十分高兴，觉得两个儿子都有志气。好强争胜是他非常喜欢的性格。

大妃却怕他们惹恼了汗王，嗔怪地对他们说道：

“在你父王面前这样瞎吵乱嚷，还有规矩没有？”

汗王摇摇手，示意不要申斥他们。他走到多尔衮面前，用手抚摸着他的圆脸蛋儿，安慰道：

“不要急，等你练成了本事，我还让你领兵打仗呢！”

大妃见汗王这么喜爱自己生的儿子，心中高兴，微笑着说道：

“汗王这么纵着他们，他们会学坏的！”

汗王也笑着说：

“哪里会学坏呢？我爱新觉罗子孙一个比一个强！”

这时候皇太极匆匆走了过来，皇太极一见汗王，快步走到近前，单腿跪地道：

“儿臣皇太极叩见父王。”

汗王见是皇太极，便说道：

“起来说话。有什么重要事吗？”

皇太极喜形于色地说道：

“禀父王，是有喜事了。刚才前线的探子传来喜讯，明朝廷已罢孙承宗职务，改派高第。高第是个庸才，他把明前线的各城防守都撤去，只剩宁远了。宁远孤城难守，又无援兵。正是父王攻宁远的好机会。只要攻下了宁远，山海关也快完了。山海关一攻破，咱们就可以直捣北京，杀贼除奸。望父王早做出决定。”

努尔哈赤问：

“宁远城袁崇焕有多少守城的士兵？”

皇太极回答：

“只有不足两万人。”

“好！”努尔哈赤大声说，“传朕令下去，各旗做出征准备，打他个落花流水。”

努尔哈赤也顾不得和儿子逗趣，匆匆和皇太极回宫中与大臣们商议进攻宁远之事。

后金汗努尔哈赤在占领广宁后的四年间，虽派兵夺取过旅顺，但未曾大举进攻明朝。这固然因努尔哈赤忙于巩固他对辽沈地区的统治，整顿内部，移民运粮，训练军队，发展生产，施行社会改革，镇压汉民反抗。同时，更由于孙承宗、袁崇焕等边防工作井然有序，无懈可击。因此，努尔哈赤蛰伏不动，等待时机。善于待机而动的努尔哈赤，曾趁熊廷弼下台之际，夺占辽、沈；这次又得到孙承宗罢去，高第撤军向关内，宁远孤守的哨报，决定师指宁远城，进攻袁崇焕。

天启六年即天命十一年（1626年）正月初，努尔哈赤从十方堡出发，前往广宁临近地方打围，十二日，回到沈阳。努尔哈赤这次出征是进行军事演习，之后，便准备大举攻城。

正月十四日，就在沈阳城外一个开阔地方，七万后金将士整装列队站立，八面大旗被北风吹得猎猎作响。

队伍前面，立着一根高有数丈的神杆。神杆下面放着一张神桌，上面摆着香炉、供器，贡品。神桌左右都插着汗王金黄色的龙旗。这是个祭天的仪式。几万人静静地肃立，没有一点儿声音，像在等什么人的到来。队伍站了好久，才由远处传来了得得的马蹄声。不一会儿，一队人马由城内奔驰而来，前面有一百名巴牙喇开路，后面黄罗宝伞下老汗王努尔哈赤坐在枣红马上。

努尔哈赤头戴金顶红缨大帽，身着龙袍，外罩团龙马褂，足登黄牛皮快靴，腰悬一口龙凤宝剑，目视前方，显得十分庄重威严。紧跟在努尔哈赤后边的是代善、阿敏、莽古尔泰、皇太极四大贝勒和额亦都等议政大臣。

他们在离神杆不远的地方一齐下了马。老汗王走在前面，四大贝勒、五议政大臣紧随其后，大步来到神桌前面。

努尔哈赤停住脚步，由案上拿起成束的线香。侍卫们赶快给他燃火点着。他把带火的香举过头顶，恭恭敬敬地插在香炉里，这才看着地跪倒。后面的几位贝勒、大臣也相跟着跪成一排。

努尔哈赤叩了三个头，大声祷告：

“后金国汗爱新觉罗努尔哈赤来敬告上天：明廷几十年与我为敌，杀我黎民百姓，掠我财产人畜，作恶多端。是可忍，孰不可忍？因此今日发全国之兵去征明廷，望上天保佑我们旗开得胜！”

祷告完毕，又拜了三拜，才立起身来，将神案上的三碗酒一一洒在地上，几位贝勒、大臣叩拜后也都一齐站起，躬身而立。

祭天是女真族的风俗，每逢出兵打仗、凯旋回来，或者有重大事情需要庆贺，都要祭天。古代军事家都主张“义战”，努尔哈赤也是想到用祭天宣布自己仗义出师，以动员全军，激励士气。

祭拜天地后，努尔哈赤回转身来，用他那炯炯的双目迅速地扫视一下整整齐齐站在自己面前的数万将士，手按龙凤宝剑，挺直腰身，高挺着羽翼般的眉毛，眨动炯炯有神的眼睛，浑身洋溢着威武和力量。他慢慢向前走了两步，放开洪亮的嗓门大声说道：

“朕今日出发去征明国，是顺应天意，发正义之师。明国和我国为敌三十余年，处心积虑鲸吞我国，想把我族人变成他的奴隶，明国和我国有不共戴天之仇，明国一日不灭，我国一日不得安宁。今日兴兵去伐明国，就要一举将他消灭，永绝后患，以保障我族人安宁康乐。这次出征，望我八旗将士齐心协力，英勇杀敌。”

在努尔哈赤说话的时候，全场哑然肃立，悄无声息，等他刚说完话，全军立即爆发出一阵山崩海啸般的呼欢声。

努尔哈赤见全军如此振奋，心情十分愉快。努尔哈赤又吩咐各牛录及降将，各预备牛车三十辆，披犁三十张，每个兵士要备战靴三双，妇女也要各备炒米三斗。

努尔哈赤做好军事与后勤准备，在祭天以后，便誓师出征。

十六日，努尔哈赤到达东昌堡。

十七日，努尔哈赤西渡辽河。

八旗军布满辽河以西平原，后金兵前后络绎不绝，看不到头，看不到尾，旌旗如潮水涌动，剑戟如树林般晃动，号称二十万的八旗劲旅像狂飙一样，扑向宁远，震动的声音很远就能听到。

明经略高第和总兵杨麒，闻风丧胆，一听说努尔哈赤来了，根本没有办法，只是龟缩到山海关内，拥有军队却不救援前线。

刘沼知宁远形势危急，统兵两千出山海关接应，高第却命令已出发的兵马返回。

李卑的援兵蜷缩在中后。

李平胡的援兵不满七百人，又退至中前。

山海关的援兵，一个都没有出发救急。

袁崇焕后面没有援军，前面面临的是勇猛善战的后金军，形势明显对袁崇焕不利。

正月十八日，后金兵攻到右屯城下。

后金兵抬着云梯扛着盾牌，前仆后继地跳进了护城河，隔着护城河不断用箭射杀河对岸城根下的明军。明军没有遮挡，死伤无数。有的趴在后面躲箭、射箭，仍在抵抗，还有的把火铳火炮架在死人堆后边发射。

努尔哈赤立马于南门外督战，忽听有人报守城的代监军已逃出北门。便命人向城内呼喊：

“明军听着，你们的监军都跑了，你们不要抵抗了，赶快投降，还能留条命，不然死无葬身之地……”

这消息对明军确实起到了动摇军心的作用。有些兵士就犹豫起来：

“当官的逃命了，我们为什么还要送死？”

明军抵抗不如先前那么猛烈了。努尔哈赤看得出来：城上的抵抗减弱了，箭发射得少了，火铳火炮也稀疏了。

努尔哈赤抓住时机，命炮手向城下明军开炮。

城上的明军见城下明军被炸死炸伤一片，死得十分凄惨，已经心惊肉跳，叫苦不迭。忽然，炮火又向城头上射来，城上明军一个个吓得魂不附体。有的丢下火炮往城内跳，有的趴在垛口后边不敢动弹；有的被火炮火铳烧着，满地打滚，喊爹叫娘。有的东逃西窜，乱跑乱跳。

那些当官的，只顾自己逃命，哪有心思吆喝士兵？不多时，南门城上的明军全都逃之夭夭。城门楼起了大火，烈焰冲天。努尔哈赤手捻胡须，暗暗得意，回头下令：

“炮火停止，立即攻城。”

八旗兵见对岸敌人已被消灭，又有汗王亲自督战，个个欢腾雀跃，精神振奋。他们抬云梯、扛木板，呐喊着像箭似的冲向护城河，将云梯和木板搭在护城河上，踏着梯蹬飞也似的跳过河去，然后将云梯竖了起来。

一架云梯竖起来了，两架、三架、五架竖起来了。后金兵一个接着一个顺着云梯向城墙上攀登。

右屯城很快攻陷。

接着八旗军又连陷大凌河、小凌河、松山、杏山、塔山、连山等六座城镇。宁远形势愈加对努尔哈赤有利。

袁崇焕驻守孤城宁远。

那时候，宁远城中士卒不满两万人，但城中兵民誓与城共存亡。尤其是那些从后金领地中逃回来的人，都对后金的统治极为痛恨，打起仗来可以一当百。

袁崇焕召集诸将商议战守之策。

参将祖大寿说道：

“绝不可以与后金兵逞强，后金兵人多势众，来势凶猛，我们只有一万多人，不能以鸡蛋碰石头。我们应该以守为主。只要我们誓死保卫宁远，不让努尔哈赤攻破这座城，他就没办法去攻山海关。”

诸将都赞同祖大寿的意见。

宁前道袁崇焕面临号称二十万的后金军，后面又无援助之师，等于是背水一战。

但袁崇焕临危不惧，指挥若定。他采纳了诸将的议请，做了如下守城准备：第一，制定兵略，凭城固守。宁远战前，敌我双方态势明显是强弱悬殊。袁崇焕前面是强大的后金主力军，后面无援兵，西边蒙古兵并不很效力，抵不了事儿；东边朝鲜更帮不上忙。关外辽西一带，宁远是座孤城了。因此只有扬长避短，凭城固守。

袁崇焕说道：

“守城，是上策；战，是中策；逃，是下策。以实不以虚，要拉长战争时间，决不能想打一天就算完，要奋死抵抗。”

袁崇焕吸取抚顺和清、开、铁、沈、辽失守的惨痛教训，决定先死守孤城，拼命抗战。敌人怎样诱惑也不出城，敌人用激将法也不出战。

宁远的战略，主旨在固守。

第二，激励士气，划地分守。袁崇焕和总兵满桂，副将左辅、朱梅，参将祖大寿，守务何可纲，通判金启等，将士兵召集起来誓死守住宁远城。

袁崇焕刺出自己的鲜血，写成文告，让将士传阅，更向士卒下跪，激起忠义。

全军上下在袁崇焕的鼓励下人人热血沸腾，决心死战。

袁崇焕命令将银一万一千一百多两全部提出来，放在城上。袁崇焕说如果士卒有能打中贼敌和不逃避艰险的，当即赏银一锭，以此来奖赏勇士打退敌人。袁崇焕派满桂守东门，左辅守西门，祖大寿守南门，朱梅守北门。满桂提督全城，分将划守，各负其责，又相互援应。

袁崇焕则坐镇城中钟鼓楼上，统观全局，统率全军督军固守。

第三，修台护铳布设火炮。袁崇焕在宁远城上，实施“以台护铳、以铳护城、以城护民”的措施。

袁崇焕在宁远城设置西洋大炮。

守关应该在关外守，守城也应该在城外。在城外，就是东边靠山，北边正当各个出口，建二堡，势如鼎足，以互相援救。在马面台、四角台，都按西洋法改造，形状像长瓜子，用来互相救援犄角之势。

以上是孙元化给皇帝的奏章中提到的用兵之事，孙元化请求皇上让他去宁远与袁崇焕料理造铳建台之策。

皇帝准奏。

宁远城安置的西洋大炮，即是西夷大炮，也就是人们说的红衣大炮，是英国制造的早期加农炮，具有炮身长、管壁厚、射程远、威力大的特点，是击杀密集骑兵的强力火炮。

先前徐光启练兵购进四门西洋大炮，又经李之藻购进二十六门。共计三十门。其中留都城十一门，炸毁了一门，解往山海关十一门。

这十一门西洋大炮就架设在宁远城上，成为袁崇焕凭城用炮退敌的强大武器。

金兵逼近宁远城的时候，袁崇焕听从王喇嘛的意见，将十一门西洋大炮撤回城内，制作成炮车，设在城上，备足弹药，由孙元化、彭簪古、罗立等教将士练习燃放。

茅元仪先前亲自试过燃放此炮，知道用它的办法，彭簪古也在京营中受过葡萄牙人的训练。于是袁崇焕就用茅元仪等人的主意，让他们到城上设置西洋大炮，防后金兵的南犯。

第四，坚壁清野，严防奸细。袁崇焕下令把城外客舍、仓库等设施全部烧毁，以防后金利用，并将城外居民转移到城内，将粮米偷运到觉华岛藏好。

袁崇焕吸取以前辽东兵败的教训，捉拿奸细。命同知程维英率部下专管此事，街头小巷都查过，奸细被抓尽。袁崇焕又派士兵巡守在街巷路口，过往行人，一律查问搜身。因此，只有宁远没有偷将城门打开的叛民，没有内应后金的奸细。

第五，兵民联防，送粮运弹。袁崇焕命令通判把守控制城的四方民地，编派民夫，供给守城将士饮食。袁崇焕又派卫官裴国珍带领城内的商民们，买物料，运矢石，送弹药。

第六，整肃军纪，以静待动。袁崇焕严明军纪，派官员巡视全城，对乱自行动和城上兵下城者即杀。

袁崇焕又下令前屯守将赵率教、在守将杨麒，凡是宁远有兵将逃回来，一概抓住斩首。山海关有他的上司辽东经略高第镇守，袁崇焕的职权本来只能管到宁远和前屯，山海关总兵杨麒他是管不着的。但这时不管他什么上司不上司、职权不职权。

袁崇焕的母亲和妻子这时也在辽西，大概住在山海关或前屯卫后方。他将母亲和妻子都搬到宁远城中来住。全家和宁远共存亡的决心，表现得再清楚也没有了。

全城官兵上下，一心守卫，“以必须这样的法则来规范，那么心也就齐了”，这是袁崇焕激励将士死守宁远城的方法。宁远城最后能够守住，也由于官兵、官民上下一心。

袁崇焕又从后金的奸细那里，拷问出后金军的情报，打的是有准备之战。

一切准备就绪之后，袁崇焕命令全军偃旗息鼓，以静制动，等待来敌。

袁崇焕紧张而有序地布置宁远的防御事务时，后金汗努尔哈赤正在驱骑急驰奔向宁远———一场宁远大战迫在眉睫。

努尔哈赤统率八旗军西渡辽河之后，如入无人之境，长驱直入，指向孤立无援的孤城宁远。

宁远城，康熙《盛京通志》载：宁远州城池，即明之宁远卫城也。本广宁前屯、中屯二卫地，无城郭。明宣德三年，总兵巫凯请分二卫地建宁远卫城。

康熙《宁远州志》亦载：

“城本广宁前屯、中屯二卫地。明宣德三年，总兵巫凯请建宁远卫于此筑城。内城周围五里一百九十六步，高三丈；池周围七里八步，深一丈五尺。门四：东曰春和，南曰延辉，西曰永宁，北曰威远。外城周围九里一百二十步，高如内城。明季增筑，门四：东曰远安，南曰永清，西曰迎恩，北曰大定。四角俱设层楼……钟鼓楼在中街，明都焦礼建，天启间重修。”

袁崇焕增筑的宁远城，成为据城固守、抵御后金的堡垒。

二十二日，袁崇焕守城部署安排完毕。

二十三日，八旗军穿过首山与螺峰之间的隘口，兵临宁远城郊。努尔哈赤与袁崇焕展开了明朝与后金关系史上著名的宁远之战。

二十三日，八旗军进抵宁远后，努尔哈赤命令离城五里，横截山海大路，安营布阵，并在城北扎设大营。

袁崇焕初次见到“辫子兵”的威猛。

后金兵都有辫子，在那时，汉人只要听到“辫子兵”三字，不由自主的就胆战心惊，直到十余年后仍是如此。李自成部下都是身经百战的悍将健卒，席卷而来，攻破北京，在山海关前的一片石和吴三桂部大战时，丝毫不落下风。但清兵突然出现，李自成军中响起“辫子兵来了！辫子兵来了”的惊呼，二十万大军就此全军大溃，一败涂地。李自成逃出北京，向西急窜，“大顺”朝终于覆灭。在那时候，“辫子兵”就是“无敌雄师”的代名词。

袁崇焕并不是比李自成更会打仗，他部下的兵将也并不更为勇猛。但他更加镇定，更加坚决，他没有个人的自私欲望，不像李自成那样想做皇帝。

真所谓“无欲则刚”，所以他比李自成更刚强。

但他部下的兵将不是广东人，主要是辽河两岸的关外健儿，其他各省的都有。只因为主帅有“顶硬上”的英锐之气，部属也都跟着他“顶硬上”了。

努尔哈赤在发起攻城之前，释放几名俘虏来的汉人去宁远向袁崇焕传话：

“我这次带了二十万大军来攻，宁远非破不可。守城官如投降，我一定大加优待，封为大官。”

袁崇焕回答说道：

“你突然领兵来攻，那是什么道理？锦州与宁远两城，你本来已经占领，又再放弃。我修好了来住，自然要死守，怎肯投降？你说有二十万兵，未免夸张。你真正的兵力大约是十三万，我倒也不以为来兵太少了。”

袁崇焕拒绝努尔哈赤诱降之后，命家人罗立等向城北后金军大营燃放西洋大炮，一炮轰去，歼灭后金兵数百。

后金兵把大营移到西面。

努尔哈赤见袁崇焕既拒不投降，又炮击大营，于是命令部下准备战斗武器，准备明日攻城。

二十四日。

后金兵推着战车，运着钩梯，步兵、骑兵蜂拥而至，大举攻城。

当时朝鲜使者带着翻译官韩瑗去北京朝见皇帝，刚到宁远。袁崇焕很高兴地招待使节及其随从。

朝鲜使节见守军甚是镇定，暗暗感到奇怪。袁崇焕和三个幕僚闲谈，及报清兵攻到，袁崇焕来至敌楼，又与韩瑗等谈古论今，泰然自若，全无忧色。

过了不久，忽听得一声大炮，声动天地。韩瑗大惊，只吓得低下头抬不起来。

袁崇焕笑道：

“贼兵来了！”

韩瑗打开城头的窗子，向外望去，只见后金兵蔽野而来，城中却声息全无。

成千成万的辫子兵冲到了城边，突然之间，城头举起千千万万火把，矢石如雨般投下城去。

原来是袁崇焕故意空出外城，诱敌深入，金兵果然中计。战事越来越激烈，明军忽然从城头的每一个石堞间推出一个又长又大的木柜，这些柜一半在垛内，一半探出城外，大柜中伏有甲士，俯身射箭投石，投完了便将大木柜拉进来，再将矢石出去投掷。跟着地雷爆发，土石飞扬，无数后金兵和马匹被震上半空。

后金兵的先锋部队是铁甲军，每人身上都披两层铁甲，称为“称头子”。后金兵以坚车攻城，车顶以生牛皮蒙住，矢石不能伤。

城内架起十一门西洋大炮，在城头轮流轰击，每一炮打出去死伤无数，此炮杀伤力有数里。

金兵奋勇迫近，推了铁裹车猛撞城墙，声音轰隆轰隆，撞击了很久，城墙破的地方很多。

后金兵再用像云梯那样的裹铁高车来撞击城墙高处。随后又把裹铁车推到城墙边，上面用木板遮住，以挡城头投下的矢石。车里藏了兵士，用铁锹挖掘城墙墙脚。

后金兵攻进了城墙下的死角，大炮已打不到他们。

在这危急之时，守军想到了计策，抬了屋子前的长条大阶沿石从城上投下去。阶石十分沉重。铁车上的木板挡不住，砸死了不少后金兵。

时间过了好久，城基终被挖成了一个个凹龛，后金兵士躲在城墙洞内向里挖掘，城上再投大石下去，就打不到了。

这时宁远四周十余里的城墙墙脚被挖得千孔百疮，眼看城破在即，满城百姓惊慌得很，有的抱怨说道：

“袁爷为了他自己一人，害死了我们满城百姓。”

大家正在彷徨无奈，通判金启倧（浙江人）临时想出了几件新式武器，将火药撒在芦花褥子和被单上，纷纷投到城下去。他将这种新武器取名为“万人敌”。当时是正月，气候酷寒，后金兵见到被褥，就都来抢夺。城上将火箭、硝磺等引火物投下去，“万人敌”立即燃烧，烧死了无数攻城金兵。

另有一种“万人敌”是将火药放在空心的大泥团中，外面围以木框，点燃了药引投下城去，泥团不断旋转喷火，烧死敌兵。不幸的是，那位通判在赶制“万人敌”时，火药溅上火星，不幸被烧死了。

这时城墙被撞垮了一丈多。袁崇焕不能再泰然自若了。

他亲自搬石来堵塞缺口，连受了两次伤，部将劝他保重。他却厉声喝

道：

"宁远虽只区区一城，但与国家的存亡有关。宁远若是不守，数年之后，咱们的父母兄弟都会成为奴隶。我若胆小怕死，就算侥幸保得一命，又有什么乐趣？"

袁崇焕撕下战袍裹了左臂的伤口又战，将士在他的榜样鼓舞之下，人人奋勇，终于堵上了缺口。

二十五日。

后金兵又猛攻。城上施放炮火，"炮过处，打死北骑无数"。后金兵惧怕利炮，畏缩不前，大将们驰马驱兵，刚到城下，兵士就往回逃。后金兵士一面抢走城下尸体，运至城西门外砖窖焚化；一面继续攻城。

但是，攻城不克，只有收兵。

攻城两天，金兵共损失了穿锦衣的军官十余人，即满洲人称为"牛录额真"的，努尔哈赤在这次战役中也受了重伤。

二十六日，后金兵继续围城。努尔哈赤命武讷格率军履冰渡海，攻觉华岛。觉华岛位于辽西海湾，距宁远六十华里。岛呈两头宽、中间窄、不规整形状，孤立地悬于海中。

觉华岛岛形为龙形，"龙身"为山岭，穿过狭窄的"龙脖"迤北，便是"龙头"。"龙头"地势平坦，三面临海，北端有天然码头，适合停泊船只。"龙头"开阔地上建有明屯粮城，城呈矩形，墙高约三丈，底宽约一丈八尺。北墙设一门，通城外港口，是粮料运输的通道。

南墙二门，与"龙脖"相通，便于龙岛上往来。东西两面无门，利于防守，城内有粮囤、草垛及守城官兵营房。

努尔哈赤在宁远城下失利，派兵突袭防守薄弱的觉华岛。觉华岛守军凿冰为壕，阻止敌人的骑兵。怎奈严冬寒冰，随破随结。

武讷格仅率八百骑登岛就破了觉华城，岛上军民、粮料损失惨重。

史料记载，觉华岛的士兵损失了有七千人，其中商民、男女杀戮最惨。给河车堡、笔架山、龙官寺、右屯的粮，全部被烧毁，损失很大。这次金兵攻宁远不下，便迁怒于觉华。

后金汗努尔哈赤虽在宁远城下失败，却在觉华岛上得胜，使明守岛七千将士全军覆没，大量粮秣和两千余船只被焚，并使明经营多年之觉华岛基地废弃。就官兵死亡与粮船遭焚而言，明军在觉华岛上的损失，超过了后金军在宁远兵败的损失。

第二日，满兵大营毫无动静。袁崇焕对皮廷相笑道：

“努尔哈赤伤得不轻。”

说罢，取出笔砚，修书一封，命人携了礼物前去下战书。

努尔哈赤接了战书一看，只见那上面写道：汗王殿下：吾闻老将军横行天下，所向无敌。今日败在小将手中，岂非天数耶？三日内，贵军若能攻破我城，吾等定当手提头颅，前往迎接。若三日之内不能破城，请汗王自动退出锦州、广宁诸城。

努尔哈赤乃是一代豪杰，岂能不知袁崇焕使的是激将之法？他哈哈大笑着，命大贝勒代善取良马一匹，作为回礼，并命来使转告袁崇焕：

“明日再战。”

来使一去，诸贝勒便围在努尔哈赤的身边，问道：

“陛下，您的身体……”

汗王摇摇头道：

“我满洲十几万大军，连辽、沈、广宁这样的大城，都不在话下，岂能被区区宁远四万多人吓破了胆？何况，袁崇焕若探知我身负重伤，岂不是更加于我不利？”

第二日一早，八旗军果然如约而来，由降将李永芳率精兵配合四贝勒皇太极从西边攻城。谁知八旗军拥到城下，却见城上无一守兵，城下却铺着一张张芦花被。正在纳闷，却见城上突然掷下无数火箭，芦花被一见火花，登时“劈里啪啦”爆得芦花满天，将那临近的八旗兵一个个都炸得血肉模糊。剩下的，一个个都吓得四散而逃。

原来这一床床看似柔软的芦花被中，却装满了火药、铁沙，一经引爆，立时威力无穷。城上的明军见敌军大溃，更是士气高昂，连连往城下放炮放箭，每打中一敌，都互相鼓掌鼓励。努尔哈赤躺在战车之中，听了汇报，心知败局已定，只好赶紧鸣金收兵。

高第经略听说袁崇焕守卫孤城，竟将努尔哈赤打成了重伤，心中大喜过望，忙派精兵五万，前来助阵。诸将闻知，赶紧抬着汗王努尔哈赤撤回沈阳。一路之上，众士卒听说汗王重伤难愈，都伤心得痛哭流涕。

二十六日后金兵退去后，宁远城守军将五十名敢死队用长绳缒到城下，拾到了十万余支箭。城墙上被后金兵挖成的洞穴有七十余个。这时点查火药库，火药也已用尽，局面真是危险得很。

后金军解围去后，百姓感到安全了。宁远城满城大哭。百姓纷纷去拜谢袁崇焕与满桂的救命之恩。为什么要“满城大哭”？想来是既感激又惭愧，又是说不出的欣喜罢？

二十七日早晨，后金兵大队人马拥聚在城外大平原一边。袁崇焕派遣一名使者，备了礼物去送给努尔哈赤，对他说道：

“老将横行天下多年，无一败绩，今日败于小子之手，只怕是天意了。”

努尔哈赤已受重伤，于是回送礼物及名马，约期再战。

所谓“约期再战”，只是掩饰面子的话。努尔哈赤根本不敢再攻宁远城。

宁远之战，后金汗努尔哈赤虽然在觉华获小胜，并以此安慰诸臣、安慰官兵。但就总体而言，就战略而论，历史的结论是：努尔哈赤兵败宁远。

明朝与后金的宁远之战，以明朝的胜利和后金的失败而结束。

传来宁远捷报，京师空巷相庆。

宁远之捷是明朝从抚顺失陷以来的第一个胜仗，也是自“辽左发难，各城望风奔溃，八年来贼始一挫”的一仗。

明天启帝指称：

“此七八年来所绝无，深足为封疆吐气。”

与明相反，努尔哈赤原来用兵攻宁远城，是想夺取山海关，不料败在袁崇焕手下。

袁崇焕指挥这个战役很有儒将风度。坐在城头敌楼中督战，打了胜仗之后，派使者送礼物给努尔哈赤，颇有《三国演义》中诸葛亮与周瑜羽扇纶巾、谈笑用兵的气派；也似南朝梁朝大将韦睿临阵时轻袍缓带，乘车坐椅，手持竹如意指挥军队。韦睿身子瘦弱，但战无不胜，敌军畏之如虎，称为“韦虎”。不过到了当真危急之时，袁崇焕也不能再扮儒将了，只得以“蛮子”姿态来死拼。

袁崇焕初历战阵，便打败了努尔哈赤。

努尔哈赤在宁远遭到用兵四十余年来最严重的惨败。对于军事统帅，最大的痛苦莫过于指挥失败。努尔哈赤兵败后对诸贝勒说道：

“我自二十五岁以来，战无不胜，攻无不克，为什么单是宁远一城就打不下来？”

无奈的诘问，饱含了一个久经沙场的“战神”的无尽的悲哀。

望着努尔哈赤显见苍老的面容，众贝勒及大臣们，面面相觑，无言以对。因为，他们也有些怀疑：难道一向以战无不胜、攻无不克而著称的“战神”已经……

第三十一章

思长治后金创新制
虑久安大汗宴旧亲

努尔哈赤跪着斟满酒杯，无比尊敬地对两位族兄和四位老妪道："岳母、长兄、侄女、女儿及爱妃，请受我努尔哈赤这杯酒。一祝你们健康长寿，二愿你们尽释前怨。请诸位干了这杯酒，从此我们过去的恩怨一笔勾销！"

天命六年（1621年）正月，努尔哈赤精心策划，召开了"内阁"会议。他召集阿敏、莽古尔泰、皇太极、德格类、济尔哈朗、阿济格、岳讬等长侄长孙，对天焚香发誓说道：

"蒙天父地母垂佑，吾与强敌争衡，将辉发、乌拉、哈达、叶赫，同一音语者，俱为我有。征敌国大明，得其抚顺、清河、开原、铁岭等城，又破其四路大兵，皆天地之默助也。今祷上下神祇：吾子孙中纵有不善者，天可灭之，勿令刑伤，以开杀戮之端。如有残忍之人，不待天诛，遽兴操戈之念，天地岂不知之？若此者，亦当夺其算。昆弟中若有作乱者，明知之而不加害，俱怀礼义之心，以化导其愚。似此者，天地佑之，俾子孙百世延长。所祷者此也。自此之后，伏愿神祇，不咎既往，惟鉴将来。"

努尔哈赤渴望苍天中的冥冥神力，能护佑他的子孙永远相安无事，企图依靠对神祇的誓言，杜绝同室相残的血迹，求得天地祖宗的宽恕。

然而，又有谁会相信这不是一场梦呢？努尔哈赤迁都沈阳后，为了加强汗权，不惜将骨肉残杀在血泊之中。

首先是与其胞弟舒尔哈齐的权力之争。

在努尔哈赤起兵之初，舒尔哈齐处于他的副手地位。舒尔哈齐曾多次以建州卫都督等身份进京“朝贡”，这在他兄弟五人中，除他的长兄努尔哈赤外，是绝无仅有的。

舒尔哈齐地位显贵，与其兄相比，也是不相上下的。如申忠一到费阿拉所绘建州首领住家图录仅二幅，即《木栅内奴酋家图》《外城内小酋家图》。他所见舒尔哈齐“体胖壮大，面白而方，耳穿银环，服色与其兄一样”。比申忠一先一月到费阿拉的朝鲜通事河边国，分别受到努尔哈赤和舒尔哈齐的接见与赏宴。这表明，努尔哈赤与舒尔哈齐曾经是主副配合、相辅相成的。

但是，努尔哈赤与舒尔哈齐之间的矛盾，在万历二十三年（1595年）已见端倪。申忠一见舒尔哈齐家里的“凡百器兵，不及其兄远矣”。舒尔哈齐也向申忠一力言：

“日后你佥使若有送礼，则不可高下于我兄弟。”这表露出舒尔哈齐对已经获得的权位和财货的不满。

万历二十七年，建州女真兵征哈达时，努尔哈赤在哈达城下当众多军兵怒斥舒尔哈齐。舒尔哈齐怀恨在心，两人之间裂痕加深。

万历三十五年，努尔哈赤以舒尔哈齐在乌碣岩之役作战不力，命将他的两名将领常书、纳奇布论死。后来，舒尔哈齐为二将求情。这才将他们免死。但罚常书百两银子，夺纳奇布所属牛录。自此，努尔哈赤“不遣舒尔哈齐将兵”，削夺了他的兵权。

万历三十七年三月，舒尔哈齐被夺取兵权后，郁闷不乐，常常口出怨言，认为活着还不如死了好，接着就移居黑扯木。努尔哈赤马上命收回舒尔哈齐贝勒的财产和阿哈，杀了他的儿子阿布什，又将他的部将武尔坤吊在树上，以火烧死。

万历三十九年八月十九日，舒尔哈齐贝勒幽死。据明人黄石斋《建夷考》载：

“酋疑弟二心，佯营壮第一区，落成置酒，招弟饮会，入于寝室，锒铛之，注铁键其户，仅容二穴，通饮食，出便溺。弟有二名裨，以勇闻。酋恨其佐弟，假弟令召入宅，腰斩之。”

努尔哈赤为强化汗权，不惜幽杀胞弟，当然是为他的帝业服务的，这与他晚年渴望子孙相安，“俱怀礼义之心，以化导其愚顽”是不相矛盾的。他渴望子孙相安，为的是让他们能齐心协力，来保他所创下的帝业。至于说努尔哈赤焚香设誓有无爱惜子孙，不忍他们骨肉相残之意，这恐怕年老之人是更容易理解他的。

人都说“人老惜子”，莫非这位当年为强化汗权宁杀爱子的努尔哈赤垂暮之年也有此意？据为他作传的人说：努尔哈赤年事已高，不愿子孙骨肉相残，要不咎既往，惟鉴将来。

努尔哈赤嗣子褚英，乃佟佳氏所生。他在万历二十六年率兵征安楚拉库路，被赐号洪巴图鲁；万历三十五年，在乌碣岭之战中立功，被赐号阿尔哈图土门；万历三十六年，偕贝勒阿敏等攻乌拉，克宛罕山城。旋因居长，又屡有军功，被努尔哈赤授命执掌国政。

褚英柄权后，因年纪轻，资历浅，心胸褊狭，操切过急，受到“四贝勒”、“五大臣”的反对。“四贝勒”即努尔哈赤爱如心肝的代善、阿敏、莽古尔泰、皇太极。他们各为旗主贝勒，握军队，拥权势，厚财帛，领部民，建州又无立嫡为长的历史传统，所以，他们都不满褚英当嗣子、主国政的地位。他们上告长兄褚英。“五大臣”即努尔哈赤所信用恩养、同甘共苦的费英东、额亦都、扈尔汉、何和理、安费扬古。他们早年追随努尔哈赤，威望高、权势重、历战阵、建殊勋，当克图伦时褚英尚在襁褓之中，所以，他们自然也不满褚英专军机、裁政事的地位。他们首告嗣储褚英，似有贰心之嫌，于是，也力求与“四贝勒”联合。

努尔哈赤嗣子褚英对这些建州的柱石和元勋缺乏谦恭之态，想趁父汗在边时逐渐削夺他们的财势和权力，以便巩固储位。这促使“四贝勒”与“五大臣”采取内外夹击的策略，共同对付褚英。褚英陷于孤立。“四贝勒”和“五大臣”经过密议之后，联合向努尔哈赤告发褚英。努尔哈赤让他们每人写一份文书呈送。他们各写文书，联合控告褚英的罪状是：

一、使“四贝勒”和“五大臣”彼此不和睦；

二、声称要索取诸弟的财物、马匹；

三、曾言“我即位后，将诛杀与我为恶的诸弟、诸大臣”。

努尔哈赤在权衡长子褚英与“四贝勒”、“五大臣”两方面的力量对比之后，断然疏褚英。尔后，两次耀兵乌拉，努尔哈赤都没有派褚英出征，让他留居家中。“褚英意不自得，焚表告天自诉，乃坐诅咒”之罪。万历四十一年三月二十六日，被幽禁在高墙之内。万历四十三年（1615年），努尔哈赤下令将褚英处死，当时，褚英年仅三十六岁。

努尔哈赤亲诛爱子，其行为可谓狠矣。但是，若不杀褚英，后金汗权力又当如何呢？后金大汗虽说有亲子之情，但他的创业之心是更甚于此。就像地球不会因为少了某个人而停止转动一样，后金统治集团内部残酷的政治斗争，也没有因努尔哈赤率领众子侄等对神祇焚香设誓而自行消失。同样，“怀礼义之心”的诸王贝勒，对于觊觎汗位者，也必不能“化导其愚顽”。在后金统治集团中，有汗位，就有激烈的争夺；有争夺，就有酷虐的斗争。满洲这种为争夺皇位而骨肉相残的宫廷斗争史，后来一再重演。也许，努尔哈赤若看到后来发生的事情，会以为这是他开的先河，是上天对他子孙的惩罚罢。也许，努尔哈赤根本不做如是想，但不论如何，后金统治集团内部是一直没能彼此相安的，他们当年在努尔哈赤面前的焚香设誓早随那一缕香烟化为乌有，不留痕迹了。

褚英被处死之后，后金的“建储”之争更为剧烈。这主要在四大贝勒的代善和皇太极之间，他们进行明争暗斗，于是，努尔哈赤为了第一个“梦”的实现，接着又编织了第二个“梦”——改革政体。

有书记载：

“天命年间，四大贝勒各拥重兵，觊觎大位。顾阿敏为太祖侄，莽古尔泰之母则得罪太祖，故以代善与太宗最为有望。当开国之初，削平诸部、夺取辽沈，二王功最高。”

代善与皇太极，以序齿言，代善居长，皇太极应在弟行；以才德言，代善宽厚得众心，皇太极则威厉令人畏惮；以武力言，代善独拥二旗，为皇太极独掌一旗所不及。努尔哈赤自然决定让代善继褚英执掌国政。代善因被赐号古英巴图鲁，努尔哈赤死后，必定是代善继其位。努尔哈赤曾说过：

“俟我百年之后，我的诸幼子和大福晋交给大阿哥收养。”

大阿哥，即大贝勒代善，大福晋是努尔哈赤的大妃乌拉纳拉氏阿巴亥。

努尔哈赤将爱妃和诸幼子托付给代善，即预定代善日后袭受汗位。代善性宽柔、孚众望，军功多、权势大，自协助父汗主持国政后，凡是努尔哈赤不在的时候，一些重大军机便先报告他。然而，随着代善的权位日重，他同父汗及皇太极的矛盾便也日趋激化。

代善同努尔哈赤、皇太极之间的矛盾，以德因泽的告讦而爆发。

万历四十八年即天命五年三月，小福晋秦泰向后金汗告发：

“大福晋两次备佳肴送给大贝勒，大贝勒受而食之。一次备佳肴送给四贝勒，四贝勒受而未食。大福晋一天两三次派人去大贝勒家，大约商议要事。大福晋有两三次在深夜出宫院。”

听到告发后，努尔哈赤派扈尔汉、额尔德尼、雅逊和莽阿图四大臣去调查，后查明告发属实。而诸贝勒大臣在大汗家里宴会、集议国事时，大福晋饰金佩珠、锦缎妆扮，倾视大贝勒。诸贝勒大臣虽然内心不满，却因惧怕大贝勒和大福晋而不敢告发。努尔哈赤对大贝勒同大福晋的暧昧关系极为愤慨，但他既不愿加罪于儿子，又不愿家丑外扬，便借口大福晋窃藏金帛，勒令离弃。小福晋秦泰因告讦有功，被升为与努尔哈赤同桌共食。有人说，秦泰之谋出自皇太极。皇太极借大贝勒与大福晋的隐私，施一箭双雕之计，既使大福晋被弃，又使大贝勒声名狼藉，并离间了努尔哈赤与代善的父子情，为他后来夺取汗位准备了重要条件。

后金汗努尔哈赤年事已高，选立嗣君的计划一次又一次地破产。这促使他试图废除立储旧制，改革后金政体，实行八大贝勒共治国政的制度。这也就是努尔哈赤晚年编织的第二个“梦”。但，正如他的第一个“梦”没能实现一样，谁能想到他的第二个“梦”会不会破灭呢？而当时的努尔哈赤正处于晚年的多“梦”时节，他一心一意地勾画着他的帝业的第二步宏伟蓝图，他虔诚地信仰那个当年救他逃脱李总兵追兵的上天，他相信上天让他的脚上长七颗红痣，就是让他来做后金大汗，开辟万世基业的。所以，他毫不怀疑上天为子孙后代设计的治国方针是千真万确的，那么，他的帝业、江山也会是固若金汤、万古不灭的。其实，我们不论他的方针是否正确，单就他那些个聪明伶俐的儿孙后代来看，就很轻易地能判断出他的梦究竟是否能实现。我们且绕过这位用心良苦的后金汗努尔哈赤，暂让他在自己编织的美梦中得意欣慰一番吧。

努尔哈赤为使其汗权具有稳定性和延续性，解决择立汗位继任者的难题，试图将他初设的君言集权制改革为八大贝勒共治国政的体制。

努尔哈赤的八大贝勒共治国政制，是同八旗制度密切相联的。

在经济上，八旗的每旗都是一庞大的政治集团，旗主贝勒又都是本旗最大的财富拥有者。当时的习俗是：有人必八家合养之，土地必八家分据之。努尔哈赤告诫子孙们：

“预定八家，但得一物，八家均分公用，毋得分外私取。”每次兵马出征所获，按照八旗，依军功大小进行分配。其中，各旗的旗主贝勒，在该旗中是金帛、牲畜、房田和人口的最大占有者。如大贝勒代善为正红旗的旗主贝勒，他早在万历四十一年，就占有诸申五千户，牲畜八百群，白银一万两，敕书八十道（诸申，是早期满族内部的一个阶层。地位在贝勒即贵族以下，阿哈即奴仆以上）。八旗军进入辽沈地区之后，旗主贝勒占有的财富更急剧地膨胀。八旗的旗主贝勒既为该旗的最大财富拥有者，他必然要求在政权机关中，有与其财富相关的政治权力。

在政治上，八旗的每旗都是一个巨大的社会集团，旗主贝勒都是本旗最大的封建主，各旗的固山额真、梅勒额真、甲喇额真和牛录额真，领有部众，分割属民，等级等格，名分有定。旗主贝勒即是该旗的最高行政长官。从后来盛京大政殿与十五亭的建筑形式，可以反映出后金汗之下，八旗的旗主贝勒所具有的特殊政治地位。旗主贝勒既为该旗大小封建主的总代表，他必然会要求在后金政权机关中，分享相应的决策权力，参与国事。

在军事上，八旗的每旗都是一个强大的军事集团，旗主贝勒又都是本旗的军事统帅。努尔哈赤以“十三副遗甲”起兵，连年征战，南北驰突，占领辽沈，建立后金，主要是靠军事胜利发展起来的。后金对外掠夺，对内镇压，都需要有一支精锐的军队。后金努尔哈赤汗倚恃铁骑劲旅，吞并诸部，攻城略地，掳掠金帛，俘获人畜，因而，八旗军队成为后金统治的八根支柱。所以，旗主贝勒在后金统治机构中，占有极为重要的地位。旗主贝勒既为该旗的主帅，他必然要求在后金政权机关中，握有与本旗军事实力相应的执政权力。

由此可见，旗主贝勒在后金政权机构中的权力，是按其经济、社会和军事的实力来分配的。努尔哈赤有鉴于此，又以嗣子褚英、代善为教训，决定实行八大贝勒共治国政的制度。

明天启二年、后金天命七年三月初三日，后金汗努尔哈赤发布实行八大贝勒共治国政的《汗谕》：

“众贝勒问汗曰：‘基业，天所予也，何以宁辑？休命，天所赐也，何以凝承？’上曰：‘继朕而嗣大位者，毋令强梁有力者为也。以若人为君，惧其尚力自恣，获罪于天也。且一人纵有知识，终不及众人谋。今命尔八子，为八和硕贝勒，同心谋国，庶几无失。尔八和硕贝勒内，择其能受谏而有德者，嗣朕登大位。若不能受谏，所行非善，更择善者立焉。择立之时，若不乐从众意，指然变色，岂遂使不贤之人，任其所为也！至于八和硕贝勒，共理国政，或一人心有所得，言之有益于国，七八益共赞成之。如已既无才，又不能赞成人善，而缄默坐视者，即当易此贝勒，更于子弟中择贤者为之。易置之时，若不采从众议，指然变色，岂遂使不贤之人，任其所为耶！若八和硕贝勒中，或以他事出，告于众，勿私往。若入而见君，勿一、二人见，其众人毕集，同谋议以治国政。务期斥奸佞，举忠直同也。’”

这八大贝勒，或称八王，又称八和硕贝勒，和硕贝勒也称旗王贝勒。努尔哈赤颁布八和硕贝勒共治政谕，改革政体，旨在提高八和硕贝勒的地位，限制继嗣新汗的权力，以维护后金政权的长治久安。通过这次政体改革，努尔哈赤使后金政权掌握在八和硕贝勒手中，八和硕贝勒拥有相当大的权力，如：第一，推举新汗。努尔哈赤身后新汗的即位，在“八和硕贝勒内，择其能受谏而有德者，嗣朕登大位”。八和硕贝勒握有拥立新汗的大权。新汗既不由先汗指定，也不是自封，而是为八和硕贝勒议后共同推举。新汗既被八和硕贝勒共同推举，即位之后便不能独揽后金大权，其权力受到很大的限制。

第二，“并肩共坐。”新汗与八和硕贝勒并肩共坐一处，同受国人朝拜。新汗在正月，一拜堂子，再拜神祇，三拜叔兄。随后升御座，与八和硕贝勒并肩一处共坐，共受诸臣叩拜。这项朝议规定，将八和硕贝勒位列堂子、神祇之次，而居于新汗之上；在接受群臣朝拜时，新汗和八和硕贝勒处于平等的地位。从而在礼仪上给新汗以严格的限制。

第三，共议国事。“一人纵有知识，终不及众人之谋”，因命八和硕贝勒“同心谋图，庶几无失”。努尔哈赤规定在会议军国大政时，新汗要与八和硕贝勒共同商议，集体裁决，新汗与八和硕贝勒之中，任意一人都不能独裁军政大事。这样，就使八和硕贝勒共同操持后金军国大事的最高决策权，从而限制新汗恣肆妄为，独断专行。

第四，“八分”分配。就是后金军猎获的金帛、牲畜等，归八和硕贝勒共有，按“八合”即八旗进行分配。这既为着八家因财富分配不均而祸起萧墙，更为着防止新汗一人垄断财货。这项规定使诸和硕贝勒与新王在经济上享有同等权力，从而对新汗的经济权力加以限制。

第五，任贤退奸。努尔哈赤规定，八和硕贝勒要“斥奸佞，举忠直”。凡牛录额真以上的官员，其作用、奖惩、升迁、贬斥，都由八和硕贝勒会议共同决定，而不由新汗一人专决。这样，新汗丧失了任免官吏的权力，而人事大权掌握在八和硕贝勒手中。

第六，断理诉讼。努尔哈赤规定，后金审理诉讼的程序分为三级：理事官初审，诸大臣复审，最后由八和硕贝勒断定所拟定之罪。新汗操生死予夺之权受到限制，八和硕贝勒掌握最高司法权。

第七，禁止私议。努尔哈赤规定，八和硕贝勒如果有他事告于众，不要私自去；如果要进朝见驾，不要一两个人去，而必须是大伙聚齐了，共同去见驾商议国家大事。不许八和硕贝勒私自在家中议论国政，也不许新汗同八和硕贝勒之中某人和大贝勒单独密议，以防奸谋。军国大事需要庙堂聚集谋商，共同议决。

第八，废黜新汗。八和硕贝勒如果认为所拥立的新汗，不能接受进谏，行为又常常不妥，那么就有权罢免，另行择立。

后金汗努尔哈赤经过无数个愁绪满怀的不眠之夜，终于完成了这个改革后金政体的梦。他实行八和硕贝勒共议国政的制度，使八和硕贝勒拥有国君立废、军政议决、司法诉讼、官吏任免等重大权力，由八和硕贝勒组成的贵族会议，成为后金国家的最高权力机关。努尔哈赤几经琢磨，终于做出了这一伟大的创举，他试图通过实行八和硕贝勒共治国政制，在新汗嗣位之后，改革君主专制，实行贵族共治，这在我国两千多年的封建社会历史中，是一次可贵的尝试。

然而，后金汗努尔哈赤的这一美梦又是多么荒唐！他试图用八王共治的一纸诏书来阻止诸子势同水火的储位之争，其用意是何等善良！可惜，后金努尔哈赤汗的八旗均分的原则和八王共治的政体，只在皇太极登基以前，曾对诸子相争起过一定的阻止作用，而一旦皇太极登基，这一切又同第一个"梦"一样，成肥皂泡散去了。

难道，这又是历史在捉弄身怀大志的后金汗努尔哈赤吗？其实，历史是不会随便捉弄人的。如果努尔哈赤真料事如神，能妥善安排后事的话，他的美梦至少是不会那么早地破灭的。之所以那么早就美梦破灭，说出来恐怕令后金汗王痛心，因为他百般琢磨、反复研究的政体改革，其实是有着很大的局限性的。也难怪他片面、局限，世事变化莫测，人心复杂难料，有谁会对未来料事如神呢？说到底，努尔哈赤还是被历史捉弄了一回。

这一次改革仅局限在调整后金统治集团内部新汗与八和硕贝勒之间的关系上。八和硕贝勒是后金汗下最大的女真贵族，后金的统治权实际上掌握在几个大贵族，主要是四大贝勒手中，同诸申毫不相干。

这次改革将异姓贵族排除在后金最高统治集团之外。如努尔哈赤建立后金政权，由五大臣执政，其后，他的儿子都一个个长大成人，而且又都具才华，于是，五大臣就被四大贝勒取而代之。这时，费英东、额尔都虽死，何和理、安费扬古、扈尔汉尚在，但并不预政。这表明最高统治权是局限在爱新觉罗氏大贵族之中的，是完全排除了异姓军功贵族的。

这次改革是以努尔哈赤《汗谕》形式进行的，主要意图是在平衡四大贝勒之间的关系，但这种权力平衡只能是暂时的。明崇祯五年，后金天聪六年正月，皇太极开始“南面独坐”，四大贝勒的平衡关系被打破，君主独裁重新建立，努尔哈赤的改革宣告彻底失败。

失败是令人难以接受的，说“失败是成功之母”是用来安慰青年、激励青年的。而后金汗努尔哈赤当年却已是将要入土之人，所以失败除了在他的一生中留下几许让后人品评的话题外，对努尔哈赤已再不能成为“成功之母”了。

努尔哈赤一梦接一梦地连续地做下去，他已经没有时间等梦境成真了。他虔诚地祈祷着上天，希望曾经以乌鸦遮树洞、小狗扑烈火救他于李总兵追兵之中的天能再度赐福给他，让他的每一个梦都能在他的有生之年实现。他苦苦地思索着、追求着，做着许多他从未想做过的事。

天命九年四月，努尔哈赤为了实现他的第二个梦，命他的族弟多毕等人前往赫图阿拉迁陵。赫图阿拉埋葬着他的祖父母和父母，也埋葬着他的妃与弟。努尔哈赤为求死后安宁，有生之年尽量做完对一生冤孽的忏悔。当他命人杀牛祭奠亡魂时，他亲自率领一队披挂一新的将士，在炮声和鼓乐声中，将祖父母、父母和妃与弟的灵柩迎到了东京的灵堂。当他灵前跪拜，焚告天地祖宗的时候，他默默地向他的胞弟舒尔哈齐表示了歉意和内疚，当然，他心中祈求上天恕罪的想法恐怕要多于对胞弟的歉意。

金汗努尔哈赤又开始收买身边的老头儿老太太们，这就是——全家聚会。

天命十一年正月旦日，努尔哈赤一觉醒来，便突然发癔病般地命诸贝勒来见他议事。

八和硕贝勒遵父命匆匆赶来，见父王端坐御座，神情庄重严肃，都猜不透父亲又有何新创。默然静候有一时，才听努尔哈赤开口说道：

“我宗室内，有拜者户、胡星刚两位兄长，昔日只知给我增忧，与我为敌，毫无有利于我的地方。又有乌拉国岳母阿巴亥之母、满泰妻。叶赫国岳母孟古之母、仰加奴妻，挑唆其夫和子与我为仇，你们说，他们这些人哪里对我有半点好呢？不过，尽管如此，他们毕竟是长辈，是应当受到尊敬的，我不能去掉礼节。我想，时值正月，为了表示对他们的慰问，选个吉日将他们召进宫来，一同聚聚，一来表达我对他们的敬意，二来也让你们和他们联络联络感情，俗话说：和为贵嘛。”

努尔哈赤一番话说得情真意切，显然是动了真情的。其实，了解他对以上诸位的痛恨之后，人们就不难了解，努尔哈赤为了子孙相安、江山稳固，做出对他们的友好表示，心里是多么不痛快、不舒服、不愿意啊！但，毕竟一代英王是不同于凡夫俗子的，他们处理事情，着眼点往往在更高更远之处。儿女情长、恩仇怨恨是因政事需要而生的。聪明的人往往能对付一切纵横开合，如此情感上的小小矛盾，对于他们来说，还不是说说话的事吗？

与拜者户、胡星刚两位族兄的矛盾发生在他含恨起兵之时。

万历十二年时候，正值努尔哈赤起兵一年之后。努尔哈赤虽已统一了苏克素浒河部，势力渐强，威信日增，但仍有外部敌人劫寨，宗族戚友加害，努尔哈赤的处境仍很危险。关于宗族戚友加害，有这么一例：

“长祖、次祖、三祖、六祖之子孙同誓于庙，欲谋杀太祖。”努尔哈赤当年刚刚开始创业，虽说他本人智谋过人，英勇无敌，但创业大事仍需有人支持，有人帮助。值此重要时刻，他的族人不仅不帮他，而且还欲加害于他，这怎能不令他痛恨于心呢？所以努尔哈赤说他们“毫不利于我”是丝毫没有冤枉他们的。

至于乌拉国岳母、叶赫国岳母两位女流，虽不曾直接与他发生过什么干戈，但她们分别是两大国乌拉和叶赫的首领之女，她们虽然都有过将自己之女送与努尔哈赤为妻的举动，但努尔哈赤作为政治老手，是很理解她们的意图的，只不过当时势力强大的努尔哈赤并不承情罢了。后来，她们两国在努尔哈赤的征服过程中，都曾百般抗争过，而且，很可能两位岳母在抗争过程中也没少为她们的丈夫儿子出谋划策，以至于努尔哈赤的统一大业大大受阻，军力、财力大大受损。虽然由于努尔哈赤的勇不可挡和智谋过人，他们两国最终还是归顺了，但对她们两人的仇恨却仍在努尔哈赤心中留存着，只不过由于她们是岳母，她们的女儿又为努尔哈赤培养了智勇双全的后代，将功抵过，或者说出于礼义，努尔哈赤才留下了她们的性命，而且还给她们供给，但要努尔哈赤敬她们、对她们友好，这恐怕在那以前是办不到的。

如今，就是这么四位曾经与他作对的人物，努尔哈赤也要出于“受敬之礼不可废”，而准备召他们进宫聚会了。试想，努尔哈赤难道真是心平气和、心甘情愿吗？不然。但却正因为不然，就更应该为努尔哈赤的大义英明、高人一等而赞叹。

当努尔哈赤通知八大贝勒后，便在庆贺新春的佳节里，将他的两位族兄拜者户、胡星刚，两位岳母叶赫氏、乌拉氏，皇姨，以及叶赫贝勒占泰（曾发动乌碣岭之战，与努尔哈赤争雄，兵败后逃入叶赫，及至叶赫被收，他也归顺了努尔哈赤。努尔哈赤曾在对乌拉的政治怀柔阶段把侄女送给他为妻）、金台石（曾为叶赫山城即东城守将，是皇太极的舅父、代善的岳父。东城陷后，三次拒降，后举火自焚未死，被缚俘而缢死）两人之妻一同请入宫中。

当日，宫中隆重设宴，努尔哈赤举家欢庆，深宫大殿里第一次出现了春意融融的气氛。

努尔哈赤精心设计这次别开生面的大团圆式聚会。

他率领他的诸嫔妃，面对坐在上座的两位族兄和四位老妪，行家人礼，其诚其敬，不亚于朝拜他自己的亲生父母。

两位族兄及四位老妪何等身份、地位，见大汗如此礼拜，自是激动不已，免不了离座行君臣大礼。

于是乎，两下和好，恩怨似乎全消，宴会气氛出奇的和睦，少有的温馨。

也许，努尔哈赤老人当时真是人老心诚了，他很可能是在内心里很享用这次聚会呢。可怜那些一生为事业所困的英雄们，其实他们也有七情六欲，只是自古治国平天下者就都少有儿女情长，而儿女情长、以家庭人伦之乐为追求者也很少能治国平天下。这一矛盾曾经演绎了多少人间悲剧，努尔哈赤又如何能逃离规律呢？出于善心，让我们还是来相信他此时的真情吧。尽管他最初的意图可能不是为了满足自己的情感需要，但至少说现在，他那生之为人的温情需要是满足了。那么，他高驾于一切之上的、为帝业着想的意图，使子孙相安、江山永固的伟大理想是否也能在这么一次别开生面的宴会中实现呢？努尔哈赤当时完全沉浸在梦境中，他看到的可能是理想之光的辉煌，但是他的美梦最终也还是会破灭的。人，尽情地享受一番家庭的温暖吧。

努尔哈赤主持过家人礼拜后，众人便就序入宴。

举家饮过团圆酒后，努尔哈赤跪着斟满酒杯，无比尊敬地对两位族兄和四位老妪道：

“岳母、长兄、侄女、女儿及爱妃，请受我努尔哈赤这杯酒。我一祝你们健康长寿，寿比南山，福如东海；二祝你们和睦团结，尽释前怨；三呢，算是对多年来由于政事繁忙，不能前去探望诸位表示歉意。今日正当新春佳节，设宴请来诸位。理当礼遇诸位，且请诸位干了这杯酒，我努尔哈赤心满意足了。”

说完，令人将酒一一送到二兄与四老妪面前。二兄与四妪受宠若惊，见酒端过来，自然不敢怠慢，一个个都小心翼翼地接了酒，然后，六人齐声说道：

“我等罪臣承蒙大汗开恩，不但不记前嫌收留我们，而今又设宴款待我们，我等虽年事已高，再不能孝敬大汗，但是日后教育儿孙时，定要让他们效忠后金王朝，为保后金江山，就算过刀山、下火海，也当在所不辞，死而无悔。我等今日饮下这杯酒，就当对天盟誓，日后若有不从，但愿上天惩罚！”

六人说完，都举杯一饮而尽。努尔哈赤看着他们一个个都杯底朝天，才命人将众人搀起。他哈哈大笑。众人便一齐动筷吃菜，宴会再一次显出家宴的欢乐。

宴会在欢乐祥和的气氛之中进行着。

然而他们谁都没有发觉，不管是操纵者努尔哈赤，还是就范者六位客人，他们都没有发现冥冥中那位天帝已在满脸嘲笑地向他们观望了。

他笑努尔哈赤的痴心妄想，笑六位客人的不自量力，他们太相信自己的教化作用，太忽视子孙后代的勇力、才华，也太忽视历史的造化作用。他们以为自己曾经一世英明，叱咤风云，儿女后代无非是为延续他们的人生理想而为天帝所赐。

岂不知，一个人生与不生，也许天帝有可能定夺，而至于生下来后如何行事，天帝恐怕就不能完全定夺了。

再者说，就算天帝真能定夺一切，焉知道他就不会再造世事，尽废前计呢？所以，天帝要嘲笑他们，嘲笑他们这些自以为是的人。他们也太瞧得起天帝、太瞧得起他们自己了。

是呀，努尔哈赤何尝不是太瞧得起天帝了？他所做了的一切，不是依靠天帝帮忙实现、他自己又能实现多少呢？他只能是算尽一切办法，布置后事，为上天保佑他江山巩固多做一些实在的事务。

然而，上天要真想保佑他，又与他的做不做准备有什么关系呢？当年，上天造他做后金皇帝，他又有什么准备呢？无非是时代需要，上天造化了他而已。

他忽略了时代，忽略了历史发展，以为上天造他就是要他永世统治后金呢。

努尔哈赤虔诚地、苦苦地为实现他的“梦”里乾坤准备着一切，真所谓煞费苦心了。

然而，一切最终都成了南柯一梦。

梦是心灵的呼唤，是希望的寄托，于是，一个个壮举就都在一位位胸怀斗志的伟大人物的梦里诞生了。

他们的事业蓝图大多都是梦里设计的。当然，也是时代需要，所以，他们中不少人成功了。等到老年的时候，梦又是什么呢？梦成了安慰。

努尔哈赤戎马一生，经历过无数的刀枪剑戟，创下了千古英名。而今，他老了，将要离开他一生为之献出了无数血汗、甚至不惜牺牲亲骨肉的后金江山了。

他在短短的余生中，又怎么能不追求美好的梦境呢？

努尔哈赤可谓儿孙满堂、后继有人了，所以，他渴望有人能代他管理政事，自己好享受一下人生的真正安乐。他有时想，那些平民百姓们多幸福啊，他们不因为江山社稷操心，不用为子孙后代操心，老来自有儿孙孝顺，自己又轻松安逸，那生活多自由啊！而我……

努尔哈赤失望了。他不能从现实中获得安宁与欢乐。他的帝位候选人屡换屡让他失望，他的子孙们在他面前和善团结，而背转他，却又勾心斗角，他又怎么能“使我不预国事，得坐观尔等作为，以舒其怀”呢？

努尔哈赤只有寄希望于那些虚幻的梦了。

联想人生，忽觉得这人生也真如一场梦。年轻时，为未来梦幻，当然，这梦也不是完全能实现了的；年老时，为过去和后世梦幻，梦过去是为了求得现实的安慰，梦后世则是为了子孙的平安。然而，这后世的梦，又有几多能实现的呢？也就是梦梦过去辉煌，为自己的晚年添些欣慰，这一点还较为容易办到罢了。

三国时代，曾有同努尔哈赤晚境相似的一大军事家、大政治家曹操有感而发，写过《步出夏门行》这么一首诗：“老骥伏枥，志在千里；烈士暮年，壮心不已。”诗中，曹操抒发了一代枭雄的不朽斗志，但也隐约可以读出人寿无常的些许无奈。因了这首诗的形成简单，思想内涵深刻与抒志直接明了，所以，千百年来，许多仁人志士都在暮年时于各种情况下出于不同思想吟诵过这首诗，他们借用曹操的诗意，抒发着各自不同的人生感慨。然而，有谁又像努尔哈赤一样与曹操晚境如此相似呢？有谁能比努尔哈赤更适合吟诵曹操的《步出夏门行》呢？

“知音哪，曹操，可惜我没有你那样的文采，写不出你那样的流传千古的名诗，但你我心境相同！真想能有幸与你谈谈，或许，我心中的郁闷会多少减退些。”努尔哈赤想到曹操，不免做了如是之想。

然而，这也无非是个梦罢了。曹操入土千年，又怎样出土与他闲谈，为他排忧解难呢？倒是让我们忽然又从他们的相似中看出点什么来。曹操作为一代枭雄，晚年肯定也不少梦幻，梦想江山千古，无论哪个帝王都肯定会想，野心勃勃的曹操一定是更不例外，然而结果又是如何呢？曹丕做了一代帝王后不久，曹氏天下便灭了，又如何能千古呢？努尔哈赤此时想到曹操，是不是在梦想之余，也很有江山不古的担忧呢？难断啊，帝王之心，恐怕连他们自己当时也说不清自己究竟是什么心理。

努尔哈赤梦醒时分，好像有所发现，发现他的梦都不可能好好实现，于是，他又转向现实寻找安慰，于是就有了辽沈之治。

努尔哈赤从小就英勇好战，及至含恨起兵后，更是战事连绵，其中，大多都以获胜为终，因此，努尔哈赤向来也是以英勇无敌而自豪的。

然而，自进入辽沈后，这位用兵如神、在战场上叱咤风云、游刃有余的征服者，却在被他征服的土地上陷入了困境。他不知该如何实行对辽民的统治，不知该如何征服众多汉人。

明天启元年，后金天命六年七月十四日，努尔哈赤综合明辽东封建军事屯田制和后金八旗牛录田制，颁布“计丁授田”令。

他命将收取海州地方田十万亩，辽阳地方田二十万亩，共计三十万亩，给予在该处驻居的兵丁，如不敷用，再将松山堡以东之田耕种。如仍不足，则可出境耕种。

努尔哈赤下“汗谕”：

“凡今年种植的庄稼，均各自收获。我今天计田，按每一男丁，种粮田五亩，种棉田一亩，均平分给你们。你们不要隐匿男丁，如有隐匿者，便得不到田亩。原来的乞丐，不得再讨饭。乞丐、和尚都有权分田。你们都要勤劳地耕种自己的土地，每三男丁种官田一亩，每二十男丁中，征一丁当兵，以一丁应公差。”

天命六年十月初一日，后金汗努尔哈赤又令辽东五卫的人，交出无主田地二十万亩，满洲、盖州、复州、金州四卫的人，也交出无主田地十万亩，共三十万亩，实行“计丁授田”政策。

另外，又将“辽东地区”无主之田，按丁授与满、汉人户。

就其土地所有制来说，后金国家是土地的最高所有者，把土地分为官田和份地，直接生产者除以无偿劳役耕种规定的官田外，便在所得份地上经营自己的经济，而并无真正的土地所有权。就其直接生产者的地位来说，直接生产者虽不像奴隶那种人身隶属关系一样，但不许隐匿人丁。他们被钉附在土地上，成为八旗封建主的依附土地的农奴。就其分配形式来说，生产者耕种规定田作为劳役地租，份地则为“一家衣食，凡百差徭，皆从此出”。

“计丁授田”制度的颁布，表明了土地所有制、直接生产者地位和产品分配形式，都属于封建生产关系的范畴，而其基础则是满洲八旗封建土地所有制。努尔哈赤继牛录屯田之后，又颁布“计丁授田”之令，进一步从法律上确立封建土地所有制在经济基础上的统治地位，标志着我国东北地区满洲社会已用封建制取代了奴隶制。

“计丁授田”令是他在进入辽沈后的第一个经济改革。改革扩大了统治者的利益，而使百姓权益大大受损，这就为农民起义埋下了一颗种子。努尔哈赤统治自己的族人没出现过什么差错，而这一涉及汉人的经济政策颁布后，汉人的骚乱曾经一度使他不知所措，不过，民还是小民，最终，努尔哈赤还是镇压了他们。

“计丁授田”令颁布之后，努尔哈赤又颁布了“按丁编庄”令。他下令将奴隶制拖克索转变为封建制拖克索。建州的拖克索有一个变化的历史过程。它先为奴隶制田庄，努尔哈赤起兵后不久，在奴隶反抗斗争冲击下，逐渐废弃。尔后，奴隶制田庄仍继续存在着。八旗军进入辽沈地区之后，将大量俘获汉人降为奴隶，编入奴隶制田庄。但田庄的奴隶无法为生，叛之殆尽。努尔哈赤鉴于田庄奴隶的反抗，辽东封建经济的影响，奴隶田庄濒临瓦解的原因，便发布了“按丁编庄”令，将奴隶制田庄过渡为封建制田庄。

从此，拖克索发生了质变。

明天启五年，后金天命十年十月初三日，后金汗努尔哈赤发布“按丁编庄”谕：

“男丁十三人，牛七头，编成一庄。将庄头的兄弟列入于十三丁之数。庄头自己到沈阳，住在牛录额真家的附近，使两庄头要住在一处。如果逢上役使，这两个庄头轮流前往督催，诸申不要参与。把庄头之名，庄中十二男丁之名，牛、驴之毛色，都写上，交给村领催，由去的大臣书写带来。”

“若收养的人，置于公中，会被诸申侵害，全部编入汗、诸贝勒田庄。一庄男丁十三人，牛七头，田百亩。其中二十亩纳官粮，八十亩供自己食用。”

“每男丁十三人，牛七头编为一庄，总兵官以下、备御以上，每备御给予一庄。”

以上就是后金“按丁编庄”的基本内容。这是大规模地用划一标准建立起来的田庄。

“按丁编庄”涉及的问题很多，但就其生产关系来说，田庄的土地，分为纳粮和自食两个部分：纳粮部分，壮丁用自己的劳动、耕牛和工具，耕种农奴主的土地，产品作为劳役地租，归农奴占有；自食部分，对壮丁来说，它提供生活资料，对农奴主来说它提供劳动力。田庄的壮丁，有自己的经济，其身份已不是隶属于主人的奴隶，而是附着在土地上，为封建主服徭役、纳租赋的农奴。这表明奴隶制田庄已转化为农奴制田庄，奴隶制拖克索已转变为封建制拖克索。

田庄的数目，虽限定每备御给予一庄，但实际上远不是这样的。据《建州闻见录》所载，后金的田庄，“将胡则多至五十余所”，田庄如云，遍布沃野。田庄中，“奴婢耕作，以输其主”。在按丁编庄之后，“奴婢”也就是农奴。

总之，后金汗努尔哈赤进入辽沈地区之后，控制了其辖区的所有土地。他通过后金政权，一面使牛录屯田发展为“计丁授田”，将是将其中一部分土地，授给后金诸申和汉族民户，从而使屯田转变为旗地；另一方面使奴隶制拖克索转变为封建制拖克索，就是将其中的另一部分土地，分给大小军事封建主。

努尔哈赤实行“计丁授田”和“按丁编庄”，都是封建主占有土地，农奴分得份地，依附于土地，为地主纳税、服徭役，并受其超经济的强制。奴隶制已基本不再是后金社会的主要经济形态，而仅仅是保留在封建制中严重的奴隶制残余了。

后金汗努尔哈赤的“计丁授田”和“按丁编庄”，对于满洲社会完成由奴隶制向封建制的过渡，无疑是一个巨大的进步，但对于辽东地区相当发达的封建经济，则又是一个历史的洄漩。他在辽东地区的经济政策及其实施，主要引起三种人的不满：一是后金诸申的不满。在计丁授田时，上等肥沃土地，有的被本管官占种，有的被豪富占据，剩下的一些贫薄之地被众人分割，名义上是人五亩，实在分到手的不过只二三亩而已。而且，他们除纳劳役地租外，还应公差、服兵役。后金连年战争频繁，他们马不卸鞍，常年服兵役不说，还得自己卖牛典衣，买檄制装，若丧身疆场，妻子无依，家小无靠，其生活是苦不堪言的。

另一种不满的人是汉族地主。努尔哈赤征发“无主之田”和实行“按丁贡赋”的政策，直接损害辽东汉族地主的利益。因为“无主之田”原来其实是有主的，只不过其主人多是辽东官僚地主、缙绅豪富，他们或死或逃，受后金贵族排挤，与后金贵族之间形成了尖锐的利益冲突。“按丁贡赋”对辽东汉族地主也是一个打击。如努尔哈赤向辽东汉族地主下达文书说：

“我来辽东之后，见各种贡赋都不以男丁计，而是按门户计。按门户计，有的门户有四五十男丁，有的门户有一百男丁，有的门户只有一二男丁。如果按门户计，富者可以财物免役，穷人则没有财物，须经常应差，他们一来会有不满，二来又因饥饱不均，难以强壮的体魄，这于军队是不利的。我不执行你们的制度，还用我原来的制度。我不准诸贝勒大臣向底下人索取财物。贫富都公平地以男丁计。”

这项政策尽管没能真正执行，但仍在不同程度上打击了隐匿人丁数量的辽东汉族地主。

再一种不满的人是辽东的汉族普通人。辽东的汉人，无论是“按丁授田”的民户，还是按丁编庄的壮丁，其身份都被降作后金汗、贝勒、额真的农奴，他们不但没有因田而生活有所好转，而且还因民族歧视及农奴身份而遭受更严重的奴役。

后金汗努尔哈赤的经济政策给辽东地区的汉族人民，捆上了阶段压迫和民族压迫的绳索，使他们不堪重负，终于激起了他们的反抗。努尔哈赤本欲改革经济制度后能安抚辽东汉人，没曾想，他们不仅不领情，甚至还起义反抗他。这使他非常恼火。他强烈地镇压了农民起义，才使得他的统治巩固下来。但由于内乱毕竟不利国政，所以，为了安抚民心，努尔哈赤又制定了一系列政策，一方面谕令收养汉人、勿妄杀掠，一方面又经常滥施淫威、举措失当，他所制定的一系列政策其实是更加激怒了汉人。

努尔哈赤究竟制定了什么政策而使民众更加不满于他呢？且看努尔哈赤的喋血政策及辽东汉人对他的反抗斗争——“蛰伏”辽沈。

努尔哈赤面对汉人的反抗，陷入了极度的混乱与矛盾。他集中精力、费尽心思地想管理好自己征战得来的土地，然而，事情往往出其意外，他越是想安定政治，安抚民心，却越是政治混乱、民心动荡。努尔哈赤非常苦恼，他没想到保江山竟比打江山难这么多。他是马上皇帝，但却并非有勇无谋，他曾准确地判断形势，赢得过无数次战争，也曾迂回地运用手段，征服过好几个民族，但值此治国之际，他怎么就没主意了呢？是他年老智弱，聪明不如当年了吗？不得而知。但政策总得制订，否则局面失去控制，其后果将是不堪设想的。

不管剃发也好，迁民也好，查粮也好，征役也好，这一切似乎并没给努尔哈赤带来什么好处，带来的只是辽东人民一浪高过一浪的反抗。

努尔哈赤自以为聪明制定了对辽政策，但这一政策大大削弱了他的统治力量。然而，侵略成性的努尔哈赤心中只有江山社稷，尽管国内政治不稳定，他却又欲挑起新的战争，这说明什么呢？恐怕只能表明努尔哈赤嗜战，且野心勃勃，太有创业欲望罢了。

但努尔哈赤的兴盛期好像已过去了，正如他晚年的一切梦幻都是破灭的一样，他在蛰伏辽沈三年后挑起的宁远战争最终也是以失败告终。

努尔哈赤平定了国内的叛乱，紧接着便又挑起了对宁远的战争。

战争，对某些人来说，它是死亡的象征，是妻离子散、家破人亡的象征，然而对于发动战争的人而言，它却是权势的象征，是威武的象征。对发动者来说，战争就像一餐饭，人少了一餐饭，身体就会受损，而国家少了战争，可能江山就会受损。

努尔哈赤现在倒不是江山受损不受损的问题，而是江山够不够壮美的问题。

努尔哈赤自从起兵后，先后发动过那么多的战争，而战争又给他带来了那么多的收获，建州、海西、“野人”等女真部落的统一，蒙古、乌拉、叶赫等的降顺，哪个不是战争帮他得来的呢？如此看，努尔哈赤又怎能离得了战争呢？他以战争称雄，而且他还要通过战争来与明朝抗争，这是他少年时就曾梦过、老年时仍在梦着的一项伟大工程。

而今，努尔哈赤为内政操劳得心力交瘁，而操劳的结果却又是令他那么的失望，这是很令他难以忍受的。他需要发动一场战争来安慰一下自己的心灵，他需要发动一场战争来鼓励自己的自信。几经失败后，他觉得，只有在战争中，自己的聪明才智与勇力才能得以发挥，自己的信心之帆才能再度鼓张起来。于是，在辽民此起彼伏的叛乱声中，努尔哈赤毅然决定向宁远进攻。

然而，宁远一役，后金惨败。多少年以来的第一次惨败。

宁远之败给努尔哈赤留下了终生遗憾，但他从明人手中夺取帝业的宿愿却仍没更改。努尔哈赤追寻着、期待着军威再振。而今，他需要暂且恢复一番。但没用多久，他就又精神抖擞地踏上征程了，这次是——

讨伐巴林部。

第三十二章

患背痈老汗王殒命
运心机皇太极矫诏

皇太极看看满面犹豫之情的大臣说道："父王交待，一旦泄露将引起混乱，为防大贝勒及阿济格等人生事，故命秘密草拟遗诏，否则……"说到此处，皇太极恶狠狠地盯着大臣，举起手，猛地一砍："杀！"

努尔哈赤自宁远兵败后，便陷入了不可名状的苦闷中。愤恨、懊丧、痛心和失望，交相袭扰着他，使他本就烦闷不安的心更无片刻宁静。而心情的沮丧，更使努尔哈赤的思索无休止地进行下去……

努尔哈赤在自己的脑海里寻找着、探索着，时而反省自责，时而感慨嗟叹。想不到，宁远之败竟像个不散的阴魂紧紧地缠住了他，摧毁了他那从未失去过的自信，他第一次感到人生的困惑。

努尔哈赤一向是沉默寡言的，而如今却也变得唠叨起来了。他以前喜欢独处，喜欢一个人安安静静地思索事情，而今，他竟害怕起了孤独，他强烈地想与人攀谈。他不厌其烦地问身边的大臣：

"难道是我身心倦惰，不留心治道吗？难道是我对国家的安危、民情的甘苦不问不查吗？难道是我对那些立过功勋、为人正直的人没有重用吗？不然，我何以会打了败仗呢？"

大臣们自然会极力安慰他，他明知他们对他说的都是阿谀奉承的话，但他自己又百思不得其解，而由此产生的联想更是令他感到迷茫。他不时地问自己：

"我的儿子中真有像我这样尽心为国的吗？我的大臣们全都是勤于政事的吗？我所面对的明国现在又是怎样的情形呢？像袁崇焕那样的将领明国又

有多少呢？”

诸事萦怀，努尔哈赤真像一个罗里罗嗦的老人了。

他从来没有像现在这样渴求与人倾谈。他希望倾谈的对象，无论是“通窍者”，还是“骁勇者”，或是“精练行阵者”，什么都行，只要他们能给他启迪就行。然而遗憾的是，他身边既无张良、萧何，又无孔明、周瑜，其处境真可谓是孤家寡人，无人可依。

失望之中，努尔哈赤不禁想到了一句古老的民谚：

“一人善射，十拙随而分肉。”

他目前乃至一生，不正是这种民谚的写照吗？

“唉，不肖子弟们，贤人治理之国当等坐享之，英雄阵获之物当等坐分之。而今，贤人垂暮，英雄末路，汝等何所享之、何所分之呢？”

努尔哈赤大发感慨，他的失望无人能理解。

努尔哈赤就这么孤独地调理着自己。不堪忍受现实的诸多失意，他便把思维又引向了追思悠悠的往事，他不想被痛苦、失意击垮，所以只有想法子治愈自己，宽慰、解脱自己。

努尔哈赤从图伦复仇想起，发觉连年的征伐，虽然恍如一场血腥的梦，却仍能把他带回叱咤风云的战场。他想到计杀诺米纳，雪夜伐李岱；想到马尔敦大战、吉林崖四人敌八百人、古勒山破九部联军，想起他由此奠定的建州枭雄的地位，接着，想到他完成对扈伦四部的吞并，对东海女真的招抚，对蒙古诸部的征剿，也想到了他冲出女真、杀向明朝的几次战役，这些都是攻无不克、战无不胜的，攻城略地，他向来都是势如破竹、所向披靡的。这些赫赫的战功，是惟一能使努尔哈赤感到安慰的事情。当沉浸在回忆中的时候，努尔哈赤庄严的、愁苦的面容终于露出了一丝丝微笑。

孤独者之所以能生存，是因为他们有惊人的自救能力。努尔哈赤经过一番痛苦的挣扎后，终于走出了心理的低谷，重新回到了现实。

一旦回到现实，努尔哈赤发现，他还是坚强的一国之主的。国内，其时仍有许多急待解决的问题等着他处理，大家都还倚重他这个后金汗努尔哈赤，大家都等着他为宁远的惨败洗刷耻辱，找回补偿呢。努尔哈赤也清楚地知道，宁远之败，不仅使许多的八旗壮士为国捐躯，死在了疆场，后金国军队笼罩在了损兵折将的悲哀之中，而且，失去亲人的旗人，还会因一无所获，得不到战利品而再生怨忿。后金国的国民还没有丢掉靠掠夺为生的恶习，何况当时，大家还都正在困难时期。这些都不足为怪，更可怕的是，曾经如龙似虎、强悍无敌的八旗壮士在宁远败后竟被他们的大炮吓破了胆，竟然变成了谈虎色变的胆小鬼。

努尔哈赤觉得自己不能再沉默下去，他得拿出一些威严给旗人撑腰做主。

古语说得好：失之东隅，收之桑榆。

为了掩饰兵败的损失，重振八旗军威，也为了洗刷兵败耻辱，发泄心中怨恨，努尔哈赤终于又重新鼓起了勇气，再次举起了征伐的旗帜，将后金将士和人民的不满引向了背金助明的喀尔喀蒙古巴林部。

努尔哈赤找不到比战争更能治愈他心灵疤痕的灵药。战争，对努尔哈赤来说，永远都是振作精神的兴奋剂，可以说，战争几乎是努尔哈赤的全部生命价值，因为它是完成帝业的希望。

明天启六年、后金天命十一年四月四日，在宁远兵败后的两个多月之后的又一个重要日子里，努尔哈赤抛开多日来萦绕心头的郁闷和不安，又一次精神抖擞地踏上征程。

诸贝勒大臣簇拥着威风凛凛的努尔哈赤飞驰着奔向了通往漠北的大路。大路上，铁骑奔腾，黄沙漫天飞扬，其壮观再一次激发了后金八旗将士的勃勃雄心。

努尔哈赤的兵士没有遇到任何阻力，迅速渡过辽河，紧接着，十万大军便以披靡之势杀向巴林部。

努尔哈赤命一支精锐的小分队打前锋。前锋部队由五百壮丁组成，他们个个身强力壮、灵活机智，又都是久经沙场、经验丰富，所以，冲向敌阵后，没用两个时辰，便射杀了巴林部首领叶赫巴图鲁的幼子囊努克。囊努克一死，蒙古军便呼拉撤退。后金八旗军前锋部队首战告捷，五百人连同坐骑均丝毫未损，八旗军士气受到鼓舞，军威大振。

连夜，努尔哈赤不等敌军做好再战准备，就又发兵攻打巴林总部。巴林部迅速灭亡，努尔哈赤马不停蹄，挥师继续前进。

四月五日，代善、阿敏、莽古尔泰、皇太极，以及济尔哈朗、阿济格、岳托等人率领大军，火速奔往西拉木伦河。西拉木伦河是喀尔喀蒙古各部的集中地。努尔哈赤知道他们也曾以战争雄踞欧亚大陆，是一个非同一般的民族，但这不但没有吓倒努尔哈赤，相反却更加激发了他的斗志。他慎重考虑，周密布置，在总结宁远兵败的教训后，心平气和，认真谨慎，试图一举攻灭喀尔喀蒙古族，并以此来检验他自己的能力。

为了完成这一志愿，努尔哈赤调动了他的全部精锐之师。清晨，总攻正式开始。

努尔哈赤亲自督阵，代善、阿敏、皇太极等贝勒大臣英勇对敌。喀尔喀蒙古各部虽兵强马壮，但因仓促应战，毫无准备，所以后金兵来，只让他们手忙脚乱，顾此失彼，营中一片大乱。

后金兵杀气正冲，逢上惊慌不定的蒙古军，他们更是越杀越勇。加上宁远兵败在他们心间积郁沉重，他们正好借此机会，大加发泄。看来，努尔哈赤这次总算算计对了，他终于给自己挣回了颜面，为士兵洗刷了耻辱，给他们找准了一个很好的出气筒，使他们既抒发了心中的闷气，也捞回了宁远战场中没有得到的战利品。他们终于再一次胜利了。这是在宁远兵败后的一次意义重大的胜利，它标志着八旗军仍然顽强，努尔哈赤仍然年轻。

战事很快结束。努尔哈赤以意想不到的速度结束了这次战争。他的脸上终于绽放了舒心的微笑，欣慰之余，他终于出了一口憋在胸中的闷气。“吁，总算是办成功了又一件大事！”努尔哈赤由衷地发出感慨。

为了宣示这次胜利，努尔哈赤在科坤河畔的大营中宰牛祭天，告慰天地祖宗。他感谢天帝给他的安慰。联想到老来所经历的种种失败，他更加看重这次胜利。他认为这是天帝给他的希望，而以往的几次波折无非是天帝有意对他进行考验而已。是呀，我怎么这么经不起考验呢？小小失意竟让我如此不宁，这未免也太没气量了。努尔哈赤面对胜利，心情舒畅多了，所以，以往的所有失意就都在他这一声感慨中淡忘了。他又重新陷入了对帝业的畅想中，他觉得，他的梦里乾坤不久就会成为现实。

努尔哈赤举行了隆重的庆祝胜利的仪式。他在新侵占的土地上犒劳他的士兵。这一天，贝勒、额真以及所有八旗军首领都走到士兵中间，与他们一起大碗地饮酒，大块地吃肉。八旗将士多年来第一次如此亲密、如此兴奋地吃喝在一起，他们都被胜利的美酒佳肴充塞得忘了天日。

努尔哈赤在大宴上也是出奇的好胃口，他好像一下子吃下了过去好几天没有吃过的饭食，他觉得自己是又年轻了。酒肉下肚，他甚至能听到自己身上骨骼生长的“咯吱吱”声音。哪，战场枭雄，恐怕只有在战场得胜后，才会有这种豪情、这种自信吧。

努尔哈赤庆宴后，乘兴查点了所获战利品，然后，将人畜数万悉数赏给了出征将士。将士们分得财物，自然又是一番欢欣鼓舞。

努尔哈赤面对欣喜的士兵，心中那份曾经失落的自信现在更加坚定，他觉得，自己从前的动摇及怀疑是太丢人了。我拥有这么精良的部队，处在这么强盛的地位，还怕等不到打败明朝，统一天下的那一天？我努尔哈赤注定是要做天下王的。年龄算什么，只要仍然强壮，八十岁我也还是能出兵的。如此想着，努尔哈赤就更觉得信心十足。

努尔哈赤在获胜的土地上逗留了一个来月。当把那里一切安排就绪后，五月，他便返回沈阳，料理朝政。

努尔哈赤刚刚返回沈阳，战败的蒙古科尔沁部台吉奥巴就赶来求见。这令努尔哈赤格外欣喜。归附的臣民来拜，他出城十里，隆重欢迎。这是努尔哈赤向来的政策。他对归顺的臣民向来都是十分礼遇的。

奥巴在京的几日，努尔哈赤每天设宴款待，而且还给他丰厚的赏赐，并将养孙女许配给他。奥巴对努尔哈赤十分感激，于是，他们便在浑河岸上宰白马乌牛盟誓，表示君臣永远和睦相处，有敌共挡，有福共享。这是努尔哈赤晚年笼络人心比较成功的一例，但其前提却是战争的胜利。

奥巴的归附，使努尔哈赤看到了后金国的希望。他觉得自己现在是众望所归，还怕日后不能立于不败？

六月，努尔哈赤亲自率领诸贝勒大臣，将欲返回科尔沁的奥巴送到了沈阳以北的蒲河献岗。一路上，努尔哈赤一改以前曾经一度唠叨的衰暮老人形象，重新气宇轩昂，庄严肃穆起来。受他盛情款待的奥巴此时随他同行，只觉得他高大魁伟，令人敬畏，他那威武挺拔的身躯，仍然像蕴含着搬山填海的无穷威力。

努尔哈赤送走奥巴，返回朝廷后，又接连接待了几位臣服的部族首领，于是，晚年一度悲凄的努尔哈赤像是重获新生，朝事确实又繁忙了几日。

但，就像临终之人的那一刻回光返照一样，努尔哈赤的这一段振作，很遗憾也成了他惊天动地的一生中的最后辉煌。

积郁成疾，他竟患上了痈疽。

梦断神游。

七月二十三日，努尔哈赤终于不能再隐瞒病情，勉强支撑了。他把朝中事稍做安排，便决定前往辽东清河温泉疗养。

八月初一日，努尔哈赤让侄儿阿敏宰牛烧纸，跪在地上向天地祖宗祈祷：

“苍天在上，先祖有知，我辈努尔哈赤争战一生，只图创业。现今，眼见帝业初创，前途无量，众子嗣却心力不合，不宜治国。我当一人独撑天下，续建后金帝业。然由于不慎，我却又染上痈疽，如今，虽百病皆侵，然惟疽凶猛。为后金江山万古不灭，努尔哈赤请天地、先祖保佑，令我生命安全，寿命无疆，以尽我创建后金江山之毕生之力。万望关注，切切！”

努尔哈赤百倍虔诚地向天地祖宗求助。然而，生老病死，仍是大自然新陈代谢，向前发展延续的必然规律，就算神灵果有神力，又如何能破坏自己所立的规矩呢？何况，天地、圣灵原只不过是努尔哈赤在孤独无援时，自己臆想出来的一种依靠而已。可怜努尔哈赤一生靠自己的勇力、智谋南征北战，开创基业，临老万般无奈之时，竟向神灵祈祷起来。他记得，神灵从前帮他时，可从来是没用他祈祷的；而且，为感激神灵帮助，努尔哈赤也是诚心做过表示的，按理说，危难之时，神灵自当主动前来相助才是，如今怎么反倒是求也不至了呢？心病、身病一起折磨着努尔哈赤。他在清河疗养半月有余，病情不仅不见好转，而且反倒更加严重了。

努尔哈赤冥冥中感到他已失去了神助，自己在人间苟留时间不会太久了。于是，八月十一日，努尔哈赤由清河出发，乘船顺太子河而下，向沈阳返回。船载着病魔缠身、思绪沉重的一代英杰，很快进入浑河，然后变成逆水行舟，船速减慢。

努尔哈赤凭意志支撑的伟岸身躯终于倒下。他静静地躺在那里，如油尽灯干。剩下的微弱生命，他更是备加珍惜。

不再为那些搅扰他不安的挠心事耗费心力了，他要好好利用这内心中仅存的一丝光明，去想想自己的亲人，想想自己帝业的美好前途。

他仿佛看见爱妃大福晋阿巴亥含情脉脉依他而坐，诸子一个个谦虚谨慎地侍立两旁，孙子辈均随其母，罗列诸子身后。

他命他们就座，为他们设宴，要他们尽情享受，尽情欢愉。而后，他又看见自己端坐御座，满朝肃然静穆，明朝王跪拜阶下，三呼他万岁、万岁、万万岁……

啊，这一切都是多么美好！努尔哈赤举家安宁，后金帝国天下太平，这不正是努尔哈赤一生中梦寐以求的吗？啊，可惜，这一切恐怕永远也只能是梦了，因为，想着这一切时，努尔哈赤早已是昏迷不醒了……

他又走进了他的梦中。梦里来，梦里去。只有到这时，他似乎才领悟人生的可笑。当你溘然去时，往昔的峥嵘岁月、往昔的荣耀却变得虚无飘渺起来。梦里的“乾坤”犹如海市蜃楼。那些都是可望而不可及的。

努尔哈赤的“梦”，是“老龙”的“梦”。他终生为这龙的“梦”而奋斗。

当这“梦”似圆非圆之时，他却将这残缺不全的“梦”留给了那些“龙子龙孙”们。

“龙子龙孙”不是“老龙”，这本来就残缺的“梦”传到他们的手里，似乎有些“变味儿”，有些“走样儿”。

本来就飘渺虚幻的“梦”，在这些“龙子龙孙”的整治下，更显得神秘，更显得难以琢磨。

沈阳城中，满汉百姓闻知大汗负伤而归，竟都不约而同地来到路边，目送汗王回营，这时节，正值辽东大地的春天，春风扑面，花团锦簇。为了让努尔哈赤早日康复，众贝勒将汗王送到清河的行宫里息心静养。

三个月时光飞逝而过，炮伤一点一点愈合了。可是汗王毕竟已是六十八岁的老人了，他的身体已经大不如前，特别是七月以来，汗王的后背上，忽然生了一个毒疮，时常疼痛。御医知道清河的温泉能医治皮肤顽疾，便建议汗王去温泉沐浴。

可是没能料到，一洗之后，汗王的病情反倒一日重似一日，陪同的诸王大臣们，见老汗王整日昏睡，不吃不喝，不得不采取应急之策，速返沈阳。

于是，八月一日，老汗王被抬上一艘大帆船，在大贝勒代善和四贝勒皇太极的陪伴下，顺太子河而下，经浑河，驶向沈阳。

帆船于十一日到达沈阳。老汗王的精神却忽然好了起来，命人将乌拉氏母子接了回来，又将众贝勒、旗主、文武大臣们都召到八方殿内，挨个儿看了一遍。这大殿之中，从来未坐过这么多人，一时间，竟显得拥挤起来。

老汗王看着诸子济济一堂，文武大臣聚积如云，心中不禁大悦。他挥了挥手，命侍卫抬进连夜铸好的两尊铁鼎，放在桌上。

九皇子巴布泰盯着这两只铁鼎看了半天，不解其意，便问道：

“父王，孩儿见过的鼎都是三足二耳，为啥这两尊鼎一个是八足，一个是独足？”

老汗王笑了笑，弯腰朝巴布泰道：

“九儿，你把那尊独鼎给父王立到桌上去。”

巴布泰听话地走上前去，抓起独足鼎，在桌上立了半天。可是那独足好似锥子一般，哪里立得起来？他只好垂头丧气地坐下了。

六皇子塔拜是一个又粗又壮的汉子，他见九弟不行，便自告奋勇地道：

“父王，将那独足削平，不就能立住了？”

努尔哈赤笑着摇摇头，又道：

“八儿你来试试。”

皇太极见父王点到自己，便大步走上前去，双手举起鼎来，猛地一墩，只听“咔嚓”一声，桌上砸了个大洞。众人定睛一看，那只独足鼎已经稳稳当当地卡在其中了。

十四子多尔衮奶声奶气地喊道：

“八阿哥耍赖！”

说着，跑上前去取出独足鼎，轻轻放在八足鼎旁边，笑着对父王说道：

“这样不就立住了！”

汗王却没有吭声，他挥挥手，命人搬走了鼎，朝大家道：

“朕今日将诸位召来，是想商定汗位继承人之事。鉴于古今历史，朕想反古今之定例，立八王共治的新体。”

众人一听汗王说到了正题，顿时鸦雀无声，全神贯注地倾听起来。

“朕近来身体越来越不行了，恐离大去的日子不久了。我去之后，嗣等汗位的，应是有才而且善于纳谏的皇子。自古以来，只有品行端正者，方能造福于民。众位刚才都见了，八足稳立，而独足难立。我去之后，众位贝勒、文武大臣，应归八旗。八旗之主，应当坚持国事众议，谨防一王独断。这样，方能避免恃强恃力者毁我江山……”

老汗王说罢，诸子肃然起立，高呼万岁。范文程上前道：

“此八王共治之体，前无古人，后无来者，乃是汗王创举！”

众位旗主、贝勒这时也纷纷上前，称颂不绝。老汗王见诸子甚解其意，也满意地抚须大笑。谁知这一番劳累，又受了些风寒，只好又躺上病榻，息心静养。

这些日子，外面军政事务，都由诸贝勒共同料理，老汗王努尔哈赤虽然躺在病榻之上，却仍思前想后，不肯安歇片刻。

汗王自二十五岁起兵，一生南征北战，从来都是凯旋而归，谁知如今却败在一个无名小子的手下，实在难以平静。他躺在病榻之上，思潮翻涌。几十年了，他是第一次有这个闲暇，得以反省自己。对自己以前做过的所有事情，努尔哈赤都怀疑起来，自己治国是否有过失误，下察民情是否有失，教育子孙是否得当，特别是将来的汗位，将由谁来继承，他觉得心里有千头万绪，理不清楚。

朦胧中，他仿佛又回到了少年时候，额亦都、安费扬古、阿敦、舒尔哈齐都紧紧跟在他身后，破古埒、灭尼堪、收复辉发、平定乌拉、鲸吞叶赫、征服哈达、并吞“野人”女真、大破九寨联军、创建八旗、制定满文、智斗李成梁、计袭抚顺、大战萨尔浒、巧取开原、夺取辽沈、占领广宁、修筑新京……一次次凯旋而归，一次次论功行赏，那时何等风光、何等气魄呀！

蓦地，他又想起含恨而死的结发妻子秀儿，想起了孟古，还有那个葬身他乡的绝世美女温姐，她送自己的那幅肩负世间愁苦，孑然独行的《行者图》，陪伴了自己几十年。看来果真被她言中了，自己戎马一生，荣华享尽，妻妾、儿女成群，到头来却比任何乡村野老都要寂寞得多呀……

忽然这一切都消失了。凭他如何倾听，怎样寻觅，那欢声笑语，那舞曲再也没有……只有身下浑河自顾自地流淌着。

努尔哈赤一直处于迷蒙中，但一旦回到现实中来，听到不变的浑河之流水声，听到侍从轻声来回走动的声音，不禁于胸中深叹一口气。俱往矣！往事如烟，抓也抓不住，一挥手便轻易地散了，消失了，再也寻觅不到。

老汗王知道自己不久于人世，可阿巴亥在哪里，她怎么还不来呢？不是早已派人去召大妃了吗？

此时的一代枭雄、老汗王努尔哈赤如同一豆灯光，即将燃尽，堪堪将灭。

一切一切，渐归于沉寂，世界离老汗王越来越远，越来越远……

“汗王，汗王！”

努尔哈赤被急切的呼声唤醒了，他无力地睁开双眼。他看到大妃阿巴亥就在自己的身边泪流满面。老汗王的嘴唇动了动似乎想要说什么。

“汗王，您会好的！汗王，有什么话说，就说吧，我听着呢！”

老汗王无力地张着嘴，可他已说不出来，只有两滴泪珠顺眼眶滚落。他又昏迷过去了。自此归入沉寂，生命在往下陷落。

阿巴亥坐在老汗王身边。自从老汗王得了痈疽病，她心中已有预感。可是老汗王一直没有留下什么话，给自己安排一下托付之人。现在她见老汗王如此，知生命已尽，再也不能讨得老汗王的口谕了。她只好一边垂泪，一边为尚有一息之气的老汗王做点儿最后的事情。她用香巾给老汗王净面、净手。她现在能做的只有这些了。大妃阿巴亥心内悲切，她多希望老汗王好转过来呀！老汗王呀……

大妃阿巴亥看着老汗王的生命一点点在耗尽，看着生之光离开了老汗王，死神走过来了。

天色昏暗，一切都归于静寂，太阳隐失于天外，星星还未露面，天地一片茫茫。

在距沈阳四十里处的瑷鸡堡，刚好是下午未时，努尔哈赤的心脏停止了跳动。时年六十八岁。

努尔哈赤就这样未留下一句话就离开了阿巴亥。一代天骄陨落了。

秋风萧瑟，夜幕下，努尔哈赤在沈阳的行宫里，但他再也没有知觉了，他再也不能指挥若定了。幽深的王宫笼罩在惨怛的气氛中。

安葬汗王及其身后的一应事项由以四大贝勒为首的诸子们紧张而秘密地进行着，墓地、葬仪、日期……还有"遗嘱"。

有关遗嘱的全文已无从查找，有关文献中只扼要地记载着：

"后大妃，饶丰姿，然心怀嫉妒。每致帝不悦，虽有机变，终为帝之明所制。留之恐后为国乱，预遗言于诸王，曰：'俟吾终，必令殉之。'"

阿巴亥的命运就这样决定了。

四大贝勒公布了汗王的遗嘱，阿巴亥简直不相信自己的耳朵，呆若木鸡。她恐惧、绝望，然而又备觉疑惑，老王对自己那么疼爱，怎么可能让自己殉葬，怎么可能忍心让自己殉葬呢？她悲切地哭泣着，不相信事实真的会如此残酷。

她对各位贝勒说道：

"汗王对我恩爱有加，各位有目共睹，老王已饶我之过，不再追究，他不会真心愿意我得到如此结果的。"

四贝勒皇太极等答道：

"先帝有命，虽欲不从，不可得也。"

阿巴亥支吾其词不愿殉葬，但贝勒大臣们以先帝之命为据，毫不相让。

阿巴亥痛哭失声。她心中怨啊！自己从十二岁侍奉君王，竟有如此下场？天理何在？阿巴亥心中不平，她恨啊！为什么偏偏命运不放过我呢？这就是我的一生吗？

但现实不容她生。

大妃阿巴亥回到卧房，哀哀痛哭。想先帝下诏令自己奔辽阳之时，因匆忙而遗失仅存的衣物，包括头饰、假发统统失落。老汗王颇为在意这区区小事，他知道这些都是阿巴亥的心爱之物，因而派人找回失落之物。汗王如此待人，感情可见其炽烈。然而……大妃不禁问道：

"汗王啊！汗王！你找得回我所失之物，又为何不愿找回我那后半生？

你因何要我死呀？”

此时真是叫天天不应，叫地地不灵。

大妃的儿子阿济格、多尔衮和多铎更是悲痛无比。他们没想到父王会留下这样的“遗嘱”。他们只能袖手旁观，而无力救皇额娘脱离死地。

皇额娘也担心自己的儿子啊。自己死后，三个儿子更加无依无靠。她虽已向阿济格三兄弟的兄长们恳求过：求他们恩养幼子多尔衮、多铎。代善、皇太极等也答应过了。但三个孤儿既无势力，年纪又小，一旦受人欺负，又有谁为他们撑腰呢？

阿巴亥在努尔哈赤死后的第二天早上辰时自尽而死。她带着怨恨与不平，带着对幼儿们的挂念，不情愿地走了。

同时殉葬的，还有宠妃阿济根和那个因告密大妃而获宠一时的代因扎。

《满洲实录》中有这样的记载：

“太祖崩时，国政及子孙遗命豫有告诫，临终遂不言及。”

但在当时，人们只能凭感觉猜测，而这感觉已因汗王的驾崩变得格外敏感。

努尔哈赤真的留下遗命，令大妃阿巴亥生殉吗？代善、皇太极等诸贝勒所得遗嘱由何而来？确定可靠否？

以后的一系列事实更让敏感的人们敏感，大妃的生殉和汗位的继承难道没有联系吗？

人们对努尔哈赤和阿巴亥等留下的“遗嘱之谜”纷纷猜测着。

时日愈久，人们心中的疑虑愈重，后来人们竟有了这样的猜测：阿巴亥乃皇太极等人假借遗嘱逼迫而死！

后金国将辽、沈攻下后，辽东尽为女真族所有，在与各位福晋及诸大臣、贝勒们共庆胜利之时，汗王努尔哈赤宣布了一项经过深思熟虑的重大决定。他宣布这项决定，一是让“新”回的大妃放下心来，二是对自己身后之事略做安排。他说道：

“我疆土日益广大，百姓黎民日益众多，国事日繁，朕年岁已高，四大贝勒使命日重，因此，朕决定再封四个新贝勒，和四大贝勒同时协朕处理军国大事。将来，重大事情都由八大贝勒共同协议。从今以后，由八大贝勒共治国政，任何一个人不能专权袭国。朕将来归天后，由八大贝勒共同推举一人继承朕的汗位。”

汗王宣布实行八大贝勒共治国政的制度，不但群臣哑然，就是代善、皇太极和众贝勒也都莫名其妙。聪明的皇太极只隐约感到，这无形中削弱了自己的权力和地位。

这一决策，汗王心中思谋已久：

“褚英专权误国，代善功劳虽大，竟也与母后私通。又敢于和我争宅第。我现今健在就敢如此，一旦我死以后，不更为所欲为？”

他想四大贝勒现在权力特重，将来也可能争夺汗位乱了天下，所以应当分散他们的权力。他认为可改四大贝勒执政为八大贝勒执政，将来他们可检议嗣位之人，避免因争汗位造成内乱。他觉得这是长治久安之策。他所要封的四位贝勒，是阿济格、多尔衮、多铎、济尔哈朗。除其中的济尔哈朗是他的亲侄子外，那三个都是大妃乌拉氏所生的爱子。他们现在年幼，他恐怕自己一朝驾崩，他们会受兄长们欺凌。现在趁自己还在封他们享贝勒高位，就可避免日后被欺压。

代善、皇太极都暗自放心。这四个人，阿济格兄弟三人年龄尚小，还形成不了与自己争权的势力。济尔哈朗又是阿敏的弟弟，也不会妨碍自己的权力。

代善觉得应再讨明示，于是躬身询问如何共执国政才是。努尔哈赤答道：

“朕的基业乃天所赐予。将来继朕汗位者必须有德者嗣之，不使强梁有力之人为之。所以继朕汗位之人，要由八大贝勒共同选择、共同推举。即位之后，也不准独揽大权，必须与八和硕贝勒并肩共坐一处，接受群臣朝拜。军国大事新汗要与八大贝勒共同商议，不得专断。凡所获金帛、牲畜等为八和硕贝勒共有，凡牛录以上官员封赏、升迁、贬惩，皆由八大和硕贝勒议定。”

最后努尔哈赤补充道：

“对新汗八贝勒有拥立之权，也有废黜之权，如新汗不肯受谏，行事奸乖非善，八大贝勒可废黜，另推举有德之人为汗……”

努尔哈赤给八贝勒如此大的权力，平衡了四大贝勒的关系，为自己准备了后事。

虽然努尔哈赤对自己身后之事已做了尽量的安排，然而，权力之争仍不可避免。有多少人为这“权力”二字所害，兄弟反目，父子成仇。天地间的人们被这“权力”蒙住双眼，什么时候才有醒过来的那一天呀？

努尔哈赤之长子褚英不就是为早日得到权力而被父亲仇视吗？他不就是

被这“权力”害死的吗？他死后代善、皇太极等人之间又争杀暗斗不断。如今代善因与阿巴亥之丑事已失去争夺汗王的兴趣，他已被这人间之情愁磨砺得如一个鹅卵石，再无锋芒。他似乎已看透这人生，“权力”为何物，值得人人去争吗？得到它又有何用？得到它时同时不是会失去很多很多吗？

代善既无争夺之心，努尔哈赤这几个儿子当中也只是皇太极最有可能了。皇太极以机巧长于众兄弟之中，他也是对权力最热心的一个人。他渴望自己能像父王一样叱咤风云，渴望继续父王未竟之事业，施展自己的才华，创一番天地。然而，多尔衮、多铎逐渐长大，他们与阿济格相依相靠，势力渐强。皇太极有了新的竞争对手。

多尔衮和多铎自幼聪明伶俐。努尔哈赤也对这两个孩子特别偏爱，视如心肝。努尔哈赤为了平衡四大贝勒之权力，又封八大贝勒，阿巴亥的这三个孩子皆在八大贝勒之内。他们成了主管一旗的旗主贝勒，从而取代了德格类和岳讬的位置，跃居“八固山王”的行列。按努尔哈赤的安排，“八王共治”的治国原则使八固山王平列。因八固山王中的阿济格、多尔衮、多铎这同母三兄弟得三旗，再有母亲总领其上，明显地他们的势力大增。如果由八固山王推举汗王，那这天平肯定会倾向于他们这边。结果当然十有八九，是他们三兄弟之中的一人为王。

聪明的皇太极自然意识到了这一点。他亟须采取措施，一定要削弱这三兄弟的实力，自己才可能在汗位之争中有希望获胜。

老汗王的身体自宁远之败后越来越衰弱，他又患了痈疽，所以去疗养治病。皇太极知道有一天老汗王会突然离去的，自己应该早做打算。

这一天，他又在书房内苦思冥想，希望有一个天衣无缝的计策，既可削弱三兄弟之力量，又可不使自己的声望受损。一个念头闪现在脑际：对！可利用父王病中，不在宫内，就此之际，利用父王之名，制一“遗嘱”，则可矣。因为以父王之命削弱三兄弟之权力，不会有人怀疑自己的。努尔哈赤万没料到自己的儿子会假借自己的名义来个什么遗嘱吧？如果他能料到皇太极竟想出这样一个计谋来，恐怕他早就事先立下遗嘱了。然而，事情发生了……

皇太极密派心腹亲信将负责书写旨意的大臣叫来，说四贝勒有急事相告。

大臣来了。参见已毕，皇太极喝退左右，命人严防他人偷听，然后将该人带入小密室之中。他开门见山地说道：

“父王命我替他写下遗嘱，召你前来，正是要告诉你如何书写。你回去后，要立即秘密地写下，万万不可泄露。”

大臣感到惊异：老汗王去温泉治病，至今未回，何以会有“遗嘱”，又怎么会让四贝勒在如此情形之下相告呢？

他赶紧躬身问道：

“臣斗胆请问四贝勒，汗王可有手谕？”

皇太极见问，说道：

“没有，这是父王亲自命我办理，亦未告知他人，父王命我只可一人知道，秘密立下遗嘱。”

皇太极看看满面犹豫之情的大臣接着说道：

“父王交待，一旦泄露将引起混乱，为防大贝勒及阿济格等人生事，故命秘密行事，否则……”

说到此处，皇太极恶狠狠地盯着大臣，举起手，猛地一砍：

“杀！”

大臣混身一抖，吓得倒退两步，看着恶狠狠盯着自己的皇太极，心中明白：

“如不遵命，我命休矣。”

“既是汗王有谕，又有四贝勒之命，臣依命办理就是，绝不敢泄露出去。”

皇太极微微一笑：

“好！那你快去吧！”

大臣诚惶诚恐地倒退数步，急匆匆地走了。

……

第三十三章

得玉玺大清改国号 纳美人新帝充后宫

皇太极看了看表文、玉玺，却一笑道："现下时局尚未大定，正是用兵的时候，哪里有功夫顾及此事？"诸贝勒、大臣齐道："玉玺便是天命，且皇上功盖寰宇，又要对明廷用兵，不上尊号，岂不被那姓朱的皇帝小觑？"

事情果如皇太极所料，老汗王仓促间去世，无任何话留下来。

于是，汗王死的当晚，皇太极请诸贝勒及大妃阿巴亥齐聚大殿，宣布了遗诏。

阿巴亥难以相信这是事实，将汗王生前所说的要将自己及幼子托付给大贝勒代善的话晓示众贝勒。可皇太极说道：

"我等皆未听汗王提起过此事，怎能相信？汗王有遗命在此，你如何又不信呢？"

"遗命？"阿巴亥机械地重复道，是啊，遗命在此，谁敢反抗。她茫然麻木地转过身走出大殿。皇太极嘴角挂着一丝冷笑，看着大妃的背影，看着阿济格弟兄哭着追上前去。

阿巴亥怎能甘心，她觉得这里面有鬼，可事到如今，又有何办法？代善一句话不说，只凭皇太极张狂。她也没有力气再去争辩了。然而看着三个孩子，她悲切地哭了。良久，嘱咐阿济格道：

"你是兄长，以后要好好照顾两个弟弟。"

阿济格哭着，看着自己的母亲，点了点头。他也没有办法呀，父王遗命！父王遗命！他只能点点头而已，什么话也说不出来。

阿巴亥看着哀哀痛哭的孩子，一狠心走进屋内，关上房门。

可还有一句话让她回过头来：

“要多加小心，仔细提防皇太极。”

她能做的只有这些了，以后她再也不能保护自己的孩子了，以后只有看他们自己的了。她诅咒上天、诅咒皇太极，怨恨代善、怨恨汗王。

阿巴亥死了，皇太极现在可暂时放下心了。因为代善早已不是自己的对手。现在只有自己最有实力得到汗位。

代善与其兄褚英为努尔哈赤元妃佟佳氏所生。他很早就随父东征西战，曾赐号古英巴图鲁，在八旗中领有正红旗和镶红旗。代善本可以继承汗位，他有这个实力，又有深得人心这一优势。但他为人庸劣，在与大福晋的关系被揭露后，在努尔哈赤及诸贝勒心目中的声望已垮，因此他本人已无奢望承继汗位。

现在他会支持谁为新汗呢?

努尔哈赤身死的当日，代善叫来两个儿子问道：

“你们认为以后谁应继承汗王？”

长子岳讬答道：

“您为长子，当然汗王由您来做。”

三子萨哈廉也赞成大哥的说法，认为父亲应做新汗王。

代善沉思一下说道：

“我早已无此志，不愿卷人这权力之争中。你二人也不必劝说。还是商议其他人谁可为新汗王吧！”

岳讬和萨哈廉听到父亲竟无意争汗位，心中惊异。然而父亲口气坚决，显然已无商量之余地。无奈二人缄口不言。

代善接着说道：

“八大贝勒当中，现只有四贝勒皇太极可以为新汗，你们看呢？”

二人点点头。皇太极确实实力雄厚。阿巴亥已死，阿济格三兄弟势单力孤，父亲不愿相争，皇太极成为新汗的可能性最大。

代善见二人无话，于是命令二子与其共同作书，以便明日传与诸贝勒看。

第二天，诸贝勒大臣聚于朝内，共同商议推举新汗的问题。

代善作为长子首先说道：

“国不可一日无主，我们应尽快推举新汗王，避免旁生枝节，被人乘虚而入。”

皇太极响应道：

“对！我们应推举才德兼备之人为新汗，主持国事，我等尽力辅佐，以壮我国之力。”

代善将拥戴皇太极为汗王的书传递与众贝勒，然后说道：

“皇太极随老汗王身经百战且智勇双全，应立他为新汗。”

其余人，就是皇太极也吃了一惊。代善竟主动推皇太极为汗，怎不叫人吃惊。他二人一直暗中较量，各展其能，对汗位虎视眈眈，何以今日代善放弃？放弃也就罢了，他又为何力举皇太极呢？

莽古尔泰见大贝勒首推皇太极，他也说道：

“皇太极足智多谋又善战勇猛，我等诸人皆不及他，当立皇太极为汗。”

阿敏、阿济格和多尔衮等人心中却不平。大贝勒为长子，新汗王当然要推大贝勒。皇太极怎可为汗？然而众人之中，皇太极确实是一个佼佼者。众人皆明白这一点。

代善见无人再言，知大家心中不服。他接着说道：

“我后金国面临强敌，若无得力之人领导，极有可能重新为明朝所压，只有皇太极这等智勇双全的人才可能主持大局。我等共同治国，共同御敌，则后金国可日益强盛，老汗王之抱负可以实现了。”

代善一番话，众人无话反驳，为了后金国的强大，众人只好纷纷表示同意。

皇太极没有想到代善竟然支持自己，又极力说服了众人。他心中当然欢喜，心中暗道：

“我终于可以坐上汗王宝座了。此后我可以大展身手了。”

于是，众人皆称赞，“议遂定”。

皇太极继承汗位时曾说道：

“皇考无立我为君之命，若舍兄而嗣立，既惧弗克善承先志，又惧未能上契天心，且统率群臣，抚绥百姓，其事甚难。”

这些话虽然是虚与谦让之辞，但皇太极是在代善父子及诸贝勒拥立下继承后金汗位的则是事实。努尔哈赤死后一天，后金便选择了一个有力的新领袖，来继承努尔哈赤的事业，这对以后的发展有很大的关系。天命十一年九月初一日，皇太极宣布正式即汗位，明年改元天聪。

皇太极在汗位争夺中如愿以偿。然而，他嗣立大位却非诸贝勒诚心拥戴，人们心中的疑团并未解开。而遗嘱之谜，又在皇太极死后重新掀起嗣位的波澜。

清崇德八年，此时努尔哈赤已在沈阳东郊的福陵里度过了长眠后的第十七个春秋。皇太极因病去世，清统治集团内部矛盾激化，新君的嗣立将遗嘱之谜又摆在人们面前。

皇太极的长子豪格和多尔衮是势均力敌的竞争对手。

当时满族贵族中原皇太极所属的正黄、镶黄两旗大臣索尼等人，坚持主张支持皇太极长子豪格继承帝位，并表示：

“先帝有皇子在，必立其一，他非所知。”

另一派满洲贵族则支持多尔衮，认为他作战英勇，足智多谋，在满洲贵族中素有威望。

两派斗争激烈，相持不下。

这日，两派又于朝内争论此事。在崇政殿里，一场舌唇之战开始了。阿济格和多铎当着众大臣的面对多尔衮道：

“你在我等之中威望最高，又是先帝崇宠之人，如今阿哥去世，当由你来即位。”

这些话马上受到索尼等人的反对：

“尔等将皇上长子豪格又置于何位？有豪格在，又怎能由多尔衮即位？”

多铎急不可耐。他见多尔衮默不做声，面对誓死拥立皇子随嗣的大臣，他大声说道：

“你若不允，当立我。我名在太祖诏。”

多尔衮见弟弟如此鲁莽，心中不满，抢白道：

“豪格也有名，不独你有。”

多铎仍是不服气，争辩说道：

“不立我，论长当立代善。”

代善现在早已在汗位争夺战中败下阵来，他甘于与世无争的淡泊和宁静。此时，他听到多尔衮提自己即位，连忙摇手：

“不可，不可！多尔衮若允即位，则是我国之福，否则亦当立皇子。我老矣，如何能胜任呢？”

外面一阵嘈杂，淹没了代善的声音，多尔衮急派人去问，却听侍从报

道：

“外面两黄旗的兵马，张弓挟矢，将宫殿围住，他们声言定要皇子豪格即位，否则……”

“否则怎样？”

“否则，闯入宫内，尽杀叛逆之人。”

多尔衮、阿济格等人不禁一惊。

这时只听多铎怒喝一声，瞪视着索尼一派大臣及皇子豪格，手握在剑柄之上。

多尔衮见一时气氛紧张，不禁担心，心道：

“我们皆亲兄弟，一族同胞，怎么能自相残杀呢？”

他急忙喝叱多铎：

“大胆！”

多铎气愤地放下手，转过身去。

多尔衮看着索尼等大臣，道：

“还不将两黄旗兵将喝退！”

见众人不动，面面相觑，他又接着说道：

“难道尔等要让这大殿血流满地吗？难道尔等要自相残杀，让亲者痛、仇者快吗？”

索尼命令部下道：

“去，让兵士回营！”

一场血战避免了，但矛盾并未解决。

最后多尔衮道：

“我不能即位，而豪格即位又有人不满，我提一个折中的办法，与诸位商议。”

大臣们道：

“愿闻其详。”

多尔衮接着说道：

“我建议让大行皇帝三子福临即位，我与济尔哈朗共摄朝政，负责政务，辅佐幼帝，待福临长大成人之时，他即亲临朝政，众位大人以为如何？”

众大臣认为这个折中的办法尚可行。于是“大国事，九王（多尔衮）专掌之；出兵等事，皆属右真王（济尔哈朗）”。

为了进一步缓和满族贵族内的矛盾，多尔衮还把拥护他为帝的礼亲王代善子阿达礼及硕托杀了，表示其秉公无私。

这些是记载于清代官书上的史实，无需怀疑它的真实性。它使努尔哈赤的遗嘱真正成了一个谜，一个流传千古的谜。它的谜底已随努尔哈赤永远埋葬于地下了。长眠于九泉之下的努尔哈赤，如果心灵有知的话，他会怎样想呢?

然而，生命有限，逝去的记忆再不会复返，即使他地下有知，又能如何呢?阿巴亥陪他同葬于地下，他该不会孤独寂寞了吧?他的儿子们互相争斗，可毕竟他的后金国成了大清朝。他会含笑于九泉了吧?

天地悠悠，生死一别。自古天下谁无死，努尔哈赤叱咤风云，驰骋沙场一生，亦有他的无奈。

带着无奈，努尔哈赤走向了世界之外。在他的身后留下的阿巴亥生殉、皇太极即位，以及人们的猜测。

人们为阿巴亥的生殉抱不平，为她怨恨，为她迷惑。阿巴亥一向深得努尔哈赤喜爱，努尔哈赤亦有将她托于长子保护之意，他怎么又会留下什么“遗嘱”要了阿巴亥的命呢?

阿巴亥死了，代善的锋芒已磨掉了，阿济格和多尔衮、多铎少了母亲的庇佑，成不了大气候，只有皇太极积极活动，做了后金国的新汗王。他是否真由代善推荐、众贝勒同意的呢?

一连串的疑问摆在我们面前，众说纷纭。然而，历史便是历史，努尔哈赤已成过去，可他的功与过、是与非都不可磨灭。

太宗皇太极即帝位以来，忙于内政，一时倒也无暇西进南下。只是东邻的朝鲜国王，有些让他不甚舒服。努尔哈赤在世的时候，英武无敌，大败过明廷的四路军马十多万人，朝鲜国十分惧怕，遂年年遣使前来，向进贡些珍稀之物。及至努尔哈赤宁远兵败，又匆匆过世，明廷在朝鲜国王李琮的眼中，重又变得高大起来。他重又暗中遣使与袁崇焕联络，希望将满洲人赶出辽东。

这消息被满洲坐探报到沈阳，皇太极心中便颇为生气。当即便召见诸位大臣，将此事讲了。二贝勒阿敏一听此事，便抢先出班奏道：

“朝鲜国本是我国的兄弟国。前番先帝升天，朝鲜国未曾差人来吊唁，已属失礼。陛下即位，已历半载，尚不遣使来贺。他仗着明朝的声势，对我国这样无礼，实在太过分了。臣愿领兵前去征服它，请陛下发圣旨。”

太宗欣然准奏，任阿敏为大元帅，统领五万大军，前去征服朝鲜，又将盛京沈阳的政务、军备整顿得井井有条。准备待机率兵西进，攻取先帝在时未曾攻下的宁远和锦州两座辽西重镇。正在此时，侍卫却前来禀报，说军师范文程在帐外候见。

太宗知道军师求见必有要事，便急忙请他入帐。

范文程开门见山道：

“臣下之意，锦州、宁远等地，陛下暂且不要急于进攻，一则明廷派了袁崇焕升任辽东巡抚，我满洲兵曾败于他手下，多畏敌怯阵；二则西边的蒙古近日发生了内乱，陛下不如趁机发兵征服了它，日后袭取明廷，也好免却后顾之忧。臣有一计，等陛下从蒙古回来，便可听到喜讯。”

太宗对范文程之言，向来相信。当下，也不问何计之有，便将国内精兵，选了十万，亲自率领着，渡过辽河向察哈尔部扑去。蒙古各部忙于内乱，不曾防备，临时招了些亲兵，且战且退。不料大贝勒代善却绕到背后，发兵猛袭，不长时间，便将林丹汗杀了个大败。这一战掳来的牲畜、财物多得不计其数，归附的人口竟有五六万之众，科尔沁部一听满洲兵所向披靡，不战自溃。首领额哲赶紧携了重礼，前来拜会太宗皇帝。

太宗皇帝出师半月，便将蒙古各部，都归并到自己部下。等到凯旋，喜得全国的百姓都赶了来，夹道欢迎，这毕竟是新帝即位、宁远兵败后的第一次大捷，举国上下都欢庆起来。

太宗皇帝坐在朝堂之上，接受文武百官拜贺。忽然记起军师曾说过的计策，正待要问，却听大臣扈尔汉道：

“回禀陛下，辽南四卫皆已平定，为害我国的贼头毛文龙已被明廷斩首，从此我满洲国再无后患，可喜可贺呀！”

太宗一惊，忙道：

“这果真是大喜之事呀！”

便下旨朝中文武官员齐到八方殿内设宴欢庆。

在那酒宴之上，太宗这才让军师范文程将他如何用了一着“反间计”，除掉了明廷的“神探”毛文龙，收回了辽南四卫的前前后后，详述了一遍。

原来宁远大捷之后，明廷对袁崇焕甚是重用。这时候，熹宗皇帝已死，即位的崇祯皇帝十分器重袁崇焕，任命他为兵部尚书，督师蓟辽兼督登莱天津军务，并赐了上方宝剑，请他驻守山海关。这崇祯皇帝因为即位前曾吃过魏忠贤的亏，所以一上台，就先诛了阉党的头子，又将阉党的官员，一个一个都罢了官，朝野人人拍手称快。

范文程得知这个消息，却悄悄派人往山海关附近大造舆论，说毛文龙是魏忠贤的干儿子，往年常借魏的势力横行于辽南，虚报兵额，广招商贾，贩运禁物，发了大财。如今阉党倒了，毛文龙没了靠山，正在与后金勾结，商议归附之事等等。

袁崇焕乃是刚烈之人，又曾被阉党压制多年，一听这事，登时气得眼冒金星，也不报奏皇上，便携着尚方宝剑，带了一干人马，来到东江，将毛文龙的部众一齐招到校场上来，当场宣布了毛文龙十二条罪状，将“神探”斩于众将之前。又道一声：“只杀毛文龙一人，余皆无罪。”然后扬长而去。

毛文龙的众将在袁崇焕的尚方宝剑面前，未敢说个不字，等袁崇焕一走，他们一拥而上，围着毛将军的尸体放声大哭起来。一时间，原本与毛文龙有手足之情的登荣巡抚孙元化、中军孔有德、参将耿仲明，和毛文龙的一名部将叫尚可喜的竟一齐扯叛旗，同明廷干了起来。太宗皇帝赶紧命范文程写了招降书，一一送了过去。毛文龙的部下，个个都是英雄虎胆的人物，一见有明主惜才，便一商量，携了登州的西洋炮、莱州的粮草，以及所部的三万多人马，一齐从海路归了满洲国。

太宗皇帝当时便在八方殿前设大宴款待降将，又下了圣旨，封四人为都元帅、总兵官，还赐了土地房屋侍女。孙元化、孔有德等一时感激不尽，谈论到报答太宗的法子，想来想去，孔有德想出了一个上尊号的法子来。一说，那一班满洲的贝勒、大臣纷纷说好。当下便将范文程请了来，拟定表文，又将表文写成满、汉、蒙三种文字。待到早朝时，多尔衮捧着满文表文，科尔沁汗王捧着蒙古表文，孔有德捧着汉文表文，一齐跪在殿下。蒙古王子额哲，也献上了一件无价之宝。原来是元朝历代皇帝的传国玉玺。相传这颗玉玺篆刻于汉代，最少也有一千七八百年的历史，它为历代君主所拥有。元世祖忽必烈获得此宝后，他告诫子孙，要妥善保管好此宝，代代相传。他说道：

“国宝在，则天下在，国宝失，则天下亡！”这样，国宝一直传到元顺帝。到朱元璋建立了明朝，并派大将军徐达率军进攻元朝大都，元顺帝携带此宝北逃上都。到常遇春率兵攻打上都时，元顺帝又被迫北逃应昌。在这次逃跑途中，在一次遭到明军截击时，元顺帝偷偷地将国宝埋在地里。在他于应昌安定下来之后，就派人到埋印的地方去寻找，但是茫茫草原，哪里又寻得见。元顺帝不由得哀叹一声：

"国宝已失，看来我大元帝国是定亡无疑了！"

国宝自此消失得无影无踪，在地下埋了二百余年！

有一天一位蒙古牧民放牧于上都北边的草原上，他躺在草地上，仰望蓝天，悠然自得的唱着牧歌。突然，他发现几只羊儿围着一处地方用蹄儿在刨着什么。他感到很奇怪，就跑了过去，轰开羊群，发现在羊蹄刨过的地方散落着许多腐烂的破绸片，而在刨过的小坑里露出一个小方角，亮晶晶的闪闪发光，他急忙深挖下去，挖出一看，竟是一颗白玉大印。他虽然不认识汉字，但那上面雕刻着两条龙他是认识的。他知道这是块宝，便把它献给了自己的领主博硕克图汗。

国宝重现的消息很快在草原里传播开来。林丹汗听到这个消息以后，便倚仗自己的势力派人向博硕克图汗索要此宝，博硕克图汗说什么也不给，林丹汗就以兵戎相见。他亲自领兵攻打博硕克图汗，博硕克图汗失败被俘，被迫将玉玺交给林丹汗。

林丹汗得到玉玺后，他的野心膨胀了，他心想：

"我命该做皇帝，是老天把我们祖传的国宝送给了我。"

从此以后，他就自称是四十万蒙古的大汗，林丹汗在青海出痘生命垂危之际，他把儿子额哲叫到跟前，把玉玺亲手交给额哲，把这块玉玺的来历告诉了他，并对额哲说道：

"这是块国宝，有了它，你就可以号令整个蒙古，千万要保存好，且莫遗失。"说完就死去了。

太宗接过表文、玉玺，只见那表文上写着：诸贝勒、大臣、文武各官及外藩诸贝勒，恭惟皇上承天眷佑，应运而兴。天下混乱之时，修德体天，逆者威之以兵，顺者抚之以德，宽温之誉，施及万方。征服朝鲜，统一蒙古，更获玉玺，内外化成，上合天意，下协舆情。是以臣等仰体天心，敬上尊号，一切仪物，俱已完备，伏愿俯赐俞允，勿虚众望。

太宗皇太极看了看表文、玉玺，却一笑道：

"现下时局尚未大定，正是用兵的时候，哪里有功夫顾及此事？"

诸贝勒、大臣一齐劝驾，说道：

"历来王者一获玉玺，便可称尊，乃是名正言顺的事。况且皇上功盖寰宇，如今又要和明廷用兵，须得先上尊号，才能和那姓朱的皇帝下个对等的战书。"

太宗见他们说得有理，便答应了下来。

选了个吉日，祭告天地，受了宽温仁圣皇帝的尊号，又将国号改为大清，改元称崇德元年。自此，这寰宇之间便有了个大清国，史称清朝。

大清国公开与明朝分庭抗礼，在国内仿着明朝的官制，设了三院，一为内国史院，专事编制实录，记注起居；一为内秘书院，专事草拟敕书，收发章奏；一为内弘文院，专事讨论古今政事得失。又命范文程为大学士，汇集三院文员，恭定称尊典礼。

接着，太宗又命邓公池率领数千民工，建了太庙、天坛，又添了许多宫室殿堂，一时间，将个盛京沈阳，建得比那北京更富丽堂皇。太宗又选了个吉日，领着诸贝勒去祭了太庙，尊始祖为泽王，高祖为庆王，曾祖为昌王，祖为福王；尊父努尔哈赤为武皇帝，庙称太庙，陵称福陵。又册封大贝勒代善为礼亲王，贝勒济尔哈朗为郑亲王，多尔衮为睿亲王，多铎为豫亲王，豪格为肃亲王，岳讬为成亲王，阿济格为武英郡王。

此外的文武百官，也都有了封赏。那大学士范文程被拜为宰相。便是孔有德、耿仲明、尚可喜三位新降的明将，也都因为劝进有功，得了恭顺王、怀顺王、智顺王的称号。

封赏一毕，满朝上下，尽皆欢喜。太宗便又点齐兵马，直逼辽西重镇锦州、宁远而来。大军行抵锦州城，太宗命令离城五里下寨。这时，经略袁崇焕正在关内练兵，听说满洲军又来犯边，急令部将赵率教带兵前来救援。到了锦州，正遇八旗军攻城，赵率教便令弓弩齐发。一时间，箭矢齐下，将满军杀得倒退不迭。

太宗在后面观阵，见此情景，急忙命令后面的兵士上来增援。

正在危急时候，满军后营突然骚乱起来，原来袁崇焕率明军主力前来增援赵率教来了。一时间，明军士气大振，八旗兵前后受敌，惊惶失措，溃不成军。明军趁势追杀了十余里，方才鸣金收兵。这一战，八旗兵被杀死三千余人，俘获两千余人。

太宗见锦州围攻不下，转而率部往宁远进发，这里只留下一队人马，以虚张声势，企图声东击西。

时值仲夏，太宗率领了五万人马，悄悄来到了宁远城北的山冈下。只见城上寂寥无声，正想传令攻城，忽见城西火光四起，一彪人马打着“袁”字旗号，如狂风般呐喊而来。为首一员大将，正是辽东经略袁崇焕。

太宗措手不及，急令全军迎战。但为时已晚，四下里明军源源不断地袭来，将八旗兵围追堵截，分为几处。

一时间，喊杀连天，哭声震地，八旗兵四散溃逃，众兵卒只恨娘胎里少生了两条腿。太宗见全军大败，许多将领都已身负重伤，只好检点军队，撤回盛京沈阳。

这次出征，带去的八万人马，损失过半，器械帜仗，所损不知其数。气得太宗皇太极咬牙切齿地道：

“这袁崇焕果真厉害，怪不得先皇在日，也吃了大亏。看来，此人不除，难以夺取明朝的天下。”

“布尔湖，明如镜，库里山，耸入云。浩渺空烟，仙鹤千里长鸣；古柏森森，龙凤直冲云空。芳牡丹，碧松花，无限塞外风景。”……

盛京的御花园里，奶娘纳喇氏正低声吟唱着一首满族人广为传唱的民歌，九阿哥福临依在她的怀里，似懂非懂地听着，这熟悉的歌声自打福临记事起就陪伴着他，这个美丽而动人的天女下凡的故事他也不知听过多少次了。许是奶娘的嗓音很柔美，许是故事的内容很传奇，反正一有机会，福临便会缠着奶娘让她唱。

“莺鸣燕唱春光无限，几位仙女沐浴湖畔；布尔湖边鸟衔朱果，佛库伦姑娘孕而生子。”

“奶娘，仙女生下的就是我的祖先吗？”

“是的，仙女佛库伦吃了那颗晶莹剔透的红果之后，便觉得满口清香，随后又觉得身体重如千斤，怎么也飞不上天了。过了九个月，佛库伦便产下一位天神，因生他的时候金光罩身，便让他姓爱新觉罗（金），名字叫布库里雍顺。再后来，三姓的百姓共同尊布库里雍顺为大汗，建立了一个共同的国家。”

“奶娘，我额娘是不是仙女？不是说生我的时候外面祥云初现吗？那么我长大也能成为一位汗王喽？”

一席话逗得奶娘纳喇氏忍俊不禁：

“九阿哥，您天生就是福相呢。瞧瞧，这宽宽的脑门，厚厚的耳垂，生就的一副帝王相呢！依奶娘看哪，后宫里的阿哥就数你聪明英俊！”

“真的？”福临乐得眉开眼笑，挣脱了奶娘的怀抱。他穿着一件浅色长袍，外罩一袭明黄色的绣龙黄缎马褂，大大的脑袋上戴着一顶嵌着东珠的小皇帽，足上登着一双长至膝盖的闪亮的小马靴。这身衣着真是帅气十足！

只见福临双手倒剪，抬头望天，学着父皇的样子踱起了步子，嘴里边还念念有词：

“我大清国……”

奶娘和随侍的老太监笑作一团，才四岁多的孩子，可真有灵性哪，天哪，他心里装的竟然是大清国!

福临正在兴头上，昂首阔步地向前走着，一脸的顽皮，忽然他一抬脚踢到了什么，这才低下头来。

“哎呀，这是哪个宫里的孩子，这么不懂规矩，你怎么可以在皇后娘娘的面前大摇大摆呢?”

随着宫女的一声呵斥，小福临才发现他差一点儿闯了祸，脸上得意的笑容僵住了，他愣愣地站着有些不知所措。

奶娘纳喇氏早已看见了皇后博尔济吉特氏和她的随从，但她却无法制止福临的顽皮表演，只得慌忙跪在一旁：

“奴婢请娘娘大安，这是永福宫的九阿哥福临，他年幼无知，是奴婢教养不周，奴婢请娘娘治罪。”

“这孩子是永福宫的?我说呢，跟他额娘一个德性，不知天高地厚的!还不一边退下，多加管教。皇上这些日子龙体欠安，看不得小孩子没规没矩的四处乱跑。庄妃还没来吗?她总是不慌不忙、磨磨蹭蹭的，岂有此理!”

发愣的福临忽然意识到了什么，直直地跪倒在皇后的面前，声音响亮地喊着：

“儿臣福临给皇额娘请安了!恭祝皇额娘身体健康，笑口常开!”

听着福临那稚声稚气的声音，皇后不由得转怒为喜了：

“这孩子，真是个机灵人儿!瞧他的模样蛮俊的，嗯，长得像他额娘。就是年纪太小了，什么时候才能为皇上分忧解难呢?”

“永福宫庄妃叩见皇后娘娘!奶娘，福临又闯什么祸了吗?”

粉色的旗袍，婀娜的身材，髻儿高高的，鬟儿弯弯的，压在白嫩的颈子上，越显得黑白分明。庄妃淡施粉黛，倒比那些围在皇后身边的粉妆玉琢的嫔妃们更胜一筹。

“哟，瞧你这身打扮，鲜嫩嫩的倒像个新嫁娘一般。你那双不安分的眼睛什么时候才能大大方方目不斜视呢?”

满心欢喜的庄妃被皇后迎面泼了盆凉水，心里不由得嘀咕起来：唉，说起来还是我的亲姑姑呢，为什么每次看见我总要冷嘲热讽的?我年轻漂亮，那是爹娘给的，如今你人老色衰了，反倒嫉妒起我来了，简直是不可理喻!我哪有不安分的地方了?刚刚是挂着儿子福临，偷偷看了他几眼，这也值得你大呼小叫地横加指责？你的心地这么狭窄，难怪一辈子也生不出个皇子来！

“大玉儿，你也该管管你的儿子了，有四五岁了吧，怎么能总在外面撒野呢？唉，有道是龙生龙、凤生凤，你这个儿子呀我看也跟你差不多，一点儿也不安分！”

庄妃这回可是真的受不了啦，她的儿子福临是不折不扣的龙种，她与皇后都是蒙古科尔沁部落的女子，血统是一样的高贵，皇后她为什么要说出这种话来？

“娘娘，怎么着福临也是九阿哥，是爱新觉罗氏的龙子龙孙，我承认对他太放纵了些，疏于管教，因为他还只四岁多一点……”

“大玉儿，当着众多姐妹的面，你想与哀家争个高下吗？真是没有个王法了！哀家说错了吗？当初你进宫时才十几岁，如花似玉的，皇上格外恩宠你也是自然的。可现在你也不年轻了，三十岁的人了，还整天打扮得花枝招展的，在后宫里这是给谁看呢？难道你不知道皇上这些日子龙体欠安吗？”

跪在地上的庄妃没料到今天自己的胆子这么大，惹得皇后娘娘大发雷霆。她悄悄叹了口气，都忍了十几年了，还在乎眼前这一回吗？如果这事传到皇上的耳中，倒真显得自家不知事体了。后宫里姐妹众多，人心难测，七嘴八舌的，什么话说不出来？

“臣妾不该无礼，请娘娘恕罪。”

表情诚恳的庄妃终于得到了皇后娘娘的谅解，她起身拍落了膝上的灰尘，心里却在发笑。生儿子在后宫这块母以子贵的土地上着实是一件大事，这不仅表示着皇上的恩宠，也表示着自己的尊贵。

在皇太极的五宫后妃中，永福宫的庄妃是最年轻的一个，虽然排名在五宫之末着实令庄妃苦恼过一阵子，但现在她有儿子福临做依靠，心里踏实多了。再说皇太极的五宫位序带着浓重的政治色彩，并不是以恩宠和喜好来决定的。比如正宫皇后大福晋，如今已是五十出头的人了，皇上还能再喜欢这个人老珠黄的人吗？只因为大福晋资格老，总理着后宫从无过失，加上她来自科尔沁，皇上要依赖与科尔沁的坚强牢固的联盟呢！再说了，大福晋只生了三个女儿，到老了她能指望谁呢，也难怪她的脾气一天天地坏了。还有麟趾宫贵妃和衍庆宫淑妃曾经是蒙古察哈尔部首领林丹汗的妻子，皇太极将她们收纳为妃并列入五宫之内仅仅是表示对察哈尔部的尊敬，也是一种政治上的需要，再说她们现在也都到了不惑之年，还有多少风韵呢？康惠淑妃没有生育，只抚养了一个女儿嫁给了睿亲王多尔衮。而贵妃虽生有一子博穆博果尔，但因脾气暴躁性格鲁莽而不得皇上的欢心。这么一来，五宫就只剩下她永福宫的庄妃和关雎宫的宸妃了。说起来，如果当初对宸妃还有那么一点点嫉妒的话，那么现在庄妃对宸妃有的只是爱怜了。

宸妃是庄妃的亲姐姐，姊妹俩同侍一夫，这让庄妃既自豪又觉得不安。后来入宫的姐姐一下子赢得了皇上的欢心，自然便冷落了妹妹庄妃。好景不长，宸妃的儿子不到两岁便夭折了，这一打击令宸妃悲痛欲绝，从此她变得失神落魄，落落寡欢了。这么一来，庄妃对姐姐便一点儿也恨不起来了。现在，五宫之中，只有她庄妃才有个活蹦乱跳又聪明又健康的儿子，她有决心让这个宝贝儿子也赢得皇上的欢心！这么一想，庄妃能不心花怒放吗？

第三十四章

踏征程易于蹈醋海
宁萧墙难过破边城

“睿亲王，朕念你多年来随朕出生入死，从轻发落，你可有话说？”多尔衮跨前一步，屈双膝跪在皇太极的面前：“皇上英明，我既掌兵权，又擅自令兵回家，违军令之罪甚重，应死。任凭皇上发落吧！”

关雎宫里，皇太极正斜倚在榻上，宸妃坐在他的身前，眼圈红红的，正拿着一方丝帕揩着眼睛。

“有什么好担心的？瞧，朕不是还好好的吗？倒是爱妃你，多日不见似乎又瘦了一圈，真令朕心疼！”皇太极爱怜地握住了宸妃的手，眼中满是柔情蜜意。

宸妃心里一热，不由得又落下泪来：

“皇上，臣妾能得您宠爱已是万分荣幸，感激之情无法用语言表达。只是，近来您日理万机，又亲临前线，臣妾时刻为您的安危牵挂，要知道，皇上您已经不再年轻了，还这么日夜操劳能不伤了龙体吗？请您浑身放松，让臣妾给您捏捏身子吧。”

“爱妃，朕五宫之中，惟独与你脾气特别相投。仿佛天大的事一到了你的面前都变得无足轻重了。你总是那么贤淑文静，又依然那么年轻美貌，只是，你太消瘦了，近来又总爱多愁善感的。要知道，即使朕在大营里仍牵挂着爱妃你呀。我要你快乐起来，胖起来，有朝一日朕还要让你住进北京城哪！”

“皇上对妾的好，妾一辈子都忘不了，如果来生有缘，妾身还愿意伺候您。”

两个人互相说着体己的话，都不愿意提及那个最伤心的事情。两年前，他们的爱子——八阿哥尚未来得及取名字就夭折了，皇太极十分偏爱这个八王子，本有立他为嗣之意，怎奈这个儿子命薄如纸，无福消受便匆匆告别了人世。从那以后，宸妃的脸上便失去了笑容，身子一天天地消瘦了下来。两个人都明白，他们之间是不会再有一男半女的了。尽管皇太极不承认，但一种力不从心的感觉却时常困扰着他，他才五十出头，按理说正是人生的壮年，他怎么会老了呢？

“眼下，我大清军正与明军在松锦一带进行一场大规模争夺战，鹿死谁手，实难预测，这场战役对大清来说至关重要，”皇太极十分惬意地翻了个身，让宸妃给他揉搓后背和腰部。对这些军事上的事宸妃并不关心，她能给皇太极的只是一些体贴和安慰，这一点与她的妹妹庄妃相比就不一样了。庄妃不仅贤淑还有一副颇为聪明灵活的头脑，对国事家事她分析得头头是道呢。但对皇太极而言，此刻他需要的是一个能全心全意听他倾诉的人，这个人当然非宸妃莫属了。

“如果说萨尔浒战役是我军由战略防御转为战略进攻的话，那么眼下的这场松锦战役则是由辽西对峙转为战略进攻的关键。朕怎么也忘不了在天聪元年朕在宁锦城下所遭到的惨败。”

“天聪元年？那时候臣妾还在科尔沁呢。”

“是呀，一个如花似玉的大姑娘，不知正在做着什么样的五彩梦呢！老实告诉朕，你迟迟不嫁究竟是为了什么？”

“你又来了。”宸妃的脸上飞起一片红霞，这使她原本苍白的脸显得生动可爱起来。她是鹅蛋脸儿，细细的黛眉，黑黑的眸子里流露着万种风情。

宸妃伸着春葱似的纤手，轻轻地揉着皇太极的肩膀，脸上带着一些羞涩回忆着：

“妾本是科尔沁草原上的一个公主，自以为是一只金凤凰，又一直受到父汗寨桑的宠爱，所以对前来求亲的王公贵族全不放在眼里。到后来，妹妹嫁给了你，又听人说你相貌十分英俊又是一国之君，妾就明白，这世上再也找不到比你更好更强的男人了，自那时起，妾就下定决心非你不嫁。这事又不好对人说，可急坏了父汗，他差一点就要学着中原人的做法给妾比武招亲了！”

宸妃说着脸上的红晕更深了，笑盈盈的面庞越发美丽。皇太极目不转睛地盯着她说：

“你笑的时候多美呀！怎么样，我没让你失望吧？”

“还说呢，”宸妃娇羞地嗔了皇太极一眼，“你要我的时候已经是天聪八年了，那时候我已经整整二十六岁了呀，真是老大不小的了。说起来还真有些后怕，要是你不娶我，我可怎么办？”

“哈哈哈！”皇太极乐不可支，一把搂住了宸妃。“这是天赐良缘，你我是天造地设的一对儿，你是专门为我而生在这个世上的。想当年我娶你的时候是四十多岁，有了你，我才真正懂得了女人，知道了什么是真正的爱。嘿嘿，那些年我们两人是久旱逢甘露，那种颠鸾倒凤的日子我一闭上眼就能感觉得到！爱妃，今生今世，你都是朕的最爱！”

“皇上，请不要……”宸妃偎在皇太极的怀里，充满了柔情：“皇上，你我来日方长。眼下，您得好好歇息一下，保养身子，妾这就给您煨参汤去。”

“唉，你又扫朕的兴了！”皇太极的脸色有些不快。

“皇上，您得明白臣妾的苦心。皇后娘娘一再叮嘱妾身要好好伺候您，不能让您劳神费心伤了元气，倘若娘娘知道会怪罪臣妾的。”

“那，你就不怕朕怪罪你，不再宠爱你了？”

“妾不怕。妾是真心对皇上好，皇上会明白的。”宸妃低垂着眼睛，一副乖巧的模样，皇太极忍耐不住，胡乱将她按倒在床上……

庄妃病了，说不出是哪里的毛病，只是觉得心烦意乱，浑身上下处处不舒服。

“姐姐还是吃些汤药吧，整天不吃不喝的，可怎么受得了哇！”

说这话的是贴身侍女乌兰，她是当初作为庄妃的陪嫁过来的，主仆二人情同手足，平日里就以姐妹相称。

“乌兰，我害的是心病，没什么汤药能医得好的。”庄妃叹了口气，一脸的忧郁。

“要不，我陪您出去散散心？外面秋高气爽的，总比呆在这冷冷清清的宫里舒服呀！”

“这十几年了，我已经惯了。倒是苦了妹妹你了，让你陪着我在这儿受苦！明儿我求皇上给你找个主儿，嫁出去吧，你早该有个家了。”

“姐姐！”乌兰急得直跺脚。她放下了汤药，扶庄妃坐了起来。“姐姐，我早就发过誓了，一辈子不离开您！您要我嫁人就是要我去死！结婚成家又有什么好处？还不是要受男人的气？姐姐您不是有家了吗，还是庄妃娘娘呢，为什么您还总是长吁短叹的？”

“找一个老实巴交的普通人，那样你就会感到生活的乐趣。不要像我，嫁入深宫不见天日，门庭冷落形影相吊。唉，我这是何苦呢，明知是个坑，还非得往下跳。人哪，不能有太多的欲望呀。我这是自作自受，怨不得别人。可是，我还把姐姐也拉进宫里，让她受这份活罪。”

“姐姐说得不对。宸妃娘娘这些日子正得意着呢。听说皇上一回来就一头扎进了关雎宫，连皇后娘娘都不见，气得皇后娘娘咬牙切齿地骂她是个妖精呢。”

“唉，姐姐也是的，明知道皇上龙体欠安还拉着他不放，能不让皇后怪罪吗？姐姐也是命苦，好端端的一个儿子，怎么就养不活呢？如果上天有知，能赐给姐姐一男半女的，我也就放心了。”

“姐姐！你总是为别人操心！还是多关心关心自己吧！这十几年来，您在皇上身边没少操过心，您孜孜不倦地帮助皇上，走完了从后金到大清这辉煌而又艰难的一步，您跟皇上同喜同悲、同乐同忧，这些都是有目共睹的事实，您付出了这么多，为什么皇上对您却总是不冷不热、若即若离的？我真为您不平哪！”

“大凡男人都喜欢平庸的女人，女子无才便是德嘛，更何况一个皇帝呢？这些年虽然我一心一意为皇上分忧解难，但却一直得不到他的欢心，我就悟出了这个道理。皇上是个好强的人，他怎么能容忍身边有个能说会道、给他出谋划策的聪明女人呢？这样不是有损于他天子的威严吗？所以，他更爱我姐姐那样默默无闻、有着花容月貌的女人，那只是一个花瓶、一件摆设，供他在劳累之余玩赏而已。”

“噢，您说得这么深奥。女人做花瓶有人爱有人怜的有什么不好呢？这说明女人的美丽容颜得到了他人的认可，总比被冷落在一边强得多吧？没有男人赏识，女人活着还有什么意思呢？”

“乌兰，你总算说出了心里话了。是呀，这么漂亮的一个姑娘怎么会没人疼没人爱呢？不要噘嘴，一遇到合适的我便把你嫁出去，让你尝尝当花瓶的滋味。”

“姐姐，您就饶了我吧。说真的别人伺候您我还不放心呢。”乌兰抿着嘴笑了。

“这话倒是真的，咱们姐妹一场，你对我的好我会记住的。唉，说起来要不是你脑瓜子机灵，我和福临娘儿俩哪还有今天哪！”庄妃说着眼圈红了。

那是崇德三年的事。那一年的冬天特别的冷。身怀六甲的庄妃身子越来越笨，行动不便，皇太极早已把她冷落在一边，整日陪着宸妃和他们的儿子八阿哥。永福宫愈发冷清，两个上了年纪的太监、两个粗作丫头和两个厨娘，里里外外能拿个主意的就是乌兰了。

正月三十这天，又下雪了。凛冽的北风呼啸着一阵紧似一阵。不远处的关雎宫和衍庆宫里传来了喜庆的鞭炮声，笑语喧哗，人声鼎沸。细心的乌兰生怕庄妃心里寂寞，特地将宫里的白纱灯蒙上了一层红绸，倒也显得喜气。

"姐姐，有道是瑞雪兆丰年，您怀的阿哥或是格格还没落地，就给我们带来了吉祥。"

"听这宫外的北风刮得像刀子似的，我心里真冷哪。宫里的柴禾够烧的吗？这个冬天可怎么熬哇。永福宫就像被皇上遗忘的角落，他怎么就这么无情无义的呢？"

"姐姐，本来我不想多说的。就算皇上忘记了，那不是还有后宫之主皇后娘娘呢么！怎么着她也是你的亲姑姑，自己在那边吃香喝辣的，怎么就不派人来问问你的冷暖呢？明知咱们宫今年冬天要添丁进口，可分派下来的食物、木炭衣料不仅没有增多反而比往日还少一些！她的心也真够狠的！"

"许是被管事的太监们克扣了。算了，多一事不如少一事，不要去斤斤计较了。对了，咱们宫里还有些什么吃的没有？我寻思着让厨娘做些龙鳞饼给关雎宫送去。姐姐以前可爱吃这个了，如今八阿哥已经快两岁了，皇上又日夜宠幸她，我真为她高兴啊。"

乌兰的嘴一撇，她的唇边长了一颗小黑痣，显得很可爱。"姐姐！那些食物还是给咱们自个儿留着吧，这会儿有皇上在，关雎宫里能缺什么呢？您那位姐姐呀怎么一点也不念着手足之情呢？想当初要不是您引荐给皇上，她能有今天吗？姐姐，我真为您不值呀。"

"有什么值不值的？当时她都二十好几了，一个老姑娘，眼见就嫁不出去了，我能不替她着急吗？现在她终于有了归宿，这不是很好吗？再说，她快三十了才生了龙子，多么不易呀！皇上排行第八，姐姐生的阿哥也是第八王子，所以我想皇上才格外喜欢她们母子俩，这真是姐姐的福份哪。要是我能生个阿哥就好了，母以子贵啊，那三个格格并不能给我带来好运。"庄妃说着轻轻叹了口气，手一抖，针掉到了地上，她正腆着肚子赶制婴儿衣服呢。

“哎哟！快扶扶我！”乌兰也在灯下做着针线，没注意庄妃的脸色已经十分难看。

“我，想弯腰找一下针，结果，肚子就疼起来了。快，吩咐海公公去请御医，我恐怕要生了！”

话音没落，庄妃的额上已冒出了豆大的冷汗。

“快来人哪，海公公，快去请御医！胡水妈，快生火烧水！快，快来人哪！”乌兰毕竟是姑娘家，一时慌了手脚，看着蜷缩在床上痛苦万分的庄妃，急得团团转。

“回姑娘的话，两位公公到隔壁关雎宫的公公那里吃酒聊天去了。两个丫头和张妈也不知跑哪儿去凑热闹去了，就剩婢子一个人在。我是先烧水呢还是去请御医？”胡水妈披着棉袍，一副睡眼惺忪的样子，显然刚从被窝里爬起来。

“真是反了，无法无天了！”乌兰气得柳眉倒竖。她一咬牙冲出了永福宫。

凛冽朔风卷着鹅毛大雪漫天飘舞着，天上地下已是白茫茫的一片。瑞雪白得如银镂玉雕，晶莹剔透，寒光闪闪。若是在往常，乌兰最喜欢在这雪地里徜徉，听着脚踩着积雪发出的“吱吱”声，甚至捧起一把放进嘴里含着，在温柔的阳光下尽情享受这大自然的美景。可现在情形却不同了，这是雪夜，没有阳光，只有刀子似的寒风。乌兰不由得哆嗦起来，这才发觉匆忙间忘了披件斗篷。她咬着牙，迎着刺骨的寒风和飘雪，深一脚浅一脚地向前走去。

“永福宫的？这大冷的天，御医早就睡下了，明个一早再说吧。”乌兰一听，急得要哭了，用力拍着门板：

“叶公公，您老就行个好吧，救命如救火呀！”

“你就是把门板拍烂了也是白搭！半夜三更的，天儿太冷了，就让庄妃娘娘忍一个晚上吧。再说，她前边不是已经生过三位格格了吗，都平平安安的，这一回料也没大事儿，她们母子会平安的，不过这一回也许还是个格格呢。”

屋里再也没了动静，灯也灭了，乌兰气得抬脚猛踢着门板，疼得她龇牙咧嘴的边叫边骂：

“这些朝三暮四的小人，势利眼，丧良心的，赶明个娘娘生个阿哥，头一个就收拾你！不行，我找皇上去，他总不能见死不救吧？”

冰冷的雪片被狂风裹卷着，直往乌兰光溜溜的脖子里灌。乌兰心里憋着火，倒忘记了寒冷，调头朝关雎宫走去。

“哟，这不是永福宫的乌兰姑娘吗，大冷天的还想着来看哥哥？来，让我摸摸你的手，啧啧，冻得像个石头，可真让我哈朗心疼哟！”

“呸！”乌兰憋足了力气朝哈朗啐了一口，扭着身子想躲开，不想却摔倒在雪地里。

“乌兰姑娘，这么晚了还来关雎宫，有事儿吗？”年纪颇大的穆公公实在于心不忍，和气地问道。

“是的，皇上是不是在关雎宫？我有急事求见，请公公给通报一声。”

“这可不行。皇上有令，谁也不得打扰他，这会儿他可能睡得正香呢。”

“两位公公，庄妃娘娘就要临产了，总得请个御医呀，您快给想个法子吧，若娘娘生了个阿哥，日后不会亏待你们的。”乌兰冻得直打冷颤，浑身哆嗦个不停。

“赖总管发过话，谁也不得擅自打搅皇上，咱们是帮不上忙呀。快回去吧，我可要关门了。”

“哎，乌兰姑娘，听说东边的园子里住了几个萨满妈妈，你去请她们帮帮忙吧。不过，这冰天雪地的路可不好走哇，何不让你们宫的海老弟跑一趟呢？”

“我们宫里的两位公公不知去哪里玩去了，连个人影都看不见。”

“嘻嘻！海中天这个滑头准是躲在哪儿搓骨牌呢。”

乌兰一听没指望了，谢过了两位太监，跌跌撞撞地挣扎着离开了。关雎宫的大门“咣当”一声关了起来，乌兰的心里冷得像冰一样。

四个萨满妈妈终于被乌兰请进了永福宫，而这时的庄妃已被疼痛折磨得说不出话来了。乌兰像个雪人，头发上了冻，连眉毛上都结了冰，她的两只脚早已麻木冻僵了。

胡水妈拧亮了宫灯，手脚麻利地摆好了一张神桌，四个萨满妈妈脱去了斗篷，吸足了大烟之后来了劲了。她们年岁也不小了，却个个打扮得妖妖娆娆、描红抹绿的，有的还在粉白的脸颊或是下巴上点个黑痣。

庄妃躺在炕上，已经精疲力尽了。她的长发散落在脸上，愈发衬得面目苍白。她双眼紧闭，牙关紧咬，在与命运做苦苦的较量。

“我是世上最可怜的人，天神阿布凯恩都里，请你帮帮我！皇太极，你的心真狠哪。我入宫十多年了，难道我的一切言行就没有一点儿能逗得你的欢心吗？这是不公平的！在这后宫，我的贤慧、我的聪颖、我的才干谁人不知、谁人不晓？宸妃我的姐姐入宫前，我一直深受恩宠却从未恃势凌人。宸妃入宫后，她深得皇上垂爱，我却常常独居深宫坐等天明，却也未醋海生波！皇上你怎么就不明白臣妾的一番苦心呢？

“虽说我被封为永福宫，位居五宫之末，但我并不承认从此就会失去皇上的恩宠，我犯了什么过错了，要被皇上抛弃呢？侍奉皇上十多年了，我急皇上所急，想皇上所想，日思夜想的全是国事和皇上，我甚至把亲姐姐送给了皇上！皇上呀，在你家睦族和、帝业有成的今天，难道没有我大玉儿的一份功劳吗？

“我有自知之明。论身份我不如正宫皇后大福晋，她是我的亲姑姑，如今是清宁宫的皇后。我知道你们当初的结合是为了共同对付明朝与察哈尔。她总理后宫，从无过失，我怎么可能与她争位呢？论政治作用，我不如懿倩大贵妃和康惠淑妃，她们曾是被击败的蒙古察哈尔部首领林丹汗的妻子，皇上您娶她们并非为色而是表明您允和天道，这是出于政治上的需要，这个道理我懂，所以她们俩在后宫中仅次于正宫之后，我一点儿也不嫉妒。论宠爱，我不如姐姐宸妃。关雎宫本身不就意味着深深的爱意吗？‘关关雎鸠，在河之洲。窈窕淑女，君子好逑。’姐姐的幸福不也是我所祈盼的吗？由此看来，五宫之中，最无足轻重的就是我永福宫了。皇上，如果您真的这么想可就错了！

“五宫之中我居末位但我却最年轻，这就是我的依赖、我的资本！其实，我不甘心做一个平凡的女人，我还有能耐没使出来，只要是皇上您需要，我就是为您、为大清国赴汤蹈火、粉身碎骨也在所不辞！这么多年了，皇上您还是不明白臣妾的一片苦心哪！皇上，您现在心里还有我的位置吗？也许我就要给大清国生出一位龙子了，皇上您会对我刮目相待的！皇上……”

庄妃的嘴唇轻轻嚅动着，没人注意到她的表情，因为萨满妈妈们已经开始了神秘莫测的跳神占卜吉凶，铃鼓作响转移了人们的视线。

头上插着花的萨满妈妈们腰上还系着一串小铜铃铛，当她们一扭一捏地走动起来的时候那铃儿便叮当作响，十分悦耳。她们左手拿着闪亮的弯刀，右手擎着系着铃铛的桦木棍，先恭恭敬敬地在神座前行了礼，然后开始跳神。她们摇着叮当作响的桦木杆儿，舞着银光闪闪的弯刀，跳踏舞步哼唱起来：

“乌兰，乌兰，乌兰依……

乌兰，乌兰，乌兰依……

天神阿布凯恩都里，

请你保佑床上的博尔济吉特氏。

鸾刀闪光腰铃儿响，

灯影摇摇月影儿长。

弱水悠悠，不咸巍巍，（注：弱水和不咸分别为黑龙江和长白山古称）

天神保佑的庄妃娘娘，

将生下大富大贵的哈哈济。（注：哈哈济为女真语男孩子之意）

爱新觉罗氏的子孙，

比雪鹰还要矫健，

比虎豹还要勇猛。

乌兰，乌兰，乌兰依，

乌兰，乌兰，乌兰依，……”（注：此为女真语，意为相传，相传，永久地相传下去……）

萨满妈妈们舞得起劲，唱得卖力。歌声悠悠，铃儿叮当，真令人眼花缭乱，神魂飘荡。也不知跳了多久，唱了几遍送子神词，忽然歌声戛然而止，萨满妈妈们齐唰唰地跪倒在神桌前，只听一个威严的声音从远而近缓缓传来：

“天神阿布凯恩都里赐谕：今有帝星罕尼乌西哈降生为博尔济吉特氏为子，帝星马踏之地，皆为大清国土。博尔济吉特氏，你要小心抚育他！”

屋里静极了，忽然庄妃大叫一声：

“火龙，满地满炕的火龙！”

接着只听“哇”地一声一个白胖的哈哈济果然降生了！

“姐姐，快睁眼看看，这是一个阿哥，一个哈哈济！”乌兰又哭又喊摇着疲惫不堪的庄妃。

“我……真的放心了……”庄妃干裂的嘴唇渗出血丝，但她的脸上却现出了欣慰的笑容。

不知这是天意，还是巧合，永福宫的庄妃终于如愿以偿。母以子贵呀，五宫之中她终于可以吐气扬眉了！位居五宫之末，那又算得了什么？她大玉儿有了皇子，大清国又多了一位龙子，这件事情难道还不足以使皇上回心转意吗？……

乌兰看着庄妃出神的样子，不由得抿嘴儿一乐，庄妃这才回过神来。原来，不知不觉中，乌兰已经一勺一勺地把一小碗热粥喂完了。

“姐姐，你出神的时候样子可真好看，都三十岁的人了，怎么看着还这么年轻呀，倒显得妹妹我干巴巴，又黄又瘦的。”乌兰说着故意噘着嘴巴。

“幸亏我不是个男人，否则你颌下的那颗美人痣还不早把我给勾引去了。”庄妃不由得眉头舒展，微微一笑。

“姐姐的心情看来好多了。得，随您怎么说吧，反正我的脸皮也够厚的。”

“乌兰，把那件礼袍拿来，陪我到清宁宫去给皇后请安。”

“您不是病了嘛，过两天再去不成吗？这回真的有了理由，何不清静几天？皇后怕是老糊涂了，前个儿怎么能对姐姐说出那么严厉的话来？还当着那么多姐妹的面？”

说归说，乌兰知道庄妃的脾气，一旦做出了决定便很难再更改的，所以她仍旧忙前忙后地为庄妃更衣，梳洗打扮，然后准备给庄妃戴上饰有一大颗东珠的簪子。

“这支簪子就不戴了，省得被皇后挑了毛病去，给我换上支银色的蝴蝶簪子吧。”庄妃捧着玉簪子端详了片刻，看得出她很看重这支簪子：

“这是皇上当年到科尔沁迎娶我的时候亲手为我戴在发髻上的，他说只有我才配戴这个，这颗龙眼似的大东珠价值连城呢。”

“可是姐姐，宸妃娘娘可是有一条用这样的东珠串起来的项链呢，她戴着也太不称了。她人瘦，脖子又细，我说呀，那串项链要是戴在姐姐的脖子上才合适呢。皇上还是偏心眼儿。”

“那些不过是身外之物，有什么好眼红的？我只记得皇上对我说过的一句话，他称我是科尔沁草原上的一颗明珠呢。”

“嗨，姐姐，看来您是上了皇上的当了。您想想看，皇上的五宫娘娘，还不都来自草原吗？也许他对其他人也说过这样的话呢。”

“是呀，”庄妃一拍脑门，掰着手指细算了一番之后，惊叫道：

“天哪，皇上的五宫后妃都是蒙古人！加上其他的嫔妃，哎呀，这后宫简直是蒙古女人的天下！”

“不，娘娘，应该说是博尔济吉特氏的天下！皇上的五宫娘娘不都姓博尔济吉特氏吗？”

“是的。爱新觉罗氏的男人们征服着天下，而蒙古的博尔吉济特氏的女人们则统治着后宫。夫子说，修身齐家治国平天下，没有家哪来的国？乌兰，我们后宫姐妹，原本就是一家人嘛，大家应该齐心协力，共同支撑着治国平天下的皇上呀！快些走吧。”

乌兰听得稀里糊涂，瞪大了眼睛看着庄妃。这会儿，庄妃唇红齿白，眼睛里盈着笑意，哪里还有一点儿病容？

锦州城里死一般沉寂，战争阴霾笼罩着大地。

入夜，北风猎猎，寒气袭人，城外的清军营帐悄无声息，只一顶大帐篷里闪着亮光。

“众将官，朕怎么也忘不了天聪元年（1627年）在宁锦城下所遭到的惨败，这是一场硬仗哪！”

“父皇不必多虑。如今我大清如日中天，与昨天已不可同日而语了。而那明朝却如落日西沉，气数将近。若父皇恩准，儿臣即刻率麾下八旗精兵夜袭锦州，以云梯入城，里应外合，一举拿下锦州！”

“豪格，你也不小了，三十多了怎么还这么鲁莽？朕的八旗精兵养精蓄锐，可不是让他们去送死啊！再说，明军早有准备，全城戒严，防守上固若金汤，我们千万不能贸然出兵！”

肃亲王豪格被父王当众斥责，脸上觉得热辣辣的，棱角分明的脸上现出一副不服气的神情，恨恨地哼了一声。

清太宗皇太极妻子嫔妃众多，子女有二十几个，然而除了长子豪格之外，其他的儿子或年幼或过早夭折或属无能之辈，惟有豪格有着赫赫的战功，在满朝文武中位高权重，因此不免有些骄横。或许皇太极已经察觉到了豪格的得意忘形，有意要在众人面前压一压他的威风，所以才会板着面孔训斥他。要知道，在满朝文武的眼中，豪格可是太宗的得力助手，是将来继承帝统的最佳人选啊。

“皇上明鉴，锦州的明军已有防范，如果我军踌躇不前，反倒给明军援兵提供了时机，到时要拿下锦州就更困难了。臣明了皇上的心愿，”武英郡王阿济格见皇太极听得很认真，便加重了语气并伴以手势比划着。“我大清进取之大计，一者攻燕京，此乃刺明心脏之举；二者夺下关门，这是断明喉管之举；三者先得拿下宁锦门户，这是为我军入关南下定鼎中原先扫除后顾之忧。如果整个关外都是我大清的天下，则我军可一心一意与明朝决一死战了，所以，我认为必须当机立断，攻占宁锦！”

“唔。”皇太极若有所思。阿济格的话不无道理，他与豪格虽为叔侄但年纪却相当，均以勇猛善战著称，但他二人似乎有着相同的缺点，都是狂妄骄横、锋芒毕露之人。

考虑到兄弟之情，所以皇太极并没有像斥责儿子豪格那样斥责阿济格，他捻着下巴上的一缕花白的胡子，颇为赞赏地看着这位同父异母的弟弟：

“朕记得在天聪元年的时候，你与朕率兵伐明，攻锦州，逼宁远，搅得明军鸡犬不宁，这可惹恼了明总兵满桂，他出城列阵，指明要与朕一决高下，关键时刻，是你挺身而出与满桂在两军阵前厮杀。朕则趁明军精力分散之时，击鼓进军，明军大乱被打得人仰马翻。哈哈！怎么样，这一回你是不是又想大出风头哇？”

阿济格涨红了脸，众将官们也一起笑了起来。

“多尔衮，你怎么不言语？”

和硕睿亲王多尔衮正值而立之年，为人多才多智，英武超群，一向是皇太极器重的小弟弟，这一次多尔衮受命为“奉命大将军”，率豪格、阿巴泰统左翼军；太宗的侄子岳讬为“扬武大将军”，率杜度等统右翼军，分两路攻明，足见皇太极对多尔衮寄予了厚望。

“臣奉圣上之命率军自张家口东二十里处入关，与岳讬将军的右翼配合兵分八路向南挺进，在燕京至山东之间的千里之内攻城略地，所向披靡。计入关五个月，转战两千里，败明军五十七阵，破河北、山西、山东、天津府、州、县七十余，掳获明军将领、士兵、金银等不计其数，大胜而还。臣以为明朝在政治、经济、军事、生产各方面都已经受到了巨大的损失，它只有被动地挨打而无还击之力了！”

多尔衮的话音未落，众将军齐声叫好，提议隆重庆贺。皇太极笑着点头应允，夸奖道：

“多尔衮，你果然是朕的好兄弟！来日方长，以后朕的江山就多靠你来扶持了！”

“多谢皇兄谬夸！维护大清的江山，天下一统，收复中原，这是微臣义不容辞的职责！”

多尔衮眼睛发亮，信心十足。一旁的豪格却向这位得意洋洋的小皇叔投来了鄙夷的一瞥。

“朕一向赏罚分明。多尔衮此次率军凯旋而归，朕一定重重有奖！但，朕听说你离锦州城远驻，并擅自下令遣返部分军士，你可知你动摇了军心，松懈斗志？”皇太极话锋一转，目光炯炯盯着多尔衮。

多尔衮听得一愣，笑容僵在脸上。他为自己辩解道：

“圣上有所不知，因多月征战，将士已疲惫之极，臣因此下令军中一些老弱之人回去，这也是无奈呀！”

“朕不想听你的解释！朕只知道，你已经违背了军法，扰乱了军心，你让我怎么攻城？”

“这……”多尔衮不由得额上冒出了冷汗，“什么扰乱了军心，这简直是小题大作嘛？哼，口口声声说要奖励我，话音还没落地，转脸就要惩治我了。我凭什么出生入死地为你卖命？你是皇帝，我是臣，可是当初我也有资格继承王位的呀！”

“多尔衮，朕待你与诸子弟不同，良马任你乘，美服任你穿，肴馔任你食，之所以如此加恩于你，是因为你勤劳国政，兢兢业业，对朕忠心耿耿。而现在你违抗朕命，擅自屯兵远居，离锦州城三十里之遥安营扎寨，并遣兵丁回家，你、你可知罪吗？”

“既然皇上要治罪于我，我也无话可说。皇上也是领兵打仗之人，难道就不能理解士兵们的疾苦吗？”

“住嘴！朕已派内大臣昂邦章京图格尔、大学士范文程做了详细的调查，朕决不会无辜冤枉你的，收起你的委屈的样子吧，哼！”

豪格见多尔衮尴尬之极，心中不免得意，恨不得让父皇罢免了多尔衮的大统帅才痛快呢。

“肃亲王，你身为睿亲王的参将，明知他失计，为何缄口不言？难道你在兴灾乐祸吗？”

豪格心里一惊：父王好厉害的眼力！连忙垂下了头，不敢正视皇太极的眼睛：

“父皇明察儿臣失职，任由父皇惩治。”不过豪格心里却在说，若要治罪首当其冲的是叔叔多尔衮！

多尔衮不禁皱起了眉头：皇上为什么要跟自己过不去呢？看这情形侥幸是过不了关的。唉，他有生杀予夺之大权，他说草是蓝色的，又有谁敢反驳说草是绿色的呢？我两次遣兵回家，一次是每牛录抽三名，另一次是每牛录抽五名，主要是军中人疲马乏，加之粮草不济，不得不令他们轮番回去休整呀。说什么我扰乱了军心，这分明是夸大事实，瞎编滥造嘛。锦州城里的明军仍被我紧紧包围着，明兵怎么可能自由出城运粮采樵呢？哼，不知是什么人别有用心地上了“密折”，在皇上面前告了我一状。走着瞧，顺我者昌，逆我者亡，我多尔衮可不是任由人拿捏的柿子！

“睿亲王，依我大清军律，你罪该当斩不赦。不过，朕念在你多年来随朕出生入死的份上，从轻发落，你可有话说？”

多尔衮心里松了口气：只要不杀头，什么事都好说，留得青山在，何愁没柴烧呢？皇上分明是要给自己一个下马威，得，那就认了吧！

于是多尔衮跨前一步，双膝点地跪在皇太极的面前：

“皇上英明，我既掌兵权，又擅自令兵回家，违军令之罪甚重，应死。任凭皇上发落吧！”

豪格见多尔衮挺身认错，并不委过于他人，眼珠子一转，紧跟在多尔衮的身后跪下请罪：

“睿亲王是王，我也是王，既然与叔父睿亲王共掌兵权，彼既失计，我也有责任，但请皇上从重发落！”

与多尔衮同来的军中几员大将也齐唰唰地跪下认罪，纷纷自责，或请处斩，或请革职，或请贬黜为民，帐中的气氛一时严肃起来。

红烛映着皇太极那张苍老的脸。由于多年来领兵作战，餐风宿露，呕心沥血地操劳国事，原本五十岁的他却更像是个花甲老人。帐篷里静悄悄的，一班子文武大臣们屏住呼吸，神情紧张地注视着皇太极。

皇太极觉得有些燥热，的确，小小的帐篷里聚集了这么多的人，空气能新鲜吗？他抖落了身上的豹皮大氅，露出了绣龙黄缎的御袍。他脸色涨得通红，面露赞赏之色：

“好！我八旗将校不愧为英明汗王努尔哈赤的后代，个个敢做敢当，毫不含糊！朕有你们这些左膀右臂的支持，何愁对付不了明朝的军队呢？哈哈哈！”

帐篷里的气氛顿时轻松了许多。众将官一个个面露喜色，开始窃窃私语：

“皇上仁慈呀，如此爱惜将士，大清焉有不强盛之理？”

“睿亲王是个汉子，敢做敢当，不过，他也的确有苦衷，皇上治他的罪也是应该的，这权当是一个教训吧！”

这时，只听皇太极说道：

“睿亲王，你可知罪？”

“臣知罪，罪不容诛。”

“那好，范大学士，依我大清军律该如何处治睿亲王呢？”

一直恭候在一侧的范文程没想到皇上给他出了个难题，要他做恶人，要知道，这睿亲王可得罪不起呀！他只觉得头皮发麻，黄脸一下子憋得通红。得，先熬过眼前的这一关吧，以后的事，走哪儿算哪儿吧。

范文程清了清喉咙，心里稍稍平静了一下，不慌不忙地开了腔：

“回皇上，睿亲王擅下军令本该严惩不贷，以儆效尤。但考虑到皇上的仁慈宽容以及睿亲王爱惜士兵的心理，臣以为可以这样定睿亲王和诸大将官兵的罪：一、睿亲王降为郡王，罚银万两，拨出部下两个牛录；二、肃亲王也降为郡王，罚银八千两，拨出一牛录；三、其余军中主将俱罚银五十两至两千两不等。请皇上定夺。”

“好，就这么办吧！”

多尔衮瞥了范文程一眼，心里说这个八面玲珑的汉人心眼就是活，他总能想出应变之策，倘若他肯为我出谋划策，将来不愁没有我出头之日。只是，这个范文程一心一意忠实于皇上，他肯为我所用吗？

“谢皇上不杀之恩！臣对皇上的处置口服心服，降爵罚银只会更激发臣对皇上的赤胆忠心。请皇上给臣一个将功补过的机会，臣将继续奔赴松锦前线，以战功来恢复自己的名誉和地位！”

“说得好！朕拭目以待！多尔衮，你领兵去吧！”

多尔衮、豪格率十多名将帅谢恩而去，偌大的帐篷里立刻显得松快了许多，皇太极长舒了一口气，疲惫地跌坐在龙椅里。

也许是皇太极感到对多尔衮的指责过于严厉，或者因为还牵涉到诸多的王公、贝勒、贝子和大臣，包括自己的长子蒙格也在其中，他们都是统兵治政的人才，如果严惩的话必将动摇军心。松锦之战刚刚拉开序幕，只好对他们从轻发落，希望多尔衮他们能以此为戒，日后小心谨慎些，夹着尾巴做人。

唉，这些个王公、贝勒，自恃与众不同，平日里骄横张狂，飞扬拔扈，令皇太极十分头痛。任何人群或人类集团内部都不可能完全一致，由于早婚早育加上多妻多子，使太宗的这个大家族里的关系错综复杂，总的趋向是大多数成员拥护和支持太宗，却也有个别成员敌视他，并演出了种种悲剧。

在清太宗皇太极的大家族中，他子侄人数比兄弟人数约多四倍，他本人有十一个儿子，亲兄弟的儿子约有六十五人，加上叔伯兄弟的儿子，换句话说，皇太极比较亲近的子侄有一百六七十人之多！他们年富力强，生机勃勃，如长子豪格，侄子杜度、岳讬、萨哈廉等均是战功卓著、年轻有为的人物。

对众多的子侄，皇太极尚能令其以自己的马首是瞻，但对于跟自己地位相同的同胞兄弟，皇太极有时未免感到力不从心。

不消说，这些亲兄弟如老大哥代善等人，有拥立之功，为人也比较谦逊稳重，而阿济格、多尔衮、多铎三兄弟也受到皇太极的特殊恩宠和重用，或许是皇太极对当年逼死他们三兄弟的母亲大福晋阿巴亥而心中有愧吧。在皇太极的兄弟中，与他关系不和的有莽古尔泰、德格类、巴布海、费扬果等，尤其是莽古尔泰居然在天聪五年围大凌河时，在太宗御前露刃，犯下了大不敬罪，从此遭了厄运……

同室操戈，勾心斗角，令皇太极痛心不已。不甘心偏安于东北一隅，一心要夺取大明江山，又令皇太极操劳过度，他觉得很是有些个力不从心了。

“皇上，天都快亮了，您就安歇一会儿吧。”

贴身太监柔和的声音打断了皇太极的思绪，他抬头一望，果然帐外已是天色熹微了。一阵困意袭来，皇太极觉得眼皮格外沉，他吩咐太监吹熄蜡烛，自己勉强起身想到榻上歇息，可就在他一起身的时候，只觉得头晕目眩，他那略显肥胖的身子失去了平衡，重重地摔倒在地上……

第三十五章

洪承畴统雄兵压境
多尔衮率勇将抗敌

多尔衮披上白战袍，跨上宝马苍龙骥，带着豪格等将帅登高远望。天哪，似乎是一夜之间，明军的大队人马漫山遍野四处都是，更令多尔衮感到触目惊心的是，那乌压压的明军军营里旌旗猎猎，都绣同一个大字："洪"！

关雎宫里，宸妃正凭窗而坐，呆呆地出神。她的黑发蓬松松地挽着，两条细柳眉拧着，眼睛里流露着淡淡的哀愁。

"皇儿呀，你这一去，把额娘的心也带走了。额娘放心不下你呀，至今你咿呀学语的声音还在额娘的耳畔回响着，若不是顾念着你皇阿玛对额娘的恩宠，额娘早就随你去了呀！额娘的命苦呀！"

眼泪如断了线的珠子，滴落在宸妃胸前的长袍上。一想到年仅两岁就夭折的儿子，她就会泪流不止，人也变得恍恍惚惚的提不起精神。

"娘娘，永福宫的庄妃娘娘看您来了。"

"哦！"宸妃急忙抹去眼角的泪水，强打起精神走出了寝宫。

"姐姐今天的气色好多了。妹妹没打扰您吧？刚做好的龙鳞卷儿，趁热给您送了些来。"庄妃说着一指桌子上放着的朱红色的食盒子。

"妹妹费心了，这些年来你总是嘘寒问暖的，倒教为姐心里过意不去了，说起来姐姐心中有愧呀。"

"姐姐千万不要这么说。"庄妃上前握住了宸妃的手。"呀，姐姐的手凉凉的，你的衣衫太单薄了吧。您的身子本来就瘦弱，经不起风寒的。倘若身子不适，皇上又该放心不下了。"

宸妃面上一红，避开了妹妹庄妃的眼光：

“皇上这两天忙着处理国事，并没来关雎宫，有时想起来了只打发个公公来探问一声。唉，五十出头的人了，还没日没夜地为国事操劳，一听到战事吃紧还得亲临前线，长此以往，就是神仙也吃不消哇。”

“皇上就是这个脾气，每一件事他都要亲自过问，否则他就不放心，这也是没有办法的事情。”

“妹妹，以前你不常常在皇上身边为他分忧解难吗？这五宫里，只有妹妹你有能力辅佐皇上。不像我，是个榆木脑子，对时局根本不感兴趣。妹妹，你可得想法子助皇上一臂之力呀！”

庄妃一脸的苦笑：

“这个社会，是男人的天下，女人太聪明了反倒会招致不幸，只有像姐姐这样温柔贤良的女人才会赢得皇上的欢心。姐姐如今是‘三千宠爱在一身’，妹妹却成了那毫无颜色的‘六宫粉黛’之一了。”

“妹妹的大度令姐姐汗颜，其实姐姐的日子也不好过呀！”宸妃幽幽地叹了口气：

“想我入宫这些年来，深得皇上的宠爱，朝夕相伴，可后宫里包括皇后姑姑在内的姐妹们却对我冷眼相待，见了面总是冷嘲热讽的，背地里还不知会怎么中伤我呢。这种事我又不能向皇上诉说，眼泪只能往肚子里流。我知道妹妹你与她们不同，你不是个争风吃醋的浅薄女人，但毕竟在我入宫以前，你是深受皇上宠爱的。难道，你就一点儿也不怨恨姐姐吗？”

“姐姐，男女之间两情相悦，本是件美好的事情，怎么能强求呢？皇上宠爱您，说明您的确有令他动心的地方，您的温柔缠绵，您的美貌多情，这些我可学不来呀。再说，我们本是同胞姐妹，现在又同侍一夫，亲上加亲，更应该不分你我，真诚相待了。说真的姐姐，我为您高兴还来不及呢！”

“姐姐是个苦命的女人，每当看到你的九阿哥就会想到自己的亲生骨肉，他要是活着现在也该六岁多了。”说着说着，宸妃眼圈又红了，低头无语。

“姐姐，你若是喜欢福临，就把他过继给你吧。姐姐年纪也不大，养好了身子，说不定过两年还能……”

“不要想着法子哄我了，皇上的身子骨一天天地见老，你又不是不知道，他的脸上已经有了一小块一小块的老人斑了，可他偏偏不服老，真拿他没法子。”

“姐姐，您拾掇一下，咱们出宫去走走吧，整天闷在屋子里还不把人给憋坏了？咱们姐妹先去清宁宫给皇后姑姑请安，然后再相伴着在宫里散散心。对了，中午姐姐干脆就到永福宫去，咱们姐妹俩自己动手做一些可口的饭菜吃。”

“这个主意倒不错。”宸妃不忍拂了妹妹的好意，对镜梳妆，往脸上扑了些脂粉，披上了藕荷色的缎子披风。

“姐姐，你这样的容貌难怪会引起后宫嫔妃们的妒嫉，连我看了都自愧弗如，心里酸溜溜的呢。唉，都是一母所生，姐姐怎么就抢了个先，把父母的优点全都占去了呢？”

宸妃的脸上终于露出了笑容，但她那漆黑的眸子里仍有抹不去的忧伤。

清宁宫在皇宫的最深处，这里古柏森森，庙宇高耸，雕栏画栋，蔚为壮观。因为这里是皇上和皇后的寝宫而显得神秘和庄重，在庄妃看来，它不如永福宫那么小巧雅致，在宸妃看来，它也不如自己的关雎宫那么华丽舒适，但这里又是她们梦寐以求的地方。

从东暖阁里传出了皇后娘娘与其他侧福晋们的说笑声，庄妃轻轻一扯姐姐的衣袖，说道：

“今儿个皇后的心情不错，咱们姐妹可以轻松一回了。”

她们正要往里屋走，却被一位婢女拦在了门前。

“奴婢给两位娘娘请安了。今天大福晋身体不适，改日再来问安吧。”

“怎么，大福晋她身体不适？”

庄妃微微一怔，刚才分明还听到皇后的说笑声呢，为什么……

“妹妹，既是这样，咱们就回去吧。”

宸妃的脸上有些挂不住了，扭过头就要往回走。

“姐姐且停一下！”庄妃眼珠子一转，显出忧虑的神色来。“大福晋病了，做妹妹的理应在她身边伺候着，端茶倒水的做些份内的事情，咱们更得进去了！”

婢女迟疑了一下，脸上勉强一笑：

“既是两位娘娘一片好意，就请进来吧。”

东暖阁里温暖如春，皇后博尔济吉特氏正倚在软榻上，手里抱着一把精致的铜质水焐子。继妃乌拉纳喇氏和侧妃叶赫纳拉氏等人正喝着热茶，吃着瓜子，给皇后说笑话解闷呢。

“哟，今儿个是什么风把这一对姊妹花给吹来了？啧啧，瞧你们两人的打扮，倒像是去吃酒似的，我这清宁宫里可只有清茶哟。”

庄妃脸上挂着笑，与姐姐一同行过礼，没理会皇后的冷嘲热讽，态度依旧很谦卑，她说道：

“大福晋吃了汤药没有？昨个还好好的，怎么就病了呢？请御医看过了吗？”

“不要唠叨了，我心烦，找个地儿坐下吧。”皇后一点儿也不给侄女面子，口气还是那么冲，宸妃怯怯地用胳膊肘子碰了一下妹妹，示意她坐下来。

“啪嗒！”乌拉纳喇氏悠然自得地吐着瓜子壳，又伸出满是肉窝的手端起了茶杯：

“两位福晋倒是越活越年轻了，大福晋，我可不愿意在众人面前出丑，我就先告退了。”

“老老实实地给我坐下！谁没有年轻的时候？想当年哀家大礼成亲的时候，荣耀有加，皇上的眼珠子都看直了，谁不夸我是科尔沁草原上飞出来的金凤凰？”

看来，上了年纪的人总爱回忆以前的事情，尤其是这种风风光光的事情。福晋们掩着嘴吃吃地笑了起来，气氛轻松了许多。

“男人都是朝三暮四的德行！大珠儿，哀家问你，这些日子你又给皇上吃了什么迷魂药？皇上老了，前些日子又犯了头晕脑闷的毛病，你又不是不知道！”

宸妃的脸涨得通红，大福晋也太过分了，就差没骂她是妖精了。宸妃硬着头皮为自己辩解：

“大福晋错怪侄女了，皇上只去过关雎宫几次，其他的时间都在崇政殿里。”

“难道他是神仙，就不睡觉了？”

“他，皇上他……”

“大福晋，”庄妃接过了话茬，“皇上他太不爱惜自己的身子了，听说他除了偶尔回西暖阁歇息之外，有时候实在撑不住了就在崇政殿里打个盹儿。”

“唉！”大福晋重重地叹了口气，半晌才说道，“皇上这是何苦呢？他已经许久没来我这东暖阁了。偌大的清宁宫里有时真让人觉得冷清呀。”

崇政殿里，皇太极眉头紧蹙，正来回踱着步子。松锦前线的战争形势越来越复杂，围攻与反围攻，大小战役此起彼伏，明清双方都为这关键一战随时准备倾国中之精锐来决一雌雄。形势不容乐观哪！皇太极刚刚接到了和硕郑亲王济尔哈朗的奏报，称明经略洪承畴率六位总兵带兵六万来支援锦州，屯兵于松山北岗。济尔哈朗亲自率兵迎战失利，伤亡甚重！

“冷僧机，八面击鼓，令贝勒群臣速速上殿议事！”

“嗻！”一等御前侍卫冷僧机见皇太极脸色凝重，心知有重大事情发生，于是命人用力敲响了大鼓。

守候在崇政殿外的群臣贝勒们纷纷整理好衣冠，鱼贯而入，叩见之后，在两旁侍立。

“众爱卿诸贝勒，事出紧急，明军的六万名援兵已经驻扎在松山，他们的统帅是经略洪承畴。朕召你们进殿，是要从速定下计策。各位不要有顾虑，可以畅所欲言。”

皇太极双手倒背，缓步从御座前走到群臣中间。因为天气闷热，他只穿了绣龙黄缎子的龙衫，更显得体态臃肿、大腹便便的。

“近二、三年以来，朕一再尝试打破锦州，但一直没有成功。明军顽强抵抗，我军多有失利，和硕郑亲王还中了枪伤。你们说，朕该怎么办？”

皇太极的情绪有些激动，他的嗓门听上去有些嘶哑，呼哧呼哧地大口喘着粗气。

“臣观今日情势，围困锦州之计实出万全。攻城和围城，当然以前者易见成效，而后者则需要时间，坚持下去才能成功。然而如今情况有变，明军的增援已到，加上驻在锦州城里祖大寿的兵力，我清兵并不能完全掌握主动权。臣以为当务之急，立即增派援兵，截断洪承畴与祖大寿之间的联系！”

“范大学士言之有理。不过，锦州的外围已被睿亲王的大军层层包围起来，祖大寿只是锦州城里的一只困兽了，不必多虑。至于洪承畴的明军却不能忽视，他们士气高，加上洪承畴治兵有方，实在是一支很难战胜的力量！”

说这话的是郑亲王济尔哈朗，他脖子上吊着绷带，声音里还透着几分疲惫。

“蓟辽总督洪承畴所率的‘洪兵’固然强悍，但我八旗精兵已是身经百战，势不可挡！”

两黄旗重臣索尼声音洪亮，语气坚定，皇太极听了不由得精神为之一振。这貌似矮小瘦弱的索尼也是由皇太极一手提拔上来的，他精通满蒙汉文，智勇双全而且年富力强，对皇太极忠贞不贰，是皇太极的御前一等侍卫之一。

“臣以为明国气运渐衰，连年旱灾虫祸，加上流贼叛民，明国的气数已尽。我大清何不乘运奋发，诸王贝勒同心协力，问鼎中原在此一举。时不容缓，机不再来，请皇上立刻出兵，荡平松山！”

“哈哈！知我心者索尼也！朕真担心洪承畴会及早逃脱呢！朕主意已定，朕要亲自率兵，星夜开往松山，与洪兵决一雌雄！郑亲王济尔哈朗留守盛京，你们就静候佳音吧！哈哈哈哈！”

又是一阵爽朗的笑声，皇太极情绪激动，脸色通红。他向来不喜欢说大话空话，而此刻他把这场迫在眉睫的大战说得易如反掌，足见他早就胸有成竹、胜券在握了。

“退朝！”皇太极大手一挥，群臣贝勒们面带兴奋之色心里松了一口气。

可他们没注意到，皇太极的手没有放下，却仰面捂住了鼻子，血正从他的手指缝里往外渗！

夜色浓重，星光闪闪。盛京城外的清兵大营里，萨满们正头戴铜鹰，腰围神裙，敲着神锣、神铃边跳边唱为清军送行：

“天门地门全打开，
萨满妈妈请神来。
天神保佑皇太极，
马到成功下松山。
霞光紫气照盛京，
万马欢腾人欢笑。”

众多的萨满妈妈，戴着神罩，手挥鸾刀和桦木杆儿，边舞边唱，十分热闹。清兵们围了里三层外三层的，不住地喝彩叫好，看得津津有味。萨满妈妈们的身后还跟着一群老婆婆，手里吹拉弹拨着各种乐器，抑扬宛转，也跟着跳神的脚步，舞来摆去，还故意弄出许多丑态引人发笑。

帐外是欢声笑语，帐内的气氛却有些紧张！

皇太极又流了许多鼻血，伤了元气，这个时候他却执意要御驾亲征，怎能不让人担忧呢？

“你们几位是朕的心腹之人，朕患鼻衄未愈之事不得外传！”

身披战袍的皇太极在灯下显得很威武，一等御前侍卫索尼手捧黄色的披风侍卫一旁，神情忧郁，一副欲言又止的样子。

皇太极的弟弟多罗武英郡王阿济格和豫亲王多铎几乎同时跪下劝阻皇太极道：

“皇上，臣弟恳请皇上暂且歇息几天，臣弟愿先行一步！”

“快起来，我的好兄弟！”皇太极心头一热，亲手扶起了两位异母弟弟。或许就在这刹那间，他想起了当初自己亲手逼死他们的母亲阿巴亥的那一幕。一时间他的眼中流露出了一丝愧疚的神色。

对于皇太极的夺主即位，曾经有人大加指责，其实只有当事人皇太极最最明白他该不该受到指责。显然，这是一场蓄谋的逼宫政变，是由皇太极与兄长代善联手完成的。英明汗王努尔哈赤向来重爱情、重亲情，他怎么可能在自己临终之际又“遗命”大妃阿巴亥殉葬而丢下两个十来岁的亲生儿子多尔衮与多铎呢？他们年幼无知，若丧父又丧母，在这冷酷的后宫之中将何以立足呢？“遗命”似乎是有，但却不是“逼大福晋殉葬”的遗命，而是立“九王子”多尔衮为王，这件事代善在场，他就是最好的见证人。真真假假，假假真真，真的“遗命”成了假的，假的“遗命”却成了真的！

大福晋阿巴亥生殉成了后金国的一大疑案，残酷的历史给多尔衮兄弟三人开了个无情的血淋淋的玩笑，而坐在龙廷里的皇太极却并不感到心中惶然。唐太宗李世民、宋太祖赵匡胤、明成祖朱棣……以不正当的手段登基称帝的例子不胜枚举，他皇太极又为什么不能心安理得呢？更何况在他的治理之下，迁都盛京，走完了从后金到大清这艰难的一步，倘若他有过错人们也早该原谅他了！

只不过偶尔，每当面对多尔衮三兄弟时，皇太极的内心深处会产生一点点的愧疚，仅此而已。就为了弥补内心深处的一点点愧疚，皇太极对多尔衮三兄弟格外重用，因此尽管他们年纪不大，资格不老，他们的地位却比许多兄长高。皇太极这么做不仅仅是因为这三兄弟军功卓著，随着年纪的增加，他也许想到了有那么一天他会面对已故的大妃阿巴亥，到那时他也算心中坦然了。

然而这种愧疚的念头只是一闪而过，皇太极的声音又恢复了平静：

“行军制胜，贵在神速！出其不意，攻其不备，朕此时若有翼可飞，恨不得展翅而去，以迅雷不及掩耳之势直赴松山！好了，外面的祭神已经结束，两位兄弟，即刻带兵随朕出征！”

多尔衮带着亲兵部将十数骑连夜回到了营地。

一路上，多尔衮策马飞驰，宝马苍龙骥似乎明白主人的心情，四蹄飞扬掀起阵阵尘土。部将们不敢怠慢，扬鞭猛抽，生怕被主帅拉下。风声呼呼，马蹄阵阵，月光下的多尔衮浓眉拧到了一起。

“朕待你与诸子弟不同，良马任你乘，美服任你穿，肴馔任你食……”皇太极威严的声音在多尔衮的耳畔回响。

“叭！”多尔衮气恼间又扬起了马鞭，苍龙骥已经跑出了一身汗，它忍着疼痛风驰电掣般地狂奔起来。

几年来，多尔衮出生入死、马不停蹄地为皇太极打天下、争地盘，先后降服了察哈尔和朝鲜，使明朝在辽东失去了两翼，为大清解除了后顾之忧，多尔衮的军队还接连不断进攻明朝，直捣中原，频频获胜，然而他却万万没有想到，他差一点遭到了灭顶之灾！

“由亲王降为郡王，罚银万两，拨出部下两牛录！”大学士范文程的声音不高但却十分清晰，多尔衮听来十分刺耳。

“唉，这么没日没夜地为他打天下，他却翻脸无情，这种朝不保夕的日子可真难挨呀！”

马上的多尔衮重重地叹了口气，松开了缰绳，因为眼前就是他军中的大营了。

营帐里灯火摇曳，五彩的地毯和榻上毛茸茸的皮褥子显得温馨舒适。多尔衮惬意地躺着，两位侍从端水送茶忙前忙后地伺候着。

“王爷，烟点好了，您抽几口吧。”

多尔衮眯着眼睛，稍稍张开嘴：

“傻丫头，你不会送到本王的嘴里？喏，就这样。”

多尔衮伸手抓住了那递烟袋锅的手：“手指又白又嫩，啧啧，简直爱煞人了。”

“王爷，半夜三更的，您不能再吸烟了，您得喝碗热奶子，这样您就可以好好地睡一会儿，明儿个您还得领兵打仗呢。”

两个女扮男装的侍卫，一个递烟、一个送奶，一个丰腴、一个美艳，两个人娇滴滴的声音令多尔衮满心欢喜，两个人花儿般的容貌更令多尔衮喜不自胜。他猛吸了几口烟，又喝完了奶，然后色迷迷地搂抱着两个女子，“噗”地吹熄了蜡烛。

天蒙蒙亮的时候，多尔衮被帐外的争吵声吵醒了，他揉着眼睛正要发作，忽又听到了帐外那颇为熟悉的声音：

“我有要事禀报王爷，将军如若不允，我可就要硬闯了！”

“你这厮怎敢如此放肆！堂堂睿王爷是你想见就见的吗？快滚开，否则老子的剑可是不认人的！”

多尔衮一掀帐篷走了出来，他身材颀长，相貌英俊，颌下是一把修剪得很整齐的短胡须，潇洒中透出几分威严，显得气宇轩昂。

“你们且退下，本王有话跟他说。”

“睿王爷，侄孙这么早就吵醒了您，实在是因为事出有因。”来人一袭黑袍，脸上罩着面具，看不清他的相貌。

“这么说事情很急？好吧，进来说话，阿达礼。”

阿达礼解下了面罩，环顾四周，桌子上已经摆满了热气腾腾的食物：热牛奶、牛油饼、烩牛肉。阿达礼不禁咂吧着嘴讪着脸：

“王爷，小的一夜没睡，跑得又累又饿……”

多尔衮眼睛一瞪：

“再累再饿也不在乎这一会儿。快说，那边出什么事了？”

“王爷，昨晚您刚离开不久，皇上他就病了，天还没亮内侍就传出话了，说什么‘圣躬违和’，要去安山（鞍山）温泉疗养，已经动身了。”

“噢？皇上又病了？哼，他如今已是秋后的蚂蚱，没多少气候了。训斥我的时候还是大喊大叫，原来他这是硬撑的，好哇，我倒要看看他还能撑几天？”

“王爷，听说皇上这次去温泉走的是近道，途中要经过‘神仙谷’……”

“嗯？”多尔衮浓眉一挑，眼露杀机。“看来皇上病得不轻呀。想那狭谷地势险峻，两边是悬崖峭壁，自古以来是强人打家劫舍之地，如果皇上受到了惊吓，也许会一病不起了！”

“王爷，侄孙明白您的意思，此事包在小的身上，您瞧瞧，我这副贼人扮相谁能识破呢？”阿达礼紧盯着多尔衮的眼睛，拍着胸脯。

“阿达礼，这件事千万不能露了马脚走了风声。记住，只要想法子吓唬一下煞一煞皇上的威风即可。哼，我要让他知道，天外有天！”

“小的明白，请王爷放心，小的日后还想跟着王爷飞黄腾达呢。这一桌子香喷喷的食物……”

“馋嘴的家伙，吃吧，吃饱喝足就办正事去。记住，人不要太多，挑几个轻功好的，带着火铳再放上几箭，一有风吹草动便四下散开，各自回自己的营地。”

“嗻！”

“皇太极，你不仁我可有义呀，你对我有杀母夺旗之恨，这十几年来我把一潭苦水深埋在心里，君子报仇十年不晚，我终于快要扬眉吐气了！来人，请萨满妈妈，本王要祭神！”

鞭子香被点着，冒出了袅袅白烟，萨满妈妈头戴金雀铜翅神帽，身穿八条虎牙长裙，腰系神铃，手摇神鼓，乌牛白马已被牵到了香案前。

众将帅不知道主帅为何要祭神，看着神情严肃的王爷均不敢多问，均戴了神帽披了神裙跪在了多尔衮的身后。神鼓敲起，神铃震耳，众将侍从们跪在神案之前随着萨满妈妈咏诵神词：

“游遍了九层云天，
最高贵最英武的大神是阿布凯恩都里；
访遍了三江五河，
最善良最美丽的女神是呼其塔蚌神三姊妹。
沐浴神灵我大清如旭日东升，
爱新觉罗的子孙将兴旺发达繁荣昌盛。”

多尔衮在神前若有所思，他在暗中祈求祖先神灵保佑自己，扫除自己的敌人、对手和绊脚石，众将帅均神情肃穆拜跪着神灵。此时晨光初现，一抹红霞使庄严的祭祀场面增加了几分活力，萨满妈妈手中的神鼓和腰间的神铃交汇成了一首飘飘仙乐……

天命五年九月二十八日，后金国发生了一件令众多的王公贵族疑惑不解的事情，英明汗王努尔哈赤在汗宫当着八旗诸贝勒、众大臣宣布，多尔衮三兄弟成为八旗旗主，多尔衮虽然年幼，但却对当时众贝勒的誓词记忆犹新。“……此后，立阿敏台吉（努尔哈赤侄）、莽古尔泰台吉（努尔哈赤第五子）、皇太极（第八子）、德格类（第十子）、岳讬（次子代善之子）、济尔哈朗（侄）、阿济格（第十二子）、多铎（第十五子）与多尔衮（第十四子）八贝勒为和硕额真，为汗之人，受取八旗之给与，食其贡献，政务上，汗不得恣意横行……”

多尔衮欣喜若狂，几乎不相信自己的耳朵：他当上了八旗旗主之一的和硕额真？他们三兄弟终于可以出人头地了？当然，这一切的功劳是母亲阿巴亥的，她已经在英明汗王众多妻妾中由侧福晋上升为大福晋，成了后金国臣民的国母！

众贝勒大臣在震惊之余窃窃议论起来：

"英明汗王这是怎么啦，八旗兵应该编制八个和硕额真，可这份名单上却写了九个人？"

"事情不是明摆着的吗？九岁的多尔衮贝勒和七岁的多铎贝勒两个人的名字被排列在一起，说明他们两个人被合立为一个和硕额真！"

"英明汗王的此举一点儿也不英明！把我们这些身经百战，军功显著的功臣贝勒丢在一边，却让两个乳臭未干的娃娃当上了旗主，这、这不是欺人太甚了吗？"

"背地里发脾气有什么用？你敢当面跟汗王说出来吗？我料你也不敢这么做。得，把眼泪放在肚子里吧。人家多尔衮小贝勒凭的是母荣子贵，就冲这，谁能跟他比？你不服也得服！"

"走着瞧，天有不测风云，人有旦夕祸福，多尔衮他们三兄弟如果经不起沙场上的考验，如果他们的母亲失去汗王的欢心，结果又会怎么样呢？我真是不甘心哪！"

在众贝勒大臣充满哀怨嫉妒的眼光中，多尔衮三兄弟的厄运果然降临了。

天命十一年（1626年）初，英明汗攻宁远受挫。自天命四年以来，努尔哈赤率八旗军于萨尔浒大败明军，使后金与明朝的关系发生了根本变化。此后，后金又攻灭叶赫，统一了女真，天命六年又发动了进攻明朝辽沈的战争，下沈阳、克辽阳，英明汗王的汗宫也由赫图阿拉老城一迁再迁而迁到了盛京（沈阳）。几十年来努尔哈赤所向无敌，而这一回却惨败于宁远孤城之下，这怎能不令他气愤难当呢？努尔哈赤气血攻心，忧怒成疾，痈疽突发，病势急转直下，竟病逝于距盛京四十里之遥的叆鸡堡！

盛京城里哀声四起，与明朝作战的事被放到了一边。少年多尔衮思念着与英明汗王浓浓的血缘父子之情和殊恩深宠，更是伤心欲绝。那一夜显得格外的漫长而沉寂，但多尔衮万万没有想到还有更大的灾难等着他！

天刚亮，皇太极就率领诸贝勒王大臣，风风火火地赶到了大福晋阿巴亥的住处，声称执行父汗"遗命"要大妃自杀殉葬。

多尔衮怒不可遏，厉声指责皇太极，却被众贝勒冷冷地打断了：

“八王皇太极已被推为黄台吉，这是天意，因为汉人称储君为皇太子，而八王的名字本来就是黄台吉，他就是我们新的汗王！”

“新的汗王？父王有遗诏吗？推举新汗王这么重大的事情，为什么我们三兄弟无一知晓呢？”年轻的多尔衮怒气冲冲地注视着正值壮年的八皇兄皇太极。

“父王创建了八和硕贝勒共治国体的方针，你们却擅自改成了四大贝勒共坐之制，父王尸骨未寒你们就要背叛父王？”毕竟年长一些，多尔衮的哥哥、皇十二子阿济格的语气咄咄逼人。

“住嘴！你们三人能有今天，全仗着父王对大妃的宠爱。本汗过的桥比你们走的路还多，你们有什么资格成为八和硕贝勒之一，有什么资格在本王面前指手划脚？哼，今非昔比，你们三兄弟今后说话做事可得当心了！”

说罢，皇太极脸色铁青，手一挥让侍卫捧上了白绫，对大妃道：

“大妃，您与父王夫妻一场，恩爱无比，如今您能让父王一人冷冰冰地躺在那里吗？父王的心里只有你，快追随父王去吧！”

大福晋阿巴亥欲哭无泪。面对着如狼似虎的夫君的子臣们，她心里明白自己只有死路一条了。二十多年的宫廷生活让她明白了宫廷斗争的血腥与残酷，她知道抗拒是徒劳的。满族并没有妻妾为夫殉葬的习俗，反而流行“君臣同川而浴，并肩而行，父死子妻后母，兄终弟娶寡嫂”的治栖之风。但，阿巴亥又不甘心，她看着脸色阴沉的皇太极：

“我在你们父汗弥留之时陪伴了他四天，他从未对我表示过要我与他同行的意思，反而劝慰我，要我照看好你们几个年幼的弟弟。”

大贝勒代善面无表情地看着惶恐不安的大妃阿巴亥，心里却感到万分的痛苦：

“大妃才三十多一点儿，又白嫩又丰满，当初她很中意我，为此受到了父王的冷遇，唉，我如今也是泥菩萨过河自身难保了，只有硬着头皮翻脸无情了！”

“大妃，父皇的遗命是下达给我们四大贝勒的，我、阿敏、莽古尔泰和四贝勒皇太极均可作证。父汗说，他十分喜爱母后，因此要求母后与他同行。母后是个聪明人，知道父汗的命令是不可违抗的，请您自己动手吧！”

大妃阿巴亥的热泪夺眶而出，双手颤抖着接过了白绫。

“不，这是阴谋，我不相信你们的话，我不能让母亲死！”多尔衮歇斯底里地喊叫起来，双手紧紧拉着母亲的衣袖，一双仇恨的眼睛怒视着皇太极和代善。

阿巴亥心如刀绞，自己死不足惜，为了保护三个儿子，她跪拜在皇太极和代善的面前，泣不成声：

“我自十二岁入宫侍奉先帝，至今二十六年。我与英明汗情深似海，原不忍相离。既是大汗有遗愿，我也无话可说。只是，多尔衮他们三兄弟尚未成人，我死以后，求几位大贝勒看在你们父皇的份上，好好抚养他们。毕竟，你们都是亲兄弟呀！”

皇太极皱着眉头，不情愿地回跪阿巴亥：

“请母后放心地去吧，阿济格已经成人，多尔衮和多铎我会格外照顾的。”

阿巴亥再也无话可说，她屈从了命运的安排，心一横，推开了心爱的儿子，走进了内室……

三十七岁的阿巴亥就这样成了汗位争夺斗争中的殉葬品。眼睁睁地看着自己的母亲被逼上了绝路，多尔衮心中犹如万箭穿心，但他却没有再哭闹喊叫，而是抹去了眼角的泪痕，牙关紧咬！这杀母夺旗之仇一定要报！看着皇太极眼中闪现出的一丝喜悦，多尔衮握紧了双拳！

“通往汗位的一切障碍都已经清除了，我可以从容不迫地登上宝座，并可以全力以赴去实现父汗没有实现的问鼎中原的梦想！”皇太极心中的确兴奋不已。仅仅一夜的时间，形势就发生了根本的变化！

英明汗突然撒手人寰，虚空的汗位令后金统治集团内部乱作一团。觊觎汗位已久的八王子皇太极沉不住气了。作为父汗钟爱的四贝勒，皇太极聪明、干练，野心勃勃而又年富力强。皇太极自信，在四大贝勒中，只有他才有能力继承汗位。大贝勒代善性格懦弱，做事优柔寡断，早已失去了父汗的欢心，二贝勒阿敏虽为镶蓝旗旗主但毕竟是父汗的侄子，三贝勒莽古尔泰过于鲁莽声名不佳……皇太极思前想后，最终有能力问鼎汗位的只有代善、他皇太极本人以及多尔衮兄弟。

代善果然成不了大气候，在汗宫父汗的龙椅前他就当众宣布放弃汗位并力保皇弟皇太极，这一着令皇太极欣喜若狂。对皇太极而言，还有一个危险的敌人，那就是一国之母的大妃乌拉纳喇氏阿巴亥，当然，她也就是多尔衮他们三兄弟的生母。由于她的受宠，她的三个儿子迅速兴起，年方冲龄便被封为八和硕额真王并掌有全旗，多尔衮三兄弟尽管年轻但其实力已经超过了包括皇太极本人在内的三大贝勒！这能不令皇太极惶恐不安吗？不只是皇太极，众贝勒出生入死，血战数十年，又有几个能当上旗主额真呢？阿巴亥在无意之间成了诸王贝勒的敌人，当然更是皇太极登上汗位的最危险的政敌，所以，她必须死，皇太极相信倾巢之下，不会再有完卵的。

父汗的去世，本来对少年的多尔衮就是一个沉重的打击。生母被逼自杀殉葬父汗，对多尔衮来说简直是晴天霹雳，令他痛不欲生！多尔衮三兄弟从十一日未时到十二日辰时，在不足一昼夜的时间里，经历了父汗去世、汗位失去、生母被逼殉葬的一系列灾难，从一向由父汗宠爱、母后欣赏扶持的有着强大靠山的高贵旗主，一下子降为备受冷落的无依无靠的孤儿弱主，前途渺茫，凶多吉少，身处逆境中的少年多尔衮仿佛一夜间成熟起来了，他把眼泪往肚子里流，把一潭苦水深深埋在心底，夹着尾巴做人，暗中积蓄力量屈以求伸。

"父汗哪，如今儿臣羽毛已丰，风华正茂，而皇兄皇太极则是暮气横秋，体力不支，这大清的江山也应该由我来扛了。我忍气吞生了十几年，戎马倥偬，出生入死，不就是为了等待这一天吗？儿臣谨遵父汗的遗命，尊王敬汗，已经立下了显赫的军功，大清国的缔造也有儿臣的一大功劳呀，他皇太极称帝所用的玉玺不就是我派人奉送的吗？如今他已是病魔缠身，理应由儿臣我来接替他的帝位。如果儿臣成了大清国的皇帝，当务之急就是消灭明朝，统一中原，我要让我们爱新觉罗氏的子孙世世代代成为中原的主人！父汗，儿臣并不是忤逆狂妄之人，儿臣问心无愧，请父汗的在天之灵保佑儿臣早日实现这个梦想！"

多尔衮沉浸在对往事的回忆之中，忽然被一阵锣声惊扰，不由大怒，起身喝道：

"祭神重地，什么人敢这样大胆喧哗吵闹？"

"不、不好了，王爷，明军人马已经来到了阵前，要向我军挑战呢！"

多尔衮这一回是真的清醒了，他眉头一拧：

"来而不往非礼也，各牛录额真听令，全军严阵以待，听本王的调遣！"

多尔衮披上白战袍，跨上宝马苍龙骥，带着豪格等将帅登高远望，观敌瞭阵。这一看他心里猛然一惊：天哪，似乎是一夜之间，明军的大队人马漫山遍野四处都是，更令多尔衮感到触目惊心的是，那乌压压的明军军营里旌旗猎猎，醒目地写着"洪兵"！

“洪承畴来了？莫非他是从地底下钻出来的吗？”多尔衮的脸色阴沉下来。

对大名鼎鼎的洪承畴，多尔衮早有耳闻。洪承畴先中举人又登进士，仕途顺利，官至陕西布政使司右参政，成为镇压陕西农民起义军的主要军事统帅。崇祯十一年（1638年）洪承畴设计伏击李自成的军队，大胜，从而被摇摇欲坠的明朝末帝崇祯更加宠信，满朝文武也寄以厚望，称他所统领的军队为“洪兵”。

从清崇德元年（1636年）以后，皇太极便把进攻的矛头指向了明朝。在短短的三年时间里，清军数万铁骑五次征明，肆意践踏着大明千里平川的华北大地，令明朝上下人人自危。关键时刻，明廷于崇祯十二年初，特命洪承畴为前辽总督，主持对关外的清兵战事，以拱卫京师。

年近五十的洪承畴深知肩上的担子。大明内部党派纷争，人心涣散，连年对农民起义的镇压更使国力贫乏，山河破碎，一向被认为用兵如神的洪承畴变得小心翼翼起来，因为他知道一失足便会成千古恨！当锦州被清军围困一年多，频频告急的时候，洪承畴决定孤注一掷了。他共征调宣府总兵杨国程、大同总兵王朴、密云总兵唐通、蓟州总兵白广恩、玉田总兵曹变蛟、山海关总兵马科、前屯卫总兵白广恩、宁远总兵吴三桂八镇大军十三万、马四万，集结宁远，准备与清兵决一死战！

洪承畴针对皇太极长期围困锦州的政策，决定以守为战，步步为营，稳扎稳打。但迫于朝廷速战速决的压力，他不得不进行军事冒险：将兵马粮草留在宁远、杏山以及锦州七十里外的海岛笔架山上，亲率六万兵马抢占了松山城北乳峰山，七座大营安营扎寨，一夜之间出现在清军多尔衮大营的阵前。

“主帅，还犹豫什么？趁明军连夜奔波马乏人困之际，我军应速速出击杀他个下马威，让明军无喘息之机。”

“豪格，洪承畴用兵如神，决不能等闲视之，阿巴泰，你即刻派几名旗牌官向盛京求援，敌兵实重，请皇上速派济尔哈朗前来助战！”

“豪格，带领你手下的精兵向乳峰西侧的明军进行骚扰，注意保存实力，避开明军的神器红衣大炮！”

“杜度，率你的精兵速速切断洪兵的后路，在松山与杏山之间严防死守，只许成功不许失败！拿去，本王旗下的十牛录兵士归你调遣！”

多尔衮从腰中掏出了令旗，杜度领兵而去。可豪格仍愣愣地站在一旁。

“你？想违抗本王的军令吗？刚才不是你喊得最响吗？”

多尔衮对这个比自己大几岁的侄子并没有好感，甚至在内心深处还处处提防着他。为什么？就因为豪格是皇太极的大阿哥！其实，多尔衮的担忧差不多是多余的，种种迹象表明，豪格一直没讨得父皇皇太极的欢心，尽管他有文韬武略和赫赫军功，但他始终未能当上主宰一旗之旗主，他只辖有皇太极麾下的正黄、正蓝和镶黄三旗之中的若干牛录而已！

“豪格只是想请求主帅也拨一些兵马，因为我手中的兵力实在是有限！”

“哦！”多尔衮没有立即表态。

对面明兵安营扎寨的炮声惊动了围锦州的清军，他们看到明军这逼人的气势，无不面露惊恐之色。洪承畴占据的乳峰山东侧，距锦州仅五、六里远，他的数万人马环松山城结营，掘起了长壕，竖起了木栅栏，耀威扬威的骑兵队巡游于松山东、西、北三面，防御甚严。

“必须将洪兵的气焰打下去，以振我大清兵将士气！”多尔衮一字一句，掷地有声。“豪格，本帅将统辖的正白旗中的十个牛录交与你调遣，你可凭借熟悉的地形对洪兵进行袭击，打乱他们的阵脚，瓦解他们的士气！”

“请主帅放心，豪格此去定能马到成功！”

第三十六章

杀忠臣干城竟自毁 遣良将营垒许谁攻

袁崇焕大吃一惊问道："臣有何罪？""你这叛逆，和八旗兵里应外合，朕已尽知，你还有何话可说！"崇祯根本不容袁崇焕分辩，当即将他打入死牢，并于崇祯三年八月十六日处死了这位忠心耿耿的守边大将……

正午的阳光炙热地烤着黑土地，远处，尘埃飞扬，人欢马嘶，大队人马滚滚而来。

正黄旗的巴牙喇兵（护军）骑着一色的高头大马，身披盔甲，耀眼夺目的旗纛在风中招展，灿若云霞。一张硕大的黄伞下，皇太极威风凛凛地骑在马上，他的身后紧跟着的是御前一等侍卫出身的宠臣索尼、汉军正蓝旗固山额真佟图赖和军师范文程等十几位内大臣。

再往后则是身穿黄马褂的侍卫骑兵队和三千名八旗精兵。尤其引人注目的是马队中间的红衣炮队，炮筒上的红绸迎风招展，与无数黄色的军旗和天蓝色的军旗相互辉映，如彩蝶纷飞，如百花争艳，蔚为壮观。

从盛京到锦州有数百里之遥，大队人马马不停蹄已经行进了三天，估计还有三天的路程。这一路赤日炎炎，士兵们早已是汗流浃背，疲惫不堪。身材肥胖的皇太极更觉闷热气短，苦不堪言，他的两个坐骑大白与小白更是吃尽了苦头——皇太极自幼便身材魁伟，中年发福之后更是膀阔腰圆，当穿上铠甲之后，昔日背负他驰骋疆场的这两匹宝马良驹如今再也威风不起来了，小白尚能日行百里，大白却只能日行五十里了。

"皇上，前面有一处庙宇，可否请皇上歇息一下？"紧跟在皇太极左右几乎寸步不离的索尼察觉到皇太极脸上的疲惫之色，请求让大队人马稍事休息。

皇太极点头同意，但他的内心却万分焦急。翻身下马，皇太极立刻又觉得一阵头晕目眩，眼疾手快的索尼快步上前扶住了他。“哎呀，皇上您、您又流鼻血了！”

“不要紧张，更不要声张，朕休息片刻就会好的。”脸色苍白的皇太极低声嘱咐着索尼，索尼会意，招手示意，由几位御医和侍卫搀着皇太极进了大庙。

大雄宝殿里宽敞清静，建造精巧，金身佛像闪着亮光，和蔼地冲着皇太极发笑。皇太极心念一动，恭恭敬敬地在佛像前合掌下拜，连连作揖，嘴里念念有辞：

“大慈大悲的佛啊，赐福给大清国，保佑我皇太极此次出兵旗开得胜，马到成功！”

见皇上如此敬佛，跟在身后的索尼、佟图赖等一帮子内大臣们慌忙趴身下拜，连连磕头。他们心中奇怪，大清国一向最信萨满教，出兵作战或是祭祖祭天都要请萨满跳神，对汉人看重的菩萨庙或是佛祖庙并不感兴趣。皇上这是怎么啦？当然，日后要图谋中原，与汉人长期相处，就得接受和适应汉人的各种习俗。其实，眼下的八旗精兵或将帅里就已经有了不少优秀的汉人人才。祖上为宋朝文正公范仲淹之后的范文程起初追随英明汗努尔哈赤，现在又一心一意辅佐皇太极，他足智多谋，料事如神，上解天文，下知地理，深受皇太极的赏识和宠信，被任命为内秘书院大学士，进世职二等罕喇章京。带兵投清的明将总提兵大元帅孔有德和总督粮饷总兵官耿仲明分别被皇太极封为恭顺王和怀顺王。原为镶黄旗汉军人的佟图赖十三岁即驰骋疆场为后金国效力，军功卓著成为威名远扬的战将，连年被提拔封赏，当皇太极于崇德七年（1642年）组建汉军八旗之后，佟图赖被授予汉军正蓝旗固山额真——即都统，他由此跨入清军高级将领的行列。

看起来，满汉相互融合，这是历史发展的大趋势呀。目睹着皇太极虔诚敬佛的范文程暗中欢喜，连连点头。

庙里主持赶紧收拾了一间僻静的禅房，竹帘、竹椅加上竹床，皇太极立时觉得清凉了许多。士兵们早已躺在树荫下或是大殿里呼呼大睡了，可皇太极却辗转反侧，难以入眠，他的心早已飞向了松锦战场……

锦州是明朝设置在辽西的军事重镇之一，自从明清争战以来，锦州的战略地位日益重要。锦州的正南面近二十里处是松山城，松山西南近二十里处是杏山城，而杏山西南二十里左右便是塔山城，这三城如羽翼如卫星般地拱卫着锦州，此外还有宁远重镇作为锦州的坚强后盾。因此，明朝派遣重兵由祖大寿统领，加固城池，力图使锦州成为阻止清兵西进的一座坚强堡垒。很明显，锦州不破，清军就只能局限于东北一隅，毫无前途可言。

然而，自努尔哈赤阻于宁远城下，到皇太极即位后的十几年间，清向辽西的多次进兵一直未能取得重大进展，因此形成了明清在宁、锦长期对峙的局面。

“唉！”皇太极回想多年来的坎坷，不禁一声长叹：“难道上苍真不助我，我大清只能安于东北一隅么？中原，人杰地灵、土肥水美的中原，何时我皇太极才能骑着大白和小白在那里策马扬鞭呢？”

往事历历在目，皇太极怎么也忘不了他承袭汗位的第二年在宁锦城下所遭到的败绩，甚至他的父汗努尔哈赤也因为在宁远败下阵来，受了伤又窝了一股火不久就去世了。如今，已明显感到体力不支的皇太极急于拿下这只拦路虎。他也许觉得自己的时间不多了，十几年了，一个弹丸之地竟成了阻挡清兵入关的关键，皇太极一向心高气傲，他实在是咽不下这口气呀！

“你皇太极不过是我城下的一名败将！”这讥讽的声音令皇太极坐卧不安。他猛然翻身起床，一声怒喝：

“不拿下锦州，死不瞑目！来人哪，传朕的旨意，大队人马立即朝锦州进发！”

天聪三年十月，皇太极率领十万大军避开袁崇焕防守的宁远、山海关，绕道科尔沁，直扑明长城的各个隘口。

后金兵分三路：七贝勒阿巴泰、十二贝勒阿济格攻龙井关；大汗堂弟济尔哈朗、侄儿岳讬攻大安口；皇太极亲统大军偕大贝勒代善、三贝勒莽古尔泰入洪山口。十万满洲铁骑从天而降地杀来，直惊得明朝守军魂飞天外，三路人马势如破竹，只三天时间，便已攻到马兰峪。

马兰峪守将吴阿衡自接守以来，素无警报，便懈怠下来，终日饮酒，少有醒时。满洲兵杀来之时，他尚沉醉不起。侍卫强拖他上了战马，对面满洲铁骑冲杀过来，阿济格手起刀落，吴阿衡便人头落地，死得倒也没有丝毫痛苦。

当长城各口陷落的消息传到京师的时候，已经是三天以后，当时满洲兵已经占领了蓟州城。崇祯一向自以为沉着老练。这时突闻后金铁骑已近在咫尺，一下子惊得面如土色，呆了半晌也想不出应对之策。还是首辅大臣韩圹稍稍老练一些，当即请皇帝下诏：宣布京师戒严，附近机动军队全部防守京师；飞檄传袁崇焕回师拦截后金大军；诏告各地督抚率兵入京勤王。

三道诏书颁下，崇祯怦怦乱跳的心才稍稍安静了一些，正待喝一口茶安顿一下过度紧张的神经，老太监王承恩急惶惶地走过来，到他身边附耳说道：

"皇上，刚刚传来战报，说山海关总兵赵率教战死在遵化城下！"

王承恩声音不大，而且生怕吓坏了皇帝，话说得极为缓慢，但听在崇祯的耳朵里，仍然像晴天霹雳一般，惊得目瞪口呆！

原来，山海关总兵赵率教闻警，不待督师与巡抚下命，立即率两千人马前往遵化救援。疾驰三昼夜，几乎与后金兵同时抵达遵化外围重镇三屯营。

三屯营守将是蓟镇中协总兵官朱国彦。这朱国彦是蓟辽总理刘策属下将官，刘策与皇帝最近的红人袁崇焕不睦，影响到其部下也对袁崇焕的属下充满敌意。此时，朱国彦正为八旗兵的突然到来忧心忡忡，忽然听说赵率教前来增援，心中大喜，当下便欲开门迎纳。他的幕下师爷走了过来，捋着山羊胡子劝朱国彦道：

"赵率教是我朝名将，将军若延之入内，势将反客为主，胜敌是增援之功，失守则将军难逃其责。况且八旗兵虽强，却也未必能攻下三屯营。"

朱国彦认为言之有理，当下紧闭城门，拒不接纳援军。赵率教三天三夜强行军，早已人马疲惫，却不料遭此冷遇，当下怒火中烧，指着城头骂道：

"朱国彦，你这王八蛋，老子好心帮你，你却这样待我。待三屯营失守，看你怎样向皇上交待！"

骂阵自然无济于事，赵率教只得绕过三屯营来援遵化，途中与阿济格所率镶红旗遭遇，双方一场混战，羽箭若狂风怒雪，兵戈击打如潮。最后赵率教所率两千人马全军覆没，两千人没有一个逃走，没有一个投降。总兵赵率教身中二十七箭，拄着宝剑站立在战场上死去了，就连一向好勇好斗的满洲士卒见了，也不禁肃然起敬。

拒不接纳援兵的总兵朱国彦终究没能侥幸抵挡住能征善战、士气正盛的八旗兵。就在后金军攻入三屯营那天，他穿好朝服、向京师方向叩拜如仪，之后与妻子张氏一同上吊自杀殉国。

满洲三路人马汇集遵化城外。遵化巡抚王元雅是一介文官，哪见过这等阵势，急令总兵官李贾坚守，谁知道武将更是稀松，没等开兵见仗，早跑得无影无踪。王元雅悲愤交集，便把逃跑诸将名单张榜于抚衙之前，而后与永平知县徐泽等人相继自缢而死。

皇太极夺了遵化，继续挥师东进，明军的抵抗软弱得出乎他的意料。十一月八日，探马来报：大军前锋已至蓟州。皇太极见天色已晚，便传令三军：

"今日就地扎营，来日一早攻城。"

第二天，天刚刚亮，八旗军便开始攻城。皇太极素知蓟州乃是重镇，攻取不易，便令莽古尔泰、阿尔泰、岳讬各领一旗人马轮番攻城。

城头上的滚木、礌石、羽箭像密雨冰雹一样倾泻而下，仰攻的八旗将士纷纷倒下，但这却丝毫也阻挡不住越来越猛烈的攻势。

突然，一枝羽箭射中了莽古尔泰的前额，顿时血流披面，疼得他"哇哇"大叫。这莽将军血性大发，猛地一把将那箭杆折断，头上带着残余的箭镞，疯了一样登上云梯，狠命地向上攻去。周围的将官士卒被主帅的神勇所感染，军威大振，在声如牛吼的号角声中，八旗兵置生死于不顾，嗷嗷大叫着往前拥，这番气势将城头兵将吓得心惊肉跳，抵抗之势顿减，眼见有数十名敌军就要爬到城垛口，蓟州城危在旦夕。

忽然，城上"轰"、"轰"、"轰"三声炮响，紧接着杀声震天，仿佛有数万明军如神兵天降一般出现在城头，半空中飘扬着一杆大旗，红色的大旗上书有一个斗大的黑字——"袁"！

这个字，八旗兵将们再也熟悉不过了。不错，这正是蓟辽督师袁崇焕的大纛旗！

主客之势顿时逆转，城头木石铺天盖地而下，八旗铁骑攻势受挫，莽古尔泰右臂又中一箭，在军将的保护下撤了回去。留下千余具残肢断臂的尸体，无声地点缀着这惨淡血腥的战场。

皇太极闻报大吃一惊，喃喃说道：

"莫非这袁崇焕真是神人转世！"

要知道，宁远至蓟州有千里之遥，袁崇焕在这么短的时间里整军前来，简直是不能想象！

"这可如何是好！难道朕此番入塞，又要功败垂成，坏在这袁蛮子手里不成？"

皇太极自言自语道：

"不行，袁蛮子一日不除，朕伐明的大计就一日不得施展，总得设计除掉他才是！”

这时，范文程走上来，文绉绉说道：

“我素闻明主朱由检生性多疑，虽然已将辽东全权交给袁崇焕，却也未必用之不疑。我有一计策在此，供大汗参考。”

接着，范文程在皇太极耳边低语良久，说得皇太极频频点头。

第二天，皇太极命令贝勒豪格及额驸恩格德尔率一旗兵马绕过蓟州，循三河、临顺、义城，目标直指京师。其余各旗分散在蓟州城方圆百里之内，抢夺人口、牲畜、金帛、粮食，补充给养，消耗明朝实力。

袁崇焕不愧为一代名将，后金军抵遵化之时，他才得到报告，当时也是万分惊骇。不过他到底有数十年临敌的经验，当时他即刻做出决定，留一万兵马镇守宁远、锦州，其余大队人马随自己千里赴援。俗话说，疾行无善迹。但袁崇焕还是将这支精锐之师带到蓟州城内，比皇太极快了半拍，而且沿途抚宁、永平、迁安、玉田诸镇，还都妥善派兵把守。

但是袁崇焕却对皇太极的新举动有点茫然，按理说皇太极应该猜到他袁崇焕千里行军，人马困顿，该当继续夺城才是。即使不愿与袁军作战，也完全可以以主力绕道蓟州，去攻打京师。为什么他只派一支军队绕城而过，主力却在蓟州城外游荡起来，这其中必然有诈！

袁崇焕正在思考皇太极的用意何在，祖大寿赶来，急火火地说道：

“督师大人，咱听说豪格已东去袭取京师，大人为何还不动身去援京师？”

袁崇焕心里涌起一股暖流，只有他这鲁莽勇猛的汉子才会直率地讲出自己的所思所想，一心为督师安危、为朝廷大计着想。此刻，祖大寿生恐京师有闪失，危及到袁崇焕的责任，才直言相询。

袁崇焕便也坦呈自己的顾虑：

“皇太极本可以全师东进，却在这里休养，不知有何阴谋。蓟州东去抵京师一马平川，再无重镇可依，如若本督移师，恐怕蓟州难保啊！”

“但是督师已至蓟州，京师遥遥在望而不前，谁能保证朝臣们不会说出什么话来？”

祖大寿说出了自己的担忧。

“大安口、龙井关、洪山口都非本督负责地带，鞑子由此而入，不是咱们自己疏于防范。咱们闻讯即千里赴援，谅百官也挑不出什么漏洞来攻讦——即使他们说了，咱们皇上英明神武，想来也不会相信。”

“督师说得是，不过，历来辽东主帅都不是败在鞑子手中，而是败在朝中谗言与胡乱调度之中。督师虽然有皇上宠信，小心一点总不会有错。”

正说着，何可纲走了进来，道：

“禀督师，皇上派人来宣读诏书！”

话音未落，内宫太监高起潜带人闯了进来，尖声唱道：

“袁崇焕接旨！”

“臣在！”袁崇焕匆忙率祖大寿等人跪倒。

“蓟辽督师袁崇焕千里赴援，忠勇可嘉，朕心甚慰。今京师危急，特命袁崇焕火速入京勤王，以息虏难。钦此！”

袁崇焕叩头领旨，站起身来，对高起潜说道：

“本督有一主张，还须公公禀明皇上：现今皇太极及八旗主力还在蓟州，其去向难明，崇焕须得稍待数日，察其意欲何往，再做定夺。”

高起潜感到有些意外，说道：

“铁骑入境，自然是京城最为危急，督师大人不去入卫皇上，却在这里查探动静，怕是不妥吧？”

“本督千里赴援，正是担心皇上安危，此时驻守蓟州，亦是扼皇太极东去之路。公公所言差矣！”

高起潜不再争辩，只懒懒地说道：

“好吧，咱家替大人转告皇上就是啦。督师身担大任，倒要好自为之。咱家一路奔波，鞍马疲惫，请督师先安置咱家歇歇脚，再回去复旨。”

再说袁崇焕在蓟州驻扎数日，几次出城与八旗兵决战，皇太极都是一触即溃，从不正面交战。袁崇焕又不敢离城太远，只好无功而返。

这一天，袁崇焕正在与诸将议事，忽然有军卒来报：八旗军整兵绕城而过，似乎要向京师而去！

袁崇焕大惊，立即登上城头观望，但见远处烟尘滚滚，马蹄声震动大地，果然八旗军主力整军西向，矛头直指京师。

事不宜迟！袁崇焕赶紧升帐，命祖大寿为先锋，率部赶在后金军之前到京师防守，自己与何可纲统中军随其西行，尾追皇太极求战，力求给后金军以创击！

谁知皇太极无心恋战，只是一个劲儿地往西赶。袁崇焕无奈，也只得加紧行军，先其赶回京师。就在他刚刚踏上左安门之时，皇太极的八旗兵也旗幡招展铺天盖地而来！

袁崇焕不敢怠慢，立即整队与八旗兵战在一处。兵法云："百里趋利者军半至"，袁军长途跋涉，既无充足给养，又没有充分休整，情形未判，突与皇太极接战，难免损兵折将。幸赖袁崇焕平时训练有方，部队临危不乱，才侥幸没有大的伤亡。袁崇焕在广安门外立脚不住，只得移师沙河，祖大寿驻营广渠门外。

八旗铁骑如影随形杀到，皇太极身着金盔金甲，坐在黄罗伞下，亲自督战。八旗兵在大汗面前，欢欣鼓舞，没命一般往前冲，喊杀声、兵器撞击声混成一片，刀光剑影，血色弥漫。两支人马直杀得天昏地暗、日月无光。袁崇焕立马大纛旗下，面色铁青，一言不发，半晌，看这样的混战很难击败皇太极的进攻，才对何可纲下令：

"放炮！"

立刻有火器营的军兵推出两门红衣大炮，装好炸药，点燃引线。

随着一阵清脆的锣声，袁军忽然间撤了回来，没等激战正酣的八旗兵明白过来，"轰"、"轰"、"轰"，几声震耳欲聋的炮声，炮弹在后金阵营落地开花，顿时火光一片。

皇太极的坐骑也受了惊吓，掉头向东北方向奔去，八旗军兵中弹者累累，这时一见大汗仓皇奔逃，立刻乱了阵脚。袁崇焕挥动令旗，明军一阵掩杀，八旗兵败退。

夜，已经很深了。

文华殿的灯光依旧明亮，崇祯皇帝一会儿坐下来沉思一阵儿，一会儿又匆匆站起来来回走动。

袁崇焕的战事，已经有亲信太监不时打听了来告诉他。最令他欣慰的是，救命星袁崇焕终于来了！袁崇焕治军有方，关宁军勇猛善战，有了他们，京师还怕不固若金汤?

然而另一些消息却让他隐隐地有点疑惑。上午，东厂提督太监高时明来了，告诉他许多京师百姓的传言。他们说，满洲人是袁崇焕故意放进来的，袁崇焕先杀了毛文龙这块满洲人的绊脚石，再勾引皇太极来攻京城，他与后金约定打下京城后一路南攻，覆灭明朝之后平分天下。

崇祯对这些无稽之谈嗤之以鼻，他不相信间接杀死了努尔哈赤的人会来向他的儿子妥协，这简直是无中生有！

但高时明说的另一件传闻却对他有所触动：有一些朝臣及军将私下里议论，说袁崇焕要和鞑子讲和，怕朝中有人反对，便借后金之势，兵临城下，胁迫皇帝与朝臣就范，就像宋朝真宗年间的澶渊之盟那样！

是不是确有其事呢？崇祯拿不定主意。整个下午，他都在焦躁与狐疑中度过，袁崇焕重兵在握，有勇有谋，他若心怀不轨，京师危矣，大明危矣！

入夜的时候，崇祯终于得到了好消息，袁崇焕在广渠门外击退金兵主力。这时，崇祯才长出了一口气，真是的，袁崇焕怎么可能投降呢，自己竟然对正在城下浴血奋战的良将起疑心，真是大大的不应该！

就在崇祯焦急不安的时候，南海子的后金营地的中军大帐里，也是红烛高烧，甲士环绕，后金国主皇太极正与谋士密谋攻取大计。

外貌粗犷威猛的后金大汗其实并不乏心智。此番大举入塞，在亲王贝勒看来是到大明天子脚下耀武扬威，掠夺奴隶金帛，但在皇太极的内心里，却另有一番打算。

这是皇太极生平第一次见到北京城，京城那雍容威严的天朝大国的帝都气象令他感奋不已，更勾起了他取而代之的决心。

然而要取代大明，最关键的一步是夺取明朝的门户——山海关。这座巍峨坚固若铜墙铁壁般的关口一天在明朝的防守之下，取代明朝就是痴人说梦，而果敢睿智的袁崇焕镇守宁远、山海关一天，后金夺取山海关的希望就会像海市蜃楼一样虽辉煌而飘渺。皇太极在苦苦地思索着铲除袁崇焕的良策。

计划在按部就班地进行着：首先绕道蒙古，深入明朝腹地，令崇祯对北方边防有了袁崇焕高枕无忧的念头发生动摇，让不知就里的京城官员与老百姓把怨气撒到袁崇焕身上。

第二，在蓟州城下故意逗留拖延，让袁崇焕摸不清自己的动向，不敢轻举妄动，从而给崇祯造成袁崇焕不顾京师安危，逗留不进以提高自己身份的印象。

第三，派大批奸细打入京城，在街头巷尾传播袁崇焕以战胁和的谣言……

这一切，都在皇太极的授意之下成功地进行着。然而，对于像袁崇焕这样一直尽忠报国的形象，仅靠这些是绝对不能给他以致命损伤的，必须寻找机会，给他以直接而有效的打击。

范文程似乎猜到了大汗的心思，他悄声无息地走到皇太极身旁，轻声说道：

“大汗，古人云：欲速则不达。若欲离间明朝君臣，则我军不可急攻京城，否则我军攻之越急，明朝国主就愈发倚重袁崇焕。京师城高墙厚攻取至为不易，大汗既不能取明都以得实利，又白白加重了袁崇焕的地位，此乃为临渊驱鱼之策，实不足取。”

皇太极的心思被人说中，眼睛忽地一亮，一把抓住范文程的衣袖，请教道：

“依先生之见如何？”

范文程不慌不忙地说道：

“京郊多富庶之地，我军可分兵四出掳掠粮食、庄丁、金银，一者以耗明之实力，一者储足粮草，静以待变。我听说朱由检生性多疑，咱们围城既久，自然能找到机会，置袁崇焕于死地。即使找不到机会，袁崇焕身为兵部尚书、蓟辽总督、勤王兵马总调度，久久不能退敌，也是一条罪过。”

“好计策！”皇太极一拍大腿，极口称赞道。

在接下来的十几天里，皇太极减缓了京城的围攻，而是派人四出扫荡掳掠，一时间京师周围方圆百里之地烽烟四起，生灵涂炭。老百姓家园被毁，牲畜粮食遭抢，哭天抢地、怨声载道。而袁崇焕身负守城之责，不敢分兵去消灭恣意践踏的满洲铁骑，只得硬着头皮接受越来越强烈的舆论压力。

京师百姓看袁崇焕按兵不动，更是怒不可遏，他们大骂袁军无能，说袁崇焕先找借口杀毛文龙，杀掉后金心腹之患，又放纵后金大举进攻，自己借勤王之名，回军反噬……老百姓还编了一首顺口溜，道是：“杀了袁崇焕，鞑子跑一半！”

皇太极的机会很快来了。这一天，豪格来报，说是抓住了两个监军太监。

皇太极说道：

“监军太监？这种不男不女的东西有什么用？一刀杀掉算了！”

范文程急忙制止，高兴地说道：

“大汗且慢！此乃天赐二人与我主，助我主成其大事！”

“此话怎么说？”皇太极急忙问道。

范文程俯身凑到皇太极耳边，低低地说出一番话来。皇太极听了频频点头，到了后来，不由兴奋得一拍大腿，哈哈笑道：

“范先生所说，真是太高明啦！真不愧是朕的诸葛孔明！”

按照皇太极的安排，降将高鸿中、鲍承先来至前营，命人将两名太监押至自己营中，对两名太监说道：

“今晚你们先住在这里，明日清晨大汗有话问你们。”

说罢便不理他们，命人摆上酒席，边饮边唠。大约到了半夜，一名太监由于折腾了一天便迷迷糊糊地睡着了；另一名太监却说什么也睡不着，但是也闭上眼睛在那里装睡。

过了一会儿，只听高鸿中压低声音问鲍承先：

“他们俩睡着了吗？”

“睡着了！”

“我告诉你一件事，今天袁督师派人来见大汗，我恰好在大汗那里，袁督师派来的人告诉大汗不要着急，说他正在设法让他的军队进入北京城，只要是他的军队开进北京，那时就来个里应外合，不愁北京不在大汗手里。”

这太监把这一切听到耳里，心想：“原来袁督师早和他们串通一气了，我说呢，八旗兵怎么来得这么快，原来真是袁督师放进关的。”但是他仍然装成熟睡的样子。

又过了一会儿，进来两个人，对高鸿中、鲍承先说道：

“大汗找二位将军有要事商量。”

高鸿中说道：

“可是这两名太监怎么办呢，你们三位先走，我去找两个人来此看管他们。”

说完，四人便一同走了出去。那太监一见无人，赶紧将同伴推醒说道：

“现在没有人看管我们，赶紧跑吧！”

两名太监“顺利”的逃离后金兵营，直奔京城，入城后进入宫中，赶紧将昨晚在金营中所听到的一切告诉了崇祯皇帝。

崇祯一听大怒，心想：“原来如此，我就知道你袁崇焕三番两次地要求把军队调进城内，定然另有计策，果不出我所料。”

他对报信的太监说道：

“朕知道了，此事你们不要再张扬出去，朕自有办法。”

十二月一日，崇祯皇帝派宦官到袁崇焕营中传袁崇焕进城议事。袁崇焕急忙随宦官一起入城来见崇祯皇帝。崇祯一见袁崇焕便立即分付锦衣卫将他拿下。

袁崇焕大吃一惊，便问：

“皇上，臣有何罪？”

“你这叛逆，放八旗兵入关，还想和八旗兵里应外合攻占北京，朕一切都知道，你还有何话可说？”

袁崇焕一听也吓愣住了，真是祸从天降，直喊：

“皇上，休听谗言，臣对皇上忠心耿耿，实在冤枉！”

但事已至此，他再说什么崇祯也听不进去，袁崇焕被打入死牢，并于崇祯三年八月十六日斩杀于西市，曝尸原野。

袁崇焕被捕入狱的消息很快就传了出去。跟随袁崇焕一同率军前来的辽东总兵祖大寿，听说袁崇焕被皇上下狱，心想：“袁督师对朝廷如此忠心，竟落得这般下场。看来皇上已不信任我们，我又何必在此等死。”于是便率领自己的人马返回辽东，使形势更加恶化。

皇太极听到这一消息后，大笑道：

“崇祯小儿，中我计矣！”

于是下令尽掠财物，于次年二月率军满载而归。

明廷处死袁崇焕，犹如自己坏了坚固的长城，任凭八旗兵长驱直下。这清太宗皇太极原本在袁崇焕手里吃过亏，毕竟怯他三分，袁崇焕一除，他心中的一块石头落了地，立刻便决定重整旗鼓，攻取辽西重镇宁远、锦州。他先派了一队八旗兵，由十四亲王多尔衮率领，去夺锦州。

这锦州的守将祖大寿正因为袁经略被杀，自己擅自回来，朝廷虽没有加罪，但已经心灰意懒，压根儿不想再为朝廷卖命。多尔衮到了锦州城外，未打几个回合，祖大寿便举起了白旗，开城投降了。多尔衮早就知道祖大寿是中原不可多得的一员猛将，当下便奏明太宗，为祖大寿加了官职，然后放他回国去做密探。

这些消息，明廷并不知道。因为用人之际，所以祖大寿虽然未守住锦州，却也未曾加罪。崇祯皇帝又派洪承畴为经略，带了王朴、吴三桂等八员总兵官，马步兵十三万，出了山海关，七月二十九日，洪承畴率领全部人马到达了松山，当天晚上就派出一股人马抢占了离锦州只有五、六里路程的乳峰山西侧，并随即在那里扎下了明军的大营，而清军的大营则正好在乳峰山的东侧。

八月初，明清两军便以乳峰山作为互相争夺的重点，数番激战，由于明军的兵力占有绝对的优势，又加上洪承畴指挥调度得当，从总的形势上看，明军显然占了上风。

洪承畴在取得了初步胜利之后却变得十分的小心谨慎，当时吴三桂曾建议趁清军的援军未到，立即一鼓作气乘胜进攻，但洪承畴没有采纳，而是采取了一个以坚固对坚固、营垒对营垒的方针。他命令在松山和乳峰山之间筑起了七座大营又在此掘壕设垒，并命骑兵分驻于大营的东、西、北三面，从而使得这里成为一个十分坚固的防御体系。然而在宁、锦防线的北侧有一座小小的长岭山，虽不是十分的险峻，但骑兵却完全可以绕过它包抄到松山的西侧，从而切断明军的后方补给线。正是这个小小的疏忽，最终导致了他的惨败。

多尔衮看到明军兵势浩大，忙向盛京太宗报告。皇太极得知了消息，立即决定亲率大军在这里和明军进行一场大决战。于是，他一面命令锦州前线的清兵死守待援，一面迅速地调集各路兵马来沈阳。他本准备于八月十一日出发，但在临出发之前，却突然发现自己的鼻子流血严重，于是便只好拖延了出发的日期。但是三天后，待病情稍有好转，他便决定带病出征，临行前，他召集各王公贝勒和全体文武大臣，十分高兴地对他们宣称：

“朕但恐敌人闻朕亲至，将潜遁耳。倘蒙天眷佑，敌兵不逃，朕必令尔等破此敌，如纵犬逐兽，易如拾取，不致营苦也。朕所定攻城机宜，尔等慎无违误，勉力识之，定获大胜。”

他立即下令起程，一出盛京，便纵马昼夜疾驰。几年来，他一直尝试要夺取锦州。眼下洪承畴率大军增援松山、锦州，清军又屡屡失利，直急得他忧愤呕血。

由于时间紧迫，他便率领三千精骑先行。也许行军太为急迫了，路途中，他的鼻子竟又流起血来，一连流了三天才止住。从盛京到锦州有六百余里，皇太极却只急行了六昼夜就赶到了锦州前线，与多尔衮的人马会合。

这一日，太宗和范文程上山察看地势，见那峰峦起伏，曲折盘旋之山，遥遥有旗帜飘扬。必定是明军的大营。

范文程仔细观望一番，说道：

“这洪承畴不愧为中原才子，颇懂得一些兵法，守备都是滴水不漏，看来我军硬攻是不行的。”

太宗道：“依先生之计，该当如何？”

范文程轻轻一笑，道：“不如我们先发兵将他一军。将兵马驻扎在通往松山的路上，截了他的退路，然后派兵从长岭绕行到他背后，劫他在塔山的粮草。”

太宗道：“就依先生妙计，先让洪承畴措手不及最好！”

当夜，君臣两人便取出了辽西地图，找出一条小路，命多尔衮和阿济格两位亲王各带两千人马，悄悄往塔山而去。

这时，已有三更天气，空中淡月如纱。多尔衮见没有什么粮草，便带了亲兵数人上山察看，却发现前面的山谷中，隐隐立着七、八个营寨，忙下山和阿济格说道：

“山谷中的营寨，显见是护卫粮草的人马，粮草定是屯在山后，你我兵分两路，正好趁他不备，左右夹击，打他个措手不及。”

阿济格点头同意。当下，只听得一声呐喊，数千清兵便冲将出去。那些个明军在酣睡中被惊醒过来，一个个惊惶失措，只消半个时辰，七个营寨便纷纷被击溃。太宗皇太极率领后援人马，风一般地冲到岗上，将几百囤的粮草统统搬下山来，运到清兵大营。

等到洪承畴闻讯赶到，早已为时过晚。原来清兵情急之下，早已放了一把火，将那些未及搬运的粮草一古脑烧掉，扬长而去。

明军将士根本没有想到皇太极会有这一着，知道粮草被清兵夺取了，通向后方的补给线又断了，一时间，明军的士气低落到了极点，一个个人心惶惶，哪里还有什么斗志。洪承畴见粮草已失，后路也被清兵断了，只好放弃原本坚守不战的策略，主动出击。不料那太宗却依照范文程的计策，坚守不战，任明军怎么冲锋，他仍是置之不理，岿然不动。洪承畴没有办法，只得用了一着偷营的险着，故意退兵到十里以外的地方安下营寨，然后令士兵们吃饱了夜餐，武装停当。等到三更时分，兵分四路，依次进发，去袭清营。

总兵官王朴和唐通两个人是第一路，首先率兵来到清营附近。这时夜色已深，万籁俱寂。淡淡的月亮挂在空中，只隐隐能看到清营之中，黑黝黝的一片兵帐，似乎透着一股杀气，很是阴森逼人。王朴素来胆怯，见此情景，便朝唐通道：

“我看清营早有防备，我们不如退回去。”

唐通愤怒道：

“我辈乃是奉命前来，有进无回，怎能半道折回？”

王朴无话可说。于是两人便率队直望清营冲去。

说时迟，那时快。猛听得一声炮响，无数的弹子、火箭竟一齐从清营中射将出来，将前面的明军打得头破血流，惨叫不绝。王朴、唐通一见中了埋伏，忙令军士退回。谁知没几步，前面又杀出两支清军，左是多尔衮，右是吐伦世。两军遭遇，自是一场恶战，正是危急的时候，明军第二路人马赶到，将那两队清兵截住，战在一起。那王朴、唐通见此，忙夺路而逃，去向洪承畴报告。

谁知这第二路明军没有战几个回合，斜刺里却又杀出几支人马，为首的三员大将红顶花翎，威风凛凛。原来竟是降清的将领孔有德、耿仲明、尚可喜。这第二路明军见此阵势，知道力不能敌，也无心恋战，只得边战边退。幸而那第三路人马及时赶到，得了援手，方才走脱。

那明军的第四路人马吴三桂率领的本是后应兵。待三路人马出发后，方才率兵出营。谁知行不了数里，却见一路统帅唐通、王朴率着些残兵仓皇归来，一问，才知道是清营有备。吴三桂急忙策马前进，去接应二、三路人马。

哪知才走了几步，却听到身后金鼓齐鸣，杀声震天。吴三桂猛吃一惊，道：

“莫非清兵正袭击我大营？”

谁知一语未毕，却见一兵士从背后疾驰而来，气喘吁吁地道：

“经略大人有令，请将军速回。清兵已经闯入我军大营。”

吴三桂一听，忙令兵士转身归驰。尚未赶到营门，已见无数清兵正往里拥。那洪经略正挥刀立马，亲自督战。唐通、王朴等将亦率军协力抵御，左阻右拦，十分激烈。

吴三桂见此，忙一马当先，率众杀入敌阵，那二路、三路的几位将领也一齐率兵赶了回来，一齐与清兵混战在一起，两军酣战半日，仍是未分胜负。只是洪承畴见清兵后援不断地涌来，心知自己兵力不足，无法守住营盘。只好且战且退，退入松山城里，拼死拒守。惟有吴三桂和王朴两位将领寻了个机会，率领部分亲兵，仓皇往关内逃去，方才保住了性命。

第三十七章

八旗兵唾手得松锦
清太宗纵情享天伦

福临兴奋地大叫道："皇阿玛，我要用箭把它射下来！侍卫，快把我的箭拿来！""这可不行，这是神鼠，射不得的。"皇太极随即命令索尼："朕要向神鼠焚香跪拜，以求平安。各色人等，一律停车下马！"

洪承畴退入松山城中，太宗皇太极却也并不着急。他命清兵将松山城围了个水泄不通，飞鸟难过。明军困在城里，未及两月，粮草已尽，城内军民全靠着树皮、草根、破棉絮维持生命。

太宗知道洪承畴博学多才，是个不可多得的人才，便和范文程军师商议，想将洪经略招降。范文程写了一封情文并茂的劝降书，派人用箭射到城里，洪承畴置之不理。范文程又写了一封，洪承畴仍是不理。

这劝降信写了四五封，将那轻重缓急、利害关系都讲得明明白白，洪承畴却在城里传出话来，说道：

"城可破，头可断，大明经略却不可降！"

太宗一闻此言，急得团团转，不知该当如何是好。正在此时，帐下大臣李永芳却道：

"臣下和洪经略尚有几分交情，如令臣亲自到城内说降，或许可行。"

此时，松山城内粮草早已告罄，城内军民都已软弱无力，经略洪承畴虽然号称中原第一才子，智比诸葛孔明，最后关头也是苦于巧妇难为无米之炊，至崇德七年七月，守松山的明军副将夏成德降清，引清军登城，松山城破，洪承畴眼见大势已去，索性一咬牙，解下腰带想要自尽。

不想刚吊上去，却被一人冲将上来，一把抱住，捆了起来。这个人便是降清大将李永芳，他乃是奉了太宗皇太极之命，前来说降的。谁知洪承畴虽然未死得了，却也早将生死置之度外，不但将李永芳骂了个狗血喷头，连太宗皇太极，也被他骂得火冒三丈。只是太宗乃是惜才之人，对洪承畴十分欣赏，所以非但没有加罪于他，反而锦衣玉食地伺候着，绞尽了脑汁劝他投降。

随着松山的告陷，清军开始对塔山、杏山进行围攻，用大炮轰开了塔山城，歼灭城内明军七千余人；继而又炮轰杏山城，明朝守城官兵只好开门投降，清兵收降人口六千八百余人。至此，历时一年有余的明清松锦大决战便最后以明朝的惨败而宣告结束。

“咚！咚咚！咚……”

盛京城里八门击鼓，捷报频传。多日来人们心中的忧虑一扫而去，外藩诸蒙古各部以及朝鲜的使臣纷纷上表称贺，城里一片喜庆气氛。

“击鼓报喜了，这是真的吗？”

皇太极猛然睁开了双眼，朦胧中只见红纱灯下端坐着一位妇人，背影苗条，似乎很熟，不由得脱口而出：

“你是宸妃！朕想你想得好苦哇！”

“皇上，您终于醒了！这一病可真让人揪心哪！”妇人转过身来，抹泪强笑道：“皇上，我是永福宫的庄妃。宸妃姐姐她、她……”

皇太极呆了一呆，忽然一拍脑门，喃喃地道：

“宸妃在哪儿？她在哪儿？你们把她一个人孤零零地送到哪儿去了？朕马上要见她！”

皇太极说着挣扎着抬起身子，但却力弱不胜，摇摇欲倒，庄妃赶紧过来扶住了他，又一转脸给一旁的乌兰使了个眼色。

“皇上，您听见了刚才报喜的鼓声了吗？旗兵官送信来说，我大清八旗兵已把松山明军统统置于包围之中，并切断了明军的粮饷后路，拿下松山指日可待！”庄妃试图以前线上的战事来转移话题，分散皇太极的思绪。“来，先让臣妾喂些水给您吧。”

“唔。”皇太极面无表情，仰脸望望帐顶，又侧脸望望庄妃。他觉得头脑昏昏沉沉的，要问的事情太多了，一时竟无从说起。

“人呢？”他没头没脑地问。

庄妃一愣，端着茶碗的手不由得抖了一下，温热的茶水洒在了皇太极的衣衫上。她没有回答，急忙放下碗从怀里掏出白手绢轻轻地擦着，她低着头，不敢正视皇太极的目光。在病中的皇太极虽然形容憔悴，但那双眼睛却依然明亮，而且充满了期待。

“她好吗？”皇太极按住了庄妃的手。

“是的。她很好，她终于可以见到她日思夜想的八阿哥了。”

“不！我的宸妃她没有死！”皇太极的脑子完全清醒过来了，他用力抓着庄妃的手摇着：

“我同她夫妻一场，恩爱有加，她怎么能先我而去呢？她为什么不等等我呢？她是我一生的最爱，她走了我可怎么办？呜呜！”皇太极突然放声恸哭起来，像个撒泼的孩子。

“皇上！臣妾叩见皇上，请皇上节哀顺变！”皇后博尔济吉特氏带着一班嫔妃风风火火地走了进来。原来，庄妃见皇太极清醒了，生怕他过于悲伤，特地让乌兰把皇后请来了。

皇太极的哭声戛然而止，看来他心里有数，怎么能当着众多妃子的面痛哭流涕呢？

正当皇太极抱病亲征松锦前线日夜督战之时，忽然传来了宸妃病危的消息，他心急如焚，放下了手头的事情，立即带着内大臣和巴牙喇兵拔营回京，然而还是没能赶上见宸妃最后一面。

进到后宫，宸妃已经入殓，皇太极趴在宸妃柩前，大放悲声，涕泣不止，看了令人心酸。诸王、大臣百般劝慰，但怎奈皇太极过于悲痛而不能自持，在下令厚殓宸妃之后，皇太极忽然昏迷不醒，直到报喜的鼓声传来，他方才渐渐的苏醒过来。

“皇上，人死不能复生，您要以国事为重，振作起精神来呀！”庄妃流泪跪倒在皇太极的床前。这些天，她日夜侍奉在皇太极身边，寝不解衣，端茶倒水，就像一个贴身婢女似的，熬红了双眼，也哭干了眼泪。她为失去姐姐而伤心落泪，姐姐才三十三岁呀！她为皇太极的健康每况愈下而担心落泪，也为皇太极对姐姐的一片真情而感动落泪，但同时她又为自己被冷落，自己与儿子的前途未卜而心焦落泪！所幸的是，皇后博尔济吉特氏自宸妃死后，对庄妃也变得和颜悦色起来，又见她日夜为皇上担忧，亲自在床前服侍，心里又多了几分感动。庄妃与皇后姑侄间终于和好如初，前嫌尽释了。

“范大学士求见！”

“得知皇上病体康泰。微臣感到十分安慰。臣以为凡心劳则气动，臣愿皇上清心定志，万寿无疆！一切细务，交由各部分理，不劳皇上费心，臣惟以圣躬为重，伏望皇上息虑养神，幸甚！”范文程跪在皇太极床前，字字诚恳，情真意切，透露着对皇太极的关心。

“范大学士快快请起！”皇太极苍白的脸上浮现了笑意：

“好吧，朕就同意你的请求，就由朕口谕，你手书吧。”

内侍太监早就预备好了笔墨，范文程捋起长袖，皇太极字斟句酌地说道：

“圣躬违和，肆大赦。凡重辟及械系人犯，俱令集大清门外，悉予宽释。又，政事纷繁，望各旗、六部诸大臣酌情办理，不得有误。钦此！”

众人心里都松了口气，看来皇上已经渐渐地摆脱了忧伤。

秋分时节，和风暖日，这正是狩猎的最佳季节。在诸贝勒、群臣的劝说下，皇太极决定从盛京北上去乌喇、宁古塔祭祀、围猎。

卸下了战袍换上了龙袍，皇太极顿觉轻松惬意。松锦前线有多尔衮、豪格等将帅坐镇，拿下锦州已是指日可待了，皇太极那略显憔悴的脸上露出了难得的笑意。

“皇阿玛，我想骑马！坐在这马车里一点儿都不好玩！”

“是福临呀，好吧，阿玛就答应你的要求，索尼，将他抱到朕的马上来！”

皇太极此番去狩猎特地带上了三个尚未成年的儿子，即六阿哥高塞——由庶妃纳喇氏所生，七阿哥常舒——由庶妃伊尔根觉罗氏所生以及九阿哥福临——永福宫的庄妃博尔济吉特氏所生。这三个皇子都只有五、六岁的年纪，少不谙事，天真活泼，整天叫着要出宫去玩，皇太极特地将他们带上，也让他们开开眼界。

福临自记事以来似乎第一次与皇太极这么亲近，他坐在皇太极的怀里，可以听见皇阿玛那粗重的呼吸声。

“皇阿玛，别搂得太紧，您的胡子怪扎人的。”

“哈哈哈哈！”皇太极听了乐不可支，偏要低头去扎胖乎乎的儿子，父子俩在马上嬉闹着，其乐融融。

“福临，皇阿玛好不好？”

“不好！”福临不加思索地脱口而出。

“为什么这么说？你吃的、穿的、住的、玩的哪一样不是阿玛给你的？你看，路边的那间小草房，门口有一个面黄肌瘦脏兮兮的孩子，你愿意过那样的生活吗？”

“我是阿哥，怎么可以穿那样破烂的衣服？”福临夺过了皇太极手中的马鞭，嘴里吆喝着：

“驾！”两条小腿还用力地夹着马肚子。可大白马只听主人皇太极的使唤，对福临的吆喝不理不睬，仍旧慢悠悠地走着。

“说呀，你还没回答皇阿玛的问题呢？”

“嗯——我都五岁多了，可是皇阿玛抱过我吗？还有，我常看见皇额娘流泪，额娘说你不喜欢她了。为什么我们不能住在一间房子里，像真正的一家人似的？小狗子说每天晚上都是他阿玛和额娘搂着他睡，还讲许多笑话给他听呢。”

“小狗子是谁呀？”

“是李嬷嬷的儿子呀，我常和他玩儿。”

“可是你知道皇阿玛有多少个儿子吗？喏，那车里坐着的是你的六阿哥和七阿哥，大阿哥豪格和四阿哥叶布舒正在与明军作战，五阿哥硕塞喜欢闭门读书，对了，你还有两个小弟弟，十阿哥韬塞和才几个月大的十一阿哥博穆博果尔。你说，皇阿玛怎么可能整天只陪你一个人呢？”

“如果皇阿玛喜欢我，就会整天陪我玩了，我额娘也会高兴起来，是吗？”福临一双乌溜溜的黑眼睛看着皇太极。

童言无忌呀。皇太极开始喜欢上了这个聪明又顽皮的儿子了，他情不自禁地搂紧了福临，将布满皱纹的老脸贴在了福临那圆润白嫩的脸颊上。闻着儿子身上散发出来的体香，皇太极不觉心潮起伏……

“皇阿玛，快看，那树枝上有一只花鼠！”

“哦？”皇太极收回了悠悠的思绪，顺着福临手指的方向看去，只见前方一株古松上，一只小花鼠正蹲在树枝上“吱吱喳喳”地叫着，往下探头探脑地看热闹呢。

“皇阿玛，我要用箭把它射下来！侍卫，快把我的箭拿来！”福临以为可以开始射猎了，在马上兴奋地大叫着。

“这可不行，这是神鼠，射不得的。”皇太极和颜悦色地对福临说着，随即命令索尼：

“传谕，朕要在这株松树下焚香跪拜，以求平安。各色人等，一律停车下马，不得有误！”

这种花鼠，头上背上均有黑灰色的花斑，生性顽皮，喜欢凑热闹。每逢它在树洞中看见有色彩鲜艳的鸟兽或熙熙攘攘的人群经过，必定要高兴得跳出树洞，抖毛翘尾，卖弄一番，一来二去，花鼠的胆子越来越大，在众目睽睽之下从容地摇头摆尾，吱吱乱叫。

女真人素来认为老鼠是天神的地使和地兵，是否与人为敌，全凭天神喜怒使然。而这种花鼠能在树枝上飞跃自如，动作敏捷灵巧，一双亮晶晶的小眼睛明亮有神，自然要强出地鼠许多倍，肯定更受天神宠爱。因此，他们把这种花鼠视若神灵，每遇必拜，以求万事吉祥如意，平平安安。

萨满妈妈摇着神铃，击着神鼓，开始在老松树下焚香跳神。跪在皇太极身后的小福临觉得好奇，一阵东张西望之后，悄悄起身，跟在一群说拉弹唱的萨满妈妈的身后，胡乱扭着。萨满妈妈的祭神曲刚刚唱完，忽然又响起了一个稚嫩的童声：

“苍天，祖宗，过往神灵……”

“嗯？”皇太极微微一怔，定睛看去，只见福临手持桦木杆，扭得正欢。福临内穿明黄色绣龙长袍，脚踏齐膝的红皮靴，头上戴着一顶嵌着东珠的小帽，外罩一件猩红色的缎子披风，粉白的脸上一双大眼睛格外有神。

“这孩子，真会胡闹！”皇太极摇着头微微一笑。今天他心情好，若在往日，不伸手赏福临几个耳光才怪呢。

福临见众人看着他发愣，愈发得意，小嘴儿一张，接着往下唱：

“最尊贵的大神阿布凯恩都里，
我是大清的九阿哥福临。
请你让父王笑口常开，龙体康泰，
请你让大清国风调雨顺，平平安安。
愿天神佑我，从此一帆风顺，
愿爱新觉罗氏一统天下，惟我独尊！”

在众人的喝彩声中，皇太极脸上的笑意更浓了。索尼连连点头：

“想不到九阿哥小小年纪，便懂得忧国忧民，皇上，他还请求天神保佑我大清国呢。真是不可思议、不可思议呀！”

“嗯，他总算没有瞎唱，才五岁多的孩子，朕还以为他什么都不懂呢。哈哈，孺子可教、孺子可教哇！”皇太极捻着胡须，满脸的赞许之色。

其实，福临是听惯了奶娘唱的那些个民谣，烂熟于心，至于他唱的是什么意思，他也说不准。还好，歪打正着，赢了个满堂彩。

皇太极的大队车马走走停停，这一日终于来到了乌喇小天池。这里水清潭碧，草绿花红，马儿见了只顾低头啃着肥嫩的绿草，再也不愿意向前多挪一步了。

其实这里也是狩鹿的好地方。远远看去，美丽的公鹿在池边用角戏水，母鹿则耸立着耳朵，睁大眼睛四下张望。

皇太极感到有些疲惫，决定就此安营扎寨，休息几天。

秋季正是鹿群繁殖的季节，公鹿母鹿在寻找配偶，母鹿此时尤为温顺多情。一队巴牙喇士兵悄悄地潜入林子，身披鹿皮，头顶鹿头，口吹木哨，模仿公鹿的叫声：

“咕咕咕……”不一会儿，便传来了母鹿们的轻声回应，接着一群母鹿慢慢朝这边走来。

“皇阿玛，我看见母鹿来了！”

“嘘……福临哪，赶紧趴在草地上，不要乱动，轻轻地张弓搭箭，今天皇阿玛要与你们几个比一比，看谁射的母鹿又大又肥！好，让它们再走近一些，开始，放箭！”

皇太极一声令下，第一个射出箭头。只听“刷刷刷”箭头像雨点一般撒落到鹿群里。母鹿受到了惊吓，尖叫着，四散而逃。

“快快上马！”皇太极来了兴致，跨上雪莲似的大白，扬鞭催马冲进了鹿群，随侍左右的索尼等人不敢怠慢，紧跟在皇太极的身后，生怕皇上有个闪失。这可苦了福临、高塞和常舒这三个五、六岁的小阿哥。他们年纪太小，没有适合他们骑的小种马，只能眼睁睁地看着大人们在鹿群里四处追杀。

“哼，不玩了，什么狩鹿，一点儿也不好玩！”福临很快地将弓箭丢在地上，使劲地用脚去跺，气得小脸儿通红。

“哎，福临，咱们一起去采蘑菇吧，那边的水边有不少白花花的口蘑呢。”七阿哥常舒将弓箭背在身上，上前拉住了福临。

“那是女孩子家做的事情，我才不去呢。”福临一甩手，忽然撒腿朝鹿群那边跑去。

“我的小祖宗，九阿哥，这可使不得呀！”一个白脸的老太监急忙追上前去，想拦住福临，福临机灵得像条泥鳅一样，身子往下一滑，硬是从老太监的手指缝里滑了出去。

狩鹿场里人欢马叫，杀声一片，可怜的母鹿们哀鸣着做最后的挣扎。谁也没注意到，小福临已经离鹿群越来越近了。“哼，我要杀死一头母鹿，喝它的血，吃它的肉，让皇阿玛越来越喜欢我！”

福临四下张望，瞅准了一头体形较小的母鹿，悄悄地趴在了草地上，学着兔子一蹦一跳地向前移动。这里的草很茂盛，草棵里的福临只露出了一个头，还真像只小兔呢。“哎呀，有好几只母鹿朝这边跑来了，我瞄准哪一只好呢？”福临兴奋不已，忙从背后拿下了弓箭。“糟糕！刚才一气之下将所有的箭头都踩断了，这可怎么办呢？”福临这下子是真急了，抓耳挠腮的没了主意。“咦，我不是还背着一把短剑吗？还是额娘做的剑套呢。”喜出望外的福临丢下弓箭，从剑囊里取出了闪着寒光的匕首，屏住了呼吸。

几头母鹿尖叫着疯了一样地冲了过来，福临还没来得及反应过来便被撞了个嘴啃泥。“哎哟！”好像是被一只母鹿撞到了肩膀，福临疼得龇牙咧嘴的。好不容易镇定下来，嘿，后面还有一只小母鹿朝这边跑来了。也许它以为这儿是个空当子，可以逃过一劫呢。“来吧，我看你能往哪儿逃！”

福临使出了吃奶的力气，朝着跑来的小母鹿投出了短剑。“嗷！”随着母鹿的哀鸣，它浑身猛地颤抖了一下，血从它的肚子上汩汩往外流。

“噢！我射中它了！快来人哪，帮帮我！”福临从草丛中一跃而起，那受伤的母鹿还在垂死挣扎着，它摇摇晃晃地向前跑了几步，终于瘫倒在草地上，发出了绝望的哀号。

福临快步上前，蹲倒在受伤的母鹿前，试图拔掉插在它肚子上的短剑。短剑已深深地插进了母鹿的腹中，只露出一点点剑柄，福临左右摇晃就是拔不出来，却弄了他一手的血。早就听奶娘说喝鹿血能强身健体，比吃什么补药都好，福临犹豫片刻，闭着眼睛，低下头趴在母鹿的肚子上吸吮起来。

“呸！又咸又腥，恶心死了！”福临忙不迭地扭头呕吐起来，原来他还以为这鹿血像牛奶一样甘醇可口呢。

“哈哈，哈哈哈哈！”闻讯而来的侍卫、太监们和高塞、常舒看着福临那副怪模样，忍不住大笑起来。

“笑！有什么好笑的！”福临忘记了沾了一嘴一脸的鹿血，有些恼怒地瞪着大家。这么一来，大家笑得更厉害了。那个白脸老太监捂着肚子笑道：

“哎哟祖宗呐，奴才的肚子疼呀！”

或许是上了年纪，或许是体力不支，皇太极此番狩鹿收获并不大，只射伤了一只母鹿。众侍卫们见皇上射箭时的手直哆嗦，又眼见受惊的母鹿四下逃散，个个急得手直痒痒但却不敢大显身手，生怕扫了皇上的兴。草草结束了狩鹿，皇太极疲惫不堪地躺在豹皮铺成的炕上闭目养神。

“皇上，九阿哥领赏来了。”

“嗯？领什么赏？他做了什么事？”

“回皇上，九阿哥亲手杀死了一头母鹿呢，他说您答应要给他奖赏的。”

“嗯？他真的杀死了一头母鹿？莫不是你们几个在暗中做了手脚吧。”

“这是千真万确的事。奴才亲手将九阿哥的小短剑从母鹿的肚子里拔了出来。说来好笑，九阿哥击伤了母鹿，但却拔不出他的剑来！”

皇太极喜动天颜，大为高兴：

“让他进来，朕许过给他什么东西的吗？”他摸着后脑勺，一下子还真想不起来了。

“父皇在上，儿臣福临叩见父皇，恭请父皇大安！”

“嗬，伶牙俐齿的，说得还挺像那么回事儿。来来，到皇阿玛的跟前来。”皇太极爱怜地揽过了福临，可福临却“哎哟”一声，抱着左膀子直叫唤。

“怎么，你受伤了？御医在哪儿？快传！”

福临的左肩膀红肿了一大块，御医赶来，急忙给擦了药酒，疼得他龇牙咧嘴的。

“嗯。说吧，你想要什么？皇阿玛都赏给你。”

“你是大人，说话得算数吧？别的我都不要，只要你答应过我的那一样东西。”

“这……”皇太极犯了难，他实在记不起来了什么时候给这孩子许的诺？

“皇阿玛赏你一百两黄金，你看可好？”

“不要。你答应我的不是这个，皇阿玛难道要反悔吗？”福临忽闪着大眼睛，一动不动地看着皇太极。

“不能反悔，皇阿玛是大人嘛，大人就应该言而有信。”皇太极起身踱着步子，随声附合着福临的话，双手一摊：

“既然你一个人杀死了一只母鹿，理应受到奖赏。这样吧，你看皇阿玛这帐篷里有哪样东西你喜欢，只管挑一样吧。”

“谢皇阿玛！”福临立刻眉开眼笑，规规矩矩地给皇太极磕头谢恩，然后径直走到了御座前，站着不动了。

“这孩子，莫非……”皇太极一眼瞥见搭在御座前的龙袍，那是自己刚刚脱下来的，难道这孩子想要龙袍？天神，我皇太极有了继承人了，由小看大，将来这孩子一定能成就一番大事。

皇太极面露喜色，静静地等着福临开口。“皇阿玛，我要的是跟这龙袍一个颜色的黄马褂，就像索尼大人身上穿的那样。”

“为什么？你身上穿的不是比黄马褂还漂亮吗？绣金团龙的黄缎子，不比没有花纹和彩绣的黄马褂更好吗？”

“但这是我应得的奖赏呀，您不是说了在打猎时射得鹿的便赏穿黄马褂吗？再说，我见您身边的那些内大臣和侍卫都穿着黄马褂，他们整日都不离您的左右，我穿上了黄马褂以后，也可以整日呆在您的身边了。”

“噢……原来是这么回事，哈哈哈！”皇太极乐得胡子直抖，两眼放光，大声喊道：

“来人，传朕的旨意，给九阿哥赏穿黄马褂！”

内侍太监尖着嗓子答应着：

“嗻……”但因事出仓促，这行营里哪儿来适合小孩子穿的黄马褂呢？无奈之中皇太极笑呵呵地拿过了一件大马褂，将小福临裹住，一把抱在了怀里。

盛京。金色的琉璃瓦在秋阳下金光灿灿，熠熠生辉。自英明汗努尔哈赤迁都盛京之后，开始大兴土木，营造城池，招募良匠，建筑宫殿，把个盛京城装扮得如同人间仙境，足可以与大明的北京城相媲美了。清太宗皇太极自然不甘落后，硬是把个盛京城造得金碧辉煌，流金溢彩。

英明汗当初把沈阳城开了四个门，率六宫后妃满朝文武移都之后，便改名为盛京了。皇太极变四门为八门，更加气派。中置大殿，名为笃恭殿。前殿名崇政殿，后殿名清宁宫，均是雕梁画栋，瑰丽巍峨。东有翔凤楼，西有飞龙阁，楼台掩映，流水潺潺，花木扶疏，曲径通幽，很是雅丽恬静。虽是塞外都城，不亚大明宫阙。

皇宫的正门为大清门，东为东翊门，西为西翊门。后殿改名为中宫，为皇后娘娘的寝宫。中宫两旁，添置了四宫：东为关雎宫，次东为衍庆宫，西为麟趾宫，次西为永福宫。清太宗皇太极将为他生育了子女的十五个后妃加封了各种名号，一一安置了她们。

“咚咚……咚！”又传来了八门击鼓声，后宫里一下子热闹起来，后妃宫女们个个盛装打扮，跟在皇后博尔济吉特氏的身后，叽叽喳喳地来到了清宁宫的东厢房。

自打猎归来，皇太极便觉身子不爽，所以每日上朝之后便在东厢房的暖阁里早早地歇息，并传谕任何人不得入内打扰。可此刻他再也躺不住了。八门击鼓又传来了捷报，清军先后攻下塔山、杏山、松山和锦州这关外四座重要城堡，明廷关外的精锐之师已损失殆尽！

“哈哈！通往中原的道路已被我打通，山海关城破之日就在眼前，而关那边就是我朝思暮想的中原大地！多谢天神保佑，我皇太极可以无愧于父汗了！”

“启禀皇上，皇后娘娘和后宫的嫔妃们要求晋见！”老太监的声音显得格外的柔和。

“哈，她们也来凑热闹了，不知又要打朕的什么主意？让她们进来吧，这里是后宫，没那么多的规矩！”

皇后大福晋带着一群花枝招展的后宫姐妹们笑吟吟地走进了东暖阁，她们一个个上前行礼，袅袅婷婷的，仪态万方。皇太极乐得心花怒放，却故意绷住了脸：

“你们这些女人，吵得朕头痛，看得朕头晕，如果没有别的事，就跪安吧。”

“哟，大喜的日子，皇上怎么绷着脸哪？我们偏不走，我们等着讨皇上的赏钱哪。”皇后博尔济吉特氏带着笑朝身后的姐妹们挤着眼睛。众嫔妃们你一句我一句的说笑开了：

“皇上不会越来越小气吧？”“人逢喜事精神爽，皇上该大赦天下，与万民同贺呀！”“有朝一日咱们到了北京，那才要痛痛快快地乐一乐呢！”“我不仅要去北京，我还要去江南玩耍一番呢。听说那里的女人个个是三寸金莲，走起路来如风拂杨柳一般，别提有多美了！”懿靖大贵妃说着便扭了几步，惹得众嫔妃们嘻嘻哈哈笑个不停。大贵妃刚刚生下了十一阿哥博穆博果尔，仗着皇太极的宠爱，更是春风得意了。

“你们这些女子，叫朕说什么好呢？”尽管仍旧绷着脸，但皇太极的眼睛里却盛满了笑意：

“有朝一日朕迁都紫禁城，把那汉人美女都纳入后宫，冷落了你们，可不要怪朕无情无意呀！哈哈哈哈！”

“启奏皇上，崇政殿外的侧厅里已汇集了各部使节和文武朝臣，他们等着向皇上贺喜呢！”

“噢？看来朕是免不了要破费一些了！走走，众爱妃，随朕到御花园去，咱们在那里开一个家庭筵宴如何？传朕的旨意，吩咐御膳房置办庆功酒席，请前来贺喜的各部使节、友邦以及大小从征官员、诸王贝勒，同在笃恭殿吃酒！咱们君臣一起，同喜同贺，哈哈！”

御花园里，彩灯高悬，仙乐飘飘，莺歌燕舞，脂香粉腻。觥筹交错之中，坐在紫云华盖下面的皇太极高举酒杯，兴致勃勃：

“这第一杯酒朕要感谢天神阿布凯恩都里，感谢父汗在天之灵的保佑，保佑我社稷清平，国泰民安，风调雨顺，众爱卿安康！”说完将杯中酒洒在地上。

满汉大臣、诸贝勒王爷以及各部族的使节全部伏地齐呼万岁，捧场颂扬：

“皇上英明圣主，造福桑梓。我大清国鸿运当头，洪福齐天！”

“这第二杯酒朕要献给在松锦前线苦战一年多的八旗将士们。大清国能有今天，多亏了你们的浴血奋战！凡在松锦之战有功之臣，朕一律给予加官晋爵。多尔衮主帅和豪格副帅战功卓著，朕决定恢复他二人的亲王爵位！”

文武将帅们一个个感激涕零，睿亲王多尔衮和肃亲王豪格更是连连叩首，答谢万岁恩典。

“这第三杯酒——朕要与众爱卿同饮，咱们君臣同喜同乐，一醉方休。今晚，众爱卿只管开怀痛饮，醉者有赏，干杯！”

“谢万岁！”众大臣贝勒们喜笑颜开，举杯应道：

“一醉方休，一醉方休。谁先醉，谁领赏，干！”

顿时，杯碗叮当作响，笑语欢声四起。宫中原本礼仪繁多，条条框框，这禁令，那忌讳，令朝臣贝勒们感到拘谨，偶有皇上赏赐的御宴吃得也是小心翼翼，点到为止，这种吃法即使山珍海味吃到嘴里也是味同嚼蜡一般，别提有多乏味儿了。今晚不同，这是庆功宴，喝醉了还可以得赏，哪个不高兴呢？

第三十八章

尝新酒同乐御花苑
温旧梦重进永福宫

永福宫里灯火通明，喜气洋洋。平日里冷清惯了的，一下子红灯高悬，四面挂满了锦绣帘帏，满地铺着又软又厚的绣毯。庄妃更是打扮得浓艳绚丽、活色生香，闹得老眼昏花的皇太极更加眼花缭乱……

屏风那边，一桌桌围坐着的是皇太极的嫔妃太子公主福晋们，柔和的红纱宫灯更将她们的脸映得如同绽放的花儿一般。如同过年吃团圆饭一般，嫔妃太子们均一个不拉，跟隔壁的猜拳斗酒、欢声笑语相比，这边更是灯红酒绿、花影缤纷，说不尽的荣华富贵。

嫔妃们依次是：皇后博尔济吉特氏、庄妃大玉儿、懿靖大贵妃、淑妃、元妃、继妃、侧妃叶赫纳喇氏、庶妃纳喇氏、庶妃伊尔根觉罗氏等。皇子们有长子豪格、四阿哥叶布舒、五阿哥硕塞、六阿哥高塞、七阿哥常舒、九阿哥福临、十阿哥韬塞以及尚在襁褓之中的十一阿哥博穆博果尔。此外还有贝勒的福晋们，如睿亲王多尔衮的福晋亢妃、肃亲王豪格的福晋博尔济吉特氏等。值得一提的是，多尔衮的福晋亢妃与豪格之福晋博尔济吉特氏是一对姐妹。

年幼的皇子如常舒、福临和高塞等最喜欢这热闹的场面，他们嬉笑着跑来跑去，像花蝴蝶似的，福临更是顽皮，身上穿着宫里特地为他制作的小黄马褂，在这位妃子的怀里坐一回，又到那位福晋的膝前靠一下，这个桌子上吃一口，那个桌前喝一杯，引得宫中妃子福晋们眉开眼笑，庄妃更是心中得意，频频地劝着众人吃酒。

睿亲王多尔衮的亢妃触景生情，轻轻叹了口气：

“妾身命苦呀，到今天也没为睿王爷生下个一男半女的，看到这几个小阿哥长得十分健康活泼，妾真的是好羡慕呀！”

“亣妃，今天是大喜的日子，你也不要太难过了。睿王爷整日领兵作战，戎马倥偬的，等到大清国打到北京城，便可以安定下来，到时候你们夫妻便可以朝夕相处了，何愁生不出儿子来？”

因为是妯娌，又同为博尔济吉特氏，庄妃的话里不无调侃之意，引得众妃们吃吃发笑，把亣妃闹了个大红脸。

“妹妹，我可是听说睿王爷是个多情种子哟，人都说他有三大癖好，嗜咽茶，喜鹰犬，爱美人，是也不是呢？”懿靖贵妃说得更是露骨，一边说一边逗弄着怀中的十一阿哥博穆博果尔，小家伙睁着一双乌溜溜的眼睛，对着众人笑呢。

亣妃的脸更红了，妹妹肃王妃忍不住要替她解围，笑着向皇后大福晋求情：

“皇额娘就忍心看着福晋们捉弄我姐姐？咱们今儿个吃的可是庆功酒呀，何不让豪格给咱们讲讲那两军阵前的事儿呢。对了，妾听说那个鼎鼎大名的洪经略自视甚高，至今也不肯投降我大清国？”

“怎么，你们也在议论着国事？”皇太极笑吟吟地走了过来，他身后跟着的是此次松锦战役的大功臣睿亲王多尔衮。这一来慌得嫔妃福晋们齐齐叩见，一时间莺嗔燕叱，蝶乱蜂忙。

“好好，不必拘礼。多尔衮是朕的好兄弟，此次又立了大功，来来，就坐在朕的身旁，朕想听听你与豪格的功业呢。怎么样，还是这里好吧，珠围翠绕，鬓影钗光，比那边那些酒肉之徒赏心悦目得多吧，啊？哈哈哈哈！”

满面春风的皇太极与多尔衮并肩而坐，正面对着皇后大福晋与庄妃这一桌。与老态龙钟、胡须花白的皇太极相比，多尔衮更显得年轻、英俊、潇洒。笔挺的鼻梁，略显深凹的眼窝，目光炯炯，保养得很好的脸面白皙光亮，与唇上两撇精心修整过的八字胡很相衬，黑白分明。尽管有些拘谨，但多尔衮仍是谈笑风生，举止得体。他目不斜视，谦恭地听着皇太极的问话，不时点头附和，看不出他内心的活动。

多了个小叔子睿王爷，又年轻又英俊，气度不凡，倒使得叽叽喳喳的嫔妃们安静了下来，十几双眼睛不住地打量着他。多尔衮虽是目不斜视，但却能感觉到，他依旧端庄威严地坐着，脸上带着矜持的笑容。

“来来，满上满上，你我虽是兄弟，但却难得有这样的机会，酒桌之上无大小，喝！”

“父皇，您可比不得睿王爷，他酒量惊人。要不我说些有趣的事给您助兴？”豪格生怕皇太极多饮酒伤了身体，但又不便明说。他性情虽然鲁莽，但在这种场合之下还是有礼数的。怎么着他也得讨父皇的欢心，总不能让叔父多尔衮给占了去吧？眼见得父皇的身体一天不如一天，但他对立嗣的事却只字不提，这能不令豪格担心吗？在他的眼里只有一个对手、一个敌人，那就是小他几岁的叔父多尔衮。他对多尔衮无形中总有一种警惕感。表面上他们年龄相当，又是叔侄，其实他们的关系很不好。豪格也说不清楚，只在潜意识里感觉到多尔衮对自己是一个威胁，见了他浑身就不舒服。

其实多尔衮又何尝不是如此呢？由于命运的捉弄，看来他们注定要成为一对冤家了。

“不愧是朕的大阿哥，朕心里正是这么想的。且慢，众爱妃，你们谁带了烟叶没有？快给多尔衮送一些来，我知道他有这个嗜好。”

多尔衮感激地一笑，露出了被烟熏得有些泛黄的牙齿：

“多谢皇上。臣弟此刻正想过一过烟瘾呢，只可惜一听您召见，就给忘了。瞧，我这腰间只别了个烟袋锅子。”

嫔妃们掩着嘴吃吃笑了起来，你看看我，我看看你，好像都没有人带烟叶。

“既是皇上吩咐，臣妾这里有一袋烟叶，说是朝鲜国送来的，不知可合睿王爷的口味？”庄妃迟疑了一下，从腰间掏出了一个绣着金丝线的烟荷包。满族人不分男女，甚至大姑娘都爱抽几口烟，这也是稀松平常的事情，只是没想到庄妃随时还带在身上。

“那你还犹豫什么？快些送过来吧！”

“这……”庄妃不由得看了多尔衮一眼，不料正遇到多尔衮那探寻的目光，双方都是一愣，慌忙又分开了。“天神，多日不见，九王爷愈发的英俊洒脱了，他为什么用那样的眼光盯着我？难道我身上有什么不妥之处吗？”脸色微红的庄妃连忙低下头整理着衣裳。因为参加的是御宴，所以庄妃今晚特地打扮了一番。她穿了一身水绿的盘锦绣凤的长袍，头绾金丝八宝攒珠髻，鬓插双凤八宝金钗，体态风流，婀娜多姿，顾盼神飞，恰似风拂杨柳一般。

多尔衮一眼觑见庄妃芳容，只觉眼前一亮，禁不住有些心猿意马的了。“如此佳丽，数年不见，竟比昔日更美艳了。瞧她丰腴的体态，粉颊上平添了两朵红霞，衬着她那艳丽的面庞，真像桃花一般的娇艳可人。这此绝色佳丽，只怕皇兄是无福消受的喽？”多尔衮未免有些兴灾乐祸，他瞥了一眼皇太极，哈，他正打着哈欠呢！

“额娘，把烟荷包给我吧，我给十四皇叔送过去。”福临不知从哪儿钻了过来，一把拿起了庄妃手中的烟荷包。庄妃轻轻松了口气，这样也好，总比去面对那个目光撩人的睿王爷要好一些，在这样的场合中，还是不要给旁人留下什么话柄好。说也奇怪，这同父异母的兄弟在相貌上怎么就没有一丝一毫的相似之处呢？皇太极不用说现在已经是大腹便便、暮气横秋的人了，就是当初他年轻的时候给人的印象也是粗鲁、武断，让人望而生畏，敬而远之，而眼前的多尔衮却是那么儒雅，彬彬有礼，好似玉树临风一般，让人打心眼儿里喜欢！

福临捧着荷包，一溜儿小跑到了多尔衮的跟前，看着这个有些陌生的十四皇叔，好像比自己的豪格哥哥还要年轻一些，他不由得有些怯生生的了：

“十四皇叔，给你！”说完转身就想跑。

“你是九阿哥福临吗？让皇叔看看，嗯，天表卓奇，颀身隆准，将来肯定会有所作为！”多尔衮拉住福临，看着皇侄那圆润的脸庞和机灵的神态忍不住夸奖起来。

“嗬，身上还穿着一件黄马褂呢，了不起，真的是了不起！”

皇太极看见了小福临，两眼发光，招招手说道：

“过来，坐在皇阿玛的膝上，皇阿玛有话问你。”

“嗻……”福临学着下人的说法脆生生地应着，一低头从桌子底下钻了过去，转眼间就爬到了皇太极的腿上。自从皇太极与福临一同去狩猎之后，父子俩的感情融洽多了，福临对皇太极也越来越亲近了。瞧，闲不住的福临正用胖嘟嘟的小手扯着皇太极的胡子呢。

“哎哟，小祖宗，你轻一些嘛，坐好了别动，不然皇阿玛可要生气了。皇阿玛一生气就会用胡子扎你，你怕不怕？”

“怕！像小毛毛虫似的，又疼又痒，很不舒服。”福临说着下意识地缩起了脖子。众妃子看见福临那副乖巧的模样，都笑了。这么可人的小哈哈济，哪个不喜欢呢？当然，这些妃子们做梦也没想到日后福临会继承帝统，否则的话，她们就笑不出来了，谁不希望自己的儿子能出人头地，南面称王呢？

庄妃没料到自己的儿子福临这么讨皇太极的欢心，多年来她那颗悬着的心总算放了下来。自从姐姐宸妃入宫以后，大玉儿的厄运好像也就降临了。皇太极将“三千宠爱”集于宸妃一身，压根儿就忘记了还有个曾为他创立帝业分忧解难的大玉儿！先是得了龙子八阿哥，让皇太极欢喜得发狂，两年之后八阿哥小命归天，又令皇太极悲痛欲绝。几个月前宸妃撒手西去，皇太极更是痛苦万分，如丧考妣一般，现在好了，一切都过去了，如同梦魇一般的日子随着宸妃的去世而一去不返了。大玉儿有一种侥幸的心理，宸妃不死她大玉儿就没有出头之日，唉，她们姐妹两人难道天生的是一对冤家？

“福临，这几天可拉弓吗？”

“嗯，自从皇阿玛教导福临之后，福临每天都早早的起来拉弓呢，师傅说孩儿有劲，过两天就给再添上一个力呢。”

“使不得，千万使不得！”皇太极爱抚地摸着福临的脖子，“你年纪太小，学拉弓得悠着些儿，不添力也好，省得拉狠了，伤了筋骨。”

“可是，不添力孩儿怎么能射死老虎呢？”

“嗬，福临想要做射虎的英雄？”多尔衮见这孩子十分聪明伶俐，也越发喜欢上了。“告诉你吧，不用弓箭也可以去狩猎的。”

“我知道，是用猎犬吧？但是我更喜欢亲手杀死野兽。”

“你若是看见我豢养的鹰王海东青，你就不会这么说了。”见福临睁大了眼睛，多尔衮不无得意，继续说道：

“那只海东青，体小矫健，爪喙尖锐，雄猛似虎，日行可达两千里，是群鹰中之最佳者。狩猎时遇到雉兔之类只要把它放出去，每次都是‘爪到擒来’。”

“嗨！”福临却叹了口气，“那么雄猛的鹰只能扑些野兔野鸡的小动物？那多没劲呀！”说得洋洋得意的多尔衮没料到福临对他饲养的宝贝竟是不屑一顾的口气，神色立时尴尬起来。

“福临，怎么能对十四皇叔那样讲话呢？快给皇叔赔个不是。”庄妃察觉到多尔衮面有不快之色，连忙呵叱福临。

“算了，算了，童言无忌，何必放在心上呢？乖，一边玩去吧，赶明儿个皇阿玛教你拉弓。”

“皇阿玛，儿臣有一事不明白，您为什么如此优待那些投降过来的汉人呢？有道是一臣不事二主，对他们这些贰臣，您能放心地重用他们吗？”一直没有说话的豪格瓮声瓮气地开了口。

“这就是皇上的英明之处了。以汉攻汉，以夷治夷，这是历来明君的做法。如果臣弟猜得没错的话，皇兄是想早一天挺进中原。”

“哈哈哈！”皇太极放声大笑，一拍多尔衮的肩膀，“说得好！多尔衮，怎么你就像钻进朕肚子里的一只虫子，朕的心思被你一说就中！好好，朕有你这样有远见卓识的兄弟真是难得呀。豪格，这就是你的不足之处，一个人仅有匹夫之勇，怎么能驾御天下呢？像你皇叔这样，文武韬略兼备，将来才能大显身手呀！”

这话听起来是夸奖多尔衮批评豪格，可在两个人听起来心里却都有些不是滋味。“怎么，他已经决定将来要豪格继承帝位了吗？否则他，怎么会说驾御天下之类的话呢？难道我多尔衮忍辱负重了二十年，到头来还是为他人做嫁衣？不，天底下决没有这么便宜的事情，不是鱼死，便是网破，这一回我决不低头！皇太极你也不想一想，我难道还是二十年前那只任你拿捏的柿子吗？这么多年我出生入死，浴血奋战为的是什么？权力！如今我手中有了兵权，你怎奈何得我？只等你两腿一伸，我便要皇袍加身，圆了二十年的梦。为了这一天我已经等得不耐烦了，皇太极你可不要欺人太甚！”

豪格一直在不停地喝酒，已经有了几分醉意，他虎眼圆睁，怔怔地看着父皇，心里在怒吼着：

“父皇，怎么您总是不给儿臣面子？总是在鸡蛋里挑骨头！行军作战，冲锋陷阵，只要您指向哪里，儿臣就杀向哪里，何时让您丢过脸面？到如今，儿子已经三十几岁的人了，虽然被封了亲王，可那又有个鸟用？为什么我不是一旗之主？难道我没有这个能力？哼，说什么文韬武略和军功，儿臣哪一样比这位皇叔差？为什么您总是这样苛待我？难道就因为我豪格的母亲多拉那拉氏没有封号？难道我身上流淌着的不是您皇太极的骨血？都说血浓于水，怎么您偏偏处处护着多尔衮？他这个人，阴阳怪气，难以捉摸，您怎么可以相信他？皇阿玛，您真的是老眼昏花了，趁着您神志清醒的时候，速速立我豪格为您的继承人吧，否则，大清也许将会有一场血灾！”

“我皇太极礼贤下士，千方百计招揽人才，不就是为了将来鼎定中原做打算的吗？中原那么广大，该需要多少良将贤才去管理呀。所以朕准了贝勒岳讬的奏章，一品的汉官，便把诸贝勒的格格赏他做妻子，二品的汉官，把国里大臣的女儿赏他做妻子。朕这么做也是万般无奈呀。”

“所以，您特地把洪承畴送到了宫里的三官庙，每天山珍海味地由他吃，又派了四个宫女去伺候着？皇兄此举真是求贤若渴呀，这倒令臣弟想起了曹操曹丞相的一首诗，诗中有这么几句：‘月明星稀，乌鹊南飞，绕树三匝，何枝可依？山不厌高，水不厌深。周公吐哺，天下归心。’”

“妙，妙极了！这几句话颇能体现朕的心情。哎呀，真是士别三日当刮目相看，皇弟什么时候也成了巴克什了（满语：大儒）？看来朕也得赏你一个巴克什的封号，就像范先生和索尼那样，对满、蒙、汉文无一不晓，这样的人才朕可是求之不得呢。”

“皇兄休夸臣弟了。臣弟不过是在行军途中偶尔学得一两篇汉文诗歌，支离破碎，断章取义的，实不足为奇。”多尔衮依旧矜持地笑着，他那正襟危坐的样子更令豪格恼怒。

“哼，道貌岸然的样子，又酸溜溜地卖弄起汉文来了，哗众取宠，别有用心！”

“说起来，那洪承畴倒真的令朕一筹莫展呀。自从他被押到盛京之后，朕便真心实意地待他，可他不是破口大骂，就是绝食，只求速死。朕听说这两日洪承畴已经滴水未进了，倘若他不肯投降，眼见这中原便取不成了！”

“那又有何妨？父皇只消将八旗精兵交给儿臣统帅。儿臣定然杀进山海关，直抵北京城！依儿臣看，自松锦之战以后，我大清逐鹿中原已经是指日可待了。”

“话虽如此，可是你要知道，百足之虫，死而不僵，大明虽已腐败透顶，内是阉人奸党当道，外是李闯民贼反叛，再加上我大清连年不断的骚扰蚕食，但要想在一夜之间踏平山海关，占领北京城还是非常不容易的事情。现在，大明把在辽沈的希望全寄托在洪承畴的身上，如果他投降了我大清，足可以使明国之君闻之寒心，在廷文臣闻之泄气呀！”

庄妃一直在侧耳倾听着他们几个人的谈论，不像那几位妃子一直在吃着喝着不停嘴。“洪承畴”这个名字她已有所而闻，只不知他投诚与否对皇太极是如此重要。看见皇太极愁眉紧锁的样子，她的心也变得沉重起来。是呀，要采用什么样的法子才能让洪承畴归顺大清呢？

“父皇的意思儿臣明白了。好比一个盲人得到了一个引路的，如果洪承畴能够归顺就等于给我大清指明了一条灭亡明朝的光明坦途，这样可以少走一些弯路，减少许多不必要的损失。儿臣的话对吗？”

“嗯！你说的一点儿也不差。以后呀，凡事多琢磨琢磨，你便会悟出个道道来。或者，遇事多向几位皇叔请教，有道是，三个臭皮匠，抵一个诸葛亮嘛！”

豪格连连点头答应着，心里却在想：什么诸葛亮！“既生瑜何生亮！”我与多尔衮注定是势同水火走不到一路的，只是鹿死谁手还很难说，总之这个人很难对付，我须得小心提防着。

“臣妾冒昧打扰皇上和十四王，夜已经深了，臣妾让人取来了貂皮大氅，皇上您披上吧。”

正在长吁短叹的皇太极看见灯光下庄妃那绯红的粉颊和袅袅婷婷的身材，不觉怦然心动，脱口而出：

“朕今夜就去永福宫歇息。”

庄妃一听，喜上心头，连忙裣衽叩谢：

“臣妾不胜荣幸之至，臣妾这就回宫，打理好一切，恭候圣驾！”

无意之间，庄妃与多尔衮的视线又相遇了，立刻她心里便有了一种异样的感觉，幸好夜色浓重看不清她脸上的慌乱表情，唉，三十多岁的女人，正是如狼似虎的时候，难道大玉儿真心希望去伺候一位风烛残年的老朽之人吗？他是皇上，万臣之尊，一国之主，能够伺候皇上不正是她们这些做妃子的应尽义务吗？哪里还有什么情爱可言？不过，平心而论，当初大玉儿与皇太极也有过一段恩爱的日子，但这对一个风华正茂的女子是远远不够的！

“哈哈！你们看，今夜这园子里的景色多美呀！”皇太极的脸上又现出了笑意。

御花园里挂满了各色水晶玻璃做的宫灯，五颜六色点缀在绿树枝头，迎风摇摆，与湖水相映，上下争辉，水天焕彩，把园子装点得如同梦幻世界一般。只见月到中天，分外明净，水面上照出万道星光来。一只只小船随波荡漾，满载着宫女轻歌曼舞，笙歌弦乐悠幽悦耳，好一个美妙的夜晚！

隔壁的文武百官贝勒贝子们想必已吃得烂醉了，偌大的御花园显得格外美丽而安适。

“皇上，范文程大学士求见……”执事太监的声音听起来很是柔和。

“噢？这么晚了还有什么事情？宣！”

“恭喜皇上，贺喜皇上，微臣特地给皇上报喜来了！”

“范先生快快请起！你快说说看，朕何喜之有呢？”皇太极露出急切的神色。

“微臣夜观天象，发现明朝的气数将尽，而我大清的气数正旺呢！”

“老滑头，这个谁不会说？自明军在松锦惨败之后，这不就是明摆着的事实了嘛。何用你来拍马屁！”多尔衮对范文程很看不顺眼，因为这个人事事为皇太极着想，有时候甚至不把多尔衮放在眼里，在多尔衮看来，这个人是个老滑头，冥顽不化，很不好对付。

范文程的马屁拍得恰到好处，乐得皇太极哈哈大笑：

“范先生料事如神，快给朕说说，这天象怎么看？”

范文程微微一笑，指着天边的月亮对皇太极说道：

“皇上请看那挂在天边已经西下的淡淡明月，它就代表着摇摇欲坠的明朝，不是表明它要衰亡的预兆吗？”

皇太极面露兴奋之色，听得连连点头。多尔衮却在心里骂道：

“牵强附会，一派胡言乱语。哼，好一个谄媚的小人！”

“皇上再仔细看，有一道黄气正在上升，将要横遮着月光，月光将会变得更加暗淡。那道黄光，也可以说是金光，它代表着我们由英明汗努尔哈赤创立的后金国，也就是现在由皇上创立的大清帝国。这黄光如此闪亮，正在升腾，不正预示着我大清即将要取代明国吗？”

“哈哈，妙极，妙极！”其实，老眼昏花的皇太极哪里还能分辨得出天上是黄气还是黑气？只不过范文程说来头头是道，煞有其事，这毕竟是好事，皇太极当然宁愿信其有，不愿信其无了。

当下，皇太极兴奋地喊道：

“范先生神机妙算，大清国沐浴神恩，实乃一件大喜事！天意已定，诸卿勿疑。我等多年来栉风沐雨，餐风宿露，为的就是早日入主中原！现在朕主意已定，等来年秋天兵肥马壮之季，出兵伐明，一举夺得天下！”

群臣诸贝勒妃子酒早已醒了一半，连忙爬在地上，连呼万岁。

皇太极觉得余兴未尽，又喊了起来：

“来人，给范大学士赏穿黄马褂！”

“嗻……”

“皇阿玛，还有我的呢？”

小福临不知从哪儿钻了出来，他跪在了众人的最前面，稚嫩的童音在夜幕中听来格外悦耳。

“噢？哈哈哈哈！”皇太极忍不住又爆发了一阵大笑。

“福临呀，再多的黄马褂也比不上一件龙袍呀，你明白吗？”

“那，我就要穿龙袍！”

“乳臭未干的小子，口出狂言，你懂个屁！”豪格在黑暗中朝福临一瞪眼，脸上的神情很是古怪。

永福宫里灯火通明，喜气洋洋。平日里冷清惯了的，一下子红灯高悬，四面挂满了锦绣帘帏，满地铺着又软又厚的绣毯。一走进屋子，真是温柔香艳，闹得老眼昏花的皇太极更加眼花缭乱。

更有一奇的是，平日里庄妃格外爱惜自己，她最爱洗浴，又爱那玉器，整个人保养得如同一块羊脂似的白玉一般。正如她的乳名大玉儿一样。当初受宠的时候，皇太极因她爱玉，凡是四方进贡来的玉器，都令人搬来以博大玉儿一笑。或许是为了勾起皇太极对往日甜蜜的回忆，庄妃特地又将珍藏了多年的玉器一一陈列了出来。临窗放了一株玉树，树枝上挂着各种彩色斑斓的碎玉，有的红如云霞，有的绿如翡翠，有的灿如金银，有的浩白如雪。微风吹来，一阵叮叮当当响声，十分悦耳。庄妃还特地将屋子里的帷帏屏障都挂上了玉片儿，稍一碰着，便会发出美妙的声音。便是她本人也成了披金带玉的玉人儿了——她的暖帽上缀着一方羊脂白玉，正压在眉心上，一步三摇，别有风韵；她的衣襟裙带上也都缀着五彩的玉片儿，一双纤嫩的手上戴着翡翠色的玉镯子，真真活脱脱一个玉美人儿！

“妙哇！爱妃如此装扮恰如二八年华一般，令朕想起了从前。大玉儿，你的名字好听，人更美！”

大玉儿粉腮上搽了些淡淡的胭脂，愈发娇艳动人。她抿嘴一笑，“皇上是谬夸臣妾了。臣妾此举，只是想让皇上开心一些。只要皇上龙体康泰，便是臣妾最大的心愿了！”

“爱妃一定是听到了一些传言，不错，前一阵子朕曾经患过鼻衄，现在不都好了嘛，你就放心吧，朕才五十出头，还想再多活些日子，好好地享享清福呢。”

侍女捧上了金盆和睡袍，又端来了热腾腾的点心。大玉儿摆手让她们下去，轻声说道：

“皇上，夜已经深了，让臣妾伺候您早早歇息吧。”

“不忙，不忙。朕心里高兴，脑子里乱糟糟的，哪里睡得着呢？倒不如坐着和你说说话儿。”

“那……也好，臣妾把炭火烧得旺一些，皇上就躺在炕上，免得夜凉受了风寒。”

大玉儿拧暗了宫灯，拨旺了火盆，轻轻放下了床幔，立时幔子上的玉片儿叮叮咚咚发出了动听的声响。看着袅袅婷婷的大玉儿，皇太极悠悠地说道：

“这几年朕冷落了你，你不怪朕吗？”

“皇上是一国之君，日理万机，又亲临战阵，臣妾知道您是一心要成就大事业的人，如果您整日闭门不出，能有今天这样的局面吗？臣妾也是个明白事理的人，这两年来臣妾一心一意地抚养着福临，也算是为大清国出了一份力了。”

“嘿！这孩子可真让朕喜欢！今儿晚上他还向朕讨赏要穿龙袍呢，真是幼稚可爱！说起来福临也快六岁了吧？该让他读书了，等过些日子朕给他挑两个师傅，这匹小龙驹也该给他上套了。”

“皇上说的极是。福临这孩子，天性好动贪玩，不知服不服管教呢。”

“这就是你的不是了。总不能像只母鸡似的总是护着他，任由他吃喝玩乐吧？其实这会害了他的，这些日子朕暗中观察过他，这孩子长大了准会有出息的。福临福临，福寿来临，我大清可要托他的洪福了。咦，你怎么还坐在那里？快快上来，这被子里暖和着呢。”

大玉儿低头一笑，摘下了暖帽，露出了一头乌发，然后她用双手一绾，将头发松松地盘在脑后。除去了龙袍，在一阵叮咚作响的碎玉声中，身穿紧身水绿夹袄的大玉儿一猫腰，钻进了这张黄杨木雕花的宽广大床上。

“还害什么羞嘛，朕还没看清楚，只觉得一只软软的大狸猫哧溜一声便钻到被窝里了，哈哈，真是可惜哟。”

兴致勃勃的皇太极居然说起了俏皮话，大玉儿躲在他怀里，身子一拧“嗯哼”一声撒着娇。

“真像是在梦中一样，”皇太极捉住了大玉儿那双嫩滑的手，闭着眼睛很是舒服的样子，声音显得忽远忽近的。“算一算我们好几年没有这样肌肤相亲、促膝长谈了。快六年了，这是一段漫长的岁月，多少人生死茫茫，音信杳然，多少人升沉浮降，荣枯异昔，而我与你似乎只是做了一个长梦。不过，你也有些变了。”

“是吗？我哪里有变了？皇上真是冤枉奴家了。我曾对天发誓，不论这世事如何变化，我大玉儿只永远对你一个人忠心耿耿。多年以来，我常常做着以前我们共同做过的梦，我的心目中永远都只有你一个呀！”大玉儿抬起头，情意绵绵地看着皇太极，故意噘起嘴，显得受到了委屈。

“你呀，瞧你伶牙俐齿的样子，你知道朕要说的是什么吗？”皇太极伸手刮着大玉儿的鼻子，目光中透着无限爱意，像面对他所喜爱的古玉似的，恣意鉴赏着。

两个人缠绵了一阵子，渐渐地，皇太极没有了声音，大玉儿以为他睡着了，便蜷缩着身子一动也不敢动，生怕搅了他的好梦。

大玉儿睁眼看着床顶，眼睛一眨不眨地出着神。是的，她变了。除了由当初入宫时的十三岁小姑娘变成了丰乳肥臀的妇人，她不得不为自己的下半辈子打算了。宫深似海，人去楼空，万一皇太极有个三长两短的，她该怎么办？这并不是杞人忧天，明摆着，皇太极虽说年纪还不算太老，但他的身体却过早地衰老了。倘若他撒手而去，撇下自己和年幼无知的儿子，孤儿寡母的将如何在宫里安身？她大玉儿还年轻呀，难道这么早就成了孀妇？那往后的日子可怎么熬哇！唉，福临若是早些来到这个世上，若是前面三个不是女儿是个儿子就好了，那大玉儿也就有个依靠了。眼看着豪格、叶布舒和硕塞这几位阿哥，已经频频地立了军功，赢得了口碑，得到了皇太极的器重，可福临却还是个懵懵懂懂的顽童！不过，大玉儿转念又一想，心中又有了些安慰。皇太极是个权力欲极强的人，那几个阿哥是他的亲生儿子，可是跟着他出生入死的又落得了什么好？二阿哥洛格和三阿哥格博会还有没来得及起名字的八阿哥过早地离开了人世，说起来也就算大阿哥豪格有些文韬武略，能征善战，可皇太极并不怎么喜欢他，经常斥责、惩罚他不说，连一个旗主和兵权都不交给他，光封一个亲王的名号又有什么用呢？豪格人是鲁莽了些，又常常顶撞皇太极，父子俩很不对脾气。倒是福临这孩子逗得皇太极眉开眼笑的，说来让人后怕，这孩子怎么敢开口向他的父皇要龙袍呢？若是换了别的阿哥，说不定要受到一顿斥责或惩罚的，唉，福临看来是个福大命大的人，这样也好，给皇太极提个醒儿，福临既说出要穿龙袍的话，为什么不能让他继承王位？说起来福临的母亲我庄妃在后宫也是有头有脸有名有份的人，他的地位难道不比母亲是继妃又早已不在人世的乌拉纳喇氏生的儿子豪格要优越一些？

这个突如其来的念头令大玉儿激动不已。有一天若是福临登了极，那她大玉儿不就是皇太后了吗？天神，庄妃也将荣宗耀祖在青史上留名了！为什么不能呢？天下无难事，只怕有心人，如果自己趁着现在得宠，多在皇太极耳旁吹吹风，如果自己私下里再去笼络一些位高权重的王爷贝勒们，像大伯礼亲王代善、英郡王阿济格、豫亲王多铎，还有睿亲王多尔衮，如果他们暗中支持福临登基，那事情将会怎么样呢？毫无疑问，豪格将会被搁置在一旁，对，这个主意不错！

大玉儿激动得差一点儿喊了出来。想到多尔衮，大玉儿的心跳有些加快。这个小叔子的风度、气质、才华、相貌，可以说是百里挑一，看一眼就令人难忘！唉，皇太极已经老了，一身的赘肉，脸皮上甚至出现了一块块的老人斑，他哪里还有一丝一毫令女人动心的地方呢？

想入非非的大玉儿不觉动了一下，轻轻换了一个姿式，但她却听到了皇太极一声重重的叹息声！

大玉儿吓了一跳，心怦怦地跳着：

“莫非、莫非刚刚自己胡思乱想时嘴里说出了什么吗？”

“皇上？皇上，您……是在做梦吧？”

“唉！要是做梦倒好了，朕无论如何也闭不上眼睛啊。”

“臣妾起床给皇上煮一碗热牛奶，听说喝了之后可以帮助入睡。”大玉儿松了一口气，一骨碌爬了起来。

“算了，躺下吧，朕是有心事呀。”

大玉儿柔声说道：

“反正也睡不着，臣妾把炭火拨旺一些，给您煮一碗热牛奶喝吧。不过皇上，您这么日思夜想的，身子哪受得了哇。”

大玉儿披衣起来，拧亮了宫灯，拨着了炭火。听着那哔剥作响的声音，看着那张被炭火映红了的俊俏的脸庞，皇太极心里一动。但他又不好明说，于是试探着打开了话匣子：

“大玉儿，你说那洪承畴也是个好色的人，他的贴身书僮都已经招了，说他家主人独爱女色，朕于是就挑了四个绝色的宫女，又在掳来的妇人里面挑选了四个美貌的汉女，一齐送去伺候他。你猜怎么着，那洪承畴居然连正眼也不看一下！”皇太极说着又是一阵长吁短叹，偷偷地拿眼角瞟着大玉儿。

大玉儿扑哧一笑：

“原来皇上您夜不能寐就是为了这事儿呀，那洪承畴不知是个什么样的人物竟令皇上如此放心不下？臣妾以为他真是个不识时务的人哪！皇上您如此礼贤下士，招才求贤之心溢于言表，除非那洪承畴是个冥顽不化的木石之人。唉，他真的这么不知趣，您还何必心烦呢？要死要活的随他去吧。”奶已经煮开了，屋里飘出了一阵淡淡的奶香味儿。大玉儿端起了小铜锅，用勺子轻轻地搅着，不时地噘起滋润的嘴唇吹着。那神情很是悠闲，其实她的心里却暗暗思忖着：皇上半夜三更的怎么念叨起洪承畴来了？什么女色不女色的，这与我有什么关系吗？莫非……

“皇上，趁热喝了吧。”

皇太极似笑非笑地盯着大玉儿，看得大玉儿浑身不自在。“皇上，您是不是心里有什么想法？这件事情臣妾难道能帮上什么忙吗？”

“当然！”皇太极一拍巴掌，“只要你大玉儿亲自出马，一准马到成功！”

大玉儿已经明白了几分。皇上如此急不可耐，说明他的确牵挂着洪承畴，而她大玉儿如果能劝降洪承畴，一来了却了皇太极的一桩心事，二来也可以显示出自己的能耐，以后有什么事儿也好开口求皇上了，这难道不是一件两全其美的好事吗？可是，若她单独去会那洪承畴，这事传了出去可不太好呀！

大玉儿眼波转动，笑吟吟地故意打岔：

“皇上这是要臣妾去哪里呀？难道是让臣妾连夜出宫打猎去？您知道臣妾的箭法，只要是臣妾看中的猎物，便跑不过臣妾的箭头。”

“着呀，朕知道你的箭法很准，所以想让你亲自出马去射猎呢！”皇太极嘻嘻笑着，将一碗热奶喝了。

“皇上准是在动歪脑筋，臣妾才不愿意听呢。”

“哎，你不是口口声声说时刻愿意为朕分忧解难的吗？眼下朕便有一件非常棘手的事情，朕琢磨着此事由爱妃你去办最为妥帖。”皇太极抚摸着大玉儿柔若无骨的手，尽量避开她那含情脉脉的眼光：

“朕猜那洪承畴虽然好色，决不会去爱那种下等女人。可是若让朕将后宫里的妃子送与他，这又成何体统呢？眼见得他一心求死，好几天粒米未进了，这可如何是好呢？”

“皇上，您就直说吧，看来臣妾今晚若不答应您，您就会坐到天亮的。”大玉儿直视着皇太极，看着他那有些窘迫的样子心里觉得好笑，偏偏装得不动声色，他心里越急大玉儿就越占理儿。不管怎么说，这事可是皇上吩咐下来的，谁敢说个不字？

“这是一条美人计。自古英雄爱美人，那洪承畴也算是个鼎鼎大名的人物了，倘爱妃你温言软语地去劝慰他，他也许会真的回心转意，那么朕的事业便有了成功的一半！”

“哈！亏皇上会想出这等馊主意来！臣妾多年来一心一意跟着皇上，在宫里有名有份的，也算是个有头有脸的人了。如此一来，倘传扬出去，却教臣妾的这张脸搁到什么地方去？倒不如一头撞死算了！”大玉儿故意绷着脸，一副气恼委屈的样子。“那洪承畴是什么东西！不自量力，活该饿死他！”

“是不是？”皇太极的声音里居然带着笑意，“朕知道你会动气的，且听朕说与你听，第一你是个明白人，懂得说汉文，又伶牙俐齿的；第二你是朕的爱妾，是朕五宫后妃中的一个，貌若天仙，德才兼备。这么一来那洪承畴愈发会明白朕的苦心，他究竟愿不愿意归顺于朕，只能看天意了。爱妃只要动之以情，晓之以理，必要的时候再给他一个妩媚的笑脸，准保可以勾魂摄魄，令洪承畴跪地求饶！”

大玉儿“嗤”地一笑，乜斜着眼睛：

“唷，唷，皇上此刻倒说得大方，回头可不要小气！赶明儿个不高兴了，指责起臣妾来，臣妾就是有一百张嘴也说不清了。”

“放心，你是福临的母亲，就冲着朕的宝贝儿子，朕也会好好待你的。”

“有了皇上这句话，臣妾就是为皇上赴汤蹈火，也万死不辞了。日后福临就拜托皇上多照应了！”

“这么说你已经答应了？唉，爱妃总算让朕了却了一桩心事。”皇太极立即觉得困意袭来，他连连打了几个哈欠，咕哝着：

“朝鲜国前些日子送来了一匹玉马，是由一大块整玉雕成的，长鬣高蹄，方眼紫鼻，形象逼真，浑然天成。天亮了叫执事房的太监送到永福宫来，以后呀，朕大凡得到了由玉做成的宝贝，都送来给你。”话音没落，已经响起了鼾声。

大玉儿轻轻叹了口气，转身看看窗外，天已经快亮了。男人的心，别样摸不透，只有这一层上，大玉儿是明白的。男人的气量大，固然不错，但是论到夺爱，却不能容忍，因为这不但关乎妒意，还有面子在内，更何况他是一位天子？唉，事已如此，后悔也是没用的了，索性牙一咬，去会一会那个不知好歹的洪承畴吧。

大玉儿坐到了桌子前，从容地对镜梳妆，她的脸上又现出了那种妩媚的笑容。

第三十九章

三官庙皇妃荐席枕 崇政殿大帅改衣冠

庄妃柔声道："洪大人日后飞黄腾达得了势，可不要翻脸无情噢？""娘娘放心，洪某心甘情愿唯娘娘马首是瞻！要不，洪某现在就给你叩首！"洪承畴竟在木桶里叩起了头，水花四起，笑得庄妃花枝乱颤。

原来洪承畴人本刚正，只是有一桩好色的奇癖。他原为明朝的忠臣，也是一位名将，如今被清兵捉住，原想拼着一死，谁知被送入盛京之后，看看跟随自己的那班总兵官，杀的杀、降的降，自己心一横，索性等死吧，快五十岁的人了，什么功名利禄，什么美酒佳人，全都见识过了，此生心愿已了，来生再报大明皇帝的知遇之恩吧！

洪承畴已经多日水米未进。形容枯槁，长发散乱，整个人昏昏沉沉似乎快要熬到生命的终点了。偏偏在这个时候，只听门外叮当一声，庄妃提着食盒子走了进来。"嗬，这里虽是三官庙的侧房，却布置得锦帷绣榻，处处舒适温馨，看来皇上真是煞费苦心啊！"

庄妃在心里嘀咕着，用眼神示意乌兰守在外室，自己一挑门帘闪身走进了洪承畴的睡房。

食盒子里装的是用鸡汤煨着的参汤，洪承畴多日不食，只能先吃些流食。庄妃拿出了小碗，盛了几勺子热汤轻轻地搅着，一时间她还真不知道该怎么开口呢，难道洪承畴也会像对待其他的女子那样对自己视而不见吗？

"唔，真香啊，一定是娘子在熬鸡汤，给我补身子了。唉，在家的感觉多好哇，温馨、舒适，妻子温存有加，儿女缠绕膝下，索性上疏朝廷解甲归田吧！"这么想着，洪承畴嘴唇嚅动，声音含混地喊出了声：

"娘子，娘子！"

庄妃心里一动，连忙上前握住了洪承畴的手，柔柔地说道：

"官人，官人受惊了！"

"娘子，我好饿呀，您煨的是鸡汤吗？"

"还特地加了根老人参呢，奴家这就盛来给您。官人，你把手放开呀！"

"我不放，我死也不放！我做了好些个恶梦，生怕再也不能见到你们母子。现在我有了一种在家里的感觉，我这不是在做梦吧？"

"不是梦，不信，你睁开眼睛看一看？"

洪承畴有些吃力地睁开了眼睛，神色变了，连忙松开了庄妃的手，问道：

"你、你是谁？"

"你这个人真是的，还没弄清人家的身份，便将奴家的手抓着不放。你看看，都被你给弄红了。"

庄妃将一双纤纤玉手送到了洪承畴的眼前。

洪承畴自知理亏，急忙又要闭上眼睛，耳旁却响起了庄妃柔柔的声音：

"洪经略，想家了吧？难道就不想将妻儿一同接来盛京吗？"

见洪承畴的身子微微抖了一下，庄妃知道说到了他的痛处，便接着说道：

"离家久了，先生不挂念妻子儿女，她们也会挂念先生呀。想必她们早已是望眼欲穿，正等着先生能早日回去，合家团圆共享天伦之乐。唉，她们怎么能想到先生那么无情无义呢？这一等，归期无望，她们肯定会伤透了心……唉！"庄妃边说边用眼睛瞟着洪承畴，呀，她发觉洪承畴的身子像筛糠似的哆嗦起来，眼角已经溢满了泪水！

"人非草木，孰能无情？如果先生一心求死，倒也不必牵挂着家中的妻儿老小了。该说的该做的我家皇上已经尽力了，先生您这样不吃不喝的，就是到了阴间也会变成个饿死鬼的。反正是一个死，不如吃饱喝足了再抹脖子。喏，奴家随身带来了一把小刀子，是专为在御宴上切食牛羊肉的，先生尽可以用它来了结自己！"庄妃说着将手中的短刀"当"地一声扔到了桌子上。

"好吧，拿来！"洪承畴睁开了眼睛，对庄妃仍然不理不睬的。

"只要他能吃些东西便有机会说服他。"庄妃心里暗喜，忙又重新盛了碗汤，上面飘着一层碧绿的葱叶儿。“请吧！”

洪承畴不假思索，端起碗咕嘟咕嘟喝了个精光。

“佩服，佩服！奴家佩服洪大人的胆识，不如再饮上一杯酒，俗语说酒壮英雄胆嘛！来，奴家给先生斟上！”

庄妃双手捧着一只盛满酒的高脚玉碗，端到了洪承畴的面前。洪承畴二话不说，接过来一仰而尽。

庄妃“格格”一笑，坐到了洪承畴的对面，恰与洪承畴的眼光相遇，心里暗自赞叹：真不愧是一代英雄！虽然他现在满脸愁思，异常憔悴，但他的双目仍炯炯有光，举手投足间不乏英雄气概，真真令人惊叹！

洪承畴早已察觉此番来的女人决非寻常，此时也在暗暗地打量着庄妃：这美妇髻云高拥，鬓凤低垂，面如出水芙蓉，腰似迎风杨柳。更有一双纤纤玉手，丰润有余，柔若无骨，手中正捧着一把玉壶，映着柔美，格外白嫩。还有，这妇人谈吐不俗，举止优雅，断不是皇太极宫里的一个普通的宫女，那么，她是谁呢？

庄妃明知洪承畴在冷眼观察着她，她故意乜斜着洪承畴，嫣然一笑。皇太极说对了，庄妃那种轻盈妩媚的笑容，真勾起了洪承畴的魂魄！洪承畴忍不住内心的好奇，直视着庄妃：

“你到底是什么人？”

庄妃又是“嗤”的一笑，朱唇微启，秋波送盼：

“奴家只不忍见洪将军在此受冷挨饿，特意奉了我家皇上之命来救将军早日回心转意，脱离窘境。”

洪承畴一声冷笑：

“如果你来只是为了那皇太极做说客的，那就请回吧，不要白费了你的口舌！但如果你是来与我相伴解闷的，那却又当别论了。哈哈，有道是，牡丹花下死，做鬼也风流！来来，快快与我宽衣解袍，我要与你快活快活！”说着洪承畴便伸出了瘦骨嶙峋的手，作势要扑向庄妃，而他的腿却始终盘坐在太师椅上一动不动。

庄妃吓了一跳。虽然风闻洪承畴独爱女色，自己只身前来说降也做好了以色相勾引他的准备，但毕竟她不是普通女子，她是大清帝国皇帝的妃子，倘若洪承畴真的动起手来，传了出去，那皇太极的颜面往哪儿搁？自己不只有死路一条了吗？

这么一想，庄妃真的有些惊慌了，脸色绯红，她正色道：

“将军此言差矣！奴家是敬慕将军的英名和才气才只身来此的。奴家见将军相貌清奇，神光内蕴，风度儒雅，果然名不虚传。怎的将军却说出如此轻薄之言，倒叫奴家为将军不解了！”

“你，伶牙俐齿的，我说不过你。”洪承畴无话可说，低下了头像只斗败了的公鸡：“还望娘子告知身份，免得洪某怠慢了你。”

庄妃又镇静下来，脸上似笑非笑地说道：

“嘻！这倒奇了，将军只管吃喝让奴家伺候着，舒舒服服地一走了之，又何必追问奴家的身份呢？”

“你不说，我便不吃也不喝了。”

庄妃急了，又好气又好笑地说道：

“洪将军的口气怎么像个孩子！既是这样，奴家也不瞒你了，喏，将军请看这个。”

庄妃从腰间取出一件晶莹剔透的玉佩来，将柔荑似的手递到了洪承畴的眼前。

“敢情你们塞外的女子也长得这么娇艳吗？”洪承畴装着看玉佩，一把握住了庄妃的手，顿时他的心里有了一种异样的感受。男人的一半是女人，这些日子来少了女人的陪伴，洪承畴几乎一天也撑不下去，但为了心中的信念，他苦撑苦挨着，现在，既然他已经喝了汤，为什么不能摸一摸这个魅力四射的女人呢？

庄妃此时却是大喜过望，心里说，洪承畴呀洪承畴，英雄难过美人关，看来你真的要栽在我大玉儿的手里了。这一切都逃不过皇太极的神机妙算，他怎么说的？“只要你大玉儿出马，一准儿马到成功！”想到这里，庄妃脸上的笑意更浓了。

洪承畴一看玉佩上的字，脸上的表情有些僵硬，忙不迭地松开了手，惶恐地说道：

“怎么，你是永福宫的娘娘？”

“妾身便是永福宫的庄妃，皇上高兴时便唤我大玉儿。”

“失礼，失礼，洪承畴有眼无珠，怠慢轻薄之处，还望娘娘恕罪！”洪承畴慌得从椅子上站起身，连连作揖给庄妃赔不是。可是他坐的时间太长了，腿肚子发麻抽筋，脚刚一沾地便疼得他“哎哟”一声，皱起了眉头。

“洪大人你这是怎么了？让妾扶你到榻上躺着吧。唉，一个大男人家，整日不吃不喝只坐在椅子上，你怎么就那么想不开呢？”庄妃趁势将身子贴紧了洪承畴，一阵阵的脂粉香直往洪承畴的鼻子里灌，直撩拨得他春心荡漾，神思恍惚，索性一闭眼，装出饿得头晕眼花的样子，由着庄妃伺候着，心里是又惊又喜，又快活又紧张。他甚至在后悔，刚刚为什么一再追问她的身份呢，倘若不知心情不是更好吗？

洪承畴闭着眼睛躺在簇新的裘褥子里，鼻孔里还留着庄妃的体香，怀里还能感觉得到那满怀的温香软玉。他就这么一动不动地躺着，心里说，知足了吧，人家是皇太极的妃子，我哪能有非份之想呢？到此为止吧，洪承畴，英雄难过美人关，这也许是个温柔的陷阱，掉进去可就出不来了。

庄妃出出进进，只听得衣裙佩玉叮叮当当窸窸窣窣的，洪承畴心里想，不知道她又想要什么花招？

只听见铜盆轻轻落地的声音，又有水哗哗地倒着，接着，洪承畴的耳畔便响起了那柔柔的声音：

“洪大人，你这些日子不吃不喝，想来更是蓬头垢面的，妾准备好了热水，给你洗洗脚，这样人会更舒服一些。”

“庄妃娘娘，你只管回宫吧，省得外人说三道四的，洪某有手有脚不敢劳你的驾。”洪承畴依旧闭着眼睛，瓮声瓮气地说着。

“这您就不用费心了。妾是奉了皇上之命来伺候您的，一来外人并不知晓，二来即使传了出去，谁敢说个不字？来吧！”庄妃挽起了袖子，掀起被子要捉洪承畴的脚。

“不要，不要！”洪承畴挣扎着想爬起来，无奈一阵晕眩又重重地倒在了床上。

“洪大人，妾身虽是奉了皇上之命，但一见到大人便有相见恨晚之心，妾佩服、敬重大人，您身处异乡，妾照顾您也是份内的事情。听话，躺着别动，小心弄湿了褥子。”

“可是，可是我这双脚自从被押到盛京之后就没洗过，又脏又臭的，还是我自己来吧。”洪承畴睁开了眼，刚要起身便被庄妃按住了肩膀。

“将军已经饿得头晕眼花，哪还有力气呢？您还是老老实实躺着吧，若是觉得难为情，索性还把眼睛闭上，这不就行了？”

“这……您是娘娘，洪某乃一介武夫、一个败将，怎敢劳娘娘亲自动手呢？”话是这么说，可是洪承畴却乖乖地躺着，一动也不动了。而且，他睁着眼睛直勾勾地看着庄妃，一眨也不眨。

庄妃又是一笑，避开了洪承畴那有些异样的眼神，低头仔细地给洪承畴泡起脚来，她不时地用热水往他的脚背上浇，手指轻轻地在他的脚背、脚心和脚趾间滑过，直洗得洪承畴四体通泰，骨酥魂醉。

不洗脚还好，洪承畴只觉得浑身发痒，像有无数条毛毛虫在脊背和前胸爬过，浑身不舒服。他虽然是福建人，但多年在西安、北京生活，早已习惯了用热水泡澡，此刻恨不得能在“大汤”中痛痛快快地泡一泡才好。经过这一场旷日持久的松锦之战，他只能忙里偷闲让男佣用热水抹抹身子，而被俘之后，担惊受怕，羞愧愤怒，身上的冷汗是出了干、干了出，不知几多次。满身垢腻，一想就令他浑身不舒服。此刻真想泡个热水澡呀，可是，这话怎么说得出口呢？

庄妃眼看洪承畴的身子不停地翻动，眼神中似乎有一种渴望，一时不明白他的心思，便怔怔地看着他：

“大人，您还有哪里不舒服吗？”

“我……真是羞于启齿，洪某得寸进尺，还想泡个热水澡。”

“嘻！这又有何难？你等着，包你满意！”

不一会儿，几个宫女，抬着一只大木桶进来了，乌兰进来拨旺了火盆，又试了木桶里的水温，朝庄妃点了点头，退了出去。

庄妃笑道：

“请吧，洪大人，来，让臣妾帮你宽衣！”

这一回洪承畴死活不愿意了，他喝过了参汤也有了些精神，挣扎着穿着大裤头跳进了桶里。“哇！美死了，还是活着好哇！”

庄妃由衷地笑了，趴在桶边用手撩着热水往洪承畴的背上浇，格格笑道：

“洪大人，你猜我家皇上怎么说？大玉儿出马，马到成功！唉，他为了能得到你这个人才，可真是费尽了心思，还把我这个夫人也赔进去了！”

“惭愧！洪某何德何能竟让大清皇帝和娘娘如此厚爱。洪某已经想通了，洗去了这一身的污垢，洪某就是大清的人了。娘娘，洪某对您的大恩大德没齿不望，愿效犬马之劳！”

“嗤！”庄妃又是一笑，“洪将军，你在泡澡的时候说出此番话来，不伦不类的，倒教妾身如何信得过你呢？”

洪承畴咧嘴一笑：

“大丈夫一言既出，驷马难追，洪某只等沐浴更衣之后，再向娘娘叩谢知遇之恩。”

“罢了！妾以后也许还得仰仗着将军呢，你我同为大清的子民，来日方长，只愿妾的这一番心思没有白费！洪大人日后飞黄腾达得了势，可不要翻脸无情噢？”

“娘娘放心，洪某心甘情愿唯娘娘马首是瞻！要不，洪某现在就给你叩首！”洪承畴说罢竟在木桶里叩起了头，溅得水花四起，逼得庄妃双手掩面，笑得花枝乱颤。

崇政殿里，清太宗皇太极正在临朝议政。

固山额真墨尔根、李国翰、佟图赖、祖泽润，梅勒章京祖可法、张存仁以及“三顺王”恭顺王孔有德、怀顺王耿仲明、智顺王尚可喜正一齐向太宗奏言：

“……今天意归于皇上，大统攸属，锦州、松山、杏山、塔山，一时俱为我有，明国人心动摇，燕京震骇。惟当因天时，顺人事，大兵前行，炮火继后，直抵燕京而攻破之，是皇上万世鸿基自此而定，四方贡奉，自此而输，上下无不同享其利矣。倘迁延时日，窃虑天时不可长待，机会不可坐失！臣等以为不如率大军直取燕京，控扼山海（关），大业克成，而我兵之饶裕，不待言矣。”

执事太监不紧不慢地读着奏折，皇太极端坐在龙椅上不时地点头称是。他的脸色不太好，因为心事重重，夜里睡得不好，还得早早上朝，国事繁重，真令他难有喘息之机呀。

“嗯，众卿家起来说话，看座！”

“谢陛下！”众人纷纷落座，崇政殿里气氛极其融洽。

“唔，众卿家有自带烟锅的可以抽两锅，提提神儿，海中天，给朕也来一锅！”

这海中天原为永福宫的太监，因为人圆滑机灵，又练得一身好武艺，所以被皇太极相中，让他做了御前太监。海中天可以说是一步登天，自然忘不了庄妃娘娘的恩德，皇上若不是临幸永福宫，庄妃若不是在皇上面前夸奖海中天，他海中天哪会有今天？自此以后，海中天便把庄妃像菩萨般地供在心里，时刻想着要报恩。这不，他捧上了烟锅，还要多说一句：

“皇上，这是庄妃娘娘特地为您准备的，她说那朝鲜国贡来的烟叶太冲，味道虽好但不适合您抽，这是云南的烟叶，味儿淡，既清香又提神。奴才给您点火您尝尝？”

“嗯。味道果然不错。”皇太极连吸了两口，靠在龙椅上吐着烟圈。众人见皇上如此，早已点了烟锅，吞云吐雾起来。

“尔等建议我八旗兵直取燕京，朕以为不可。”皇太极又来了精神，海中天给他磕过了烟袋锅，又装了一锅点着了递到了皇太极手中，然后躬身退到一边。

“取燕京如伐大树，须先从两旁砍削，则大树自扑，朕今不取关外四城，岂能即克山海（关）？今明国精兵已尽，国势已衰，我兵力日强，若四围纵略，从此燕京可得矣。”

太宗把明朝比作一棵大树，谁都明白，无论有多大力气，没有人能一斧子就把大树砍倒。惟一的办法是从大树两旁一斧斧不停地砍，砍到一定的程度，这棵大树就会连根倒下。

范文程深知皇太极以砍大树做比喻来表明他得图渐进的战略思想，身为汉人，他也和众汉官们的心情一样，思念故土，渴望早日打回老家去，可是，一口吃不成个胖子呀。于是范文程上奏道：

“微臣明白皇上的用兵之道，要等待时机成熟方可进兵关内。那明朝如百足亡虫，虽死而不僵，而上天给予我清朝的兵力实在有限，如果此时贸然进兵关内，即使稍有损失，我朝如何能受得了？我们有些汉官思乡心切，动不动就张口说航海山东、攻取山海关，其实他们有些人并不谙熟用兵之道。微臣以为皇上的旨意已经很明确了，那就是我们一方面继续出兵骚扰明朝，另一方面积极准备进兵关内，只待时机成熟，我军便可马到成功，问鼎中原。”

“范先生所言极是！众爱卿还有什么想法吗？”

众人面面相觑，连连摇头。范文程和皇太极一上一下一唱一和地表明了态度，其他人还能再说什么呢？

“范先生，依你之见，那洪承畴会不会归顺于我？”看来这真是皇太极的一大心病了。

“皇上放心，据微臣察言观色，洪承畴虽口口声声誓不投降并以死相争，但微臣以为事情似乎还有转机。”

“噢？快说来听听。”皇太极一觉醒来不见庄妃身影，便知她已经去了三官庙，可现在已日上三竿，怎么还迟迟没有消息呢？大玉儿和洪承畴会不会……这么一想，皇太极愈发地坐立不安了，他此刻有些后悔让大玉儿只身去抚慰洪承畴了。唉，不论结果如何，这件事都有碍大清国的尊严，倘春光外露，可叫他堂堂的一国之君怎么办呢？

“那一日，臣奉皇上之命前往三官庙劝降。”范文程大口地吸着烟，又悠然地吐了烟雾。“无论臣怎么开导，他总是态度强硬，声称誓死不降，并且劈头盖脸将臣辱骂了一顿。臣碰了一鼻子的灰，自以为凭着三寸不烂之舌能劝他回心转意，却不料被他骂了个狗血喷头，唉，真是气煞微臣了。”

众人有的发出了笑声，似乎在说，谁让你跟在皇上的屁股后头拍马屁的呢？挨骂活该！

“微臣气愤不过，认为洪承畴实在不可理喻，便转身要走。可是这时，从房檐上飘落了一丝尘埃正落在洪承畴的衣襟上，臣看见洪承畴用力地拍打衣衫！这一件小事让臣发现了事情似乎还有转机。”

皇太极瞪着有些充血的眼睛有些不解其意：

“朕不明白，范章京快说。”

“一缕尘埃落在他身上，他却擦拭不已。试想，一个身陷囹圄的人，若万念俱灰，一心求死，他还会爱惜自己的衣服，还会在乎自己的形象吗？不知皇上有没有依微臣之计去做，如若以计行事，则不出三日，定有转机。”

众人这回听得可是丈二和尚摸不着头脑了，看来，这个自称善于神机妙算的范章京又在皇上面前故弄玄虚了。皇上也是，堂堂一代天子，怎么就被个黄脸汉人给糊弄得团团转呢？这回可好，又多了个自视甚高的白脸洪承畴，皇上愈发被他们弄得晕头转向摸不着北了。唉，这是喜呢还是值得忧呢？瞧，皇上的脸色一会儿白一会儿红的，似乎有些不大自在，这究竟是怎么回事呢？

“回皇上，明朝降将洪承畴已经剃发更衣，由睿亲王多尔衮率一干贝勒们陪着，在大清门外待诏晋见！”执事太监的声音依旧不紧不慢的。

“这是真的？”皇太极蓦地起身，面露惊喜之色，疑惑地看着范文程。

“恭喜皇上，那洪承畴已经剃发梳辫，换上了我大清的衣冠，皇上又多了一个文武兼备的人才！”范文程笑容满面，又重申了一遍。

“天神，总算朕的苦心有了回报！”皇太极重重地舒了口气，倒翦双手来回走着，忽然他一拍脑门。“哎呀，你们，佟图赖、李国翰，还有你们三顺王，还愣在这里干什么？快快出宫前往大清门，带领一班子刚刚投诚的明朝降将，什么祖大寿、祖泽远的，让他们一齐去迎接洪大将军！快，快去呀！”

佟图赖等汉官领命而去，可皇太极还在来回地踱着步子。范文程笑道：

“皇上，您的心事总算了结了，您又何必坐立不安的呢？微臣以为皇上可以放松一下，好好地休养一阵子了。”

“唉，国事家事，千头万绪的，搅得朕寝食不安哪。这回好了，有了你和洪承畴，一左一右辅佐朕，朕可以高枕无忧了。哎，范章京你的计策还真灵验呢！”

“噢？”范文程明白皇太极指的是自己授意让皇太极派庄妃去劝降的事情，在朝上皇太极又不便明说，两个人是心照不宣，此刻皇太极一提起，范文程便乐了，灰白的山羊胡子一翘一翘的：

“皇上，洪承畴是投降了庄妃娘娘的，您放心，他日后便是您与庄妃娘娘最可以信任的人了。”

“但愿如此，但愿如此呀！”皇太极爆发了一阵大笑，声音十分刺耳。

一班子文臣武将们簇拥着面色苍白、身体虚弱的洪承畴从大清门走到了笃恭殿，再从笃恭殿来到了正殿崇政殿，两旁站满着身披铠甲、手持红缨枪的御林军卫士。执事太监一声奏传：

“明朝降将洪承畴求见！”

“宣！”

皇太极连忙整了整衣冠，笔直地坐在了龙椅上。

只见洪承畴脚步有些踉跄地走了进来，又高又瘦的个子，前脑门剃得溜光，脑后拖着个新“长”出来的辫子，人虽瘦弱但却双目有神。皇太极暗自赞叹：好相貌，好风采！

“明朝败将洪承畴叩见大清国皇帝，祝吾皇万岁万岁万万岁，谢吾皇不杀之恩！”言罢三跪九叩，垂下了头。

“洪将军免礼平身，快快请起！朕今日能得到将军这等人才，真是大清的喜事呀。来人，给洪将军看座！”

太监们忙不迭地在御座的左面安设了金漆椅一只，金唾盂一只，金壶一个，贮水金瓶一个，香炉两只，香盒二个，还放了一个镀金镶玉的烟袋锅。

洪承畴诚惶诚恐，又要低头叩谢，皇太极连忙摆手：

“洪将军身体虚弱，快快坐下，你我君臣共商国事。来，你们扶着洪将军就座！”四个穿绿衣黄带青衫褂、戴凉帽的御前侍卫及时地扶起了已经有些眩晕的洪承畴。

“慢着，慢着，”皇太极又想起了什么，转身脱下了披着的貂裘，轻轻披到了洪承畴那微微颤抖的肩上，一脸的关切：

“北地风寒，先生不会感到太寒冷吧？”

洪承畴的喉咙哽咽了，泪流满面，忽然挣脱了侍卫们的扶持，再一次跪倒在皇太极的脚下：

“奴才蒙皇上厚爱，愿为皇上效犬马之劳，奴才的这条命是皇上的，就全交给皇上发落吧。”

“先生此言差矣！”皇太极亲手扶起洪承畴，将他按坐在椅子上，两眼放光，一脸的喜悦：

“先生不必过于自责。古语云良禽择木而栖。大明腐朽不堪，其败亡已是指日可待。我大清国运鸿昌，千秋功业须臾而成，如今有了先生的鼎力相助，杀进关内，问鼎中原更是不在话下了。识时务者为俊杰，先生请看，坐在你对面的范先生，坐在那边的‘三顺王’孔有德他们，不都是与你一样，成了我大清的俊杰吗？这大清的江山，往后就全靠你们为朕拼搏喽，哈哈哈哈！”

洪承畴从三官庙到崇政殿，一路所见的除了睿王多尔衮等贝勒之外，便是众多的汉人文武百官了，知道皇太极如此爱才，重用汉人，他的一颗忐忑不安的心这才沉了下来。禁不住庄妃的魅力，洪承畴一时热血上涌，竟痛痛快快地改变了誓言。刹那间便将豪言壮语和多日来的坚贞不屈化作了乌有。事到如今，洪承畴只有死心塌地的了，他还有什么好后悔的呢？诚如皇太极所言，明朝的气数快到了，改朝换代势在必行。比较起大清、明朝和农民军李自成的政权，这三支政治力量，一个如旭日东升，喷薄欲出，一个如暮日西沉，摇摇欲坠，还有一个则是洪承畴之流不齿于为伍的“草寇”。权衡利弊，他投靠了关外的清朝，并愿意为清朝一统天下而效犬马之力。这是他的过错吗？只要大清能重用汉人，消除民族矛盾，造福于百姓苍生，那么这些来自白山黑水间的满洲人又何尝不能登堂入室呢？“雕栏玉砌应犹在，只是朱颜改。”朝廷由朱家的换成了爱新觉罗氏的，同样是炎黄民族、华夏子孙，又何尝不可呢？如果后人不明真相，在背后戳他洪承畴的脊梁骨，他只有一笑了之。这江山易主、改朝换代的事情，实在是太难预料了。“才自清明志自高，生于末世运偏消。”一心抱着做忠臣名扬天下光宗耀祖的洪承畴做梦也没想到自己忽然间就成了明朝的罪人、大清的走狗了。唉，风云变幻，谁主沉浮？他洪承畴不过凡人一个，只能随波逐流了。

“洪某蒙皇上和娘娘厚爱，大恩大德当涌泉相报。只是，洪某尚有一事不安……”

“先生请讲，朕决不会让你受到一点儿委屈，感到任何的遗憾！”话说得冠冕堂皇的，可皇太极的心里却有些不是味儿。那大玉儿不知用了怎样的妖媚之法便活生生改变了洪承畴，而且，他居然还把大玉儿挂在嘴边！这满朝文武全都听见了，心里还不知怎么想呢，这事办的真有些窝囊！哼哼，还真不能小看了大玉儿的能耐！

善于察言观色的范文程见皇太极脸上有些不悦，心里便有几分明白了，于是他打了个圆场：

“皇上，时候不早了，日已西斜，早已过了午时了。”

“噢？范先生这么一提醒，朕倒真觉得有些饥肠辘辘了。今儿个高兴，就在崇政殿设御宴，为洪先生接风压惊！海中天，传御膳房的师傅，速速摆上御宴来！”

“嗻……”

洪承畴心里喜忧参半。皇太极将他说了一半的话给拦住了，又说要给自己设宴，可到底也没许给自己个一官半职的，自己现在已经穿上了清人这不三不四的装束，脑门倍儿亮不说，脑勺子后头还拖着一条豚尾似的辫子，唉，真是无颜再见列祖列宗了！

“皇上，微臣斗胆地问一句，您打算怎么安置洪某呢？洪某不求有一官半职的，只求能在沙场上冲锋陷阵，为大清国效力。”洪承畴终于忍不住问道。

“哎呀，朕真是老喽，把这么大的事情也给忘了！范章京，怎么你也不提醒一下朕呢？”皇太极干笑两声，上前拍着洪承畴的肩膀：

“放心，朕已经说过了，决不会委屈你的，朕就让你与范先生平起平坐，为内院大学士，参赞军机，你看如何？”

“罪臣实不敢当此重任，还望皇上另请高明！”

“哎，洪先生此话差矣！朕主意已定，来人，给洪先生戴上红顶花翎，赏穿黄马褂！在盛京给洪先生一栋宅第，选美女十人日夜服侍，此外的金银财宝，绫罗绸缎多多益善！”

洪承畴连忙跪地称谢，口呼“吾皇万岁”，感恩戴德之情溢于言表。

“哇！好一个威风凛凛的儒将！”皇太极对套了黄马褂又戴上花翎的洪承畴大加赞赏，众人也个个叫好。“洪先生，朕已想好了一个计策，请看！”皇太极走到御案前，拿起笔一挥而就，纸上写着“暂时降清，勉图后报”四个汉字。

洪承畴一时不解，范文程笑道：

“洪先生，你看皇上为你考虑得多周全呀。为了你家人的安全，皇上才想出此计，你只要在这上面按个手印，便可以迷惑崇祯老儿了。”

洪承畴又惊又喜，忙不迭按了手印，亲眼看着一名侍卫把它带了出去，说是以密书的形式派人悄悄送往燕京。洪承畴感慨万分，再一次跪拜皇太极：

“吾皇真乃天命之主也，罪臣愿无怨无悔报效大清，虽死无憾！”

“快起来吧，不要弄脏了黄马褂。”皇太极带着笑，提高了声音：

“今晚在宫中陈百戏设御宴大加庆贺，诸位贝勒、文臣武将尽可携带家小前来助兴，咱们君臣同乐，一醉方休！”

庄妃这一觉睡得很香很沉。天已经亮了，但她还是闭着眼睛，一动不动地躺在细软柔和的绣龙描凤的锦被之中，不着边际地暇想着。春光明媚，鸟语花香，御花园里皇上正带着福临放风筝，一老一小穿着明黄色绣锦盘龙的袍子，在阳光下格外夺目，而庄妃自己则披着大红镶金边绣着大朵牡丹的披风在一旁观赏着。一家三口，甜甜蜜蜜，恩恩爱爱。哎呀不好，福临只顾得抬头看天，没注意被脚下的一块小石头绊倒了。庄妃和皇太极不约而同跑上前去，三个人紧紧抱在了一起……

“姐姐，太阳已经有半个人高了，今儿早上就不去遛圈子了吧？”

庄妃极不情愿地睁开了眼睛，骂道：

“死丫头，坏了我的好梦。”

乌兰“嗤”地一笑，动手拉起了床幔：

“姐姐该不是做的白日梦吧？”

柔和的阳光照得满室生辉，帷幔上系着的玉片儿叮当作响，庄妃一骨碌爬了起来，忙不迭地吩咐着：

“快些帮我梳洗一下，咱们一起遛圈子去。”

遛圈子就是散步，每天早晚各一次，在起床之后和太阳落山之前。庄妃是一个很会保养的人，女人嘛，不就是靠着脸面生活吗，她能不上心吗？

和世间所有的女人一样，梳妆打扮，也是庄妃最感兴趣的事情。趁着年轻，趁着得宠，她要尽一切力量让所有见过她的男人、让那些她欣赏的男人和有权势的男人都拜倒在她的石榴裙下！春去秋来，岁月如梭，人生苦短，她得好好把握住青春和美貌，为了儿子福临的前程，她可以不顾一切！在深宫里生活了多年，老老实实地为皇太极生儿育女，眼见着三个女儿已经长得亭亭玉立，儿子福临也快到六岁了，下一步得为儿子的将来着想了。回首过去的十几年，庄妃不敢相信自己怎么能安安分分地逆来顺受地不声不响地平平淡淡地生活了这么多年！她本不是个安分的女人，她有才，她有貌，她与那些徒有姣好面容的妃子并不一样，她自恃能力比她们强得多，她为什么要听命运的摆布，而不去积极争取掌握自己和儿子的未来命运呢？皇上的身体日渐虚弱却强撑着日夜操劳，他年纪越老性格越固执，他对权力的喜爱似乎到了无以复加的地步，之所以还没立太子，因为他不愿意有人分享他的权力，哪怕是他的亲生儿子！对这件事，庄妃倒不情愿往坏里想，但不怕一万，只怕万一，万一……庄妃有时会被自己的这种瞎想而吓得手脚冰凉，皇上已经老了，可是庄妃才过了半辈子，而福临还是个孩子，她能不为自己和儿子的将来打算吗？可惜，人不能预测未来，不知道一觉醒来明天会是个什么样，所以人才会有一件件抹不去的烦恼。

“天渐渐的热了，给我拿那件淡紫色的披风吧，今儿个咱们走得远一些，去东宫墙外的那片松树林子遛一圈。”

“那可得走不少的路呀，姐姐要不要预备一顶轿子？”

“那叫什么遛圈儿呀？真是的，走吧，时间都给你耽误了。”庄妃说着就往外走，慌得乌兰在后面喊：

“姐姐，让我把披风给您披上呀！”

黑松林实际上是一大片杂树林子，其中以黑松最为粗壮，一棵黑松粗可数围，盘根错节，遮天蔽日。林中只有一条小路，曲曲弯弯，在松林中伸延，像一条白花花的蟒蛇似的。

“姐姐，咱们回吧。我觉得这林子有些阴冷，黑漆漆的。”

“怕什么？没听说林子那边就是松崖吗？那儿有花又有草，有山又有水，咱们索性去看看。”庄妃显得兴致勃勃。

“要是……要是再多几个侍卫在就好了。只有我们主仆四个人，又都是女流之辈，万一遇到野蛮之人……”乌兰苦着脸，虽然知道说也没用，还是得说呀，身后跟着的两个婢女见了松鼠也会吓得尖叫的，遇到什么事可别指望她们了。

“今儿个是有点邪乎，一睁开眼就想到了这片林子，每一次说来都没来成，今天一定要进去开开眼界。这青天白日的，有什么好怕的？以你的拳脚，对付三两个男人总不在话下吧？再说了，我身上还有这玩意儿呢。”庄妃一拍系在腰上的绣花剑套。

“只怕，只怕您会吓得手发抖连剑都拔不出来呢。”乌兰嘟囔着，一脸的不情愿。

真的是鬼使神差，庄妃怎么会到这片林子里来遛圈子呢？这里不远处就是睿亲王多尔衮的府第，往左拐隔着高大的宫墙，便是后宫那座玲珑雅致的关雎宫了。但从庄妃住的次西宫永福宫到这里却要绕一个大圈子呢。

过惯了宫廷舒适安逸生活的乌兰当然不愿意再去钻这老树林子了。其实，在盛京城外，大片的古树林随处可见，里面有毒虫，有恶瘴，有灌林，更有熊罴，但善于骑射的满族人谁会在乎这些呢？见怪不怪，习以为常了。

“瞧，这地上有结着天蓝色和红色果实的苔藓，有的苔藓是红的，有的是绿的，有的像小星星一样，也有的像碗口那么大。乌兰，你快走过来看看嘛！”

乌兰跟在后面照顾着两个气喘吁吁的婢女，苦笑着说道：

“姐姐，可惜了我这身衣裳，瞧，被这些该死的枝蔓挂得都抽丝起球了。”

“大不了回去再赏你一件，有什么好可惜的。”庄妃不以为然，她双手提着旗袍的下摆，扭着身子，灵活地避着那些枝蔓，像个彩蝶似的，动作十分轻盈。

松树渐渐地变得稀落了，一束束阳光穿过松枝斑斑驳驳地洒了下来，照着欣然茁长的野草野花和藤蔓，照着松林中几个穿红戴绿的女人们。

“乌兰呀，这么好的景致不来不是可惜了吗？听，前面似乎有流水的哗哗声，看来，咱们快到这林子的尽头了！”

“娘娘，能不能坐下来歇歇脚呀？都走了半晌了。”一个婢女话音没落便歪歪倒倒地靠在了一棵树干上，说出话来更是有气无力的。

“整日把你们宠着，风吹不到，日晒不到，雨淋不到，看看，你们两个都成什么样子了！有时候真怀念在科尔沁草原上无忧无虑的日子呀，骑射狩猎，舞刀弄枪的，自由自在，快乐逍遥。”

“那是十几年前的事了。现在您成了大清国的庄妃娘娘，万人景仰，万人羡慕，姐姐真不知是几世修来的福呀！”

“这也许是命中注定，前世就定下的姻缘，说不上是喜还是忧，是福还是祸。咱们往前走吧。”庄妃的话音还没落地，忽然呼啦啦头顶出现了十几只大鹰，它们嘎嘎尖叫着在庄妃的头上盘旋，甚至可以看清它们那血红的尖嘴和尖利的鹰爪。

“姐姐快趴下，用披风护着头，让妹妹来对付这些凶神恶煞！”关键时刻还是乌兰从容镇定，再看看那两个婢女，早已吓得面如土色，浑身直抖了。

庄妃也吃了一惊，脸色变得煞白。可是当乌兰敏捷地从背上取下弓箭，张弓搭箭瞄准的时候，庄妃忽然喊道：

“不要射！乌兰，也许我知道它们的主人是谁！”

果然，随着一声婉转的口哨声，这些大鸟拍着翅膀头也不回地飞走了，只有庄妃还站在那里呆呆地出神。

“皇嫂受惊了，臣弟罪该万死！”

庄妃转过身来，竭力保持着镇定自若的神态：

“果然是十四弟在此呀。”

多尔衮双手抱拳，一脸的惶恐：

“臣弟给皇嫂赔罪了，有冒犯之处，但凭处置。”多尔衮的嗓音很浑厚，在这空旷的林子里格外动听。

“都是自家人，有什么好抱歉的？再说了，是我一时兴起走进了这林子，又怎么能怪你呢。”

“嫂嫂没受到大鹰的惊吓吧？幸亏嫂嫂手下留情，否则我的鹰恐怕就要遭难了。”多尔衮说着看了乌兰一眼，乌兰忙不迭地将弓箭藏到了身后，带着两个婢女给多尔衮行礼：

“奴婢叩见睿王爷！”

多尔衮摆摆手，眼睛只盯着庄妃：

“嫂嫂既然来了，不如去看看臣弟豢养的那些鹰犬，喏，就在前面。”

“你果然爱鹰爱犬成癖了，百闻不如一见，想不到堂堂的睿亲王还有如此雅兴。”庄妃说着与多尔衮并肩朝前走，乌兰和两个婢女远远地在后头跟着。

“人各有志。我这也是忙里偷闲，权当消遣。一旦皇兄召见，我又得将这些鹰犬撇在一边了。哎，嫂嫂乏不乏，不如抽一锅提提神？”

多尔衮有意地将系在腰间的白玉杆带铜嘴的烟袋锅抽了出来，原来他用来装烟叶的那只荷包正是庄妃亲手绣的！庄妃心里一动，难道他把它整日的别在身上？这倒叫人有些费解了，庄妃这么想着，不由得从眼角偷偷地打量着多尔衮。

多尔衮内穿黄绫锦缎长衫，外披银袍，戴着银白色镶着蓝宝石的凉帽，身材修长，温文尔雅，比在皇宫大内里穿着朝服或战袍别有一番丰采。庄妃看得有些心慌意乱，她总觉得多尔衮的身上有一种男人的阳刚之气，这种魅力令她既兴奋又紧张，怀里像揣了只小兔似的，她能听到自己怦怦的心跳声。

那日在御宴上多尔衮一眼看见如花似玉的庄妃之后，心里就再也放不下她了。可惜那天是夜晚，又在众目睽睽之下，多尔衮不敢放肆。现在，他可以毫无顾忌地盯着庄妃看个仔细了。庄妃梳着高高的发髻，斜插着一只碧玉簪。鬓儿低垂，被风吹得有些散乱，紧贴在粉颈上，越显得黑白分明。细细的黛眉下，一双流盼生辉的眼睛，荡漾着令人迷醉的风情神韵。多尔衮简直看呆了。这些年东征西讨的，什么野人女子、汉人女子、朝鲜女子多尔衮见得多了，她们并不是不美，身段也许比庄妃还窈窕。但她们却没有庄妃的魅力和韵味儿，这是一个成熟女人所独有的令人不可抗拒的魅力，她的一颦一笑，举手投足间，都那么娴雅端庄，雍容华贵之气令人不敢正视，令人目眩神迷。

出了松林，又是一番景致。但见野花遍地，溪水叮咚。那溪边水侧，俱是二人环抱粗细的古柳，交杈断云，低叶垂水，景色十分幽美。

“咦？怎的不见十四弟养的那些鹰呀、犬呀的？”庄妃四下一望，这里花香鸟语的，哪有一个鹰犬的影子？

“嫂嫂且等片刻，我这就将它们召来。”

“十四弟万万不可让它们胡乱践踏了这些花呀草的，怪可惜的。”

“皇嫂的心肠那么好，将来一定会有好报的。”多尔衮向庄妃　眯着眼睛，笑吟吟的，庄妃不觉心里有些慌乱，忙移开了视线。多尔衮以手嘬唇，吹起了口哨。

不多时，便听得犬吠声声，又觉头上一大片乌云掠过，冷风扑面，庄妃不由得拽紧了披风，再定睛一看：头上是乌压压的大鹰，似乎成千上百，地上大小猎犬更是数不胜数，远远地列成了一个方阵，个个安安静静，一付俯首帖耳的样子。

庄妃看呆了，半晌才喃喃地说道：

“天神祖宗，你到底养了多少只鹰犬呀？”

多尔衮微微一笑，掰着手指对庄妃说道：

“说多也不算太多，说少也不算少了。我饲养的大鹰有八百八十八只，领头的是那只名为‘海东青’的鹰，是野人女真部落献来的。”顺着多尔衮手指的方向，庄妃抬头向上看去，可看了半天，弄得眼花缭乱还是分不清，她自嘲道：

“在我眼里，它们都长得一个样，个个爪喙尖锐，凶猛异常，怪吓人的。”

“这些大鸟一般是不会伤人的，除非它受到了人的恶意攻击，它们最善长的是抓捕猎物。至于这些犬就更厉害了，它们大都经过专门训练，即使遇到凶猛的虎、狼等野兽，只要它们一拥而上，转眼间就会把虎狼撕成碎片。这些犬类产地不同，毛发体形也不同，大者如小马驹似的，小者像只狸猫一般。总共算起来，我养的猎犬有两三千条之多呢。”多尔衮谈起他的宠物，如数家珍，兴致勃勃。说着他又连连打了几声口哨，地上的猎犬像是领命而去的士兵四散而去，转瞬间便消失在丛林之中。大鹰掠过之后，这里重又是一片阳光灿烂。

“真不可思议！堂堂的王爷、八旗旗主，竟也还是这些鹰犬的主人，多尔衮你的日子过得很是清闲呀，可是，皇上他却从没有这么放松过自己，他根本不知道爱惜自己的身体。”

提到了皇太极，多尔衮脸上的笑容有些勉强：

“皇上是一国之君，怎能与我等臣子一样呢？皇上支使我们就像我支使这些鹰犬一样，其实他也是个放鹰的好手呢。”

庄妃想不到多尔衮来这样形容皇太极，觉得很新鲜，也很恰当，不觉莞尔：

“放鹰难道真的很有趣吗？可惜这不是我们女流之辈做的事情。”

“皇嫂若有心一试，其实也不难。这些年来臣弟耳闻目睹了不少有关嫂嫂贤德娴雅的事情。比如那新近投诚的洪承畴，他难道不是嫂嫂的鹰犬吗？”

庄妃面上一红，看着多尔衮那似笑非笑的样子，佯怒道：

“休得胡言乱语！那洪承畴是识时务之人，他是归顺了我大清国。”

“可是宫里的人都在说，他是投降了庄妃娘娘的。说起来，臣弟真有些羡慕洪承畴呀！”

“怎么？你……”庄妃一时不解，疑惑道，“你的葫芦里卖的又是什么药？”

“唉！嫂嫂真是聪明一世，糊涂一时呀。”多尔衮四下一看，见乌兰她们正自顾坐在草丛上歇息，便悄声说道：

“如蒙嫂嫂不弃，臣弟也愿意像洪承畴那样，拜倒在嫂嫂的石榴裙下，做嫂嫂的忠实鹰犬！”

“去！多尔衮，你是在取笑我吗？”

“臣弟绝无半点取笑嫂嫂之意，臣弟敢对天发誓！”多尔衮说着举起了右手：

“天神祖宗，我多尔衮诚心诚意为嫂嫂效劳，若有三心二意，愿遭天谴！”

“罢了！你又何必当真呢？说实在的，我和福临娘儿俩往后也许还真得仰仗叔叔呢。叔叔有这个心，真令我感动，请叔叔受我一拜！”

庄妃说着双手一搭，款款施礼，多尔衮眼睛发亮，满面春风：

“嫂嫂，走了半日乏了吧，我这就让侍卫备轿送您回宫。今日一见，恍若梦境，下一次不知要等到何时？”

多尔衮真情流露，目光含情，只听得庄妃脸颊绯红，心花怒放……

第四十章

未放心疑虑留清阙
不瞑目怅恨望明京

皇太极仿佛已经看到，中原的大门在缓缓向他敞开，他不禁盘算着出兵宁远、山海关，摧毁燕京的北部屏障，他的八旗劲旅顺势挥师南下，逐鹿中原……他就这样望着、望着，直到一头栽到了地上，再也不醒……

悠闲的日子转瞬即逝，又是一个闷热的夏天。

御花园里，一老一少正在练剑。晨熹初现，清风拂面，鸟雀在枝头喳喳叫着，似乎在为两人加油助兴。

“这一招是白鹤亮翅，”皇太极手执长剑划地一圈，借着身形反身一跃，落地时左腿肚子却有些抽筋，好不容易才站稳了，“福临，你学一遍。”

“嘻！这个容易，我一个鹞子翻身，再来个金鸡独立，父皇您看怎么样？我的腿可是一点儿都没抖呢。”

“哼，臭小子，专挑皇阿玛的毛病！皇阿玛当年像你这么大的时候就能识汉字、背唐诗了，可是你呢？等着瞧，天一转凉我就把你关到书房里去。”

“皇阿玛，您就不能多让我玩一些日子？反正长大了凡事也不用我动手，养那些手下人干吗？不就是让他们给办事的吗，我只要动动嘴就成了。”福临仍举着木剑在空中乱舞着。

皇太极累得满头大汗，正接过太监送来的毛巾擦汗，看着福临满不在乎的样子不由得抬起一脚，照着福临的小屁股踢了过去：

“好个不学无术的东西，皇阿玛得给你些颜色看看！”

“皇阿玛，您这一招是什么名堂？这是暗算，偷袭！哼，明人不做暗事，皇阿玛耍赖！”福临手捂屁股，小脸气得通红。

“你……”皇太极一看福临那委屈的模样，心里又软了下来。“有道是明枪易躲，暗箭难防。将来，无论你做什么事，都要权衡利弊，不能偏听偏信，更不能义气用事，一定要眼观六路，耳听八方，招才纳谏，以诚待人。”

“这样做人该有多累呀？有时候，我真想一个人偷偷跑出宫去，在外面痛痛快快地玩半天。宫里的规矩太多。皇阿玛，到了六岁就一定得读书吗？”

“那当然，看看你的个头，已经快到皇阿玛的胸脯了，你是皇阿哥，你要做得比别人更好，所以你得比别人付出的更多！”

福临似懂非懂，睁着一双黑黑的眼睛望着父皇：

“皇阿玛，我来给你擦汗吧。给我讲讲你小时候的事情好吗？那个时候你就住在盛京吗？”

“不，那个时候，我跟着母后和父汗住在烟筒山下的赫图阿拉城。好吧，皇阿玛就给你说说赫图阿拉我们爱新觉罗的家世吧。”

“海公公，快让人给皇阿玛送些喝的来，皇阿玛淌了许多汗。”

“嗻……”

“你这个孩子，又顽皮又聪明，就是不想读书，整天只舞刀弄剑的可怎么成呢？”

“怎么不成？您不是常说我女真人是马上民族吗？骑射是我满族立国之根本，这江山不就是靠父皇您一点一点地打下来的吗？等我长大了，要打下更多更多的江山。”

“真是孩子话。创业艰难守成更难，这道理你渐渐地便懂了。坐下来，听皇阿玛给你讲讲家世吧。”

“当天刚刚离开地的时候，天神阿布凯恩都里用成千上万的铜镜造成了日月星辰。当地刚刚离开天的时候，阿布凯恩都里玛法用五邑神绳铺成了江河湖泊，用金沙银沙堆起了山脉丘岭。威武英俊的天神玛法常常和他的披着五彩羽饰的侍者神雀们在天地间自由翱翔。

“在那直插云天的峰顶，有一个波光潋滟的天池，一个仙女误吃了朱果生下了我们爱新觉罗氏的祖先——取名为爱新觉罗·布库里雍顺。”

“那个仙女的名字叫佛库伦，我都听娘娘说过好些遍了。”福临手托着下巴，认真地补充了一句。

“噢，是的，皇阿玛忘了说这仙女的名字了。”皇太极将一碗清凉的参茶一饮而尽，又接着说了起来。

“喝驼奶长大的孩子负得重，吃马奶长大的孩子跑得快，吃了神女额娘的奶，布库里雍顺一天就长一岁，他在依兰三姓地方娶了三姓之女为妻，繁衍后代，被各姓的首领共同尊为大汗。

“我们的祖先为什么要姓爱新觉罗呢？因为那仙女生他的时候，金光罩身，所以就让他以金为姓，以山为名。这爱新觉罗就是金的意思，布库里雍顺就是取了布库里山的名字。说起来，我们祖先是天女所生，可真让后代人自豪呀！

“史书上说，再往前，这白山黑水间有一个肃慎国，帝舜二十五年，肃慎国向中原进贡了弓箭和宝马。后代人口增多，分为许多部落，个个熟习骑射，百步穿杨，膂力过人，魁梧强悍。不信你看看皇阿玛，是不是长得很魁梧呀？”

皇太极说着起身收腹挺胸朝前走了几步，可他的滚圆的肚子却不争气地凸着，乐得福临拍着巴掌：

“皇阿玛真的很魁梧，就像城外那庙里的老佛爷一样。”

“如此说来，你皇阿玛是佛爷转世了？哈哈哈！”他拍打着圆溜溜的肚皮，笑得胡子乱颤。

“皇阿玛再接着说。在赵宋时代，这个族里出了第一个出色的人物，就是金太祖阿骨打。他开疆拓土，宋朝被他搅得鸡犬不宁。后来金国渐衰，蒙古国兴起，蒙古国东征西讨，与南宋各得了半壁江山，那金族的后人便趁乱逃奔到了东北。谁知又过了两百多年，又出现了一个大人物，他就是天女生的爱新觉罗·布库里雍顺！

“自布库里雍顺开基后，子子孙孙相传不绝，人丁兴旺。到了明朝中叶以后，有一个叫觉昌安的继承先业居住在赫图阿拉城，其他的五个弟兄们亦各筑城堡，环卫着赫图阿拉，称为宁古塔。嘿嘿，这觉昌安便是你皇阿玛的太爷爷。

“说起那时候的赫图阿拉城呀，有名无实，只十几间土房，没有城墙，没有卫兵守着，与现在的盛京相比那是逊色得多喽！

“可就在这小城里，偏生出大清国第一代皇帝，清朝子孙，称他为太祖，努尔哈赤是他的英名，他就是我的父汗，人称英明汗。”

“皇阿玛，您又说错了，英明汗建的是后金国，而这大清国不是您一手建起的吗？皇额娘告诉过我，那时候您身披花袍，登基加冕，文武百官口呼万岁，那场面气派得很哪！”

“嘿嘿，你这小脑袋似还挺管用的，记得这么清楚？皇阿玛有说错的地方吗？你想呀，没有皇阿玛，哪来的你呀？若没有我父汗的创业，能有我大清的今天吗？饮水思源，这个道理你懂吗？我再给你说说大青马救主定国号的事情吧。

“在我父汗努尔哈赤出生的那一天，大明国嘉靖皇帝夜里做了一个梦，一位神人对他说，紫微星已在今天降于东北方，一个脚上生有七颗红痣的人将要推翻大明王朝。于是，嘉靖就通令全国，要杀死那个脚上生有七颗红痣的人，而这个人就是我的阿玛努尔哈赤。

“努尔哈赤成年后在辽东总兵官李成梁手下做亲兵，得到李成梁的赏识，李成梁特别选了一匹奔跑如飞的大青马赏给了他。努尔哈赤十分珍爱青马，经常给他洗澡、刷毛，每天夜里还不忘起来给它添加草料。大青马也很有灵性，只要一见努尔哈赤，就会仰起脖子啾啾叫两声，并用前蹄刨地表示亲昵。

“可是有一天在洗脚的时候，努尔哈赤脚上的七颗红痣被另一名亲兵看见了，这个亲兵便悄悄报告了李成梁。李成梁大惊失色，定计要抓住努尔哈赤献给大明皇上处置。正巧半夜里努尔哈赤起来喂马，无意中听到了这一切，他跑到马圈，牵过大青马，翻身上马逃离了李成梁的家。

“李成梁知道了消息，暴跳如雷，立即亲率亲兵马队前往追赶。大青马载着主人努尔哈赤狂奔了一天一夜，可还是甩不掉后面的追兵。渐渐地，大青马太疲劳了，努尔哈赤也累得腰酸腿痛，又饥又渴。正巧前面有一丛一人多高的草丛，努尔哈赤下了马，与马儿并肩躺在草丛里，头一沾地就呼呼大睡起来。

“李成梁的追兵也是人困马乏，但李成梁一心要邀功请赏，他命令亲兵四下搜查，但草丛太大看不见半个人影。李成梁心生毒计，命亲兵放火烧草丛，要把努尔哈赤烧成灰烬。

“火借风势，迅速在草丛中蔓延，浓烟滚滚，火苗乱蹿，李成梁以为努尔哈赤必死无疑，便领兵回去了。

“大青马被火势惊醒了，它拼命地用嘴拱着主人努尔哈赤，但努尔哈赤睡得太沉了。无奈之中，大青马一声长啸，冲出火海，在一条小溪中打了一个滚，沾了满身的水，又一头冲进火海，将毛发上的水泼洒在努尔哈赤的周围。就这样，一次、两次，来来回回，大青马也不知道跑了多少回，滚了多少遍，终于将努尔哈赤周围的火势给灭了，而大青马累得再也站不起来，一头栽倒在努尔哈赤的身边，活活累死了。

“也不知过了多长时间，努尔哈赤睡醒了，他被眼前的情景吓了一跳。当弄明白大青马是为了救自己而累死的时候，他一下子扑倒在大青马的身上，伤心不已，并且立下了誓言：大青马，我努尔哈赤有朝一日得了天下，便把我的国家叫作大清国，大清国一定要吃掉大明国。

“我父汗把这个故事告诉了我，为了实现他的遗愿，我便把国名由‘后金’改为‘大清’，而且，我大清一定要吃掉大明。福临哪，消灭大明，逐鹿中原，定国安邦，这是皇阿玛的毕生心愿。倘若皇阿玛心愿未了，会死不瞑目的，你能帮皇阿玛实现这个愿望吗？”

“能！我一定能！皇阿玛实现了皇玛法的心愿，建立了大清国。福临要实现皇阿玛的心愿，统一天下，灭掉大明国！”

“真是我的好儿子！皇阿玛听了你这句话，也就无牵无挂了，孩子，记住你答应过皇阿玛的事情，男子汉要说到做到！”

“我发誓！”福临学着大人的样子举起了右手：

“大丈夫一言既出，什么马难追？”他一时忘了词，急得抓耳挠腮的。

“大丈夫一言既出，驷马难追！记住了！”

皇太极近来心情很好，万事胜意，只等秋日兵肥马壮之时，便可以大举向明朝宣战了。不过，皇太极一天也不愿意明朝有太平的日子，于是他决定继续从两旁砍削明朝这棵“大树”，以从根本上来动摇和瓦解明朝的根基。

崇政殿外，八旗精兵纛旗飘扬，金盔耀日，十分壮观。崇政殿里，皇太极正在召见出兵征明的满、蒙、汉军各固山额真、护军统领。

皇太极身披龙袍，精神抖擞，正在慷慨激昂地发表着“演说”：

“古来用兵征伐，有道者，蒙天佑；无道者，被天谴，自古天下并非永远为一家一族所垄断。历史上，有多少人为帝，又有多少人为王！今大明失德才一次次地败北，而我大清顺天意行事，子孙繁盛，国势日强，上天保佑，终成帝业。明朝是朱氏元璋所创，他乃是皇觉寺的一个和尚，他的王朝已经延续了二百多年，弊病百出，险象环生。明的败亡和大清的崛起都是天意使然。试问，从来帝王有一姓相传永不易位的吗？秦始皇当年幻想万世一系，岂料二世而亡。而今明朝已经行将就木，寿终正寝，我大清为何不把握此良机而问鼎中原呢？时不我待，机不再来，我大清出兵伐明并非好为穷兵黩武，而是顺天意解救大明子民于水深火热之中！多罗饶果贝勒阿巴泰听令！”

“臣在！”

“朕命你为奉命大将军，跪受大将军印吧！”

“谢皇上恩宠！”

“阿巴泰，此番你与内大臣图尔格统领八旗将士征明，要严明军纪，不得妄杀妄掠明人。要记住，兵熊熊一个，将熊熊一窝，朕与文武百官在盛京恭候佳音！自古天下，非一姓所常有。天运循环，几人帝？几人王？哪里有帝之后裔就一定是帝，王之后裔就一定是王的道理？当今之世，是我爱新觉罗氏该扬眉吐气的时候了。阿巴泰，朕给你十万人马，分为左右两翼，即日远征伐明，攻城略地，杀他个鸡犬不宁，人仰马翻！”

这一日皇太极在清宁宫召见自家子侄。太宗时期的清皇族已经走上了兴旺发达的繁盛道路，仅以男女老少人员而论，这个大家族至少也有几百人。太宗的大家族成员，其横的范围，主要是他祖父塔克世的诸多子孙，而纵的系统，基本上是三代人，即兄弟辈、子侄辈、孙子辈的成员。

作为大清皇帝，皇太极十分明白这个大家族也并非铁板一块，十个指头还有长短呢，但总的来看倒也能相安无事，所以一有空闲，皇太极就将自家的兄弟子侄们召入皇宫，以联络感情，消除隔阂。

“诸位兄弟子侄，你们久住京城，锦衣玉食的，想不想吃我们满族人以前常吃的小米干饭和饽饽，还有辣椒拌大白菜呀？今晚的宴席咱们就来个新鲜的，除了几道御膳房中的名菜之外，其他菜肴均由你们自己点，只要皇宫里有的，立马让御膳房烧好送过来。你们说这个主意怎么样呀？”

“皇上这么一说，立刻激得我胃口大开。得，我就倚老卖老先点几个菜肴吧！我想吃用黄米面做成的牛舌头饽饽，两面烤得金黄金黄的，再来两碟腌韭菜花和腊肉粥。嘿嘿，我一想到这些美食馋得快要流口水了。”礼亲王代善呵呵笑着，饱经风霜的脸上布满了皱纹。他已过花甲之年，儿孙满堂，他既是皇太极的老大哥，也是德高望重的治国重臣，在崇德元年被皇太极封为和硕礼亲王。此刻，代善与第二子硕托及两个孙子曼洛浑、阿达礼都在场，他们祖孙三代人都是皇太极立国称帝不可忽视的人物，功不可没。

“小弟我的口味可能有些与众不同，既是皇上开了金口，那臣弟也就不客气了！”多尔衮大声嚷嚷着，“我要一大盆红烧牛肉，再来一钵清炖蛇肉，最好再上一壶上好的乌龙茶，去腥除膻又解渴生津！”

“十四哥就是与众不同，那毒蛇恶虫它能摆上御宴？”多尔衮的弟弟多铎皱着眉头，他是圆脸，不像多尔衮有一张棱角分明的四方脸，但兄弟二人的眉目神态还是有些相似之处。“十四哥，我觉得你说话的时候都带着腥味儿。还有哇，睿王府上的福晋格格们整天都抱着个大烟袋，烟味儿呛人，这对她们有什么好哇？”

“你懂什么？萝卜白菜，各人喜爱。再说，我府里的事情也是小弟你能过问的吗？真是狗拿耗子，多管闲事。”多尔衮有些不快，瞪了多铎一眼，闷头抽起了烟。

皇太极知道多尔衮兄弟俩有些不和，此时见他们话不投机，便打着哈哈笑问道：

“我说你们这些孩子，你，硕托、阿达礼，还有豪格、硕塞，爱吃什么你们快说呀，不然朕可就全给你们上辣椒拌大白菜了。”

皇太极的话音刚落，这些子孙们便七嘴八舌地喊开了：

“上一只烧乳猪！”“我要吃燎毛肉（带皮猪肉，用火燎，刮净，煮熟用刀子切着吃）蘸大葱！”“上几大盆野味，什么狍子肉、鹿肉、野鸡炖山菇，多多益善，来者不拒！”“蒸一些腊肉和肉干，多浇一点辣椒酱！”“还有酒，皇上，宫里有什么美酒琼浆赏给小的们喝吗？小的们酒量甚大，今夜要放开肚皮，大快朵颐！”

“好的！朕与众兄弟众子侄有福同享，有酒同喝，谁不喝醉不许离席！哈哈哈哈！”

满族人素来豪放，这些王室子孙能在皇宫里痛饮又别有情趣。只见清宁宫的大殿里挂满了红纱灯，正中摆放着一只长长的、宽宽的桌子，足可以让几十人同时入座，尽情吃喝。

不多时，各种美味菜肴便摆满了一桌子，御膳房的小太监们忙得不亦乐乎，一边上菜，一边抬酒坛子，那些花枝招展的宫女们更像彩蝶似的，在桌子前伺候着各位贝勒、贝子，斟酒倒茶，轻颦浅笑。一时间灯红酒绿，酒宴正酣。

物以类聚，人以群分。豪格身边坐着的是大伯礼亲王代善、代善的孙子罗洛浑以及豪格的几个弟弟，而多尔衮三兄弟则紧挨在一起，一会儿低声交谈一会儿放声大笑，在酒宴上很是惹眼，而代善的二儿子硕托和孙子阿达礼也不时地凑上前去，与他们三兄弟吃酒说笑。

豪格见此有些闷闷不乐。看看多尔衮几位叔父，他们正是春风得意之时，一个是武英郡王，一个是睿亲王，一个则是禄亲王。这三兄弟若是联手可不好对付！而豪格身边的几个弟弟叶布舒、硕塞他们，一则年幼才十几岁，根本不能依靠，再则豪格与他们也不是一母所生，年纪相差二十多岁，从感情上也亲近不起来呀！虽说大伯代善一向对豪格很好，可代善太软弱，人又比较谦逊，关键时刻成不了大气候。想想看，大伯以他自己对父皇的绝对忠诚和义无返顾的拥立，才受到了父皇的特殊尊重，但大伯为此付出的代价也太大了！他年事已高，两个战功显赫的儿子岳讬和萨哈廉先后英年早逝，而二儿子硕托又明显与多尔衮叔父来往密切，是不能指望的了。

豪格想来想去，自己身边能够依靠的人竟寥寥无几！或许，领兵伐明的郑亲王济尔哈朗和贝勒阿巴泰可以助自己一臂之力！

这么胡乱想着，豪格有一种生不逢时的感觉，这大清的江山理应是他豪格的，可为什么多尔衮叔父他们也这么年轻、地位显赫而又锋芒毕露呢？父皇也真能沉得住气，年纪大了身体又不好还不确立继承人，难道他是想把皇位传给多尔衮抑或多铎？否则，父皇为什么这么赏识和重用他二人，又交给他二人各一个旗的军权呢？

"唉！"豪格不觉长叹一声，将杯子重重地放在桌子上，粗声粗气地喊：

"拿碗来！这杯子太小，怎能饮得尽兴？"

"大阿哥，酒能伤身，也会乱性，还是少喝为妙。咱们边喝边聊，不是很好吗？"代善低声地劝说道。

"父皇说了，要让儿臣喝个痛快！父皇，儿臣有一事不明，您为什么那么厚待洪承畴那被俘之囚呢？"

豪格心里想说的是父皇为什么那么厚待多尔衮，可话一到嘴边他又换了个名字。看来，豪格虽已有几分酒意，但脑子还是清醒的。

"是呀，我对于那些投降的汉官，不惜给财物、给宅第、给高官厚禄加以恩养，天天赐宴，为的是什么呢？我是想以此来笼络他们，以图将来的大计呀！"

"哼，我们满族不是人才济济吗？没有这些贰臣，我照样杀进关内，踏平中原！"

"休得放肆！优礼汉官，这是朕为了实现宏愿伟业而既定已久的方针。有了他们的帮助，十余年来朕励精图治，举科举、立法度、整军备、兴农业，定国安邦少不了他们的功劳呀，至于以后我大清大举进攻中原，更少不了他们出谋划策。他们与你豪格和叔父多铎、多尔衮一样，都是我大清的开路先锋呀，哈哈哈！”

“臣弟想那大明的天子也是昏庸已极，听说崇祯认为洪承畴为大明尽了忠，捐了躯，还下令辍朝三日大为痛悼呢！又赐祭十六坛，在城外建立祠堂制了祭文供人吊丧，这不是天大的笑话吗？”多尔衮喝得红光满面，一席话说得众人哄堂大笑。

“这样更好！那洪承畴如今是有家难回，只能死心踏地地为我大清国效劳了。不过，对这种贰臣，皇上还是多提防一些的好。”多铎喝得脸色煞白，半点血色也无。他们这兄弟俩，红脸白脸地坐在一起格外引人注目。

“皇上，听说那洪承畴是冲着庄妃的面子才投诚的，可有此事？”一阵嬉笑之中，有人冒了一句。

“这个，这个嘛……”皇太极的表情有些尴尬，他这副模样更引起了兄弟子侄们一阵善意的哄笑。

“大玉儿是有这个能耐，你们之中哪个人的福晋有她这样的胆识和智慧？说起来她这回儿还为咱们大清立了一大功呢。还有哇，九阿哥福临也十分讨人喜欢，这不也是大玉儿的功劳吗？”皇太极不恼不怒，硬着头皮为庄妃开脱，众人听了表示赞同，个个佩服庄妃的手腕。多尔衮盯着腰上系着的那只烟荷包，眯缝着眼睛，想到了庄妃那双柔荑似的纤纤玉手和如花的笑靥，不由得微微一笑……

这些日子里皇太极开心的事情一桩接一桩的。远征伐明的大军捷报频传，大军兵分两路绕过山海关重镇，攻陷蓟州并绕过北京直下天津、山东，在华北平原上纵横驰骋，如入无人之境！而且还掠夺了大量的财物！还有一件令皇太极格外兴奋的事情，就是远在西藏的达赖五世派了使节，万里迢迢来到盛京，要求与清朝通好！西藏归向清朝，具有不可估量的政治意义，这说明了大清的事业蒸蒸日上，具有强大的吸引力，而明朝已是气息奄奄，朝不保夕了。皇太极大喜过望，以最隆重的礼节和最丰盛的宴赏来款待达赖五世的使节，并派出了使节赴藏以加强联系。

这样一来，不仅整个东北、北部蒙古已纳入了清朝的版图，就连遥远的大西南也纳入了大清国的政治势力范围之中。这种辽阔的政治版图将明朝紧紧压迫在中间，令它腹背受敌，四面楚歌，摇摇欲坠。

然而，好景不长。处于过度兴奋之中的皇太极忽然“圣躬违和”。大学士范文程和冷僧机等人草拟了一份奏疏，请求皇上暂停上朝以保重龙体。

海中天用他那特有的委婉柔和的腔调念着：

“皇上天纵神武，往被遐方，以仁心爱万民，以仁政治宇内，凡养民恤民，无不周挚，虽当大业创兴，实万世之圣主，当代之明君也。臣等闻有道者，天赐纯嘏；福履者，景运灵长。今皇上道德醇备，福寿兼隆，虽偶尔不豫，辄获康去，天之眷我皇躬也昭昭矣，举国臣民不胜欢歌。伏愿皇上保护圣躬，上答天心，下慰人望，……况大业垂成，外国来归，正圣心慰悦之时，亦可稍辍忧劳……臣等谬任言官，惟以圣躬为重，伏望息落养神，幸甚！”

隔着用小米粒大小的东珠串起来的珠帘，皇太极沉默片刻，在发出了一声轻叹之后，他给跪在帘子外的范文程等人下了御旨：

“爱卿所奏之事正是朕近日心里所想之事。朕之亲理万机，非好劳也，因部臣不能分理，是用躬自裁断。今后诸务可令和硕郑亲王、和硕睿亲王、和硕肃亲王、多罗武英郡王合议完结。钦此！”

清宁宫外，诸王大臣们正在焦急等待，只见范文程等匆匆而来宣布了圣旨。和硕礼亲王代善的脸色有些发白，皇太极在病中做出了此等重大决定，为什么把自己撇在一边呢？他不是口口声声说自己对他有拥立之功吗？

如今和硕郑亲王济尔哈朗出征未归，所以恭候在清宁宫殿外的和硕睿亲王多尔衮、和硕肃亲王豪格以及多罗武英郡王阿济格也有些不知所措，面面相觑，豪格的眉头更是拧到了一起：父皇将日常政务交于我四人负责，而多尔衮兄弟俩都在其中，前景对自己似乎不太妙呀。多尔衮表面不动声色，内心却在窃喜：皇上一病不起，眼见得我多尔衮就可以吐气扬眉了，如今是四王议政，等皇太极的眼睛一闭，我要把四王议政变为我一人独裁！

多罗武英郡王阿济格年纪与皇太极相近，已不再像往日那样为人锋芒毕露了。年轻的时候他性格莽撞，没少挨过皇太极的训斥。甚至当他擅自做主为小弟多铎主婚时，被皇太极一气之下削去了贝勒爵位。不过皇太极对阿济格倒是不抱任何成见，褒则褒，贬则贬，兄弟之间感情倒也与日俱增。曾有一次，阿济格伐明大获全胜，凯旋归来时，皇太极亲自出京迎到十里外，看见阿济格风尘仆仆，因积劳而消瘦时便心疼得流下了眼泪。此事一直令阿济格深为感动。唉，年纪都一大把了，儿孙也都争气，只求平平安安颐养天年，阿济格已经心满意足了。皇上在此时能如此看重阿济格，阿济格心里是喜忧参半。皇上可从未做出过如此决定呀，莫非他病得不轻？辅佐皇上临朝处理政务，实在是个出力不讨好的事呀，万一出了什么纰漏，自己的下半辈子也就不要想太平了！

“十四弟，不如我等一起去探望皇上吧，也好当面弄清皇上的旨意，再看看皇上还有没有其他的吩咐。”

“这……小弟只担心皇上的病情，会不会扰了皇上的歇息呢？”多尔衮正想着心事，冷不防被哥哥阿济格一叫，吓了一跳，随口应付了一句。

“我看还是去吧，肃亲王，你看呢？”

“叔父言之有理，皇上将如此大任交于我等四人，我等须完全听从皇上的旨意，随时听皇上的吩咐。”豪格点头赞同，他想借机与阿济格套近乎，联络感情呢。

三个人各怀心事走进了清宁宫，在东暖阁的珠帘外正碰上庄妃大玉儿出来。庄妃慌忙给三个人行礼，低声说道：

“皇上刚吃了些汤药，正要睡呢。”

“那我们就待会儿再晋见吧。”阿济格三人犹豫了一下，转身要退下。“恭喜三位王爷，皇上有了你们的支持，便可以放心养病了，臣妾真替皇上高兴呀！”庄妃娥眉微蹙，神色忧郁，眼睑低垂，样子甚为愁楚。

“皇嫂不必过分忧虑。皇上吉人天相，小灾小难与皇上是无缘的，他定会早日康复！臣等四人将不遗余力，秉承皇上的旨意，一丝不苟处理朝政，让皇上放心，让大清安然无恙。”多尔衮上前一步，借着安慰庄妃，说出了言不由衷的话。多少年来在公开场合，多尔衮已经习惯了这样说话，真真假假，谁能看透他内心所想呢？不过，他真心安慰庄妃倒是真的，他真想直言不讳：你大玉儿又何必为一个将死的老头子而忧愁呢？如果你担心的是自己将来的命运的话，那么告诉你吧，还有我多尔衮呢，以后我就是你和你那九阿哥福临的依靠！当然，你得顺着我点儿，否则就很难说了！

“外面是何人在吵嚷？”珠帘里面传来了皇太极那有些微弱的声音。

“回皇上，是和硕睿亲王和和硕肃亲王他们。”

“有事吗？让他们进来说话！”

“嗻……”海中天一挑珠帘，身子一躬：

“皇上请几位王爷进去说话。”

阿济格、豪格侧身进去，多尔衮走在最后，他定定地看了庄妃一眼，点点头。庄妃心里愁楚不已，只觉得睿王爷似乎格外关照自己，顿时心中释然。

皇太极半倚在凉椅上，示意他们三人坐下来。

“皇上前日还与我等兄弟共饮，不想今日却龙体欠安，真令人担忧呀。”

“不必担忧，朕此刻觉得好多了。说不定明日朕又可以与众兄弟子侄们欢聚一堂了呢！”皇太极振作起精神，脸上现出一丝笑意。

“说起来，朕也该清心定志，颐养天年了，这几十年来戎马倥偬，哪里有一日的清闲？可喜的是，我大清已根深蒂固，一统天下将指日可待，即使此刻天神召见朕，朕也可以心安理得地面对列祖列宗了。

“父皇，您道德醇备，福寿兼隆，儿臣正摩拳擦掌，准备护送您迁都燕京呢！”豪格一听皇太极的口气不对，像在交待后事似的，连忙以好言好语劝慰父皇，心里说，父皇，你可不能就这么一走了之呀，起码你对儿臣我的地位也有个交待，免得日后起争端呀！

“夫子说，五十而知天命，朕都五十多了还有什么想不通的？”皇太极摆手示意豪格不要说话，喘着气接着说道：

“山峻则崩，木多则折，年富则衰，这是大自然的规律，何人能抗拒？朕不是神人，自然也要受这一规律的制约。朕心里清楚，朕的日子真的不多了，所以才要你们诸王齐心协力，共同治国安邦，这是对你们的考验啊！”

阿济格也觉得今日皇太极的口气有些反常。这么多年了，他什么时候承认自己力弱、生过病、力不从心了？他什么时候主动让权与诸王、平起平坐议过事？想当初他皇太极刚刚被议立为汗的时候，是由四大贝勒共坐，南面听政。但一个人坐着总比四人共坐更舒坦、更随意，累了甚至可以放心躺下休息一会儿，而四人共坐却是四人都神经紧张，连躺下休息的可能性都没有。于是，先是皇太极宣布废黜镶白旗主阿济格，这是后金国有史以来发生的第一次旗主贝勒被废的事件，当时引起了朝野的震动。事后阿济格自己才明白，皇太极不过先从自己开刀，下一步便是要对准其余的三大贝勒了。果然，事隔不久，皇太极便赤裸裸地将矛头对准了大贝勒代善、二大贝勒阿敏和三大贝勒莽古尔泰……就这样，皇太极在即位后短短的几年时间里，改四大贝勒并坐共同执政为汗位至上，南面独尊！皇太极的为人阿济格能不清楚吗？当年为了扫清即位的障碍，他甚至不择手段逼死了自己的母亲阿巴亥！不过，事隔多年，阿济格已经把这些不满与宿怨统统抛在了脑后，既然胳膊拧不过大腿，又何必整日耿耿于怀、自寻烦恼呢？只可惜亲兄弟多尔衮似乎一直不愿意原谅皇太极。的确，杀母夺旗之恨能这么轻易消除吗？有时候，明哲保身的阿济格的确暗地为多尔衮捏着一把汗，他既希望多尔衮能为自己报仇，又担心会连累到自己，所以更多的时候，阿济格觉得有些无可奈何。难道自己也老了吗？不错，快五十岁的人了，心身再也承受不起什么意外打击了，好自为之吧！

“皇上，”阿济格心念一动，起身跪在皇太极的床前。“皇上何出此言呢？您虽偶尔不豫，辄获康吉，臣弟祝愿皇上龙体早日康泰！只是皇上命臣等断理诸务，臣纵是无能但敢不钦承？但何项事应行奏请，伏候圣裁决定，则诸务庶可办理？”

“嗐！未来之事朕有何能预定？尔等只须尽心料理，多与诸王贝勒议结商讨，我爱新觉罗氏子孙人才济济，又有何事解决不了呢？诸王每日黎明齐集，有事则奏，无事则回各衙门办理各自事务。若有当议事务，候旨齐集。朕觉得力乏，想要休息了，你们下去吧！”

皇太极喘着粗气，只觉得胸闷异常。他脸色煞白，吩咐海中天：

“拿，拿些冰来吃，朕觉得快要透不过来气了。”

“皇上稍等片刻，奴才这就叫人去取。”海中天慌慌张张跑出东暖阁。就在这时空中一个炸雷“轰隆”一声，皇太极正迷迷糊糊之间猛然吓了一跳，一睁眼，看见了横眉怒目的父汗努尔哈赤就站在他面前！

“父汗，您，您这是怎么啦？”皇太极吓得两腿发软，扑通一声跪了下去。

“哼，不肖子皇太极，你且有何面目站在父汗的面前？”

“汗王为妾身做主呀，四王不但逼妾悬梁，而且夺了我儿十四阿哥的汗位，杀母夺旗，自立为汗，天理不容呀！”努尔哈赤身后白影一闪，浑身素缟的大妃阿巴亥的哭声由远而近，悲悲切切，飘乎不定，令人毛骨悚然。

皇太极头皮发麻，壮着胆子跪倒在地：

“父汗明鉴！儿臣二十年来一心一意为国尽力，如今大清国已坚如磐石，国势日盛，儿臣自忖这些年之所作所为皆问心无愧呀！”

“好一个问心无愧！为当汗王，不择手段，逼死大妃，残害兄弟，你心胸如此歹毒，居然强辞夺理，目无尊长！来人哪，带他去祖宗庙里面壁思过！”

“汗王，不能这么便宜这个畜牲！今日相逢，焉能饶你！皇太极，速速拿命来！”阿巴亥劈手夺过近侍手中的宝剑，一剑刺来，皇太极吓得魂不附体，左躲右躲，总是逃不过眼前的这口闪着寒光的利剑，皇太极万般无奈，绝望地抱着脑袋高喊着：

"父汗救命哪！"

"皇上，皇上！"

皇太极在太监海中天等人惊惶的喊声中悠悠醒来，只觉得头痛欲裂，已经出了一身冷汗，他瞪着一双茫然无助的眼睛，声音嘶哑：

"着侍卫进殿，护驾，有人要行刺朕！"

海中天心知皇上被梦魇所缠，忙一使眼色让其他的太监为皇上擦汗更衣，自己匆匆去禀报太后，又差人宣太医火速来看，还不忘另派一个小苏拉去告知永福宫的庄妃。海中天知道，皇上这病牵着庄妃的心，作为奴才，他得及时让庄妃了解这里的情况，毕竟，庄妃是他以前的主子。

皇后博尔济吉特氏与众嫔妃已吓得手足无措，正在慌乱之时，太医院针医柳达和药医朴頵等几人火速来到。这柳达生于针医世家，祖上就靠一把小小的银针而享誉地方，这柳达更是声名远扬，有"柳一针"之称。御医们拜过了皇后，便掀起珠帘走进了东暖阁，皇后博尔济吉特氏脸色苍白也跟了进去。

柳达仔细观察了皇太极的脸色，皇太极仍是双手抱头表情十分痛苦，不时地呻吟着。柳达开始给皇太极把脉，东暖阁里静得只听到众人气促的喘息声。

"启奏皇后娘娘，圣上六脉平和，这圣恙既非外感，亦不是内伤，而是多年忧劳积郁而成。臣见皇上两手抱额，呻吟不止，恐是在梦寐中受了惊魇，故头脑疼痛难忍。臣立即给皇上在左右太阳穴上各扎一针，再让朴药师煎一些安神止痛的汤药，皇上服了几剂之后，自然无事。"

"既如此，快扎针开药吧。唉，哀家急得已是六神无主了，这大热天皇上龙体不适，可如何是好呢？"

"大福晋，这里由臣妾来伺候，煎药熬汤您就放心吧。不如您回西暖阁歇息一下吧，让丫头们给您送些西瓜、酸梅汤之类清热消暑的吃食，皇上的事臣妾会随时差人向您禀报的。"

"大玉儿，你来了哀家就放心了。唉，我老了身子又肥胖，留在这里反倒碍手碍脚的。哀家就依你的，把皇上交给你了。"

"大福晋放心，皇上只是略有不适，一切都会过去的。"庄妃穿着半袖的缎袍，露出两弯雪白的膀子，一个手膀子上套着翠镯，一个手膀子上戴着金镯，若在往常，大福晋少不得又要冷言冷语，可今日她却是视而不见。如果大福晋知道她日后还得仰仗着大玉儿，还不定会多后悔呢。

皇太极这一病，早惊动了文武百官和诸王爷贝勒，他们一个个神色惶惶到清宁宫来探视问安。闻知皇上已服了汤药，已经安然入睡，无甚大事，才各各散去。

不过是虚惊一场。皇太极不几日便龙体康泰，又去临朝听政了。第一件事便是传旨宣太医柳达来重赏。

身材瘦小的柳达领旨前来，慌忙俯伏朝贺，皇太极笑道：

“神医，妙手，真不愧是柳一针呀！朕且问你，你怎地就知道朕在梦中被魇而头脑疼痛呢？”

柳达不敢抬头，应声回答：

“圣体天佑，洪福齐天，微臣何功之有呢？臣只是凭多年经验，还望圣上保重龙体，劳逸结合，休养生息，以保国泰民安。”

“朕只服了神医开的一帖汤药，头疼便减轻了许多。朕梦中暴患头痛，赖卿妙药得安，朕要重赏于你以示酬劳。来人，赏太医柳达白金百两、黄金五十两，外加彩缎一匹、白璧一双，以为赏赐。”

“臣谢主恩赐！柳某愿皇上万寿无疆！”

皇太极靠在宽大的龙椅上，无限感慨。

多年的鞍马劳顿、内外负重、思虑过度、呕心沥血……这些，都可能是他患病的根由。直到现在，皇太极才发觉自己太不爱惜自己的身体了，太不爱惜自己的生命了。但是，他还有许多事要做，时不我待呀，所以皇太极又颇为自豪。勿庸置疑，他皇太极开创了大清帝国的基业，在他的手中完成了向封建制的转变，在他的手中奠定了进取中原的基础……他皇太极是满族的英雄，大清的皇帝，他是神，是天命之君，谁不羡慕，谁不景仰？

“咚咚咚咚！”八角城门突然传来了报捷的鼓声，皇太极高兴得从龙椅上一跃而起。

“恭喜皇上，贺喜皇上，伐明大军已经凯旋，沿途攻城略地杀敌无数，并带回了惊人的财物！”

“真的？”皇太极喜出望外，高声喊道：

“备轿，朕亲往大清门外迎接，传御膳房摆御宴为将帅接风洗尘！”

清军在短短几年之内五次伐明都大获全胜，这说明八旗铁骑已成为一支战无不胜、攻无不克的劲旅。明朝的这棵“大树”还能禁得起清军的一再砍伐吗？皇太极仿佛已经看到，中原的大门在缓缓向他敞开，他不禁雄心勃勃，盘算着迅速出兵宁远、山海关，彻底毁掉燕京的北部屏障，接下来，他的八旗劲旅将挥师南下，逐鹿中原……

夜深了，兴奋不已的皇太极盘坐在清宁宫的东暖阁里，如往常一样，他常常这样坐着小憩。一天中，似乎只有这会儿才属于他，就让他多休息一会儿，多坐一会儿吧。

海中天和几位内侍们静静地立在珠帘外。皇上太累了，他太需要休息了，可这会儿谁也不敢进去，怕打扰了皇上，尽管坐着休息会不舒服，但毕竟也能休息一会儿呀。

忽然，里面咕咚一声，仿佛一件重物掉到了地上。海中天等人连忙掀起珠帘，天哪，皇上从端坐的炕上一头栽到了地上！

众太监们七手八脚地扶起了皇太极，这才发现皇上已经双眼紧闭，手脚冰凉。“皇上，皇上真的睡着了！”海中天喃喃地说着，泪水涟涟，忽然，他一扭身冲出了东暖阁……